Uwe Schimank
Handeln und Strukturen

Grundlagentexte Soziologie

Herausgegeben von
Martin Diewald | Klaus Hurrelmann

Der Juventa Verlag hat eine lange Tradition in der Publikation sozialwissenschaftlicher Texte. Bereits in den 1960er Jahren wurden mit der Reihe „Grundfragen der Soziologie“ (hrsg. von Dieter Claessens) programmatische Akzente gesetzt. Die Reihe hatte einen prägenden Einfluss auf die damals noch in den Anfängen stehende Disziplin Soziologie.
Die Reihe „Grundlagentexte Soziologie“ knüpft an diese Tradition an. Die Soziologie hat sich seitdem in Deutschland als theoretisch und empirisch reichhaltiges wissenschaftliches Fach etabliert. Es fehlt ihr aber an Einführungstexten und Übersichtsbänden für den Lehrbetrieb in Universitäten, Fachhochschulen, Fachschulen und anderen Bildungseinrichtungen.
Dieser Herausforderung stellt sich die Reihe „Grundlagentexte Soziologie“. Von fachlich gut ausgewiesenen Wissenschaftlerinnen und Wissenschaftlern werden Texte vorgelegt, die die wichtigsten theoretischen Ansätze des Faches, methodische Zugänge und gesellschaftswissenschaftliche Analysen präsentieren. Die Bände sind so zugeschnitten, dass sie sich als Basislektüre für Vorlesungen, Seminare und andere Lehrveranstaltungen mit einführendem Charakter eignen, dabei aber gleichzeitig auf der Höhe der aktuellen Entwicklung des Faches sind.
Die Reihe „Grundlagentexte Soziologie“ wird gemeinsam herausgegeben von Martin Diewald (Universität Bielefeld, Fakultät für Soziologie) und Klaus Hurrelmann (Hertie School of Governance, Berlin).

Uwe Schimank

Handeln und Strukturen

Einführung in die akteurtheoretische Soziologie

5., durchgesehene Auflage

BELTZ JUVENTA

Der Autor

Uwe Schimank, Jg. 1955, Dr. rer. soc., ist seit 2009 Professor für Soziologie an der Universität Bremen.
Seine Arbeitsschwerpunkte sind soziologische Akteur- und Systemtheorien, Theorien gesellschaftlicher Differenzierung, Wissenschafts- und Sportsoziologie.

Die 4. Auflage entstand unter Mitarbeit von Andrea Hamp.

Bibliografische Information der Deutschen Nationalbibliothek

Die Deutsche Nationalbibliothek verzeichnet diese Publikation in der Deutschen Nationalbibliografie; detaillierte bibliografische Daten sind im Internet über http://dnb.d-nb.de abrufbar.

1. Auflage 2000
2., korrigierte Auflage 2002
3. Auflage 2007
4., völlig überarbeitete Auflage 2010
5., durchgesehene Auflage 2016

MIX
Papier aus verantwortungsvollen Quellen
FSC® C089473
FSC
www.fsc.org

Werderstr. 10, 69469 Weinheim
www.beltz.de · www.juventa.de
Druck und Bindung: Beltz Bad Langensalza GmbH, Bad Langensalza
Printed in Germany

ISBN 978-3-7799-2615-3

Inhalt

Zur Einführung

Soziologie wird in dieser Einführung als diejenige Sozialwissenschaft verstanden, die sich mit prinzipiell jeglicher Art von sozialen Phänomenen befasst – anders als z.B. die Politikwissenschaft, die sich auf politische Phänomene beschränkt – und dafür im Rahmen der sogenannten Allgemeinen Soziologie theoretische Werkzeuge bereitstellt.[1]

In der Allgemeinen Soziologie existieren derzeit, etwas vereinfacht gesagt, zwei große Theorie-Schulen: die systemtheoretische Herangehensweise an soziale Phänomene, wie sie in der deutschen Diskussion insbesondere Niklas Luhmann (1984) geprägt hat, und verschiedene Spielarten von handlungs- oder akteurtheoretischen Perspektiven auf Sozialität. Das vorliegende Buch „Handeln und Strukturen" ordnet sich letzterer Schule zu. Damit bleibt die systemtheoretische Perspektive, von wenigen Verweisen in Fußnoten abgesehen, ganz ausgespart; sie so einzubeziehen, dass man ihrer komplexen Anlage gerecht wird, hätte den Rahmen gesprengt.[2]

Die soziologische Handlungstheorie ist, wie man schnell bemerkt, kein in sich konsistentes Theorie-Gebäude, sondern eine durchaus heterogene Kollektion von Perspektiven; und diese Vielfalt wird nochmals gesteigert, weitet man den Blick auch auf die handlungstheoretischen Perspektiven anderer Sozialwissenschaften wie etwa der Wirtschaftswissenschaft oder der Sozialpsychologie aus. Die vorliegende Einführung stellt diesen Pluralismus durchaus in Grenzen dar und nutzt ihn auch dahingehend, dass Defizite und blinde Flecken der einen handlungstheoretischen Herangehensweise durch Konzepte anderer Herangehensweisen zu überwinden versucht werden – in der Hoffnung, dass das mehr als purer „Eklektizismus" ist.[3] Ein vollständiger Überblick über die Handlungstheorien ist wiederum nicht leistbar und hier auch nicht angebracht.

Denn hier wird ein bestimmtes Verständnis vom Gegenstand der Soziologie vertreten, das zwar einerseits mittlerweile als allgemeines Leitbild von immer mehr Handlungstheoretikern geteilt wird, dem aber andererseits die Bestückung des theoretischen Werkzeugkastens mit spezifischen Konzepten und Modellen oftmals noch immer wenig entspricht. Mein Standpunkt lautet, dass sich die Soziologie vorrangig damit zu beschäftigen hat, wie

1 Daneben gibt es die speziellen Soziologien, die sich jeweils auf begrenzte Ausschnitte des Sozialen wie etwa Familie, Kriminalität, Kunst oder Organisationen konzentrieren.

2 Anstelle von Überblicken aus fremder Feder lese man hierzu besser Niklas Luhmanns (2002) Einführungsvorlesung.

3 Nicht verschwiegen sei freilich, dass Gregor Bongaerts (2007: 247) mir genau diesen Vorwurf macht.

handelndes Zusammenwirken von Akteuren alle Arten von sozialen Strukturen schafft, aufrechterhält, verändert oder zerstört. Um solche Fragen zu klären, ist es zwar unerlässlich, sich auch anzuschauen, wie einzelne Handlungen einzelner Akteure im Rahmen struktureller Prägungen zustande kommen – doch dies ist aus meiner Sicht nur die Vorfrage und nicht etwa das Hauptaugenmerk einer handlungstheoretischen Soziologie. Deshalb halte ich mich in dieser Einführung nicht länger als nötig bei denjenigen handlungstheoretischen Perspektiven auf, die sich auf die Erklärung je einzelner Handlungen konzentrieren und dann Dynamiken des handelnden Zusammenwirkens und seiner Struktureffekte höchstens sehr abstrakt und oberflächlich in den Blick nehmen. Meine Zielsetzung ist es somit, eine systematische Einführung in eine solche handlungstheoretische Soziologie zu bieten, die an vielfältig einsetzbaren Modellen zur Erklärung sozialer Strukturdynamiken interessiert ist.

Apropos „systematisch"! Einführungen in die allgemeine Soziologie folgen oftmals einem Duktus, der – mehr oder weniger vollständig und „ausgewogen" und zumeist chronologisch geordnet – eine Theorieperspektive nach der anderen präsentiert, wobei sich die meisten Perspektiven mit einem bestimmten Theoretiker als ihrem Urheber verbinden lassen. Solch eine Galerie großer und übergroßer Geister, wie klug und kritisch auch immer präsentiert, tendiert zum ehrfurchtgebietenden und damit schnell toten Bildungswissen. So wird die Soziologie letztlich eine philologische Disziplin, die ältere und jüngere Klassiker einschließlich solcher Figuren, die dies noch werden sollen oder wollen, interpretiert und reinterpretiert – siehe als ein jüngeres Beispiel etwa Joas/Knöbl (2004). Dass Theorien Instrumente zur Problemlösung sind, „nuts and bolts", wie Jon Elster (1989a) dies in einer Einführungsvorlesung plastisch formuliert hat, kommt bei einer derartigen Herangehensweise entschieden zu kurz.

Für mich ist die Soziologie aber längst ganz selbstverständlich eine Disziplin, die der Gesellschaft Problemlösungswissen anbietet – nur selten Rezeptwissen, aber doch immer wieder aufschlussreich irritierende fremdartige Blickweisen auf soziales Handeln und dessen Wirkungen. Es geht mir also nicht allein um „Sozialtechnologie" für Entscheidungseliten, sondern ebenso sehr um eine „soziologische Aufklärung" tendenziell aller entsprechend interessierten Gesellschaftsmitglieder.[4] Diesem Charakter des Faches muss auch die allgemeine soziologische Theorie gerecht werden, die sich ja als Fundament soziologischen Denkens versteht; und deshalb sind die wichtigen Einsichten der soziologischen Theorie über soziale Strukturdynamiken hier nicht nach Urhebern, sondern nach Sachzusammenhängen sortiert – wie eben in einem Werkzeugkasten, wo man die Werkzeuge nicht nach Herstellern, sondern nach Verwendungszwecken ordnet.

4 Siehe als abwechslungsreiche Sammlung von Beispielen auch Schimank/Schöneck (2008).

Dies entspricht dem generellen Lernziel dieser Einführung: Wer sie Kapitel für Kapitel durcharbeitet, erarbeitet sich schrittweise ein Instrumentarium, um soziologische Erklärungsprobleme bearbeiten zu können, die sich um Strukturdynamiken jeglicher Art ranken. Plakativ gesagt: Sie können am Ende die Frage, warum es Ihnen einfach nicht gelingt, in der Kommunikation mit Behörden die Besonderheit Ihres Anliegens gewürdigt zu finden, ebenso beantworten wie die Frage, ob „das Individuum" in der globalisierten Welt rettungslos Dynamiken der Ökonomisierung ausgesetzt ist. Das Buch gibt zwar keine direkten Antworten auf diese Fragen; aber es stattet Sie mit Perspektiven, Begriffen und Modellen – und einem all dem zugrundeliegenden soziologischen Denkstil – aus, mit deren Hilfe Sie sich selbständig auf die Suche nach Antworten auf diese wie auf zahllose andere Fragen begeben können.

Wichtig – nicht zuletzt für die Motivation, auch in den schwierigen Passagen dieser Einführung bei der Stange zu bleiben – ist ohnehin, dass man stets eigene soziologische Erklärungsprobleme im Kopf hat, auf die man das Gelesene bezieht. Nur in der eigenen Verwendung angelesener Sichtweisen und Erkenntnisse merkt man, ob man sie wirklich verstanden hat und etwas mit ihnen anfangen kann. Man sollte sich also – um nur ein Beispiel zu nennen – nicht damit begnügen, die in Kapitel 8.2 dargestellte Theorie der Institutionalisierungsdynamik von Peter Berger und Thomas Luckmann anhand der von den Autoren selbst herangezogenen Beispiele nachzuvollziehen, sondern sich fragen, ob diese Überlegungen etwa zu gehaltvollen Hypothesen über die Entstehung und Arbeit einer Bürgerinitiative in einem Neubaugebiet führen. Also noch einmal: Man sollte theoretische Konzepte und Modelle strikt als Werkzeuge auffassen, die es zu benutzen gilt. Nur Übung macht den Meister.

Dazu kann man sich angewöhnen, das soziale Geschehen um sich herum soziologisch gewissermaßen zu verrätseln. Natürlich sind wir alle erst einmal Alltagshandelnde und stehen oft genug so unter Handlungsdruck, dass wir froh sind, einigermaßen situationsadäquat zu agieren bzw. zu reagieren, und uns den Luxus soziologischer Reflexion nicht leisten können. Aber wir haben im Tagesgeschehen auch Zeiten, in denen wir relativ handlungsentlastet sind. Manchmal sind das nur ein paar Minuten – etwa beim Warten im Sprechzimmer eines Arztes oder bei einer Straßenbahnfahrt. Manchmal bleibt uns auch etwas mehr Zeit, beispielsweise beim Lesen der Tageszeitung oder eines Romans oder beim Anschauen einer historischen Dokumentation im Fernsehen. Oder wir müssen uns während einer langweiligen stundenlangen Sitzung die Zeit vertreiben. Oder wir liegen am Strand und haben nichts Besseres zu tun, als das Treiben um uns herum zu beobachten. All das sind Gelegenheiten, den soziologischen Blick einzuüben und zu schärfen, also sich soziologische Rätsel zu stellen und diese mit den soziologischen Werkzeugen, über die man verfügt, zumindest hypothetisch zu lösen. Je unterschiedlicher die Situationen und soziologischen Denkanstöße sind, umso besser! Denn desto vielseitiger wird das eigene soziologische Denken geschult.

Hat einen hierbei erst einmal der Ehrgeiz gepackt, kommt man von selbst darauf, soziologische Literatur zu recherchieren, um Einschlägiges zu den Fragen, die einen interessieren, zu finden und lesen zu können. Von den Klassikern des Faches bis zu zeitgenössischen Forscherinnen sollte man die große Pluralität der Sichtweisen, die es innerhalb des soziologischen Denkens gibt, auf sich wirken lassen. Weiterhin sollte man sich genauere, vor allem empirische Kenntnisse in einigen der speziellen Soziologien verschaffen – ob das nun die Industrie- oder die Bildungs-, die Organisations- oder die Kunstsoziologie, die soziologische Biographieforschung oder die Konversationsanalyse ist. Geht man unvoreingenommen an alles heran, ergibt sich von selbst eine kritische Distanz zu allem. Denn das Gespräch, in das man die verschiedenen Sichtweisen miteinander bringt, wird häufig zum Streitgespräch. Die theoretischen Standpunkte und empirischen Befunde relativieren einander alle explizit oder implizit gegenseitig. Das heißt nicht, dass alle falsch wären – sondern nur, dass keiner der Standpunkte die ganze Wahrheit ist.

Kurz gesagt: Man sollte soziologische Leseerfahrungen und tagtägliche Lebenserfahrungen zusammenführen. Das kostet natürlich Zeit – aber man kann das auch positiv sehen: Man hat lange etwas von der Soziologie.

Und nun viel Erfolg – und hoffentlich auch etwas Spaß!

1. Die zwei Erklärungsprobleme der Soziologie

In diesem Kapitel geht es um die Aufgabe und den Gegenstandsbereich der Soziologie sowie um die Art und Relevanz der Fragestellungen, die die Soziologie an diesen Gegenstandsbereich heranträgt. Es werden die zwei grundlegenden Erklärungsprobleme erläutert, die die Soziologie zur Beantwortung ihrer Fragestellungen zu bearbeiten hat. Sie lernen den soziologischen Denkstil kennen und erfahren etwas über die Abgrenzung der Soziologie gegenüber anderen Sozialwissenschaften.

1.1 Die Aufgabe der Soziologie: Soziologische Rätsel

Die Soziologie beschäftigt sich mit dem sozialen Zusammenleben und Zusammenwirken der Menschen und den *sozialen Phänomenen*, die daraus hervorgehen. Bei solchen sozialen Phänomenen kann es sich um soziale Situationen handeln, von Interaktionen im Kleinen bis zu komplexen Konfliktsituationen, oder um soziale Gebilde, von Kleingruppen und Vereinen bis zu großen Verbänden, Unternehmen oder Staaten. Und soziale Phänomene können soziale Prozesse sein, wie etwa die Herausbildung oder Veränderung von Institutionen, sozialen Beziehungen oder komplexen sozialen Ordnungen.

Das von der Soziologie in den Blick genommene soziale Geschehen vollzieht sich auf verschiedenen Ebenen der sozialen Wirklichkeit: von Handlungszusammenhängen zwischen wenigen Beteiligten über größere Gruppen und Organisationen bis zu gesellschaftlichen Teilbereichen wie Politik oder Bildung und ganzen Gesellschaften. Von Interesse sind für Soziologinnen und Soziologen also sowohl Ereignisse auf der Mikro-Ebene der sozialen Wirklichkeit, etwa der Ablauf einer Begegnung zwischen zwei einander fremden Passanten, die versuchen, auf einem schmalen Bürgersteig aneinander vorbei zu kommen, als auch Ereignisse auf der Makro-Ebene der sozialen Wirklichkeit, etwa gesamtgesellschaftliche Veränderungen wie die deutsche Wiedervereinigung. Die interessierenden sozialen Phänomene spielen sich zudem in unterschiedlichen Zeiträumen ab: Die Begegnung der Passanten auf dem Bürgersteig dauert meist nur wenige Sekunden, ein gesamtgesellschaftlicher Prozess wie die Entstehung der modernen Gesellschaft hat sich über mehrere Jahrhunderte hingezogen. Und schließlich kommen die von der Soziologie in den Blick genommenen sozialen Phänomene auch noch aus verschiedenen gesellschaftlichen Bereichen und umfassen dementsprechend eine Unmenge an heterogensten empirischen Fällen: Warum immer mehr Menschen Museen besuchen, warum eine kleine Gruppe politischer Entscheidungsträger in Westdeutschland nach dem Fall der Mauer zielstrebig auf eine Wiedervereinigung beider deutscher Staaten hinwirkte, warum die Einführung neuer Arbeitsprozesse an Widerständen der Mitarbeiter scheitert, warum die vereinbarte Spülordnung in einer Wohngemeinschaft nicht klappt, warum der Individualismus zu einem kulturellen Leitwert in der modernen Gesellschaft geworden ist: Dies sind einige beliebige Beispiele von buchstäblich tausenden anderen, die hätten genannt werden können.

Wie sollte es auch anders sein? Schließlich vollzieht sich soziales Geschehen in verschiedenen – ihrerseits wiederum jeweils Vieles umfassenden – Teilbereichen, aus denen moderne Gesellschaften bestehen. Solche gesellschaftlichen Teilsysteme sind Politik und Wirtschaft, das Bildungs- und das Gesundheitswesen, der Sport, die Kunst, das Militär, das Recht, die Intimbeziehungen, die Massenmedien, Religion und Wissenschaft. In diesen Teilsystemen stehen die einzelnen handelnden Personen genauso wie Organisationen in vielfältigen sozialen Bezügen zueinander und wirken direkt oder indirekt wechselseitig aufeinander ein. Sie tun dies in zumeist komplexen sozialen Situationen, in denen die jeweils gegebenen materiellen und zeitlichen Ressourcen, wirtschaftliche, rechtliche und politische Bedingungen sowie kulturelle Einflüsse eine Rolle spielen. Dementsprechend komplex können die „Verwicklungen" sein, in denen sich die Beteiligten befinden und aus denen die sozialen Phänomene hervorgehen. Bezieht man dann noch in räumlicher Hinsicht die Vielzahl von Ländern und verschiedenen Kulturen in der „Weltgesellschaft" ein, gewinnt man eine Vorstellung davon, wie komplex das soziale Geschehen ist und wie vielschichtig die sozialen Phänomene sind, mit denen sich Soziologen beschäftigen.

Entstehung, Reproduktion und Wandel sozialer Phänomene

Welcher Art aber sind die Fragen, die Soziologen an das komplexe soziale Geschehen stellen? Was kann der soziologische Blick auf soziale Phänomene rätselhaft und entsprechend erklärungsbedürftig finden?

Die Soziologie will den oben angesprochenen „Verwicklungen" auf die Spur kommen. Sie interessiert sich dafür, welche Prozesse zwischen den Beteiligten ablaufen, und wie und warum aus den „Verwicklungen" bestimmte soziale Regelmäßigkeiten entstehen. So könnte ein Soziologe sich zum Beispiel dafür interessieren, wie es dazu kommt, dass aus einer zufälligen Begegnung zweier Mütter bei einem Elternsprechtag in einer Grundschule am Ende eine große Elterninitiative oder gar ein Verein entsteht, in dem sich der Großteil der örtlichen Elternschaft engagiert, um auf lokale Politiker und Wirtschaftsvertreter in der Weise einzuwirken, dass die Schule ein weiteres Gebäude oder dringend benötigtes technisches Equipment erhält. Der Prozess der Herausbildung und des erfolgreichen Arbeitens einer solchen Initiative ist ja keinesfalls selbstverständlich, denn zu zahlreich und vielfältig sind die möglichen Hindernisse und Widerstände, die dazu führen könnten, dass die Initiative nicht in Schwung kommt und frühzeitig im Sande verläuft, oder dass es bei einer lockeren Abfolge von Treffen der Eltern bleibt, ohne dass daraus ein soziales Gebilde wie etwa ein Verein entsteht. Rätselhaft ist für Soziologinnen neben dem Zustandekommen sozialer Phänomene deshalb ferner, wie es dazu kommt, dass diese dann oft relativ stabil sind, also über einen längeren Zeitraum so erhalten bleiben, wie sie sind, selbst wenn zum Beispiel die ursprünglich Beteiligten gar nicht mehr mitwirken. Im Beispielfall wäre denkbar, dass die Elterninitiative längerfristig bestehen bleibt und sich neue Ziele setzt, auch wenn inzwischen eine neue Generation von Schülern die Schule besucht und andere Eltern betroffen sind. Und Soziologen finden es schließlich erklärungsbedürftig, wie und warum es dazu kommt, dass soziale Phänomene sich verändern, weiterentwickeln oder auch zerfallen. Es könnte im Beispielfall also gefragt werden, unter welchen Bedingungen die skizzierte Elterninitiative dauerhaft erfolgreich ist, und unter welchen Bedingungen sie scheitert oder sich wieder auflöst.

Den Hergang solcher „Verwicklungen“ und das Zustandekommen von sozialen Phänomenen finden Soziologen erst recht erklärungsbedürftig, wenn es um den Aufbau, die Ordnung und den Bestand ganzer Gesellschaften geht. Die Soziologie zielt bei all ihren Fragen daher grundlegend auf die Erklärung des Zustandekommens, des Erhalts oder der Veränderung sozialer Phänomene. Oder anders ausgedrückt: In der Entstehung, dem Bestehenbleiben und dem Wandel sozialer Phänomene sehen Soziologen die eigentlichen Rätsel bei ihren empirischen Fragestellungen.

Kontingenz des Sozialen

Der soziologische Blick richtet sich dabei sowohl auf weniger selbstverständliche als auch auf ganz alltägliche soziale Phänomene. Wo die Massenmedien erst den Exhibitionisten im Bäckerladen berichtenswert finden, interessiert sich der Soziologe ebenso sehr, vielleicht sogar noch mehr für den reibungslosen morgendlichen Brötchenverkauf. Ein Soziologe könnte fragen, warum ein solcher Vorgang – oft über Generationen hinweg – so selbstverständlich funktioniert. Während ein Ökonom fragen mag, warum der Kunde den verlangten Brötchenpreis bezahlt, anstatt zu versuchen, einen geringeren Preis auszuhandeln, stellt sich ein Soziologe zum Beispiel die Frage, warum der Kunde überhaupt bezahlt, oder warum er nicht für seine Brötchen mehr bezahlt als verlangt. Vermeintlich „normale“ alltägliche Vorgänge in dieser Weise grundsätzlich in Frage zu stellen, macht einen großen Teil der soziologischen Rätsel aus. Die Soziologie nimmt prinzipiell nichts an der sozialen Wirklichkeit als selbstverständlich und nicht weiter erklärungsbedürftig an, sondern konfrontiert alles mit der Frage, warum es nicht auch ganz anders sein könnte – um durch diesen kontrafaktischen Zweifel herauszubekommen, warum es so ist, wie es ist. Die Soziologie stellt damit neben der Komplexität vor allem auch die *Kontingenz allen sozialen Geschehens* in Rechnung. Mit anderen Worten, für Soziologinnen und Soziologen ist kein Phänomen im sozialen Zusammenleben der Menschen einfach „gegeben" oder „natürlich". Alles könnte auch ganz anders sein, wie man sich mit Blick auf manche Lebensgewohnheiten von Menschen fremder Kulturen leicht vor Augen führen kann.

Transintentionalität des Sozialen

Von besonderem soziologischem Interesse und wohl auch von besonderer außerwissenschaftlicher Relevanz sind aber die weniger selbstverständlichen sozialen Phänomene. Denn in vielen Fällen der betrachteten „Verwicklungen" geht es ja um sowohl den Alltagsbeobachter als auch den Soziologen überraschende Sachverhalte, und es kommen bei der Entstehung oder dem Wandel sozialer Phänomene nicht selten so von niemandem gewollte Ereignisse und Gebilde heraus. Dieses besonders rätselhafte Charakteristikum sozialer Phänomene wird in der Soziologie mit dem Begriff der *Transintentionalität des Sozialen* erfasst.[5] Wenn Menschen etwa glaubhaft versichern und auch in ihrem Handeln – zum Beispiel beim Wählen – zum Ausdruck bringen, dass sie ökologische Nachhaltigkeit als ein hohes Gut erachten: Wie ist dies damit in Einklang zu bringen, dass sie nicht nur weiterhin ein Auto besitzen, statt auf den öffentlichen Personennah- und -fernverkehr umzusteigen, sondern immer benzinfressendere Autos kaufen und selbst kürzeste Strecken per Auto zurücklegen? Wie kommt der immense mediale und kommerzielle Erfolg bestimmter Fernsehunterhaltungssendungen zustande, wenn zugleich eine überwiegende Zahl von Fernsehzuschauern angibt, solche TV-Shows abzulehnen? Wie kann es sein, dass gewalttätige Ausschreitungen bei Konzerten, in Sportstadien oder bei friedlich beginnenden Demonstrationen ausbrechen und um sich greifen, wenn ein Großteil des Publikums oder der Teilnehmer ohne eine entsprechende gewalttätige Neigung und Absicht zu einer solchen Veranstaltung hingegangen ist? Und wenn so viele wichtige Beteiligte grundlegende Reformen zum Beispiel an den Universitäten oder im Gesundheitswesen als dringend notwendig erachten: Warum passiert dennoch oder allzu lange nichts?

Es mag sich bei derartigen Fällen um schwer durchschaubare soziale Handlungszusammenhänge, um komplizierte und verzweigte Handlungsketten handeln, oder die Zusammenhänge werden von interessierter Seite verschleiert, oder die Zusammenhänge vollziehen sich, ohne dass irgendwer sie gezielt verbirgt, „hinter dem Rücken" aller Beteiligten: Die Soziologie will aufdecken, wie und warum gerade überraschende soziale Phänomene

5 Das Thema Transintentionalität wird im Kapitel 7 ausführlich dargelegt.

manchmal in einer Weise vorkommen und sich entwickeln, dass sie den Handelnden entgleiten. Soziologinnen und Soziologen tragen so dazu bei, über diejenigen sozialen „Verwicklungen“ aufzuklären, die zu unvorhergesehenen gesellschaftlichen Entwicklungen führen, und sie ermöglichen den an sozialen Handlungszusammenhängen Beteiligten damit, Handlungsspielräume zu erkennen und zu beurteilen, die genutzt werden könnten, um unerwünschten sozialen Phänomenen entgegenzusteuern. Kurz: Die Aufgabe der Soziologie ist es, soziales Geschehen so zu erklären, dass differenzierte Einschätzungen des Geschehens und seiner Auswirkungen möglich werden, von denen die Gesellschaftsmitglieder für die Gestaltung ihres sozialen Zusammenlebens etwas haben.

Analytischer Bezugsrahmen

Wie geht man als Soziologe diese Aufgabe nun an? Wie hat man vorzugehen, wenn man mit einer konkreten empirischen Fragestellung und einem entsprechenden soziologischen Rätsel konfrontiert ist?

Die soziologische Bearbeitung eines solchen Rätsels zeichnet sich durch eine bestimmte analytische Herangehensweise aus, in die man sich als angehende Soziologin einüben muss. Diese Herangehensweise besteht darin, dass bestimmte generelle Komponenten von sozialen Phänomenen analytisch unterschieden werden. Solche analytischen Komponenten sind zum Beispiel „Akteure“, „Konstellationen“ und „Strukturen“ – sie werden im Fortgang des Buches im Einzelnen behandelt. Die Komponenten bilden zusammen den theoretischen Bezugsrahmen für die soziologische Analyse. Der Bezugsrahmen gibt die Verknüpfung der Komponenten untereinander an – zeigt also, wie u. a. Akteure, Konstellationen und Strukturen miteinander zusammenhängen – und beinhaltet damit Hinweise auf die zu erklärenden Verbindungen zwischen den Komponenten. Der Bezugsrahmen wird in den nächsten Abschnitten dieses Kapitels grob skizziert.

Um die Zusammenhänge schließlich zu erklären, braucht es theoretische Instrumente bzw. Modelle, die der soziologischen Analyse als Werkzeuge dienen. Solche Werkzeuge – zum Beispiel die „Akteurmodelle“ – lernen Sie in den nächsten Kapiteln dieser Einführung kennen. Am Ende des Buches werden Sie über viele theoretische Modelle und damit über einen gut bestückten Werkzeugkasten für die soziologische Analyse verfügen.

Zunächst wird jedoch eingehender erläutert, worin die allen sozialen Phänomenen gemeinsamen Komponenten bestehen, welche Zusammenhänge zwischen ihnen die Erklärungsprobleme darstellen, die zur Bearbeitung soziologischer Rätsel in den Blick genommen werden müssen, und wie die entsprechenden Schritte einer soziologischen Erklärung aussehen.

1.2 Das Wechselverhältnis von sozialem Handeln und sozialen Strukturen

Was ist aus soziologischer Perspektive das allen sozialen Phänomenen Gemeinsame? Diese Frage könnte auch so gestellt werden: Was ist eigentlich das „Soziale“ an „sozialen“ Phänomenen? Die kurz gefasste Antwort lautet: dass überall dort, wo soziale Phänomene vorliegen – seien es nun soziale Gebilde, soziale Situationen oder sich vollziehende soziale Prozesse – Akteure beteiligt sind, von diesen sozial gehandelt wird und das handelnde Zusammenwirken mehrerer Akteure Wirkungen hervorbringt, die wiederum weiteres soziales Handeln prägen. Soziologisch am bedeutsamsten unter diesen Wirkungen sind dabei soziale Strukturen: diejenigen Handlungswirkungen, die sich als verfestigte Muster manifestieren und so die weiteren Handlungsbedingungen für die Akteure vorgeben.

Soziale Phänomene beruhen also immer auf dem sozialen Handeln von Akteuren und gehen im Hinblick auf die sie ausmachenden Strukturen aus den aufeinander treffenden Effekten des Handelns hervor. Dieser Zusammenhang von Handlungen, Handlungswirkungen und Handlungsbedingungen, wobei die Wirkungen zugleich der wichtigste Teil der Bedingungen sind, ist das allen sozialen Phänomenen gemeinsame Soziale. *Sozialität* besteht also aus der *fortlaufenden wechselseitigen Konstitution von sozialem Handeln und sozialen Strukturen* (Abbildung 1).[6]

Abbildung 1: Modell der wechselseitigen Konstitution von sozialem Handeln und sozialen Strukturen

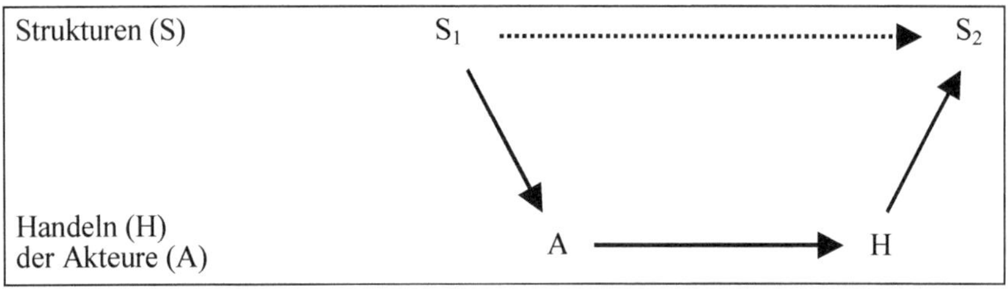

Beispiel Sport

Höchstwahrscheinlich finden Sie das bisher Gesagte noch sehr unanschaulich, vielleicht sogar abschreckend in seiner Rätselhaftigkeit. Daher soll die wechselseitige Konstitution von sozialem Handeln und sozialen Strukturen nun zunächst, ohne noch genauere terminologische Klärungen vorzunehmen, an einem Beispiel aus der Sportsoziologie näher erläutert werden.

---

6 Diese Grafik geht zurück auf David McClelland, James Coleman und Siegwart Lindenberg. Sie ist in jüngster Zeit maßgeblich von Hartmut Esser (1999) in die soziologische Theoriediskussion eingebracht worden und firmiert dort auch unter dem Schlagwort „soziologische Badewanne“.

Überall auf der Welt interessieren sich viele Menschen für sportliche Ereignisse, besuchen Wettkämpfe im Stadion oder fiebern vor dem Fernsehgerät zu Hause mit. Dieses massenhaft vorkommende soziale Handeln findet unter bestimmten Bedingungen statt und zeitigt bestimmte soziale Wirkungen, nämlich die Strukturen des modernen Sports bzw. sportlicher Großveranstaltungen. Dies kann zu einem soziologischen Erklärungsgegenstand gemacht werden:

1. Das Handeln der Zuschauer

Warum ist jemand Sportzuschauer, und warum verhält er sich beim Sportzuschauen auf bestimmte Weisen (Bette/Schimank 1996)?

Sucht man in Beantwortung dieser Frage zunächst nach Motiven, stößt man zum einen darauf, dass diese ganz unterschiedlichen Charakter haben können. Zum anderen wird erkennbar, dass die Motive hochgradig sozial geprägt sind, also auf bestimmte gesellschaftliche Strukturen zurückgehen. Ein Motiv besteht beispielsweise darin, durch sportliche Wettkämpfe mit ihrem stets ungewissen Ausgang spannend unterhalten zu werden. Dass dieses Motiv für viele so wichtig geworden ist, hängt auch damit zusammen, dass die moderne Gesellschaft im Vergleich zu früheren Gesellschaftsformen in fast allen Lebensbereichen hochgradig routinisiert und bürokratisiert ist. Alles geht seinen geregelten Gang – was wir durchaus zunächst einmal als Sicherheit vor bösen Überraschungen zu würdigen wissen, was aber eben auch Gefühle der Langeweile aufkommen lässt. Sportereignisse helfen dieser Langeweile ab. Aber sie sind nicht die einzige Möglichkeit dafür. Man könnte etwa auch Kriminalromane lesen oder Abenteuerurlaube unternehmen. Man hat also Alternativen, zwischen denen man zum Teil mehr oder weniger reflektiert abwägt. Jemand könnte sich dann zum Beispiel sagen, dass Abenteuerurlaube zu kostspielig und mit persönlichen Gefahren verbunden sind, oder dass er bei Kriminalromanen als geübter Leser oft schon viel zu schnell weiß, wer der Täter ist.

Ein anderes häufiges Motiv von Sportzuschauern ist das Ausleben von Emotionen. Auch dies ist in der modernen Gesellschaft ansonsten schwieriger geworden. Fast überall handeln wir sachbetont und unpersönlich. Als Sportzuschauer dürfen wir dagegen „die Sau rauslassen“. Emotionalität wird nicht nur gestattet, sondern geradezu gefordert. Wer stocksteif einem spannenden Wettkampf beiwohnt, wirkt höchst deplaziert. Im Stadion wird also eine situative emotionale Gemeinschaft gestiftet, die sich etwa im gemeinsamen Begeisterungsgebrüll ausdrückt.

Die Identifikation mit bestimmten Sportlern oder Mannschaften bietet vielen Sportzuschauern weiterhin eine Möglichkeit, die eigene Identität in Gruppen, die sich zum Beispiel zu Fanclubs organisieren, zu verankern. Auch dies ist eine der Reaktionen darauf, dass Personen in der modernen Gesellschaft, die die früheren lokalen und religiös gestifteten Gemeinschaften weitgehend aufgelöst hat, andere Gelegenheiten suchen, um ihre je persönliche Identität darzustellen und sozial bestätigt zu bekommen. Die Wettkampflogik des Sports bietet hierbei sogar die besondere Gelegenheit, die in einer bestimmten Fangruppe verankerte Identität durch die Abgrenzung gegenüber konkurrierenden Fangruppen zu profilieren.

Es geht hier nicht darum, die motivationalen Antriebe der Sportzuschauer vollständig zu erfassen. Schon die angesprochenen Motive und ihre Hintergründe machen den generellen Punkt sehr deutlich: Soziale Strukturen prägen Motive, Gelegenheiten und Ausdrucksformen des Handelns. Hinsichtlich der Motive wurde angedeutet, dass Struktureigentümlichkeiten der modernen Gesellschaft wie ihr Bürokratisierungsgrad oder die Erosion von Gemeinschaften bestimmte Handlungsantriebe virulent werden lassen, die sich dann u. a. im Sportzuschauen aktualisieren. Eng damit verknüpft ist der hohe Grad an Technisierung, der die Struktur moderner Gesellschaften kennzeichnet und auch die erweiterten Möglichkeiten räumlicher Mobilität und der Telekommunikation hervorgebracht hat. Ohne Eisenbahnen und später den Auto- und Flugverkehr sowie ohne Fernsehen wäre die heutige Verbreitung und Intensität des Sportzuschauens nicht denkbar. Weiterhin mussten bestimmte Strukturen der Wirtschaft und des Arbeitens hinzukommen. Nur die säkulare Verkürzung der Arbeitszeit hat jenes Ausmaß an Freizeit geschaffen, das es immer mehr Menschen ermöglicht hat, immer mehr Zeit auch für ihr Sportinteresse zu verwenden; und nur die säkulare Steigerung des Lebensstandards breiter Bevölkerungsgruppen erlaubt es diesen, sich teure Eintrittskarten zu Sportveranstaltungen überhaupt leisten zu können. All diese Strukturentwicklungen haben die Gelegenheiten zum Sportzuschauen und damit zum Ausleben der ebenfalls strukturell hervorgerufenen Motive für viele Gesellschaftsmitglieder enorm gesteigert.

Welche spezifischen Ausdrucksformen die so zugleich dringlich und möglich gewordenen Zuschauerinteressen gefunden haben, ist ebenfalls durch soziale Strukturen geprägt. Dazu gehört beispielsweise die Schichtung der modernen Gesellschaft. Menschen aus dem Arbeitermilieu bevorzugen andere Sportarten und benehmen sich als Zuschauer anders als Angehörige gehobener Schichten. Man braucht sich nur das typische Ambiente eines Fußballstadions und eines Golfplatzes im Vergleich miteinander zu vergegenwärtigen. Auch Unterschiede zwischen männlichen und weiblichen Sportzuschauern, zum Beispiel hinsichtlich der zugelassenen Formen aggressiver Emotionalität, sind offenkundig, was auf die Struktur gesellschaftlicher Geschlechterdifferenzierung verweist. Schließlich gibt es, um nur noch einen weiteren Aspekt anzuführen, Unterschiede zwischen dem Verhalten der Sportzuschauer verschiedener Länder. Der Autokorso nach Siegen der eigenen Fußballnationalmannschaft war etwa lange Zeit in Deutschland nicht gebräuchlich, wohl aber in Italien. Auch die nationalspezifischen Kulturen der Nutzung des öffentlichen Raumes differieren also.

2. Die Wirkungen des massenhaften Zuschauerhandelns

Das Beispiel kann noch weitergeführt werden, indem man danach fragt, welche Wirkungen denn das Zuschauerhandeln hat. Es geht soziologisch ja niemals um das Handeln eines Einzelnen, sondern darum, wie gleichartiges oder auch unterschiedliches Handeln Mehrerer, manchmal sehr Vieler zusammenwirkt. Ein unmittelbarer Effekt massenhaften Zuschauerhandelns im Stadion kann zum Beispiel darin bestehen, dass einer der Wettkämpfer bzw. eine der beiden Mannschaften einen enormen Motivationsschub erhält. Wenn Zehntausende die Heimmannschaft frenetisch anfeuern, können dadurch bei dieser Willenskräfte freigesetzt werden, die nicht selten zum Sieg verhelfen. Umgekehrt kann das gnadenlose Auspfeifen des Gegners dessen Spieler so verunsichern, dass sie weit unter ihren Möglichkeiten spielen. Die soziale Struktur, die sich aus diesem unabgesprochenen Zusammenwirken der Zuschauer ergibt, wird gemeinhin als „Heimvorteil" tituliert.

Ein zweites Beispiel dessen, was das Zuschauerverhalten bewirken kann, ist der „Hooliganism". Ein – glücklicherweise nur sehr kleiner – Teil derjenigen, die in ein Fußballstadion gehen, ist von vornherein auf Randale aus. Solche Fans leben ihre Identifikation mit der eigenen Mannschaft vor allem darin aus, sich mit den Fans der Gastmannschaft zu prügeln. Bliebe dieses Verhalten auf beiden Seiten auf einen harten Kern von Gewalttätern beschränkt, wäre es zwar eine unschöne Störung des Sportereignisses, bedeutete aber noch kein sonderliches Risiko. Das eigentliche Problem des „Hooliganism" rührt daher, dass sich unter bestimmten Umständen Kettenreaktionen einstellen können, nämlich weitere, zunächst gar nicht gewaltbereite Zuschauer mitgerissen werden. Wenn beispielsweise die eigene Mannschaft abgrundtief schlecht spielt, also ihre treuen Fans enttäuscht, und diese dann noch von den Gesängen der gegnerischen Fans verhöhnt werden, was für die ohnehin Gewaltbereiten spätestens der Anlass zum „Losschlagen" ist: Dann kann es leicht passieren, dass auch an sich „friedliche" Fans plötzlich „ausrasten". Wenn dann noch die Sicherheitsvorkehrungen im Stadion unzulänglich sind und die Polizei sich ungeschickt verhält, können Katastrophen eintreten, wie es sie schon wiederholt gegeben hat. Wenn daraus wiederum politisch die Konsequenz gezogen wird, bestimmte rechtliche Regelungen zu erlassen, also zum Beispiel den Alkoholkonsum in Sportstadien zu verbieten, hat der „Hooliganism" eine Veränderung der institutionellen Strukturen der Gesellschaft bewirkt.

Ein weiterer Effekt, den das Zuschauerverhalten oft auslöst, sind Verkehrsprobleme. Rund um das Stadion sind vor wichtigen Sportereignissen die Straßen verstopft, alle Parkmöglichkeiten überfüllt. Darunter leiden nicht nur die Zuschauer selbst, sondern auch unbeteiligte Dritte: die Anwohner oder andere Verkehrsteilnehmer, die auf ihren Wegen nicht vorankommen. Wenn dies häufiger vorkommt, kann das ein Anlass dafür sein, zusätzliche Verkehrskapazitäten aufzubauen, beispielsweise weitere Parkplätze zu schaffen, Verkehrsleitsysteme zu installieren oder den öffentlichen Nahverkehr entsprechend auszubauen.

Diese drei Effekte verdeutlichen zunächst situative, also sich zeitlich und sachlich relativ unmittelbar aus dem handelnden Zusammenwirken der Sportzuschauer ergebende Strukturen. Das Zuschauerhandeln schafft eine bestimmte Konstellation zwischen Zuschauergruppen und Mannschaften, zwischen den Zuschauergruppen untereinander und zwischen Zuschauern und anderen Bevölkerungsmitgliedern. Wenn allerdings auf diese Konstellationsstrukturen wiederum zum Beispiel durch vorbeugende Maßnahmen reagiert wird, also etwa Sicherheitsvorkehrungen gegen „Hooligans" getroffen oder Verkehrsleitsysteme gegen Staus eingerichtet werden, zeigt dies bereits, dass die Kette der Wechselwirkungen zwischen Handeln und Strukturen weiterreicht. Aber handelndes Zusammenwirken hat auch ansonsten zeitlich und sachlich ferner liegende, mittelbarere Wirkungen. So ist das Zuschauerverhalten zumindest mitverantwortlich dafür, dass im modernen Hochleistungssport Doping immer mehr um sich gegriffen hat, also die generelle Fairnessnorm und die spezifischen Verbote der Nutzung bestimmter leistungsfördernder Substanzen missachtet werden (Bette/Schimank 1995). Denn die Begeisterung der Zuschauer, ihre Verehrung von Sporthelden und Sucht nach Rekorden, übt einen enormen Erfolgsdruck auf die Athleten aus. Klar ist allerdings, dass dieser Effekt des Zuschauerverhaltens nicht für sich genommen Doping bewirkt. So bedarf es etwa der Massenmedien, die diesen Erfolgsdruck aufbereiten und tagtäglich an die Athleten weitergeben; und natürlich muss auch der wissenschaftliche Fortschritt die Mittel bereitstellen, die effektives Doping ermöglichen. Das Zuschauerverhalten ist also nur einer von mehreren Wirkfaktoren – allerdings einer, ohne den es wohl kaum Doping im heutigen Ausmaß gäbe.

Ein anderes Beispiel für mittelbarere Effekte des Zuschauerverhaltens besteht darin, dass massenhafte Sportbegeisterung der Bevölkerung eines Landes das bestehende politische Regime stützen kann. Zum einen können internationale sportliche Erfolge auch den politischen Machthabern zugerechnet werden, also als Zeichen staatlicher Leistungsfähigkeit eingestuft werden. Das haben einige der ehemals sozialistischen Staaten Osteuropas, vor allem die DDR, gezielt versucht. Zum anderen kann Sportbegeisterung von politischen Unzufriedenheiten ablenken. Die Identifikation mit den nationalen Sportidolen mag dann zum Beispiel zumindest zeitweise über die kümmerliche Versorgung mit Lebensmitteln hinwegtrösten.

Lässt man die Beispiele Revue passieren, wird deutlich, dass das handelnde Zusammenwirken teilweise gewollte Effekte hervorbringt. So streben die Zuschauer an, ihre Mannschaft anzufeuern. Oft stellen sich aber ungewollte Effekte ein, die manchmal nicht vorhergesehen werden, manchmal aber schon. Kein Zuschauer möchte im Verkehrsstau stecken; doch die meisten nehmen aufgrund früherer Erfahrungen die Möglichkeit, dass dies passieren kann, resigniert hin. Die meisten Zuschauer möchten nicht in eine „Schlacht" mit

Fans der anderen Mannschaft verwickelt werden und rechnen auch nicht damit; einige wollen jedoch genau das bewirken und arbeiten gezielt darauf hin. Kaum ein politisch Unzufriedener macht sich klar, dass er durch seine Sportbegeisterung dazu beitragen kann, dass die politischen Verhältnisse bleiben, wie sie sind; aber die Machthaber können dieses Ablenkungsmanöver sehr bewusst inszenieren. Natürlich können Handelnde auch auf unerwünschte Handlungswirkungen mit Ausweich- oder Korrekturbemühungen reagieren. Vom „Spritzensport" desillusionierte Zuschauer mögen sich abwenden und anderen Freizeitbeschäftigungen nachgehen; und wenn dies massenhaft geschähe, hätte es vielleicht sogar Doping eindämmende Wirkungen. Wer nicht im Stau vor dem Stadion stehen will, kann früher losfahren; aber vielleicht machen das alle anderen genauso, womit der einzige Effekt dieses massenhaften Reagierens auf die Erfahrungen mit früherem handelnden Zusammenwirken darin besteht, dass alle entsprechend früher im Stau stehen.

Man könnte all diese Beispiele noch sehr viel weiterspinnen und würde dann immer mehr soziologisch interessanter Zusammenhänge gewahr. Aber an dieser Stelle genügt es, sich anhand des Beispiels noch einmal das Wechselverhältnis zwischen sozialem Handeln und sozialen Strukturen klarzumachen:

Die Ausführungen zum Handeln der Zuschauer illustrieren, wie soziales Handeln durch verschiedene Arten von sozialen Strukturen geprägt wird, wie diese Strukturen also die Handlungsbedingungen für die Akteure darstellen. Und der Blick auf das Handeln der Zuschauer verdeutlicht einige der Motive, die Handelnde unter bestimmten Bedingungen haben können und aufgrund derer sie dann ein bestimmtes Handeln ausführen. Damit ist die eine Richtung des Wechselverhältnisses von Handeln und Strukturen angedeutet.

Abbildung 2: Strukturen prägen Handeln

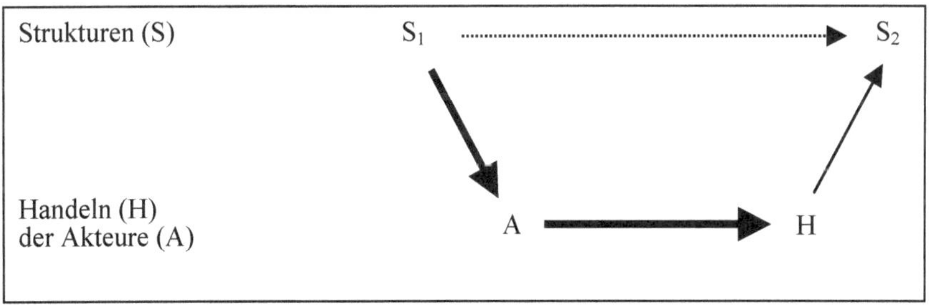

Der Pfeil in Abbildung 2 von den Strukturen (S_1) „hinunter" zu den Akteuren (A) deutet den Zusammenhang an zwischen den Handlungsbedingungen, die auf die Akteure einwirken, und den Akteuren, die diese Bedingungen wahrnehmen und für sich interpretieren. Und der Pfeil von den Akteuren (A) zum Handeln (H) bezieht sich auf die „Strecke" der darauf folgenden Handlungswahl der Akteure.

Die andere Seite des Sport-Beispiels, der Blick auf einige der möglichen Effekte des Zuschauerhandelns, illustriert im Wechselverhältnis von Handeln und Strukturen die „Strecke“ handelnden Zusammenwirkens mehrerer Akteure (H) wieder „hinauf“ zu den Strukturen (S_2) (Abbildung 3):

Abbildung 3: Handeln produziert Strukturen

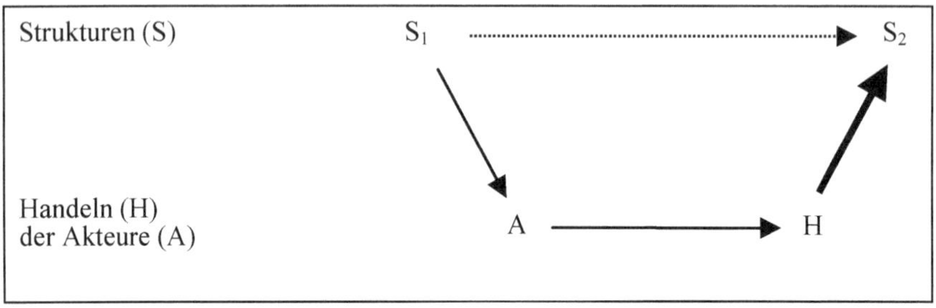

Das ist die umgekehrte Richtung des Wechselverhältnisses: die Hervorbringung sozialer Strukturen durch soziales Handeln. Sämtliche sozialen Strukturen, ob im Beispielfall die Dopingeskalation oder der Verkehrsstau, sind das Produkt sozialen Handelns. Sie kommen durch das Zusammenwirken des Handelns Mehrerer zustande.

Vor allem Anthony Giddens (1984) hat diese Beschaffenheit von Sozialität in seiner „Theorie der Strukturation“ sehr einprägsam herausgestellt. Er betont mit seinem Konzept der „duality of structure“: „… the structural properties of social systems are both medium and outcome of the practices they recursively organize.“ (Giddens 1984: 1-40, Zitat: 25) Soziale Strukturen begreift Giddens also zunächst als das „Medium“, in dem jedes Handeln („practice“) sich vollzieht. Damit macht er auch darauf aufmerksam, dass soziale Strukturen nicht wie physikalische Objekte eine vom Handeln unabhängige Existenz haben. Eine Gießkanne etwa steht herum, auch wenn wir sie gerade nicht benutzen oder nicht einmal bemerken. Eine Norm beispielsweise materialisiert sich hingegen immer erst in dem Moment, in dem sie Handeln prägt – und sei es, dass es sie bewusst missachtet. Prägung und Geprägtes sind eines: „… structure exists … only in its instantiations in such practices …“ (Giddens 1984: 17). Das bedeutet aber weiterhin, dass soziales Handeln die sozialen Strukturen als „outcomes“ hervorbringt – und zwar beständig aufs Neue. Weil soziale Strukturen sich immer erst im Gebrauch manifestieren, werden sie nur so produziert und reproduziert. Dementsprechend hat Handeln auch nicht nur dann strukturelle Wirkungen, wenn es eine gegebene Struktur verändert oder eine Struktur aufbaut, wo vorher keine war. Auch das Gleichbleiben einer Struktur über die Zeit ist Wirkung des durch diese Struktur geprägten Handelns. Eine Norm wird allein dadurch erhalten, dass sie immer wieder befolgt wird, während eine Gießkanne gerade durch den Gebrauch allmählich abgenutzt und schließlich unbrauchbar wird.

Man kann dieses Wechselverhältnis dann auch, wie Giddens, als „Rekursivität“ sowohl des Handelns als auch der Strukturen verstehen. Denn einerseits kann man sagen, dass das soziale Handeln sich, gewissermaßen über den Umweg der strukturellen Effekte und strukturellen Prägungen, immer wieder selbst hervorbringt. Andererseits lässt sich dasselbe auch so sehen, dass die sozialen Strukturen sich, über den Umweg der Handlungsprägung und der Handlungswirkungen, immer wieder selbst hervorbringen.

Dass dieses Wechselverhältnis keinen logisch unerquicklichen kausalen Zirkel darstellt, ist in den Beispielen ebenfalls bereits deutlich geworden. Für Kausalität gilt ja: Wenn X durch Y bewirkt wird, kann nicht gleichzeitig Y durch X erzeugt werden. Denn dann muss zuerst Y da sein, also auf etwas anderes als X zurückgehen. Das Wechselverhältnis der Sozialität entfaltet sich aber über Zeit. Die zum Zeitpunkt t_1 vorliegenden sozialen Strukturen S_1 prägen das dann stattfindende Handeln H_1. Daraus gehen im Zeitverlauf bis t_2 strukturelle Wirkungen hervor, die aus den Strukturen S_1 die Strukturen S_2 machen. Diese prägen dann wieder das Handeln H_2, usw. (Abbildung 4).

Abbildung 4: Die Reproduktion von sozialem Handeln und sozialen Strukturen im Zeitverlauf

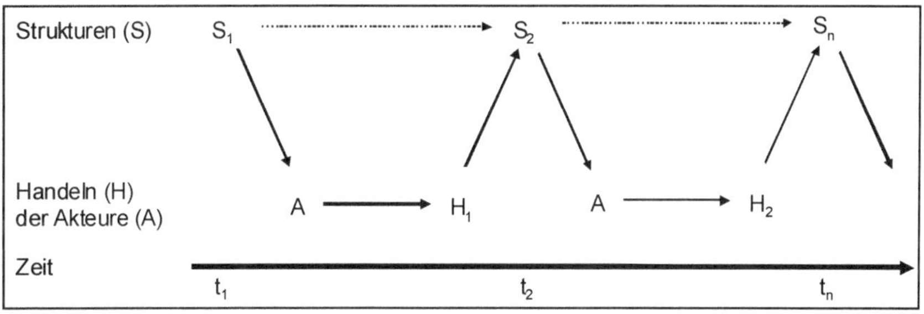

1.3 Erklärung von Handlungen und Erklärung von Handlungswirkungen

Das vorgestellte Modell der wechselseitigen Konstitution von sozialem Handeln und sozialen Strukturen umschreibt den Gegenstand der Soziologie und stellt zugleich den Bezugsrahmen für die soziologische Analyse dar. Daraus ergeben sich dann auch schon die grundlegenden Erklärungsprobleme, mit denen sich Soziologen zu beschäftigen haben, wenn sie das Zustandekommen, die Reproduktion oder die Veränderung sozialer Phänomene erklären wollen. Zum einen müssen Soziologen den Zusammenhang zwischen den gegebenen Strukturen und dem Handeln erklären. Das heißt, sie müssen die Frage beantworten, wie die strukturellen Bedingungen auf das Handeln der Akteure eingewirkt haben und welche Handlungswahlen daraufhin von den

Akteuren getroffen wurden. Zum anderen müssen Soziologen den Zusammenhang zwischen dem Handeln und den daraus hervorgehenden Strukturen erklären, also die Frage beantworten, welche strukturellen Wirkungen ein bestimmtes Handeln im Zusammenwirken mit anderem Handeln hat.

Das Modell der wechselseitigen Konstitution von Handeln und Strukturen lässt sich also methodologisch wenden und zeigt dann auf, welche Erklärungsschritte zur Lösung eines soziologischen Rätsels gegangen werden müssen. Ein entsprechendes „Modell der soziologischen Erklärung" schlägt Hartmut Esser (1996) vor. Er unterscheidet in Anknüpfung an Überlegungen von James Coleman und Siegwart Lindenberg (Lindenberg 1983; Coleman 1986; Wippler/Lindenberg 1987; Esser 1999: 14-28) drei für jede soziologische Erklärung notwendige Teilschritte, drei „Logiken", denen sich die Soziologie mit Erklärungsangeboten widmen muss (Abbildung 5).

Abbildung 5: Modell der soziologischen Erklärung

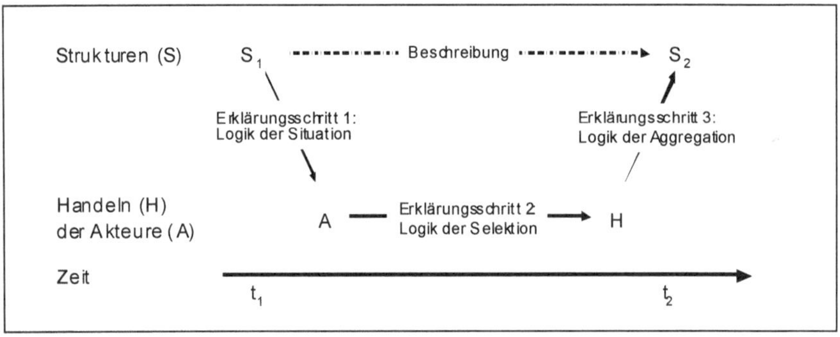

Drei „Logiken"

Die ersten beiden Teilschritte sind die „Logik der Situation" und die „Logik der Selektion". Sie erklären zusammengenommen die eine Richtung des Wechselverhältnisses von sozialem Handeln und sozialen Strukturen, nämlich die Prägung von Ersterem durch Letztere. Die strukturellen Bedingungen, die auf die Akteure einwirken, werden von Esser als die „Situation" aufgefasst, in der sich Handelnde befinden, denn diese Bedingungen stellen sich aus der Perspektive der Akteure als die situationalen Umstände ihres Handelns dar. Handeln findet immer in sozialen Situationen statt, die durch eine bestimmte Beschaffenheit sozialer Strukturen gekennzeichnet sind. Diese Beschaffenheit und die Art und Weise, wie die Akteure sie wahrnehmen und verarbeiten, macht die „Logik der Situation" aus. Die „Logik der Selektion" ist der Erklärungsschritt, der sich auf den Vorgang der Handlungswahl bezieht. Wenn Handeln so aus dem Zusammenspiel beider Logiken zustande kommt, gehen daraus im Zusammenwirken mit anderem Handeln die strukturellen Effekte hervor. Diese umgekehrte Richtung des Wechselverhältnisses wird in der „Logik der Aggregation" erklärt.

Esser betont, dass diese Logiken beständig ineinander übergehen. Das Ergebnis der „Logik der Aggregation“ ist eine – neue oder auch gleich gebliebene – „Logik der Situation“, die dann über die „Logik der Selektion“ die nächste „Logik der Aggregation“ erzeugt, usw. Und Esser unterstreicht, dass für eine vollständige Erklärung eines sozialen Phänomens immer alle drei Logiken bearbeitet werden müssen.

Hier wird im Weiteren davon ausgegangen, dass die Soziologie zwei grundlegende Erklärungsprobleme hat, wenn sie soziale Phänomene in den Blick nimmt. Denn je nachdem, welche „Logik der Selektion“ evoziert wird – ob jemand beispielsweise durch die situativen Umstände emotional höchst erregt wird oder zur rationalen Kosten/Nutzen-Abwägung verschiedener Handlungsalternativen neigt: Dies zeigt, wie sich die „Logik der Situation“ auf das Handeln auswirkt. Aus der Handlungswahl lässt sich also erschließen, welche der Situationsbedingungen der Akteur als die für sein Handeln entscheidenden wahrgenommen hat. Bei der Erklärung der „Logik der Selektion“ wird die „Logik der Situation“ zugleich mit modelliert, so dass diese beiden Erklärungsschritte als ein Erklärungsproblem zusammengefasst werden können.

Die „Logik der Situation“ selbst ist nur in geringem Maße theoretisierbar. Es können keine allgemeinen und dennoch gehaltvollen Gesetzmäßigkeiten darüber formuliert werden, wie spezifische Ausprägungen bestimmter sozialer Strukturen spezifische Ausprägungen des Handelns verursachen. Die Menge und Verschiedenartigkeit von strukturellen Bedingungen, die auf einen Handelnden in einer Situation einwirken, ist zu groß. Für die Sportbegeisterung der Zuschauer können beispielsweise ganz unterschiedliche Strukturelemente prägend sein – angefangen bei den erwähnten Milieus, in denen die Zuschauer sich bewegen, den veränderten Bedingungen der Arbeitswelt und der Freizeit, der Steigerung des Lebensstandards, den durch Technik herbeigeführten Möglichkeiten des Sportzuschauens, der Erosion von Gemeinschaften oder der Routinisierung vieler Lebensbereiche. Jede soziale Situation ist dadurch gekennzeichnet, dass zahlreiche Strukturelemente in jeweils spezifischen Ausprägungen die Möglichkeiten eines Handelnden bestimmen – teils beschränken, teils erweitern. Zudem überlagern und durchkreuzen sich die Prägewirkungen der verschiedcn Strukturelemente vielfach.

Was bei soziologischen Erklärungen im Teilschritt der „Logik der Situatiaon“ geschieht, ist eine hochgradig selektive Betrachtung und Beschreibung einiger weniger struktureller Bedingungen, denen man bei der Prägung des zu erklärenden Handelns einen überragenden kausalen Einfluss beimisst. Die Soziologie wird wohl niemals zu einer allgemeinen Theoretisierung der „Logik der Situation“ gelangen. Immerhin kann man hoffen, dass sie kumulativ zu einem immer reichhaltigeren Repertoire von begrenzten Verallgemeinerungen über die „Logik der Situation“ vorstößt.

Zwei grundlegende Erklärungsprobleme der Soziologie

Nach all dem kann gesagt werden, dass die Soziologie als Wissenschaft von der Sozialität zwei Arten von Problemen zu bearbeiten hat. Das eine besteht in der Frage danach, warum Handelnde in einer bestimmten Situation *so und nicht anders handeln*? Das andere besteht in der Frage danach, welche *strukturellen Wirkungen ein bestimmtes Handeln im Zusammenwirken mit anderem Handeln* hat. Spezifische soziologische Rätsel können so beschaffen sein, dass dabei beide Arten von Problemen mit gleicher Aufmerksamkeit bearbeitet werden müssen. Es kann aber auch sein, dass man sich auf eine der beiden Arten konzentrieren muss.

Interessiert man sich beispielsweise dafür, warum immer mehr Leute sich immer stärker für Sport begeistern, steht die erste Art von Erklärungsproblem im Vordergrund. Die Auswirkungen der Sportbegeisterung bleiben dann ausgeblendet. Interessiert man sich hingegen dafür, welcher Dynamik die Eskalation von Begeisterung oder auch Gewalttätigkeit im Stadion folgt, muss man sich vorrangig der zweiten Art von Erklärungsproblem widmen. Man kann dann voraussetzen, dass es eine gewisse Sportbegeisterung bzw. Gewaltbereitschaft unter den Zuschauern gibt, ohne klären zu müssen, worauf dies jeweils zurückgeht; und man beschäftigt sich lediglich damit, wie die wechselseitige Aufstachelung zum Jubeln bzw. zum Prügeln vonstatten geht. Will man demgegenüber erklären, warum Doping immer mehr um sich greift, muss man nacheinander beide Arten von Erklärungsproblemen gleichrangig angehen. Man muss zunächst die Handlungsantriebe und –bedingungen der Athleten nachvollziehen, um ihre Neigung zu dieser Art von abweichendem Verhalten verstehen zu können. Danach muss man aber auch die Konkurrenz zwischen den Athleten und die internationale Konkurrenz zwischen den Sportverbänden in Betracht ziehen, um die Eskalation des Dopings und die gleichzeitigen allseitigen Bemühungen des Vertuschens zu begreifen.

Je nach dem empirischen Fall, den man als soziologisches Rätsel vor sich hat, hat man also hauptsächlich entweder dieses oder jenes Erklärungsproblem, oder man hat beide Arten und muss das Rätsel dann entsprechend aufteilen und sukzessive bearbeiten. Beide Arten von Erklärungsproblemen sind gleichermaßen wichtig und müssen oft genug kombiniert werden, um ein Phänomen soziologisch befriedigend erklären zu können. Trotzdem interessiert Soziologinnen die zweite Art von Problemen am meisten: das handelnde Zusammenwirken und dessen Effekte. Für sich genommen interessiert also beispielsweise nicht, warum ein Sportjournalist einen Dopingfall aufgreift und auf bestimmte Weise in einem Zeitungsartikel darstellt – oder warum er es unterlässt. Interessant ist vielmehr, wie dieser Artikel im Spektrum anderer die öffentliche Meinung mitprägt und daraus vielleicht über etliche Zwischenschritte bestimmte Entscheidungen der Sportverbände hervorgehen – oder warum das nicht passiert. Auch das Ausbleiben eines handelnden Zusammenwirkens, das man hätte erwarten können, kann erklärungsbedürftig sein.

Dass die Erklärung des einzelnen Handelns nicht das eigentliche soziologische Interesse darstellt, hat eine wichtige methodologische Konsequenz. Die stets knappe Aufmerksamkeit, die man einem Rätsel zu widmen vermag, sollte so wenig wie möglich vom Erklärungsproblem des Handelns beansprucht werden, damit umso mehr Aufmerksamkeit für das handelnde Zusammenwirken bleibt. Allerdings hat sich die allgemeine soziologische Theorie bis heute vorrangig mit den Erklärungsproblemen der ersten Art beschäftigt. Die Erklärung des Handelns, nicht die Erklärung der Handlungswirkungen stand und steht bislang im Vordergrund des theoretischen Interesses. Die Frage nach den Handlungsursachen und -antrieben ist aber letztlich nur eine Vorfrage, wenn man soziale Phänomene erklären will.

Vorschau

Die Soziologie hat *zwei Arten von Erklärungsproblemen*: die Erklärung von Handlungswahlen und die Erklärung von strukturellen Effekten des handelnden Zusammenwirkens. Der Aufbau des vorliegenden Buches orientiert sich an diesen beiden Arten soziologischer Erklärungsprobleme. Nachdem im Kapitel 2 zunächst noch einige terminologische Klärungen vorgenommen werden, widmen sich die anschließenden Kapitel nacheinander den beiden Erklärungsproblemen: In den Kapiteln 3 bis 6 geht es um *soziologische Akteurmodelle*, die Grundmuster der Erklärung von Handlungen bereitstellen. Die Kapitel 7 bis 11 behandeln dann *Modelle sozialer Strukturdynamiken*, die Grundmuster des handelnden Zusammenwirkens mehrerer Akteure, und rekonstruieren die daraus hervorgehenden strukturellen Effekte.

In einer groben Vorschau lässt sich das hier im Weiteren Vermittelte so charakterisieren:

- Für die Erklärung von Handlungswahlen existieren vier soziologische Akteurmodelle: der Homo Sociologicus, der Homo Oeconomicus, der „Emotional man“ und der Identitätsbehaupter.
- Die Erklärung von strukturellen Effekten handelnden Zusammenwirkens bezieht sich auf drei Arten von sozialen Strukturen: Deutungs-, Erwartungs- und Konstellationsstrukturen. Diese Strukturen beruhen auf drei Arten von Akteurkonstellationen: Konstellationen wechselseitiger Beobachtung, Konstellationen wechselseitiger Beeinflussung und Konstellationen wechselseitiger Verhandlung.

Also als Merkformel: 2 – 4 – 3 – 3. Dies ist sozusagen die Fächeranordnung des soziologischen Werkzeugkastens, die am Ende – hoffentlich! – klar und plausibel geworden sein wird.

2. Soziales Handeln, Akteure und Akteurmodelle

In diesem Kapitel werden Grundbegriffe der soziologischen Handlungstheorie vorgestellt. Das Konzept des sozialen Handelns steht dabei im Mittelpunkt. Seine Darstellung folgt den maßgeblichen Überlegungen Max Webers und den Vertiefungen und Präzisierungen, die Alfred Schütz in Auseinandersetzung mit Weber sowie, Schütz weiterdenkend, Thomas Luckmann vorgenommen haben. Daran anschließend werden die soziologischen Akteurmodelle als analytische Werkzeuge für das erste soziologische Erklärungsproblem – die Wahl einer bestimmten Handlung – erläutert.

2.1 Verhalten und Handeln

Bevor man beginnt, sich mit dem ersten Teilschritt einer soziologischen Erklärung, nämlich der Erklärung des Handelns der Akteure, zu beschäftigen, sollte man sich klar machen, was allgemein in der Soziologie unter Handeln und schließlich unter sozialem Handeln verstanden wird. Wichtige Überlegungen hierzu hat insbesondere Max Weber (1922: 1-16) angestellt. Er hat soziales Handeln in Abgrenzung gegenüber bloßem Verhalten und gegenüber nicht-sozialem Handeln bestimmt (Schneider 2002: 21-24).

Verhalten

Verhalten ist zunächst jedes „... körperliche Geschehen in Raum und Zeit ...“ (Luckmann 1992: 38), und damit etwas, was Mensch und Tier gemeinsam haben. In diesem weiten Sinne gehören physiologische Vorgänge im Inneren des Körpers, etwa die Blutzirkulation, ebenso zum menschlichen Verhalten wie das Denken als Nervenerregung oder das Heben eines Arms als äußerliche Körperbewegung. Verhalten kann ursächlich erklärt werden, also auf bestimmte physikalische, chemische und biologische Faktoren und Zusammenhänge zurückgeführt werden. Vieles, was ein Mensch im Laufe eines Tages und seines gesamten Lebens tut, ist bloßes Verhalten. Das meiste davon bleibt soziologisch ganz unerheblich, weil es keinerlei nennenswerte Relevanz für Handeln und soziale Strukturen hat.

In mindestens drei Fällen ist allerdings bereits bloßes Verhalten soziologisch bedeutsam. Erstens gehört Verhalten manchmal zu den prägenden Bedingungen der Handlungsmöglichkeiten eines Akteurs – wenn etwa dessen körperliche Konstitution sein Verhaltensrepertoire bestimmt und ihm gewisse Aktivitäten gestattet oder verbietet. Zweitens ist in Rechnung zu stellen, dass ein bloßes Verhalten des Gegenübers auf Seiten anderer Akteure ein Handeln hervorrufen kann. Beispielsweise kann ein plötzlicher Ohnmachtsanfall die Umstehenden dazu bringen, erste Hilfe zu leisten und einen Arzt zu verständigen. Drittens schließlich kann massenhaft gleichartiges Verhalten von Menschen soziale Wirkungen zeigen, also neben handelndem Zusammenwirken zu den Faktoren gehören, die bestimmte soziale Strukturen aufbauen, erhalten oder verändern, wie etwa bei einer Panik. Einige elementare Formen menschlichen Zusammenlebens sind auch stark auf genetisch verankerte Verhaltensmuster zurückzuführen, zum Beispiel die Sorge einer Mutter für ihr kleines Kind. Als Wissenschaft vom sozialen Handeln und dessen Wirkungen darf die Soziologie also, sofern einer dieser Fälle vorliegt, nicht gänzlich vom körperlichen Verhalten der Menschen abstrahieren.[7]

Handeln und Sinn

Nicht alles Verhalten eines Menschen bleibt aber in der Selbst- wie in der Fremdwahrnehmung ein rein körperliches Geschehen. Zwar lässt sich etwa das Heben eines Arms als spezifische Aktivierung bestimmter Muskeln begreifen. Aber damit erfasst man offensichtlich noch nicht, wenn jemand seinen Arm hebt, um einen anderen zu warnen oder zu bedrohen. Eine vollständige Beschreibung dieses Sachverhalts schließt ein, dass man genau jenes Motiv als subjektiven sinnhaften Bezug des körperlichen Geschehens benennt. Und damit ist man beim Handeln. Max Weber (1922: 2, Hervorh. weggel.) definiert *Handeln* allgemein – also noch nicht soziales Handeln – als „... menschliches Verhalten (einerlei ob äußerliches oder innerliches Tun, Unterlassen oder Dulden) ..., wenn und insofern der oder die Handelnden mit ihm einen subjektiven Sinn verbinden."[8] Verhalten ist demnach das Allgemeinere, wovon Handeln eine Sonderform darstellt, nämlich subjektiv sinnhaftes Verhalten. Weber bindet mit dieser Definition das Vorliegen von Handeln daran, dass eine Absicht verfolgt wird, dass diese Absicht dem Handelnden auch bewusst ist und für ihn den Sinn seines Handelns ausmacht. Wenn jemand beispielsweise einen Fuß auf die Straße setzt, weil er oder sie diese Straße überqueren will und die Fußbewegung der erste Schritt im Rahmen der verfolgten Absicht ist, so ist dieser Schritt ein Handeln. Wenn der- oder diejenige aber von einem anderen Fußgänger ange-

7 Genauso wie sie die Dinge, seien es Naturobjekte oder technische Artefakte, analytisch nicht immer völlig ausblenden kann.

8 Misslich an dieser Definition ist, dass sie mit dem Terminus „der oder die Handelnden" das zu Definierende bereits wieder enthält. Denn um zu entscheiden, ob jemand ein Handelnder ist, muss ich zuerst wissen, was Handeln ist, was ich aber gerade definieren will. Diese Schwäche der Definition lässt sich allerdings leicht beheben, indem man von dem oder den Sich-Verhaltenden spricht.

rempelt oder gestoßen wurde und in einer ausweichenden Bewegung reflexhaft den Fuß auf die Straße setzt, ist dies ein bloßes Verhalten.

Intentionalität

Diese Bestimmung des Handlungsbegriffs durch Weber birgt einige Implikationen, die nicht ganz problemlos sind. Geht man zunächst vom Blickwinkel des Betreffenden aus, gehört danach zum Handeln, das jeweilige eigene Verhalten als motiviert aufzufassen. Vieles, was jemand tut, bleibt aber in Bezug auf die Bewusstheit der verfolgten Absicht in einer Grauzone, kann also vom Betreffenden als reines Verhalten oder als Handeln erlebt werden. Wenn wir zum Beispiel mit bestimmten Bewegungen morgens aus dem Bett aufstehen, dann tun wir dies meistens einfach so, ohne uns jede dazu erforderliche Körperbewegung bis ins Detail bewusst zu machen oder gar vorzunehmen. Erst wenn wir zum Beispiel wegen einer Verletzung überlegen müssen, ob wir besser mit dem rechten oder dem linken Fuß als Erstes aufstehen sollten, verbinden wir die erforderlichen Aktivitäten mit einem bewussten Verfolgen unserer Absicht. Aber auch wenn wir uns in der Regel nicht genau vornehmen, wie wir aus dem Bett aufstehen, könnten wir, etwa wenn wir danach gefragt würden, uns den Sinn, den wir mit unseren Bewegungen verbinden, jederzeit vor Augen führen. Das Aufsetzen der Füße morgens beim Aufstehen ist also mehr als ein Verhalten. Es ist ein intentionales Tun, das von einem umfassenderen Motiv getragen wird. Dass auch unbewussteres Tun Intentionalität voraussetzt, hat insbesondere die phänomenologische Betrachtungsweise von Alfred Schütz und Thomas Luckmann verdeutlicht, auf die weiter unten noch ausführlicher eingegangen wird. Intentionalität meint die Gerichtetheit des Erlebens im Sinne einer handlungsanleitenden Bereitschaft.

Beim alltäglichen Handeln und auch im sozialen Zusammenleben wimmelt es nur so von weniger bewusstem Tun. Es kommt immer dann vor, wenn Akteure etwas sehr routiniert tun. Max Weber (1922: 12) hat das bei seinem Typ des „traditionalen" Handelns bemerkt. Hierunter fasst er jedes Handeln, das eine „eingelebte Gewohnheit" bildet. Dies können kollektive Gewohnheiten sein, etwa die Art, wie man sich in Deutschland am Telefon meldet, nämlich mit Namen und nicht bloß, wie etwa in den USA, mit „Hallo". Es können auch individuelle Gewohnheiten sein, zum Beispiel der Weg, den ich tagein, tagaus von der Wohnung zum Arbeitsplatz nehme. Für all solche Handlungsweisen gilt, dass sie mindestens an der Grenze zum „dumpfen" Verhalten liegen, weil die zugrunde liegenden Motive bewusstseinsmäßig so in den Hintergrund getreten sind, dass die Person bezeichnenderweise zumindest überrascht reagiert, wenn man sie fragt, warum sie so und nicht anders handelt. Weber vermerkt mit Recht: „Die Masse alles eingelebten Alltagshandelns nähert sich diesem Typus ..." Und dass solche Routinen mehr sind als bloßes Verhalten, merken wir immer dann, wenn die Umwelt gegebenenfalls Handeln statt bloßem Verhalten erwartet und nicht selten sogar so tun kann und auch so tut, als ob der Betreffende gehandelt hätte und sich nicht bloß verhalten hat. Diese Handlungszumutung und Handlungsfiktion kommt vor allem dann zum Tragen, wenn es gilt, Verantwortung für bestimmte Ereignisse zuzurechnen.[9] Wenn ich beispielsweise, weil ich es – wie viele andere auch – immer so mache, trotz auf „Rot“ geschalteter Fußgängerampel über die Straße gehe, nachdem ich mich flüchtig nach herannahenden Autos umgeschaut und keine bemerkt habe, und ein Kind es mir nachtut, nicht so schnell die Straße überquert wie ich und von einem Auto erfasst wird: Dann werden Umstehende mir zu verstehen geben, dass ich durch mein schlechtes Vorbild am Unfall dieses Kindes erheblich mitschuldig bin. Ich hätte das Kind bemerken und entsprechend in meiner Handlungsplanung berücksichtigen müssen. Mir wird also genau die Unbedachtsamkeit meiner „dumpfen“ Gewohnheit vorgehalten. Denn der Vorwurf an mich lautet ja, dass ich sozusagen mehr hätte handeln und mich weniger bloß hätte verhalten sollen.

Sinn als Selbstverstehen

Deutlich wird an diesen Beispielen, dass der Übergang von Verhalten zum Handeln fließend ist. Die phänomenologische Soziologie arbeitet sehr viel gründlicher als Weber heraus, dass Verhalten und Handeln sich „objektiv“ nicht sonderlich klar voneinander unterscheiden lassen. Dabei wird von Alfred Schütz und Thomas Luckmann zunächst untersucht, wie der subjektive Sinn, den jemand mit seinem Tun verbindet, im je eigenen Bewusstsein des Handelnden überhaupt zustande kommt. Die Konstitution von Sinn beruht danach auf einer bestimmten Art des Erlebens des Subjekts, die Luckmann (1992: 28-33) als sukzessive Verdichtung des Bewusstseinsstromes zu Erlebnissen und der Verdichtung dieser Erlebnisse zu Erfahrungen präzisiert hat. Im ständigen Bewusstsein seiner selbst, also der eigenen Körperlichkeit und der darüber wahrgenommenen Geschehnisse in der Welt „draußen“, konturieren sich für einen Menschen immer wieder Erlebnisse als thematische Kerne, und deren Typisierung zu generalisierbaren Mustern bildet Erfahrungen, zum Beispiel über die Beschaffenheit von Dingen oder den Ablauf sozialer Vorgänge. Längst nicht alle Erlebnisse im unablässigen passiv „erlittenen“ Bewusstseinsstrom werden zu Erfahrungen verdichtet; aber wenn dies passiert, wird eine gegenwärtige Erfahrung aktiv in einem sich im Bewusstsein vollziehenden inneren Vorgang des Zuordnens zu anderen subjektiven Erfahrungen und des Einordnens in den je eigenen Erfahrungsschatz interpretiert. Sinn wird als reflexive Relationierung von Erlebnissen mit anderen Erlebnissen konstituiert.

9 Siehe auch Luhmanns (1984: 124/125, 226-229) Handlungsbegriff, der ebenfalls über Zurechnung konzipiert ist.

Sinn ist also, wie Niklas Luhmann (1971; 1984: 92-147) es dezidiert formuliert, ein Verweisungszusammenhang, der aktuelle Erlebnisse mit anderen verknüpft. Das können vorausgegangene Erlebnisse sein, wenn jemand zum Beispiel sein aktuelles berufliches Scheitern auf frühere Faulheit zurückführt und diesem gegenwärtigen Erlebnis so Sinn, nämlich eine subjektiv überzeugende – wenngleich sicher bittere – Bedeutung zuweist. Aktuelle Erlebnisse können aber auch in Verweisungszusammenhänge mit für die Zukunft vorstellbaren und vom Betreffenden selbst herbeiführbaren Erlebnissen gebracht, also mit antizipierten Erfahrungen verknüpft werden. Jemand stellt sich dann zum Beispiel vor, dass das aktuell erlebte unaufmerksam erscheinende Auf-die-Straße-laufen eines anderen beim ebenfalls aktuell erlebten Straßenverkehr in Kürze, also zukünftig zu einem Unglück führen könnte, stellt sich weiterhin aufgrund vergangener Erfahrungen vor, dass der andere einen gehobenen Arm als Warnsignal interpretieren und innehalten wird, wodurch sich das Unglück vermeiden ließe. Er verleiht der Situation – und auch einem möglichen zukünftigen Handeln, nämlich dem Entschluss, durch tatsächliches Armheben den anderen zu warnen – dadurch Sinn, dass er das aktuell Erlebte einerseits mit früher gemachten subjektiven Erfahrungen und andererseits mit vorweggenommenen subjektiven Vorstellungen in Beziehung bringt. Das Ergebnis der phänomenologischen Konstitutionsanalysen von Sinn lautet daher, dass Sinn auf einem innerbewusstseinsmäßigen Prozess der Selbstauslegung beruht und in Selbstverstehen besteht, und in dieser Form auch immer nur Sinn für ein Subjekt ist.

Handeln als Entwurf

Diese Einsichten haben Auswirkungen auf das Verständnis von Handeln. Sie führen dazu, dass nun genauer zwischen Verhalten und Handeln, und auch zwischen Handeln und der abgeschlossenen Handlung, unterschieden werden kann und muss. Im Vergleich zueinander sind dies jeweils besondere Arten des Selbstverstehens, der subjektiven Zuwendung zu dem im eigenen Bewusstseinsstrom Erlebten. Vorweggenommene Erfahrungen, auf die sich jemand subjektiv sinnhaft bezieht, sind *Handlungsentwürfe* – wie im obigen Beispiel derjenigen Person, die sich entschließt, den Arm zu heben, weil sie antizipiert, dass die abgelaufene Handlung, also der gehobene Arm, als Warnung verstanden werden wird. Handeln ist ein motivational über einen auf Zukünftiges gerichteten Entwurf gesteuerter Ablauf des Tuns. Verhalten dagegen ist nicht an einer in die Zukunft gerichteten Erfahrung orientiert. Schütz (1932: 115-130) unterscheidet entsprechend zwischen zwei verschiedenen Arten von Motiven, über deren Vorliegen Handeln und Verhalten voneinander abgegrenzt werden können (Schneider 2002: 238-242).

„*Um-zu-Motive*" charakterisieren den Handlungsentwurf. Ich tue dies, um jenes zu erreichen. Beispielsweise: Ich ermorde jemanden, um an sein Geld zu gelangen. In diesem Fall formuliert das „Um-zu-Motiv" ein Ziel. Der Handelnde beabsichtigt, eine bestimmte Wirkung in der Welt herbeizuführen. Es gibt jedoch auch „Um-zu-Motive“, die keine Ziele in diesem Sinne darstellen. Etwa: Ich prügele auf jemanden ein, um meine unbändige Wut „rauszulassen“ – und nicht, um ihn zur Fügsamkeit mit meinen Wünschen zu bringen. Vielleicht bewirke ich das; aber dies war nicht mein Ziel. Mein Handlungsentwurf bestand vielmehr darin, eine Emotion auszuleben; und was dies weiter bewirkt, ist mir momentan völlig egal.

Der sich in „Um-zu-Motiven“ ausdrückende Handlungsentwurf ergibt sich aber nicht völlig aus dem Nichts, als absoluter Anfang. Sondern er ist – weiter in der subjektiven Selbstauslegung verbleibend – verwoben mit der Vorgeschichte zurückliegender Erfahrungen. Diese bilden – wieder mit Schütz formuliert – die „*Weil-Motive*“ des Handelns. Ich bin beispielsweise zum Mörder geworden, weil ich dazu durch schlechte Gesellschaft, in die ich hineingeraten bin, angestiftet wurde. Auf den ersten Blick könnte es vielleicht so scheinen, als wären dies zwei alternative Erklärungsangebote. Aber genau besehen erklären die „Weil-Motive“ ein Handeln niemals unmittelbar, sondern immer nur mittelbar, indem sie die jeweiligen „Um-zu-Motive“ erklären: „Indessen das Um-zu-Motiv, ausgehend vom Entwurf, die Konstituierung der Handlung erklärt, erklärt das ... Weil-Motiv aus vorvergangenen Erlebnissen die Konstituierung des Entwurfes selbst.“ (Schütz 1932: 123) Nur weil ich in schlechte Gesellschaft geraten und moralisch verwahrlost bin, konnte ich überhaupt auf die Idee kommen, mir das benötigte Geld durch einen Mord und nicht etwa durch ehrliche Arbeit zu verschaffen. Die „Weil-Motive“ sind also subjektiver Ausdruck der sozialen Prägung des Handelns durch die „Logik der Situation“; sie kennzeichnen auch unbewussteres Tun wie zum Beispiel Routinen.

Um-zu-Motive sind für Handeln konstitutiv.[10] Handeln liegt also dann vor, wenn jemand Ausschnitte seines erlebten Verhaltensstroms über zukunftsgewandte Um-zu-Motive selbst versteht. Die Um-zu-Motive sind dem Handelnden als die von ihm verfolgte Absicht bewusst, die zugrunde liegenden Weil-Motive sind es nicht unbedingt. Und während der Sinn des ablaufenden Handelns über das Um-zu-Motiv gebildet wird, kann der Sinn der erfolgten, tatsächlich ausgeführten Handlung erst nach ihrem Abschluss durch die reflexive Zuwendung zum eigenen Handeln konstituiert werden. Erst wenn – um das Beispiel wieder aufzugreifen – der zur Warnung gehobene Arm auch beim anderen die erhoffte oder auch eine ganz andere Wirkung zeigt, wird der Handelnde den Sinn seiner Handlung abschließend einordnen können. Der Sinn des Handelns und der Sinn der Handlung können also verschieden sein.

10 Zum Folgenden siehe auch die in verschiedenen Hinsichten detailgenauere Handlungsanalyse bei Emirbayer/Mische (1998), die „iteration“, „projectivity“ und „practical evaluation“ als Konstitutionsmerkmale jedes Handelns herausarbeiten.

Selbst- und Fremdverstehen

Damit ist genauer geklärt, worin sich Handeln von Verhalten unterscheidet. Doch auf eine weitere Implikation des oben vorgestellten Handlungsbegriffs sei in diesem Zusammenhang noch hingewiesen. Wenn – wie es sich aus den phänomenologischen Analysen ergibt – der Sinn, den Handelnde mit ihrem Handeln verbinden, immer nur Sinn für den Handelnden selbst ist: Wie können wir als seine Gegenüber überhaupt sicher sein, dass wir den anderen mit seinen Motiven so verstehen, wie er sich selbst? Wenn Sinn subjektiv ist, müssen wir dann nicht vielmehr annehmen, dass wir eigentlich nie ganz verstehen, was der andere mit seinem jeweiligen Tun wirklich meint? Und wie können wir dann sicher sein, dass wir den Handlungssinn des anderen nicht ständig missinterpretieren?

Spätestens hier wird ersichtlich, dass jedes Handeln ein kompliziertes Verhältnis von *Selbst- und Fremdverstehen* einschließt. Im alltäglichen Zusammenleben verstehen wir das Handeln eines anderen, indem wir uns in ihn hineinversetzen. Das Problem dabei ist freilich, dass das bewusstseinsförmige Innenleben eines Akteurs uns prinzipiell unzugänglich ist. Niemand kann bekanntlich in einen anderen hineinschauen. „Hineinversetzen" bedeutet also, dass wir nicht wirklich den Sinn des anderen in uns erleben; sondern wir vollziehen die Motive des anderen in unserem eigenen Bewusstsein nach. Den Handlungssinn eines anderen zu verstehen, heißt, von uns auf ihn zu schließen. Darüber, wie bei uns ein bestimmtes äußerliches Verhalten mit einem bestimmten Handeln, also subjektivem Sinn, verbunden ist, erschließen wir den Sinn des gleichartigen Verhaltens als Handeln beim anderen. Eine zwangsläufige Eins-zu-Eins-Zuordnung eines bestimmten Handelns zu einem bestimmten beobachtbaren Verhalten gibt es aber nicht, da „... Handeln grundsätzlich nicht am beobachtbaren Verhalten ablesbar ist." (Luckmann 1992: 35, Hervorh. weggel.)

Dennoch praktizieren wir alle ständig Fremdverstehen, können gar nicht anders, wenn wir mit anderen zurechtkommen wollen, und haben auch meistens den Eindruck, dass uns das für unsere jeweiligen Zwecke ganz gut gelingt. Genau besehen kommt es für uns nämlich nur – wie Luckmann (1992: 37) es „mit einiger Übertreibung" ausdrückt – „... auf den wohlbegründeten Schein des Handelns an." Wir überbrücken die Unzugänglichkeit des anderen Bewusstseins durch eine generelle Unterstellung der *„Reziprozität der Perspektiven"* (Schütz 1932: 137-197; Schütz/Luckmann 1979: 87-90). Wir gehen als Gegenüber eines Handelnden also davon aus, dass dessen Welterleben in etwa identisch mit unserem ist. Ich unterstelle, dass der andere das Erlebte genauso einschätzen würde wie ich, wenn er räumlich und zeitlich gesehen meinen Standort einnehmen würde und die gleichen biografischen Erfahrungen hätte – und umgekehrt. Wir sehen beispielsweise, dass jemand seinen Regenschirm aufspannt – also zunächst, solange wir das Motiv dahinter nicht kennen, für uns nur ein bestimmtes Verhalten zeigt: „Wir haben die Handlung des anderen als Ablauf der äußeren Welt wahrgenommen und gedeutet." Dann kommt das Fremdverstehen als Übertragung von Selbstverstehen auf den anderen: „Von dieser Handlung her können wir die Serie der Bewusstseinserlebnisse, in welchen sich für den Handelnden die Handlung konstituierte, phantasierend nachvollziehen, indem wir die wahrgenommene und gedeutete Handlung als eine von uns zu setzende Handlung entwerfen ..." (Schütz 1932: 158, Hervorh. weggel.) Wir machen uns etwa klar, dass wir selbst den Regenschirm aufspannen, wenn es zu regnen anfängt und wir draußen nicht nass werden wollen. Dieses Motiv unterstellen wir jetzt auch dem anderen.

Dass das keine völlig haltlose Spekulation darstellt, zeigt sich daran, dass wir normalerweise mehr oder weniger umfangreiche Plausibilitätsprüfungen vornehmen. Wir schauen etwa, ob es regnet und der andere nach draußen geht – und wenn beides der Fall ist, geben wir uns in so einem vergleichsweise belanglosen Fall zufrieden. Das Handeln des anderen wird dann von uns als verstanden abgebucht. In komplizierteren Fällen und solchen von größerer Tragweite – zum Beispiel, wenn wir zunächst mehr intuitiv spüren, dass ein uns wichtiger anderer mit seinem Verhalten irgendetwas gegen uns im Schilde führt – wenden wir entsprechend größere Mühe beim Hineinversetzen in den anderen und bei der Prüfung unserer Sinndeutungen auf. Aber auch das einfache Beispiel wird sogleich komplizierter, wenn es beispielsweise nicht regnet. Dann kann uns die Frage, warum denn jemand unter solchen Umständen den Regenschirm aufspannt, durchaus einiges Kopfzerbrechen bereiten – bis wir darauf kommen, dass ein Regenschirm auch gegen die Sonne schützt.

Nicht nur dann, wenn unsere Sinndeutungen sich als falsch erweisen, wird uns bewusst, dass Fremdverstehen darauf beruht, wie wir selbst eine Situation verstehen würden, und dass dies immer nur eine Ahnung vom Selbstverstehen des Betreffenden vermittelt. Die Reziprozität der Perspektiven ist nie mehr als eine Annäherung.[11] Manchmal haben wir vielleicht die Gelegenheit und auch das Interesse, sehr tief ins Bewusstsein eines anderen einzudringen, und können dann immer bohrendere Fragen an ihn stellen. Aber häufig können und wollen wir das gar nicht. Wir können uns zumeist mit relativ simplen *Typisierungen* begnügen. Das gilt bereits bei uns durchaus nahestehenden Menschen – wenn zum Beispiel ein Mann, der wieder einmal sehr spät von der Arbeit nach Hause kommt, die säuerliche Miene seiner Frau nur noch so zur Kenntnis nimmt, dass „die Frauen" in ihrem Unverständnis für die Arbeitsbelastung ihrer Männer bekanntermaßen immer so reagieren, und er sich also nicht mehr fragt, ob seine Frau denn dieses Mal vielleicht einen ganz besonderen Grund zur Verärgerung hatte, etwa ein Überraschungsmenü, das sie ihm vorsetzen wollte und das längst kalt geworden ist. Erst recht haben wir gar keine andere Chance, aber auch kei-

11 Im Übrigen wäre selbst dann, wenn Fremd- und Selbstverstehen einmal vollständig zur Deckung kämen, genau dieser Tatbestand auf keine Weise feststellbar.

ne sonderliche Veranlassung, wenn wir das Handeln anonymer anderer deuten, die uns nur in ganz speziellen Funktionen begegnen. Dann legen wir uns das typische Handeln zum Beispiel einer Verkäuferin mit entsprechend schematisierten Motiven zurecht und interessieren uns nicht für die vielfältige Persönlichkeit dieser konkreten Person, die ja möglicherweise mehr oder weniger stark vom Typus abweicht.

Schließlich muss zum Verhältnis von Fremd- und Selbstverstehen noch angemerkt werden, dass Ersteres sich auch über Letzteres hinwegsetzen kann. Diese Freiheit ist gewissermaßen die Kehrseite der Unmöglichkeit, eins mit dem Selbstverstehen zu werden. Die bereits erwähnten Handlungsfiktionen sind eine weit reichende Art der Diskrepanz von Fremd- und Selbstverstehen: wenn jemandem Handeln unterstellt wird, dieser sich aber nur verhalten hat. Eine andere Art der Diskrepanz besteht dann, wenn zwar sowohl im Selbst- als auch im Fremdverstehen gehandelt worden ist, aber die zugrunde gelegten Motive mehr oder weniger voneinander abweichen, dies dem Fremdverstehen auch klar ist und es trotzdem auf der eigenen Sinndeutung beharrt. Man kann ja die Einschätzung haben, dass jemand sich über die eigenen Handlungsmotive täuscht, sich zum Beispiel moralisch verwerfliche Motive, die ihn faktisch antreiben, nicht eingestehen will und sich daher unbedenklichere Motive einzureden versucht. Vielleicht trainiert ein Mann nicht so sehr deshalb eine Damenfußballmannschaft, weil er seinen Beitrag dazu leisten möchte, dass endlich auch in dieser Sportart die Gleichberechtigung der Geschlechter hergestellt wird, sondern weil er sich so mit attraktiven jungen Frauen umgibt und den „Hahn im Korb“ spielen kann.

Wissenschaftliches Verstehen

Die von der Phänomenologie herausgearbeitete Tatsache, dass Vorgänge des Sinnverstehens grundlegend dafür sind, ein bestimmtes – eigenes oder fremdes – Verhalten als Handeln aufzufassen, hat auch Konsequenzen für den Soziologen, der soziale Phänomene auf das Handeln von Akteuren zurückführen will und dazu deren Motive verstehen muss. Klar ist zunächst, dass die Soziologie als Wissenschaft Handeln – in Webers (1922: 1) Formulierung – „deutend verstehen“ muss. Darin unterscheidet sich der Erklärungsanspruch der Sozialwissenschaften von dem der Naturwissenschaften. Ein Erdbeben beispielsweise lässt sich nicht aus Motiven verstehen, sondern nur aus physikalischen und chemischen Naturzusammenhängen kausal erklären. Insofern alle sozialen Phänomene auf Handeln zurückgehen, dieses aber wie dargestellt motivgesteuert verläuft, kann die Soziologie nicht bloß durch Verstehen erklären – sie muss es sogar. Insofern ist jede Soziologie, außer einer rein verhaltenstheoretischen,[12] zwangsläufig „verstehende Soziologie“, wie Webers programmatische Formel heißt. Doch Schütz be-

12 Die es kurzfristig einmal als Nebenströmung gab – siehe dazu Opp (1972), Miebach (2006: 439-445).

tont, dass diese Bestimmung zu einfach ist, wenn dabei über die Implikationen des Sinnverstehens hinweggegangen wird. Der springende Punkt an der phänomenologischen Einsicht, dass Fremdverstehen letztlich Selbstverstehen ist, liegt darin, dass für den wissenschaftlichen genauso wenig wie für den alltäglichen Beobachter vorausgesetzt werden kann, dass er fremden Sinn tatsächlich versteht. Denn wenn es schon in Bezug auf das alltägliche Fremdverstehen naiv ist anzunehmen, wir könnten den Sinn, den andere mit ihrem Handeln verbinden, einfach so verstehen, dann gilt dies erst recht für die Soziologin, die als Außenstehende nicht in den beobachteten Handlungszusammenhang selbst eingebunden ist und die ebenfalls nicht in die Köpfe der beobachteten Handelnden hineinschauen kann.

Die Gleichartigkeit von alltäglichem Fremdverstehen und wissenschaftlichem Verstehen wird hier deutlich. So wie im Alltag Verstehen nie mehr als eine Annäherung ist und über Typisierungen geschieht, so muss und kann sich auch die soziologische Beobachterin für das Verstehen der Akteure mit Typisierungen begnügen. Sie muss es, weil das Verstehen fremder Motive eben prinzipiell immer schon eine Konstruktion ist, und sie kann es auch, weil soziologische Handlungserklärungen sich in der Regel nicht für ein ganz bestimmtes konkretes Handeln interessieren, sondern sich immer auf gleichartiges Handeln Vieler beziehen, denn erst daraus gehen nennenswerte strukturelle Effekte hervor. Warum ich, Uwe Schimank, trotz vorhandenen Umweltbewusstseins bestimmte Wege immer noch mit dem Auto statt dem Fahrrad zurücklege, interessiert keinen Soziologen – wohl aber, warum bestimmte Arten von Gesellschaftsmitgliedern, etwa Besserverdienende mittleren Alters mit akademischer Bildung, eklatante Brüche zwischen ihrem Umweltbewusstsein und entsprechendem Handeln zeigen. Und um das deutend zu verstehen, konstruiert der soziologische Beobachter einen entsprechenden Typus von Akteur, dessen Handeln er in abstrahierender Weise auf bestimmte Motive zurückführt. Handeln wird also nicht auf die vielfältigen und für den Außenstehenden letztlich unergründlichen persönlichen Motive zurückgeführt, so wie sie die Akteure ihrem Handeln wirklich zugrunde legen, sondern auf Akteuren zugeschriebene typische „Um-zu-Motive“. Mittels solcher in verschiedenen *Akteurmodellen* zugespitzter Handlungsantriebe erklärt der Soziologe dann das Handeln.

Doch bevor zu den einzelnen Akteurmodellen übergegangen und deren instrumenteller Charakter eingehender erläutert wird, muss es im nächsten Schritt noch darum gehen, dasjenige Handeln näher zu bestimmen, das in der Gesamtheit allen Handelns soziologisch von ganz besonderem Interesse ist: das soziale Handeln.

2.2 Soziales Handeln und soziale Beziehungen

Auch hier kann Max Webers Definition an den Anfang gestellt werden. *Soziales Handeln* ist „... ein solches Handeln ..., welches seinem von dem oder den Handelnden gemeinten Sinn nach auf das Verhalten anderer bezogen wird und daran in seinem Ablauf orientiert ist." (Weber 1922: 1, Hervorh. weggel.) Gegenüber sonstigem Handeln zeichnet sich soziales Handeln dadurch aus, dass sein subjektiver Sinn andere Akteure in Rechnung stellt. Mit dieser begrifflichen Bestimmung des sozialen Handelns sieht Weber den Akteur im Kontext sozialer Beziehungen, wodurch er ein zentrales Element der sozialen Situation, in der sich ein Akteur bei seiner Handlungswahl befindet, in den Blick nimmt. Ausschlaggebend für den sozialen Charakter des Handelns ist also, dass andere Akteure mit ihrem vergangenen, gegenwärtigen oder als zukünftig erwartbaren Verhalten – meist Handeln – in die „Um-zu-Motive" meines Handelns eingehen.[13]

Orientierung am anderen

Das kann auf zweierlei Weisen geschehen. Erstens kann mein Ziel sein, eine Veränderung bei dem oder den anderen herbeizuführen. Die anderen gehen dann derart in mein „Um-zu-Motiv" ein, dass ich bei ihnen etwas erreichen will. Dies kann ein Zustand sein: Ich handele zum Beispiel, um ihnen etwas Gutes oder auch Schlechtes zu tun. Ich nehme mir etwa vor, jemandem eine Freude zu bereiten, oder ich richte meinen ganzen Ehrgeiz darauf, jemanden zu quälen, und tue etwas, wovon ich hoffe, dass es diesen oder jenen Zustand herbeiführt. Es kann auch sein, dass das „Um-zu-Motiv" meines Handelns in der Weise auf den anderen gerichtet ist, dass ich ein bestimmtes Handeln bei ihm hervorrufen will, und ich etwas tue, wovon ich hoffe, dass es denjenigen zu diesem Handeln veranlasst.

Neben der *Gerichtetheit* auf andere kann das eigene Handeln zweitens auf andere *bezogen* sein. Das liegt dann vor, wenn ich das Handeln anderer beim Entwurf meines Handelns einkalkuliere: negativ als Störung, mit der ich fertig werden muss, oder positiv als Unterstützung, die ich mir zunutze machen kann. Wenn der neue Mitbewohner eines Mehrfamilienhauses in der Mittagszeit seine Renovierungsarbeiten unterbricht, weil er sonst Ärger mit den lärmempfindlichen Nachbarn gewärtigt, liegt Ersteres vor; und wenn er abwartet, bis ein Freund kommt, der zu helfen versprochen hat, ist Letzteres der Fall.

---

13 Eine Orientierung an anderen liegt im Übrigen keineswegs immer dann vor, wenn viele Handelnde in derselben Situation das Gleiche tun. Weber verdeutlicht dies am Beispiel des massenhaften Aufspannens von Schirmen bei einsetzendem Regen. Hierbei ist es ja nicht so, dass einer vom anderen gleichsam abschaut, was zu tun ist. Sondern alle reagieren unabhängig voneinander auf denselben sachlichen, nichtsozialen Umstand. Dass die anderen neben mir das Gleiche tun, ist dann für mein eigenes Handeln nicht von Bedeutung.

Die von Weber vorgenommene Bestimmung des sozialen Handelns birgt wiederum einige Implikationen, die man sich vor allem deshalb vor Augen führen sollte, weil sie den Unterschied zu alltäglichen Begriffsverwendungen markieren.

Zunächst geht es dabei um die begriffliche Abgrenzung des soziologischen Verständnisses von *„sozial"* von einem üblichen Alltagsverständnis dieses Wortes. Wenn Soziologinnen von sozialem Handeln sprechen, dann meinen sie dies nicht in einem wie auch immer gearteten ethisch-moralischen Sinn. Während im Alltag meist diejenigen als „sozial" bezeichnet werden, die sich in irgendeiner von der Allgemeinheit positiv bewerteten Form fürsorglich oder wohltätig um andere Menschen bemühen, entscheidet nach soziologischem Verständnis allein eine bestimmte innere Ausrichtung des Handelns, nämlich die subjektiv sinnhafte Ausrichtung an anderen, über den sozialen Charakter des Handelns. Danach kann auch ein Handeln, das uns im Alltag als „unsozial" oder gar „a-sozial" erscheint, soziales Handeln sein. Betrüger oder Mörder beispielsweise handeln nach soziologischem Verständnis sozial, weil sie ja gerichtet und bezogen auf ihr Opfer handeln.

Des Weiteren muss man sich klar machen, dass Handeln von sozialen Strukturen geprägt sein kann und dennoch kein soziales Handeln im Sinne der obigen Definition sein muss. Wenn beispielsweise jemand Holz hackt, um etwas zum Verfeuern zu haben, ist dies kein soziales Handeln. Denn als subjektiver Sinn tauchen hierbei nur Bezüge auf Sachen – das Holz, die Axt, den Hackklotz – sowie auf je eigene Bedürfnisse auf. Freilich ist auch dieses Handeln durch und durch sozial mitbedingt. Der Holzhacker nutzt mit der Axt einen kulturell spezifischen Gegenstand, er hat sich das Holzhacken nicht selbst beigebracht, sondern von anderen gezeigt bekommen und gelernt, und sein Handeln wird in bestimmten Gesellschaften nur möglich, wenn er über weitere Ressourcen verfügt, zum Beispiel über die finanziellen Mittel, sich das nötige Werkzeug zu leisten, oder über eine Erlaubnis, in einem Waldgebiet Holz zu schlagen. Auch – in Webers Verständnis – nicht-soziales Handeln ist also üblicherweise sozial geprägt.

Einseitigkeit und Wechselseitigkeit sozialen Handelns

Eine weitere wichtige Implikation der soziologischen Bestimmung von sozialem Handeln ist, dass dieses einsam und einseitig sein kann. Auch das markiert einen Unterschied zum Alltagsverständnis, in dem in der Regel davon ausgegangen wird, dass Handeln dann „sozial" ist, wenn der oder die Interaktionspartner, auf die man sich bezieht, anwesend sind und reagieren. Der soziologische Begriff des sozialen Handelns dagegen umfasst, dass die anderen, an denen sich soziales Handeln orientiert, leibhaftig räumlich anwesend, dass sie aber auch weit weg sein können und zum Beispiel nur über Telekommunikationstechniken anwesend sind. Die anderen können ferner auch abwesend sein. Dann wiederum kann es sich um Zeitgenossen handeln

– etwa meinen Freund in den Vereinigten Staaten, für den ich etwas erledige. Es können aber auch Vorfahren sein – zum Beispiel die längst verstorbenen Gründer eines Vereins, deren Leitideen weiter hochgehalten werden. Oder es kann sich um Nachfahren handeln – wenn wir heute beispielsweise beginnen, umweltbewusster zu handeln, damit auch zukünftige Generationen noch auf dieser Erde leben können. Die Beispiele zeigen zudem, dass die anderen konkrete, gut bekannte Personen sein können, aber auch anonyme Funktionsträger wie der Straßenbahnschaffner, bis hin zu diffusen Kollektiven wie der Arbeiterklasse oder gar der Menschheit.

Diese Beispiele verdeutlichen zugleich, dass soziales Handeln einseitig sein kann.[14] Wenn jemand sein Testament schreibt, in dem er einen anderen zum Generalerben einsetzt, aber dies dem Betreffenden gegenüber geheim hält, ist das, ebenso wie ein anonymer Drohbrief, ein soziales Handeln, das schon deshalb einseitig ist, weil der Adressat noch gar nichts von seinem Glück weiß bzw. den Urheber der Drohung nicht kennt und daher in beiden Fällen nicht auf den anderen reagieren kann. Auch wenn der Adressat des Handelns gar nicht merkt, dass auf ihn gerichtet gehandelt wird, weil er etwa den Gruß übersieht oder der Brief nicht bei ihm ankommt oder ihm im Schlaf die Kehle durchgeschnitten wird, bleibt das soziale Handeln – gewollt oder ungewollt – einseitig. Es kommt auch vor, dass der Adressat sehr wohl das auf sich gerichtete Handeln bemerkt und den Urheber kennt, aber in seinen Möglichkeiten der Erwiderung begrenzt ist – so wie der Mörder im Gefängnis, der erfährt, dass sein Gnadengesuch vom Staatspräsidenten abgelehnt wurde, ohne dafür an diesem Rache nehmen zu können.

Der Übergang zwischen Einseitigkeit und Wechselseitigkeit sozialen Handelns ist freilich kein starrer. Wenn etwa ein Finanzbeamter mir einen Steuerbescheid zuschickt, der mich auffordert, der Finanzkasse einen bestimmten Geldbetrag als Steuernachzahlung einzuzahlen, wird dessen soziales Handeln meistens einseitig bleiben. Ich werde mich ins Unvermeidliche schicken und zahlen – was soziales Handeln ist, das aber nicht an ihn persönlich gerichtet ist. So wird es auch der Beamte von mir erwarten. Er rechnet also für die Mehrzahl der Fälle gar nicht damit, dass sein einseitiges soziales Handeln zur Wechselseitigkeit führt. Aber vielleicht lege ich auch bei ihm förmlichen Widerspruch ein, oder ich lauere ihm eines Abends vor dem Amt auf und verprügele ihn – beides Beispiele dafür, dass dann doch Wechselseitigkeit herausgekommen ist. Und die Prügelei selbst in ihrem Hin-und-Her von Schlägen, Sich-ducken, Zurückweichen, Vorpreschen, Finten u. Ä. ist dann ein Beispiel für eine zeitlich verdichtete Sequenz wechselseitigen sozialen Handelns, ebenso wie ein Gespräch mit stetiger Rede und Gegenrede.

---

14 Siehe zum Folgenden die detaillierte Diskussion bei Luckmann (1992: 110-124).

Soziale Beziehung

Wenn Wechselseitigkeit des sozialen Handelns zustande kommt, die Beteiligten ihr soziales Handeln aneinander ausrichten, dann liegt nach Weber eine *soziale Beziehung* vor (Schneider 2002: 57-64). Wechselseitiges soziales Handeln, also „... ein seinem Sinngehalt nach aufeinander gegenseitig eingestelltes und dadurch orientiertes Sichverhalten mehrerer ...", konstituiert die soziale Beziehung (Weber 1922: 13, Hervorh. weggel.). Dies kann ein einmaliges oder sich höchstens sporadisch und ungeplant wiederholendes Aufeinandertreffen bleiben – Letzteres etwa, wenn zwei Leute, die einander ansonsten nicht kennen, sich alljährlich auf der Geburtstagsfeier eines gemeinsamen Bekannten treffen und dann jedes Mal miteinander ins Gespräch kommen. Soziale Beziehungen können aber auch eine gewisse Dauerhaftigkeit und Intensität erlangen, wie etwa Freundschaften, Ehen, die Beziehung zwischen einem Lehrer und jedem seiner Schüler oder die Beziehungen zwischen den Mitgliedern zweier verfeindeter Gangs. Weiterhin können soziale Beziehungen auf unmittelbarer räumlicher Kopräsenz beruhen, können aber auch zwischen räumlich dauerhaft getrennten Handelnden bestehen, wie etwa bei einer jahrelangen Brieffreundschaft.

In sozialen Beziehungen bildet sich eine eigentümliche *motivationale Verschränkung* zwischen den Beteiligten heraus. Die „Um-zu-Motive" des einen werden zu „Weil-Motiven" des anderen, und umgekehrt (Schütz 1932: 223-227).[15] Beispielsweise frage ich mein Gegenüber etwas, um eine Antwort zu erhalten; und das Gegenüber antwortet mir, weil ich gefragt habe. Luckmann zerlegt diesen Vorgang noch genauer:

> „A begibt sich ... in die Reichweite des B. Er stellt sich, auf Grund seiner Interessenlage, im Rahmen seiner übergeordneten Pläne und nach Einschätzung der vorgegebenen Lage, ein bestimmtes Wirken des B vor, vergleicht es mit anderen für B in Frage kommenden Möglichkeiten eines Wirkens oder Nicht-Wirkens und entscheidet sich für eine der Möglichkeiten. Dann erwägt er die Schritte, die er (A) unternehmen müßte, um dieses Wirken von B hervorzurufen. Dabei versetzt er sich ... in die Lage von B. ... A erwägt seine eigenen Schritte aufgrund einer Vorwegnahme der wahrscheinlichen Deutung und Einschätzung dieser Schritte durch B. Denn diese Deutung und Einschätzung durch B soll bei B zum Weil-Motiv eines bestimmten Wirkens werden. Nachdem sich also A für ein bestimmtes zukünftiges Wirken von B entschieden hat, muß er sich

15 Schütz (1932: 213-223) beschränkt dies nur auf von ihm so genannte „Wirkensbeziehungen", die er von „Einstellungsbeziehungen" abgrenzt. Bei Letzteren reduziert sich das wechselseitige Aneinander-orientieren auf Einschätzungen des Gegenübers wie etwa Sympathie. Soziale Bedeutung gewinnt dieses Aneinander-orientieren aber nur, wenn daraus ein wechselseitiges Aufeinander-einwirken resultiert – etwa das Meiden eines unsympathischen Anderen. Genau besehen dürfte die „Einstellungsbeziehung" also Teil einer „Wirkensbeziehung" sein.

auch für bestimmte eigene Schritte, sozusagen aus dem Blickwinkel von B, entscheiden. Dann erst faßt er den Entschluß zu handeln und beginnt mit dem Vollzug." (Luckmann 1992: 117/118)

Entscheidend für das auf B gerichtete Handeln des A sind zwei Unterstellungen, die dessen Fremdverstehen des B leiten. Die erste Unterstellung ist die schon angesprochene „Reziprozität der Perspektiven". A geht davon aus, dass B die Welt, also auch das auf ihn gerichtete Tun von A, ungefähr so versteht wie A selbst. Daran knüpft die zweite Unterstellung an, die einer „Reziprozität der Motive". A sagt sich: Ein bestimmtes Handeln eines anderen, das bei mir als „Weil-Motiv" ein bestimmtes eigenes Handeln hervorrufen würde, wird ungefähr dieselbe Reaktion auch bei B hervorrufen. A kann also nicht bloß bezüglich des Welterlebens, sondern auch bezüglich des daraus hervorgehenden Handelns von sich selbst auf B schließen. Weil A von sich weiß, dass er auf eine Frage antworten würde, geht er auch davon aus, dass er B durch eine an diesen gerichtete Frage zu einer Antwort bewegen kann.

Unterlassungshandeln

In solchen Zusammenhängen wechselseitig aufeinander bezogenen Handelns wird im Übrigen nochmals deutlich, dass Nicht-Handeln unter bestimmten Umständen ebenfalls als Handeln gewertet wird: wenn ein Handeln, das das Gegenüber von mir erwartet, ausbleibt (Geser 1986). Solches *Unterlassungshandeln* kann streng genommen nicht beobachtet werden. Denn es passiert ja eben nichts. Aber vor dem Hintergrund andersartiger Erwartungen wird das Nichtgeschehen doch sichtbar. Wenn ich meiner Freundin jeden Morgen einen Kuss gebe und dies dann eines Tages ausbleibt, ist dieses Unterlassen eine Handlung: für sie, die sich fragt, ob ich mich etwa über sie ärgere oder gar mit meinen Gedanken bei einer anderen Frau bin, und für mich, wenn ich die Nichtgewährung des Kusses als demonstrative Bestrafung einsetze.

Natürlich sind Unterlassungen besonderen Missverständnissen ausgesetzt. Vielleicht bin ich bloß in Eile oder vergesslich, und sie nimmt dann fälschlich an, dass ich mich über sie geärgert habe; oder ich meine es als Bestrafung, aber sie bemerkt das gar nicht, weil ihr dieses Ritual nie sonderlich wichtig gewesen ist. Wahrgenommenes und auch als solches gemeintes Unterlassen kann vom Gegenüber thematisiert, zum Beispiel zum Gegenstand von Vorhaltungen oder zum Anlass von Entschuldigungen genommen werden. Auf Unterlassen kann aber auch mit weiterem Unterlassen reagiert werden, wenn sich etwa Eheleute sozusagen beredt am Esstisch anschweigen, weil keiner von beiden mehr davon ausgeht, dass der andere noch ein Gespräch sucht.

Diese Beispiele könnten suggerieren, dass Unterlassen vom Gegenüber immer nur negativ vermerkt würde: Etwas, was jemand tun sollte, unterbleibt. Jede soziale Beziehung beruht aber, ebenso wie auf bestimmten beiderseitigen Arten von Aktivhandeln, immer auch auf bestimmten Arten von Unterlassungen. So weiß man etwa vom anderen, dass er von sich aus nur zu gerne dieses und jenes täte, aber rücksichtsvoll darauf verzichtet. Wenn zum Beispiel ein Paar einen Abend gemeinsam verbringen möchte, macht er gar nicht erst den Vorschlag, im Fernsehen das Fußballländerspiel anzuschauen, weil er weiß, dass sie das überhaupt nicht interessiert; und sie weiß, dass er durchaus Interesse am Fußball hätte, und registriert dankbar, dass er es nicht anspricht. Im Gegenzug bringt sie nicht die Möglichkeit zur Sprache, in die Oper zu gehen, weil sie weiß, dass er das hasst – und dies registriert er wiederum dankbar.

Intersubjektivität

Jede soziale Beziehung, ob einmalig oder dauerhaft und ob eher über Aktivhandeln oder eher über Unterlassen konstituiert, stellt damit bereits ein soziales Phänomen dar, das aus einer „Logik der Aggregation" hervorgeht (→ Kap. 1). Es findet handelndes Zusammenwirken statt. Was diejenigen Handlungen und Unterlassungen, die eine soziale Beziehung tragen, miteinander verbindet, ist der Modus, in dem sie allen Beteiligten bewusstseinsförmig präsent sind: als relativ stabile kognitive und normative Erwartungen übereinander.[16] Dass du dieses, was du – als konkrete Person oder als Typus – immer wieder getan oder unterlassen hast, auch weiterhin tust bzw. unterlassen wirst; und dass du dieses, was du vielleicht nicht von dir aus tätest, tun sollst und dann auch tatsächlich tust, sowie jenes, was du vielleicht gerne tätest, nicht tun sollst und entsprechend unterlässt; und dass auf der anderen Seite ich mich ebenso gemäß deinen Erwartungen an mich verhalte: Genau diese Konformität mit wechselseitigen Erwartungen erlaubt uns beiden, unser eigenes Handeln auf Gewissheiten über das Handeln des je anderen zu gründen. Beruhend auf solchen gemeinsamen, erwartungsförmigen sinnhaften Orientierungen am anderen, Perspektivenübernahmen, Unterstellungen und Antizipationen, kommt die soziale Beziehung aus dem wechselseitigen sozialen Handeln der Akteure zustande. Anders gesagt: Sozialität ist das, was zwischen den Subjekten passiert – *Intersubjektivität.*

Die phänomenologische Betrachtungsweise von Sozialität weist ausdrücklich auf deren Charakter als Intersubjektivität hin. Der Begriff betont in der einen Richtung, dass die Welt des Sozialen nicht denselben objektiven Charakter hat wie die Welt der Dinge. Eine soziale Beziehung ist nicht wie ein Stein. Man könnte zunächst denken, dass das nur daran liegt, dass der Stein im Unterschied zur sozialen Beziehung kein Menschenwerk ist. Aber eine soziale Beziehung ist auch nicht wie ein Tisch. Sie materialisiert sich nicht

16 Zur Unterscheidung beider Erwartungstypen siehe Luhmann (1972 a: 40-53).

in irgendetwas Physischem;[17] ihre Ausdrucksform ist vergleichsweise flüchtig: ein Gespräch oder eine nicht-sprachliche Kommunikation, zum Beispiel ein Stirnrunzeln, oder eine aus bloßer Beobachtung dessen, was ein anderer tut, herrührende eigene Handlung. Der Stoff von Sozialität ist eben nicht Granit oder Holz, sondern Sinn.[18] In der anderen Richtung betont der Begriff der Intersubjektivität, dass die Welt des Sozialen nicht die Welt des Subjektiven ist. Gedanken, Empfindungen, Meinungen und andere Bewusstseinsvorstellungen der in soziale Beziehungen involvierten Menschen gehen in Sozialität ein, aber machen sie nicht aus. Sozialität ist eben vielmehr das, was sich zwischen den Subjekten abspielt und ergibt. Noch anders gesagt: Sozialität ist das, was passiert, wenn ein Subjekt ins Wahrnehmungs- und Relevanzfeld eines anderen gerät.[19]

Man könnte, was Schütz und Luckmann tun, die phänomenologische Betrachtung von Sozialität noch sehr viel weiter führen, allen möglichen Varianten und Komplikationen der dargestellten Konzepte von Handeln, sozialem Handeln und sozialen Beziehungen nachgehen (Schütz/Luckmann 1979). Als Verständnisgrundlage für das, worum es im Weiteren geht, nämlich die verschiedenen soziologischen Akteurmodelle, genügt das Dargestellte allerdings.

2.3 Akteure und Akteurmodelle

Die sozial Handelnden werden in der Soziologie als *Akteure* bezeichnet. Was meint der Begriff genauer, und warum sprechen Soziologen und Soziologinnen nicht einfach vom Menschen oder vom Individuum?

In der Tat ist mit dem Begriff des Akteurs zunächst oft der individuelle Mensch, eine Person, angesprochen. Aber wie schon mehrfach angedeutet, interessiert sich die Soziologie nicht für den ganzen Menschen mit all seinen physiologischen oder psychischen Erregungen. Die Soziologie interessiert sich nur für einen Ausschnitt, nämlich eben für den Menschen als Handelnden, und dabei insbesondere für den in sozialen Zusammenhängen handelnden Menschen. Der Begriff des Akteurs bezieht sich immer schon auf den Handelnden, nicht auf den Sich-Verhaltenden, und setzt damit die im Vorangegangenen geschilderten Begriffsbestimmungen voraus. Der Akteurbegriff umfasst also Einheiten, die sinnhaft und intentional handeln, und

17 Sehr wohl symbolisiert sich der Charakter einer sozialen Beziehung freilich oftmals in Dingen – z. B. im Ehering oder in Statussymbolen.

18 Den kann man zwar in Granit meißeln oder in Holz schnitzen oder auf Papier schreiben; aber das sind dann schon wieder besondere Dinge: solche, die explizit als Symbol zur Aufbewahrung von Sinn benutzt werden.

19 Siehe auch Luhmanns (1975 b; 1984: 551-592) genau darauf abstellende Definition von Interaktionen als den – in seiner systemtheoretischen Perspektive – einfachsten Formen von Sozialsystemen.

denen wiederum von anderen Akteuren Handeln zugeschrieben werden kann.

Der Begriff impliziert dabei zudem, was weiter oben mit dem Modell der wechselseitigen Konstitution von sozialem Handeln und sozialen Strukturen bzw. dem Modell der soziologischen Erklärung (→ Kap. 1.2; 1.3) beschrieben wurde: dass Handeln immer in sozialen Situationen stattfindet, in denen sich die Akteure orientieren und dann zwischen verschiedenen Handlungsalternativen *wählen*. Die sozialen Situationen, in denen sich ein Akteur wiederfindet, determinieren ihn oder sie nicht zu einem bestimmten Handeln, sondern der Akteurbegriff erfasst Handeln als *Handlungswahlen*. Dabei ist der Akteur natürlich nicht „frei", sondern bei seiner Handlungswahl auf die gegebenen Alternativen in der jeweiligen Situation verwiesen. Der soziologische Akteurbegriff betont, dass die Handlungswahlen eingebettet sind in soziale Situationen und geprägt werden von den sozialen Strukturen, die diese Situationen kennzeichnen. Darin liegt ein Unterschied zum Begriff des Individuums, mit dem in einem älteren und durch die Philosophie der Aufklärung aufgeladenen Sprachgebrauch die Idee der Autonomie des Einzelnen gegenüber den sozialen Strukturen bzw. gegenüber der Gesellschaft akzentuiert wird.

Individuelle und überindividuelle Akteure

Das Besondere am Akteurbegriff ist schließlich auch, dass er sich nicht nur auf den Einzelnen bezieht. Akteure können auch Organisationen, soziale Gruppen oder soziale Bewegungen sein. Auch im Alltag redet man ja ganz selbstverständlich davon, dass ein Unternehmen oder eine Fußballmannschaft oder eine soziale Bewegung – etwa „die Kernenergiegegner" – handeln. Letztlich können nur die Einzelnen handeln, aber Organisationen, soziale Gruppen oder Bewegungen sind gewissermaßen aus Einzelnen „zusammengesetzte" handelnde Einheiten. Solche „composite actors" (Scharpf 1997: 52/53) handeln nach Außen hin wie eine Person nach Maßgabe einer gemeinsamen Zielsetzung. Sie werden deshalb als *überindividuelle* Akteure im Unterschied zu individuellen Akteuren bezeichnet (→ Kap. 10.3). Der Akteurbegriff kann daher zum Beispiel auch auf Verbände, Unternehmen, Regierungen usw. angewendet werden.[20]

Akteurmodelle

Damit sind wir nun soweit, uns den soziologischen *Akteurmodellen* und dem ersten Teilschritt einer soziologischen Erklärung zuzuwenden (→ Kap. 1.3), nämlich der Frage, wie soziologisch erklärt werden kann, dass Akteure

20 Frank Meier (2009) diskutiert systematisch das Akteurverständnis verschiedener soziologischer Theorieperspektiven und wendet sein daraus gewonnenes Akteurkonzept auf Universitäten an.

in bestimmten Situationen auf eine ganz bestimmte Weise und nicht anders handeln.

Akteurmodelle sind generelle theoretische Modelle, die als Erklärungswerkzeuge für das Handeln der Akteure dienen. Mit den Akteurmodellen lässt sich erfassen, warum Handelnde aus den ihnen situativ verfügbaren Handlungsalternativen diejenige auswählen, die sie dann auch tatsächlich ausführen – wobei der Alternativenraum eben strukturell bestimmt ist. Die Akteurmodelle fokussieren und bündeln jeweils bestimmte der Strukturdeterminanten, die für die Handlungswahlen bedeutsam sind, und stellen so die Verknüpfung der Handlungswahl zur „Logik der Situation" her. Mittels der Modelle lassen sich Handlungswahlen auf je andere sie prägende sozialstrukturelle Handlungsbedingungen zurückführen. Man erhält so einige wenige analytische Akteurmodelle für die „Logik der Selektion",[21] wobei die Modelle eben – wie noch ausführlicher zu zeigen sein wird – ganz unterschiedliche Elemente sozialer Strukturen heranziehen.

Worauf beruhen die Akteurmodelle? Den Modellen liegen jeweils andere dominierende Handlungsantriebe zugrunde. Die Modelle stellen auf vereinfachenden Annahmen beruhende Muster von Triebkräften des Handelns dar. Oder anders ausgedrückt – und wie oben bei der Betrachtung des wissenschaftlichen Verstehens schon angesprochen (→ Kap. 2.1): Es geht bei den Akteurmodellen um fundamentale und zugespitzte Typen von Motiven sozialen Handelns. Solche Modelle beschreiben also nicht, welche konkreten und situationsspezifischen Motive jemand im Einzelfall hat, sondern sie bringen in abstrahierender Weise auf den Begriff, was den *typischen* Akteur in einer bestimmten sozialen Situation antreibt. Sie haben damit den Anspruch, als Analyseschema für das Handeln einer Mehrzahl von Akteuren erklärungskräftig zu sein. Denn wie ebenfalls bereits dargelegt, interessiert sich die Soziologie nicht nur nicht für irgendeinen besonderen Menschen, sie interessiert sich auch nicht für den einzelnen Menschen, weil erst aus dem gleichartigen Handeln Vieler – also dem typischen Handeln – solche gesellschaftlich bedeutsamen Handlungswirkungen hervorgehen, die die Soziologie dann im zweiten Teilschritt ihrer Erklärungen in den Blick nimmt. Gerade weil das einzelne Handeln für sich genommen soziologisch wenig erheblich ist, braucht man vereinfachende, erklärungsökonomische theoretische Instrumente, die den ersten Erklärungsschritt möglichst abkürzen.

---

21 Die Meinungen darüber, ob noch weitere als die gleich angesprochenen Akteurmodelle für soziologische Erklärungen herangezogen werden müssen, gehen auseinander. Vorgeschlagen wird zum Beispiel der Homo Politicus als Modell eines Akteurs, der seine spezifischen Ziele anstrebt, ohne Kosten- bzw. Nutzen-Erwägungen in Betracht zu ziehen (Kron 2005). Die hier im Folgenden behandelten stellen die von den meisten Soziologen benutzten Akteurmodelle dar.

Vier Arten von Handlungsantrieben

Welche Arten von typischen Handlungsantrieben kommen überhaupt in Betracht, wenn man erklären will, dass jemand so handelt, wie er eben handelt, und nicht stattdessen etwas ganz anderes tut? Zur Beantwortung dieser Frage hat die Soziologie eine sehr begrenzte Anzahl von Akteurmodellen konzipiert. Genau genommen geht es im Wesentlichen um vier Modelle, die hier schon einmal kurz genannt werden sollen.

Ein erstes Modell, das bis heute den Mainstream in der soziologischen Handlungstheorie repräsentiert, ist der im Kapitel 3 genauer behandelte *Homo Sociologicus*. Dies ist das Modell eines Akteurs, der sein Handeln primär an sozialen Normen ausrichtet. Normative Erwartungsstrukturen zeigen ihm an, worum es ihm in einer bestimmten sozialen Situation zu gehen und wie er entsprechend zu handeln hat.

Dem Homo Sociologicus steht als zweites Akteurmodell der *Homo Oeconomicus* gegenüber, der im Kapitel 4 dargestellt wird. Das ist ein Akteur, der so handelt, dass er damit seinen eigenen erwarteten Nutzen bei geringstmöglichem Aufwand maximiert. Der Homo Oeconomicus wird primär durch solche Strukturen geprägt, die den Nutzen und die Aufwendigkeit bestimmter Handlungen bestimmen. Dies ist, wie der Name schon sagt, ein ursprünglich in den Wirtschaftswissenschaften entwickeltes Modell, das aber längst auch in der Soziologie verankert ist und für deren Zwecke weiterentwickelt wurde.

Beide genannten Akteurmodelle haben bis heute die soziologische Theorie beherrscht – gerade auch im ständigen Gegeneinander. Dass beide Modelle radikal andere Handlungsantriebe betonen, ist offensichtlich. Um nur ein Beispiel zu geben: Wenn ein Handelnder in der Straßenbahn einen Fahrschein löst, obwohl er nicht wirklich mit einer Kontrolle rechnet, handelt er normorientiert, denn man darf nicht schwarzfahren. Fährt der Akteur schwarz, handelt er nutzenmaximierend, denn er spart das Fahrgeld. Offenbar tun die einen Fahrgäste dieses, die anderen jenes; mancher tut auch einmal dieses, ein anderes Mal jenes. Diese Varianzen weisen schon darauf hin, dass man beide Modelle braucht, dass also keines von ihnen die Gesamtheit allen Handelns zu erklären vermag.

Es gibt aber noch andere, im Kapitel 5 zur Sprache kommende Arten von Handeln, die mit keinem dieser beiden Modelle adäquat erfasst werden können. Ein drittes Akteurmodell ist daher der „*Emotional man*“ (Flam 1990a). Emotionale Handlungsantriebe werden durch andere sozialstrukturelle Determinanten ausgelöst als norm- oder nutzenorientiertes Handeln.

Ein viertes Akteurmodell ist schließlich der *Identitätsbehaupter*. Es gibt Handlungen, die jemand nur oder hauptsächlich deshalb ausführt, weil er nach außen oder sich selbst dokumentieren will, wie er sich selbst sieht und gesehen werden will. Das gilt zum Beispiel für solches Handeln, bei dem jemand seiner Gesinnung folgt und dafür teilweise große persönliche Kosten auf sich nimmt, wie zum Beispiel bei dem Kriegsdienstverweigerer, dem sein Gewissen den Waffengebrauch verbietet und der dafür sogar gegen Normen – nämlich seine gesetzlich verankerte Pflicht zum Wehrdienst – verstößt. Und es gilt für diejenigen Arten von Handlungen, die jemand ausführt, um sich zu profilieren und die von ihm dargestellte Identität sozial bestätigt zu bekommen, wie es etwa bei Jugendlichen der Fall ist, die sich bestimmten Szenen zuordnen und deshalb Treffs von Gleichgesinnten aufsuchen und ihr Äußeres entsprechend stilisieren. Dieses Akteurmodell hebt wiederum andere soziale Strukturen als die für die Handlungswahlen maßgeblichen hervor.

Zusammenfassung und Vorschau

In diesem Kapitel wurde Handeln als sinnhaft motiviertes Verhalten bestimmt. Dabei wurden der dem Handeln zugrunde liegende subjektive Sinn als ein auf „Um-zu-„ und „Weil-Motiven“ beruhender Prozess des Selbstverstehens sowie dessen Verhältnis zum Fremdverstehen und zum wissenschaftlichen Verstehen erläutert. Soziales Handeln ist davon ausgehend solches Handeln, das in seinem Sinn auf andere gerichtet oder bezogen ist. Sofern dies zwischen zwei oder mehr sozial Handelnden wechselseitig geschieht, entsteht eine soziale Beziehung, die sich als durch stabile Erwartungen geordnete Intersubjektivität verfestigen kann. Akteure als sozial Handelnde treffen Handlungswahlen in auf bestimmte Weise strukturierten sozialen Situationen, die ihre Motive prägen. Diese Handlungsantriebe werden in vier analytischen Akteurmodellen gebündelt, die zur Erklärung von Handlungswahlen dienen. Diese Akteurmodelle – der Homo Sociologicus, der Homo Oeconomicus, der „Emotional man“ und der Identitätsbehaupter – werden im Weiteren vorgestellt. Die Darlegung beginnt im folgenden Kapitel mit dem Homo Sociologicus.

3. Homo Sociologicus

In diesem Kapitel wird der Homo Sociologicus, das Modell des normorientierten Akteurs, behandelt. Die Darstellung erfolgt in drei Schritten. Zunächst wird anhand der Beiträge von Emile Durkheim und Talcott Parsons der analytische Kern dieses Modells herausgearbeitet. Danach wird die genauere Ausarbeitung des Modells durch die strukturfunktionalistische Rollentheorie geschildert, und im letzten Abschnitt geht es darum, wie sich verschiedene Vertreter des „interpretativen Paradigmas" mit dem strukturfunktionalistischen Rollenmodell auseinandergesetzt haben.

3.1 Normorientiertes Handeln

Als Erstes der vier Akteurmodelle wird in diesem Kapitel der Homo Sociologicus vorgestellt. Diesem Modell zufolge werden die Handlungswahlen des Akteurs durch die in einer sozialen Situation gegebenen institutionellen Regeln und gesellschaftlichen Vorgaben geprägt. Der Akteur befolgt mit seinem Handeln die in einer Situation bestehenden Normen und erfüllt damit die an ihn gerichteten Erwartungen. Sein Handlungsantrieb liegt also in der Erfüllung von Sollensvorgaben, und darüber erlangt er in der sozialen Situation Erwartungssicherheit. Vereinfacht und überspitzt ausgedrückt: Der Homo Sociologicus tut, was er tut, weil er es so tun soll; oder anders: er spielt – etwa im Beruf, in der Familie oder im Freundeskreis – seine „Rolle".

Dieses Modell war für die Herausbildung der Soziologie als eigenständiger Disziplin neben den anderen Sozialwissenschaften – insbesondere neben der Wirtschaftswissenschaft – von großer Bedeutung. Es ist nicht übertrieben zu sagen, dass sich die disziplinäre Profilierung der Soziologie seit dem Ende des 19. Jahrhunderts entscheidend über dieses Akteurmodell vollzogen hat. Bis heute ist es das vorherrschende Modell geblieben, weshalb es auch nicht zu Unrecht als Homo Sociologicus [22] – im Kontrast zum Homo Oeconomicus stilisiert – bezeichnet wird. Gerade in den letzten Jahren ist allerdings offenkundig geworden, dass die Soziologie sich nicht allein auf den Homo Sociologicus stützen darf, wenn sie das soziale Handeln der Akteure erklären will. Mit diesem Modell lässt sich nur eine Teilmenge aus der Gesamtheit aller Fragen nach den Handlungswahlen bearbeiten.

22 Ralf Dahrendorf (1958) hat seine Darstellung der Rollentheorie mit „Homo Sociologicus" betitelt und damit dieses verbreitete soziologische Verständnis von sozialem Handeln auf den Begriff gebracht.

Homo Sociologicus als analytische Fiktion

Doch wie kommen Soziologinnen überhaupt darauf, ausgerechnet einen Akteur, der sich an Normen orientiert und diese mit seinem Handeln befolgt, als ihr vorherrschendes Akteurmodell herauszustellen? Denn dass wir alle in unserem Handeln hauptsächlich folgsame Rollenspieler und nicht mehr sind, läuft ja meist unseren alltäglichen Vorstellungen darüber, wie wir tatsächlich sind, zuwider, und ist damit kontraintuitiv. Die allermeisten von uns erfahren sich nicht so. Gerade weil jeder und jede von uns zeitweilige Zustände des Fremdbestimmtseins kennt, wissen wir, dass sich unser Leben und unser Handeln nicht darin erschöpfen, und bestehen auch darauf. Kulturell herrscht in der Moderne die Vorstellung vor, dass die Menschen in ihrem Handeln selbstbestimmt sind und dies vor allem auch sein sollen. Zwar kann und soll nicht jeder völlig frei tun und lassen, was er will – doch wie Schauspieler, die, solange sie sich in der Rolle bewegen, ein fremdes Leben aufführen, wollen wir alle nicht auf Dauer existieren. Der Homo Sociologicus ist nicht bloß kontraintuitiv, sondern auch moralisch anstößig. Er ist eben deshalb so kränkend, weil er unseren liebgewordenen Vorstellungen darüber, wie wir sein sollten, widerspricht.

Man kann an dieser Diskrepanz zwischen Alltagswissen und soziologischer Theorie zunächst nochmals das schon angesprochene generelle Charakteristikum der Akteurmodelle – und hier insbesondere des Homo Sociologicus – als analytische Fiktionen und Erklärungswerkzeuge verdeutlichen (→ Kap. 2.3). Genau deshalb, weil uns dieses theoretische Modell mit einem ungewohnten Blick auf soziale Realität konfrontiert, eine zu unserem Alltagswissen „inkongruente Perspektive“ präsentiert, kann es „soziologische Aufklärung“ werden (Luhmann 1967). Im Grunde steckt dahinter die methodologische Banalität, dass jede wissenschaftliche Theorie konkrete Realität vereinfacht und genau daraus Erkenntnisgewinne resultieren. Für die Naturwissenschaft akzeptieren wir das leicht – wenn zum Beispiel die Physik in der klassischen Mechanik Körper, etwa fallende Steine, analytisch als Massepunkte fasst, weil sich das leichter berechnen lässt und man so erst zu Gesetzmäßigkeiten vorstoßen kann. Wenn eine analytische Fiktion uns hingegen in unserem höchstpersönlichen Selbstverständnis so direkt betrifft wie der Homo Sociologicus, fällt es uns viel schwerer, sie zu akzeptieren. Dann gilt plötzlich nicht mehr das Recht und sogar die Pflicht jeder Wissenschaft zu analytischen Fiktionen, sofern sie nur erkenntnisfördernd sind. Sondern der Soziologie wird schnell Menschenverachtung vorgeworfen, weil der Homo Sociologicus in der Tat zunächst einmal von der Willensfreiheit des Einzelnen absieht.[23]

23 Es ist in diesem Zusammenhang bezeichnend, dass die später noch anzusprechenden Kritiken des „normativen Paradigmas“ durch das „interpretative Paradigma“ oftmals als Wiederkehr des „Humanismus“ in die Soziologie gesehen worden sind, weil sie ein komplexeres Bild des Rollenhandelns zeichnen, in dem der Akteur auch als Per-

Welche sozialen Phänomene veranlassen Soziologinnen also dazu, den Homo Sociologicus als Erklärungswerkzeug für die Handlungswahlen von Akteuren heranzuziehen?

Austauschbarkeit des sozialen Personals

Der konkrete Sachverhalt, der die soziologische Beobachtung zu diesem Akteurmodell geführt hat, ist denkbar geläufig, weil hinreichend oft im Alltag beobachtbar. Es ist die Tatsache, dass bei vielen sozialen Handlungsvollzügen diejenigen, die sie ausführen, austauschbar sind, ohne dass sich in relevanten Hinsichten etwas Substantielles an dem jeweiligen sozialen Phänomen ändert. Dies zeigt sich zum Beispiel in typischen sozialen Beziehungen, die ganz unabhängig von den konkreten, an ihnen beteiligen Personen funktionieren, weil die Handelnden ihr soziales Handeln an den für eben diese Beziehungen bestehenden Erwartungen ausrichten. Wenn ich in der Bäckerei, wo ich mir öfters mittags ein Stück Kuchen hole, mal von dieser, mal von jener Verkäuferin bedient werde, weiß ich, dass der Wechsel der Bedienung für das, worauf es mir in dieser Situation ankommt, völlig gleichgültig ist. Die eine mag freundlicher sein als die andere, oder etwas schneller, oder besser aussehen: All das interessiert mich nicht besonders. Worauf es mir ankommt, ist, den gewünschten Kuchen zu bekommen. Und das leisten alle Verkäuferinnen gleichermaßen, sofern sie ihre Rolle erfüllen.

Nicht bloß in solchen anonymen sozialen Beziehungen, auch in hochgradig persönlich gefärbten ist die Austauschbarkeit der handelnden Personen noch in ganz erheblichem Maße gegeben. Natürlich ist zum Beispiel für ein Kind die Stiefmutter eine ganz andere Person als die verstorbene Mutter. Als konkrete Individuen mit all ihren geliebten und ungeliebten Eigenarten sind beide nicht austauschbar. Aber im Hinblick auf viele Handlungsmuster gegenüber dem Kind werden sich beide sehr wohl gleichen – nämlich die Mutterrolle spielen, die ihnen wie allen anderen Müttern gesellschaftlich vorgeschrieben ist. Auch die beobachtbare Tatsache, dass Interaktionen unter einander nur wenig bekannten Personen in bestimmten sozialen Situationen ohne größere vorherige Abstimmungsprozesse möglich sind, zum Beispiel im Wartezimmer eines Arztes, bei der sporadischen Begegnung in einem Seminar oder am Arbeitsplatz, ist nur dadurch erklärbar, dass die Be-

son stärker zur Geltung kommt. Genausogut könnte man davon sprechen, dass die Physik „naturverbundener" geworden sei, als sie es geschafft hatte, die Fiktion des Massepunktes aufzulösen und die reale Ausdehnung von Körpern in ihre Formeln aufzunehmen. In beiden Fällen handelt es sich um analytische Verkomplizierungen, die erst möglich wurden, als das einfache Ausgangsmodell hinreichend durchdacht worden war – und diese Verkomplizierungen haben ihrerseits nur weitere analytische Fiktionen nach sich gezogen, die eher noch weiter weg vom Alltagswissen geführt haben.

teiligten sich an die in solchen Situationen vorgegebenen sozialen Normen halten und entsprechend handeln. Und auch an dauerhafteren sozialen Gebilden kann man sich solche, im Sinne des Homo Sociologicus alltäglich vorkommenden Handlungswahlen der Akteure klar machen: Dass Organisationen oder Gesellschaften über Generationen Bestand haben, obwohl ständig neue Mitglieder kommen und andere gehen, liegt daran, dass die jeweils neu hinzukommenden Akteure die ihnen von ihren Vorgängern übermittelten Sollensvorgaben als Orientierung für ihr Handeln übernehmen und so das Gebilde aufrecht erhalten.

Aufgrund derartiger Überlegungen stießen soziologische Theoretiker schon früh auf den Homo Sociologicus als erklärungsmächtiges Akteurmodell für viele Vorgänge und Prozesse des alltäglichen sozialen Geschehens. Die Ausarbeitung dieses Modells soll im Folgenden in ihren drei grundlegenden Entwicklungsschritten, dem „normativen Paradigma", der strukturfunktionalistischen Rollentheorie und schließlich dem „interpretativen Paradigma" des Rollenhandelns vorgestellt werden.

3.2 Das „normative Paradigma"

Auf Emile Durkheim geht die von späteren Kritikern zutreffend als „normatives Paradigma" (Wilson 1970) etikettierte theoretische Richtung zurück, in deren Rahmen das Akteurmodell des Homo Sociologicus anzusiedeln ist (Münch 1994: 124-127). Durkheims Stoßrichtung war zunächst eine methodologische: Er wollte die Soziologie als eine Wissenschaft begründen, die wie eine Naturwissenschaft nach Gesetzmäßigkeiten sucht. Sein Ausgangspunkt war daher der Vergleich von Sozialität und Natur. In der Natur herrschen Naturgesetze, die sich den Menschen als objektive, nämlich in den natürlichen Dingen und Abläufen angelegte Nicht-Beliebigkeit manifestieren. Ein vom Erdboden hochgehobener und fallen gelassener Stein beispielsweise bewegt sich nicht irgendwohin, das eine Mal dort-, das nächste Mal dahin, sondern stets in Richtung Erdboden zurück – weil das physikalische Fallgesetz gilt, das dem Stein sozusagen keine andere Wahl lässt. Nur aufgrund dieser Gesetzmäßigkeit der Natur sind überhaupt Naturwissenschaften möglich. Sich in erratischer Beliebigkeit vollziehende Vorgänge wären nicht theoriefähig. Wenn also – so Durkheim – die Soziologie als eine Gesetzeswissenschaft des Sozialen etabliert werden soll, setzt das voraus, dass auch soziale Vorgänge, wie die Regelmäßigkeiten der Natur, entdeckbaren Gesetzmäßigkeiten folgen.

Soziologische Tatbestände

Und in der Tat gibt es in der sozialen Welt ebenfalls Nicht-Beliebigkeit, nämlich sich wiederholende Regelmäßigkeiten des Handelns, etwa bestimmte festgelegte Weisen der Begrüßung oder des Zusammenlebens. Durkheim

(1885: 105-140) stieß bei seinen Überlegungen dazu, wie diese Regelmäßigkeiten des Handelns in der sozialen Welt erzeugt werden, auf den eigentümlichen Zwang, den soziale Normen auf die Handelnden ausüben. So wie das Fallgesetz den Stein, so zwingen Normen soziales Handeln in bestimmte Bahnen. Durkheim nennt diese Zwänge folgerichtig die „soziologischen Tatbestände": „Ein soziologischer Tatbestand ist jede mehr oder minder festgelegte Art des Handelns, die die Fähigkeit besitzt, auf den Einzelnen einen äußeren Zwang auszuüben ..." (Durkheim 1885: 114, Hervorh. weggel.) Diese Zwänge manifestieren sich in Sitten und Konventionen, in Moral und Gesetz, oder auch in gesellschaftlichen Institutionen wie Ehe und Familie. Durkheim geht sogar so weit, „soziologische Tatbestände" als etwas ebenso Objektives wie die Gesetzmäßigkeiten der Natur zu deklarieren. So formuliert er die Maxime, „... die soziologischen Tatbestände wie Dinge zu betrachten." (Durkheim 1885: 115)

Damit scheint er auf den ersten Blick noch nicht zu der im vorherigen Kapitel wiedergegebenen Einsicht von Max Weber und Alfred Schütz in den Unterschied zwischen der Objektivität der Natur und der Intersubjektivität des Sozialen gelangt zu sein. Bei genauerem Hinsehen zeigt sich aber, dass auch Durkheim seine „soziologischen Tatbestände" als etwas ansieht, was weder äußere Natur noch innere Subjektivität des Menschen ist. Er wendet sich allerdings, und insofern einseitig, hauptsächlich gegen einen psychologischen Reduktionismus, der Sozialität letztlich auf Subjektivität zurückführen will. Soweit soziales Handeln Gesetzmäßigkeiten aufweist, ist dies für Durkheim eben nicht – was ja durchaus denkbar wäre – auf entsprechende Ähnlichkeiten der psychischen Beschaffenheit der handelnden Menschen zurückzuführen. Dass wir alle beispielsweise auf bestimmte Weise grüßen, wenn wir einem Bekannten auf der Straße begegnen, liegt nicht daran, dass dies ein bei jedem von uns gleichartig angelegtes psychisches Handlungsmuster wäre. Sondern hier wirkt ein „Druck des sozialen Milieus" (Durkheim 1885: 109):

> „Wenn ich meine Pflichten als Bruder, Gatte oder Bürger erfülle, oder wenn ich überkommene Verbindlichkeiten einlöse, so gehorche ich damit Pflichten, die außerhalb meiner Person und der Sphäre meines Willens im Recht und in der Sitte begründet sind. Selbst wenn sie mit meinen persönlichen Gefühlen im Einklange stehen und ich ihre Wirklichkeit im Innersten empfinde, so ist diese doch etwas Objektives. Denn nicht ich habe diese Pflichten geschaffen, ich habe sie vielmehr im Wege der Erziehung übernommen." (Durkheim 1885: 105)

Erziehung vermittelt dem Einzelnen die sozialen Normen und ist der Mechanismus, der die Akteure diese Normen in ihrem Handeln befolgen und so die Regelmäßigkeiten der sozialen Welt erzeugen lässt. Durkheims (1885: 108) Sichtweise, „... daß die ganze Erziehung in einer ununterbrochenen Bemühung besteht, dem Kinde eine gewisse Art zu sehen, zu fühlen und zu handeln aufzuerlegen, zu der es spontan nicht gekommen wäre ...", hat für eine Wechselwirkung zwischen Einzelnem und Gesellschaft wenig übrig. Er konzentriert sich einseitig auf die Wirkungsrichtung von der Sozialität auf die Subjektivität: „Es ist ein Zustand der Gruppe, der sich bei den Einzelnen wiederholt, weil er sich ihnen aufdrängt.“ (Durkheim 1885: 111)[24]

Durkheim wendet sich mit dieser Einseitigkeit gegen die überspitzte Auffassung einer der kulturellen Leitideen der Moderne: der Idee der Autonomie des einzelnen Subjekts. Diese Idee wurde in manchen Spielarten des damaligen Liberalismus oder auch des deutschen Idealismus so verstanden, dass das Subjekt sich seine Welt ganz nach seinem eigenen Willen schaffen könne bzw. dies, wenn schon nicht real gegeben, dann doch erstrebenswert sei. Dem hält Durkheim sein Konzept der „soziologischen Tatbestände“ entgegen:

> „Wir müssen ... die sozialen Erscheinungen in sich selbst betrachten, losgelöst von den bewußten Subjekten, die sie sich vorstellen; wir müssen sie von außen, als Dinge der Außenwelt betrachten. Denn in dieser Eigenschaft bieten sie sich uns dar. ... In der Tat wird ein Ding hauptsächlich daran erkannt, daß es durch einen bloßen Willensentschluß nicht veränderlich ist. ... Wir sahen nun, daß die sozialen Erscheinungen diese Eigentümlichkeit besitzen. Weit davon entfernt, ein Erzeugnis unseres Willens zu sein, bestimmen sie ihn von außen her; sie bestehen gewissermaßen aus Gußformen, in die wir unsere Handlungen gießen müssen.“ (Durkheim 1885: 125/126)

In der letzten Formulierung wird das Modell des Homo Sociologicus unübertroffen auf den Punkt gebracht. Der Einzelne wählt sein Handeln in Orientierung an vorgegebenen sozialen Normen. Inwieweit hier von einer Wahl im engeren Sinne, d. h. einer freien Entscheidung zwischen Alternativen überhaupt die Rede sein kann, bleibt dahingestellt. Durkheim beschäftigt sich nicht mit den Gestaltungsspielräumen des Einzelnen, weil diese für ihn keine soziologischen Regelmäßigkeiten aufweisen, sondern – soweit sie existieren – subjektive Idiosynkrasien darstellen. Ihn interessieren nur die „Gussformen“, denen sich alle fügen müssen.[25]

Immerhin unterscheidet er verschiedene Härtegrade dieser „Gussformen“ (Durkheim 1885: 106). Am härtesten sind zumeist rechtliche Normen, weil hinter ihnen die staatliche Gewaltandrohung für den Fall der Nichtbeachtung steht. Das Ignorieren moralischer Normen wird demgegenüber mit

---

24 Die Übereinstimmung mit Sigmund Freuds (1938: 9-11) Konzept des „Über-Ich“ fällt auf.

25 Dass diese „Gussformen“ von den Akteuren produziert worden sind und beständig – ich erinnere an Anthony Giddens' Idee der „duality of structure“ (→ Kap. 1.2) – reproduziert werden, weiss Durkheim selbstverständlich. Er blendet es aber dezidiert aus, weil er den „Charakter der Exteriorität“ (Durkheim 1885: 125) der sozialen Normen dramatisch akzentuieren will.

Achtungsentzug geahndet, was in der Regel weniger schmerzt als empfindliche Geldbußen, Gefängnisaufenthalt oder gar die Todesstrafe. Noch schwächere Sanktionen erfolgen bei der Verletzung von Normen der Sitte und der Konvention. Man macht sich dann lächerlich, löst „Heiterkeit" und „Distanz" aus. Aber auch das trifft den Einzelnen immerhin noch so hart, dass diese Normen in der überwiegenden Zahl der Fälle beachtet werden.

„Action frame of reference"

Mit diesen Vorstellungen hat Durkheim eine Grundlegung des „normativen Paradigmas" geleistet. Unter anderem an ihn anknüpfend entwickelte dann Talcott Parsons (1937) einen umfassenden handlungstheoretischen Bezugsrahmen und fundierte damit das Akteurmodell des Homo Sociologicus. Parsons wollte einerseits die in Durkheims Handlungskonzept nahe gelegte Annahme einer sozialen Überbestimmtheit des normorientierten Akteurs überwinden und Wahlfreiheit zwischen Handlungszielen als nicht wegzudenkende Komponente des Handelns festhalten. Zugleich wollte er zeigen, dass die Orientierung an sozialen Normen für ein angemessenes soziologisches Handlungsverständnis einen zentralen Stellenwert besitzt. Vor allem aber ging es Parsons darum, die Besonderheit des soziologischen Handlungsverständnisses in Abgrenzung gegen das wirtschaftswissenschaftliche herauszustellen. Ganz explizit behauptete er, dass erst die soziologische Betrachtung zu einem angemessenen Handlungsverständnis gelange, während die Wirtschaftswissenschaften, die sich nur um den Spezialfall des wirtschaftlichen Handelns kümmern, analytische Verkürzungen vornehmen, die dieser Spezialfall gewissermaßen suggeriert. In Ausarbeitung dieser Idee destillierte Parsons aus den Analysen von vier soziologischen Klassikern – neben Max Weber und Durkheim weiterhin Vilfredo Pareto und Alfred Marshall – einen gemeinsamen, aber implizit gebliebenen „action frame of reference", für den er beanspruchte: „It is the indispensable logical framework in which we describe and think about the phenomena of action." (Parsons 1937: 733)

Dieser Bezugsrahmen kodifizierte das in jenen vier Handlungstheorien angelegte Wissen für die Konzeption eines umfassenden Handlungsbegriffs und stellte für Parsons die Überwindung der verkürzten Handlungstheorie dar, die der damaligen utilitaristischen Denktradition zugrunde lag und nicht nur in den Homo Oeconomicus Eingang gefunden hatte (Schneider 2002: 83-91). Der Utilitarismus sah Handeln als rationale Wahl nach Maßgabe der Maximierung subjektiven Nutzens. Worin dieser Nutzen eines Akteurs im Einzelfall besteht, wurde von der utilitaristischen Sozialtheorie als faktisch gegeben und auf Grund der Vielfalt individuellen Wollens als nicht theoriefähig hingenommen. Welche inhaltlichen Präferenzen beispielsweise Konsumenten haben, ob sie sich etwa für das Autofahren oder für öffentliche Verkehrsmittel entscheiden, und falls für Ersteres, ob ihnen die Geschwindigkeit oder die Sicherheit oder der Benzinverbrauch oder die Farbe ihres Autos am wichtigsten ist: All dies kann die Wirtschaftswissenschaft nur als empirisches Datum konstatieren. Parsons sah genau hier die offene Flanke dieser Art von Handlungstheorie: „The utilitarian type of theory concentrated on the means-end relationship and left the character of ends on the whole uninvestigated. … it was forced to the assumption that ends were random …“ (Parsons 1937: 699).

„Unit act“

Demgegenüber setzte Parsons seine Konzeption des „unit act“, eines nicht weiter auf einzelne seiner Komponenten reduzierbaren Handlungsakts. Als analytische Grundeinheit einer soziologischen Handlungstheorie enthält der „unit act“ die Bedingungen der Möglichkeit sozialen Handelns:

- Akteur
- Ziel
- Situation, mit Bedingungen und Mitteln
- normative Orientierung

Damit Handeln zustande kommen kann, muss es erstens einen *Akteur* geben, also ein handlungsfähiges Wesen. So kann ein Stein ebenso wenig als Konsument auftreten wie ein Baum oder eine Katze. Der Akteur muss zweitens ein *Ziel* verfolgen, also in irgendeiner Hinsicht einen gegenwärtig noch nicht gegebenen Zustand der Welt herbeiführen wollen. So hat der Konsument etwa das Ziel, sich ein neues Auto zuzulegen, weil er nur so von seinem abgelegenen Wohnort gut zu seiner Arbeitsstelle kommen kann. Dabei sind für Parsons die Handlungsziele des Akteurs immer schon sozial imprägniert, haben also keinen rein subjektiven Charakter, sondern sind intersubjektiv. Sie legen den Akteur aber auch nicht fest, sondern der Akteur muss zwischen verschiedenen möglichen Zielen Selektionen vornehmen – zum Beispiel zwischen mehreren Automarken wählen. Seine Zielverfolgung findet drittens in einer *Situation* statt, die dem Akteur einerseits Einschränkungen auferlegt und andererseits Mittel an die Hand gibt. Zu den Einschränkungen des Konsumenten gehört u.a. das Angebot verfügbarer Autos. Wenn er gerne einen Wagen hätte, dessen Höchstgeschwindigkeit bei 400 Stundenkilometern liegt, dürfte das auf dem PKW-Markt schwierig zu realisieren sein. Zu den Mitteln zählt auch die Geldmenge, die der Konsument auszugeben willens und in der Lage ist. Viertens schließlich – und an dieser entscheidenden Stelle ergänzt Parsons den Utilitarismus und geht damit über ihn hinaus – ist das Handeln stets *normativ reguliert* in dem Sinne, dass Akteure eine normative Orientierung brauchen, um zwischen verschiedenen Handlungszielen selektieren und um die möglichen Mittel mit den Zielen in Beziehung setzen zu können. Wie sollte der Autokäufer sonst wissen, welches bestimmte Fahrzeug und welche Weise, es zu erlangen – also in diesem Fall das Bezahlen mit Geld und nicht etwa der Raub – die in seiner gesellschaftlichen Situation angemessene, nicht von Sanktionen bedrohte, dauerhafte Erreichung seines Ziels gewährleisten? Akteure „... try to conform their action to patterns which are, by the actor and other members of the same collectivity, deemed desirable.“ (Parsons 1937: 76) Die normativen Orientierungen leiten die Relationierung von Zielen und Situation an und sind damit genauso wie Selektivität Bedingung der Möglichkeit des Handelns.

Dass das wirtschaftswissenschaftliche Handlungsverständnis diesen Punkt vernachlässigt, liegt daran, dass wirtschaftliches Handeln in der Moderne in hohem Maße, wenn auch keineswegs vollständig, von normativen Beschränkungen freigestellt worden ist. Die Konsumentensouveränität besteht im Kern genau darin, dass niemand dem Einzelnen vorschreibt, was für Waren und Dienstleistungen er erstehen darf und auf welche Aspekte er dabei zu achten hat.[26] Es gibt nur wenige gesetzliche oder gesetzesähnliche Normierungen des Konsumentenhandelns. Allerdings sind zum Beispiel harte Pornographie oder Schusswaffen in den meisten Ländern nicht bzw. nur unter Auflagen erwerbbar. Die von Durkheim herausgestellten weicheren Formen der Normierung lassen sich jedoch bei zahlreichen Konsumentscheidungen aufzeigen. Insbesondere empirische Untersuchungen zu schichtspezifischen Lebensstilen haben dafür eine massive Evidenz erbracht.[27] Welche Kleidung, Lebensmittel, Bücher, Reisen usw. sich jemand kauft, ist keineswegs seine eigene souveräne Wahl, sondern beruht auf schichtspezifischen Präferenzmustern, deren normative Kraft sich darin erweist, dass ihre Nichtbeachtung Ansehensverluste zur Folge hat. Der Großunternehmer, der vorzugsweise bunte Hemden vom Sonderangebot trägt und von Konserven lebt, gilt als „kauzig“, löst also ebenso wie der Arbeiter, der sich – zum Beispiel nach einem Lottogewinn – maßgeschneiderte Anzüge leistet und in Gourmet-Restaurants verkehrt, in seinen Kreisen die von Durkheim angesprochene „Heiterkeit“ und „Distanz“ aus. Die meisten Gesellschaftsmitglieder leisten sich derartige Fauxpas nicht bzw. können sie sich nicht leisten. Neben solchen schichtspezifischen Normierungen von Konsumhandeln finden sich auch tendenziell übergreifende, wie etwa heutzutage das Ökologiebewusstsein zeigt. Fast niemand kann es sich mehr leisten, offen die Schadstoffwerte eines Autos bei seiner Kaufentscheidung zu ignorieren. Wenn man es tut, muss man zumindest Entschuldigungen dafür finden, was wiederum anzeigt, dass hier eine gewisse Sollensvorgabe besteht. Und sobald ein Katalysator bei jedem Auto rechtlich vorgeschrieben ist, handelt es sich um eine gesetzliche Normierung, der man sich dann gar nicht mehr entziehen kann.

---

26 Die Eigentumsfreiheit besagt Entsprechendes für Investitionsentscheidungen von Unternehmen. Bezüglich Konsumentensouveränität wie Eigentumsfreiheit ist im Übrigen nicht nur der Vergleich mit vormodernen Gesellschaften, sondern auch mit den Gesellschaften des „real existiert habenden“ Sozialismus instruktiv.

27 Siehe nur die eingehenden Studien von Bourdieu (1979) über die „feinen Unterschiede“.

Sogar wirtschaftliches Handeln ist also vielfältig normativ reguliert. Erst recht gilt das für andere Handlungsfelder wie etwa das Familienleben oder den Umgang unter Freunden. Dass in der modernen Gesellschaft die Verrechtlichung fast aller Lebensbereiche immer weiter vorangeschritten ist, tut ein Übriges, ebenso wie ein weiteres für die Moderne charakteristisches Phänomen: die immer flächendeckendere Durchdringung der Gesellschaft mit formalen Organisationen.[28] Denn diese Sozialgebilde konstituieren sich gerade darüber, dass in ihnen Handeln durch formale Verhaltenserwartungen normiert wird (Luhmann 1964a: 29-53). Nur wer die jeweils geltenden vielfältigen Normen zuverlässig beachtet, darf dauerhaft Mitglied einer Organisation sein. All das unterstreicht Parsons' Betonung der vom Utilitarismus ausgeblendeten normativen Orientierungen des Handelns. Erst die Ausrichtung an situationsübergreifenden Normen, und nicht schon die Verfolgung situationsspezifischer Ziele, gibt dem Handeln nach Parsons einen „teleological character“:

> „Action must always be thought of as involving a state of tension between two different orders of elements, the normative and the conditional. As process, action is, in fact, the process of alteration of the conditional elements in the direction of conformity with norms … Thus conditions may be conceived at one pole, ends and the normative rules at the other, means and effort as the connection between them.“ (Parsons 1937: 732)

In diesem Modell stellt sich Handeln somit als das Zusammenwirken von zwei Arten von Determinationspolen dar. Auf der einen Seite bestimmt der Pol der bedingenden Faktoren den Möglichkeitsspielraum des Handelns. Auf der anderen Seite bestimmt der Pol der normativen Faktoren, welche der Möglichkeiten in Betracht gezogen werden und welche schließlich gewählt wird.

3.3 Die strukturfunktionalistische Rollentheorie

Die weitere Ausarbeitung des „normativen Paradigmas“ erfolgte, unter maßgeblicher Mitwirkung von Parsons selbst, in der strukturfunktionalistischen Rollentheorie (Linton 1945; Sarbin 1954; Gross et al. 1958; Thomas/Biddle 1966). Die Vertreter dieser Theorie konzipierten soziale Normen als Rollenerwartungen und entsprechend den Akteur als Rollenhandelnden.

Der Begriff der Rolle stammt aus dem Theatermilieu. Schauspieler im Theater oder in einem Film haben Rollen inne. Das bedeutet, dass diesen Personen das, was sie sagen und wie sie sich auf der Bühne bzw. vor der Kamera verhalten, durch das Stück bzw. das Drehbuch vorgegeben wird. Schauspieler sind insofern „ausführende Organe“ des Dramatikers, Drehbuchautors und Regisseurs. Nur in sehr begrenztem Rahmen dürfen oder

28 Zur modernen Gesellschaft als „Organisationsgesellschaft“ siehe Schimank (2001).

sollen sie ihre Rolle individuell ausgestalten. Vor allem dürfen sie nicht aus der Handlungslinie des Stücks oder Films herausspringen, etwa die von ihnen verkörperte Figur plötzlich etwas ganz anderes tun lassen als das, was vorgesehen ist. Humphrey Bogart beispielsweise darf sich als Detektiv Sam Spade nicht auf einmal furchtsam zeigen. Genau besehen ist das Handeln eines Schauspielers also extrem fremdbestimmt. Mit Emile Durkheims dargestellten Überlegungen im Hinterkopf mutet es nicht mehr so überraschend an, dass gerade das als Analogie herangezogen wird, um den soziologisch bedeutsamsten Zug allen sozialen Handelns zu markieren, wie es die Rollentheorie tut. Soziales Handeln ist für sie im wesentlichen Rollenhandeln nach Art dessen, was Schauspieler tun.

Diese Sicht provoziert aufs Neue das schon einmal angesprochene Selbstverständnis, das wir als Mitglieder moderner Gesellschaften haben. Auch der Rollentheorie geht es mit der analytischen Zuspitzung des normorientierten Akteurs zu einem fremdbestimmten Rollenspieler darum, diejenigen Determinanten des Handelns herauszuarbeiten, die dem Einzelnen als normative Erwartungen entgegengebracht werden und dessen Handeln – so die Behauptung – äußerst nachhaltig prägen und dadurch Regelmäßigkeiten des sozialen Handelns erzeugen. Im Folgenden werden die Grundbegriffe der strukturfunktionalistischen Rollentheorie in Anlehnung an Ralf Dahrendorfs noch immer mustergültige Kodifizierung expliziert.[29]

Soziale Position

Ausgangspunkt ist die Vorstellung, dass Sozialität sich strukturell als Gefüge *sozialer Positionen* darstellt. Eine soziale Position ist „… jeder Ort in einem Feld sozialer Beziehungen …“ (Dahrendorf 1958: 141). Die Sozialwelt wird also als Gesamtheit aller sozialen Beziehungen verstanden, und jede soziale Position ist ein Knotenpunkt in einem Beziehungsnetz. Beispiele solcher Positionen, die eine bestimmte Person einnehmen kann, wären etwa: die Position des Ehemanns in der Beziehung zur eigenen Frau, die Position des Vaters in den Beziehungen zu den eigenen Kindern, die Position des Lehrers in den Beziehungen zu Schülern, Kollegen oder dem Rektor der Schule, die Position des Skatspielers in den Beziehungen zu anderen Mitgliedern des Skatclubs und die Position des Wählers in den Beziehungen zu den Politikern. Wie dieses Beispiel zeigt, nimmt jede Person viele soziale Positionen ein, allerdings meistens nicht gleichzeitig. Wenn ich mich Mittwochabends als Skatspieler betätige, ruhen meine Positionen als Familienvater oder Lehrer. Es gibt allerdings auch Kombinationen gleichzeitig wahrgenommener Positionen – wenn ich zum Beispiel in der Familie beim gemeinsamen Abendessen sowohl als Ehemann als auch als Vater auftrete.

29 Siehe ferner auch Esser (2000c: 141-166), Miebach (2006: 39-49).

Soziale Rolle

Jede soziale Position ist mit einer *Rolle* verbunden. Und jede Rolle hat eine Funktion für die Aufrechterhaltung des strukturellen Beziehungsgefüges, das die Sozialwelt ausmacht.[30] „Soziale Rollen sind Bündel von Erwartungen, die sich in einer gegebenen Gesellschaft an das Verhalten der Träger von Positionen knüpfen." (Dahrendorf 1958: 144) Es geht also bei einer Rolle um „... gewisse Verhaltensweisen, die man von dem Träger dieser Position erwartet ..." (Dahrendorf 1958: 143) Ein Studienrat soll u.a. pünktlich zum Unterricht erscheinen, sein Wissen gemäß den Lehrplänen an die Schüler weitergeben und dabei eine didaktische Befähigung einsetzen, Noten nach Leistung vergeben und leistungsschwächere Schüler besonders fördern. Der Ehemann soll seiner Frau treu sein und die Hausarbeit mit ihr teilen. Letzteres zeigt, dass Rollenerwartungen nicht ein für alle Mal festliegen, sondern sich auch wandeln können. Dass Männer sich an der Hausarbeit beteiligen sollen, ist eine neuere Entwicklung – und noch längst nicht überall in die Tat umgesetzt.

Rollenerwartungen

Dabei werden verschiedene Arten von *Rollenerwartungen* unterschieden, denn deren Verbindlichkeit variiert, wie bereits Durkheim herausgestellt hatte. Dahrendorf unterscheidet präziser zwischen „Muss-", „Kann-" und „Soll-Erwartungen":

- „*Muss-Erwartungen*" sind hochgradig verbindlich, oftmals rechtlich fixiert; Nichtkonformität wird mit massiven negativen Sanktionen bestraft. Ein Lehrer, der zum Beispiel ständig zu spät oder häufig betrunken zum Dienst kommt, kann im äußersten Fall sogar vom Dienst suspendiert werden. Positive Sanktionen für Konformität gibt es bei diesen Erwartungen nicht, weil der Betreffende ja nur seine Pflicht tut.
- „*Soll-Erwartungen*" haben einen schwächeren Verbindlichkeitsgrad. Ihre Missachtung wird zwar ebenfalls mit negativen Sanktionen geahndet, die aber milder ausfallen; und eine dauerhafte Konformität wird bereits positiv sanktioniert, also nicht für ganz selbstverständlich gehalten. Ein Lehrer, der sich didaktisch besondere Mühe gibt, um den Schülern das Lernen einfacher zu machen, wäre ein Beispiel dafür. Das sollten zwar alle Lehrer tun; aber man weiß, dass dies nicht so strikt erwartet werden kann, u.a. weil es angeblich etwas mit Fähigkeiten zu tun hat, die der eine mehr und der andere weniger hat. Derjenige, der „Soll-Erwartungen" besonders gut nachkommt, wird deshalb oft für seinen vorbildlichen, eben nicht von allen erbrachten Einsatz gelobt.

---

30 Genau dieser Zusammenhang kommt in der Bezeichnung dieser theoretischen Richtung als „Strukturfunktionalismus" zum Ausdruck.

- „*Kann-Erwartungen*" schließlich haben einen noch geringeren Verbindlichkeitsgrad. Ihre Nichtbefolgung erntet gar keine negativen Sanktionen, weil Konformität mit ihnen nicht verlangt wird. Aber wer diesen Erwartungen sozusagen freiwillig gerecht wird, erntet starke positive Sanktionen – zum Beispiel ein Lehrer, der sich in seiner Freizeit für den Schulsport oder den Schüleraustausch engagiert. Ihm wird uneigennütziger Einsatz für das jeweilige Gemeinwohl attestiert

Je höher die Verbindlichkeit von Rollenerwartungen, desto größer ist der prognostische Wert dieser Erwartungen für die Gegenüber des betreffenden Rollenhandelnden, und desto größere Orientierung vermitteln die Erwartungen ihm selbst. Er weiß, was er zu tun hat; und die Gegenüber wissen, dass er dies wohl auch, um Sanktionen zu vermeiden, so tun wird. Eine hundertprozentige Gewissheit gibt es dabei allerdings nicht. Dem Akteur steht stets frei, sich gegen die Rollenerwartungen zu entscheiden und von ihnen abzuweichen; und als Möglichkeit müssen dies auch die Gegenüber einkalkulieren. Das unterscheidet soziale Normen von Naturgesetzen.

Bezugsgruppen

Die Frage schließt sich an: Woher stammen eigentlich die Rollenerwartungen, denen man sich als Inhaber einer bestimmten sozialen Position gegenübersieht? In diesem Punkt blieb Durkheim sehr vage. Die Gesellschaft übe sozialen Druck auf den Einzelnen aus – so seine Auskunft. Der Rollentheorie gelingt es hingegen, „... die metaphorische Personifizierung 'der Gesellschaft' durch greifbarere Kategorien zu überwinden." (Dahrendorf 1958: 159) Dies geschieht mittels des Konzepts der *Bezugsgruppen.*

Wie schon die Beispiele gezeigt haben, kommen die Rollenerwartungen, denen sich ein Positionsinhaber ausgesetzt sieht, fast nie aus nur einer einzigen Richtung, sondern oftmals aus mehreren Richtungen. Die Erwartungen an den Lehrer – um das Beispiel fortzuführen – stammen nicht nur von seinen Schülern, sondern auch von deren Eltern, den Kollegen und dem Rektor der Schule. Dies sind verschiedene Bezugsgruppen dieser sozialen Position. Robert K. Merton (1957) nennt die Gesamtheit der Bezugsgruppen einer bestimmten Rolle deren „Rollen-Set". Gemäß ihrem „Rollen-Set" gliedert sich eine soziale Position damit in „Positionssegmente" (Dahrendorf 1958: 142), und die Gesamtheit der an eine Position gerichteten Rollenerwartungen fügt sich aus den entsprechenden „Rollensegmenten" zusammen (Dahrendorf 1958: 144).

Internalisierung

Durkheims Vorstellung des „Drucks", den der soziale Kontext auf den Einzelnen ausübt, lässt sich somit genauer als Bezugsgruppendruck bestimmen. Für den soziologischen Beobachter ist und bleibt dies ein von außen auf den Handelnden wirkender Druck. Dem Betreffenden selbst kann, aber muss sich das nicht so darstellen. Viele Rollenerwartungen werden durch Sozialisationsvorgänge nicht nur in dem Sinne gelernt, dass man weiß, wie man sich zu verhalten hat. Der Betreffende macht sich diese Erwartungen darüber hinaus als legitime und selbstverständliche zu eigen, verinnerlicht sie, so dass der Druck in seiner Selbstwahrnehmung von da an ebenso sehr oder sogar mehr aus ihm selbst heraus kommt als von außen. Ein Lehrer, der sich mit seinem Beruf so identifiziert, dass er auch ohne implizite oder explizite Mahnungen seitens der Kollegen deren Erwartungen entspricht, ist ein Beispiel dafür. Genauer besehen ist auch dies jedoch ein Außendruck, weil die verinnerlichten Rollenerwartungen längerfristig nur dann stabil bleiben, wenn sie eine mindestens latente Bestätigung von der Bezugsgruppe erhalten – und sei es in der minimalen Form, dass die Kollegen den Betreffenden bei rollenkonformem Handeln gewähren lassen, es also unterlassen, Anstoß zu nehmen.

Hat jemand bestimmte Rollenerwartungen verinnerlicht, bedarf er nicht der ständigen Überwachung, Ermahnung und Sanktionierung von außen, sondern erledigt dies selbst, nimmt also der Gesellschaft diese aufwendige Arbeit ab. Somit ist diese Internalisierung von Rollenerwartungen sozial äußerst funktional. Sigmund Freud (1938: 9-11) hat diesen Sachverhalt in dem treffend so genannten Konzept des „Über-Ich" erfasst. So wie die Bezugsgruppen als äußere Instanzen über dem Einzelnen stehen und darauf achten, dass er sich ihren Erwartungen gemäß verhält, so steht das „Über-Ich" als innere Kontrollinstanz über seinen möglicherweise in ganz andere Richtungen tendierenden Handlungsimpulsen. Der große Effizienz- und Effektivitätsvorteil dieser Selbstkontrolle im Vergleich zur Außenkontrolle besteht darin, dass Erstere nahezu allgegenwärtig ist und ohne unmittelbare Fremdmitwirkung auskommt. Welcher Lehrer hätte nicht schon einmal die Neigung gehabt, pädagogische und fachliche Standards zu reduzieren, weil sich zum Beispiel eine bestimmte Klasse als besonders lernunwillig erweist! Derjenige, der sich mit diesen Standards seines Berufs nicht identifiziert, wird leicht einer solchen Versuchung nachgeben. Denn er kann sich sagen, dass die Kollegen von dem, was sich bei ihm im Klassenzimmer abspielt, kaum etwas mitbekommen werden. Ihre Überwachung seines Handelns als Vorbedingung für eine Sanktionierung stößt hier an enge Grenzen. Wer sich hingegen diese Standards zu Eigen macht, überwacht und sanktioniert sich diesbezüglich selbst.

Die Art der Sanktion, die dem „Über-Ich" zur Verfügung steht, ist vor allem die Selbstmissbilligung. Wer gegen verinnerlichte Rollenerwartungen verstößt, schämt sich, verliert an Selbstachtung, weil er sich als „schwacher", „schlechter" Mensch erwiesen hat. Diese Sanktion entspricht in ihrer Art der schon von Durkheim angeführten Missbilligung nicht konformen Handelns durch andere. Doch die Intensität der Selbstmissbilligung dürfte zumeist die einer vergleichbaren Missbilligung durch andere übertreffen und den Betreffenden manchmal sogar härter treffen als Geldstrafen oder

Gefängnisaufenthalte. Denn bei einer Missachtung verinnerlichter Normen steht leicht die eigene Identität auf dem Spiel. Man erweist sich vor sich selbst als jemand, der nicht so ist, wie er sein will. Und Identitätsbehauptung ist ein existentiell wichtiges Anliegen der Person (→ Kap. 5.2).

Homo Sociologicus als praktische Fiktion

Damit sind die Grundlinien des Rollenmodells sozialen Handelns gezeichnet. Es stellt insgesamt eine konsequente Fortschreibung des von Durkheim und Parsons begründeten „normativen Paradigmas" dar. Soziale Normen, die die Handlungswahl anleiten, sind in Gestalt von Rollenerwartungen an soziale Positionen adressiert. Die Person hat zu jedem Zeitpunkt mindestens eine Rolle inne, die als „Rollen-Set" durch die Gesamtheit der jeweiligen Bezugsgruppen instruiert, überwacht und sanktioniert wird. Die Sozialwelt ist dann, strukturell betrachtet, ein gigantischer Zusammenhang einander wechselseitig bestimmender Positionen. Anders gesagt: Die Sozialwelt ist eine komplexe Erwartungsverflechtung. Jede Rolle wird durch die jeweils anderen um sie herum spezifiziert und kontrolliert. Was der Lehrer zu tun bzw. zu lassen hat, teilen ihm explizit oder implizit seine Schüler mit, so wie er dies ihnen mitteilt.

Wenn man von hier aus noch einmal den Homo Sociologicus als analytisches Modell des soziologischen Beobachters in den Blick nimmt, wird auch klar, warum dieses Modell funktioniert, also in der sozialen Wirklichkeit beobachtbare Phänomene angemessen zu erfassen vermag. Dieses Modell ist eine theoretische Fiktion, die eine *praktische Fiktion* der sozial Handelnden nachbildet. Natürlich wissen wir alle, dass jeder von uns als konkreter Mensch vielschichtiger, eigenwilliger, individueller als die Rolle ist, die er gerade spielt, oder auch als die Gesamtheit seiner Rollen. Genau deshalb verwahren wir uns ja so empört gegen unsere Gleichsetzung mit fremdbestimmten Schauspielern. Aber in sehr vielen – nicht in allen – sozialen Situationen gehen wir wechselseitig so miteinander um, *als ob* wir nichts weiter als der typische Rollenträger wären. Und dieses „Als-ob" verfestigt sich schnell zu sich selbst erfüllenden Prophezeiungen. Weil ich dich wie eine typische Verkäuferin behandle, mit bestimmten normativen Erwartungen, die gegebenenfalls per Sanktion unterstrichen werden können, kannst du nicht anders, als dich entsprechend zu verhalten; und umgekehrt geht es mir als Kunden gegenüber dir als Verkäuferin. Jeder Akt der Konformität mit den Rollenerwartungen bestätigt dem Gegenüber die Adäquanz der Fiktion, die so beibehalten und verstärkt wird.[31] Dies ist die grundlegende soziale Dynamik, durch die sich der normative Erwartungszusammenhang als Struktur der Sozialwelt immer wieder identisch reproduziert.

---

31 Fiktion heißt also in diesem Zusammenhang alles andere als bloß eingebildet und daher nicht wirkmächtig.

Partiell durchbrochen wird diese Fiktionalität allenfalls, und auch dann nur zeitweise, wenn einander sehr gut bekannte Personen miteinander interagieren. Auch zwischen guten Freunden oder Lebenspartnern ist zwar der Umgang in vielen Hinsichten durch generell gültige Rollenerwartungen geprägt. Aber diese sind doch in erheblichem Maße durch je individuelle Züge modifiziert oder sogar suspendiert; und dieses Ausdrückenkönnen des eigenen Ich in manchmal sehr idiosynkratischen Facetten, mit einem entsprechenden Eingehen des Gegenübers darauf, wird von beiden Seiten oft als äußerst wohltuend empfunden. Man kann – wie es heißt – „endlich einmal die Fassade beiseite schieben“ und sich „ganz so geben, wie man wirklich ist“.[32]

Da ist sie wieder, die Vorstellung von der Rolle als Fremdbestimmung. Und es stellt sich die Frage: Wäre es nicht besser, wir könnten durchgängig authentisch und in unserer ganzen Vielschichtigkeit auftreten? Sind Rollenerwartungen und durch sie gebildete normative Ordnungen der Sozialwelt nicht empfindliche Beeinträchtigungen unseres Menschseins – und dies womöglich ganz unnötigerweise? Um das richtig beurteilen zu können, muss man eine anthropologische Betrachtung einschieben.

Exkurs: Anthropologische Fundierung

Das „normative Paradigma“, für das die Person als Gesellschaftsmitglied nicht weniger, aber auch nicht mehr als ein Ensemble von sozialen Positionen und dazugehörigen Rollen darstellt, behauptet: Nur in dem Maße, wie die Person durch Sozialisationsvorgänge zu einem solchen Rollenhandelnden wird, ist sie sozusagen „sozialverträglich“. Unzureichend oder falsch sozialisierte Personen sind demzufolge mangelhaft funktionstüchtige Gesellschaftsmitglieder.

Das dem zugrunde liegende Menschenbild ist eines, das den Einzelnen primär als möglichen Störenfried der Sozialwelt ansieht, der entsprechend domestiziert werden muss. Es sei nur noch einmal an Durkheims Bild von den sozialen Normen als „Gussformen“ erinnert. Dieser Vergleich hält das Gewaltsame im Verhältnis von Sozialwelt und Person in Erinnerung, wobei die Rechtfertigung für die soziale Unterdrückung vieler Regungen des Einzelnen vor allem von Thomas Hobbes’ (1651) frühmoderner Sozialphilosophie schon geliefert worden war. Das Repressive der sozialen Ordnungen ist demzufolge unabdingbar, weil die Menschen aus sich heraus ungemein destruktiv angelegt sind und ohne normative Fesseln hemmungslos übereinander herfallen würden. Personen sind in dieser Perspektive nur lebensfähig, wenn sie als Rollenhandelnde normativ gebändigt werden.

Die anthropologische Prämisse einer natürlichen, letztlich biologisch angelegten sozialen Destruktivität des Menschen ist freilich nicht unwiderspro-

32 Hier geht es dann um Identitätsbehauptung (→ Kap. 5.2).

chen geblieben. Kritiker haben stets darauf hingewiesen, dass es ja sein könnte, dass die auch von ihnen nicht geleugneten mannigfaltigen Erscheinungsformen sozialer Destruktivität, von Ehe- bis zu Weltkriegen, in hohem Maße oder gar ausschließlich das Resultat nicht menschengerechter sozialer Ordnungen sind. Insbesondere bestimmte Ordnungsmuster moderner Gesellschaften, etwa in hochgradig formalisierten Großorganisationen oder anonymen Großstadträumen, lassen sich auch so deuten, dass sie „Entfremdung“ hervorrufen, die dann in soziale Destruktivität mündet. Vielleicht ist ja der Mensch von Natur aus friedfertig und bestrebt, im Einklang mit seinen Mitmenschen zu leben – und nur die falsche Beschaffenheit vieler sozialer Ordnungen lässt ihn destruktiv werden?

Jean-Jacques Rousseau (1762) ist der sozialphilosophische Kronzeuge dieser anderen Sicht der Dinge, die Prämisse und Folgerung vertauscht. Nicht mehr die vorausgesetzte soziale Destruktivität des Menschen bedingt die Notwendigkeit normativer Ordnungen, sondern deren Fehlkonstruktion erzeugt die Destruktivität, die dann nur ideologisch zur Rechtfertigung der Existenz dieser Ordnungen angeführt wird. Insbesondere ist aus dieser Auffassung heraus bis heute immer wieder ein teilweise sehr verklärender Blick auf verschiedene frühe Formen menschlicher Gesellschaften geworfen worden, die angeblich kein solches „Unbehagen in der Kultur“ (Freud 1930) hervorgerufen haben wie die moderne Gesellschaft. Aber ob die Indianer oder die Polynesier früher wirklich harmonischer zusammenlebten als wir heute, lässt sich ohne Wertungen, die letztlich stets willkürlich sind, wohl kaum einschätzen. Insofern kann der Streitfall Hobbes contra Rousseau im Grunde nicht wissenschaftlich entschieden werden.

Dem „normativen Paradigma“ kann aber auch eine unstrittige anthropologische Fundierung gegeben werden. Die deutsche Philosophische Anthropologie – Max Scheler, Helmuth Plessner, Arnold Gehlen – begreift den Menschen als ein Tier, dem die Instinkte im Lauf seiner biologischen Evolution weitgehend verloren gegangen sind (Scheler 1928; Plessner 1928; 1961; Gehlen 1940). Die Einbuße dieser Instinktprogrammierung des Verhaltens hat die „Weltoffenheit“ des Menschen hervorgebracht – und dies ist ein fundamentaler Mangel, weil der Mensch als solcher zunächst über keinerlei Orientierungssicherheit in der Welt verfügt. Institutionalisierte soziale Normen, die sich dann in Rollenerwartungen ausdrücken, sind – so betrachtet – ein absolut unentbehrlicher Instinktersatz.[33] Die Rollen stellen sich so als anthropologisch notwendige „Entlastung“ (Gehlen 1940) der Person vom ansonsten unbewältigbaren „Gewicht der Welt“ dar. Nicht die – zumindest fragliche – soziale Destruktivität des Menschen, sondern dessen unbezweifelbare Orientierungslosigkeit macht normative soziale Ordnungen erforderlich; und seine Fügsamkeit gegenüber diesen Ordnungen stellt erst in

33 Siehe auch die zusammenfassende Darstellung der dies vielfach bestätigenden Ergebnisse empirischer anthropologischer Forschungen bei Esser (1993: 141-215).

zweiter Linie Domestizierung dar. In erster Linie gewinnt er daraus lebensnotwendiges Weltvertrauen. Plakativ formuliert: Wer weiß, was von ihm erwartet wird, weiß, in was für einer Welt er sich befindet. Die Welt macht für ihn Sinn.

Solange diese Erwartungssicherheit gegeben ist, fällt sie als unentbehrliche Existenzgrundlage nicht weiter auf, bleibt ein latentes Funktionserfordernis von Sozialität, weshalb die Rollenhandelnden dann oftmals so „undankbar" sind, sich Empfindungen der „Entfremdung" und „Inauthentizität" hinzugeben. Was die Person an den ihr häufig ausgesprochen lästigen Rollenerwartungen hat, bemerkt sie erst dann, wenn ihr dieser sichere Boden normativer Ordnung unter den Füßen weggezogen wird. Dann geht es ihr wie Bob Dylans Mr. Jones: „... something is happening here, but you don't know what it is ...".[34]

Man kann diesen Zustand sehr leicht herbeiführen, wie etwa die ethnomethodologischen Krisenexperimente Harold Garfinkels (1967: 206/207) gezeigt haben (Abels 2009). Man verweigere zum Beispiel nahe stehenden Bekannten die gewohnten Floskeln der Begrüßung und behandele sie wie Fremde, oder man beharre ihnen gegenüber darauf, für unter Freunden übliche Gefälligkeiten Geld bezahlen zu wollen. Nach einigem ungläubigen oder empörten Nachfragen würden sie binnen kürzester Zeit die Welt nicht mehr verstehen und sich schnell nur noch so zu helfen wissen, dass sie einen für verrückt erklären – bloß weil man die für eine solche soziale Beziehung geltende Rollenerwartung außer Kraft setzt. Ebenso vorhersehbar und durchaus mit Unbehagen erfährt jeder Ähnliches, der sich in ein anderes Land begibt und die dortigen Sitten nicht kennt. Er wird in vielen Situationen hilflos dastehen und solange nicht wissen, was er zu tun hat, wie ihn die Einheimischen nicht hilfreich bei der Hand nehmen und ihm erklären, wie zum Beispiel eine Familienfeier oder ein Geschäftsessen in Italien abläuft. Das „Lob der Rolle", das jemandem in solchen Situationen in den Sinn kommt, hält freilich meist nicht lange vor, und das „Unbehagen in der Rolle" spielt sich schnell wieder in den Vordergrund.[35]

3.4 Das „interpretative Paradigma" des Rollenhandelns

Das Rollenhandeln, so wie bisher geschildert, entspricht in hohem Maße Max Webers bereits im Kapitel 2.1 angesprochenen Typus des „traditionalen Handelns" – was auch heißt, dass es oftmals auf der Grenze zum bloßen Verhalten steht. Über den Mechanismus der Internalisierung erlernt der Akteur seine Rollen im Prozess der Sozialisation und verinnerlicht sie meis-

34 „Ballad of a thin man" – auf Bob Dylan: „Highway 61 revisited" (1967).

35 Zwei Abwandlungen von sinngemäß durchaus das jeweils hier Gemeinte ausdrückenden Formeln: Niklas Luhmanns (1964b) „Lob der Routine" und Freuds bereits erwähntes „Unbehagen in der Kultur".

tens so, dass er seine Rollen wie selbstverständlich und ohne größere Schwierigkeiten mit den jeweiligen Sollensvorgaben spielen kann.

„role taking"

Den Prozess der Rollenübernahme und das Rollenhandeln betrachtete das „normative Paradigma" als relativ komplikationsloses *„role taking" (Turner 1962).* Dass der Homo Sociologicus den an ihn gerichteten Rollenerwartungen aber so komplikationslos gerecht zu werden vermag, hängt freilich von mehreren Voraussetzungen ab, die längst nicht immer gegeben sind. Im Einzelnen:

- Die Rollenerwartungen verschiedener Bezugsgruppen sind ohne weiteres miteinander vereinbar.
- Die Erwartungen, denen die Person in der betreffenden Rolle genügen muss, sind problemlos mit denen anderer Rollen der Person vereinbar.
- Die Rollenerwartungen sind hinreichend klar definiert.
- Die Person verfügt über die erforderlichen Ressourcen, um ihre Rolle angemessen spielen zu können.
- Die Rolle ist mit den persönlichen Bedürfnissen, Interessen, Zielen u. Ä. vereinbar.

„role making"

Insbesondere die ersten beiden Arten von Komplikationen wurden bereits von der strukturfunktionalistischen Rollentheorie selbst problematisiert. Die Vertreter des „normativen Paradigmas" gingen aber grundsätzlich davon aus, dass der Homo Sociologicus vor dem Hintergrund erfolgreicher Rollenübernahme und klarer sozialer Normen letztlich immer weiß, was er zu tun hat. In der Folgezeit wurde diese Annahme dann vom „interpretativen Paradigma" (Wilson 1970) radikal in Frage gestellt, indem alle fünf genannten Voraussetzungen kritisch betrachtet wurden (Krappmann 1969: 97-131). Das strukturfunktionalistische Verständnis des Rollenhandelns als – vereinfacht gesagt – bloßer Exekution vorgegebener Verhaltensmaßregeln wurde zurückgewiesen. Ralph Turner (1962: 22, Hervorh. weggel.) brachte den Generalvorwurf gut auf den Punkt: Der Rollenhandelnde „... is creating and modifying roles as well as merely bringing them to light; the process is not only role-taking but role-making." Die Auseinandersetzung mit den möglichen Komplikationen des Rollenhandelns, die immer dann auftreten, wenn mindestens eine der aufgeführten Voraussetzungen des strukturfunktionalistischen Rollenmodells nicht gegeben ist, fordert dem Akteur die kreative Eigenleistung des *„role making"* ab.

Im Kern des „interpretativen Paradigmas" steht also eine Vorstellung, die dem Akteur größere Gestaltungschancen und -pflichten zuspricht als die ursprünglich relativ einfache Vorstellung von Erwartungskonformität. Was sich selbst als radikale Kritik des „normativen Paradigmas" begreift, lässt sich freilich auch als weitere Ausarbeitung dieses Akteurmodells auffassen, wie es hier getan wird. Doch bevor auf die Auseinandersetzung zwischen beiden theoretischen Lagern genauer eingegangen wird, sollen im Folgenden die wichtigsten Einsichten der Vertreter des „interpretativen Paradigmas" vorgestellt werden. Der Reihe nach werden nun die aufgeführten Voraussetzungen des strukturfunktionalistischen Rollenmodells betrachtet, und es wird gefragt, was passiert, wenn diese nicht gegeben sind.[36]

Intra-Rollenkonflikte

Ist die erstgenannte Voraussetzung nicht erfüllt, liegt ein *Intra-Rollenkonflikt* vor. Diesem Phänomen hat sich die strukturfunktionalistische Rollentheorie noch selbst eingehend gewidmet. Ihr Rollenmodell sieht, wie dargestellt, zunächst einmal vor, dass die verschiedenen Bezugsgruppen mit ihren unterschiedlichen Erwartungen sozusagen arbeitsteilig – ohne dass das abgesprochen wäre – dazu beitragen, dass der Rollenträger eine umfassende Orientierung seines Handelns erhält. Er wird gleichsam durch sein „Rollen-Set" aus allen Richtungen festgezurrt. Aber was ist, wenn verschiedene Bezugsgruppen Widersprüchliches vom Rollenträger erwarten? Beispielsweise wollen die Schüler einen Lehrer, der bei der Notengebung konziliant ist und ihnen nicht durch eine strenge Leistungsgerechtigkeit spätere Berufs- und Studienchancen verbaut. Die Kollegen und der Rektor mögen hingegen von ihm erwarten, dass er die Leistungsstandards nicht zu sehr absenkt. Manchmal kommt es sogar vor, dass ein und dieselbe Bezugsgruppe verschiedene Erwartungen an einen Rollenhandelnden richtet, denen er nicht gleichzeitig gerecht werden kann. Patienten verlangen von ihrem Arzt auf der einen Seite, dass er ihnen offen und gegebenenfalls schonungslos sagt, wie es um sie steht; auf der anderen Seite wollen sie dann auch wieder prekäre Aspekte ihres Gesundheitszustands doch nicht so ganz genau wissen, signalisieren dem Arzt also stillschweigend, dass er sie nicht mit der ganzen Wahrheit konfrontieren möge. In dem Maße, wie solche Widersprüche zwischen den an eine bestimmte Rolle gerichteten Erwartungen bestehen, liegt ein Intra-Rollenkonflikt vor. Der Rollenhandelnde kann nicht allen Erwartungen gleichermaßen genügen; aber dadurch drohen ihm Sanktionen für mangelnde Erwartungskonformität.

Dieses Phänomen ist vielfach empirisch untersucht worden. Dabei hat sich herausgestellt, dass die Rollenhandelnden je nach den Umständen unterschiedliche Formen des Umgangs mit den widersprüchlichen Erwartungen wählen können (Merton 1957; Goode 1960). Ein Rollenhandelnder kann sich an der Stärke des Erwartungsdrucks orientieren. Wenn bei zwei widersprüchlichen Erwartungen hinter der einen eine sehr einflussstarke Bezugs-

36 Siehe auch Esser (2000 c: 166-197).

gruppe steht, während die andere Erwartung nur von einer deutlich schwächeren Bezugsgruppe getragen wird, dürfte der Rollenhandelnde oft besser fahren, wenn er letztere anstatt erstere Bezugsgruppe brüskiert. Unter Umständen stellt sich sogar die stärkere Bezugsgruppe, deren Erwartungen er erfüllt, schützend vor ihn und verhindert so, dass ihn die in ihren Erwartungen enttäuschte andere Bezugsgruppe negativ sanktioniert. Die Stärke des Erwartungsdrucks hängt allerdings auch von der Intensität des Interesses ab, das eine Bezugsgruppe an der Erwartungskonformität hat. Es kann sein, dass es einer sehr einflussstarken Bezugsgruppe ziemlich gleichgültig ist, ob ein Rollenhandelnder bestimmte ihrer Erwartungen erfüllt oder nicht, so dass er sich im Konfliktfall eher dafür entscheidet, den Erwartungen einer einflussschwächeren, aber hochgradig an Erwartungskonformität interessierten Bezugsgruppe zu folgen.

Neben der Stärke des Erwartungsdrucks ist ein weiterer wichtiger Faktor, der den Umgang mit Intra-Rollenkonflikten bestimmt, das Ausmaß der Beobachtbarkeit von Erwartungskonformität. Wenn eine Bezugsgruppe besser in der Lage ist, Fügsamkeit mit ihren Erwartungen zu überwachen, als eine andere, wird sich der Rollenhandelnde bei Erwartungskonflikten eher an Ersterer orientieren. Denn er kann hoffen oder sogar gezielt dafür sorgen, dass die zweite Bezugsgruppe seine Abweichung von ihren Erwartungen gar nicht bemerkt und er so ungeschoren davonkommt. Oft vermag der Rollenhandelnde es auch, beiden Seiten umfassende Erwartungskonformität vorzuspielen, während er sich in Wirklichkeit stets nur der Seite fügt, die ihn gerade im Blick hat – was voraussetzt, dass er es zu vermeiden schafft, jemals von beiden gleichzeitig beobachtet zu werden. Erving Goffman (1956 a) behandelt diese Möglichkeit, mehrere „Bühnen" und „Publika" des eigenen Rollenhandelns voneinander zu separieren, in seiner dramaturgischen Perspektive auf soziales Handeln ausgiebig.

Ein Rollenhandelnder kann auch so mit Intra-Rollenkonflikten umgehen, dass er diese gegenüber den relevanten Bezugsgruppen offen thematisiert, möglicherweise sogar Verhandlungen zwischen ihnen über ihre konfligierenden Ansprüche initiiert. Im günstigsten Fall harmonisieren die Bezugsgruppen dann ihre zunächst unvereinbaren Erwartungen, so dass der Intra-Rollenkonflikt verschwindet. Aber es ist für den Rollenhandelnden auch schon eine Erleichterung, wenn es ihm gelingt, seinen Bezugsgruppen vor Augen zu führen, dass sie ihn in einen solchen Konflikt verstricken. Denn dann kann er vielleicht Verständnis dafür erlangen, dass er immer wieder einmal bestimmten Erwartungen nicht gerecht wird. Solches Verständnis kann der Rollenhandelnde freilich auch in dem Sinne ausnutzen, dass er seine Bezugsgruppen gegeneinander ausspielt. Wer jeder Bezugsgruppe unter Verweis auf die Erwartungen der jeweils anderen Erwartungskonformität verweigert und dafür Akzeptanz findet, schafft sich damit als „lachender Dritter" (Simmel 1908: 82-94) Freiräume eigener Handlungswahl. In diesem Sinne spricht Rose Laub Coser (1975) von der „complexity of roles as a seedbed of individual autonomy". Damit ist freilich bereits ein komplexeres Akteurmodell angesprochen: ein Handelnder, dem soziale Normen nicht nur unentbehrliche Orientierungen, sondern auch lästige Pflichten bedeuten.

Es gibt noch weitere Möglichkeiten des Umgangs mit Intra-Rollenkonflikten. Aber die dargestellten genügen, um eines zu verdeutlichen: Sobald Rollenerwartungen vom Handelnden Unvereinbares fordern und dadurch ihre Orientierungsfunktion einbüßen, ist er in ganz anderer Weise gefordert, als es das strukturfunktionalistische Rollenmodell zunächst darstellt. Der Umgang mit Intra-Rollenkonflikten ist damit eine erste Komponente des „role making".

Inter-Rollenkonflikte

Eine zweite gerät in den Blick, wenn die nächste der oben angeführten Voraussetzungen eines komplikationslosen Rollenhandelns nicht erfüllt ist. Damit sind *Inter-Rollenkonflikte* angesprochen, die ebenfalls bereits von der strukturfunktionalistischen Rollentheorie selbst behandelt worden sind (Dahrendorf 1958: 179). Hierbei geht es um Widersprüche zwischen Erwartungen, die an verschiedene Rollen gerichtet sind, die eine Person innehat. Wenn jemand, der als Sozialkundelehrer alle demokratischen politischen Meinungen gleichermaßen neutral zur Sprache bringen muss, zugleich engagiertes Mitglied einer bestimmten politischen Partei ist und als solches auch den Auftrag hat, deren Programm öffentlich zu vertreten, besteht zwischen beiden Rollen ein Konflikt, der sich insbesondere in Wahlkampfzeiten zeigt. Dies ist hier besonders zugespitzt, weil beide Rollen gleichzeitig eingenommen werden. Der Lehrer kann seine Parteimitgliedschaft nicht einfach ablegen, sobald er das Klassenzimmer betritt. Ähnliches gilt für eine Managerin, der ihre Berufsrolle abfordert, emotionslos auch harte Entscheidungen – zum Beispiel Kündigungen – zu treffen, während die Frauenrolle in dieser Hinsicht Mitgefühl und Fürsorglichkeit in einem von Männern nicht erwarteten Maße verlangt. Aber auch wenn zwei Rollen zeitlich separiert sind, kann der Akteur oft in der einen nicht einfach Dinge tun, die er in der anderen lassen muss. Der Mann, der in einer ökologisch bewegten Familie lebt, findet sich von Frau und Kindern Erwartungen ausgesetzt, die ihn auch in seiner Berufsrolle betreffen; und wenn er leitender Mitarbeiter eines großen Chemiekonzerns ist und darüber auch dessen ökologisch bedenklich erscheinende Produktionsverfahren mitträgt, setzt ihn das womöglich erheblichen Spannungen zumindest zu Hause, vielleicht aber auch bei der Arbeit aus.

Die Bewältigungsformen, die bei den Intra-Rollenkonflikten angesprochen worden sind, finden sich auch bei Inter-Rollenkonflikten. Zusätzlich gibt es für eine Reihe solche Inter-Rollenkonflikte, die häufiger auftreten, institutionalisierte Arrangements des Ausgleichs der widersprüchlichen Erwartungen. So wird von dem erwähnten Lehrer erwartet, dass er sich im Unterricht parteipolitisch neutral verhält. Der Lehrerrolle wird also ein auch von den politischen Parteien gebilligter situativer Primat zugesprochen. Auch juristische Befangenheiten einer Person stellen einen Inter-Rollenkonflikt dar, der so gelöst wird. Die Ehefrau braucht nicht gegen ihren Mann auszusagen, wird also wegen denkbarer Konflikte von den Erwartungen der Zeugenrolle suspendiert. Damit ist für die Person wieder eine klare Handlungsorientierung gegeben. Wann immer das aber nicht der Fall ist, wird dem Akteur „role making“ abverlangt.

Je komplexer die Gesellschaft geworden ist, desto häufiger treten Intra- und Inter-Rollenkonflikte auf. Denn die normative Ordnung der Gesellschaft ist ja nicht „von oben“ gleichsam am Reißbrett vollkommen widerspruchsfrei konzipiert und dann genauso etabliert worden, sondern ganz im Gegenteil größtenteils „von unten“ naturwüchsig, also dezentral und häufig unintendiert, entstanden. Angesichts dieser Unabgestimmtheit und Unabsichtlichkeit gesellschaftlicher Ordnungsbildung sind beide Arten von Rollenkonflikten nur zu wahrscheinlich – es verwundert eher, dass es nicht noch mehr dergleichen gibt. Das wiederum liegt daran, dass sich viele Rollenkonflikte, wenn sie massenhaft und immer wieder auftreten, im Laufe der Zeit gewissermaßen „abschleifen“. Es stellt sich dann auf Seiten der Bezugsgruppen ein offenes oder mindestens stillschweigendes Verständnis für die Nöte der Rollenhandelnden ein, und die den jeweiligen Konflikt erzeugenden Erwartungen werden entsprechend gelockert oder sogar fallen gelassen.

Defizitäres Rollenwissen

Die dritte Voraussetzung komplikationslosen Rollenhandelns ist hinreichendes Wissen der Rollenhandelnden darüber, was von ihnen erwartet wird. Auch diese Voraussetzung ist längst nicht immer tatsächlich gegeben. Stattdessen kann ein mehr oder weniger *defizitäres Rollenwissen* vorliegen. Das kann zweierlei Ursachen haben. Erstens kann es mangelnder Sozialisation des Akteurs in die betreffende Rolle geschuldet sein. Jede Rolle erfordert eine mehr oder weniger lange „Einarbeitungszeit“, oft mit expliziten oder impliziten Instruktionen durch erfahrene Rollenträger oder Bezugsgruppen verbunden. In dieser Phase ist der Rollenhandelnde auf eine entsprechende Fehlertoleranz auf Seiten seiner Bezugsgruppen angewiesen. Er kann nicht von Anfang an alles richtig machen. Man verdeutliche sich etwa, was man alles lernen muss, bis man weiß, was in der Studierendenrolle von einem erwartet wird! Viele Studenten führen zunächst einmal die Schülerrolle weiter und lernen dann erst aus den Reaktionen der Professoren, dass nun anderes von ihnen erwartet wird – zum Beispiel größere Selbständigkeit beim Lernen.

Wie jeder Sozialisationsvorgang kann auch die Rollensozialisation schief gehen. Das kann in der Person des betreffenden Rollenträgers begründet sein, der sich – warum auch immer – keine Mühe gibt oder durch die Rolle dauerhaft überfordert ist. Es kann aber auch an der Kompliziertheit der Rolle oder der sozialisatorischen Nachlässigkeit der Bezugsgruppen oder der anderen Inhaber derselben Rolle liegen. Im Ergebnis verfügt der Rollenträger dann jedenfalls über kein ausreichendes Wissen darüber, was von ihm erwartet wird, und muss sein Handeln mehr oder weniger weitgehend selbst entwerfen – mit dem Risiko, mangels besseren Wissens das Falsche zu tun.

Zweitens kann defizitäres Rollenwissen auch darauf zurückgehen, dass die Rollenerwartungen als solche nur mehr oder weniger vage umschrieben sind. Hans Peter Dreitzel (1968: 125) stellt hierzu fest: „Die Frage, wie man eine bestimmte Rolle spielen soll, ist meistens durch die Rollenerwartungen noch nicht beantwortet. Nur selten sind diese so genau, dass man weiß, was man zu tun und vor allem zu lassen hat." Er unterscheidet diesbezüglich drei Arten von Rollen (Dreitzel 1968: 118). Eine erste ist durch das Vorherrschen von „Vollzugsnormen" gekennzeichnet. Dies sind zum Beispiel strikte Wenn-dann-Handlungsvorschriften in Organisationen, etwa bei untergeordneten Sachbearbeitern von Routinevorgängen. Dies kommt dem, was die strukturfunktionalistische Rollentheorie als komplikationsloses Rollenhandeln unterstellt, am nächsten. Bei einer zweiten Art von Rollen herrschen „Qualitätsnormen" vor. Bleibt man bei Organisationsrollen, gilt das etwa für solche Arbeitsfelder, wo den Rollenträgern bestimmte Leistungen abverlangt werden – aber wie sie das genau bewerkstelligen, wird ihnen nicht oder nur wenig vorgeschrieben, so dass sie das selbst entscheiden müssen. Drittens schließlich gibt es Rollen, bei denen „Gestaltungsnormen" vorherrschen, die den Rollenträgern auch ihre Handlungsziele nur sehr generell umschreiben, so dass die Zielspezifizierung als weitere Facette des „role making" hinzukommt. Das dürfte etwa in Organisationen für die Rollen des Topmanagements gelten. Der Anteil an selbst zu definierenden Bestandteilen des Rollenhandelns nimmt also vom ersten bis zum dritten Rollentyp immer mehr zu.

Fehlendes Rollenwissen, insbesondere wenn es in der Unbestimmtheit von Rollen begründet ist, kann auf Seiten der Rollenträger Verhaltensunsicherheit und entsprechend erratisches Handeln zur Folge haben. Wer nicht genau weiß, was von ihm erwartet wird, kann oft nicht anders, als sich irgendwie unbeholfen durchzulavieren, mit entsprechenden Schweißausbrüchen und eventuell peinlichen Schnitzern. Manche versuchen solche Unsicherheiten auch durch ritualistisches Durchziehen bestimmter Handlungsmuster zu überspielen, was aber natürlich höchstens zufällig situationsangemessen sein kann. Konstruktiver sind dann schon Bemühungen, von den Bezugsgruppen gleichsam Hilfestellung anzufordern, sie also zur Spezifizierung ihrer Erwartungen zu veranlassen. Wichtig auf Seiten des Rolleninhabers ist aber vor allem, dass er eine hinreichende Ambiguitätstoleranz aufbringt, also die unausräumbare Unbestimmtheit der an ihn herangetragenen normativen Orientierungen aushalten kann (Krappmann 1969: 150-

168).[37] Wer das schafft, vermag die Unbestimmtheit von Rollen auch für sich selbst zu nutzen. Schließlich heißt normative Unbestimmtheit auch: Freiheitsspielräume für selbstbestimmtes Handeln – aber das ist dann wieder schon nicht mehr nur der primär orientierungsbedürftige Akteur des „normativen Paradigmas".

Ressourcenmangel

Die vierte Voraussetzung eines komplikationslosen Rollenhandelns besteht darin, dass der Rollenhandelnde über die dafür erforderlichen Ressourcen im weitesten Sinne verfügt. Diesen vielfach vernachlässigten Punkt arbeitet Goffmans (1956a) dramaturgische Perspektive auf soziales Handeln immer wieder heraus. Um – ohne Anspruch auf Vollständigkeit – nur anzudeuten, was *Ressourcenmangel* alles heißen kann, hier einige Beispiele: Was macht jemand, der als Trauernder zu einer Beerdigung muss und keinen passenden dunklen Anzug besitzt? In welche Schwierigkeiten kann ein Lehrer geraten, der in einem Raum ohne Tafel Mathematik unterrichten muss? Oder wie schränken körperliche Behinderungen – zum Beispiel Blindheit – die Möglichkeiten rollengerechten Handelns ein?[38] Rollenkonformität beruht also nicht nur darauf, dass die Rollenerwartungen miteinander kompatibel sowie hinreichend präzise sind und der Handelnde sie kennt. Er muss darüber hinaus die erforderlichen körperlichen Fähigkeiten, die Requisiten sowie ein passendes „Bühnenbild" für seine Rollendarstellung besitzen.

Ressourcenmangel in der einen oder anderen Hinsicht kann das Rollenhandeln beeinträchtigen oder sogar ganz verhindern, dass der Akteur seiner Rolle entsprechend auftreten kann. Mindestens fordert Ressourcenmangel dem Rollenträger Improvisation ab. Der Arzt, der aus irgendeinem Grund in Freizeitkleidung statt im weißen Kittel Visite machen muss, wird dieses Fehlen einer seine Rolle symbolisierenden Kleidung auf andere Weise ausgleichen müssen – etwa indem er das arzttypische Autoritätsgehabe gegenüber den Patienten noch mehr übertreibt. Und der Hochstapler, der ohne eine entsprechende Brieftasche den „Mann von Welt" darstellen will, muss dazu einige Phantasie aufwenden. Klar ist jedenfalls auch bei dieser Komplikation des strukturfunktionalistischen Rollenmodells: Der Akteur muss „role making" praktizieren.

Person-Rolle-Konflikte

Damit wenden wir uns der fünften und letzten Voraussetzung eines komplikationsfreien Rollenhandelns zu: der Übereinstimmung zwischen Rollen-

37 Ambiguitätstoleranz ist im Übrigen auch für die Bewältigung von Rollenkonflikten förderlich.

38 Hierzu findet sich reiches Anschauungsmaterial in Goffmans (1963 a) Untersuchung des Handelns von Personen mit derartigen Stigmata.

erwartungen und den persönlichen Bedürfnissen, Einstellungen, Charakterzügen, Interessen und Zielen des Rollenträgers. Ist diese Voraussetzung nicht gegeben, liegt ein *Person-Rolle-Konflikt* vor. Ein Konflikt solchen Typs besteht beispielsweise dann, wenn ein schüchterner Mensch zum Vorsitzenden eines Gremiums gewählt wird. Diese Rolle erfordert von ihm Eigenschaften wie sicheres Auftreten oder selbstbewusstes Führungs- und Diskussionsverhalten, die er aufgrund seiner schüchternen Persönlichkeit nicht besitzt. Die Rolle überfordert die Person. Das kann dazu führen, dass die Rolle dauerhaft schlecht besetzt bleibt und die Bezugsgruppen sich damit nolens volens zufrieden geben müssen. Manchmal gelingt es der Person sogar, die an ihre Rolle gerichteten Erwartungen so herunterzuschrauben, dass die Überforderung beseitigt wird. Dann passt die Person die Rolle an sich selbst an. Nicht selten geschieht aber das Umgekehrte. Die betreffende Person erwirbt sich im Laufe der Zeit die von der Rolle verlangten Eigenschaften, wächst also mehr oder weniger mühsam in die Rolle hinein. Oder aber die Person wird als Inhaber der entsprechenden Position früher oder später ausgewechselt, weil sie sich als unfähig erweist und die Bezugsgruppen nicht gewillt sind, das auf Dauer hinzunehmen.

Neben der Überforderung der Person durch ihre Rolle gibt es umgekehrt auch solche Person-Rolle-Konflikte, bei denen die Person die Rolle überfordert, sozusagen beim Rollenhandeln mehr für sich herausholen will, als es die Rollenpflichten zulassen. Ein Beispiel wäre ein Lehrer, der sich sexuell von einer Schülerin angezogen fühlt. Die Rolle verbietet ihm das Ausleben dieser Neigung; und wenn er sich darüber hinwegsetzt und sogar die mit der Rolle verbundene Macht dazu benutzt, eine entsprechende Gefügigkeit der Schülerin zu erpressen, ist dies eine eklatante Abweichung von den Rollenpflichten. Auch dieser Konflikt läuft oft darauf hinaus, dass sich entweder die Person den Rollenpflichten heimlich oder – seltener – offen widersetzt oder sich die Bezugsgruppen als die Stärkeren erweisen und dann die Person zur Räson bringen bzw. als Rollenträger auswechseln.

Es gibt allerdings auch Formen eines dauerhaften Aushaltens solcher Person-Rolle-Konflikte. *Rollendistanz* ist eine Möglichkeit, wie die Person zugleich den Rollenanforderungen Genüge leistet und signalisiert, dass sie selbst nicht vollständig in diesen aufgeht (Goffman 1961b: 93-171; Krappmann 1969: 133-142). Ein Polizeibeamter beispielsweise, der bei der Verkehrskontrolle die entsprechenden Maßnahmen mit einer demonstrativen ironischen Lässigkeit durchführt, will damit auch zu verstehen geben, dass er sich nicht mit allem, was seine Rolle ihm auferlegt, identifiziert und in gewissen Hinsichten Verständnis dafür hat, dass sich die Autofahrer über manche seiner für sie lästigen Maßnahmen aufregen. Gleiches leistet ein explizit auf die Differenz „persönlich/dienstlich" hinweisendes bedauerndes: „Ich muss mich an die Vorschriften halten." Ein solcher Umgang mit Person-Rolle-Konflikten bringt bereits ein ganz anderes Akteurmodell als den Homo Sociologicus ins Spiel: den im Kapitel 5.2 noch näher anzusprechenden Identitätsbehaupter. Denn bei dieser Art von Rollendistanz ist das Handeln der Person offensichtlich davon angetrieben, die nicht mit der Rolle übereinstimmende eigene Identität zum Ausdruck zu bringen.

Person-Rolle-Konflikte entstehen somit aus der Unfähigkeit oder der Unwilligkeit der Person, den Rollenerwartungen zu entsprechen. Die Kritik des strukturfunktionalistischen Rollenmodells hat zu einseitig vor allem Letzteres betont. Hinsichtlich der Unwilligkeit der Person ist wiederum zunächst vor allem auf deren letztlich biologisch fundierte Triebnatur hingewiesen worden. Unter anderem in Anknüpfung an Freud betont Dennis Wrong (1961), dass das maßgeblich von Parsons geprägte strukturfunktionalistische Rollenmodell eine „over-socialized conception of man" impliziere, weil es zu wenig berücksichtige, dass das „Es" dem „Über-Ich" immer wieder in die Quere komme. Auch wenn dieser Einwand zweifellos zutrifft, greift er doch noch viel zu kurz. Person-Rolle-Konflikte speisen sich nicht allein und nicht einmal vorrangig aus vor-sozialen, biologisch angeborenen Handlungsantrieben, sondern viel stärker aus sozial geprägten, durch Sozialisation erworbenen Antrieben. Jemand erwirbt zum Beispiel in der Rolle des Finanzbeamten bestimmte Charaktereigenschaften wie Sorgfalt, Genauigkeit, Ordentlichkeit; und diese Persönlichkeitsmerkmale passen dann nicht zu den Anforderungen anderer Rollen, die der Betreffende innehat. Oder jemand lernt als ambitionierter Sportler in einer Einzelsportart eine ausgeprägte individuelle Erfolgsorientierung und erweist sich dann als ungeeignet für Rollen, von denen Kooperationsfähigkeit verlangt wird. Dass auch derartige Person-Rolle-Konflikte „role making" erforderlich machen, dürfte nach dem Gesagten klar sein.

Der findige Akteur

Sämtliche angeführten Kritiken des strukturfunktionalistischen Rollenmodells weisen auf Komplikationen des Rollenhandelns hin, die dem Handelnden über eine bloße Exekution vorgegebener Rollenerwartungen hinaus *situative kreative Eigenleistungen* abverlangen.[39] Der *findige Akteur* ist dementsprechend die analytische Leitvorstellung des „interpretativen Paradigmas", die es der „Marionette" des strukturfunktionalistischen Rollenmodells gegenüberstellt. Bereits Freud (1938: 9-11) hatte ein Persönlichkeitskonzept vorgelegt, in dem außer dem „Es" und dem „Über-Ich" das „Ich" als eine diese beiden Richtungen des Handlungsantriebs vermittelnde Instanz fungiert. Gleichermaßen distanziert von biologischen Trieben und sozialen Zwängen, balanciert das „Ich" diese im Handeln aus. „Ich-Stärke" der Person ist erforderlich, soll diese nicht entweder zum reinen Triebwesen oder zum sozialen Zwangscharakter degenerieren.

39 Hans Joas' (1992) vielerlei Ideen zusammenführende neo-pragmatistische Überlegungen über die Kreativität des Handelns speisen sich nicht ausschließlich, aber doch zu einem Gutteil aus der empirischen Evidenz solcher Art sozialer Situationen.

Aus einer ganz anderen Richtung gelangte George Herbert Mead (1934), der viele Strömungen des „interpretativen Paradigmas" maßgeblich beeinflusst hat, zu einem ähnlichen Bild des Akteurs. Detailliert geht Mead dem „taking the role of the other" während der Sozialisation des Kindes nach und zeigt, wie es daraus den *„generalized other"* erwirbt, nämlich ein Wissen über die Erwartungen der verschiedenen Bezugsgruppen an sein jeweiliges Rollenhandeln. Ergebnis dieses Vorgangs ist also, „... daß das jeweilige Individuum die Haltung anderer sich selbst gegenüber übernimmt und daß es schließlich alle diese Haltungen zu einer einzigen Haltung ... kristallisiert, die als die des ‚verallgemeinerten Anderen' bezeichnet werden kann." (Mead 1934: 130) Insbesondere Mannschaftsspiele wie zum Beispiel Baseball, die jedem Spieler eine ganz spezifische Funktion zuweisen, vermitteln den „generalized other". Denn das Kind lernt so, sein Handeln an einer Mehrzahl von Bezugsgruppen auszurichten:

> „Jede seiner eigenen Handlungen wird von den Annahmen über die voraussichtlichen Handlungen der anderen Spieler bestimmt. Sein Tun und Lassen wird durch den Umstand kontrolliert, daß er gleichzeitig auch jedes andere Mitglied der Mannschaft ist, zumindest insoweit, als diese Haltungen seine eigenen spezifischen Haltungen beeinflussen. Wir stoßen somit auf ein ‚anderes', das eine Organisation der Haltungen all jener Personen ist, die in den gleichen Prozeß eingeschaltet sind." (Mead 1934 196)

Meads „generalized other" entspricht also durchaus Durkheims „Gussformen": „In der Form des verallgemeinerten Anderen beeinflusst der gesellschaftliche Prozess das Verhalten der ihn abwickelnden Individuen, d. h. die Gemeinschaft übt die Kontrolle über das Verhalten ihrer einzelnen Mitglieder aus." (Mead 1934: 198) Allerdings stellt der „generalized other" nur die eine Komponente des Akteurs dar, sein „me". Neben diesem steht das „I", das dann, so wie auch Freuds „Ich", die Facette der autonomen Handlungsgestaltung durch den Akteur benennt.

Rollendifferenzierung

Der Stellenwert des findigen Akteurs und seiner autonomen Handlungsgestaltung wird deutlich, wenn man sich vor Augen führt, dass in der modernen Gesellschaft die Häufigkeit des „role making" tendenziell zu- und die des „role taking" entsprechend abgenommen hat. Ursache dessen ist die zunehmende *Rollendifferenzierung* moderner Gesellschaften (Schimank 2007a: 41-49). Auf diesen Zusammenhang hat schon früh Georg Simmel hingewiesen. Seine Erklärung der Besonderheit der modernen Gesellschaft nimmt ihren Ausgangspunkt bei folgender Beobachtung:

> „Wenn der moderne Mensch zunächst der elterlichen Familie angehört, dann der von ihm selbstgegründeten und damit auch der seiner Frau, dann seinem Berufe, der ihn schon für sich oft in mehrere Interessenkrei-

se eingliedern wird (z.B. in jedem Beruf, der über- und untergeordnete Personen enthält, steht jeder in dem Kreise seines besonderen Geschäfts, Amtes, Bureaus usw., der jedesmal Hohe und Niedere zusammenschließt, und außerdem in dem Kreise, der sich aus den Gleichgestellten in den verschiedenen Geschäften usw. bildet); wenn er sich seines Staatsbürgertums und der Zugehörigkeit zu einem bestimmten sozialen Stande bewußt ist, außerdem Reserveoffizier ist, ein paar Vereinen angehört und einen die verschiedensten Kreise berührenden geselligen Verkehr besitzt: so ist dies schon eine sehr große Mannigfaltigkeit von Gruppen …" (Simmel 1908: 311)

Die Liste ließe sich fortsetzen, und man kann sich leicht die entsprechende Vielzahl von Rollen für einen zeitgenössischen Akteur vorstellen. Sowohl die Anzahl als auch die Verschiedenartigkeit der gesellschaftlich vorhandenen Rollen ist immer größer geworden. Während in vormodernen Gesellschaften eher diffuse, kaum getrennte Gemengelagen unterschiedlichster Betätigungen in wenigen Rollen konzentriert waren, tendieren moderne Gesellschaften zu immer spezialisierteren Rollen (Banton 1965: 1-20). Dabei gibt es auch immer weniger gesellschaftliche Vorgaben für bestimmte Rollenkombinationen. Dementsprechend nimmt die Anzahl der Rollen, die eine bestimmte Person innehat, zu, und ihre je spezifische Rollenkombination unterscheidet sich immer stärker von der anderer Personen. Denn jede der Rollen gehört zu einer bestimmten sozialen Gruppe bzw. in der Terminologie Simmels zu einem anderen sozialen „Kreis". Betrachtet man die Person als Einzelne, lässt sich feststellen:

> „Die Gruppen, zu denen der Einzelne gehört, bilden gleichsam ein Koordinatensystem, derart, daß jede neu hinzukommende ihn genauer und unzweideutiger bestimmt. … je mehr es werden, desto unwahrscheinlicher ist es, daß noch andere Personen die gleiche Gruppenkombination aufweisen werden, daß diese vielen Kreise sich noch einmal in einem Punkte schneiden." (Simmel 1908: 312)

Genau daraus ergibt sich die Einzigartigkeit und Individualität des modernen Menschen. Denn es sinkt – wie Simmel feststellt – die Wahrscheinlichkeit einer auch nur annähernd gleichen Rollenkombination zweier Menschen in der modernen Gesellschaft gegen Null. Das wiederum hat zur Folge, dass gesellschaftlich normierte Standardlösungen für die angesprochenen Rollenkomplikationen immer weniger greifen. Denn Standardlösungen lassen sich nur solange institutionalisieren, wie das Gros der Komplikationen sich auf relativ wenige, typische Muster verteilt. Die hochgradige Rollendifferenzierung moderner Gesellschaften schafft hingegen eine unbestimmbare Vielfalt möglicher Komplikationen, die häufig sehr ausgefeilte, einzelfallspezifische Lösungen verlangen. Damit wird es unmöglich, für jede spezifische Komplikation gesellschaftliche Regelungen zu normieren.

Dann bleibt aber als einzige Möglichkeit der Problemlösung übrig, sich für diese vielfach erforderlichen und äußerst vielfältigen Feinregulierungsleistungen auf die Person selbst zu verlassen. Es sind also die beteiligten Akteure als Personen, die unter kritischen Umständen soziale Ordnung durch „role making“ aufrechterhalten. Diesbezüglich bildet sich etwa die Fähigkeit zur Empathie, also zum verständigen Beobachten des Anderen und Sich-hineinversetzen in dessen Lage, heraus (Krappmann 1969: 142-150). Der Überblick über lange und verzweigte soziale Interdependenzketten wächst (Elias 1939). Auch Fähigkeiten wie Takt entwickeln sich (Goffman 1955; 1971: 124-225; Scott/Lyman 1968). Soziale Kompetenzen dieser Art sind es, die die Person in die Lage versetzen, soziale Ordnung nicht länger bloß als gleichsam mechanische Anwendung fertiger Regeln zu exekutieren, sondern situativ intersubjektiv herzustellen (Stokes/Hewitt 1976). Die Person, vordem bloß ein gelegentlicher Störfaktor der sozialen Ordnung, avanciert unter der Bedingung von Rollendifferenzierung zu deren umsichtigem Hüter und Reparateur.

Zwei Varianten des Rollenhandelns

Zusammengefasst findet sich der Homo Sociologicus in zwei Varianten des Rollenhandelns, die jeweils auf unterschiedliche Einsatzfelder zugeschnitten sind. Denn selbst wenn man zugesteht, dass mit zunehmender Rollendifferenzierung die situative Kreativität des einzelnen Akteurs gefragt ist, wird damit das strukturfunktionalistische Rollenmodell lediglich relativiert, aber in seiner Gültigkeit keineswegs auf Null reduziert. Nach wie vor gibt es nicht wenige Handlungssituationen, in denen die Akteure sich komplikationslos an Rollenerwartungen orientieren können und auch gar nichts anderes tun wollen. Es sei noch einmal an Webers Feststellung erinnert, dass das meiste soziale Handeln in diesem Sinne habitualisiert ist. Dann greifen Rollenerwartungen und Rollenhandeln so ineinander, dass sie einander wechselseitig stützen. Die Erwartungen prägen das Handeln, das wiederum die Erwartungen bestätigt, so dass sie auch weiterhin das Handeln prägen. Der ungeheure Vorteil dessen für den Akteur ist die Entlastung von Reflexionen und Abstimmungen. Wer rollengemäß handelt, weiß ohne größeres Nachdenken, was zu tun ist; und er kann davon ausgehen, dass seine Handlungsweise sich nahtlos in die der anderen, ebenfalls rollengemäß Handelnden einfügt.

Das Modell des „role taking“ ist auf diejenigen sozialen Situationen anwendbar, in denen Erwartungssicherheit durch Normen komplikationslos gegeben ist. Das Modell des „role making“ bezieht sich demgegenüber auf solche Situationen, in denen das Rollenhandeln auf Komplikationen stößt. Diese Komplikationen können derart beschaffen sein, dass auf Seiten des Akteurs das primäre Erfordernis von Erwartungssicherheit besteht und problematisch wird. Das trifft auf die ersten vier der oben angesprochenen Komplikationen zu. Auch dann kann bereits hineinspielen, dass der Akteur neben Erwartungssicherheit oft noch um etwas anderes bemüht ist: nämlich darum, bestimmte eigene Wollensbestrebungen zu verfolgen. Im Vordergrund steht Letzteres dann bei den Person-Rolle-Konflikten.

Die inszenierte Konfrontation des „interpretativen Paradigmas" mit dem „normativen Paradigma" schießt also über das Ziel hinaus. Das berechtigte Anliegen, die blinden Flecken des strukturfunktionalistischen Rollenmodells aufzuzeigen und theoretisch zu bearbeiten, um dessen Selbstverabsolutierung zurückzuweisen, begründet noch keine Selbstverabsolutierung des „interpretativen Paradigmas". So richtig es ist, dass nicht alles Rollenhandeln komplikationsloses „role taking" ist, so richtig bleibt es, dass auch nicht alles Rollenhandeln „role making" in einem nennenswerten Maße erfordert.[40] Dass die Kritik von Seiten des „interpretativen Paradigmas" am strukturfunktionalistischen Rollenmodell in der soziologischen Debatte solche Furore machen und sogar beanspruchen konnte, dieses Modell gänzlich zu ersetzen, lässt sich wohl nur so erklären, dass sich funktionierendes „role taking" im Vergleich zum „role making" ganz unscheinbar vollzieht und daher leicht zu übersehen ist. Wie in vielen anderen Zusammenhängen auch bemerken wir das Geschehen erst dann, wenn es Komplikationen gibt. Dass noch immer sehr viel, vermutlich das meiste normativ regulierte Handeln „role taking" ist, fällt niemandem auf. Zumindest entsprechend geschulte soziologische Beobachter sollten freilich einen Blick dafür haben.

Beim „role taking" und „role making" handelt es sich also um zwei Varianten des Homo Sociologicus für zwei unterschiedliche Arten von Handlungssituationen. Eben deshalb gehört das „interpretative Paradigma" genau besehen in das umfassendere „normative Paradigma". Mit dieser Einordnung soll allerdings nicht im Geringsten bestritten werden, dass die Analysen des „interpretativen Paradigmas" äußerst wichtige, ja unentbehrliche Beiträge zu einem differenzierteren Verständnis des Homo Sociologicus geliefert haben.

Erwartungssicherheit und Zielverfolgung

Der Vollständigkeit halber sei noch kurz, auch in Vorbereitung des folgenden Kapitels, darauf zurückgekommen, dass der Homo Sociologicus des „normativen Paradigmas", insbesondere wenn man Person-Rolle-Konflikte betrachtet, nicht völlig eindimensional auf Erwartungssicherheit fixiert ist.

40 Indirekt kommt dies etwa bei Herbert Blumer heraus, wenn er erklärt: Für den symbolischen Interaktionismus „…ist es einfach nicht richtig, daß die volle Breite des Lebens in einer menschlichen Gesellschaft … nur ein Ausdruck vorgefertigter Formen gemeinsamen Handelns ist. Innerhalb des Bereichs menschlichen Zusammenlebens entstehen ständig neue Situationen, die problematisch sind und für die bestehende Regeln sich als unzureichend erweisen." (Blumer 1973: 98). Wenn das strukturfunktionalistische Rollenmodell auch nicht „die volle Breite" abdeckt, so deckt es doch keineswegs nichts ab.

Das zeigt sich im Übrigen bereits daran, dass das strukturfunktionalistische Rollenmodell die an einen Rollenträger gerichteten Erwartungen, wie dargestellt, mit Sanktionen versieht. Ein Akteur, dem einzig und allein an Erwartungssicherheit liegt, ist in höchstem Maße dankbar für jede normative Erwartung, die ihm sein Handeln erleichtert. Er hat von sich aus keinerlei Grund, den an ihn herangetragenen Erwartungen nicht Folge zu leisten. Wozu also Sanktionen, wenn doch „weltoffene“ Akteure sich nach „entlastenden“ Erwartungen geradezu verzehren?

Eine schon angesprochene Antwort darauf lautet: Unterschiedlich hohe Sanktionen verhindern eine Handlungsparalyse bei Erwartungswidersprüchen, wie sie in Inter- und Intra-Rollenkonflikten auftreten. Diese Antwort passt noch zu einem analytischen Modell, das nur auf Erwartungssicherheit abstellt. Aber das ist offensichtlich nicht die ganze Wahrheit.

Im Rahmen der strukturfunktionalistischen Rollentheorie hat insbesondere Dahrendorf in seine Version des Homo Sociologicus eine fundamentale Ambivalenz von Sozialität für den Akteur eingebaut. Sozialität begründet für ihn einerseits, wie ausgeführt, die „... Verläßlichkeit unserer Existenz unter Menschen ...“, also Erwartungssicherheit – doch andererseits ist sie immer wieder auch „eine ärgerliche Tatsache“ (Dahrendorf 1967: 49-51). Denn die Erwartungen der anderen schränken den Handlungsspielraum des Homo Sociologicus vielfältig ein, so dass ersehnte Erwartungssicherheit in lästigen Erwartungsdruck umschlägt. Diese Sichtweise macht freilich nur dann Sinn, wenn dem Homo Sociologicus gleichsam Eigensinnigkeit unterstellt wird, also das Vorhandensein eines eigenen Wollens, das nicht immer und nicht vollständig mit dem kompatibel ist, was die Rollenerwartungen ihm abverlangen.[41] Genau das stellt Dahrendorf in Rechnung: dass beispielsweise ein Lehrer nicht nur bestrebt ist, einen möglichst guten Unterricht durchzuführen, und ungeteilt glücklich darüber ist, dass seine Bezugsgruppen ihm vermitteln, was das heißt, so dass er weiß, was er zu tun hat. Sondern gelegentlich oder auch häufig weiß der Lehrer ganz von sich aus, was er viel lieber täte, als diesem Ruf der Pflicht zu folgen: beispielsweise ein spannendes Buch lesen oder sich mit Freunden treffen. Sanktionen sorgen dann zumeist dafür, dass er doch nicht diesen persönlichen Neigungen folgt, sondern sich rollengemäß verhält.

Auch die Version des Homo Sociologicus, die Erving Goffmans vielfältigen Studien zugrunde liegt und von Ronald Hitzler (1992) als *„Goffmensch“* porträtiert wird, teilt diese Ambivalenz mit Dahrendorfs Homo Sociologicus.[42] Der „Goffmensch“ ist auf der einen Seite „... ein prinzipiell

41 Um es noch einmal zu betonen: Das eigene Wollen eines Akteurs ist durchaus zumeist sozial geprägt. Doch es ist keine bloße Widerspiegelung der jeweils positional bedeutsamen Erwartungen von Bezugsgruppen.

42 Siehe weiterhin auch noch Weise (1989), der aus einer systematischen Kontrastierung von Homo Sociologicus und Homo Oeconomicus den „homo socioeconomicus“ gewinnt.

verunsichertes Wesen, das ständig Probleme zu bewältigen, Antworten zu suchen, ja Rätsel zu lösen hat." Er ist jeder alltäglichen Interaktion „... als einer (strukturell auferlegten) Deutungs- und Bewältigungsaufgabe ..." ausgesetzt. Der „Goffmensch" muss sich ständig fragen: „Was kommt denn nun wieder auf mich zu? Was ist hier eigentlich wieder los? Was mach' ich da jetzt wieder draus?" (Hitzler 1992: 451) Es geht, ganz im Sinne des „role making", um das Finden von noch nicht vorhandener Erwartungssicherheit – während Dahrendorfs Homo Sociologicus bereits über Erwartungssicherheit verfügt und sich auf „role taking" beschränken könnte. Auf der anderen Seite schildert Hitzler den „Goffmenschen" als „proto-politisch" und versteht darunter das Bestreben, „... die eigenen Vorstellungen (vom Zusammenleben) gegenüber Alternativen erfolgreich durchzusetzen." (Hitzler 1992: 455) Auch der „Goffmensch" verfügt also über eigene Zielvorstellungen, die neben dem Streben nach Erwartungssicherheit sein Handeln bestimmen. Er fragt sich oft gleichermaßen: Was geht hier vor? und: Was kann ich hier für mich rausholen?[43]

Diese Versionen des Homo Sociologicus enthalten also bereits eine in sich gespaltene Akteurvorstellung, wie sie auch in Louis Zurchers (1983: 14) Charakterisierung des Rollenhandelns unmissverständlich zum Ausdruck kommt: „We constantly try to find ways to merge what we want to do with what is expected of us in specific role settings." Die Verbindung von Normkonformität und eigenem Wollen ist analytisch und handlungspraktisch gänzlich unproblematisch, solange die eigenen Ziele mit den Rollenerwartungen übereinstimmen, der Akteur sich also vollständig mit seiner Rolle identifiziert. Dann verwirklicht sich im Rollenhandeln beides zugleich. Wenn Ziele und Rollenerwartungen nicht identisch sind, kann es immer noch sein, dass sie im „role making" kompatibilisiert werden können. Das ist aufwendiger, aber im Resultat sozusagen „sozialverträglich". Prekär wird es erst, wenn eine Kompatibilisierung nicht mehr erfolgt und der Akteur auf seinem Wollen besteht.[44] Spätestens hierfür benötigt man Akteurmodelle, die dieses Wollen analytisch in den Vordergrund rücken.

---

43 In vielen Untersuchungen Goffmans steht allerdings eine der beiden Handlungsorientierungen analytisch im Vordergrund. Beispielsweise geht es bei der Betrachtung von Verlegenheit in sozialen Situationen (Goffman 1956b) oder der „Rahmung" sozialer Situationen (Goffman 1974) schwerpunktmäßig um das Streben nach Erwartungssicherheit. Die Untersuchungen über die Selbstdarstellung im Alltag (Goffman 1956a) oder über strategische Interaktion (Goffman 1969) widmen sich hingegen hauptsächlich der Zielverfolgung von Akteuren.

44 Siehe hierzu auch interessante rechtssoziologische Überlegungen und Befunde bei Morlok/Kölbel (1998) zur Beachtung von Verkehrszeichen. Die meisten Verkehrsteilnehmer erheben einen „Zweckmäßigkeitsvorbehalt für die Rechtstreue" (Morlok/Kölbel 1998: 151, Hervorh. weggel.), indem sie etwa Verkehrszeichen, deren Einhaltung kaum kontrolliert wird, dann missachten, wenn davon kein eigener Schaden – also etwa eine erhöhte Unfallgefahr – droht, sondern vielmehr eigener Nutzen in Gestalt einer zügigeren Fortbewegung gesteigert wird.

Überindividuelle Akteure als Rollenhandelnde

Abschließend muss noch angesprochen werden, dass die strukturfunktionalistische Rollentheorie ihre Aufmerksamkeit auf individuelle Akteure beschränkt hat. Diese Beschränkung muss überwunden werden, um ein soziologisches Akteurmodell zu gewinnen, das auch auf überindividuelle Akteure (→ Kap. 2.3) anwendbar ist. Wenn zum Beispiel ein Ministerium oder ein Sportverein, die Friedensbewegung oder eine Bürgerinitiative handelt, geschieht dies ebenfalls häufig aus dem Antrieb der Normkonformität; und dies wird ebenso durch Bezugsgruppen überwacht, die wiederum teils aus sozialen Gruppen oder anderen Organisationen, teils aus individuellen Akteuren bestehen können. Insofern können auch überindividuelle Akteure Rollenhandelnde sein. So wird zum Beispiel die Rolle eines Ministeriums durch andere Ministerien, die Klientel des betreffenden Ressorts, die politischen Parteien, die Massenmedien und noch weitere Bezugsakteure bestimmt. Alle diese Bezugsakteure richten bestimmte normative Erwartungen an das Ministerium, denen es zu genügen hat.

Man kann somit sämtliche Komponenten des Homo Sociologicus, die die strukturfunktionalistische Rollentheorie benennt, auch auf überindividuelle Akteure übertragen.[45] Das gilt nicht zuletzt für das Streben nach Erwartungssicherheit, wenngleich es dann nicht mehr anthropologisch begründet werden kann. Aber im folgenden Kapitel wird noch deutlich werden, dass Erwartungssicherheit ein elementares reflexives Interesse aller Arten von Akteuren ist.

Zusammenfassung und Vorschau

Dieses Kapitel hat sich dem Homo Sociologicus als dem Akteurmodell des „normativen Paradigmas" gewidmet. Der Akteur, der als Homo Sociologicus handelt, ist durch ein primäres Streben nach Erwartungssicherheit gekennzeichnet, die ihm durch normative Handlungsorientierungen geliefert wird. Der Homo Sociologicus ist insbesondere Rollenhandelnder, wobei zwei Ausprägungen des Rollenhandelns unterschieden werden können: zum einen komplikationsloses „role taking" als Befolgung klarer Bezugsgruppenerwartungen, zum anderen „role making" als kreative situative Bewältigung verschiedener Arten von Komplikationen des Rollenhandelns.

Das im folgenden Kapitel vorgestellte Akteurmodell, der Homo Oeconomicus, stellt im Gegensatz zum Homo Sociologicus das eigene Wollen des Akteurs analytisch in den Vordergrund.

---

45 Der von Renate Mayntz und Fritz Scharpf konzipierte „akteurzentrierte Institutionalismus" betrachtet vorrangig Organisationen erst einmal als Homines Sociologici (Mayntz/Scharpf 1995; Schimank 2003).

4. Homo Oeconomicus

In diesem Kapitel wird das Modell des Homo Oeconomicus, des nutzenorientierten Akteurs, vorgestellt. Nach einem kurzen Blick auf die theoriegeschichtliche Entwicklung dieses Modells und seine soziologische Einordnung wird der Homo Oeconomicus zunächst vor allem anhand ökonomischer Wahlentscheidungen in seinen Grundzügen dargestellt. Dabei geht es zuerst nur um monologisches, nichtsoziales Handeln. Im Anschluss wird der Homo Oeconomicus zu einem Akteurmodell weiterentwickelt, das sich auf Situationen sozialen Handelns bezieht. Der letzte Abschnitt geht auf eine Reihe von kritischen Einwänden gegen die Tauglichkeit des Homo Oeconomicus als soziologisches Erklärungsmodell ein und erweitert es in Auseinandersetzung mit ihnen.

4.1 Nutzenorientiertes Handeln

Der Homo Oeconomicus ist ein aus den Wirtschaftswissenschaften übernommenes und für die Soziologie fruchtbar gemachtes Akteurmodell. Es beruht auf der Annahme, dass Akteure bei ihrem Handeln willentlich eigene Ziele verfolgen und dabei nach ihrem persönlichen Nutzen streben. Dieses Modell erfasst das Handeln der Akteure als Handlungswahlen, die sich auf solche sozialstrukturellen Handlungsbedingungen zurückführen lassen, die den Nutzen und die Aufwendigkeit bestimmter Handlungen betonen und bestimmen. Der Homo Oeconomicus orientiert sich in der Weise in Situationen, dass er – um den jeweils höchsten Nutzen mit geringstmöglichem Aufwand in der Situation zu erreichen – rational kalkulierend vorgeht, d.h. die in der Situation gegebenen Handlungsalternativen abwägt. Sein Handlungsantrieb ist also die Verfolgung eigenen Wollens, und sein Handlungsziel besteht im Erreichen seiner Wünsche unter der Maßgabe der Maximierung des jeweils implizierten Nutzens.

Die Bedeutung dieses Handlungsantriebs für das Verständnis vieler sozialer Phänomene insbesondere in der modernen Gesellschaft – man denke etwa an Marktgeschehen oder das weit verbreitete Karrierestreben und seine Folgen – wurde soziologischen Theoretikern ebenfalls früh bewusst. Vor allem Max Weber betonte im Zuge seiner Analyse der Herausbildung und der spezifischen Kennzeichen der modernen westlichen Gesellschaft den Stellenwert dieses Akteurmodells nicht nur für wirtschaftswissenschaftliche, sondern auch für soziologische Erklärungen. Weber legte dar, dass die Entwicklung der modernen Gesellschaft ein bis heute anhaltender und immer raumgreifenderer kultureller Vorgang der Rationalitätssteigerung ist, dass die moderne Gesellschaft sich durch die Entfaltung eines spezifisch

„okzidentalen Rationalismus“ in allen gesellschaftlichen Lebensbereichen auszeichnet. Nach Weber vollzieht sich die Zunahme der Rationalität des Handelns in vier Dimensionen: der Zweckrationalität, der theoretischen Rationalität, der formalen Rationalität und der Wertrationalität.

Vier Dimensionen der Rationalität

Im Einzelnen:[46]

- Handeln kann erstens rational im Sinne einer *zweckrationalen* Abwägung der gewählten *Mittel* sein. Wer zweckrational handelt, überlegt sich, mit welchen Mitteln er sein gegebenes Ziel unter den situativen Umständen am besten erreichen kann. Solchem zweckrationalen Handeln stehen vor allem emotionales, traditionales und routineförmiges Handeln gegenüber. Wer sich von momentanen Gefühlen und Stimmungen treiben lässt oder eingelebten Sitten und Gebräuchen folgt, handelt im Sinne dieser Rationalitätsdimension nicht rational.
- Die Rationalität des Handelns kann zweitens in dessen *theoretischer Rationalität* begründet sein. Hierbei geht es darum, dass man im Hinblick auf die Handlungswirkungen nach möglichst verallgemeinerbaren Kausalzusammenhängen sucht. Dies geschieht über eine entsprechend abstrahierende, nach logischen Prinzipien vorgehende Reflexion der Handlungszusammenhänge, die möglichst nicht unter dem Druck unmittelbarer Handlungsnotwendigkeiten stattfindet, sondern im Vorfeld. Theoretische Rationalität des Handelns setzt sich zum einen von einem dumpfen Registrieren der Handlungswirkungen ab, das allenfalls zu mehr oder weniger genauen, gleichsam alltagsstatistischen Korrelationsschlüssen gelangt. Zum anderen überwindet theoretische Rationalität aber auch magische Erklärungen, die überweltliche Mächte für die Handlungswirkungen kausal verantwortlich machen.
- Handlungsrationalität kann drittens als *formale Rationalität* im Sinne einer Bezugnahme auf universal angewandte Regeln vorliegen. Solche Regeln können zum einen Rezepte, beispielsweise die Methoden mathematischer Kalkulation, zum anderen Vorschriften, zum Beispiel Gesetze, sein. Beide Arten von Regeln begrenzen in dem Maße, wie sie handlungswirksam werden, das Belieben und die Willkür des Handelnden, reinigen dessen Handeln also von persönlichen Idiosynkrasien und situativer Erratik.
- Die Rationalität des Handelns kann sich schließlich viertens auf dessen *Wertrationalität* beziehen. Wertrational ist ein Handeln in dem Maße, in dem es sich rigoros an einem bestimmten *Maßstab des Wollens* ausrichtet. Wenn ein Handelnder beispielsweise im Bereich der Politik die Erhaltung und Vermehrung der eigenen Macht als letztentscheidende Wer-

---

46 Das Folgende rekurriert vor allem auf die ausführlichen Darlegungen von Kalberg (1981).

torientierung seines Handelns zugrunde legt, handelt er in dem Maße wertrational, wie er diesem Machtstreben möglicherweise entgegenstehende religiöse, moralische, wirtschaftliche oder erotische Beweggründe außer Acht lässt. Wertrationalität steht also gegen ein Handeln, das sich von einer diffusen Gemengelage von Wertgesichtspunkten bestimmen lässt und dadurch einen unentschiedenen, vieles zugleich und dadurch nichts konsequent anstrebenden Charakter erhält.

Okzidentaler Rationalismus

Die von Weber konstatierte Ausbreitung des okzidentalen Rationalismus zeichnet sich dadurch aus, dass das soziale Handeln eine parallele Rationalisierung in allen vier genannten Dimensionen erfahren hat. Im Mittelpunkt stand dabei die Herauslösung der Zweckrationalität des Handelns aus traditionalen, aber auch emotionalen Einbindungen. Der von Weber (1922: 12) in seiner Typologie des Handelns herausgestellte Typus des „zweckrationalen Handelns" entspricht weitgehend dem Akteurmodell des Homo Oeconomicus. Der Bedeutungszuwachs dieses Handlungsantriebs vollzog sich nach Weber darüber, dass die anderen drei Rationalitätsdimensionen entfaltet wurden. Die theoretische Rationalität gewann mit dem Siegeszug der neuzeitlichen Wissenschaft und der dadurch geprägten Denkhaltung, die auch in andere Lebensbereiche eingezogen ist, an Boden. Die formale Rationalität wurde vor allem durch die zunehmende Bürokratisierung und Organisationsförmigkeit des Handelns, die insbesondere in der Staatsverwaltung und den Wirtschaftsunternehmen Einzug hielt, verwirklicht. Diese beiden Dimensionen gesellschaftlicher Rationalisierung trugen entscheidend dazu bei, dass die Mittelkomponente des zweckrationalen Handelns rationalisiert werden konnte. Doch der für die *Zielvorstellungen* des Homo Oeconomicus entscheidende Vorgang war die Kultivierung der Wertrationalität.[47] Denn man kann unter seinen Handlungsalternativen zur Verwirklichung eines angestrebten Ziels nur in dem Maße eine rationale Abwägung treffen, wie das Ziel präzisiert ist. Oder anders: Der Homo Oeconomicus kann erst dann rational kalkulierend seinen persönlichen Nutzen maximieren, wenn er eine klare Vorstellung davon hat, was ein entsprechend nutzbringendes und deshalb erstrebenswertes Ziel in einer bestimmten sozialen Situation ist. Erst wenn die von Weber betonte Rationalität der Mittelwahl mit der Zielverfolgung zusammengesehen wird, erhält man ein umfassendes Bild des Homo Oeconomicus.

Die erstrebenswerten Ziele des zweckrational handelnden Akteurs schälten sich im historischen Prozess der Rationalisierung von Werten immer eindeutiger heraus. Weber behauptete, dass sich die Vielfalt dessen, was Ak-

47 Auf Webers (1905) vielschichtige Erklärung der Genese dieses Vorgangs, die er in seinen Studien über den „Geist des Kapitalismus", der von der „protestantischen Ethik" geprägt sei, darlegt, kann hier nicht näher eingegangen werden.

teure in modernen Gesellschaften in bestimmten Situationen jeweils erreichen wollen und entsprechend an Zielen verfolgen, an einer begrenzten Pluralität von Wertmaßstäben ausrichtet (Schwinn 2001: 154-207). Es handelt sich um Wertmaßstäbe, die alle eine je besondere „Eigengesetzlichkeit" besitzen und sich in verschiedenen Teilbereichen der Gesellschaft immer mehr vereinseitigen und verabsolutieren: So richten sich Ziele von Akteuren im Teilbereich Politik am Streben nach Macht aus, in der Wirtschaft am Streben nach Gewinn, in der Wissenschaft am Streben nach Wahrheit, in der Jurisprudenz am Streben nach Recht, in der Kunst am Streben nach Schönheit und in der Erotik am Streben nach Lusterfüllung. Mindestens diese verschiedenen gesellschaftlichen Teilbereiche, die von ihm sogenannten „Wertsphären", führt Weber immer wieder an.

Nach Weber lassen sich also nicht nur immer mehr soziale Phänomene, sondern lässt sich ferner auch die Struktur der modernen Gesellschaft als Ganze, die sich in einer bestimmten Differenzierungsform ausprägt, am besten damit erklären, dass nutzenorientierte Akteure rational ihre Ziele verfolgen, dass ihr Handeln eine „rational choice" ist – wie dieses Akteurmodell inzwischen von seinen heutigen Vertretern zumeist benannt wird.[48]

Anthropologische Fundierung

Doch der Homo Oeconomicus kann nicht nur durch ein gesellschaftstheoretisches, sondern auch durch ein anthropologisches Argument fundiert werden. Dabei wird von derselben Prämisse ausgegangen wie bei der oben dargelegten anthropologischen Begründung des Homo Sociologicus (→ Kap. 3.3), nämlich von der Instinktreduziertheit und „Weltoffenheit" des Menschen. Diese Besonderheit der „conditio humana" wird von den Vertretern des Homo Oeconomicus jedoch nicht als Mangel, sondern als Grundlage für die Fähigkeit des Menschen zur selbstbestimmten Bearbeitung der Vorgaben der Umwelt angesehen.[49]

Zur Verdeutlichung sei nochmals an Emile Durkheims „Gussformen" zurückerinnert, derer der Homo Sociologicus als Instinktersatz und Entlastung bedarf, weil er ansonsten als weltoffenes Wesen über keinerlei Orientierungssicherheit in der Welt verfügt. Der Homo Oeconomicus hebt hingegen, anthropologisch betrachtet, eine ganz andere Seite der „Weltoffenheit" des Menschen hervor als der Homo Sociologicus. Für den Homo Oeconomicus ist die Instinktreduziertheit kein Mangel, sondern eine Chance: *die Chance zur Zielverfolgung.* Dass sein Handeln nicht instinktprogrammiert abläuft, gibt dem Menschen die Möglichkeit, sich selbstbewusst Handlungsziele zu setzen und diesen gemäß eigenen Überlegungen nachzugehen.

---

48 Die gesellschaftstheoretische Bedeutung dieses Akteurmodells wird in Kapitel 6.2 noch ausführlicher diskutiert werden.

49 Siehe die beispielhafte Argumentation bei Esser (1993: 143-215).

Karl Marx betont ganz im Sinne des Homo Oeconomicus diese Seite der „Weltoffenheit“, wenn er die menschliche Arbeit als prototypisches zielgerichtetes Handeln mit den „tierartig instinktmäßigen Formen der Arbeit“ vergleicht:

> „Eine Spinne verrichtet Operationen, die denen des Webers ähneln, und eine Biene beschämt durch den Bau ihrer Wachszellen manchen menschlichen Baumeister. Was aber von vornherein den schlechtesten Baumeister vor der besten Biene auszeichnet, ist, daß er die Zelle in seinem Kopf gebaut hat, bevor er sie in Wachs baut. Am Ende des Arbeitsprozesses kommt ein Resultat heraus, das beim Beginn desselben schon in der Vorstellung des Arbeiters, also schon ideell, vorhanden war. Nicht daß er nur eine Formveränderung des Natürlichen bewirkt; er verwirklicht im Natürlichen zugleich seinen Zweck, den er weiß, der die Art und Weise seines Tuns als Gesetz bestimmt und dem er seinen Willen unterordnen muß.“ (Marx 1867: 192/193)

Rational Choice: Soziologisierter Homo Oeconomicus

Der Homo Oeconomicus steht damit als primär wollensgeleitetes Akteurmodell dem sollensgeleiteten Homo Sociologicus diametral gegenüber. Nicht wenige Vertreter haben ihn immer wieder als Herausforderer des Homo Sociologicus ins Rennen geschickt. Teils war und ist dies eine interdisziplinäre Konkurrenz zwischen der Soziologie und der Wirtschaftswissenschaft. Manche Wirtschaftswissenschaftler beanspruchen, mit dem Homo Oeconomicus nicht bloß wirtschaftliches, sondern jegliches Handeln erklären zu können – und zwar besser als dies mit dem Homo Sociologicus möglich sei. Damit behaupten diese Wirtschaftswissenschaftler ganz unverblümt nichts anderes, als die besseren Soziologen zu sein. Teils haben auch einige Soziologen selbst sich diese Position zu eigen gemacht, also in einer Art Identifikation und Verbündung mit dem Angreifer die interdisziplinäre Konkurrenz zu einer intradisziplinären erweitert. Neuerdings sind es vor allem James Coleman sowie, in der deutschen Theoriediskussion, Hartmut Esser und Siegwart Lindenberg, die dergestalt als Verfechter eines soziologisierten Homo Oeconomicus auftreten (Lindenberg 1983; Coleman 1990; Esser 1993; 1999; Braun 2009). Dass das Verhältnis zwischen Homo Sociologicus und Homo Oeconomicus derart als Verdrängungswettbewerb stilisiert worden ist, hat begreiflicherweise eine sachliche Diskussion der Einsatzmöglichkeiten des Homo Oeconomicus in der Soziologie erheblich behindert. Viele Soziologen fühlen sich in der Defensive gegenüber einem – wie es bezeichnenderweise heißt – „ökonomischen Imperialismus“. Aus dieser Abwehrhaltung heraus wächst dann die Versuchung, seinerseits den Homo Sociologicus zu verabsolutieren und den Homo Oeconomicus als ein – durchaus im doppelten Sinne des Wortes – beschränktes Akteurmodell vorzuführen. Ein früheres Beispiel dafür war ja auch Talcott Parsons' Konzept des „unit act" (→ Kap. 3.2).[50]

Diese Fronten sollen bei der nun folgenden näheren Darstellung des Akteurmodells überwunden werden. Stattdessen wird eine unvoreingenommene soziologische Würdigung des Homo Oeconomicus vorgenommen. Dabei wird sich zeigen, dass die vorgebrachten Einwände gegen dieses Akteurmodell zum einen dessen Reichweite bestimmen, also spezifizieren, auf welche Art von Handlungssituationen es anwendbar ist und auf welche nicht. Zum anderen tragen die Einwände auch dazu bei, das Modell weiter auszubauen. Mit der Kritik wird hier also genauso verfahren wie beim strukturfunktionalistischen Rollenmodell: Ihr destruktiver Impuls wird ihr entzogen, und sie wird konstruktiv zu Lernchancen gewendet.

4.2 Rationale Zielverfolgung

Die grundlegenden Merkmale des Homo Oeconomicus spezifizieren die Art und Weise, wie er seine Ziele verfolgt (Monroe 1991: 4/5). Diese Merkmale werden nun der Reihe nach und dabei zunächst anhand monologischen, also im Sinne von Kapitel 2.1 noch nicht sozialen Handelns vorgestellt.

Nutzenorientierung

Diejenige Handlungssituation, mittels derer Ökonomen das Handeln des Homo Oeconomicus gemeinhin verdeutlichen, ist die eines Konsumenten, der sich entscheiden muss, welche Güter er kauft (Frank 1991: 59-87). Im einfachsten Fall hat er zu einem gegebenen Zeitpunkt nur ein einziges Ziel. Er möchte zum Beispiel ein bestimmtes Buch lesen und sich zu diesem Zweck kaufen, das 10 Euro kostet. Sofern er mindestens diesen Geldbetrag in der Tasche hat, vermag er es zu kaufen – andernfalls nicht. Oder der Konsument hat Durst und möchte ihn mit Bier stillen. Er hat 10 Euro in der Tasche, und die Flasche Bier kostet 2.50 Euro. Dann kann er eine Flasche oder mehrere Flaschen erstehen – aber höchstens vier. Schon diese simple Kaufsituation illustriert zwei grundlegende Merkmale des Homo Oeconomicus. Das erste von ihnen besteht darin, dass er seine Handlungswahl *nutzenorientiert* trifft. Der Konsument könnte alles Mögliche mit seinem Geld kaufen. Aber er kauft das, was jeweils sein momentan präferiertes Ziel ist, und er kauft soviel davon, dass sein Nutzen maximiert wird. Bei dem Buch tut es ein Exemplar, denn in einem zweiten stünde ja dasselbe drin. Beim Bier wird sich zeigen, wann der Durst des Konsumenten gelöscht ist – ob bereits nach einer Flasche oder erst nach drei Flaschen.

---

50 Richard Münch (1983) hat diese Position von Parsons noch rigoroser zugespitzt. Auch Hans Joas' (1992) handlungstheoretische Überlegungen verorten sich explizit auf dieser Linie, wollen also – wenn auch mit ganz anderen Mitteln – Parsons' Kampf gegen den Homo Oeconomicus weiterführen.

Knappe Ressourcen

Es könnte natürlich sein, dass er auch nach vier Flaschen noch Durst hat. Aber dann ist sein Geldbeutel leer, und er kann sich kein weiteres Bier kaufen. Hieran zeigt sich das zweite der beiden angesprochenen Merkmale des Homo Oeconomicus: seine *begrenzten Ressourcen* zur Zielerreichung. Hätte der Buchinteressent weniger als 10 Euro in der Tasche, wäre es ihm ähnlich ergangen wie dem immer noch durstigen Bierkäufer. Beide Merkmale zusammenziehend lässt sich der Homo Oeconomicus als ein im Rahmen seiner verfügbaren Ressourcen nutzenmaximierender Handelnder charakterisieren.

Der Homo Oeconomicus lebt also in einer Welt der Knappheit. Sein Wollen übersteigt meistens sein Können. Er will mehr haben, als er kaufen kann. Aber auch andere zur Zielerreichung benötigte Ressourcen außer Geld können knapp sein. Beispielsweise mag seine Macht nicht groß genug sein, um eine andere Person dazu bringen zu können, ihm in bestimmter Weise gefügig zu sein. Oder sein Wissen reicht nicht aus, um ein bestimmtes Problem zu lösen. All diese und weitere Ressourcenknappheiten ergeben sich letztlich aus der existentiellen Zeitknappheit des Menschen. Würde man unendlich lange leben, könnte man auf lange Sicht alle prinzipiell erreichbaren Ziele auch tatsächlich erreichen – eins nach dem anderen. Denn man könnte, wie lange es auch immer dauern würde, die jeweils erforderlichen Ressourcen ansammeln. Auch die Reihenfolge, in der man die Ziele anginge, wäre beliebig. Selbst wenn es effizienter wäre, beispielsweise erst die englische Sprache zu lernen und dann in die Vereinigten Staaten zu reisen, wäre das ohne Belang. Denn für jemanden mit unendlich viel Zeit spielt Effizienz keine Rolle. Man brauchte dann eben mehr Zeit, um auf einer Reise all das zu organisieren und zu erfahren, was einen interessiert – und sei es, dass es eben entsprechend dauerte, um soviel Geld anzusparen, dass man sich einen ständigen Dolmetscher leisten könnte. Aber weil der Mensch sterblich ist und – wenn man so will: bedauerlicherweise! – dennoch so viele Wünsche hat, gilt: „Coping with scarcity in one form or another is the essence of the human condition.... For someone with an infinite lifetime and limitless material resources, hardly a single decision would ever matter." (Frank 1991: 4) Genau dies fängt das Akteurmodell des Homo Occonomicus ein: das Mögliche übersteigende Ziele, woraus sich die Notwendigkeit von Wahlentscheidungen ergibt.

Zielvielfalt und Dringlichkeit

Diese Problematik verschärft sich, wenn ein Akteur – was üblicherweise der Fall ist – zu einem gegebenen Zeitpunkt mehr als ein einziges Ziel verfolgt. Um beim Konsumenten zu bleiben: Angenommen dieser verfügt nach wie vor über 10 Euro und hat Durst auf Bier – aber zusätzlich hat er auch noch Hunger auf Chips. Die Flasche Bier kostet 2.50 Euro, die Tüte Chips ebenfalls. Kauft sich der Konsument vier Flaschen Bier, kann er Einiges an Durst löschen, aber sein Hunger bleibt ungestillt. Umgekehrt ergeht es ihm, wenn er sich dazu entscheidet, vier Tüten Chips zu kaufen. Beide Alternativen sind also unter dem Nutzengesichtspunkt recht unbefriedigend. Noch unbefriedigender wäre es nur dann, wenn er weder Bier noch Chips mit dem Geld kaufte, sondern irgendetwas anderes, was ihn momentan überhaupt nicht interessiert, oder überhaupt nichts. Diese Alternativen scheiden deshalb für den Homo Oeconomicus aus.

Ernsthaft in Erwägung gezogen werden hingegen die folgenden Möglichkeiten: drei Flaschen Bier und eine Tüte Chips, zwei Flaschen Bier und eine Tüte Chips, eine Flasche Bier und eine Tüte Chips, zwei Flaschen Bier und zwei Tüten Chips, eine Flasche Bier und zwei Tüten Chips, eine Flasche Bier und drei Tüten Chips. Jede dieser Güterkombinationen ist dadurch gekennzeichnet, dass sie im Rahmen der verfügbaren Ressourcen bleibt und beide Ziele in gewissem Maße verfolgt. Welche Kombination gewählt wird, hängt von der *relativen Dringlichkeit* beider Ziele ab. Hat jemand viel Durst und wenig Hunger, wird er eine andere Kombination wählen als bei der umgekehrten Rangordnung seiner Ziele. Klar ist weiterhin: Je mehr verschiedene Ziele jemand zugleich verfolgt, desto weniger kann er diese bei gleicher Ressourcenausstattung und gleicher Intensität der Ziele realisieren. Die Knappheitserfahrung spitzt sich also mit der *Zielvielfalt* oft zu.

Abnehmender Grenznutzen

Die Möglichkeit, dass der angesprochene Konsument auch bereits nach zwei Flaschen Bier seinen Durst gelöscht haben könnte, verweist darauf, dass Ziele üblicherweise nicht in den Himmel wachsen. Für die allermeisten Handlungsziele gilt vielmehr ein *abnehmender Grenznutzen*. Der Zusatznutzen einer immer weiter getriebenen Zielverfolgung wird immer geringer. Das zweite Bier schmeckt bereits weniger als das erste, und das gilt erst recht für das fünfte oder zehnte. Unser Durst ist ebenso wenig unersättlich wie unser Karrierestreben oder unser Interesse am literarischen Werk von Arno Schmidt. Deshalb hören wir nach dem dritten Bier oder der Beförderung zum Hauptabteilungsleiter oder dem zehnten gelesenen Roman von Schmidt auf. Selbst wenn der Grenznutzen beim Erreichen unserer Ressourcenrestriktionen noch nicht bei Null liegt, jemand also nach dem vierten Bier, das sein letztes dafür verfügbares Geld gekostet hat, immer noch durstig ist, kann es zumindest sein, dass der Grenznutzen dieser Zielverfolgung soweit gesunken ist, dass andere Ziele eine höhere Priorität gewinnen und der Akteur sich ihnen zuwendet. Oder er bemerkt bereits nach dem zweiten Bier, dass er zwar noch gerne ein drittes trinken würde und auch noch Geld dafür hat, aber sein Appetit auf Chips inzwischen größer ist als sein Durst. Abnehmender Grenznutzen sorgt also dafür, dass wir nicht für alle Ewigkeit auf ein einziges Ziel fixiert bleiben, sondern Ziele wechseln. Das gesamte Handeln eines Menschen stellt, so betrachtet, eine Sequenz der immer nur zeitweiligen und meist lediglich partiellen Erfüllung immer wieder anderer Ziele dar.

Opportunitätskosten

Daran zeigt sich auch, dass der Nutzen, den die Verfolgung eines bestimmten Ziels dem Akteur bringt, niemals ein absoluter, sondern stets ein relativer ist. Knappe Ressourcen und knappe Zeit laufen darauf hinaus, dass die Hinwendung zu einem Ziel eine entsprechende Vernachlässigung anderer Ziele bedeutet. Je mehr Bier ich trinke, um meinen Durst zu löschen, desto weniger Chips zur Stillung meines Hungers kann ich mir leisten. Jede Zielverfolgung hat also *Opportunitätskosten* in Gestalt des dadurch entgehenden Nutzens der Verfolgung anderer Ziele (Frank 1991: 4-11). Wenn der Akteur sein Handeln nutzenmaximierend wählt, muss er dementsprechend den Nutzen, den ihm die Verfolgung des betreffenden Ziels bringt, mit den dadurch entstehenden Opportunitätskosten vergleichen.

Diese Opportunitätskosten können ihm als spezifische vor Augen stehen, wie es bei dem Beispiel von Bier und Chips der Fall ist. Ich weiß, dass jede Flasche Bier mehr eine Tüte Chips weniger bedeutet. Auch weitere Zielgrößen sind mir durchaus bewusst: dass mein Alkoholkonsum zum Beispiel meine Fähigkeit beeinträchtigt, nachher noch konzentriert zu arbeiten, oder sich längerfristig als schädlich für meine Gesundheit erweisen kann. Daher gilt: „... it will almost always be instructive to translate questions like 'Should I do x?' into ones like 'Should I do x or y?'" (Frank 1991: 7) Neben solchen spezifischen Opportunitätskosten kann der Akteur weiterhin noch unspezifische in Rechnung stellen. Er weiß, dass er jeden Euro nur einmal ausgeben kann. Selbst wenn er noch keine konkreten anderen Verwendungsmöglichkeiten für sein Geld im Kopf hat, ist ihm doch klar: Jede Flasche Bier, die er kauft, nimmt ihm zukünftige Kaufchancen – was immer es auch sein mag, das er sich dann leisten möchte. Gleiches gilt für andere Ressourcen wie etwa Macht und für das Zeitbudget des Akteurs.

Dass die Handlungswahl des Homo Oeconomicus nicht nur den absoluten Nutzen eines Handelns veranschlagt, sondern auch die damit verbundenen Opportunitätskosten einbezieht, also den relativen Nutzen kalkuliert, erklärt, weshalb dieser Akteur immer wieder auch Dinge tut, die ihm wenig Nutzen bringen. Das ist dann der Fall, wenn ihm in der betreffenden Situation durch die Wahl eines Handelns noch weniger anderer Nutzen, der aus anderen Handlungswahlen resultieren würde, entgeht, also die Opportunitätskosten sehr gering sind. So lässt sich zum Beispiel durchaus als Nutzenmaximierung erklären, dass jemand zur Bundestagswahl geht, obwohl er oder sie sich darüber im Klaren ist, dass die Stimmabgabe angesichts Millionen anderer Wähler praktisch keinen Unterschied macht. Der Besuch des Wahllokals, das meistens nur wenige Straßen von der Wohnung entfernt ist, bedeutet keinen großen Zeit- und Ressourcenaufwand; und wenn man am

Sonntagvormittag sowieso nichts anderes vorhat und ohnehin vor dem Mittagessen kurz an die frische Luft will, kann man genauso gut mal eben zur Wahl gehen.[51] Dass die Wahlbeteiligung erfahrungsgemäß bei sehr schönem Wetter sinkt, passt in dieses Bild: Dann begeben sich nämlich viele auf einen ausgedehnten Sonntagsausflug und nehmen sich nicht die Zeit fürs Wählengehen.

Subjektive Kosten/Nutzen-Einschätzungen

Der Kosten/Nutzen-Kalkulation des Homo Oeconomicus liegen keine irgendwie objektiv gegebenen Kosten- und Nutzengrößen zugrunde, sondern *subjektiv erwartete* Kosten und Nutzen. Die Subjektivität von Kosten und Nutzen bedeutet zunächst, dass dieses Akteurmodell nicht davon ausgeht, dass bestimmte Wirkungen und Folgen eines Handelns von jedem Akteur, der sich in der betreffenden Handlungssituation befindet, gleich eingestuft werden.[52] Nicht nur können die Handlungsziele und deren relative Prioritäten bei dem einem Akteur erheblich anders aussehen als bei einem anderen, sondern auch bei gleichem Handlungsziel und gleicher Priorität dieses Ziels können die in Rechnung gestellten Kosten- und Nutzengrößen höchst unterschiedlich sein. Der Volksmund bringt dies auf die lapidare Formel: Die Geschmäcker sind verschieden. Ob ich zum Beispiel meinen Urlaub dazu nutze, die Wohnung zu renovieren, eine Pilgerfahrt zu unternehmen oder im Süden am Strand zu liegen; und ob ich beim Strandurlaub mehr darauf achte, dass das Hotel ruhig ist und Deutsch gesprochen wird, oder darauf, dass Kinder preisgünstig mitgenommen werden können und es Nichtraucherzimmer gibt: Diese Handlungsalternativen bewerten verschiedene Personen ganz unterschiedlich.

Subjektive Wahrscheinlichkeitseinschätzungen

Die Kosten/Nutzen-Kalkulationen des Homo Oeconomicus sind nicht nur in den Bewertungen subjektiv, sondern beruhen auch auf subjektiven Erwartungen hinsichtlich der Wahrscheinlichkeiten, mit denen bestimmte Wirkungen und Folgen einer in Betracht gezogenen Handlungsalternative eintreten. Zunächst einmal ist ja klar, dass der Nutzen einer Handlung nicht

---

51 Damit sei nicht bestritten, dass das Wählengehen auch und vermutlich vorrangig anders, nämlich mittels des Homo Sociologicus als Befolgung von Bezugsgruppennormen, erklärt werden muss.

52 Klar sollte nach dem Vorausgehenden auch sein, dass es natürlich für den Homo Oeconomicus immer nur um Kosten und Nutzen geht, die ihm selbst entstehen, nicht etwa um Kosten und Nutzen seines Handelns für andere oder die Allgemeinheit. Der Homo Oeconomicus ist in dieser Hinsicht strikt egozentriert. Das schließt allerdings Altruismus, entgegen landläufigen Missverständnissen dieses Akteurmodells, keineswegs aus (Schmidtz 1993). Denn das Wohlergehen etwa der eigenen Kinder kann durchaus eine Nutzengröße für jemanden sein. Egozentriertheit ist also nicht mit Egoismus gleichzusetzen.

nur von der Größe ihrer für die Erreichung des jeweiligen Handlungsziels positiven Wirkungen abhängt, sondern auch von deren Eintrittswahrscheinlichkeiten. Der Nutzen des Lottospiels für die Verfolgung des Ziels, möglichst viel Geld zu erlangen, ist bekanntlich nur deshalb so gering, weil es extrem unwahrscheinlich ist, dass man „sechs Richtige“ tippt. Warum spielen dann immer noch so viele Leute Lotto? Ein Grund – freilich nicht der einzige – besteht darin, dass viele die objektive Erfolgswahrscheinlichkeit subjektiv überschätzen, also hoffnungsfroh davon ausgehen, sie – und gerade sie – hätten in absehbarer Zeit eine realistische Chance, zumindest mal „fünf Richtige“ auf dem Tippschein anzukreuzen. Für die Kosten/Nutzen-Kalkulation ist nur diese subjektive Wahrscheinlichkeitseinschätzung, nicht die objektiv gegebene Wahrscheinlichkeit von Belang, und oft genug weicht Erstere von Letzterer ab.

Solche Abweichungen können in mehrere Richtungen gehen. Die Erfolgswahrscheinlichkeit eines Handelns kann nicht nur, wie beim Lottospielen, über-, sondern auch unterschätzt werden, wodurch sich der Akteur selbst entmutigt. Das ist etwa bei Personen mit übertriebener Angst vor Prüfungen der Fall. Aufgrund ihrer Angst bereiten sie sich oft besonders gründlich vor, wodurch ihre Erfolgschancen im Vergleich zu anderen sogar noch steigen, ohne dass das von ihnen realistisch eingestuft wird. Weiterhin kann die Wahrscheinlichkeit bestimmter Kosten einer Handlungsalternative über- oder unterschätzt werden. Beispielsweise überschätzen viele Leute die zeitlichen und finanziellen Kosten der Nutzung öffentlicher Verkehrsmittel und unterschätzen die Kosten des Autofahrens. [53]

Diskontierung der Zukunft

Ein weiterer besonders hervorzuhebender Aspekt der Subjektivität von Kosten/Nutzen-Kalkulationen der Handlungswahl ist die weithin verbreitete Diskontierung der Zukunft (Elster 1989a: 42-51). Akteure tendieren dazu, Handlungswirkungen umso geringer einzustufen, je weiter in der Zukunft deren Eintreten erwartet wird. Diese Haltung ist genau besehen durchaus rational. Die Wahrscheinlichkeit, dass ich einen jetzt gleich anfallenden Nutzen meines Handelns auch tatsächlich zu realisieren vermag, ist in der Tat größer als bei einem Nutzen, der erst morgen oder gar erst in fünf Jahren eintritt; denn die Wahrscheinlichkeit, dass ich sterbe, ist in den nächsten Minuten deutlich geringer als bis morgen oder innerhalb der kommenden fünf Jahre. Wenn ich allerdings diese Zeiträume überlebe, darf ich mich nicht darüber beschweren, dass ich aufgrund meiner kurzfristigen Kosten/Nutzen-Kalkulationen bestimmte sich nun einstellende Kosten zu tragen habe und bestimmte sich nun nicht einstellende Nutzen nicht realisiere.

---

53 Siehe hierzu auch die Untersuchungen zum „ipsativen Denken“ (Frey 1988), die u. a. zeigen, dass Menschen in der Regel davon ausgehen, dass mögliche Risiken eines bestimmten Handelns immer nur die anderen, aber nie einen selbst treffen.

Ein typisches Beispiel für Zukunftsdiskontierung sind sich dopende Sportler, die mittlerweile sehr wohl über die erheblichen Gesundheitsrisiken vieler Dopingpraktiken Bescheid wissen, ohne dass diese Kenntnisse sie vom Doping abhielten. Für die Dopingbekämpfung besteht „... ein erhebliches Problem darin, daß sich gesundheitliche Negativeffekte nicht unmittelbar und kurzfristig einstellen, die leistungsbezogenen Positiveffekte und deren finanzielle Belohnung aber schon bald in Rechnung gestellt werden können." (Sehling u.a. 1989: 127) Insbesondere wenn kurzfristig erhebliche Kosten oder Nutzen erwartet werden, geraten die längerfristigen Nutzen bzw. Kosten leicht gänzlich aus dem Blick.[54] So erklärt sich etwa auch, warum mancher anstelle einer mühseligen Ausbildung, die ihm erst in einigen Jahren gute Berufs- und Verdienstchancen verspricht, gleich nach der Schule als Ungelernter zu arbeiten beginnt, wodurch er sofort deutlich mehr Geld verdient als ein Auszubildender oder Student.

In gewissem Maße ist diese Neigung zur Zukunftsdiskontierung freilich kulturell formbar. So hat sich, um das letzte Beispiel fortzuführen, insbesondere in der Mittelschichtsozialisation das „deferred gratification pattern" herausgebildet (Caesar 1972: 29). Den Kindern wird dann durch bestimmte Erziehungspraktiken vermittelt, dass es sich lohnt, in viele Aktivitäten erst einmal ohne unmittelbare Belohnung Mühe zu investieren, weil der spätere Nutzen umso größer ist. Trotz aller Sozialisation und Ermahnung zur Langsicht lässt sich die Diskontierung der Zukunft aber allenfalls abschwächen, nicht wirklich beseitigen. Denn sie entspricht ja eben, wie gesagt, letzten Endes der begrenzten Lebenszeit des Menschen.

Komplexe Ziel-Mittel-Ketten

Zusammengefasst ist das Handeln des Homo Oeconomicus also durch Zielverfolgung mittels in der Regel knapper Ressourcen, Kosten/Nutzen-Bilanzierung von Handlungsalternativen bei zumeist starker Diskontierung der Zukunft und die Wahl derjenigen Handlungsalternative, die den subjektiv erwarteten Nutzen bei abnehmendem Grenznutzen maximiert, charakterisiert. Die bisherige Darstellung der Merkmale des Handelns des Homo Oeconomicus hat sich auf die Zielkomponente dieses Handelns konzentriert und die Kalkulationen herausgearbeitet, die Zielfindung und -wechsel zugrunde liegen. Weber betonte bei seinem Typus des zweckrationalen Handelns aber noch einen anderen Punkt:

> „Zweckrational handelt, wer sein Handeln nach Zweck, Mittel und Nebenfolgen orientiert und dabei sowohl die Mittel gegen die Zwecke, wie die Zwecke gegen die Nebenfolgen, wie endlich auch die verschiedenen möglichen Zwecke gegeneinander rational abwägt." (Weber 1922: 13)

---

54 Mannigfaltige Phänomene der „Willensschwäche" lassen sich mit komplexeren theoretischen Vorstellungen über Zukunftsdiskontierung erklären (Skog 1997).

Was Weber hier deutlicher akzentuiert, als es bislang zur Sprache gekommen ist, sind die oftmals komplexen *Ziel-Mittel-Ketten* bei der Konzeption nutzenorientierten Handelns.

Die Mittelkomponente der bisherigen Beispiele war meistens trivial. Das ist natürlich in der Realität keineswegs immer so. Wenn ich mir beispielsweise überlege, wie ich am besten tagtäglich von meiner Wohnung zur Arbeitsstätte gelange, steht die Zielkomponente des Handelns präzise fest, und das Gros meiner Kalkulationen richtet sich darauf, auf welche Weise ich dieses Ziel realisiere. Ich vergleiche dann etwa Preis, Wegzeiten und Bequemlichkeit des Autofahrens mit der Beförderung durch öffentliche Verkehrsmittel oder vielleicht auch dem Fahrradfahren; und je nach dem, wofür ich mich entscheide, betreibe ich eine detaillierte Zeit- und Routenplanung. Die Zielerreichung wird also in einzelne Handlungsschritte zerlegt, die sich in der Weise aneinanderfügen, dass der erste Schritt ein Unterziel realisiert, das die Voraussetzung des zweiten Schrittes ist, der zum nächsten Unterziel führt, woran der dritte Schritt anschließen kann, usw. Diesem sequentiellen Vorgehen steht ein paralleles gegenüber, das bei anderen Handlungszielen angemessen ist – zum Beispiel der Suche einer Wohnung. Hier ist es sinnvoll, mehrere Suchstrategien nebeneinander zu verfolgen, also gleichzeitig einen Makler zu beauftragen, ein Zeitungsinserat aufzugeben, selbst Zeitungsinserate von Vermietern zu studieren und auch Freunde und Bekannte, denen vielleicht das Freiwerden einer geeigneten Wohnung bekannt werden könnte, um ihre Mithilfe zu bitten. Jede dieser parallelen Maßnahmen zergliedert sich wiederum in mehr oder weniger komplexe Sequenzen von Schritten. Vor allem zumeist in der Wirtschaftswissenschaft entwickelte Theorien rationalen Entscheidens haben sich diesen Strategien der Verfolgung gegebener Handlungsziele eingehend gewidmet und sowohl Empfehlungen ausgesprochen, wie ein rationaler Akteur vorgehen sollte, als auch empirisch studiert, was Akteure in derartigen Situationen tatsächlich tun.[55]

Nutzenorientierte Akteure werden sich also nicht nur auf rationale Weise über ihre Handlungsziele und Alternativen bzw. die damit verbundenen Nutzen und Kosten klar, sondern die Rationalität der Zielverfolgung des Homo Oeconomicus bezieht sich in besonderer Weise auch auf die Strategien und Mittel der Zielverfolgung. Diese werden im Sinne von *Effizienz* und *Effektivität* ausgewählt, d.h. der Mitteleinsatz soll möglichst sparsam sein, und mit den gewählten Mitteln soll das gegebene Ziel möglichst wirksam und weitgehend realisiert werden.[56]

---

55 Siehe als einen breiten Überblick über die vielfältigen Verästelungen dieser Thematik Kirsch (1977).

56 Siehe ausführlicher zum Rationalitätsprinzip des Entscheidungshandelns Schimank (2005b: 41-78).

Überindividuelle Akteure als Homo Oeconomicus

Am Ende dieser Auflistung grundlegender Merkmale muss noch erwähnt werden, dass auch der Homo Oeconomicus – ebenso wie der Homo Sociologicus – nicht nur auf das Handeln von individuellen Akteuren anwendbar ist, sondern auch auf das Handeln von überindividuellen Akteuren. Beispielsweise behandelt die Wirtschaftswissenschaft Firmen als rational nutzenverfolgende Akteure, und genauso lassen sich oft auch politische Parteien, Sportvereine, Hochschulen oder Armeen auffassen. Ebenso können soziale Bewegungen wie etwa die Friedensbewegung als rationale Nutzenverfolger auftreten. Für manche Arten von überindividuellen Akteuren wird sogar behauptet, dass sie häufiger als individuelle Akteure als Homo Oeconomicus auftreten und dass ihre Fähigkeit zur rationalen Nutzenverfolgung größer ist als die von Individuen (Geser 1990).

4.3 Soziales Handeln als Interdependenzbewältigung

Die Merkmale des Homo Oeconomicus wurden bislang anhand eines nutzenverfolgenden Akteurs erläutert, der in Bezug auf sein Ziel handelt, ohne sich dabei an anderen Akteuren zu orientieren oder orientieren zu müssen. In den herangezogenen Beispielen hatten andere Akteure für das Handeln des betrachteten Homo Oeconomicus keine oder nur eine marginale Bedeutung. Wenn jemand, der einsam in der Wildnis lebt, seine Hütte beheizen und Tiere jagen muss, um zu überleben, ist die relative Priorität, die er einem dieser beiden Ziele zu einem gegebenen Zeitpunkt zuspricht, und die Festlegung der Mittel, um jedes der Ziele zu verfolgen, sicherlich in der Regel eine rationale Wahl im Sinne des Homo Oeconomicus. Doch es handelt sich um kein soziales Handeln, weil der Betreffende ganz auf sich allein gestellt agiert und niemand ihn dabei stört oder ihm hilft. Das Gegenüber dieses Akteurs ist die Natur. Auch der Konsument, der seine Kaufentscheidungen trifft, hat als Gegenüber zumeist eine Quasi-Natur, nämlich die Regale im Supermarkt. Zwar sind die Inhalte dieser Regale nicht wie Bäume gewachsen, sondern von Menschenhand produziert und eingeräumt worden, und die Preise der Waren sind keine Naturgegebenheiten, sondern menschliche Entscheidungen. Aber für den Konsumenten macht dies in der Regel keinen nennenswerten Unterschied. Er handelt, solange die Regale gut gefüllt sind, praktisch ebenso monologisch wie der Einsiedler.

Anders wird es, wenn zum Beispiel nur noch fünf Tüten Chips im Regal vorrätig sind und der Konsument, der gerne drei davon hätte, plötzlich auf einen anderen Kunden aufmerksam wird, der zielstrebig auf das Chipsregal zusteuert. Was, wenn der sich nicht mit maximal zwei Tüten zufrieden gibt? Oder man kann auch an den Akteur denken, der den für ihn besten Weg zur Arbeit sucht und dabei u.a. als Nachteil des Autofahrens in Rechnung stellt, dass auf seinem Weg um die Zeit, zu der er fahren müsste, häufiger Staus auftreten. Das soziale Handeln des Homo Oeconomicus ist wesentlich durch seine Abhängigkeiten von anderen Akteuren gekennzeichnet. Gemeinsam ist den Beispielfällen, dass sie dem Akteur die Aufgabe der *Interdependenzbewältigung* auferlegen. James Coleman (1990: 29) formuliert diesen Sachverhalt prägnant so: „Actors are not fully in control of the activities that can satisfy their interests, but find some of those activities partially or wholly under the control of others."

Der Homo Oeconomicus reagiert auf das Gewahrwerden solcher Interdependenzen mit einer Haltung des strategisch kalkulierenden Miteinanderumgehens. Er beobachtet die jeweiligen Gegenüber im Hinblick darauf, wie deren bereits geschehenes oder erwartbares Handeln sich auf die Verfolgung seiner eigenen Handlungsziele auswirkt bzw. auswirken könnte; er sondiert, wie er die anderen möglicherweise zu beeinflussen versuchen muss, und welche Mittel ihm dafür zur Verfügung stehen; und er wählt sein eigenes Handeln auf der Basis all dessen aus.

Charakteristika und Typen sozialer Interdependenzen

Die beiden Beispiele verdeutlichen bereits zwei prinzipielle Arten, wie andere Akteure in die Handlungswahl des Homo Oeconomicus hineinwirken können. Im ersten Fall trifft ein Akteur Ego auf einen anderen, dessen Handeln mit Egos Zielverfolgung interferiert. Es könnten auch wenige andere sein – jedenfalls eine überschaubare Anzahl von Gegenübern, beispielsweise von Kunden vor dem Chipsregal. Im zweiten Fall sind es unbestimmt viele andere, die, sofern sie sich alle zur selben Zeit wie Ego auf den Weg machen, gemeinsam einen Stau erzeugen, der ihn behindert. Dieser Unterschied von *wenigen bzw. sehr vielen Gegenübern* des Akteurs Ego ist vor allem deshalb bedeutsam, weil er jeweils andersartige Reaktionsmöglichkeiten auf die Interferenzen mit seinen eigenen Handlungszielen hat. Wenige Gegenüber kann man versuchen, gezielt anzusprechen und zu beeinflussen, einer Vielzahl von Gegenübern kann man sich als Einzelner nur anpassen. So könnte der Konsument mit dem anderen Kunden zum Beispiel darüber reden, ob dieser ihm die Chips überlässt – vielleicht gegen Zahlung einer kleinen Geldsumme, vielleicht reicht auch ein gewinnendes Lächeln. Auf so eine Weise lässt sich der Stau hingegen nicht verhindern. Der Einzelne kann dessen Existenz bzw. Wahrscheinlichkeit nur als gegeben hinnehmen und dann zum Beispiel für sich beschließen, auf öffentliche Verkehrsmittel umzusteigen oder aber noch früher mit dem Auto loszufahren.

In beiden Beispielen stellt sich das für Ego unerfreuliche Handeln der anderen aus der Sicht irgendeines von ihnen umgekehrt ebenso dar: Für irgendeinen anderen Autofahrer trägt auch Ego zum Stau bei; und für den anderen an Chips interessierten Kunden ist sein Gegenüber, der drei der fünf Tüten haben will, ein genauso unbequemer Konkurrent um dieses knappe Gut wie umgekehrt. Das wechselseitige Störpotential oder, allgemeiner formuliert, die wechselseitige Abhängigkeit ist gleich groß. Das kann im Übrigen auch dann der Fall sein, wenn die Akteure, anders als in diesen beiden Beispielen, nicht das gleiche Ziel verfolgen. Betrachtet man etwa einen Gebrauchtwagenhändler und einen seiner Kunden, wollen beide ganz Verschiedenes. Der eine will ein Auto kaufen, der andere eines verkaufen. Dennoch kann deren Interdependenz durchaus so beschaffen sein, dass beide gleichermaßen am Abschluss eines Geschäfts interessiert sind. Das hängt freilich von der Marktlage, also dem Verhältnis von Angebot und Nachfrage ab. Sind viele Gebrauchtwagen und wenig Kaufinteressierte auf dem Markt, ist der Händler stärker vom Kunden abhängig, was sich dann in niedrigeren Preisen erweist. Werden umgekehrt wenige Gebrauchtwagen angeboten, aber sehr stark nachgefragt, kann der Händler seinem Kunden die – dann höheren – Preise diktieren. Die gegebene Abhängigkeit zwischen den Akteuren kann also *eher symmetrisch oder eher asymmetrisch* sein. Dies ist ein weiteres Charakteristikum von sozialen Interdependenzen. Je asymmetrischer die Abhängigkeit ist, desto mehr können diejenigen Akteure, die von ihren Gegenübern weniger abhängig sind als umgekehrt, ihre Ziele durchsetzen.[57]

Die bisherigen Beispiele verdeutlichen soziale Interdependenzen, in denen die jeweils anderen einem Akteur als tatsächliche oder potentielle Hindernisse bei der Realisierung der eigenen Ziele entgegentreten. Der andere Kunde will mir die Chips vor der Nase wegschnappen, die ich gerne hätte, und die anderen Autofahrer blockieren meinen Weg. Es wäre also aus meiner Sicht am besten, wenn es die anderen in der jeweiligen Situation gar nicht gäbe. Es handelt sich hier um eine aus Egos Sicht rein *negative* Interdependenz, deren Beseitigung demzufolge besser ist als jede mögliche Ausgestaltung. Wenn die anderen schon da sind, sollen sie zumindest alles unterlassen, was mich stören könnte, sozusagen so agieren, als ob es sie gar nicht gäbe. Das ist beim Beispiel des Gebrauchtwagenkaufs anders. Ich brauche den Verkäufer. Allerdings sollte er aus meiner Sicht möglichst auf meine Interessen eingehen, mir das von mir ins Auge gefasste Auto also möglichst preisgünstig überlassen. Diese Interdependenz kann demnach aus Egos Sicht potentiell *positiv* sein; mehr noch: Die Beseitigung der Interdependenz wäre für Ego negativ. Aus der Sicht des Verkäufers verhält es sich ebenso. Jede Situation, in der jemand eine aktive Unterstützung von Seiten anderer braucht und nicht mit deren passiver Duldung seines Handels zufrieden sein kann, gehört zu dieser Art von sozialen Interdependenzen. Ein anderes Beispiel wären sachlich gegebene Kooperationszwänge – etwa das Erfordernis, sich für das Tragen eines sehr schweren Gegenstands einer Hilfe durch einen anderen oder gar durch mehrere andere versichern zu müssen.

57 Dies könnte in einer Betrachtung, die sich den „Logiken der Aggregation“ solcher „power-dependence relations“ (Emerson 1962) zuwendet, genauer ausgeführt werden (→ Kap. 9.2).

Wenn das Handeln anderer einen Akteur tangiert, kann es deren *tatsächliches* Handeln sein – siehe die anderen Autofahrer, die mich beim Vorwärtskommen behindern. Es kann aber auch das vom Akteur *kognitiv erwartete* Handeln der anderen sein. Ich kann ja auch antizipieren, dass ich wohl wieder im Stau stecken werde, und deshalb die Straßenbahn nehmen. Solche Erwartungen können Befürchtungen, aber auch Hoffnungen sein – etwa wenn ich darauf setze, dass während der Schulferien so viele Leute im Urlaub sind, dass die allmorgendlichen Staus ausbleiben, so dass ich es doch mal wieder wagen kann, das Auto zu nehmen. Solche Erwartungen beruhen auf eigenen Erfahrungen oder auf mir mitgeteilten Erfahrungen anderer und können in beiden Fällen mehr oder weniger zuverlässig sein.

Kombiniert man die Unterscheidung positiver oder negativer Interdependenzen mit der Unterscheidung tatsächlicher oder antizipierter Interdependenzen, lassen sich folgende Typen von Interdependenzsituationen und daraus hervorgehende Richtungen der Interdependenzbewältigung nebeneinander stellen:

- Das tatsächliche Handeln anderer stört einen Akteur bei seiner Zielverfolgung. Dann ist sein Bemühen darauf gerichtet, diese Störung auszuschalten – sei es, dass er auf die anderen einzuwirken versucht, um deren Handeln in eine ihn weniger störende Richtung zu lenken, sei es, dass er seine Zielverfolgung so verlegt, dass er sich aus dem Störradius der anderen herausbewegt.
- Das erwartete Handeln der anderen würde den Akteur bei seiner Zielverfolgung stören. Dann muss er sich darum bemühen, schon im Vorfeld dafür zu sorgen, dass diese Störung gar nicht erst eintritt. Dazu kann er präventiv auf das Handeln der anderen einzuwirken versuchen oder wiederum seine Zielverfolgung aus dem möglichen zukünftigen Störradius der anderen verlegen.
- Das tatsächliche Handeln der anderen unterstützt die Zielverfolgung des Akteurs. Dann geht es für ihn darum, die anderen auch weiterhin bei der Stange zu halten, also dafür zu sorgen, dass sie ihr Handeln nicht in Bahnen lenken, in denen es ihn nicht länger unterstützt. Oder er muss sich, wenn er davon ausgeht, dass ihm das längerfristig nicht gelingen kann, darum bemühen, sich unabhängig von dieser Unterstützung zu machen. Dazu kann er sich andere Unterstützungspotentiale erschließen oder seine Zielverfolgung so verändern, dass er sie auch auf sich gestellt betreiben kann.
- Das erwartete Handeln der anderen könnte die Zielverfolgung des Akteurs unterstützen. Dann muss er versuchen sicherzustellen, dass dies auch tatsächlich eintritt, also die entsprechende Geneigtheit der anderen bestärken und gegen eventuelle Störgrößen abschirmen. Geht er davon aus, dass dies trotz seiner Anstrengungen zu ungewiss bleibt, muss er wiederum alternative Unterstützungspotentiale sondieren oder sich überhaupt unabhängig von Unterstützung zu machen versuchen.

All das könnte noch weit differenzierter entfaltet werden. Darauf kommt es hier aber nicht an. Wichtig ist an dieser Stelle lediglich das im Vergleich zum Homo Sociologicus gänzlich andere Bild von Sozialität, das sich aus der analytischen Perspektive eines soziologisierten Homo Oeconomicus bietet. Sozialität ist in diesem Akteurmodell kein normativ geordneter Erwartungszusammenhang, der dem Akteur eine anthropologisch erforderliche Handlungssicherheit vermittelt. Sondern Sozialität ergibt sich über Abhängigkeiten, in die Akteure bei ihrer Zielverfolgung geraten, und woraus sich ihnen die Aufgabe der Interdependenzbewältigung stellt.

Exkurs: Gegenüberstellung von Homo Oeconomicus und Homo Sociologicus

Führt man sich den Vergleich des Homo Oeconomicus mit dem Homo Sociologicus noch etwas genauer vor Augen, könnte man auf die Idee kommen, Letzteren als Spezialfall von Ersterem anzusehen.[58] Denn natürlich stellen die Erwartungszusammenhänge, in denen der Homo Sociologicus steht, ebenfalls soziale Interdependenzen dar. Zum einen unterstützen die Bezugsgruppen den Akteur, indem sie ihm Erwartungssicherheit geben. Man könnte dies als Nutzen interpretieren. Zum anderen stören die Bezugsgruppen den Akteur auch, indem sie ihm für nicht normkonformes Handeln Sanktionen androhen oder diese sogar tatsächlich verhängen. Normkonformität ließe sich dementsprechend als nutzenorientiertes Handeln deuten, geht es doch um die Vermeidung dieser Kosten.

Einer solchen Vereinnahmung des einen Akteurmodells durch das andere Modell muss man allerdings entgegenhalten, dass sie eine Inflationierung des Nutzenbegriffs betreibt (Goldthorpe 1998: 180). Erwartungssicherheit ist nur selten etwas, was ein Akteur willentlich anstrebt, was ihm also als manifestes Ziel, dem er auf möglichst rationale Weise nahezukommen versucht, vor Augen steht. Zumeist ist Erwartungssicherheit latent gegeben, wird also als solche gar nicht bewusst erlebt, sondern durch unreflektierte Normkonformität beiläufig produziert und reproduziert. Ins Bewusstsein tritt Erwartungssicherheit normalerweise erst, wenn sie erheblich gestört ist bzw. dies zu passieren droht; und auch dann ist oft kein rationales Bemühen um Wiederherstellung von Erwartungssicherheit die Folge, sondern der betroffene Akteur reagiert viel eher emotional oder in seiner Identität verunsichert und gelangt allenfalls nach einiger Zeit zu einer rationalen Auseinandersetzung mit diesem Problem. Erwartungssicherheit als Hauptziel des Homo Sociologicus lässt sich dementsprechend nur in Ausnahmefällen als Ergebnis nutzenorientierten Handelns fassen.

---

58 So stellt sich die Sachlage für Esser (1993: 231-239) dar – wobei dieser die von Lindenberg erweiterte Variante des Homo Oeconomicus zu Grunde legt.

Auch Normkonformität als Modus der Handlungsselektion ist keineswegs durchgängig auf Kosten/Nutzen-Kalkulationen des Akteurs zurückzuführen. Zumeist vollzieht sich die Ausrichtung des eigenen Handelns an den von Bezugsgruppen vermittelten Normen gleichsam automatisch, ohne näheres Nachdenken oder gar Abwägen im Vergleich zu nicht normkonformen Handlungsalternativen. Der Akteur folgt, in der griffigen Formulierung von James March und Johan Olsen, einer „logic of appropriateness", tut also schlicht das, was ihm in der betreffenden Situation als angemessen erscheint, und hat keinerlei „logic of consequentiality" im Sinn, die ihn kosten- und nutzenbewusst machte (March/Olsen 1989). Die Herausforderung der Rational-Choice-Perspektive an den Homo Sociologicus ist allerdings in diesem Punkt nicht gänzlich von der Hand zu weisen, wie bereits Ralf Dahrendorfs und Erving Goffmans im Kapitel 3.4 angesprochene Varianten des Homo Sociologicus deutlich machen. Es gibt unzweifelhaft auch jene Art von Normkonformität, die allein oder vorrangig auf der kalkulierenden Vermeidung von negativen Sanktionen beruht. Hier kommt, genau besehen, im Gewande des Homo Sociologicus der Homo Oeconomicus daher.

In der Auseinandersetzung zwischen Homo Sociologicus und Homo Oeconomicus gibt es aber nicht nur den gerade behandelten „ökonomischen Imperialismus", sondern auch – zumeist defensiv dagegen gerichtete – umgekehrte Versuche, den Homo Oeconomicus zum Spezialfall des Homo Sociologicus zu erklären. Diese analytische Vereinnahmung argumentiert so, dass rationale Nutzenorientierung auch nur eine Norm sei, so dass Rational Choice ebenfalls eine Form von Normkonformität darstelle. In immer mehr Handlungsfeldern haben Akteure dem Imperativ zu genügen, dass eine zweckrationale Kosten/Nutzen-Abwägung ihre Handlungswahl bestimmt – von wirtschaftlichen Investitionsentscheidungen bis zur Familienplanung. Den Akteuren wird abverlangt, dass sie ihre Handlungen dementsprechend sachlich begründen – und können sie das im Einzelfall nicht, wird ihnen das als „Unvernunft", „Disziplinlosigkeit", „Gedankenlosigkeit" oder „Fahrlässigkeit" vorgehalten und zumindest teilweise auch negativ sanktioniert.

Aber ist rationale Nutzenorientierung deshalb wirklich eine Norm? Wenn, dann wäre es jedenfalls eine so diffuse Norm, dass man ihr nur geringe Handlungsinstruktivität zusprechen könnte. „Sei rational!" und „Maximiere deinen Nutzen!" sind für sich genommen ziemlich nichtssagende Aufforderungen, die sich in ihrer Orientierungsleistung für einen Akteur nicht mit spezifischen Rollenerwartungen, wie sie ihm von seinen Bezugsgruppen vermittelt werden, vergleichen lassen. Genau besehen handelt es sich bei diesen beiden Aufforderungen zudem gar nicht um Sollensvorgaben. Dem Handelnden wird nicht gesagt, dass er etwas Bestimmtes tun bzw. lassen soll, sondern er wird für die Handlungswahl auf seine eigenen Ziele und bei deren Verfolgung auf seine eigene Klugheit und Findigkeit verwiesen. Teils wird er dazu explizit von normativen Einschränkungen der Zielverfolgung freigesetzt, so wie etwa wirtschaftliches Handeln in der Moderne von vielerlei Arten moralischer Rücksichten. Stattdessen kann es aber vorkommen, dass der Akteur von anderen unter Druck gesetzt wird, sich bei seiner rationalen Nutzenorientierung gefälligst anzustrengen – zum Beispiel ein Manager von den Aktionären des Unternehmens. Diese anderen sind dann aber keine Bezugsgruppe, die normative Erwartungen an den Betreffenden richtet, sondern es handelt sich um Erfolgserwartungen mächtiger Gegenüber, die meist deshalb darauf bestehen, weil ihr eigener Nutzen von der rationalen Handlungswahl des Akteurs abhängt.

Weder lässt sich also der Homo Sociologicus als Spezialfall des Homo Oeconomicus angemessen verstehen, noch umgekehrt. Es handelt sich um zwei distinkte analytische Akteurmodelle – was wohlgemerkt nicht ausschließt, dass reales Handeln manchmal eine so ausgeglichene Mischung von Norm- und Nutzenorientierung sein kann, dass beide Modelle miteinander verknüpft werden müssen (→ Kap. 6).

4.4 Relativierungen und Rahmungen rationaler Nutzenverfolgung

Der Homo Oeconomicus ist ebensowenig wie der Homo Sociologicus ohne Kritik geblieben. Zum einen hat sich die Kritik in mehreren Hinsichten an der Rationalitätsunterstellung entzündet. Handeln Akteure hinsichtlich der Auswahl ihrer Handlungsziele und der Abwägung ihrer Handlungsalternativen sowie hinsichtlich der Mittelwahl tatsächlich so rational, wie es das Modell behauptet? Und handelt der Homo Oeconomicus in allen Situationen gleichermaßen rational, oder hängt seine Rationalität auch von den situativen Bedingungen ab, mit denen er konfrontiert ist? Zum anderen hat sich die Kritik der schon von Weber behandelten Frage nach der inhaltlichen Bestimmung der Nutzenkategorie zugewandt: Woher bezieht der Homo Oeconomicus eigentlich die sein Handeln leitenden Nutzenvorstellungen?

Teilweise war die Stoßrichtung der Kritik, dieses Akteurmodell als ein für soziologische Erklärungen völlig untaugliches zurückzuweisen. Teilweise ging es auch nur um Relativierungen oder Modifizierungen des Modells. Hier soll der Homo Oeconomicus als eines von mehreren soziologischen Akteurmodellen eingestuft und nicht gänzlich in Frage gestellt werden. Im Folgenden werden daher die kritischen Einwände stets konstruktiv dazu genutzt, das Modell theoretisch anzureichern und seine Anwendungsbedingungen zu spezifizieren.

Perfekte Rationalität

Ein erster Einwand ist bereits in der Wirtschaftswissenschaft selbst gegen den Homo Oeconomicus vorgebracht worden. Der Einwand besagt, dass reale Handelnde dann, wenn sie zwischen ihren Handlungsalternativen wählen, nicht annähernd so rational vorgehen, wie das Modell behauptet.

Diese Kritik geht von Überlegungen dazu aus, welche Anforderungen eine subjektiv perfekt rationale – also optimale – Handlungswahl des Homo Oeconomicus zu erfüllen hätte. Sechs Komponenten dieses Vorgangs können hierbei analytisch unterschieden werden: Problemdiagnose, Kriterienformulierung, Alternativensuche, Alternativenbewertung und -auswahl, Implementation und Evaluation.[59] Aus der Perspektive des Akteurs hieße *perfekte Rationalität* dann, wenn man seine Handlungswahl in diese einzelnen Schritte zerlegt:[60] Ein Akteur müsste seine Situation ständig auf Entscheidungsanlässe, etwa Probleme, hin sondieren, und dabei auch vorausschauend noch gar nicht aktuelle Anlässe reflektieren, so dass Probleme sich gar nicht erst zuspitzen können; er müsste über eine vollständige und transitiv geordnete Liste von Entscheidungskriterien für den jeweiligen Anlass verfügen;[61] er müsste sich bei jedem Anlass umfassend auf die Suche nach möglichen Handlungsalternativen begeben; er müsste sodann anhand der Kriterienliste alle Alternativen bewerten, um die beste zu finden, die er dann in die Tat umsetzte; und dies wiederum müsste er zielstrebig tun, d. h. ohne sich bei der Umsetzung seiner Handlungswahl durch auftretende Hindernisse oder andere Handlungsalternativen beirren zu lassen, selbst wenn Letztere bei seiner Alternativenbewertung nur knapp hinter der gewählten Alternative lagen. Schließlich wird der Akteur noch mit den Wirkungen seiner Handlung konfrontiert. Eine perfekt rationale Handlungswahl zeichnete sich im Hinblick auf ihre Wirkungen dadurch aus, dass der Homo Oeconomicus bei negativen Ergebnissen seine Handlungswahl unverzüglich zu einem neuen Entscheidungsproblem machen müsste.

In Anbetracht dieser Anforderungen stellt sich die Frage: Wer kauft auf diese Weise zum Beispiel sein Bier ein? Zwar gibt es sicherlich viele Leute, die diesbezüglich Vorratshaltung betreiben und sich so antizipativ verhalten, dass sie bei plötzlichem Appetit auf Bier das Problem, dieses dann erst besorgen zu müssen, gar nicht erst aufkommen lassen. Bei vielen anderen Gütern des täglichen Bedarfs merkt man hingegen oft erst dann, wenn man sie dringend benötigt, dass sie fehlen – etwa bei Straßenbahnfahrkarten oder Patronen für den Füllfederhalter. Und zum Bier zurück: Wer überlegt sich schon vorher, welche Kriterien – etwa: Geschmack, Bekömmlichkeit, Preis, gute Beschaffbarkeit, Distinktionswert der Marke gegenüber Gästen – das Bier erfüllen muss und welches Gewicht er welchem Kriterium beimisst? Wer probiert dann sämtliche verfügbaren Sorten durch und eruiert,

59 Diese Komponenten sind nicht unbedingt als Phasenabfolge zu verstehen, weil Entscheidungshandeln selten linear voranschreitet, sondern häufig Komponenten überspringt oder zu früheren Komponenten zurückspringt. Eine empirische Widerlegung der These einer klaren Phasenabfolge findet sich bei Witte (1968). Siehe auch Mintzberg et al. (1976). Man versteht die Komponenten also besser als logische Bestandteile jeder Entscheidung.

60 Siehe dazu ausführlicher Schimank (2005 b: 174-194).

61 Transitive Ordnung besagt: Wenn dem Akteur das Kriterium x wichtiger ist als das Kriterium y und dieses wichtiger als z, dann ist x auch wichtiger als z.

wo sie zu welchem Preis erhältlich sind – was sich ja angesichts der häufigen Sonderangebote oft genug ändert? Und wer ermittelt auf dieser Informationsgrundlage detailliert, etwa über die Vergabe und Aufsummierung von Bewertungspunkten, welches Bier er wo kauft?

Die Skurrilität eines solchen Vorgehens zeigt, dass der Homo Oeconomicus offensichtlich zumindest für diese Art von Handlungswahl ein äußerst lebensfernes Modell ist. Man könnte einwenden, dass eine derartige Entscheidung einfach nicht wichtig genug ist, um den geschilderten Aufwand perfekter Rationalität zu betreiben. Doch sieht es bei kostspieligeren Konsumentenentscheidungen, etwa dem Kauf eines Autos oder eines Hauses, wirklich sehr viel anders aus? Einschlägige Untersuchungen wie auch lebensweltliche Erfahrungen, die jeder selbst machen kann, zeigen, dass die meisten Menschen sich dann zwar um mehr Rationalität bemühen, aber noch immer ganz erheblich hinter den geschilderten Rationalitätsanforderungen zurückbleiben. Verlässt man schließlich den Bereich ökonomischen Handelns, zu dem natürlich auch Investitionsentscheidungen von Unternehmen zu zählen sind, und betrachtet beispielsweise Studien- und Berufswahlen von Personen oder großangelegte politische Reformen, also zweifellos individuell bzw. gesellschaftlich enorm wichtige Entscheidungen, stellt man das Gleiche fest.

All das ließe sich an zahllosen konkreten Beispielen illustrieren, was hier nicht getan werden kann. Stattdessen soll gleich gefragt werden, warum denn die Akteure perfekte Rationalität notorisch verfehlen und sich meistens nicht einmal sonderlich um eine Annäherung daran bemühen. Dabei geht es nicht um jene Relativierungen rationaler Nutzenverfolgung, die darin bestehen, dass ein Akteur in bestimmten Situationen gar nicht rational handeln, sondern seine Emotionen ausleben oder seine Identität behaupten will (→ Kap. 5). Es geht also nicht darum, dass andere Handlungsantriebe virulent werden, sondern es geht um die Frage, welche Einschränkungen der subjektiven Rationalität des Homo Oeconomicus zum Tragen kommen können.

Komplexität von Entscheidungssituationen

Die wesentliche Ursache für die fast immer alles andere als perfekte Rationalität des nutzenverfolgenden Handelnden liegt in der *Komplexität der Entscheidungssituationen,*[62] denen sich der Homo Oeconomicus ausgesetzt sieht. Handlungswahlen sind für diesen Akteur niemals simpel, weil es immer ein mehr oder weniger weites Spektrum an zu beachtenden Situationsbedingungen und zu antizipierenden Wechselwirkungen zwischen diesen Situationsbedingungen sowie immer mehrere mögliche Handlungsalternati-

62 Siehe dazu ausführlich Schimank (2005 b: 121-171).

ven gibt. Das Handeln des Homo Oeconomicus muss entsprechend *situationssensibel* sein.

Dieser situative Kontext ist insbesondere in der modernen Gesellschaft hochgradig komplex, und die Komplexität nimmt auch immer noch weiter zu. Man denke nur daran, dass in der modernen Gesellschaft durch den wissenschaftlichen und technologischen Fortschritt geradezu eine Explosion der gesellschaftlich vorhandenen Informationsmenge stattgefunden hat, von der ein immer größerer Ausschnitt für rationales Handeln relevant wird. Auch andere Dynamiken, die für die moderne Gesellschaft charakteristisch sind und von denen hier nur einige angedeutet werden können, tragen zur Komplexitätssteigerung von Entscheidungssituationen bei. Zu diesen eng miteinander verflochtenen Dynamiken gehören: die schon angesprochene Rationalisierung, die zu gesteigerten Rationalitätsansprüchen an das Handeln führt; die Säkularisierung, die zur Freisetzung der Wollensdimension des Handelns aus religiös formierter Eindimensionalität führt; die Individualisierung, die den Einzelnen mit einer Vervielfältigung der Optionen des Erlebens und Handelns konfrontiert. Die Anzahl und Verschiedenartigkeit sowie die Wählbarkeit und Austauschbarkeit der Rollen, die eine Person innehat, wächst (→ Kap. 3.4). All dies führt zu immer mehr Entscheidungszumutungen für die Akteure in der modernen Gesellschaft.[63]

Die Komplexität von Entscheidungssituationen und die entsprechende Aufwendigkeit von rationalen Handlungswahlen lässt sich generell in drei Dimensionen auffächern, zwischen denen starke Wechselwirkungen bestehen: die Sach-, die Sozial- und die Zeitdimension.

Die *Sachdimension* komplexer Entscheidungssituationen ist deren Informationsgehalt. Hier geht es um die Menge und die Verknüpfung derjenigen Informationen, die ein Akteur benötigt, um sich ein umfassendes und hinreichend vertieftes Bild der Situationsbedingungen zu machen. Die rationale Handlungswahl des Akteurs hängt in dieser Dimension von einer möglichst vollständigen Erfassung und Verarbeitung der relevanten Informationen über die Situation ab. Denn nur bei totaler Informiertheit ist garantiert, dass die gewählte Handlung das Entscheidungsproblem nicht nur oberflächlich und partiell bearbeitet oder sogar völlig falsch angeht.

In der Sachdimension ist eine rationale Handlungswahl daher immer *informationsaufwendig*. Oftmals können Akteure aber nur unvollständiges oder unsicheres Wissen über die Situation erlangen. Ganz abgesehen von der oben angedeuteten Steigerung der gesellschaftlich vorhandenen Informationsmenge, die ein Akteur kaum überblicken kann, können sich Akteure auch irren, also bei der Informationssuche und -verarbeitung kognitiven Fehlurteilen unterliegen. Manche für eine rationale Handlungswahl nötigen Informationen sind auch überhaupt nicht beschaffbar. Dies ist zum Beispiel

63 Siehe dazu ausführlich Schimank (2005 b: 79-119).

der Fall, wenn Informationen geheim gehalten werden und damit jenseits des Einflusshorizonts des Akteurs sind, oder wenn niemand sie kennt, weil etwa der Stand der Forschung in der entsprechenden Frage noch nicht weit genug ist. Auch der weiter unten noch angeführte Zeitdruck verhindert oft, dass die Akteure sich umfassend über Entscheidungsanlässe und -kriterien sowie ihre Handlungsalternativen informieren und auf dieser Basis komplizierte Vergleiche anstellen können. Häufig führt dies nicht zur Informationssuche, sondern geradezu zur Informationsvermeidung (Enste 1998). Zudem ist die Informationsverarbeitungskapazität von menschlichen Handelnden schon aus gehirnphysiologischen Gründen begrenzt. Doch auch eine computertechnisch oder auf andere Weisen noch so gesteigerte Informationsverarbeitungskapazität von überindividuellen Akteuren, zum Beispiel Organisationen, wird in modernen Gesellschaften notorisch hinter der sachlichen Komplexität von Situationen zurückbleiben. Die Sachdimension des Handelns ist daher in dem Maße komplex, wie die Menge an bedeutsamen Informationen über die Beschaffenheit einer Situation, die Wirkungszusammenhänge und die möglichen Handlungsalternativen die Informationsverarbeitungskapazität des Akteurs überschreitet.

Die *Sozialdimension* besteht darin, dass das Handeln eines Akteurs auf das Handeln anderer Akteure trifft und mit diesem zusammenwirkt. Die Handlungswahl hängt in dieser Dimension von der Einwirkung und den Reaktionen anderer auf das eigene Handeln ab. In sozialer Hinsicht muss der Homo Oeconomicus daher sämtliche relevanten Interessen, Standpunkte und mögliche Handlungswahlen der an der Situation beteiligten anderen Akteure in Rechnung stellen.

Die Komplexität zeigt sich in der Sozialdimension entsprechend in zwei Ausprägungen: zum einen in Gestalt von *mangelnder Erwartungssicherheit*. Eine rationale Handlungswahl ist umso schwieriger, je unsicherer sich der Akteur darüber ist, wie andere agieren bzw. reagieren. Bei mangelnder Erwartungssicherheit erfährt der Homo Oeconomicus soziale Komplexität so, dass er hinsichtlich seiner Handlungsentscheidung gleichsam im Nebel stochert. Soziale Komplexität zeigt sich zum anderen in Gestalt von *Konflikten*, nämlich dann, wenn die Handlungswahlen anderer dem Akteur in die Quere kommen – seien es Konflikte zwischen mehreren Beteiligten oder zwischen einem Akteur und den Betroffenen. Es kann sein, dass der Akteur für seine Zielerreichung die Kooperation anderer benötigt bzw. zumindest darauf angewiesen ist, dass sie ein bestimmtes Handeln unterlassen. Die Rationalität der eigenen Handlungswahl hängt im Fall interferierender Absichten davon ab, Kooperation bzw. Konsens mit den anderen Akteuren sicherzustellen bzw. der Vielzahl der beteiligten Standpunkte und der sich daraus für sein Handeln ergebenden Kriterien gerecht zu werden. In der Sozialdimension ist eine Entscheidung deshalb oft konsensaufwendig. Der Akteur muss zum Beispiel gegenüber anderen einen höheren Rechtfertigungsaufwand für seine Handlungswahl betreiben; und diesen

Bemühungen sind wiederum zeitliche Grenzen gesetzt. Und manche Konflikte lassen sich auf keine Weise schlichten – etwa antagonistische Interessengegensätze, solange die Akteure stur bleiben.

In der *Zeitdimension* sind rationale Handlungswahlen immer *zeitaufwendig*, da sie für die Verarbeitung einer Situation einen erheblich größeren Zeitbedarf haben als Handlungsformen, die kein längeres Überlegen und Begründen erfordern. Wer viele Lesarten einer Situation durchdenkt und seine schließlich gewählte Handlungsalternative im Horizont anderer Möglichkeiten überdenkt, benötigt für all das mehr Zeit. In der Zeitdimension manifestiert sich die Komplexität von Entscheidungssituationen daher als Zeitknappheit.

Diese ergibt sich zum einen daraus, dass ein Akteur zu viele Probleme mehr oder weniger gleichzeitig entscheiden muss. Zum anderen steht hinter Zeitknappheit nicht selten eine hohe Dringlichkeit der Probleme. Tückisch für eine rationale Handlungswahl kann Zeitknappheit auch dann werden, wenn der Akteur aufgrund von mangelnden oder falschen Informationen über die Situation ganz plötzlich damit konfrontiert ist, dass es bereits „fünf vor Zwölf" ist und er kaum noch eine Chance zum Nachdenken hat. Oder es kann sein, dass in bestimmten Situationen schnell etwas geschehen muss, damit keine schwer oder gar nicht reversiblen negativen Folgen eintreten (Payne et al. 1996: 131).[64] Zeitknappheit ergibt sich für individuelle Akteure letztlich aus der Sterblichkeit des Menschen. Ein Analogon betrifft aber auch überindividuelle Akteure, denn Organisationen können zum Beispiel aufgelöst werden; Unternehmen können Konkurs gehen.

Die existentielle Zeitknappheit sorgt dafür, dass sich die Komplexität in den anderen beiden Dimensionen noch verstärkt: In der Sachdimension können nicht unbegrenzt weiter Informationen eingeholt werden, so dass Informationsdefizite für rationale Handlungswahlen bestehen blieben. In der Sozialdimension kann nicht unbegrenzt lange Erwartungssicherheit aufgebaut und können nicht unbegrenzt lange Konflikte diskursiv bewältigt werden. In der Zeitdimension ist somit die letzte Ursache der Komplexität von Entscheidungssituationen zu suchen.

Begrenzte Rationalität

Aus all dem ergibt sich, dass perfekte Rationalität erstens informations-, zweitens konsens- und drittens zeitaufwendig ist – und dies in modernen Gesellschaften erst recht! Die Komplexität von Entscheidungssituationen

---

64 Zum „Entscheiden in kritischen Situationen", etwa bei Fluglotsen oder Anästhesisten, siehe Strohschneider (2003) sowie Flin et al. (1996). Die Studien zeigen, dass unter Bedingungen extremer Zeitknappheit oftmals kaum noch von Entscheiden die Rede sein kann, sondern aus gutem Grund vorher eingeübte „standard operating procedures" mit Flexibilitäten für spontane Anpassungen zum Einsatz kommen.

macht perfekt rationale Handlungswahlen unmöglich. Stattdessen erweist es sich aus der Perspektive des Akteurs oftmals als erheblich rationaler, weniger rational vorzugehen. Dabei geht es aber nicht im Umkehrschluss darum, Rationalität gleich ganz über Bord zu werfen. Der Homo Oeconomicus will nicht nicht-rational handeln. Sondern für ihn kommt es darauf an, durch rationale Strategien des nicht-perfekt-rationalen Vorgehens zu versuchen, komplexen Situationen dennoch ein gewisses Maß an Rationalität abzutrotzen. Akteure können und sollten sich unter der Bedingung von Entscheidungskomplexität um ein Herunterschrauben des Rationalitätsanspruchs an ihre Handlungswahlen bemühen; und sie tun dies auch. Insbesondere die empirische Entscheidungsforschung hat längst eine überwältigende Evidenz für den Sachverhalt der *begrenzten Rationalitä"* zusammengetragen.[65]

Im Einzelnen lassen sich vor allem die folgenden Erscheinungsformen begrenzter Rationalität entdecken:

- Akteure lassen meist Entscheidungsanlässe, insbesondere wenn es sich um Probleme handelt, solange auf sich zukommen, bis sie so drängend sind, dass sie sich nicht länger ignorieren lassen. Ganz offensichtlich drücken sich Akteure solange wie möglich um Entscheidungen herum.
- Akteure verfügen immer nur über eine mehr oder weniger unvollständige Kriterienliste, die auch selten vollständig transitiv geordnet ist. Insbesondere können die Gewichte einzelner Kriterien manchmal sehr erratisch variieren. Akteure bemühen sich gar nicht darum, für sich herauszufinden, was ihnen bezüglich des jeweiligen Entscheidungsanlasses auf Dauer in welchem Maße wichtig ist.
- Akteure strengen sich ebensowenig an, die ihnen verfügbaren Entscheidungsalternativen auch nur einigermaßen vollständig zu erfassen. Stattdessen betreiben sie meist nur eine „simple-minded search“ (Cyert/March 1963). Sie begrenzen ihre Suche nach Alternativen der Problembearbeitung auf den engeren Umkreis des Entscheidungsanlasses und ihrer bisherigen Reaktionsmuster auf ähnliche Anlässe, lassen sich also so schnell nichts ganz Neues einfallen.
- Akteure können dann natürlich auch höchstens zufällig die beste Alternative finden und auswählen. Statt eines umfassend vergleichenden „optimizing“ betreiben sie „satisficing“ (March/Simon 1958: 140/141). Sie bewerten jede Alternative aus dem Stand, und sobald sie auf eine stoßen, die ihnen einigermaßen zufriedenstellend erscheint, brechen sie die weitere Suche ab und entscheiden sich für diese Alternative.[66]

---

65 Siehe auch dazu als noch immer umfassendste Überblicksdarstellung Kirsch (1977) sowie die Differenzierung von Varianten der Rational-Choice-Perspektive bei Goldthorpe (1998).

66 Siehe auch Marini (1992: 23-33) zu Anspruchsniveaus.

Inkrementalismus

Charles Lindblom (1959) erfasst und erweitert die oben aufgeführten Komponenten des begrenzt rationalen Entscheidungshandelns im Rahmen seines – sowohl beschreibend als auch empfehlend gemeinten – Konzepts des *Inkrementalismus*. Dabei handelt es sich um ein Bündel zusammengehöriger Strategien, die darauf hinauslaufen, dass Akteure sich bei ihren Handlungswahlen „durchwursteln“. Sie hangeln sich an Entscheidungsproblemen entlang und betreiben eine „Politik der kleinen Schritte“.

Einige der Komponenten inkrementalistischen Entscheidens seien hier umrissen:[67] Die Akteure fixieren Probleme reaktiv, d.h. sie zeichnen sich durch eine abwartende Vorgehensweise aus, wodurch ihnen der Aufwand der Problemsuche und -definition erspart bleibt. Akteure verhalten sich situativ opportunistisch, lassen also längerfristige Erwägungen und die Interessen Dritter außer Acht, was zu einer selektiven Prioritätensetzung bei den Entscheidungskriterien führt. Zudem simplifizieren Akteure Entscheidungssituationen, indem sie die jeweiligen Problemzusammenhänge nicht in ihrer Totalität durchdringen, sondern einzelne leicht zugängliche Faktoren und nur jene möglichen Problemursachen herausgreifen, die sie bereits aus Erfahrung kennen. Akteure zerlegen Probleme in weniger komplexe Teilprobleme, arbeiten diese schrittweise ab und reduzieren damit ursprünglich gegebene Handlungsalternativen. Sie schränken die Suche nach Problembearbeitungsalternativen auch dadurch ein, dass sie nur solche in den Blick nehmen, die ihnen eine möglichst geringe Situationsveränderung abverlangen. Sie überhören geflissentlich, was Ihnen so alles geraten wird, und kümmern sich ganz parteiisch darum, die eigenen Belange zur Geltung zu bringen. Sie verwenden keine Anstrengung darauf, andere bezüglich deren Intentionen eines Besseren zu belehren, wachen aber darüber, dass andere möglichst keine den eigenen Interessen entgegenstehenden Entscheidungen durchsetzen. Und bezüglich der Alternativenbewertung und -auswahl betreiben sie eben das gerade schon genannte „satisficing“, nehmen also nicht die beste, sondern die erstbeste Alternative. Dabei streben sie im Vergleich mit ihrer Ausgangslage keine optimale, sondern nur eine einigermaßen befriedigende Verbesserung an, und wählen entsprechend die Alternative, auf die sie relativ schnell kommen, die in ihrem Einflussbereich liegt und die wenig Konflikte erwarten lässt.

Mit all dem erhöhen Akteure ihre Chance, in zeitlicher Hinsicht rechtzeitig eine Entscheidung zu treffen und die Komplexität in der Sozialdimension niedrig zu halten. Vor allem aber bedeutet Inkrementalismus auch, dass die Akteure im Hinblick auf die Wirkungen ihrer Handlungswahlen eine ambi-

---

67 Siehe ausführlich zu diesen einzelnen Komponenten sowie zu über den Inkrementalismus hinausgehenden Mustern des Entscheidungshandelns in der modernen Entscheidungsgesellschaft Schimank (2005 b: 237-427).

valente Strategie verfolgen: Sie denken nicht länger darüber nach, ob sie die beste Antwort auf ein Problem haben, sondern rechnen von vornherein damit, bei Entscheidungen Fehler zu machen, die Kriterien für ihre Handlungswahlen immer wieder neu überdenken zu müssen und Probleme nicht endgültig gelöst zu bekommen. Sie gehen also davon aus, dass ihre Handlungswahlen provisorisch sind und später neu entschieden werden muss. Eine derartig Probleme ver- und aufschiebende Strategie kann in Anbetracht komplexer Entscheidungssituationen höchst rational sein. Dem „Sich-durchwursteln" liegt durchaus Reflexion und systematisches Bemühen zugrunde. Es bedeutet kein aufgrund von Unfähigkeit oder Faulheit des Akteurs hinter dem Idealbild von Rationalität zurückbleibendes Vorgehen. Der Inkrementalismus stellt damit gerade nicht die Rationalität des Homo Oeconomicus in Frage, sondern stellt eine Erweiterung bzw. Modifikation der dem Akteurmodell unterlegten Rationalitätsvorstellung dar.

Trotzdem kann man, wenn man sich nicht nur die Fülle von Phänomenen begrenzter Rationalität vergegenwärtigt, sondern auch die – hier nur angedeuteten – Ursachen dessen, sehr wohl skeptisch hinsichtlich der Einsetzbarkeit des Homo Oeconomicus bei der Erklärung von Handlungswahlen werden. Denn reale Handelnde bleiben dann fast immer weit hinter dem Rationalitätsideal des Modells zurück – was darauf hinausläuft, dass ganz andere Handlungen gewählt werden als die, die der soziologische Beobachter als rationale Nutzenverfolgung identifiziert. Biersorten werden ohne großes Nachdenken nach momentaner Lust und Laune gekauft, Autos nach der Farbe und den geschickten Einflüsterungen des Verkäufers; man studiert dasselbe, wofür ein guter Freund sich, meistens auch nicht mit besseren Gründen, entschieden hat; ein Unternehmen geht Absatzprobleme zunächst einmal durch intensiveres Marketing an, anstatt tiefere Ursachen etwa in einer rückständigen Technologie der Produkte in den Blick zu nehmen; und ein ambitioniertes politisches Reformprojekt wird angesichts zahlreicher Einsprüche einflussreicher Gruppen auf den kleinsten gemeinsamen Nenner heruntergeschraubt. Wenn solches „Sich-Durchwursteln" der Akteure verbreitet ist, muss dem das analytische Modell angepasst werden.[68] Man muss also die tatsächlich verbreiteten Formen begrenzter Rationalität in den Homo Oeconomicus einbauen. Dazu darf man nicht bei Beschreibungen von Erscheinungsweisen stehenbleiben, sondern muss verallgemeinerbare theoretische Muster bestimmen (Elster 1986: 26/27). Ein solches Muster ist der Inkrementalismus oder etwa die bereits erwähnte „simpleminded search", ein anderes wäre das Prinzip, dass solche Entscheidungsal-

68 Anders ist es, wenn man ein normatives Konzept „guten" Entscheidens dem „schlechten" tatsächlichen Entscheidungshandeln entgegensetzen will – was die Wirtschaftswissenschaft teilweise tut. Das macht natürlich nur solange Sinn, wie man an Besserung glaubt, die begrenzte Rationalität also auf Faulheit und Ignoranz der Akteure anstatt auf strukturelle Ursachen zurückführt. Letztere dürften aber zumeist überwiegen.

ternativen, die einflussreiche Gegner mobilisieren, eher unberücksichtigt bleiben.

Mittels derartiger Muster, von denen die entscheidungstheoretische Forschung noch eine ganze Reihe anderer aufgedeckt hat, werden also zusätzliche Variablen spezifiziert, die eine durch rationale Nutzenverfolgung gekennzeichnete Handlungswahl auf jeweils bestimmte Weise prägen. Man sollte bei einer Anreicherung des Homo Oeconomicus durch solche theoretischen Elemente freilich stets erklärungsökonomisch mitbedenken, dass die Handlungsanalysen dadurch aufwendiger werden. Denn man muss entsprechend mehr empirische Daten einbeziehen und komplexere theoretische Verknüpfungen bilden. Ob sich das soziologisch lohnt, hängt vor allem von zweierlei ab: wie genau man eine bestimmte Handlung erklären will und wie umfassend man theoretisch auf das Universum konkreter Handlungsweisen vorbereitet sein will. Je treffsicherer eine Handlungserklärung sein soll und je weniger man bereit ist, theoretisch nicht vorgesehene Ausnahmen hinzunehmen, desto mehr Aufwand muss man bei der Berücksichtigung begrenzter Rationalität treiben. Begnügt man sich umgekehrt bei einem bestimmten Erklärungsproblem damit, lediglich die Mehrzahl, aber nicht alle der empirisch vorkommenden Fälle, und auch nur in der groben Richtung der Handlungswahl theoretisch zu erfassen, kann man sich vielleicht sogar mit dem unmodifizierten Homo Oeconomicus perfekter Rationalität begnügen – etwa dann, wenn es allein darum geht, zu erklären, warum steigende Mietpreise bei denjenigen Bevölkerungsgruppen, die es sich leisten können, die Attraktivität des Hausbaus erhöhen. Dann braucht man sich nicht darum zu kümmern, dass etliche Leute aus diesen Kreisen ganz andere vorrangige Interessen mit dem Hausbau verfolgen und der Zusammenhang zwischen diesem Problemdruck und dem resultierenden Handeln oft ziemlich verwickelt ist. Genau deshalb, weil die Wirtschaftswissenschaft sich meist mit Fragen dieser Art beschäftigt, leistet ihr der Homo Oeconomicus nach wie vor gute Dienste. Aber auch soziologische Nutzungen dieses Akteurmodells sollten sich darum bemühen, jeweils mit ganz wenigen Zusatzannahmen über Rationalitätsbegrenzungen auszukommen. Nur dann bleibt das Modell analytisch handhabbar und entgleitet einem nicht unter der Hand zu einer dann beliebig verfeinerbaren bloßen Beschreibung der Komplexität menschlichen Entscheidens.[69]

Rationale Routinen der Nutzenverfolgung

Der zweite jetzt anzusprechende Einwand gegen den Homo Oeconomicus ist in gewisser Weise eine Radikalisierung der Überlegungen zu Rationalitätsbe-

69 Man beachte im Übrigen, dass diese erklärungsökonomischen Kalkulationen – siehe dazu auch Essers (1993: 133-140) Darlegungen zum Prinzip der abnehmenden Abstraktion – selbst eine Reflexion begrenzter Rationalität, hier des soziologischen Beobachters, sind.

grenzungen – aber eine Radikalisierung, die besonders deutlich die Einsicht in die höhere Rationalität des Verzichts auf ein Streben nach perfekter Rationalität vermittelt. Ausgangspunkt hierbei ist die Beobachtung, dass vielerlei Handlungen auf der einen Seite durchaus nutzenbezogen, also nicht norm- oder identitätsorientiert oder auch emotional bestimmt sind, auf der anderen Seite jedoch eine rationale Wahl der Art und Weise der Nutzenverfolgung im jeweiligen Handeln nicht einmal ansatzweise – wie noch in Fällen begrenzter Rationalität – vorliegt (Monroe 1991: 20/21; Enste 1998). Ein Beispiel ist etwa die Art und Weise, wie jemand einen eingeübten Ablauf der samstäglichen Erledigungen Woche für Woche und Jahr um Jahr, manchmal jahrzehntelang durchhält: zu einer bestimmten Zeit aufsteht, zunächst in Ruhe frühstückt und dabei die Zeitung liest, um dann erst einkaufen zu gehen, zuerst auf den Markt mit einer bestimmten Reihenfolge der Stände, danach in immer denselben Supermarkt, mit immer dem gleichen Weg durch die Regalreihen, zu Hause angekommen die Taschen ausräumt, danach die Wohnung putzt, und zwar erst die Bäder reinigt, dann aufräumt und abwäscht, dann staubsaugt, usw. Ein anderes Beispiel sind die „standard operating procedures" (Nelson/Winter 1982) in Organisationen – also etwa die einzelnen Schritte, die die Sachbearbeiter in einer Behörde einhalten, wenn sie bestimmte immer wieder anfallende Aufgaben erledigen. Ein Teil dieser Schritte ist zwar durch Normen vorgegeben, u.a. durch gesetzliche Vorschriften. Aber andere Aspekte des Ablaufmusters haben sich ohne normative Bindung einfach im Laufe der Zeit eingespielt und werden auch beim Wechsel von Mitarbeitern immer weiter tradiert. In beiden Beispielen exekutieren Akteure mehr oder weniger komplexe, relativ starre Handlungsfolgen, die sich als je individuelle oder kollektive *Routinen* habitualisiert haben.

Habitualisierung bedeutet eine extreme Reduktion von Beobachtungs- und Reflexionsaufwand, weil man von je situativen Besonderheiten, die immer wieder ein andersartiges Handeln nahelegen würden, absieht (Camic 1986). Man könnte auch von Situationsdesensibilisierung sprechen. Dass man – um nur ein Detail aus dem ersten Beispiel herauszugreifen – den Einkauf im Supermarkt nicht immer, aber oft dadurch beschleunigen könnte, dass man den Weg durch die Regale je nach der situativen Überfüllung bzw. Leere in bestimmten Bereichen wählt, leuchtet ein. Verzicht auf situative Nutzenmaximierung geht aber eben damit einher, dass die Informationskosten, also im Beispiel die ständige Beobachtung der anderen Kunden, minimiert werden. Genau daraus ergibt sich dann ein insgesamt durchaus effizientes Handeln – und solange es auch bezüglich seiner Effektivität zumindest das Niveau von „satisficing" erreicht, ist es dann entsprechend rational. Genau das begründet ja ein „Lob der Routine" (Luhmann 1964 b): dass sie nur selten zum besten Ergebnis, aber in der Regel ohne großen Entscheidungsaufwand zu ganz brauchbaren Ergebnissen führt. Nicht zuletzt sind zumindest kollektive Routinen auch in dem Sinne brauchbar, dass sie als sozial geteilte nicht sonderlich begründungsbedürftig sind, sondern ähnlich wie normkonformes Handeln spontane Zustimmung anstatt Widerspruch ernten. Das wiederum ist in erheblichem Maße darin begründet, dass solche Routinen bereits vorweg mit den Routinen anderer Akteure abgestimmt sind, so dass die Handlungsabstimmung nicht erst aufwendig und stets anfällig für Missverständnisse und Konflikte situativ hergestellt werden muss. Vor allem an dem reibungslosen Ineinandergreifen organisatorischer Routinen lässt sich das vielfach studieren.

Esser zieht aus diesen Überlegungen den Schluss, dass solche „habits", obwohl im jeweiligen Handeln selbst das genaue Gegenteil einer rationalen, nämlich gut informierten und kalkulierenden Wahl, im Ergebnis sehr wohl zumindest begrenzt rational sind. Sie stellen für ihn damit nicht etwa ein Phänomen dar, das der Rational-Choice-Perspektive entgegengehalten werden kann, sondern bestätigen diese gerade. Denn die Routinen sind – wie auch Esser (1990: 238) herausstellt – „... (meist) relativ unaufwendig, sie sind (meist) relativ effizient und sie finden (häufig) eine zusätzliche normative Stütze." Von daher gilt für einen Akteur, dass da, wo er über Routinen verfügt, „... das ‚Maximieren' in Bezug auf alle denkbaren Alternativen gegen die Regeln der Rationalität (im Sinne des ökonomischen Umgangs mit knappen Mitteln) verstößt."[70]

Solch rational nutzenorientiertes Handeln sind Routinen allerdings nur unter bestimmten Bedingungen. Zum einen kann dies der Fall sein, wenn es eine immer wieder eingeschaltete Begleitrationalität gibt – wenn sich jemand zum Beispiel im Supermarkt sagt, dass er auch dieses Mal wieder dieselbe Biermarke kauft, weil er damit ganz zufrieden und eine mögliche noch bessere Wahl zu aufwendig ist. Die individuelle oder soziale Vergewisserung und Bestätigung einer Routine als hinreichend effektiv und effizient macht diese zur bewussten Wahl. Zum anderen kann es auch eine Anfangsrationalität der Wahl einer Routine geben. Jemand reflektiert und kalkuliert einen bestimmten Handlungsanlass beim ersten Mal gründlich, sucht sich zum Beispiel von der neuen Wohnung den besten Weg zur Arbeit, um

70 Man muss hier freilich deutlicher als Esser zwei Bedeutungsgehalte von Rationalität auseinanderhalten, die Herbert Simon (1976) als „substantive" und „procedural rationality" benennt. Das Ergebnis einer Handlung kann rational bezüglich des angestrebten Ziels, ihr sich herausstellender Nutzen im Sinne von Effektivität und Effizienz also groß sein; und der Vorgang der Handlungswahl kann rational im Sinne von gut informiert und kalkulierend sein. Beides muss keineswegs zusammengehen. Eine rationale Handlungswahl kann angesichts vieler Unwägbarkeiten keine effektiven und effizienten Ergebnisse garantieren; und die Rationalität des Ergebnisses kann auch rein zufällig aufgrund glücklicher Umstände zustande kommen, oder jedenfalls gemäß Wirkungslogiken, die der Akteur nicht im Blick hat. Wenn man den Homo Oeconomicus ebenso wie den Homo Sociologicus und die anderen noch anzusprechenden Akteurmodelle als ein Modell auffasst, das Handeln über deutendes Verstehen erklären, also die von den Akteuren selbst erfahrenen Handlungsantriebe analytisch rekonstruieren will, spielt die Ergebnisrationalität keine Rolle. Dann geht es allein um die Rationalität des Wahlvorgangs. Nimmt man hingegen, wie Esser dies oft tut, die Ergebnisrationalität als Kriterium einer „rational choice", gilt, wie Neil Smelser (1998: 3) zu bedenken gibt: „...'rational' becomes more or less synonymous with ‚adaptive'."

fortan nie wieder darüber nachdenken zu müssen. Oder er übernimmt ohne eigenes Nachdenken eine Routine von jemand anderem, weil er diesen als kundig im Umgang mit dem entsprechenden Handlungsanlass ansieht – lässt sich beispielsweise den Weg zur Arbeit von einem in der Nachbarschaft lebenden Kollegen zeigen. Nicht alle Routinen weisen eine derartige initiierende oder intermittierende „procedural rationality" (Simon 1976) auf. Es gibt auch Routinen, die von Anfang an nichts als dumpfe Gewohnheiten gewesen und dies auch immer geblieben sind. Solche Routinen liegen jenseits des Anwendungsbereichs des Homo Oeconomicus. Einiges von dem, was Weber als „traditionales Handeln" bezeichnet, stellt solche oft an der Grenze zum bloßen Verhalten angesiedelten Routinen dar.

Über die Begleitrationalität von Routinen kann auch deren Problematisierung einsetzen, sobald die Handlungsergebnisse nicht länger dem Anspruchsniveau des „satisficing" genügen. Wer sich zum Beispiel angewöhnt hat, mit dem Auto zur Arbeit zu fahren, und lange keinen Gedanken auf irgendwelche Alternativen verschwenden musste, kann irgendwann gewahr werden, wie die Parkmöglichkeiten in der Nähe des Arbeitsortes immer knapper werden. Zunächst untergründig, gleichsam vorbewusst verschiebt sich die Kosten-Nutzen-Bilanz der Routine zum Negativen – etwa indem man einen immer weiteren Fußweg vom Parkplatz zum Arbeitsort hinnehmen oder morgens immer länger herumkurven muss, bis man einen Parkplatz gefunden hat. Eine ganze Weile kann sich so eine schleichende Anspruchssenkung vollziehen, bis dem Akteur – meist durch ein Schlüsselereignis – bewusst wird, wie suboptimal seine Routine längst geworden ist. Er kommt vielleicht zu einer wichtigen Besprechung zu spät, weil er wieder mal vergeblich einen Parkplatz sucht. Das kann dann der Anlass für eine kalkulierende Situationsbetrachtung werden und in eine rationale Handlungswahl münden – oft die Wahl einer neuen Routine, zum Beispiel den Kauf einer Jahreskarte für den öffentlichen Nahverkehr, was als Selbstbindung weiteres Nachdenken wieder überflüssig macht. So kann Begleitrationalität in Anfangsrationalität übergehen, und diese dann wieder in Begleitrationalität, usw.

Hoch-/Niedrigkostensituationen

Ein dritter Einwand gegen den Homo Oeconomicus zielt darauf ab, dessen Einsatzbedingungen einzugrenzen. Dieses Akteurmodell – so Reinhard Zintl (1989) in Anlehnung an Spiro Latsis – kann Handeln nur in *Hochkostensituationen* erklären, während es auf *Niedrigkostensituationen* nicht anwendbar ist. Dieser Einwand ist bei einigen der vorausgegangenen Beispiele implizit bereits zur Sprache gekommen. Kurz gesagt ist eine Hochkostensituation eine solche, bei der für den betreffenden Akteur subjektiv viel auf dem Spiel steht.[71] Er ist sich also darüber bewusst, dass er durch sein

71 Siehe auch das Konzept des „involvement" bei Enste (1998) sowie die Klärungen von Mensch (2000).

Handeln einen großen Nutzen realisieren bzw. große Kosten vermeiden kann – wenn er das Richtige tut! In Niedrigkostensituationen geht es demgegenüber für den Handelnden nicht um sehr viel.

Ob eine Situation sich für einen Akteur als Hochkostensituation darstellt, hängt – da der Homo Oeconomicus ja den subjektiv erwarteten Nutzen veranschlagt – nicht von deren objektiver Beschaffenheit, sondern von seiner Wahrnehmung ab. Damit sind Einschätzungsfehler in beiden Richtungen möglich. Eine Hochkostensituation kann irrtümlich als Niedrigkostensituation interpretiert werden, und umgekehrt. So mag zum Beispiel ein Student davon ausgehen, dass er eine sehr gute Abschlussarbeit geschrieben hat, und sich dann bei den mündlichen Prüfungen nicht mehr besonders anstrengen, weil er meint, dass ihm die Arbeit bereits eine gute Note sichert – doch tatsächlich ist die Arbeit sehr schlecht. Oder die Arbeit ist umgekehrt viel besser als er denkt, so dass ihm mündlich tatsächlich nichts mehr passieren kann, während er meint, er müsse noch sein Letztes geben, um nicht durchzufallen.

Sich als Akteur in einer Niedrigkostensituation zu befinden bedeutet zunächst, dass man keinen Druck verspürt, sich im Sinne einer rationalen Handlungswahl besonders anzustrengen, also etwa den Aufwand einer größeren Informationsbeschaffung zu betreiben. So dürfte jemand, der in seinem Biergeschmack nicht sonderlich wählerisch ist, sondern dem fast alle Sorten ganz gut schmecken, keinen Grund sehen, warum er sich großes Kopfzerbrechen vor dem Regal im Supermarkt machen sollte. Hochkostensituationen hingegen fixieren die Aufmerksamkeit des Akteurs. Ein ganz bestimmtes Interesse sticht ins Auge, und alles andere verblasst. Genau diese Fokussierung der Nutzenkomponente ermöglicht wiederum eine Rationalitätssteigerung. Wenn mir zum Beispiel ein Dutzend verschiedener Dinge durch den Kopf schwirren, die ich alle erreichen will und irgendwie wichtig finde, werde ich kaum eine dauerhafte und konsistente Handlungsplanung zustande bringen. Bin ich aber, wie zum Beispiel ein Spitzensportler, in eine harte Konkurrenz mit anderen Athleten um Siege, Publikumsgunst, Medienaufmerksamkeit und Sponsorengelder eingespannt, vermag ich eine viel geradlinigere Karriereplanung vorzunehmen als jemand, der nach dem Abitur unter allen möglichen Gesichtspunkten überlegt, ob und was er studieren soll, und oft nur eine ziemlich erratische Wahl trifft.

Des Weiteren lassen Niedrigkostensituationen, indem sie keinen ausgeprägten Rationalitätsdruck auf den Akteur ausüben, damit andere Arten von Handlungsantrieben eher gewähren. Für das Ausleben von Emotionen und die Darstellung der eigenen Identität bleibt mehr Raum, wenn der Akteur dadurch keine empfindlichen Nutzeneinbußen erleidet.[72] Und Zintl betont

72 Was nicht umgekehrt bedeutet, dass sich Emotionen und Identitätsbehauptung nicht auch in Hochkostensituationen Bahn brechen können. Wenn diese beiden Handlungsantriebe sehr drängend sind, setzen sie sich über alle rationalen Nutzenerwägungen hinweg – siehe z. B. den Wutausbruch dessen, dem in einer Prüfungssituati-

insbesondere, dass dann auch normorientiertes Handeln leichter falle, weil kein Impuls in Richtung Abweichung vorliegt. Ein Prüfling beispielsweise, für den es bei einer Klausur um nichts mehr geht, wird so gar nicht erst dazu verführt, rational nutzenorientiert Mogeln zu erwägen. Für den Homo Sociologicus lässt sich daraus der Schluss ziehen, dass dieses Akteurmodell u.a. dann zum Einsatz kommen kann, wenn eine normativ strukturierte Situation zugleich hinsichtlich der nutzenorientierten Zielverfolgung des Akteurs eine Niedrigkostensituation ist. Der Umkehrschluss, den Zintl zumindest nahe legt, gilt freilich nicht: Auch in einer unter Nutzengesichtspunkten als Hochkostensituation einstufbaren Lage, die den Akteur zugleich mit gegenläufigen normativen Erwartungen konfrontiert, wird er nicht zwangsläufig von diesen abweichen. Denn auch normativer Druck kann ihn in eine Hochkostensituation versetzen – nämlich dann, wenn Normabweichung mit großer Wahrscheinlichkeit hart sanktioniert wird. Wenn ich beispielsweise weiß, dass auf einer bestimmten Straße häufig Radarkontrollen stattfinden, und ich auch schon mehrmals mit überhöhter Geschwindigkeit erwischt worden bin, mir also beim nächsten Mal ein Führerscheinentzug droht, was ich mir beruflich nicht leisten kann, werde ich mich dort selbst um den Preis, bei einem wichtigen Termin zu spät zu kommen, an die Geschwindigkeitsbegrenzung halten.

Je mehr eine Situation somit für den Akteur unter Nutzengesichtspunkten eine Hochkostensituation darstellt, desto stärker ist er geneigt, sich als Homo Oeconomicus zu verhalten, also die einer rationalen Nutzenverfolgung entgegenstehenden Handlungsantriebe hintanzustellen – sofern nicht einer von ihnen sich ähnlich stark aufdrängt. Der Akteur wird dann seinen Nutzen zum primären Kriterium der Handlungswahl erheben und sich zugleich um eine möglichst rationale Auswahl dessen, was er tut, bemühen. Letzteres bedeutet, dass er sich anstrengen wird, zeitliche, sachliche und soziale Rationalitätsbegrenzungen, so weit wie es ihm möglich ist, zu überschreiten. Er wird sich also mehr Zeit nehmen, um gründlich zu überlegen, was er tut; er wird seine Informationsbasis zielstrebig erweitern; und er wird auch Konflikte und aufwendigere Konsensbeschaffung in Kauf nehmen, um das durchzusetzen, was er für richtig hält.

Insbesondere Akteure, die in einer bestimmten Situation auf Gedeih und Verderb zum Erfolg verdammt sind, sich etwa in einer harten Konkurrenzsituation befinden, können dies illustrieren. Hochleistungssportler sind ein gutes Beispiel, an deren biographischer Dynamik man auch ablesen kann, dass sich ursprüngliche Niedrigkostensituationen oft allmählich und von den Betreffenden längere Zeit unbemerkt zu Hochkostensituationen entwickeln können (Bette/Schimank 1995: 107-138). Leistungssport fängt im Kindes- und Ju-

---

on angesichts der von ihm als unfair empfundenen Fragen des Prüfers der Kragen platzt, oder Gewissenstäter, die sogar den eigenen Tod in Kauf nehmen, um ihre Identität nicht verleugnen zu müssen (→ Kap. 5).

gendalter meist ganz harmlos an: mit identitätsbestätigenden Erfolgen einer Betätigung, die zunächst einfach nur Spaß macht. Sofern der Jugendliche daraus lernt, fortan seine Selbstbestätigung vor allem in sportlichen Erfolgen zu suchen, wird Identitätsbehauptung primärer Handlungsantrieb: als Leistungsindividualismus, der soziale Bestätigung dadurch erfährt, dass man besser ist als die Konkurrenten. Leistungsindividualismus zieht aber zeitliche, sachliche und soziale biographische Fixierungen nach sich. Der Sport wird schnell zur Vollzeitbeschäftigung mit absoluter Priorität vor Schule, Beruf, Familie, Freunden und Freizeit, und das Unterstützungsumfeld von Trainern, Betreuern und Verein gerät tendenziell zur „totalen Institution" (Goffman 1961 b: 13-123). All dies vollzieht sich schleichend. Doch irgendwann merkt der Athlet, dass sich in seinem Leben alles um den sportlichen Erfolg dreht. Ein Ausstieg aus dieser Karriere ist zwar jederzeit möglich, hat aber – und spätestens hier wird die Nutzenorientierung dominant – einen hohen Preis. Denn all die bisherigen biographischen Investitionen wären auf einen Schlag entwertet, und man stünde vor dem Nichts. Der Sportler realisiert jetzt, dass er in wenigen Jahren Erfolge erringen muss, die ihm auch für die Zeit danach eine finanzielle und berufliche Perspektive bieten. Damit überformen Einkommens- und Karriereinteressen das sportliche Leistungsstreben, und die Hochkostensituation ist da, die dann u.a. auch eine Neigung zum Doping und damit zur Missachtung geltender Normen hervorbringt.

Rationalitätsfiktionen

Die bisher behandelten drei Einwände gegen den Homo Oeconomicus haben sich jeweils so wenden lassen, dass sie die theoretischen Vorstellungen über eine rationale Handlungswahl relativieren. Akteure handeln fast immer nur begrenzt rational, und dies oft auch in Form von Routinen; und der Druck zum rationalen Handeln ist umso geringer, je weniger Akteure sich in einer Hochkostensituation befinden. Der jetzt anzusprechende vierte Einwand geht über diese Relativierungen hinaus und fragt sich: Was tut der Homo Oeconomicus in Situationen sehr hoher, ihn so überfordernder Komplexität, dass noch nicht einmal mehr begrenzt rationale oder inkrementalistische Handlungswahlen möglich sind? Muss der Anspruch auf Rationalität dann gänzlich aufgegeben werden, oder gibt es ein rationales Entscheiden auf sub-inkrementalistischem Niveau? Es zeigt sich, dass Akteure auch unter Bedingungen, die selbst begrenzte Rationalität erschweren, mit den ihnen zugemuteten Entscheidungen rational umgehen können, indem sie auf *Rationalitätsfiktionen* rekurrieren.[73]

Rationalitätsfiktion heißt: Vieles Handeln, das als rational deklariert wird, tut nur so. Wir treten gegenüber anderen so auf, als ob wir eine rationale Handlungswahl vornähmen, und wir glauben uns das nicht selten sogar selbst. Nicht nur die Fremd-, sondern auch die Selbstbeobachtung des Handelns un-

---

73 Siehe dazu ausführlich Schimank (2005 b: 371-387).

terliegt einer Rationalitätsfiktion; diese ist also oft als Selbsttäuschung angelegt. Aber sogar wenn alle Beteiligten darüber wissen, dass es mit der rationalen Wahl nicht weit her ist, wird die gemeinsame Rationalitätsdarstellung wechselseitig taktvoll aufrechterhalten (Turner 1991: 99/100). Man fragt sich natürlich, warum Akteure so etwas wider besseres Wissen inszenieren sollten. Hintergrund dessen ist die bereits geschilderte Rationalisierung von immer mehr gesellschaftlichen Handlungsfeldern, also der kulturelle Druck zu rationalen Entscheidungen. Dementsprechend kann man davon ausgehen, dass in der modernen Gesellschaft im Rahmen des diesbezüglich überhaupt Möglichen entscheidungsförmig gehandelt wird. Aber genau hier liegt ja die Crux. Was, wenn das den Akteuren in dieser Hinsicht kulturell Abverlangte auch nicht annäherungsweise erfüllbar ist? Diese Kluft zwischen dem als erstrebenswert hingestellten Rationalitätsniveau des Handelns und dem Möglichen wird dann durch Rationalitätsfiktionen überbrückt.

Ein Beispiel für eine Rationalitätsfiktion ist das Handeln eines Akteurs, der sich dazu entschließt, regelmäßig Sport zu treiben, um die eigene Gesundheit zu fördern. Dies gilt heutzutage als rationale Entscheidung. Dabei hat der Betreffende überhaupt nicht länger darüber nachgedacht, welche verschiedenen Wege es für ihn speziell geben könnte, gesünder zu leben, geschweige denn: ob es sich in Konkurrenz mit anderen Lebenszielen überhaupt lohnt, stärker auf die eigene Gesundheit zu achten. Vielleicht ist der Person ja die eigene berufliche Karriere viel wichtiger als ein langes Leben; oder sie müsste bei genauerem Hinsehen entdecken, dass ihre Freude an üppigem Essen und Trinken gar nicht zu einer Prioritätensetzung für Gesundheit passt. Und selbst wenn ihr Gesundheit so wichtig ist, wären auch andere Alternativen neben Sport als Mittel der Gesundheitsförderung zu bedenken: etwa bessere Ernährung, Stressreduktion, regelmäßige Vorsorgeuntersuchungen, längerer Schlaf usw. All dies bleibt ausgeblendet, wenn jemand einfach der Rationalitätsfiktion folgt, dass Sport gesund sei. Aber behandelt wird der Entschluss, Sport zu treiben, so, als hätte der Betreffende sich den Horizont anderer Möglichkeiten vergegenwärtigt, bevor seine Wahl auf das Sporttreiben fiel. Und natürlich wird darüber hinaus unterstellt, dass der Wirkungszusammenhang zwischen Sporttreiben und Gesundheitssteigerung kritisch geprüft und abgesichert ist.[74] Doch nichts davon ist tatsächlich der Fall. Beim Rekurs auf Rationalitätsfiktionen glaubt aber auch und gerade der betreffende Akteur selbst, sich rational entschieden zu haben – und zwar in dem Sinne, dass er davon überzeugt ist, dass diejenige Alternative, die er auf der Grundlage der Rationalitätsfiktion wählt, dieselbe ist, auf die er auch nach aufwendigen eigenen Überlegungen gekommen wäre. Einer Rationalitätsfiktion zu folgen heißt also, im Ergebnis so zu wählen, als ob man sich entschieden hätte. Rationalitätsfiktionen sind Als-ob-Konstrukte: allgemein geteilte Entscheidungsmuster, die auf sozial verbreiteten Urteilen beruhen und sich darstellen, als ob es sich um Entschei-

---

74 Umfangreiche empirische Forschungen hierzu vermitteln ein ambivalenteres Bild – siehe nur Knoll (1997), Sobiech (2000) und Weiß et al. (2000).

dungen handele – „Entscheidungen von der Stange“ anstatt Einzelanfertigung.

Solche Rationalitätsfiktionen wirken für den betreffenden Akteur komplexitätsreduzierend: Sie empfehlen für bestimmte Entscheidungsprobleme bestimmte Handlungswahlen, und diese Empfehlung tritt so suggestiv auf, dass sich der Akteur das, was eigentlich eine Entscheidung ausmacht, subjektiv guten Gewissens sparen kann. In zeitlicher Hinsicht erspart der Rückgriff auf eine Rationalitätsfiktion eigene Such- und Bewertungsprozesse und verschafft dem Akteur so große Zeitgewinne. In sachlicher Hinsicht leistet eine Rationalitätsfiktion Unsicherheitsabsorption: Anstatt benötigte Informationen mit großem Aufwand zu beschaffen und sich dabei erst richtig zu vergegenwärtigen, wie wenig man über seine Entscheidungssituation weiß, hat man ohne größeres Kopfzerbrechen ein klares Bild davon, was zu tun ist. Und da die Wahl bei eigener Beschaffung von Informationen – so die Unterstellung – nicht anders ausgefallen wäre, nur viel länger gedauert hätte, kann der Verzicht auf eine rationale Entscheidung als rationale Entscheidung angesehen werden.

In sozialer Hinsicht trägt der Rückgriff auf eine Rationalitätsfiktion dazu bei, eine Handlungswahl leichter gegen potenziellen Widerstand durchzusetzen. Vor allem aber erfüllen Rationalitätsfiktionen in der Sozialdimension legitimatorische Funktionen und sind besonders dann gefragt, wenn irgendetwas schief gegangen ist. Erfolgreiches Handeln legitimiert sich durch seine Ergebnisse selbst. Wenn aber angestrebte Ziele nicht oder nur partiell erreicht oder zwar erreicht, aber mit erheblichen negativen Nebeneffekten erkauft worden sind, sieht sich der Akteur bohrenden Fragen ausgesetzt, und dann kann ihm der Verweis darauf helfen, dass er sich doch darum bemüht habe, eine rationale Handlungswahl zu treffen – und das heißt eben: dass er das getan habe, was alle für seine Situation als rationales Handeln ansehen. Um das obige Beispiel wieder aufzugreifen: Wenn der Sport treibende Akteur dann doch erkrankt, kann er sich gegenüber Vermutungen, an seinem verschlechterten Gesundheitszustand ein Eigenverschulden zu haben, damit rechtfertigen, dass er doch alles für seine Fitness getan habe. Und wer das tut, was allgemein als rational gilt, kann eigentlich nichts falsch gemacht haben. Etwaige problematische Folgen lassen sich dann auf eine nicht zu verantwortende besondere Ungunst äußerer Umstände oder das Schicksal zurechnen.[75]

Rationalitätsfiktionen kommen auf unterschiedlichen Generalisierungsniveaus vor. Es gibt sehr spezifische Rationalitätsfiktionen, die sich auf eng umrissene Entscheidungsprobleme beziehen. Ein Beispiel dafür wäre die „gängige Vorstellung…, daß Organisationen EDV nutzen…“ müssen: „Eine Organisation, die das nicht tut, erscheint uns unmodern, nicht mehr zeitgemäß, wenig rational.“ (Walgenbach 1999: 320) Ein anderes Beispiel für ei-

75 Vor allem der organisationssoziologische „new institutionalism“ hat hierfür viele Belege gesammelt (Meyer/Rowan 1977; DiMaggio/Powell 1983; Powell/DiMaggio 1991).

ne ähnlich spezifische Rationalitätsfiktion wäre die Aussage, dass bei Berufswahlentscheidungen Berufsberater eine geeignete Anlaufstelle sind, um eine bessere Wahl treffen zu können. Auf einem mittleren Generalisierungsniveau sind solche Rationalitätsfiktionen angesiedelt, die sich auf Entscheidungsprobleme in bestimmten gesellschaftlichen Teilsystemen oder größeren gesellschaftlichen Gruppen beziehen. Dazu gehört etwa die Rationalitätsfiktion, dass Bildung für die Lebensführung wichtig ist und durch „lebenslanges Lernen" immer wieder erneuert werden muss. Oder: dass es zugunsten einer guten und entsprechend längeren Berufsausbildung und für eine erfolgreiche Karriere sinnvoll ist, Eheschließung und Familiengründung aufzuschieben. Je höher das Generalisierungsniveau einer Rationalitätsfiktion, desto weiter ist ihr Einsatzbereich, und desto mehr Akteure müssen sie subjektiv plausibel finden, damit sie – in der Sprache der Juristen – als „herrschende Meinung" inthronisiert ist, auf die dann jeder einzelne bei seinen Handlungswahlen, ohne weiter nachdenken zu müssen, zurückgreifen kann. Ein sehr hohes Generalisierungsniveau weist zum Beispiel die in der westlichen Moderne verbreitete Rationalitätsfiktion auf, dass es angesichts eines Problems besser ist, irgendetwas zu tun, als untätig zu bleiben. Solche hochgradig generalisierten Rationalitätsfiktionen beziehen sich auf jede Art von Entscheidungen – gleichgültig wo und wie sie zu treffen sind.

Dass derartige Rationalitätsfiktionen oft genug augenzwinkernd akzeptiert werden, liegt vor allem daran, dass sie es erlauben, den in der modernen Gesellschaft tief verwurzelten Glauben an die rationale Beherrschbarkeit und Geordnetheit der Welt aufrechtzuerhalten, obwohl man immer wieder mit Enttäuschungen konfrontiert wird und vielleicht sogar der Leidtragende dessen ist. Wenn man jemandem trotz seines Scheiterns abnimmt, dass er rational gehandelt hat, ist das existentiell beruhigender, als die Möglichkeit ins Auge zu fassen, dass die meisten oder gar alle Menschen um einen herum sich um Rationalität überhaupt nicht scheren. Denn solange man als moderner Mensch davon ausgeht, dass rationales Handeln die meisten Probleme besser bewältigt als nicht-rationales, liefe die Annahme eines weit verbreite verbreiteten Rationalitätsverzichts darauf hinaus, dass die Welt höchst unvollkommen und instabil beschaffen und womöglich sogar dem unrettbaren Verfall preisgegeben sein könnte – was einen so grundlegenden Zweifel am modernen Fortschrittsvertrauen bedeutete, dass man sich diesen Gedanken schwerlich leisten möchte. Statt dessen nutzt man die Tatsache, dass die Rationalitätsfiktionen, wie alle Fiktionen, niemals pure Täuschungen sind, sondern stets eine gewisse Plausibilität für sich reklamieren können, und verzichtet in einer auf Selbsttäuschung hinauswollenden Gutgläubigkeit auf allzu kritisches Hinterfragen.

Gerade auch die moderne Gesellschaft stellt deshalb ein immenses Repertoire an Rationalitätsfiktionen bereit, so dass Akteure zwar vielleicht nicht in jeder Situation, aber doch in vielen und immer mehr Situationen darauf zurückgreifen können, ohne dass sie groß danach suchen müssten. Neben einem partiellen Überangebot findet sich in immer mehr Bereichen inzwischen auch eine zeitliche Dynamik rasch wechselnder Moden von unterschiedlichen Rationalitätsfiktionen. Man denke etwa an Entscheidungsprobleme wie eine gesunde Ernährung, für die die Rationalitätsfiktionen buchstäblich jedes Jahr wechseln – nicht zuletzt, damit immer neue Ratgeberliteratur sich verkaufen lässt.

Da stellt sich die Frage nach Genese und Reproduktion von Rationalitätsfiktionen. Sie entstehen erstens daraus, dass Akteure, die bestimmte Entscheidungen zu treffen haben, in Konstellationen wechselseitiger Beobachtung (→ Kap. 8) diejenigen anderen Akteure in den Blick nehmen, die bereits vor demselben oder zumindest einem ähnlichen Entscheidungsproblem gestanden haben, und sich anschauen, was jene getan haben und was dabei herausgekommen ist; und dann treffen sie ihre eigenen Entscheidungen so, wie diejenigen sie getroffen haben, die nach ihrer Einschätzung am besten mit dem betreffenden Problem zu Rande gekommen sind.[76] Wenn viele oder sogar alle Akteure so vorgehen, entstehen Rationalitätsfiktionen aus dem kollektiven Kopieren von Erfolgsrezepten – genauer gesagt, von Entscheidungen, die von einer Vielzahl von Akteuren als erfolgreich angesehen werden. So kopieren beispielsweise Unternehmen über Branchen oder nationale Wirtschafträume hinweg „Lean Management" oder irgendein anderes Beraterkonzept, das gerade en vogue ist; ein nationales Hochschulsystem nach dem anderen implementiert Evaluationen, Zielvereinbarungen und Hochschulräte; und eine Hausfrau nach der anderen kommt darauf, dass ein Ceran-Kochfeld die bessere Wahl ist als die althergebrachte Elektro-Kochplatte. Eine wichtige Rolle spielen dabei die Massenmedien, die durch ihre Berichterstattung den Beobachtungsradius aller gesellschaftlichen Akteure immens erweitern.

Zweitens werden Rationalitätsfiktionen durch die schon angesprochenen Berater und durch Experten bzw. durch die Beeinflussung der Akteure durch Expertenwissen hervorgebracht und aufrechterhalten.[77] Solange eine Rationalitätsfiktion nur durch wechselseitige Beobachtung unter Entscheidungshandelnden gewonnen wird, haftet ihr unweigerlich eine gewisse Unsicherheit an und fehlt ihr die Legitimation – selbst wenn noch so viel Erfahrung dahinter steckt und sie vielfach bestätigt wird. Legitimation bekommt eine Rationalitätsfiktion erst dadurch, dass sie von anerkannten und Vertrauensvorschuss genießenden Beratern als Expertenwissen repräsentiert und so verbürgt wird, oder dadurch, dass Experten auf eine solide, wenn möglich wissenschaftlich abgesicherte Empirie verweisen und theoretische Begründungen dafür darzulegen vermögen, warum das von der Rationalitätsfiktion empfohlene Entscheidungshandeln Erfolg verspricht und anderen

76 DiMaggio/Powell (1983) haben die Genese und Reproduktion von Rationalitätsfiktionen in derartigen Konstellationen als „mimetic isomorphism" gefasst.

77 Zur Sozialfigur des Experten siehe Hitzler et al. (1994), zu Beratung Brüsemeister/Schützeichel (2004).

Alternativen überlegen ist. Es ist also alles andere als Zufall, dass die moderne Gesellschaft die Sozialfigur des beratenden Experten in prinzipiell allen Lebensbereichen hervorgebracht hat, das Beratungsgeschäft floriert, und eine Ratgeberliteratur für alle Lebenslagen aus dem Boden geschossen ist.[78]

Überall dort, wo tatsächlich nicht rational gehandelt wird, sondern lediglich Rationalitätsfiktionen bestehen, trägt eine soziologische Handlungserklärung mit Hilfe des Homo Oeconomicus zur Bestärkung dieser Fiktionen bei, ist also nicht analytische Durchdringung, sondern ideologische Verbrämung sozialer Wirklichkeit. Es wäre allerdings zu kurz gegriffen, die Wirkung von Rationalitätsfiktionen allein darin zu sehen, dass sie die faktisch nicht oder nur unvollkommen gegebene Rationalität des Handelns mehr oder weniger elegant kaschieren. Das „Als-ob" ist inhärent ambivalent: Einerseits suggeriert es mehr, als real vorhanden ist, und gestattet den Akteuren damit, Rationalitätsdefizite ihres Handelns hinzunehmen; andererseits wohnt dieser Sichtweise aber immer auch eine subtile Aufforderung inne, die häufig eine wirklichkeitsverändernde Kraft gewinnen, also zu einer größeren Annäherung des Realen an die Fiktion drängen kann. Wenn ein Handeln von allen Seiten als rational dargestellt und angesehen wird, wird der betreffende Akteur dadurch ermuntert und manchmal geradezu ermahnt, sich um diese Rationalität auch zu bemühen – und wenn schon nicht dieses Mal, so doch in Zukunft. Diese nicht immer, aber oft gegebene implizite erzieherische Wirkung von Rationalitätsfiktionen lässt sie zu sich selbst erfüllenden Prophezeiungen werden, und in dem Maße, wie das der Fall ist, hat die Anwendung des Homo Oeconomicus als Erklärungsmodell keinen ideologischen Charakter, sondern gibt tatsächlich wirkende Handlungsantriebe wieder. Das Rationalitätsbemühen begründet dann den Einsatz des Homo Oeconomicus als Akteurmodell.

Mangelnde Theoretisierung der Nutzenkomponente

Der fünfte und letzte hier behandelte Einwand gegen den Homo Oeconomicus richtet sich nicht, wie die bisherigen, auf die eine oder andere Weise gegen die Rationalitätsunterstellung dieses Akteurmodells. Wenn man davon ausgeht, dass Akteure rational nutzenorientiert handeln, stellt sich vielmehr auch die im Modell des Homo Oeconomicus zunächst nicht vorgesehene Frage: Wie gelangen die Akteure zu ihren Nutzenvorstellungen (Marini 1992: 33-44)? Dieser Einwand wendet sich also der Zielkomponente des Handelns zu und konstatiert eine unüberbrückte Kluft zwischen der abstrakten Modellvorstellung des rational nutzenorientierten Akteurs auf der einen und empirisch konkretisierten Nutzenausprägungen auf der anderen Seite. So lange über Akteure „im allgemeinen" gesprochen wird, kann man ihnen höchstens – mehr oder weniger beliebig – eine inhaltsleere Handlungsstrategie wie Maximierung des absoluten oder des relativen ei-

78 Siehe z. B. Schöneck (2004) zu Ratgeberbüchern in Sachen Zeitmanagement.

genen Nutzens, Minimierung der absoluten oder relativen eigenen Verluste oder auch Maximierung gemeinsamen Nutzens bzw. Minimierung gemeinsamer Verluste einer Kollektivität zuschreiben (Mac Crimmon/Messick 1976; Scharpf 1997: 84-89). Diese abstrakten Formeln können zur Erklärung konkreten sozialen Handelns so noch gar nichts beitragen, weil immer erst substantiell spezifiziert werden muss, worin denn in einer bestimmten gesellschaftlichen Situation Nutzen und Verluste eines Akteurs bestehen.

Diese Spezifizierung erfolgt in vielen Rational-Choice-Analysen auf eine von zwei gleichermaßen unbefriedigenden Weisen. Zum einen werden die abstrakten Nutzenkalküle oftmals durch alltagsweltliche Plausibilitäten substantialisiert. Dann wird letztlich als selbstevident unterstellt, dass beispielsweise Unternehmen nach Gewinn, politische Parteien nach Wählerstimmen oder Wissenschaftler nach Reputation in ihrer jeweiligen Disziplin streben. Zum anderen hält man sich ebenso häufig an die expliziten Nutzenartikulationen der untersuchten Akteure – findet also beispielsweise durch Dokumentenanalysen oder Befragungen heraus, was ein bestimmter Akteur in einer bestimmten Situation gewollt hat. Man kann dann zum Beispiel manchmal feststellen, dass ein Wissenschaftler gar nicht nach möglichst hoher Reputation unter seinen Kollegen strebt, sondern vielleicht nach Arbeitsplatzsicherheit, die er durch die Veröffentlichung unpopulärer Wahrheiten womöglich gefährdete. Auf diese Weise vermag man also zu simple Nutzenzuschreibungen empirisch zu korrigieren. Aber zu theoretisch verallgemeinerbaren Aussagen über typische Nutzenorientierungen stößt man so noch nicht vor. Ob nun die Substantialisierung von Nutzenorientierungen als Zuschreibung durch den Theoretiker auf der Basis scheinbar selbstverständlicher, unhinterfragt übernommener Deutungsmuster des Alltagswissens oder aus der Beobachtung der konkreten Empirie des jeweiligen Untersuchungsgegenstandes erwächst: Beide Vorgehensweisen erklären nicht, warum spezifische gesellschaftliche Akteure gerade die Nutzenvorstellungen haben, die sie haben.[79]

In welche Richtung könnten Schritte zu einer Theoretisierung der Nutzenkomponente des Handelns gehen? Richard Münch (1983: 51/52) weist in seiner Kritik von Rational-Choice-Erklärungen auf den entscheidenden Punkt hin, dass die Konstitution substantieller Nutzenorientierungen von Akteuren situationsübergreifende, *generalisierte Nutzenleitlinien* voraussetzt. Weber hob dies bereits mit seiner Unterscheidung von Ideen und Interessen hervor. Gegen bloß auf Interessen, also Nutzenvorstellungen abstellende Handlungserklärungen wandte er ein, dass übergreifende kulturelle Ideen die „Weichensteller" der Ausbildung von Interessen seien (Weber 1920: 240). Demzufolge sind Ideen wie etwa die der protestantischen Ethik

79 Siehe dazu auch die schon in Kapitel 3.2 referierte klassische Kritik utilitaristischer Sozialtheorien durch Talcott Parsons, die auch noch zeitgenössische Versionen des Homo Oeconomicus trifft.

kulturelle Rahmungen, innerhalb derer sich Interessen überhaupt erst entfalten können und bewegen müssen. Dass er ein sein Leben beherrschendes Interesse daran hat, seine ökonomischen Projekte zielstrebig zu verfolgen, weiß der Protestant nur deshalb, weil er von der Idee beseelt ist, dass Reichtum ein – wenngleich nicht verlässliches – Anzeichen seiner Auserwähltheit durch Gott ist (Weber 1905).

Teilsystemische Handlungslogiken

Als einen wichtigen Schritt – keineswegs bereits als den ganzen Weg – zu einer theoretischen Fassung der Nutzenkomponente des Homo Oeconomicus kann man dieses Akteurmodell erstens mit Überlegungen verknüpfen, die sich zum einen bei Weber, zum anderen in systemtheoretischen Betrachtungen gesellschaftlicher Differenzierung finden (Schimank 2007: 49-63, 137-147). Wie weiter oben schon erwähnt, begreift Weber die moderne Gesellschaft als eine in verschiedene „Wertsphären" differenzierte. In jeder dieser Sphären regiert ein anderer Leitwert mit tendenziellem Absolutheitsanspruch: in der Kunst der Wert des Schönen, in der Wissenschaft der des Wahren, in der Wirtschaft der des Profits, in der Politik der der Macht, usw. Jeder dieser Werte ist eine kulturelle Idee, die dem Handeln einen eindeutigen „frame" der Nutzenausrichtung vorgibt (Esser 1990; 2001). Für den Wissenschaftler zum Beispiel zählt, solange er sich unter Kollegen bewegt, sein Reichtum ebensowenig wie seine Frömmigkeit oder seine künstlerische Ingeniosität. Dort geht es vielmehr um Wahrheit, und danach hat er zu streben, will er im Kollegenkreis Anerkennung erringen.

Besonders Luhmanns systemtheoretische Perspektive hat dies systematischer ausgearbeitet. Für ihn ist die moderne Gesellschaft ein Ensemble von einem guten Dutzend Teilsystemen wie Wirtschaft, Politik, Wissenschaft, Erziehung, Kunst, Massenmedien, Sport und einigen weiteren; und in jedem von ihnen beherrscht ein je eigener binärer Code als „distinction directrice" (Luhmann 1986) die Aufmerksamkeit – etwa der Code von Siegen/Verlieren im Sport. Siege zu erringen und Niederlagen zu vermeiden: Darum dreht sich in diesem Teilsystem alles (Bette/Schimank 1995: 25-42). Binäre Codes vermitteln somit – akteurtheoretisch gewendet – als *teilsystemische Handlungslogiken* dem Akteur das, was für ihn jeweils erstrebenswert ist. Damit vermag ein soziologischer Beobachter, sofern er die teilsystemische Zugehörigkeit eines Akteurs zu einem gegebenen Zeitpunkt kennt, noch nicht auf dessen ganz konkrete Nutzenvorstellungen, wohl aber auf deren generelle Ausrichtung zu schließen – und so immerhin bereits die ganzen anderen Nutzenausrichtungen mit erheblicher Wahrscheinlichkeit auszuschließen. Das Wirken dieser Codes ist im Übrigen ebenfalls in ihrem fiktionalen Charakter begründet (Schimank 1988). Weil Akteure aufgrund des Codes wechselseitig davon ausgehen, dass es im Sport um Siege geht, drängen sie einander in diese Nutzenausrichtung hinein und bestätigen dadurch immer wieder aufs Neue den Code.

Lagespezifische Lebensstile

Neben den teilsystemspezifischen Codes bilden *lagespezifische Lebensstile* eine zweite wichtige Spezifizierung der Nutzenkomponente des Homo Oeconomicus – sofern es sich um individuelle Akteure handelt. Die soziale Lage eines Akteurs prägt ebenfalls seine Vorstellungen darüber, was für ihn nützlich ist. Schon Weber (1922: 177-180) hatte betont, dass die „Klassenlage" und der „soziale Stand" einer Person nicht nur deren Handlungsmöglichkeiten bestimmen, sondern auch, welche der objektiv gegebenen Möglichkeiten überhaupt als subjektiv erstrebenswert erscheinen. Den Bürger interessieren andere Dinge als den Arbeiter, und den Facharbeiter andere Dinge als den ungelernten Arbeiter. Empirisch breit ausgearbeitet wurde dies dann vor allem durch Pierre Bourdieus (1979) Analyse der „feinen Unterschiede".[80] Diese Unterschiede lassen sich, was Bourdieu hauptsächlich getan hat, an zahllosen Facetten der Freizeitaktivitäten und des Konsumverhaltens festmachen, stellt man etwa einen ökologisch angehauchten Hochschulabsolventen der Geisteswissenschaften in prekärem Beschäftigungsverhältnis und wechselnden „Beziehungskisten" einem selbständigen Handwerksmeister gegenüber, der verheiratet ist, dessen Ehefrau im Betrieb mithilft und der sich ausmalt, dass sein Sohn dereinst seine Nachfolge antritt. Man muss nicht näher ausführen, dass diese beiden beispielhaften Vertreter ganz unterschiedlicher sozialer Lagen nicht nur in Freizeit und Konsum, sondern auch etwa in ihren politischen Aktivitäten, in ihren beruflichen Karrierestrategien und in ihrer Familienplanung so weit auseinander liegen, dass sie einander gegenseitig in manchen Punkten überhaupt nicht verstehen könnten.

Drei Lagemerkmale haben die Theorien sozialer Ungleichheit seit langem betrachtet: Bildung, Einkommen und Berufszugehörigkeit. Daneben werden inzwischen weitere Lagemerkmale einbezogen, weil auch sie den Lebensstil, also die Möglichkeiten und Zielvorstellungen der Lebensführung einer Person, mehr oder weniger stark prägen können. Zu diesen Merkmalen gehören Geschlecht, Alter, Generation, Familienstand, ethnische Zugehörigkeit und Wohnort (Hradil 1987; Rössel 2005). Es ist einsichtig, dass die Vorstellungen darüber, was einem in bestimmten Fragen der Lebensführung nutzt, dadurch geprägt werden, ob jemand eine Frau oder ein Mann ist, jung oder alt, „Trümmerfrau" oder Mitglied der „Erbengeneration", Single oder Familienvater, Deutscher oder Türke, Stadt- oder Landbewohner. Damit lassen sich auch die entsprechenden Befunde der Theorien sozialer Ungleichheit heranziehen, um die Nutzenkomponente des Homo Oeconomicus substantiell anzureichern.

80 Siehe für Deutschland auch die Untersuchungen von Vester et al. (1993) zu den „sozialen Milieus".

Reflexive Interessen

Ein dritter Schritt in Richtung einer Theoretisierung der Nutzenkomponente des Homo Oeconomicus kann dadurch getan werden, dass man die *reflexiven Interessen* der Akteure in Rechnung stellt (Schimank 1992: 261-268; 2005a: 143-183). Diese rahmen die zahllosen, unermesslich vielfältigen und oft nicht sehr dauerhaften substantiellen Interessen jedes Akteurs. Reflexiv sind solche Interessen, die sich auf die generellen Bedingungen der Möglichkeit der Realisierung spezifischer substantieller Interessen beziehen. Diese generellen Bedingungen lassen sich in mehreren Richtungen ausmachen:

- Rational nutzenorientierte Akteure streben oftmals danach, die Reichweite der eigenen Interessenrealisierung auszudehnen, also ein breitgefächertes Spektrum an substantiellen Interessen zu realisieren. Solche Akteure haben dann zum einen ein Interesse am Wachstum dafür relevanter Ressourcen – insbesondere finanzieller und personeller Art – und zum anderen ein Interesse an einer entsprechenden Diversifizierung der eigenen Befugnisse.
- Weiterhin streben solche Akteure oftmals nach Dominanz in einer gegebenen substantiellen Interessensphäre. Solche Akteure haben zum einen wiederum ein Interesse am Wachstum dafür relevanter Ressourcen, zum anderen ein Interesse an einer größtmöglichen Monopolisierung von Befugnissen in der entsprechenden Interessensphäre.
- Rational nutzenorientierte Akteure streben ebenfalls oftmals danach, die Kontrolle über die eigene Interessenrealisierung zu erweitern. Solche Akteure haben vor allem ein Interesse daran, die eigene Entscheidungsautonomie zu vergrößern.

Neben diesen bestandsorientierten reflexiven Interessen gibt es ein weiteres reflexives Interesse, das bereits für den Homo Sociologicus angesprochen worden ist, aber für den Homo Oeconomicus ebenfalls gilt: das Interesse an Erwartungssicherheit. Nicht nur der Homo Sociologicus fürchtet das Chaos einer normativ ungeordneten Welt. Der Homo Oeconomicus kann ebenfalls keine Erwartungsunsicherheit gebrauchen, weil sie ihm seine rationalen Handlungskalkulationen erschwert oder gar verunmöglicht.

Alle reflexiven Interessen wirken, wie die teilsystemischen Handlungslogiken, als Fiktionen der gesellschaftlichen Akteure über die jeweils anderen und, daraus zwangsläufig erwachsend, auch über sich selbst. Gegenüber anderen Akteuren wird zwar nicht immer, so doch sehr häufig davon ausgegangen, dass sie diese reflexiven Interessen verfolgen und dementsprechend darauf ansprechbar sind. Das erfahrungsgesättigte Alltagswissen darüber, dass ein Akteur in der Tat oft gut daran tut, sich um die genannten reflexiven Interessen zu kümmern, gewinnt durch Fiktionalisierung Handlungsinstruktivität: Jeder Akteur wird so behandelt, als ob er diese Interessen verfolgt. Diese Fiktion überzieht sowohl die „empirische“ Evidenz der konkreten Situation als auch den prognostischen Gehalt des Erfahrungssatzes. Doch die Fiktion wirkt in hohem Maße als self-fulfilling prophecy. So verfestigt sich eine Sichtweise, der sich nicht nur die Fremd-, sondern auch die Selbstbeobachtung von Akteuren nur noch schwer entziehen kann.

Zusammengenommen ergeben teilsystemspezifische Handlungslogiken, lagespezifische Lebensstile und reflexive Interessen bereits ein recht gut verwendbares, wenngleich jeweils weiter auszuarbeitendes theoretisches Instrumentarium, um die Nutzenkomponente des Homo Oeconomicus zu analysieren.

Modellanreicherung und Erklärungsökonomie

Resümiert man die fünf Einwände, die hier behandelt wurden, so können sie alle dazu verwendet werden, das von ihnen angegriffene theoretische Modell des Homo Oeconomicus zu stärken. Dadurch wird es zweifellos aufwändiger in der Handhabung. Vorstellungen über begrenzte Rationalität und Routinisierung sowie über eine Mehrzahl reflexiver Interessen ebenso wie die Verknüpfung mit differenzierungs- und ungleichheitstheoretischen Einsichten machen den Homo Oeconomicus komplizierter; und die Unterscheidung von Niedrig- und Hochkostensituationen sowie der Tatbestand der Rationalitätsfiktionen begrenzen den Einsatzbereich bzw. schränken die Geltung dieses Akteurmodells als Handlungserklärung ein. Aber an all dem führt kein Weg vorbei, will man mit dem Modell nicht gänzlich realitätsblinde Erklärungen fabrizieren. Freilich sollte man im Sinne der bereits angesprochenen Erklärungsökonomie um so mehr darauf achten, keinen unnötigen Aufwand, gemessen am jeweiligen Erklärungsproblem, zu betreiben. Für gar nicht so wenige Probleme reicht ein sehr simpler Homo Oeconomicus als Erklärungsmodell völlig aus.

Zusammenfassung und Vorschau

In diesem Kapitel ging es um den Homo Oeconomicus als das aus der Wirtschaftswissenschaft in die Soziologie importierte Akteurmodell. Das Handeln, das dieses Modell erfasst, wird durch rationale Kalkulation und Verfolgung eines Nutzens erklärt; das soziale Handeln des Homo Oeconomicus ist entsprechend durch Bewältigung von Interdependenzen gekennzeichnet. Dabei sind allerdings begrenzte Rationalität, rationale Routinen, die Unterscheidung von Niedrig- und Hochkostensituationen, Rationalitätsfiktionen sowie die gesellschaftsstrukturelle Rahmung von Nutzenorientierungen und reflexive Interessen zu berücksichtigen.

Mit dem Homo Oeconomicus und mit dem Homo Sociologicus sind bis hierher die beiden bedeutendsten Akteurmodelle vorgestellt worden. Ein Großteil der Diskussion um die Erklärung sozialen Handelns hat sich um diese beiden Modelle gerankt. Aber sind Normkonformität auf der einen, rationale Nutzenverfolgung auf der anderen Seite wirklich die einzigen beiden Arten von Handlungsantrieben, die in der sozialen Wirklichkeit von Bedeutung sind? Im folgenden Kapitel werden zwei weitere soziologisch relevante Akteurmodelle vorgestellt: der „Emotional man“ und der Identitätsbehaupter.

5. „Emotional man“ und Identitätsbehaupter

In diesem Kapitel geht es um die Komplettierung des soziologischen Werkzeugkastens zur Erklärung von Handlungswahlen. Im Folgenden wird zunächst das Modell des emotionsgetriebenen Akteurs behandelt: der „Emotional man“. Dazu wird die Frage geklärt, welche Emotionen als soziologisch relevante von diesem Modell in den Blick genommen werden und durch welche Situationsbedingungen Emotionen als Antriebe des sozialen Handelns ausgelöst werden. Im Anschluss daran wird das Modell eines Akteurs vorgestellt, dessen Handeln durch das Streben nach Bestätigung seines Selbstbildes angetrieben wird: der Identitätsbehaupter. Dieses Akteurmodell wird anhand der Frage, was Identität ist, und wie sie in das soziale Handeln von Akteuren hineinwirkt, skizziert.

5.1 Emotionen als Handlungsantriebe

Immer wieder handeln Akteure auch aufgrund von Emotionen wie Neid, Wut, Liebe oder Angst. Der „Emotional man“ ist ein Akteurmodell, das soziales Handeln als auf emotionalen Antrieben beruhende Handlungswahlen erfasst. Dieser Akteur verarbeitet seine Handlungssituationen in der Weise, dass sein Handeln von solchen strukturellen Determinanten der Situation bestimmt wird, die Emotionen auslösen; und sein Bestreben besteht insofern im Ausleben dieser Emotionen, als dadurch die Strukturen in der sozialen Situation ertragen und damit erhalten oder auch verändert werden sollen. So erwächst zum Beispiel Neid aus sozialen Verteilungsstrukturen, die von Schlechtergestellten als ungerechtfertigt erlebt werden; und durch diesen Neid angetriebenes Handeln von Akteuren kann sich dann in vielerlei Weisen auf die Veränderung dieser Verteilungsstrukturen richten.

Eine genauere Prüfung der Theorietradition zeigt, dass fast alle soziologischen Klassiker die emotionale Dimension sozialen Handelns zumindest erwähnen.[81] An theoretisch prominenterer Stelle taucht sie allerdings nur bei Max Weber auf. In seiner Typologie sozialen Handelns findet sich neben den bereits in den vorausgegangenen Kapiteln angesprochenen Arten des „zweckrationalen“, „traditionalen“ und „wertrationalen Handelns“ auch das „affektuelle Handeln“ (Weber 1922: 12). Weber hält also den Sachverhalt für theoretisch bemerkenswert, dass Handeln durch momentane oder sogar dauerhaft angelegte Gefühlslagen der Person bestimmt sein kann. Ein

81 Jürgen Gerhards (1988: 24-51) zeigt dies für Max Weber, Emile Durkheim und Georg Simmel. Aber auch bei George Herbert Mead, Talcott Parsons und sogar Karl Marx würde man fündig werden.

spontaner Wutausbruch über das Fehlverhalten eines anderen Menschen oder der tief sitzende lebenslange Neid auf die erfolgreichen Karrieren anderer können offenbar ebenso wirkmächtige Antriebe der Handlungswahl sein wie Nutzenerwägungen oder Rollenerwartungen. Weber notiert dies, macht aber weiter nichts aus der Beobachtung. Bei ihm bleiben „affektuelles“ wie „traditionales Handeln“ theoretische Restkategorien.

Die soziologische Beschäftigung mit einer ganzen Reihe unterschiedlichster Gegenstandsbereiche wie Familie, Beruf, Organisationen, Kunst, Gesundheit, Sport oder Erziehung hat jedoch deutlich werden lassen, dass die Soziologie sich daran begeben muss, diesen Handlungsantrieb für soziologische Erklärungen ernst zu nehmen, will sie nicht einen Teil der Handlungswahlen – gerade auch von Akteuren in der Gegenwartsgesellschaft – unerklärt lassen. Man denke beispielsweise an aktuellere soziale Phänomene wie Gewaltexzesse oder Amokläufe von Jugendlichen oder an das Zustandekommen von „Fan-Meilen“ und „Mega-Partys“ durch Zusammengehörigkeitsgefühle bzw. das Aufkommen eines verstärkten Nationalbewusstseins anlässlich eines Sport-Ereignisses wie der Fußballweltmeisterschaft 2006 in Deutschland. In jüngerer Zeit haben daher Emotionen als Thema der Soziologie eine größere theoretische Aufmerksamkeit gefunden, und dies hat zur Ausarbeitung des entsprechenden generellen Akteurmodells geführt: des „Emotional man“.[82]

Im Folgenden wird zunächst anhand einer Abgrenzung von Emotionen, Instinkten und Kognitionen gezeigt, wie Emotionen genauer zu fassen und wie sie durch Sozialität mitbedingt sind bzw. diese mitbedingen. Anschließend werden die für soziologische Erklärungen relevanten Emotionen fokussiert, und es wird nach den sozialen Auslösern solcher Emotionen gefragt. Im Zusammenhang mit der Präsentation zweier, von Helena Flam ausgearbeiteter Varianten des Akteurmodells wird das enge Verhältnis des „Emotional man“ zu den beiden bisher besprochenen Akteurmodellen, dem Homo Sociologicus und dem Homo Oeconomicus diskutiert.

Emotionen zwischen Handeln und Verhalten

Dass „affektuelles“ Handeln bei Weber eine theoretische Restkategorie bleibt, liegt letztlich darin begründet, dass er – wie im Kapitel 2 angesprochen – Handeln vom bloßen Verhalten abzugrenzen bemüht ist und in diesem Zusammenhang emotional angetriebenes Tun an der Grenze zum Verhalten angesiedelt sieht. In der Tat treten rein physiologische Reaktionsmuster im emotionalen Handeln sehr viel unmittelbarer hervor als bei Normkonformität oder rationaler Nutzenverfolgung. In einem urplötzlichen Wutausbruch oder spontaner sexueller Lust brechen sich körperliche Reaktionen vor aller

82 Einen Überblick über den gegenwärtigen Stand der Emotionsforschung und aktuelle theoretische Ansätze in der Emotionssoziologie bietet Schützeichel (2006).

sinnhaften Deutung ihre Bahn und überwältigen die Person oftmals im wahrsten Sinne des Wortes. Aber selbst diese emotionalen Reaktionsmuster sind sozial geprägt, also in intersubjektiv geteilte Sinnmuster eingebettet. Das zeigen etwa Kulturvergleiche, die zum Beispiel die erhebliche Variabilität der Ausdrucksformen für Wut dokumentieren. Was scheinbar völlig „aus dem Bauch heraus" passiert, ist in Wirklichkeit immer schon stark sozial geformt. Erst recht gilt dies natürlich für dauerhaftere emotionale Stimmungen, deren Ausleben manchmal sehr elaborierten sinnhaften Deutungen unterliegt. Man denke zum Beispiel an die Melancholie, die im 17. und 18. Jahrhundert die Lebensführung bestimmter Bevölkerungsgruppen zutiefst prägte, was in der kollektiven Gestaltung eines reichhaltigen Arsenals von Ausdrucksformen dieser Gefühlslage für eine Vielzahl von Lebenssituationen zum Ausdruck kam (Lepenies 1969). Diese Beispiele verdeutlichen bereits, dass man Emotionen, hat man sie erst einmal als Handlungsantriebe erkannt, soziologisch nicht sogleich wieder abtun kann, indem man sie in die Nähe des bloßen Verhaltens rückt.

Modi der Weltaneignung: Instinkte, Kognitionen, Emotionen

Ohne hier in soziologisch nicht weiter interessierende psychologische und biologische Betrachtungen von Emotionen einzusteigen, sollen diese – Gerhards (1988: 72-103) folgend – durch die Abgrenzung gegen Instinkte auf der einen, Kognitionen auf der anderen Seite näher bestimmt werden. Instinkte, Kognitionen und Emotionen sind die drei grundlegenden menschlichen „Modi der Weltaneignung" (Gerhards 1988: 72). Alle drei dienen dem Menschen dazu, in der Welt, in die er durch seine Geburt hineingeworfen wird, zurechtzukommen. Die Ausstattung des Menschen mit Instinkten ist im Vergleich zu Tieren sehr gering (→ Kap. 2). Kognitionen spielen dafür eine umso wichtigere Rolle. Das erweist sich sowohl am Homo Sociologicus als auch am Homo Oeconomicus, die beide voraussetzen, dass Akteure ihre jeweilige Umwelt differenziert wahrzunehmen vermögen und daran entsprechende Vorgänge der Informationsverarbeitung anschließen können.

Instinkte konstituieren eine gleichsam automatische, biologisch festgelegte und entsprechend eindeutig vorgeprägte Reaktion auf einen bestimmten Schlüsselreiz. Es werden Punkt-für-Punkt-Entsprechungen zwischen Umweltbeschaffenheit und Verhalten eines Lebewesens hergestellt: Wenn ein Angreifer auf den Plan tritt, sträuben sich dem Hund die Nackenhaare. Diese Alternativlosigkeit instinktgeleiteter Reaktionen wird aufgebrochen, sobald Kognitionen oder Emotionen ins Spiel kommen.[83] Was diese beiden

83 In der Sprache der allgemeinen Systemtheorie ist dies der Unterschied zwischen „trivialen" und „nicht-trivialen Maschinen" (von Foerster 1984). Erstere weisen starre Input-Output-Verknüpfungen auf, sind also Input-determiniert, während letztere „Withinputs" (Easton 1965: 27, 55/56) dazwischenschalten.

„Modi der Weltaneignung“ von Instinkten unterscheidet, ist die Unterbrechung der starren Reiz-Reaktions-Sequenzen. Denn sowohl bei Kognitionen als auch bei Emotionen findet eine auf Wahrnehmung gegründete Informationsverarbeitung statt. Allerdings unterscheidet sich die Art der Informationsverarbeitung bei beiden wiederum grundlegend. *Kognitionen* beruhen auf sequentieller Informationsverarbeitung. Sie nehmen Schritt für Schritt die verschiedenen Elemente auf, aus denen sich die Handlungssituation zusammensetzt, sortieren und verknüpfen die Elemente unter anderem mit Hilfe kausaler Schemata und leiten dann daraus durch logische Schlüsse ein situationsangemessenes Handeln ab. Diese Vorgänge sind für rationale Nutzenverfolgung ganz offensichtlich, finden aber auch bei Normkonformität statt. Normkonformes Handeln setzt ja voraus, dass Bezugsgruppen identifiziert und deren spezifische Erwartungen ausfindig gemacht, nicht selten auch konfligierende Erwartungen gegeneinander abgewogen werden müssen, bis der Handelnde weiß, was er zu tun hat.

Emotionen beruhen demgegenüber auf simultaner Informationsverarbeitung. In dem Maße, wie ein Handelnder gefühlsbestimmt agiert, schnurren die Abfolgen von Wahrnehmungs- und Denkschritten gleichsam in einem einzigen Bild zusammen, ohne dass aber der Kurzschluss rein instinktiven Verhaltens auftritt. Emotionen versorgen den Akteur mit einem gestalthaften Bild der Situation, aus dem sich dann die Handlungswahl ergibt. Kognitionen stellen demgegenüber eine Serie von Bildern dar, die sich auseinander herleiten, bis sie ins Handeln münden. Als „Modus der Weltaneignung“ sind Emotionen somit eine ganzheitliche Informationsverarbeitung. Diese Bestimmung des Operierens von Emotionen betont erstens den Unterschied zu instinktivem Verhalten, bei dem gar keine Informationsverarbeitung stattfindet. Emotionen werden dagegen durch den Bezug auf die Definition der Handlungssituation mitbestimmt, und das Er- und Ausleben von Emotionen fällt damit eindeutig in den Bereich des Handelns, womit Webers unentschiedene Sichtweise überwunden wird. Zweitens ist jedoch die Art der Informationsverarbeitung ganz anders als bei Kognitionen. Das erklärt, warum Normkonformität und rationale Nutzenverfolgung einander als Handlungstypen näher stehen als dem emotionalen Handeln. Weber ist daher zumindest insoweit zuzustimmen, dass emotionales Handeln zwischen instinktivem Verhalten auf der einen und norm- bzw. -nutzenorientiertem Handeln auf der anderen Seite angesiedelt ist.

Beziehungsorientierte Emotionen

Es soll nun eine Eingrenzung des hier behandelten und vom Akteurmodell des „Emotional man“ erfassten Spektrums von Emotionen vorgenommen werden. Als „Modus der Weltaneignung“ können sich Emotionen auf alle möglichen Situationen und Aspekte der Welt richten – zum Beispiel auch auf die Natur. Naturschönheiten rufen bekanntlich in vielen Menschen entsprechende Gefühle der Ehrfurcht und Bewunderung hervor. Das gleiche gilt für Kunstwerke. Solche Gefühle sind aber etwas, was der einzelne Handelnde zunächst einmal je mit sich selbst ausmacht, verbleiben also im monologischen Erleben oder Handeln. Sozial relevant werden derartige ästhetische Gefühle in der Regel nur als Thema von Kommunikation. Man redet mit anderen Gleichgesinnten über die eigenen Empfindungen und kann sich dann vielleicht in den anfangs je individuellen Begeisterungen kollektiv hochschaukeln. Als Kommunikationsthemen sind Emotionen aber nicht selbst der Antrieb des entsprechenden sozialen Handelns – und darum geht es für soziologische Erklärungen von Handlungswahlen.

Als Antriebe sozialen Handelns kommen vor allem solche Emotionen in Betracht, die in und durch soziale Beziehungen zustande kommen und die sich auf Inhalte und Formen sozialer Beziehungen richten.[84] Zu solchen *beziehungsorientierten Emotionen* gehören beispielsweise Liebe oder Mitgefühl oder Bewunderung. Sie sind Beispiele dafür, wie die Beziehung zu einem anderen Akteur emotional positiv getönt sein kann. Daneben stehen natürlich zum Beispiel Neid, Hass, Verachtung oder Schadenfreude als negativ getönte emotionale Bestimmungen sozialer Beziehungen. Quer zu diesem Kontinuum verschiedener Ausprägungen von Sympathie und Antipathie steht das Kontinuum von Verlust und Gewinn als emotional bewertetem Handlungsresultat. Mittels dieser beiden Dimensionen lassen sich vier Gruppen von beziehungsorientierten Emotionen unterscheiden. Mitgefühl wäre dann eine Emotion, die sich in einer durch Sympathie geprägten Beziehung angesichts von Verlusterlebnissen des Gegenübers einstellt, während Schadenfreude die Reaktion auf Verlusterlebnisse des Gegenübers in einer durch Antipathie geprägten Beziehung ist. Neid ist eine ebenfalls auf Antipathie begründete emotionale Reaktion – aber auf als Gewinn interpretierte Erlebnisse des Gegenübers. Das Sich-Mitfreuen mit dem Gegenüber ergibt sich demgegenüber, wenn dieser Gewinnerlebnisse hat, aber ihm auch Sympathie entgegengebracht wird. Dies ist keineswegs das einzig mögliche Klassifikationsschema für beziehungsorientierte Emotionen.[85] Je nach soziologischer Fragestellung müssen und können andere Beziehungsdimensionen analytisch hervorgehoben werden.

Soziale Auslöser von Emotionen

Die Frage, auf die nun eingegangen werden muss, ist: Wie werden beziehungsorientierte Emotionen in sozialen Situationen als Antriebe sozialen Handelns ausgelöst? Was sind die Ursachen dafür, dass ein Akteur, dessen Handeln bislang durch Normkonformität oder rationale Nutzenverfolgung bestimmt worden ist, plötzlich emotional getrieben handelt?

84 Siehe auch den „relational approach to emotions" von Burkitt (1997).

85 Siehe etwa zu anderen Beziehungsdimensionen, die relevante Unterscheidungen liefern können, die Überlegungen von Theodore Kemper (1978) – dazu ferner Gerhards (1988: 123-165).

Diese Frage impliziert bereits einen wichtigen Unterschied zwischen dem „Emotional man" auf der einen und den beiden anderen Akteurmodellen auf der anderen Seite. Der „Emotional man" tritt offensichtlich in den meisten Handlungskontexten nur höchst sporadisch auf, überlässt also größtenteils dem Homo Sociologicus und dem Homo Oeconomicus die Bühne. Das muss nicht bedeuten, dass der „Emotional man" lediglich eine unwichtige Nebenfigur darstellt. Denn seine seltenen und kurzen Auftritte mögen ja auch prägnante Weichenstellungen für das weitere Geschehen sein, gleichsam die jeweiligen zukünftigen Handlungskorridore des Homo Oeconomicus und des Homo Sociologicus markieren. Mancher hat sein Leben ruiniert, weil er sich in einem einzigen falschen Augenblick seinen Gefühlen überlassen hat. Dennoch bleibt richtig, dass Bezugsgruppenerwartungen nahezu allgegenwärtig und auch Nutzenorientierungen sehr häufig im Bewusstsein des Akteurs sind, während Emotionen sozusagen die meiste Zeit im Hintergrund des Geschehens ruhen. Das macht freilich die Frage, was Emotionen aus dieser Latenz heraus zur Manifestation im Handeln drängt, umso wichtiger.

Ohne dass die soziologische Betrachtung der Emotionen bislang eine umfassende Antwort auf die Frage nach den sozialen Auslösefaktoren emotionaler Handlungsantriebe gegeben hat, lassen sich zumindest drei Teilantworten kurz ansprechen. Die erste lautet: Emotionale Handlungsantriebe werden durch massive, insbesondere plötzlich gewahr werdende *Erwartungsenttäuschungen* ausgelöst.[86] Es kann sich dabei um normative Erwartungen handeln – wenn zum Beispiel das Gegenüber seine Pflicht nicht erfüllt und man darüber wütend wird, oder wenn man Scham darüber empfindet, dem anderen gegenüber selbst bestimmten Normen nicht gerecht geworden zu sein. Aber auch die Enttäuschung evaluativer Erwartungen, also etwa das Scheitern bestimmter Hoffnungen und Wünsche an den anderen, können emotionale Reaktionen wie beispielsweise Trauer und Verzweiflung hervorrufen. Oder kognitive Erwartungen bleiben unerfüllt, die Dinge entwickeln sich ganz anders als vorgesehen und fraglos unterstellt, und man reagiert mit Gefühlen der Gereiztheit, Nervosität oder Angst. Neben solchen Beispielen für negative Erwartungsenttäuschungen sind allerdings auch positive zu nennen. Gefühle wie Begeisterung, Freude, Dankbarkeit gehen darauf zurück, dass normative, evaluative und kognitive Erwartungen sich in oft übergroßem Maße erfüllen – manchmal mehr, als man sich je hätte träumen lassen.

Dass Erwartungsenttäuschungen, je größer die Diskrepanz zwischen dem erwarteten und dem tatsächlichen Geschehen ist, Emotionen auslösen und

86 Andeutungen in dieser Richtung findet man bei Weber (1922: 12), wenn er „affektuelles Handeln" als Reagieren auf einen „außeralltäglichen Reiz" charakterisiert, in Simmels Analyse der „sekundären Gefühle" (Gerhards 1988: 43-46) sowie bei Parsons (1939: 93-95, 167/168) in seinen Betrachtungen zur „affektiven Orientierung an der Situation". Ausführlich dazu auch die feinfühligen empirischen Fallstudien von Leidensvorgängen bei Brüsemeister (1998).

das Handeln aus der Fixierung auf Normkonformität bzw. rationale Nutzenverfolgung herausbrechen, erklärt sich aus der geschilderten Beschaffenheit dieses „Modus der Weltaneignung“. Der Homo Sociologicus und der Homo Oeconomicus operieren beide auf der Basis von Kognitionen, also sequentieller Informationsverarbeitung. Genau dieser zeitaufwendige „Modus der Weltaneignung“ wird aber durch massive Erwartungsenttäuschungen, vor allem wenn sie abrupt eintreten, tief greifend gestört. Eine Schritt für Schritt vorgehende, logisch geordnete Deutung der Situation mit anschließender Ableitung eines situationsadäquaten Handelns wird gleichsam aus der Bahn geworfen, und stattdessen drängt sich dem Akteur seine positive oder negative Enttäuschung als übergroße ganzheitliche Gestalt auf. Massive Enttäuschungen generieren Bilder, nicht Schlussketten. Die rationale Überlegung setzt zumindest zeitweilig ebenso aus wie das Radarsystem sozialer Umsicht, über das der Akteur ansonsten die normativen Signale seiner Bezugsgruppe empfängt.

Der zweite Auslösefaktor emotionalen Handelns ergibt sich daraus, dass auch Emotionen der Routinisierung unterliegen können. *Routinisierung* vermag nicht zu erklären, warum irgendwann einmal ein bestimmtes emotionales Handeln begonnen hat. Aber falls sich dieses Handeln dann immer wieder wiederholt, lässt sich das sehr wohl als Routinisierung verstehen. So können etwa die ursprünglichen Auslöser dafür, dass zwei Menschen sich ineinander verliebt haben, längst nicht mehr gegeben und vielleicht sogar gänzlich in Vergessenheit geraten sein. Die Liebe kann anhalten, weil beide sich daran gewöhnt haben, den anderen zu lieben.[87] Ein anderes Beispiel für die Routinisierung von Emotionen ist die in bestimmten kulturellen Zusammenhängen geläufige Blutrache oder langfristige – oft über Generationen anhaltende – Familienfehde. Dem zu Grunde liegt eine sozial entstandene und tradierte Emotion, der Hass auf Mitglieder einer anderen Familie; und Racheakte werden auch Jahrzehnte nach dem ursprünglich auslösenden Ereignis noch aus Hass und eben nicht – oder allenfalls sekundär – aus Normorientierung begangen. Ähnlich kann sich auch Achtung oder Neid oder Angst in bestimmten sozialen Beziehungen und Situationen einschleifen; und solange niemand und nichts die Akteure gewissermaßen wachrüttelt, vollziehen sie das entsprechende emotionale Handeln wie rationale oder normative Routinen auch immer wieder ohne Hinterfragen aufs Neue.

Ein dritter Auslösefaktor emotionalen sozialen Handelns können *inszenierte Emotionen* sein. Wenn normative oder rationale Beweggründe den Akteur dazu bringen, Emotionen nach außen darzustellen, die in seinem Inneren überhaupt nicht vorhanden sind, kann das dazu führen, dass er sich sozusagen mit diesen Emotionen anfreundet und sie zu echten werden. Das muss keineswegs so sein. Aber es kann passieren – wobei nur psychologisch ergründet werden könnte, auf welchen innerpsychischen Dynamiken so etwas

87 Und damit ist nicht bloß gemeint, dass man sich an das Miteinanderleben gewöhnt hat.

beruht. Eine Soziologie emotionalen Handelns muss lediglich zur Kenntnis nehmen, dass so etwas gelegentlich stattfindet. Vor allem mit Bezug auf Liebe ist beobachtet worden, wie aus gespielter echte Leidenschaft werden kann. Einige Hollywood-Filme haben dieses Authentisch-werden ursprünglicher Inauthentizität vorgeführt. Wer also nur aus Standesrücksichten oder ökonomischem Interesse heraus geheiratet hat, mag sich damit trösten, vielleicht doch noch von Amors Pfeilen getroffen zu werden. Und Ähnliches kann auch bei anderen Emotionen geschehen.

Zwei Modelle emotionsgetriebenen sozialen Handelns

Versucht man nun, die Art und Weise des Handelns, wie es durch Emotionen hervorgebracht wird, genauer zu charakterisieren, bietet sich eine analytische Unterscheidung an, die Helena Flam (1990a) ausgearbeitet hat. Die Darlegung der beiden von ihr unterschiedenen Modelle bzw. Varianten des Akteurmodells führt zugleich in die Diskussion des Verhältnisses von „Emotional man“ und den anderen bislang besprochenen Akteurmodellen.

Flam stilisiert zunächst einen „pure emotional man“ als einen in der sozialen Wirklichkeit kaum einmal rein vorkommenden theoretisch konstruierbaren Grenzfall. Der spontane Wutausbruch kommt diesem ausschließlich emotionsgetriebenen Handeln wohl noch am nächsten. Darauf aufbauend modelliert Flam anschließend den „constrained emotional man“. Dies ist ein Akteur, dessen Handeln ebenfalls in starkem Maße emotional bestimmt ist; doch diese Emotionalität ist erheblich durch normative oder rationale Handlungsantriebe mitbestimmt. Mit diesem zweiten Modell, das empirisch häufiger anwendbar ist als der „pure emotional man“, leistet Flam bereits eine Verknüpfung von „Emotional man“ und Homo Sociologicus bzw. Homo Oeconomicus.

Flam (1990a: 43-45) charakterisiert den *„pure emotional man“* als „unfree, inconsistent, cost-indifferent“ sowie durch „inconstancy and indeterminancy“:[88]

- Der „pure emotional man“ ist „unfree“, weil ihn Gefühle überkommen. Seine Emotionen sind nicht freiwillig und bewusst gewählt, sondern unwillkürlich. Er kann zum Beispiel nicht den Entschluss fassen, eine bestimmte Person von jetzt an zu lieben oder zu hassen.

88 Flam fügt auch noch hinzu, der „pure emotional man“ sei „other-oriented“. Das ist aber gewissermaßen definitionsgemäß so, weil Flam sich, genau wie ich es auch tue, auf beziehungsorientierte Emotionen beschränkt. Ihr Argument, dass die Orientierung an anderen den „Emotional man“ vom Homo Oeconomicus unterscheidet, stimmt zudem nicht. Man kann dies allenfalls auf den einsamen Konsumenten beziehen, der sich oftmals der Konkurrenzsituation mit anderen Konsumenten gar nicht bewusst sein muss. Vor allem für den soziologisierten Homo Oeconomicus ist aber die Bewältigung sozialer Interdependenzen zentraler Handlungsanlass (→ Kap. 4.2).

- Der „pure emotional man“ ist „cost-indifferent“. Seine Gefühle sind maßlos im wörtlichen Sinne. Er stellt keine Kalkulation darüber an, wie viel Wut oder Mitgefühl beispielsweise in einer bestimmten Situation dem Anlass angemessen ist. Solche Gefühle werden vielmehr spontan ausgeschüttet, solange der Vorrat reicht; und dabei werden weder negative Folgen für ihn selbst noch der zu treibende Aufwand in Rechnung gestellt. Wenn ich vor Wut gegenüber meinem Vorgesetzten „ausraste“, denke ich nicht daran, dass ich meine zukünftige Beförderung aufs Spiel setze; und wenn ich der Heißgeliebten teure Geschenke mache, kümmert es mich nicht, dass mein Kontostand tief in die roten Zahlen gerät.
- Der „pure emotional man“ ist „inconsistent“. Manche Gefühle gegenüber einer bestimmten Person harmonieren miteinander, beispielsweise Liebe und Bewunderung. Das eine trägt das andere und umgekehrt. Aber nicht selten koexistieren durchaus widersprüchliche, spannungsreiche emotionale Strömungen gegenüber einem anderen. Das bekannteste Beispiel ist die sprichwörtliche Hassliebe. Neben einer solchen Gleichzeitigkeit unvereinbarer Gefühle gibt es auch das Phänomen, dass ein bestimmtes Gefühl gegenüber einer anderen Person im Zeitverlauf ins Gegenteil umschlägt. Leidenschaftliche Liebe kann, etwa wenn sie unerwidert bleibt, Hass gegenüber dem anderen hervorrufen. Auch Neid und Bewunderung können nicht nur koexistieren; sondern Neid kann in Bewunderung umschlagen, oder Bewunderung in Neid.[89]
- Der „pure emotional man“ ist durch „inconstancy“ gekennzeichnet. Emotionen sind oftmals nichts Beständiges, sondern schwanken erratisch sowohl in ihrer Intensität als auch in ihrer Tönung. Es gibt zwar den ewigen Hass, vielleicht auch manchmal die ewige Liebe. Häufiger aber ist die Wechselhaftigkeit von Gefühlen. Die Liebe zu einem anderen Menschen ist mal größer und mal kleiner; oder die Trauer über den Verlust eines Menschen nimmt allmählich ab, nur um einen in bestimmten Momenten wieder unversehens zu überkommen; und man mag beständig zwischen Bewunderung und Neid gegenüber einem anderen hin- und herschwanken.
- Der „pure emotional man“ ist durch „indeterminacy“ gekennzeichnet. Emotionen sind oftmals schwer in ihrem Auftreten und ihrem Verlauf vorhersagbar. Das ergibt sich vor allem aus der Wechselhaftigkeit und der Inkonsistenz emotionaler Zustände. Man weiß nicht, ob die Liebe auch morgen noch da ist; man weiß nicht, ob Liebe oder Hass die Oberhand behält; und Wut oder Melancholie können manchmal sozusagen aus dem Nichts entstehen und genauso schnell wieder vergehen. Diese Unvorhersagbarkeit stellt sich nicht bloß aus der Sicht der andern so dar. Auch für einen selbst sind die eigenen emotionalen Zustände oft nur schwer vorausschaubar oder erklärbar. Letzteres hängt natürlich auch

89 Wie auch Flam anmerkt, ist Simmel derjenige soziologische Klassiker, der immer wieder auf derartige Gefühlsantagonismen und -dynamiken gestoßen ist.

damit zusammen, dass man Emotionen kaum willentlich erzeugen und stabilisieren kann.

Wenn Emotionen – zumindest beim „pure emotional man“ – somit als unwillkürliche, maßlose, inkonsistente, schwankende und schwer voraussagbare Handlungsantriebe gelten müssen, stellt ein so bestimmtes soziales Handeln für die soziale Ordnung ein permanentes Störrisiko dar. Dies spiegelte sich auch lange in der sozialphilosophischen Einschätzung von Emotionen wider. Bei aller Würdigung der Befriedigung, die eine Person aus dem Ausleben ihrer Emotionen ziehen kann, bis hin zu dem – relativ neuen – Diktum, nur in ihrer Emotionalität verwirkliche sich die Person authentisch selbst (Turner 1975), hat doch bezüglich der sozialen Folgen stets die Skepsis überwogen. Das ist unmittelbar evident für solche Emotionen, die sozial destruktiven Charakter haben – also etwa Hass oder Wut. Die Skepsis erstreckt sich aber sogar auf diejenigen Emotionen, die enge soziale Bande schmieden und damit auf den ersten Blick ordnungsstiftend erscheinen. Hier liegt die Befürchtung darin begründet, dass solchen Emotionen nicht dauerhaft zu trauen ist. Was, wenn zum Beispiel die Liebe erlischt? Es ist ja kein Zufall, dass es noch keine Gesellschaft gewagt hat, Familienbeziehungen allein auf Liebe zu gründen. Selbst das Ideal der leidenschaftlichen romantischen Liebe in modernen westlichen Gesellschaften ist bekanntlich größtenteils Fiktion geblieben, die zwar in Romanen und Filmen, aber nicht im richtigen Leben funktioniert (Luhmann 1982). Normative Verpflichtungen gegenüber dem Ehepartner und den eigenen Kindern halten die Familie zusammen, nicht Gefühle. Die taugen allenfalls zur Initialzündung dieser sozialen Ordnung und flackern vielleicht, wenn man Glück hat, ab und zu, sozusagen als Versüßung der Pflichterfüllung, wieder einmal auf.

Ehe- und Familienbeziehungen sind somit ein Beispiel dafür, dass emotionale Handlungsantriebe normativ eingebettet werden, um ihnen gewissermaßen „Sozialverträglichkeit“ zu verleihen. Der „Emotional man“ wird gleichsam vom Homo Sociologicus an die Kandare genommen. Albert Hirschman (1977) hat nachgezeichnet, wie in der Frühmoderne eine ähnliche Idee bezüglich des Verhältnisses von „Emotional man“ und Homo Oeconomicus aufkam. Die mannigfaltigen Erfahrungen der sozialen Destruktivität bestimmter „Leidenschaften“, insbesondere wenn gesellschaftliche Führungseliten sie in kriegerischen Auseinandersetzungen ausleben konnten, und das gleichzeitige Wissen darum, dass normative Kontrollen eines solchen emotionalen Handelns aufwendig und damit in ihrer Wirkung begrenzt sind, brachte die Zeitgenossen auf die Idee, dass es für die soziale Ordnung vielleicht besser wäre, wenn die betreffenden Personen ihren rationalen Eigeninteressen nachgingen. Das Paradigma dafür gab der friedliche Kaufmann ab. Man sagte sich gewissermaßen: Solange sich jemand nur darum kümmert, Geld zu verdienen, richtet er gesellschaftlich keinen Schaden an. Denn er lebt beispielsweise nicht auf Kosten vieler anderer seine individuelle Ruhmsucht aus und zerstört auch nicht Familien durch Ehebruch oder Blutrache. Einerseits erscheint uns heute diese Hoffnung auf die segensreichen Wirkungen des Kapitalismus angesichts unserer Erfahrungen mit einer Gesellschaft, deren Wirtschaft vom Homo Oeconomicus regiert wird, als gründlich verfehlt. Andererseits sollte man das dahinter stehende generelle Argument durchaus bedenken: dass auch rationale Nutzenverfolgung Emotionen gleichsam zu domestizieren vermag.

Das zweite von Flam ausgearbeitete Modell ist der *„constrained emotional man"*. Er ist dadurch gekennzeichnet, dass bestimmte Emotionen, die ihn antreiben, durch soziale Normen und/oder Erwägungen rationaler Nutzenverfolgung kanalisiert werden. Diese Kanalisierung kann sich auf die Tönung und die Intensität von Emotionen beziehen oder sogar in eine Umformung bestimmter Emotionen münden. In jedem Fall sind Emotionen vorhanden, die sodann durch Normen und Nutzenerwägungen weiter geformt werden. Davon zu unterscheiden sind zwei weitere Phänomene: zum einen die Inszenierung ursprünglich nicht vorhandener Emotionen durch einen Akteur, weil dies sozial erwünscht oder unter Nutzengesichtspunkten als klug erscheint (Weihrich 2002); und zum anderen die oben schon angesprochene weitergehende Dynamik, dass aus solchen ursprünglich inszenierten Emotionen echte werden können.

Das Modell des „constrained emotional man" macht zunächst darauf aufmerksam, dass Emotionalität und Normbefolgung einander nicht ausschließen. Dies zeigt auch schon Talcott Parsons' Typologie sozialer Rollen, bei der sich eine der analytischen Dimensionen auf den emotionalen Gehalt von Rollen bezieht. Parsons (1951: 60) unterscheidet Rollen, die durch „affektive Neutralität" geprägt sind, von solchen, die „Affektivität" zulassen. So sollte zum Beispiel die Beziehung zwischen zwei Geschäftsleuten oder zwischen einem Verwaltungsbeamten und seinem Klienten durch „affektive Neutralität" bestimmt sein. In derartigen Beziehungen sollten Gefühle keine Rolle spielen. Zur Rolle einer Mutter beispielsweise gehört hingegen, dass sie ihr Kind liebt und ihm dies auch zeigt. Man kann das zunächst so sehen, dass es der Mutter gestattet ist, ihre Liebe zum eigenen Kind in der Rolle auszuleben. Doch die Rollenerwartungen lassen Emotionalität nicht nur zu, sondern setzen dem Ausleben der Emotionalität auch Grenzen. So darf die Liebe der Mutter zu ihrem Kind nicht soweit gehen, dass Sexualität ins Spiel kommt. Ebenso darf die Mutter, wenn ihre Liebe durch das momentane Verhalten des Kindes plötzlich in Wut umschlägt, dieser Emotion nicht maßlos nachgeben. Und wenn eine Mutter zwei Kinder hat, von denen sie eines viel mehr liebt als das andere, wird von ihr erwartet, dass sie sich das nicht anmerken lässt, sondern ihre Emotion gleichmäßig auf beide Kinder verteilt.

Das Beispiel zeigt, dass das Ausleben von Emotionalität durch soziale Normen vorgeschrieben, zugelassen oder untersagt wird – und wenn es vorgeschrieben oder zugelassen wird, spezifizieren Normen weiterhin, welche Art und welches Ausmaß von Emotionen ausgelebt werden dürfen. Arlie Hochschild (1979) spricht treffend von „feeling rules“. Dass ein Polizist in gefährlichen Situationen keine Angst zeigen darf, eine Krankenschwester sich nicht ihre Abneigung gegenüber einem bestimmten Patienten anmerken lassen darf oder der Verlierer eines sportlichen Wettkampfs seine Enttäuschung nicht am glücklichen Sieger abreagieren darf: Das sind Beispiele für Gefühlsnormen, die sich auf negativ getönte Emotionen beziehen. Aber auch positiv getönte Emotionen dürfen nicht in jeder Rolle gezeigt werden. So sollte eine Professorin sich nicht in einen Studenten verlieben; und von denjenigen, die in einem Konkurrenzkampf erfolgreich gewesen sind, wird oft erwartet, dass sie ihre Siegesfreude nicht zu hemmungslos ausleben, um die Enttäuschung der Verlierer nicht noch weiter zu steigern.

Neben solchen Gefühlsnormen stellt ein Akteur beim Ausleben seiner Emotionen aber oftmals auch rationale Nutzenerwägungen in Rechnung. Wenn ich mich beispielsweise in einem Bewerbungsgespräch befinde und mir Fragen gestellt werden, die ich als unangebracht und dumm empfinde, so dass in mir spontaner Ärger aufwallt, bin ich gut beraten, wenn ich mir dieses Gefühl möglichst nicht anmerken lasse, sondern höflich bleibe. Es gibt viele derartige Klugheitsregeln für alle möglichen Alltagssituationen. So gibt man Verliebten manchmal die Empfehlung, die eigenen Gefühle für den jeweils anderen nicht in ihrem wahren Ausmaß zu zeigen, sondern sich spröde zu geben. Denn das locke noch mehr Liebesbeweise aus dem anderen heraus; und in diesem Tun verliebe er sich noch unsterblicher in mich, was meine Liebe für ihn wiederum steigere und dauerhaft festige. Derartige Gefühlskalküle kanalisieren ebenfalls, welche Emotionen gezeigt werden, und in welchem Maße und in welcher Form dies geschieht.

Was insgesamt den „constrained emotional man“ vom „pure emotional man“ unterscheidet, sind Kompetenzen des „emotion management“ (Hochschild 1979). Durch die Beachtung von Gefühlsnormen und die Erwägung von Gefühlskalkülen wird der „Emotional man“ zum einen „sozialverträglich“. Die normativen oder rationalen constraints der emotionalen Handlungsantriebe machen sie weniger maßlos und erratisch und damit erwartbarer als beim „pure emotional man“. Zum anderen kann auch der Akteur selbst hieraus Gewinn ziehen: „Through emotion work and emotion management, individuals achieve a considerable degree of control over and freedom from (some of) their feelings. They do not allow the feelings to overwhelm them.“ Der „constrained emotional man“ ist nicht länger „unfree“, kein „emotional slave“ (Flam 1990a: 47).

Die Handlungserklärung läuft beim „constrained emotional man“ auf eine Kombination von „pure emotional man“ und Homo Sociologicus beziehungsweise Homo Oeconomicus hinaus. Der Erklärungsanteil, den die beiden anderen Handlungsmodelle dabei zu tragen haben, kann variieren – je nachdem, wie stark normative beziehungsweise rationale Gesichtspunkte das emotional angetriebene Handeln kanalisieren. Noch deutlich höher wird der Anteil des Homo Sociologicus beziehungsweise Homo Oeconomicus an der Handlungserklärung, wendet man sich nun solchen Situationen zu, in denen normative Regeln oder rationale Erwägungen dem Handelnden vorschreiben beziehungsweise nahe legen, bestimmte zunächst einmal nicht vorhandene Gefühle zumindest in seiner Außendarstellung zu zeigen. Wenn beispielsweise ein Verwandter gestorben ist und ich zur Beerdigung gehe, wird von mir erwartet, dass ich während der Zeremonie und beim anschließenden Beisammensein der Trauergäste eine gewisse Trauer an den Tag lege – selbst wenn ich den Toten vielleicht gar nicht besonders mochte oder ihm gar den Tod gewünscht habe. Und gäbe es diese normativen Vorschriften hinsichtlich des Ausdrucks bestimmter Gefühle nicht, könnten mich Klugheitsgründe zum gleichen Handeln veranlassen. Ich könnte etwa als armer Verwandter darauf spekulieren, dass die reiche Witwe, auch durch meine Trauer gerührt, sich zukünftig einmal dazu erweichen lässt, mir finanziell unter die Arme zu greifen.

Ein anderes Beispiel für eine Gefühlsnorm, die bestimmte Emotionen vorschreibt, lässt sich am Beruf der Stewardess studieren (Hochschild 1983). Nicht nur, dass diese Berufsrolle vorsieht, dass die betreffende Person ihren Gegenübern stets mit freundlicher Hilfsbereitschaft gegenüberzutreten hat, also jedem ein Ausmaß an Sympathie entgegenbringen muss, das etwa über die distanzierte Aufmerksamkeit einer Verkäuferin weit hinausreicht: Bei den männlichen Fluggästen ruft diese Berufsrolle zudem oft unausgesprochene sexuelle Phantasien an den Tag; und diese Gefühle sollen durch ein entsprechend gefühlsgetöntes Auftreten der Stewardess in gewissem Maße „bedient" werden. Genauso muss der Beerdigungsunternehmer – um das erste Beispiel weiterzuspinnen – Anteilnahme zeigen, und die Animateurin im Ferienclub hat stets gut gelaunt zu sein. Es ist natürlich schwierig, bestimmte Emotionen gewissermaßen auf Knopfdruck zu aktualisieren. Sehr oft wird dieses Problem allerdings dadurch gemildert, dass die Erwartungshaltung der Gegenüber entsprechend oberflächlich bleibt. Sie begnügen sich mit einer einigermaßen stimmigen Außendarstellung und prüfen nicht genauer nach, ob die jeweilige Emotion wirklich authentisch empfunden wird. Wie auch in manchen anderen Hinsichten überbrückt sozialer Takt die Differenz zwischen Außendarstellung und Innenleben und vermeidet so für alle Seiten peinliche Demaskierungen.

Je stärker der Anteil solcher normativer bzw. rationaler Beweggründe für das Zeigen bestimmter Emotionen ist, desto mehr verliert das Modell des „Emotional man" an Erklärungskraft. Im Extremfall kann es so sein, dass überhaupt kein emotionaler Handlungsantrieb vorhanden ist, sondern die entsprechenden Gefühle nur noch vorgespielt werden, um normativen oder rationalen Gesichtspunkten Rechnung zu tragen. Das sind Fälle der *Pseudo-Emotionalität*, für die der Homo Sociologicus bzw. der Homo Oeconomicus oder eine Kombination beider als Erklärungsmodelle völlig ausreichen. Nicht selten geht freilich genuin emotionales Handeln auch in eine derartige Inszenierung von Emotionalität über. So bin ich beispielsweise vielleicht doch ein wenig traurig über den Tod meines Verwandten und muss dann nur noch geringfügig übertreiben, um auf der Beerdigung angemessen aufzutreten. Und wenn mich in einer Verhandlungssituation das Blockadeverhalten meines Gegenübers wütend macht und ich mitten im Ausleben des Wutanfalls bemerke, wie einschüchternd dieser wirkt, kann ich ihn dann strategisch forcieren, um so die Konzessionsbereitschaft des Gegenübers noch weiter zu erhöhen. In solchen Fällen ist der „Emotional man" das Handlungsmodell, mit dem man die Startphase der Handlungsdynamik erfasst, während die weitere Fortsetzung dann vom Homo Sociologicus bzw. Homo Oeconomicus abgedeckt wird.

Überindividuelle Akteure als „Emotional man"

Bis zu diesem Punkt sind Emotionen stets als Handlungsantriebe einzelner Personen angesprochen worden. Das entspricht einer gängigen Vorstellung des Alltagswissens, wonach nur individuelle Akteure, aber nicht etwa überindividuelle Akteure Emotionen haben können. Auf den ersten Blick mutet es ja auch äußerst befremdlich an, dass eine soziale Bewegung, wie zum Beispiel die Friedensbewegung, oder gar eine formale Organisation, wie zum Beispiel ein Ministerium oder eine Gewerkschaft, Emotionen haben könnten. Ist eine derartige Behauptung nicht bloß eine unangemessene Umschreibung des Sachverhalts, dass es Situationen gibt, in denen alle oder die meisten individuellen Akteure, die einem solchen überindividuellen Akteur angehören, von denselben Emotionen getrieben werden? Wenn etwa Neidgefühle in einer Tarifauseinandersetzung zwischen Gewerkschaft und Arbeitgebern dafür sorgen, dass die Gewerkschaftsseite auch mit dem Angebot einer substantiell beträchtlichen Lohnerhöhung noch nicht zufrieden ist und hart bleibt: Ist das dann der „Sozialneid" der Gewerkschaft als eines überindividuellen Akteurs, oder nicht nur der organisatorisch gebündelte Neid aller Mitglieder?

Flam (1990b) hat sich auch mit dieser Frage auseinandergesetzt und gelangt zu dem Schluss, dass überindividuelle Akteure gleichsam Brutstätten bestimmter Emotionen darstellen können, die die involvierten Individuen je für sich nicht unbedingt ausgebildet hätten. Damit ist mehr gemeint als der Sachverhalt, dass überindividuelle Akteure mitunter äußerst geschickt darin sind, vorhandene Emotionen ihrer Mitglieder am Leben zu erhalten oder weiter anzufachen; und es geht auch nicht bloß darum, dass überindividuelle Akteure natürlich oftmals Emotionen inszenieren, um sich normkonform beziehungsweise strategisch klug zu verhalten. Sondern eine Gewerkschaft vermag als Organisation – um das Beispiel wieder aufzugreifen – ein Neidgefühl zu entfachen, das auf Seiten der Mitglieder vorher nicht vorhanden war, deren Handeln als Organisationsmitglieder aber fortan bestimmt.

Natürlich hat ein solches Phänomen nichts mit irgendeiner metaphysischen Vorstellung darüber zu tun, dass Organisationen ein eigenes „Gefühlsleben" besäßen. Wie auch schon in den vorhergehenden Kapiteln betont worden ist, wenn es auch erst später ausführlich erklärt werden kann (→ Kap. 10.3), sind überindividuelle Akteure letztlich nichts weiter als Aggregateffekte des handelnden Zusammenwirkens der ihnen angehörigen individuellen Akteure. Diese analytische Rückführbarkeit von überindividuellen auf individuelle Akteure schließt aber nicht aus, dass einmal geschaffene überindividuelle Akteure fortan das Handeln der ihnen angehörigen Individuen prägen. Überindividuelle Akteure stellen Konstellationen dar, aus denen auf Seiten der involvierten Individuen Handlungsantriebe hervorgehen können, die nicht individuell zurechenbar sind. Und wenn solche Handlungsantriebe emotionaler Natur sind, macht es Sinn, analytisch abgekürzt von den Emotionen des betreffenden überindividuellen Akteurs zu sprechen – ebenso wie in den beiden vorausgegangenen Kapiteln betont wurde, dass diese überindividuellen Akteure auch Normen befolgen und rationale Nutzenverfolgung betreiben können.

5.2 Identitätsbehauptung als Handlungsantrieb

Alltagsweltlich wissen wir, dass Menschen manchmal Normen missachten und sich dabei auch nicht um irgendwelche Nutzenkalküle kümmern oder ihre Gefühle ausleben. Man denke zum Beispiel an einen Wissenschaftler, der einer bestimmten Entdeckung auf der Spur ist. Es mag sein, dass die Experimente, die er zu diesem Zweck durchführen muss, gesellschaftlich verbreiteten Normen, vielleicht sogar rechtlichen Vorschriften zuwiderlaufen. So muss er womöglich die Gesundheit seiner Versuchspersonen gefährden. Die Entdeckung bringt ihm auch keinen Nutzen, sondern schadet ihm möglicherweise sogar eher. Sie lässt sich nicht ertragreich patentieren und verschafft ihm auch keine lukrativen Forschungsaufträge aus der Industrie; stattdessen muss der Forscher jede Minute seiner verfügbaren Zeit für die Arbeit opfern, entfremdet sich dadurch vielleicht von seiner Familie und setzt sich selbst bei seinen Experimenten gesundheitlichen Gefährdungen aus. Die Kosten/Nutzen-Bilanz ist also eindeutig negativ. Dieser Wissenschaftler lebt schließlich auch keine spontanen oder tief sitzenden Emotionen aus. Ihn treibt beispielsweise nicht der Neid auf einen wissenschaftlich erfolgreicheren Kollegen. Alle Erklärungen mit Hilfe der drei Handlungsmodelle, die bislang expliziert wurden, schlagen hier fehl. Stattdessen stößt man darauf, dass für den Betreffenden sein Wissenschaftler-Sein eine ganz besondere Bedeutung hat. Es ist viel mehr als eine Rolle für ihn. In der wissenschaftlichen Betätigung und den eigenen wissenschaftlichen Erfolgen begründet sich für diese Person vielmehr der subjektive Sinn des eigenen Lebens. Und so kann es passieren, dass sie sich im wahrsten Sinne des Wortes mit Leib und Seele einer ganz bestimmten Forschungsfrage und deren Lösung verschreibt – und wenn dies scheitert, hat die Person in ihrer Selbstwahrnehmung umsonst gelebt.

Dieses Beispiel illustriert, wie die Behauptung der je persönlichen Identität zum Antrieb des Handelns werden kann. Der *Identitätsbehaupter* ist das Modell eines Akteurs, dessen Handlungswahlen von dem Streben nach Bestätigung seines Selbstbildes bestimmt werden. Ein fertig ausgearbeitetes soziologisches Akteurmodell des Identitätsbehaupters gibt es allerdings nicht. Wichtige Komponenten eines solchen Modells sind vor allem von Erving Goffman eingebracht worden.[90] Generell hat die interaktionistische Kritik des strukturfunktionalistischen Rollenmodells immer wieder die Bedeutung eines identitätsgesteuerten Handelns betont (Krappmann 1969). Dementsprechend ist Identitätsbehauptung zumeist als Anhängsel des Homo Sociologicus diskutiert worden, während das Verhältnis von identitätsbestimmtem Handeln zum Homo Oeconomicus sowie zum „Emotional man" noch wenig beleuchtet ist. Diese Disbalance der theoretischen Diskussionen wird auch die Vorstellung des Identitätsbehaupters hier nicht völlig vermeiden können.

Im Folgenden wird zunächst dargelegt, was unter Identität zu verstehen ist und aus welchen Komponenten sich die Identität einer Person zusammensetzt. Im Anschluss wird anhand der für jede Identität notwendigen sozialen Bestätigungen sowie der Selbstdarstellung der Person gezeigt, dass identitätsbehauptendes Handeln immer schon mit den Modi von Identitätsausbildung und – bestätigung einhergeht.[91] Zum dominanten Handlungsantrieb von Akteuren in sozialen Situationen wird Identitätsbehauptung durch bestimmte Arten der Identitätsbedrohung, die sodann erläutert werden.[92]

Identität

Die Identität einer Person ist deren Bild von sich selbst.[93] Psychologische Forschungen haben die Identität einer Person dementsprechend empirisch in der Weise erhoben, dass Probanden mit der offenen Frage konfrontiert wurden: „Wer bin ich?" Manchmal wurde ihnen auch vorgegeben, dass sie beispielsweise nur eine bestimmte Anzahl Antworten abliefern dürfen und diese

---

90 Zu nennen sind insbesondere drei Untersuchungen: die Betrachtung von alltäglichen Praktiken der Selbstdarstellung (Goffman 1956 a), die Analyse der Identitätsbedrohungen und Identitätsbehauptung in „totalen Institutionen" (Goffman 1961 a) und die Beobachtungen zum Umgang mit Stigmatisierungen (Goffman 1963 a).

91 Siehe dazu ausführlich auch Schimank (2002 a: 15-36).

92 Als breiten, auch historischen Überblick zu Identität und Individualität siehe Abels (2006).

93 Natürlich kann auch die Beobachtung einer Person von außen deren Identität konstruieren. Aber das Bild, das sich andere von dem Betreffenden machen, prägt dessen Handeln nur indirekt, nämlich als Reaktion auf das von diesem Fremdbild bestimmte Handeln der anderen gegenüber ihm. Wenn z. B. ein Lehrer einen Schüler als Faulenzer ansieht und entsprechend behandelt, wird das auf den Lehrer bezogene Handeln des Schülers sich daran ausrichten – sei es, dass er fortan demonstrativ fleißig ist, sei es, dass er sich dieser Identitätszuschreibung fügt und fortan erst recht oder überhaupt erst faulenzt.

in eine Rangordnung bringen sollen. Man kann dann verschiedene Arten von Antworten unterscheiden, die diese Frage nach dem Selbstbild findet.[94] Viele Antworten beziehen sich auf gesellschaftlich als wichtig definierte Rollen, die eine Person innehat. Bei den Männern ist das zumeist die jeweilige Berufsrolle, bei nicht-berufstätigen Frauen ist es die Rolle in der Familie. Andere Selbstcharakterisierungen beziehen sich auf Aktivitäten und Rollen, die man in der Freizeit innehat. Jemand führt beispielsweise auf, dass er ein begeisterter Surfer oder ein Sammler von Donald-Duck-Comics sei. Wieder andere machen ihr Selbstbild auch an bestimmten weltanschaulichen Überzeugungen und den entsprechenden Aktivitäten fest, sehen sich also als Aktivisten der Grünen oder strenggläubige Katholiken. Auch Beziehungen zu ganz bestimmten anderen Menschen werden als Markierungen der eigenen Identität hervorgehoben – wenn sich etwa jemand als überglückliche und stolze „Mutter von Sabrina und Kevin" bezeichnet. Wiederum andere Umschreibungen des eigenen Selbstbilds beziehen sich auf bestimmte Persönlichkeitseigenschaften. Jemand hält sich zum Beispiel für gebildet, sexy, treu oder schüchtern und sieht darin nicht bloß Eigenschaften unter vielen, sondern bestimmende Wesenszüge der eigenen Person. Noch weitere Arten von Selbstbestimmungen ließen sich unterscheiden.

Modi der Selbstbeschreibung

Schaut man sich solche Identitätsbeschreibungen genauer an, stellt man fest, dass dabei drei Modi von Äußerungen benutzt werden: evaluative und normative Selbstansprüche sowie kognitive Selbsteinschätzungen.

Im Zentrum stehen *evaluative Selbstansprüche*. Dies sind – um einen Begriff Ernst Blochs (1959) zu übertragen – die „konkreten Utopien" der Person über sich selbst: ihre Vorstellungen darüber, wer sie sein und wie sie leben will. Solche evaluativen Selbstansprüche können als Aufforderungen an sich selbst adressiert sein. Wenn die Person beispielsweise ein guter Wissenschaftler werden und sein will, beinhaltet das die Selbstverpflichtung, entsprechend strebsam zu sein und nicht etwa zu viel Zeit auf dem Sportplatz zu verbringen. Evaluative Selbstansprüche können aber auch in Forderungen münden, die an die soziale Umwelt gerichtet werden. So mag ein junger Wissenschaftler aus diesem evaluativen Selbstanspruch heraus darauf beharren, dass der Staat die Pflicht habe, das Forschungsinstitut und das spezielle Forschungsfeld, in dem er arbeitet, mit hinreichenden finanziellen Mitteln zu versorgen sowie genügend Stellen für Doktoranden und Post-Docs bereitzustellen. Man denke beispielsweise auch an den evaluativen Selbstanspruch auf einen gesicherten Arbeitsplatz, der zum selbstverständlichen Identitätsbestandteil der Menschen in der ehemaligen DDR geworden war, wodurch die Auflösung dieses Regimes für viele Menschen dort zur manifesten Identitätsbedrohung

94 Anschauliche Darlegungen der Ergebnisse solcher Forschungen finden sich bei Gordon (1968).

geworden ist. Klar ist, dass die Person über derartige evaluative Selbstansprüche im wahrsten Sinne des Wortes zu sich selbst findet. Paradox formuliert: Jemand ist, wer er sein will – sofern dieses Wollen für ihn keine „abstrakte Utopie" (Bloch 1959) ist, sondern ein subjektiv gangbar erscheinender Lebensweg. [95] Für jedes Selbstbild ist also eine Selbstüberschreitung, ein „Noch-nicht" (Bloch 1959) konstitutiv. Dabei sind die in den evaluativen Selbstansprüchen formulierten Lebensziele einerseits erreichbar, also keine bloßen Tagträumereien derart, dass ich mir vorstelle, der beste Fußballspieler aller Zeiten zu werden. Anderseits fällt jeder endgültig erreichte evaluative Selbstanspruch fortan als Wegweiser der eigenen Lebensführung aus. Ist man erst einmal Professor geworden, muss man sich neue Lebensziele setzen – und sei es das Ziel, sich dieses Amtes als würdig zu erweisen. Wer irgendwann einmal alles erreicht hat, was er sich immer gewünscht hat, ist nicht etwa wunschlos glücklich, sondern wunschlos unglücklich. Er weiß nicht mehr, wofür er überhaupt noch weiterlebt.

Flankiert werden diese evaluativen Selbstansprüche von *normativen Selbstansprüchen*. Im Alltagsverständnis bilden letztere das Gewissen einer Person.[96] Normative Selbstansprüche sind solche Sollensvorgaben für das eigene Handeln, deren Nichteinhaltung die betreffende Person als moralisches Scheitern des eigenen Lebens begreifen würde. Diese Selbstansprüche können auf internalisierte soziale Normen zurückgehen. So mag es sein, dass ein Sportler, der in einem Weltmeisterschafts-Endkampf nur durch unbemerkt gebliebene eigene Unfairness gesiegt hat, im Nachhinein keinerlei Freude an der errungenen Goldmedaille hat. Die normativen Selbstansprüche mögen aber auch auf ganz individuelle, an keinerlei Bezugsgruppenerwartungen gebundene Sollensvorstellungen zurückgehen. So leben religiöse oder politische Märtyrer manchmal völlig übersteigerte, von niemandem sonst geteilte normative Selbstansprüche buchstäblich bis zum bitteren Ende aus. Dabei fungieren normative Selbstansprüche in allen Fällen als Restriktionen bei der Verfolgung der evaluativen Selbstansprüche. Was man will, und wie man das Gewollte erreichen will, wird durch Sollensvorgaben gerahmt.

Relativiert werden die evaluativen und auch die normativen Selbstansprüche durch *kognitive Selbsteinschätzungen.* Diese betreffen die Fähigkeiten und Möglichkeiten einer Person, ihren evaluativen und normativen Selbstansprüchen gerecht zu werden, sowie ihr faktisches So-Sein im Vergleich zum Sein-Wollen und Sein-Sollen. Wenn jemand zum Beispiel erkennt, dass er nur ein

95 In dieser Paradoxie manifestiert sich wiederum die in der „Weltoffenheit" des Menschen angelegte Fähigkeit zur Zielverfolgung. Diese anthropologische Grundlage hat der Identitätsbehaupter mit dem Homo Oeconomicus gemeinsam. Vor allem die existentialistische Sozialphilosophie hat immer wieder betont, dass der einzelne Mensch seine Identität als Projekt, also in die Zukunft hinaus reichende Selbstbestimmung, zu wählen hat (Friedman 1978: 243-306).

96 Siehe zum Gewissen als „normativer Selbstbestimmung der Persönlichkeit" Luhmann (1965; 1973).

mittelmäßiger Student ist, gibt das seinem Streben danach, ein guter Wissenschaftler zu werden, einen gehörigen Dämpfer; und wenn jemand als Leistungssportler weiß, dass er nur gedopt mit den sich dopenden Konkurrenten mithalten kann, erfährt er eine Diskrepanz zwischen dem, was ihm sein Gewissen als fairer Sportler gebietet, und dem, was die Situation von ihm verlangt. Solche Diskrepanzen können negativ bewertet werden: etwa als Schwächen oder Fehler oder Versagen. Das ist dann der Fall, wenn die Person sich eigentlich in der Lage sieht, den entsprechenden Selbstansprüchen zu genügen, ihr dies aber dennoch auf Grund innerer oder äußerer Faktoren nicht gelingt. Auf der anderen Seite kann die Person derartige Diskrepanzen aber auch durchaus positiv verzeichnen: als Zwischenstände auf dem Weg hin zu einem Sein-Wollen bzw. Sein-Sollen. Diese positive Wertung liegt insbesondere dann nahe, wenn die Person im Zeitverlauf eine kontinuierliche Annäherung an bestimmte evaluative oder normative Selbstansprüche zu verzeichnen vermag, also beispielsweise befriedigt zur Kenntnis nehmen kann, dass eigene Anstrengungen und eine unterstützende Umgebung die persönliche Entwicklung hin zu einem guten Wissenschaftler befördern.

Identität als Selbstsimplifikation

Damit ist insgesamt klar, dass die Identität einer Person keine bloße Beschreibung ihres momentanen Ist-Zustandes darstellt und sich auch nicht in einer vergangenheitsorientierten lebensgeschichtlichen Rekonstruktion erschöpft, sondern diese vergangenheits- und gegenwartsbezogene Sinngestalt des eigenen Lebens in die Zukunft ausrichtet. Weiterhin ist festzuhalten, dass die Identität einer Person niemals auch nur annähernd die Gesamtheit ihres Sein-Wollens und –Sollens in Relation zum So-Sein abbildet, sondern eine höchst selektive Selbstsimplifikation ist (Luhmann/Schorr 1982). Die Identität ist nicht so umfassend, vollständig und vielschichtig wie die Persönlichkeit, sondern verhält sich zu dieser wie eine mit wenigen, aber markanten Strichen gezeichnete Skizze zu einem Photo. Die Identität ist also eine sehr einseitige Hervorhebung einiger weniger Züge der eigenen Person – was im Umkehrschluss heißt, dass der Person das allermeiste, was sie selbst ausmacht, als nicht wesentlich erscheint. All das könnte auch anders sein, und man wäre dennoch derselbe. Daran zeigt sich auch bereits, dass die Selbstsimplifikation nicht bloß begrenzten Informationsverarbeitungskapazitäten geschuldet ist. Natürlich würde kein Mensch es auch nur annähernd schaffen, die Fülle seines Lebens einschließlich seiner Zukunftsvorstellungen als Identität noch einmal bewusstseinsförmig zu duplizieren.[97] Aber selbst wenn dies möglich wäre, würde eine derart beschaffene Identität ihre Funktion für die betreffende Person gerade verlieren. Nur eine

97 Lawrence Sterne führt in seinem Roman „Tristram Shandy“ (1767) vor, dass ein derartiges Bemühen auch nach mehreren hundert Seiten gerade erst beim Augenblick der eigenen Geburt angelangt ist.

so extreme Selbstsimplifikation, wie jede Identität es darstellt, befähigt die Person zur biographischen Selbststeuerung.

Talcott Parsons (1968) begreift in diesem Sinne die Person als ein kybernetisches System, in dem die Identität den obersten Steuerungsmechanismus ausmacht. Biologische Antriebe und Bedürfnisse, Motive, Einstellungen und Wissen, also all die anderen handlungsbestimmenden Komponenten der Persönlichkeit, werden durch diese interne Steuerung so kanalisiert, dass zeitliche Kontinuität – was geordneten Wandel, vor allem Weiterentwicklung, durchaus einschließt – und sachliche Konsistenz der Person gewahrt bleiben. Genau diese zeitliche und sachliche Einheit „... steht gegen den bloßen Ablauf eines Menschenlebens ...“ (Koch 1975: 134), gibt der Biographie eines Menschen eine Sinngestalt, die Vergangenheit, Gegenwart und Zukunft zusammenhält. Nur weil und solange die Person eine Identität besitzt, verläuft sich ihr Leben nicht in einer zusammenhanglosen Sukzession von Einzelereignissen, und die fundamentale Frage, „... ob das Leben sich lohne oder nicht ...“ (Camus 1942: 9), bleibt positiv beantwortbar. Identitätslos kann somit niemand auf Dauer leben.[98] Die Steuerungswirkung dieser Selbstsimplifikation ergibt sich dabei als eine sich selbst erfüllende Prophezeiung. Wenn ich zum Beispiel den evaluativen Selbstanspruch habe, ein guter Wissenschaftler zu werden, wird mich das zu einem entsprechend ausgerichteten Handeln drängen – und sofern keine unüberwindbaren äußeren Umstände oder inneren Beschränkungen diesen Weg versperren, werde ich ihn einschlagen; und das wiederum wird sich schrittweise in dem Maße verfestigen, wie ich mir selbst der jeweils schon zurückgelegten Wegstrecke bewusst werde und auch meine Umgebung dies erkennt und hinnimmt oder sogar fördert.

Selbstdarstellung und soziale Bestätigungen

Wenn damit die Identität von Akteuren als Zusammenhang kognitiver, normativer und evaluativer Selbstbestimmungen mit dem Primat letzterer verstanden werden kann, stellt sich als nächstes die Frage: Wie kommen Akteure zu einer Identität, und in welchen Hinsichten gewinnt dieses Merkmal des Innenlebens eines Akteurs Außenrelevanz, wird also in den Beziehungen zwischen Akteuren bedeutsam? Hierauf gibt es zwei Antworten, die zusammen eine zirkuläre Kausalität beschreiben. Die eine Antwort

98 Identitätslos im hier gewählten Begriffsverständnis ist auch derjenige, dessen kognitive Selbstbeschreibung in einer unüberbrückbar erscheinenden Kluft zu seinen normativen und evaluativen Selbstansprüchen steht. Wer z. B. einen Mord begangen hat und seitdem von tiefsten Schuldgefühlen zerfressen wird, weiß sehr wohl, wer er ist. Aber dies ist das Selbstbild einer gescheiterten Existenz; und wenn es dabei bleibt, die Person also keine subjektiv sinnhafte Anbindung dieser Selbstbeschreibung an realisierbar erscheinende Selbstansprüche – z. B. den Anspruch eines zukünftigen Lebens tätiger Reue – zu konstruieren vermag, verfällt sie dauerhafter existentieller Verzweiflung.

lautet: Die Identität eines Akteurs bedarf sozialer Bestätigungen. Das bedeutet zum zweiten: Die Identität eines Akteurs muss in dessen Selbstdarstellung sozial präsentiert werden. Soziale Bestätigungen und Selbstdarstellung bilden zusammen die Modi des Aufbaus und der Wahrung einer Identität bzw. der Identitätsbestätigung. Schon in dieser thesenhaften Formulierung wird der kausale Zirkel erkennbar: Soziale Bestätigungen produzieren und reproduzieren die Identität; und die sozialen Bestätigungen sind ihrerseits Reaktionen auf die identitätsgesteuerte Selbstdarstellung des Akteurs (Kinch 1963; Turner 1968).

Es geht im Folgenden zunächst um den Zusammenhang von *sozialen Bestätigungen* und der Identität eines Akteurs. Bereits die bis jetzt dargestellte Beschaffenheit einer Identität hat gezeigt, dass deren Aufbau und Wahrung eine Angelegenheit ist, die ein Akteur während der gesamten Dauer seiner Existenz zu bewältigen hat. Es ist nicht etwa so, dass er sich am Anfang seiner Existenz eine Identität erwirbt und diese dann, sobald er sie einmal hat, unverändert bis ans Ende seiner Tage mit sich herumträgt. Jede Alltagserfahrung darüber, dass Menschen sich in ihren grundlegenden Charaktereigenschaften sogar noch im hohen Alter tief greifend verändern können, macht auf dieses Wandlungspotential von Identitäten aufmerksam. Identitätsbehauptung ist eine Daueraufgabe des Akteurs, ein Prozess, selbst dann, wenn die Identität über längere Zeit identisch reproduziert wird. Dieser Prozess ist kein monologischer. Er vollzieht sich nicht im Inneren der Person, sondern in deren Auseinandersetzung mit ihrer sozialen Umgebung. Darin liegt die fundamentale Bedeutung von Sozialität als identitätssichernder oder –verunsichernder Umwelt eines Akteurs. Ebenso wie jemand zur umfassenden Wahrnehmung seiner äußeren Erscheinung einer außerhalb seiner selbst befindlichen, ihn spiegelnden Fläche bedarf, so vermag auch niemand allein durch Introspektion zu ergründen, wer er ist, sein will und soll, sondern benötigt eine seine Identität widerspiegelnde äußere Umwelt.

Andere Personen, mit denen jemand soziale Beziehungen unterhält, sind die Spiegel, in denen der Betreffende sich selbst erkennt.[99] Es sind also die Reaktionen der anderen auf ihn, die explizit oder implizit vermittelten Fremdbilder, womit jemand sein eigenes Selbstbild fortwährend abgleicht. Diese Fremdbilder können das Selbstbild bestätigen, oder sie bestätigen es nicht. Damit ein Akteur an seiner jeweils gegebenen Identität festhalten kann, benötigt er soziale Bestätigungen (Laing 1961: 61-140). Nichtbestätigungen stellen demgegenüber, wenn sie nicht nur vereinzelt, sondern massiert auftreten, Identitätsbedrohungen dar – was im Weiteren noch zur Sprache kommen wird.

---

99 Zu dieser zentralen theoretischen Metapher des Symbolischen Interaktionismus siehe Cooley (1902: 184), Mead (1934: 177-271), Sherwood (1965) und Gergen (1971: 40-64).

An den Reaktionen der Umwelt festzustellen und sich immer wieder zu vergewissern, wer man ist, ist ein Sonderfall von Lernen durch Verstärkung (Klapp 1978: 108-134). Soziale Bestätigungen verfestigen die entsprechenden Identitätsbestandteile – und dies umso mehr, je häufigere und je gewichtigere Bestätigungen man erhält. Wichtig ist allerdings, dass nicht jede einzelne Nichtbestätigung gewissermaßen in einer Zug-um-Zug-Sequenz entsprechende Identitätsveränderungen nach sich zieht. Denn Nichtbestätigungen fallen laufend an. Ein Akteur aber, der auf jede kleinste Dissonanz von Selbstbild und Fremdbildern reagierte, müsste sich so intensiv mit sich selbst beschäftigen, dass er vor lauter Selbstreflektionen nicht mehr zu irgend etwas anderem käme. Und selbst wenn diese Art von Dauerreflektion bewältigbar wäre, erfüllte eine sich ständig solchen Umwelteinwirkungen anpassende Identität gerade nicht ihre Funktion, Kontinuität und Konsistenz ins Handeln des Akteurs zu bringen und diesen mit einer Sinngestalt seiner Existenz zu versehen. Ein gewisses Maß an Starrsinn und Beharrungsvermögen, an Selbstgewissheit gegenüber Nichtbestätigung, ist also durchaus funktional.

Eine solche Selbstgewissheit gegenüber aktuellen Nichtbestätigungen beruht auf akkumulierten vergangenen Bestätigungen des betreffenden Identitätsbestandteils. Mit deren Rückendeckung vermag man einzelne Nichtbestätigungen zwar als solche anzuerkennen, in ihrer stets mitschwingenden, erst eigentlich einen Veränderungsdruck erzeugenden generalisierten Berechtigung jedoch zurückzuweisen. Man verweist sich selbst und andere dann darauf, dass der betreffende Identitätsbestandteil in vergleichbaren Situationen bei anderen Gelegenheiten vielfach bestätigt worden ist. Nichtbestätigungen, etwa in Prüfungen, können zeitlich auf momentane „black outs" zurückgeführt werden, sofern man in der Vergangenheit in der Regel bestätigt bekommen hat, dass man eine gute Studentin ist. Sozial können Nichtbestätigungen dem Nichtbestätiger zugeschrieben werden, wenn andere einem eben dieses abgesprochene Attribut bestätigt haben. Im Prüfungsbeispiel erklärt man sich das eigene Versagen dann durch die Voreingenommenheit oder Ungerechtigkeit des betreffenden Prüfers. Schließlich können Nichtbestätigungen auch sachlich partikularisiert werden, da jeder Identitätsbestandteil vielfältige Elemente umfasst und solange Geltung besitzt, wie diese Einzelelemente im Großen und Ganzen, aber eben nicht allesamt bestätigt werden. Auch wer irgendeine Einzelheit nicht weiß, darf sich weiterhin als Kenner der Materie fühlen, sofern ihm eben dies an einer genügenden Anzahl von „Stichproben" bisher bestätigt worden ist.

Soziale Bestätigungen sehen im Übrigen nicht notwendigerweise so aus, dass gutgeheißen wird, wie jemand ist und sein will, sondern bedeuten lediglich kognitive Übereinstimmungen. Ein anderer braucht beispielsweise kein Vegetarier zu sein, um jemanden, wie kritisch, spöttisch oder verächtlich auch immer, als solchen hinzunehmen. Die soziale Bestätigung eines Identitätsanspruchs erfordert nicht einmal unbedingt eine Übereinstimmung der beiderseits verwendeten Typisierungen, solange sie nur für den Betreffenden ineinander übersetzbar sind. Jemand kann sich selbst als Sozialrevolutionär auffassen und von der Staatsgewalt und den Massenmedien als Verbrecher eingestuft werden: Vor dem Hintergrund des Interpretationsrahmens der anderen bestätigt ihn dies in seiner Selbstdefinition.

Ab welchem Punkt solche Umdefinitionen von Nichtbestätigungen in Bestätigungen nicht länger subjektiv plausibel sind, lässt sich nicht allgemeingültig bestimmen. Wenn beispielsweise ein Schüler ständig schlechte Noten in Mathematik bekommt, aber selbst davon überzeugt ist, dass gerade in diesem Fach seine persönliche Berufung liegt, kann man sich vorstellen, dass er die erste schlechte Klassenarbeit noch als Pech verbucht. So etwas kann schließlich auch dem größten Genie passieren. Falls sich derartige Misserfolgserlebnisse häufen, aber immer noch nur bei einem bestimmten Lehrer, kann der Schüler sich subjektiv weiterhin sagen, dass er eigentlich sehr begabt in Mathematik ist, nur dieser Lehrer es nicht erkennt. Wiederholen sich freilich solche Misserfolgserlebnisse auch bei anderen Lehrern, wird es allerdings kritisch. Spätestens dann muss der Schüler schon äußerst elaborierte Umdefinitionen ersinnen, um sich selbst – anderen wahrscheinlich schon lange nicht mehr – noch klarmachen zu können, dass er zur Mathematik berufen ist. Falls ihm das gelingen sollte, wäre er auf dem fließenden Übergang in eine wahnhafte Selbsttäuschung. Je höhere subjektive Priorität ein bestimmter Identitätsbestandteil aufweist, desto mehr unterliegt die betreffende Person der Gefahr, bei der Umdefinition von Nichtbestätigungen den Realitätskontakt zu verlieren. Das ist auch alltagsweltlich geläufig. Am unkritischsten sich selbst gegenüber ist man oft bei den Dingen, die einem am meisten am Herzen liegen.

In der Regel läuft Identitätsbehauptung aber eben nicht auf einen völlig verblendeten Starrsinn – umgekehrt betrachtet: eine grenzenlose Flexibilität von Umdefinitionsmanövern – hinaus, sondern auf verzögerte Lernbereitschaft. Wie sehr soziale Bestätigungen und Nichtbestätigungen letzten Endes die Identität einer Person formen und gegebenenfalls immer wieder verändern, zeigt sich im Extremfall daran, wie effektiv – was hier natürlich in einem rein technischen Sinne gemeint ist – Gehirnwäsche funktioniert (Strauss 1959: 95-142). Gehirnwäsche beweist, dass jemand sich sozialen Einflüssen auf Dauer nicht zu entziehen vermag. Wenn einem nur lange genug mit hinreichender Penetranz gesagt wird, man sei jemand, der so und so ist und zu sein hat und sogar sein will, und man besitzt keine Chance, die andere Art von Person, die man von seiner bisherigen Biographie her geworden ist und auch weiterhin sein will, noch sozial bestätigt zu bekommen, wird man so, wie es einem eingetrichtert wird.

Das Beispiel der Gehirnwäsche weist darauf hin, dass eine derartige „Programmierung“ der Identität einer Person von außen dann, aber nur dann gelingt, wenn die normalerweise gegebene Pluralität und Optionalität der sozialen Einflüsse rigoros ausgeschaltet wird. Bezüglich der meisten Bestandteile seiner Identität unterliegt ein Akteur mehr oder weniger vielfältigen Einflüssen, die einander relativieren und die er selbst auch in seiner inneren Verarbeitung teilweise gegeneinander auszuspielen vermag. Der Akteur kann, bewusst oder unbewusst, seine Umwelt partiell so wählen und gestalten, dass er eher mit sozialen Bestätigungen als Nichtbestätigungen konfrontiert wird. Er ist, anders als bei der Gehirnwäsche, kein bloß passives Opfer der auf ihn niederprasselnden sozialen Bestätigungen bzw. Nichtbestätigungen, sondern vermag diese über Umdefinitionen hinaus aktiv zu verarbeiten und zu steuern.

Damit die Identität eines Akteurs allerdings überhaupt soziale Bestätigungen oder auch Nichtbestätigungen erhalten kann, muss sie von ihm sozial zum Ausdruck gebracht werden. Dazu muss der Akteur in seinem Handeln eine *Selbstdarstellung* betreiben, die mehr von ihm zum Ausdruck bringt als ein nur auf den Homo Sociologicus oder den Homo Oeconomicus oder auch den „Emotional man" reduziertes Auftreten. Wenn jemandes Handeln vollkommen in der Rolle aufgeht, die er einzunehmen hat, wird er als Person mit einer eigenen Identität unkenntlich. Ebenso kommt bei jemandem, der immer nur seinen jeweiligen Nutzen rational verfolgt, dessen Identität allenfalls rudimentär in manchen Nutzenausprägungen zum Ausdruck – und auch das nur implizit. Entsprechendes gilt für einen Akteur, der immer nur als „Emotional man" auftritt, sich also völlig von seinen jeweils aktuellen Gefühlen treiben lässt. Auch diese erlauben nur gelegentlich – längst nicht immer! – und implizit Rückschlüsse auf die Identität des Betreffenden.

Dass Identität und Rolle divergieren können, ist von der interaktionistischen Kritik am strukturfunktionalistischen Rollenmodell häufig herausgearbeitet worden. Jeder kennt beispielsweise Alltagssituationen, in denen er – vor allem in seiner Berufsrolle – gegenüber anderen Akteuren Rollenerwartungen einzuhalten hat, die nicht damit übereinstimmen, wie er „als Mensch" mit der Situation umgehen würde. Eine gleiche Diskrepanz kann sich aber auch zwischen der eigenen Identität und rationaler Nutzenverfolgung ergeben (Monroe 1991: 15-18) – wenn jemand beispielsweise schweren Herzens darauf verzichtet, die ersehnte, aber brotlose Künstlerkarriere einzuschlagen, und stattdessen einen ungeliebten, aber den Lebensunterhalt sichernden Beruf ergreift. Und dass es immer wieder vorkommt, dass Menschen sich nachträglich darüber schämen, wie sie emotional „ausgerastet" sind, zeigt, dass gerade auch der „pure emotional man" entgegen manchem modischen Gerede über die Authentizität von Gefühlen nicht immer die Identität der Person zum Ausdruck bringt. Damit ist klar, dass Identitätsbehauptung einen Handlungsantrieb darstellt, der nicht schon beiläufig durch Normkonformität, rationale Nutzenverfolgung oder das Ausleben von Emotionen mitbedient wird, sondern dem Handeln eine eigenständige Signatur aufprägen muss.

Identitätsbedrohungen

Es stellt sich nun die Frage, wann und warum identitätsbehauptendes Handeln zum dominanten Handlungsantrieb eines Akteurs wird? Der wichtigste Auslöser identitätsbehauptenden Handelns sind aktuelle oder antizipierte *Identitätsbedrohungen.*[100] Identitätsbedrohungen sind massive und dauerhafte, also nicht bloß vorübergehende Infragestellungen der evaluativen und normativen Selbstansprüche eines Akteurs. Die Realisierung dieser Ansprüche wird problematisch oder gar definitiv unmöglich. Dabei lassen sich vor allem drei Typen von Identitätsbedrohungen unterscheiden: spezifische substantielle Identitätsbedrohungen, indirekte Identitätsbedrohungen durch Existenzgefährdungen und schließlich Identitätsbedrohungen durch Entindividualisierungserfahrungen.

Spezifische substantielle Identitätsbedrohungen sind nachhaltige Nichtbestätigungen einzelner Bestandteile des Selbstbildes einer Person. Ich fühle mich beispielsweise zur Mathematik berufen und scheitere doch in der Schule fortwährend daran; ich sehe mich als moralisch integre Person und lasse mich in ein schmutziges Geschäft hineinziehen; ich bilde mir ein, dass alle Frauen in meiner Umgebung mich anhimmeln, und muss dann erfahren, dass ich beim anderen Geschlecht den Ruf eines arroganten Langweilers habe. Diese Art von Identitätsbedrohungen kann enorm vielfältig ausfallen – so vielfältig wie die substantielle Beschaffenheit von Identitäten sein kann. Aber im Unterschied zu den beiden anderen Arten von Identitätsbedrohungen handelt es sich hier stets um begrenzte Probleme. Die Identität wird nicht flächendeckend fraglich, sondern nur in bestimmten Hinsichten. Dass ich keinen Eindruck auf Frauen mache, wird mich, wenn ich mich diesbezüglich ganz anders gesehen habe, zwar durchaus bekümmern – aber es tangiert ebenso wenig meinen evaluativen Selbstanspruch, zur Mathematik berufen zu sein, wie viele andere Identitätsbestandteile. Die Identitätsbedrohung bleibt gleichsam eine lokale und ruft dementsprechend begrenzte Bemühungen der Identitätsbehauptung hervor.

---

100 Man könnte die beim Homo Oeconomicus eingeführte Unterscheidung von Niedrig- und Hochkostensituationen auch auf den Identitätsbehaupter übertragen. Identitätsbedrohungen sind in diesem Sinne identitätsbezogene Hochkostensituationen. Daneben praktiziert der Akteur aber auch in vielen sozialen Situationen eine Selbstdarstellung, die nicht auf akute Identitätsbedrohungen zurückgeht – wenn jemand beispielsweise bei jeder passenden und unpassenden Gelegenheit unausgesprochen, aber unübersehbar zum Ausdruck bringt, was für ein exzellenter Kenner erlesener Küche er ist. Ein derartiges „fishing for compliments" stärkt die eigene Selbstgewissheit und kann gleichsam ein Polster an Identitätsbestätigungen aufbauen, das die eigene Lebenszufriedenheit und Zuversicht erhöht. Aber unverzichtbar dafür, dass jemandem die subjektive Sinnhaftigkeit des eigenen Lebens nicht verloren geht, sind solche Handlungsmuster nicht – was sich vor allem immer dann zeigt, wenn normative oder rationale Gesichtspunkte einer entsprechenden Selbstdarstellung im Wege stehen und sie dann auch unterbleibt.

Besonders gut lassen sich spezifische substantielle Identitätsbedrohungen und das entsprechende persönliche „management of spoiled identity" an Personen studieren, die ein Stigma aufweisen, also eine Unnormalität, die gesellschaftlich verbreitet negativ bewertet wird (Goffman 1963a; Abels 2006: 347-364). Menschen, die irgendeine Art von Behinderung aufweisen, Alkoholiker, Personen mit einer kriminellen Vergangenheit, aber auch – immer noch! – Schwule oder Angehörige „peinlicher" Berufe wie Leichenbestatter oder Gerichtsvollzieher sind Beispiele für Stigmatisierung. Dabei kommt es nicht so sehr darauf an, ob der Betroffene selbst die negative Bewertung seines Andersseins durch die soziale Umwelt teilt oder nicht. Ein Mörder mag mittlerweile seine Tat vielleicht selbst verabscheuungswürdig finden, während ein Schwuler die hochgezogenen Augenbrauen seiner Mitmenschen zwar registrieren, sich aber nicht selbst als „pervers" einstufen wird. Sowohl im einen als auch im anderen Falle stellt die Stigmatisierung durch die Umwelt zunächst einmal eine Identitätsbedrohung dar. Erst im zweiten Schritt, dem Umgang mit der Identitätsbedrohung, unterscheiden sich diejenigen, die die Nichtbestätigung durch die soziale Umwelt übernehmen, von denjenigen, die sich dagegen wehren. Erstere liefern sich der Identitätsbedrohung weitgehend aus und versuchen allenfalls, Gelegenheiten zu nutzen, in denen sie durch eine geeignete Selbstdarstellung eine Pseudo-Normalität erzeugen können. Der reuige Mörder beispielsweise, der seine Strafe verbüßt hat und wieder auf freiem Fuß ist, wird seine Vergangenheit möglichst zu verheimlichen suchen, also etwa in einen anderen Ort ziehen, um nicht durch ständig hochkommende Erinnerungen an seine Tat immer wieder damit konfrontiert zu werden, dass er einmal etwas getan hat, was seine Identität unwiderruflich beschädigt hat. Der Schwule hingegen kann zum einen die Nichtbestätigungen dieses Identitätsbestandteils durch seine Umgebung in Bestätigungen umdefinieren, sich also sagen, dass diese „verklemmten Spießer" gar nicht wissen, worüber sie urteilen. Zum anderen kann er die Gemeinschaft Gleichgesinnter aufsuchen und dort im Kreise anderer, ebenso stigmatisierter Personen wechselseitig soziale Bestätigungen austauschen.

Goffmans Betrachtung gesellschaftlicher Stigmatisierungen mündet in die überraschende Pointe, dass es sich dabei keineswegs nur um Identitätsprobleme jeweils kleiner Minderheiten handele, jedenfalls die meisten Menschen sich mit derlei nicht auseinanderzusetzen hätten. Mit Bezug auf Männer – und für Frauen ließe sich entsprechendes sagen – konstatiert er:

> „... there is only one complete unblushing male in America: a young, married, white, urban, northern, heterosexual Protestant father of college education, fully employed, of good complexion, weight, and height, and a recent record in sport. ... Any male who fails to qualifiy in any of these ways is likely to view himself – during moments at least – as unworthy, incomplete, and inferior ..." (Goffman 1963 a: 153)

Jeder muss also damit zurechtkommen, dass bestimmte Bestandteile seiner Identität soziale Nichtbestätigungen hervorrufen, weil er diesbezüglich nicht den verbreiteten Normalitätsvorstellungen entspricht. Denn in jeder Gesellschaft ist das, was als normal gilt, nicht einfach bloß die am häufigsten vorkommende Ausprägung des betreffenden Identitätsbestandteils. Sondern das Normale wird als das Bessere angesehen – und zwar sowohl dann, wenn es die mehrheitliche Ausprägung des betreffenden Identitätsbestandteils ist, als auch dann, wenn eine herrschende Elite, die selbst nur eine Minderheit darstellt, ihre Ausprägung des betreffenden Identitätsbestandteils als normal definiert.[101]

Gleichgültig, ob spezifische substantielle Identitätsbedrohungen aus der eigenen Unnormalität erwachsen oder daraus, dass Identitätsbestandteile, die keinen Normalitätsstandards unterworfen sind, keine soziale Bestätigung finden: In beiden Fällen stellt diese Art von Identitätsbedrohung einen Handlungsantrieb dar. Der betreffende Akteur kann sie nicht einfach hinnehmen, sondern verspürt einen Drang, die jeweiligen evaluativen oder normativen Selbstansprüche gegen deren soziale Nichtbestätigung zu behaupten. Sofern die Möglichkeiten, dies durch subjektive Umdefinitionen der Nichtbestätigungen und durch einen Wechsel in eine unterstützendere soziale Umgebung zu schaffen, ausgeschöpft sind, muss der Akteur in seinem Handeln eine Art der Selbstdarstellung unterbringen, die demonstrativ auf dem jeweiligen Selbstanspruch beharrt. Er gibt seiner Umgebung sozusagen zu verstehen, dass er trotz deren Nichtbestätigung des Selbstanspruchs an diesem festhält. Die Explizitheit dieses Beharrens auf dem Selbstanspruch ist deshalb erforderlich, weil der Akteur ja eine Selbstkorrektur seiner Umgebung herbeiführen will. Die anderen sollen ihm ebenso unmissverständlich zu verstehen geben, dass ihre früheren Nichtbestätigungen des betreffenden Identitätsbestandteils ein Irrtum waren, allenfalls auf nur temporär gegebener Evidenz beruhten. So soll etwa der Lehrer – und sei es noch so zähneknirschend – zugeben, dass der Schüler doch zur Mathematik berufen ist; und die „Spießer" sollen den Schwulen in seinem Anders-Sein ohne jede Diskriminierung akzeptieren.

Als zweite Art von Identitätsbedrohungen sind *indirekte Identitätsbedrohungen durch Existenzgefährdungen* des Akteurs zu nennen. Bei Personen geht es hierbei um körperliche Voraussetzungen der Identitätswahrung. Dass der Mensch über seine eigene Sterblichkeit weiß, bedeutet, dass zum einen sein Altern eine chronisch zunehmende Identitätsbedrohung darstellt und zum anderen lebensbedrohliche Krankheiten und Gefahren Erfahrungen akuter Identitätsbedrohung sind. Allmählicher körperlicher Verfall ebenso wie plötzliche körperliche Zusammenbrüche erinnern die Person unüberhörbar an die fundamentalste, weil totale und unabwendbare Identitätsbedrohung durch den

101 Es gibt allerdings auch sozial positiv bewertete Unnormalitäten. Wissenschaftliche oder künstlerische Genies, religiöse Virtuosen oder Spitzensportler, also alle Arten von Heldenfiguren sind die wichtigsten Beispiele dafür. Immer dann, wenn Normalität auf einer Leistungsskala abgetragen wird, lässt sie sich natürlich auch überbieten.

eigenen Tod.[102] Hiergegen hilft letzten Endes keinerlei Praktik der Identitätsbehauptung. Dass das in jungen Jahren und in der alltäglichen Lebenspraxis selbstverständliche Und-so-weiter der eigenen körperlichen Basis eben nicht immer so weiterläuft, wird der Person im Übrigen nicht nur am eigenen Leibe vorgeführt, sondern auch an Erfahrungen anderer in ihrem Aufmerksamkeitsfeld. Wenn nahe Verwandte oder gute Freunde oder auch Personen, die im Rampenlicht der Öffentlichkeit stehen, sterben oder lebensgefährliche Krankheiten oder Unfälle erleiden, neigt man zwar dazu, den Schluss auf sich selbst möglichst zu verdrängen; es gelingt einem aber oft nicht.[103] Auch wenn gerade in der modernen Gesellschaft alles, was an den eigenen Tod gemahnen könnte, durch vielerlei institutionelle Vorkehrungen möglichst aus dem Aufmerksamkeitsfeld herausgehalten wird,[104] kann diese Art der Identitätsbedrohung eine Person dennoch immer wieder unverhofft überfallen. Gerade weil die Auslöschung der eigenen Identität durch den Tod größtenteils erfolgreich verdrängt wird, treffen entsprechende Erfahrungen die Person dann umso unvorbereiteter, womit die Identitätsbedrohung zunimmt. In früheren Gesellschaften, die Todeserfahrungen gezwungenermaßen in die alltägliche Lebenspraxis integrierten, waren die Personen in ganz anderem Maße daran gewöhnt und entsprechend – aus unserer heutigen Sicht – „abgestumpft". Hinzu kam natürlich, dass es nicht nur im Bereich der christlichen Religionen eine subjektiv plausible Vorstellung eines Lebens nach dem Tode gab, das bei einer gottgefälligen Lebensführung auf Erden viel besser sein und ewig dauern würde. Auch diese Hoffnung milderte die Identitätsbedrohung, die das Wissen über den eigenen Tod und das Erleben des Todes anderer mit sich bringt, erheblich ab.

Die dritte Art von Identitätsbedrohungen sind *Entindividualisierungserfahrungen.* Solche Identitätsbedrohungen können Personen als individuelle Akteure erst in der modernen Gesellschaft erleben. Denn erst hier wird die Person zum Individuum, nimmt ihre Identität die Form der Individualität an.[105] Individualität als Identitätsform bedeutet zum einen, dass eine Person in ihrem Auftreten unverwechselbar und dadurch einzigartig wirkt. Zum anderen zeigt sich die Individualität einer Person darin, dass diese in ihrem Handeln trotz aller sozialen Einflüsse selbstbestimmt erscheint. Individualität ist also, auf eine Kurzformel gebracht, selbstbestimmte Einzigartigkeit. Dies kann graduell erheblich zwischen Personen variieren und beruht zudem in starkem Maße auch auf Fiktionen. Aber dennoch fühlt jeder moder-

---

102 Es ist daher nur konsequent, wenn Ernst Bloch (1959: 1297-1391) am Ende seiner grandiosen Katalogisierung der Menschheitshoffnungen auf ein besseres Leben auch noch die Hoffnung auf Unsterblichkeit aufführt.

103 Auch dies ist gemeint, wenn gesagt wird: „Der Tod ist ein Problem der Lebenden." (Feldmann/Fuchs-Heinritz 1995)

104 Die Kehrseite dessen ist die oft beklagte Einsamkeit der Sterbenden (Elias 1982).

105 Siehe zu dieser wichtigen Erkenntnis einer differenzierungstheoretischen Betrachtung der modernen Gesellschaft nur zusammenfassend Schimank (1981: 20-26) sowie ausführlich Schimank (2002 a).

ne Mensch sich zutiefst in seiner Identität bedroht, wenn ihm diese Individualität nicht sozial bestätigt wird, sondern er – so das geläufige Gegenbild – als „Massenmensch“ behandelt wird. Denn der „Massenmensch“ ist nicht einzigartig, sondern einer unter vielen, denen er zum Verwechseln ähnlich ist; und der „Massenmensch“ handelt nicht selbstbestimmt, sondern von der Masse getrieben so wie alle anderen um ihn herum.

Es war wiederum Erving Goffman (1961 a), der eine Extremform von Entindividualisierungserfahrungen in den von ihm so benannten „totalen Institutionen“ untersucht hat. Psychiatrische Anstalten, das Militär oder Klöster, aber auch – abgeschwächt – zum Beispiel Internate oder Krankenhäuser sind Beispiele für „totale Institutionen“. Es handelt sich dabei in der Regel um formale Organisationen, die die Lebensführung ihrer meist unfreiwilligen „Insassen“ in extremem Maß reglementieren und dadurch uniformieren und fremdbestimmen. Das äußert sich dann u.a. in minutiösen Hausordnungen, die zum Beispiel auch das persönliche Erscheinungsbild vorschreiben und durch entsprechende Überwachungsorgane durchsetzen. Nicht zuletzt beschränken „totale Institutionen“ sehr stark das Ausmaß und die Art der sozialen Beziehungen, die ihre „Insassen“ nach außen unterhalten können, zum Beispiel durch strikte Besuchszeiten oder das Mithören von Gesprächen. Das Bestreben „totaler Institutionen“, jedem „Insassen“ gewissermaßen die „corporate identity“ auch als persönliche Identität aufzuprägen, muss zwangsläufig rigoros entindividualisieren. Aber auch außerhalb „totaler Institutionen“ findet Entindividualisierung statt – ganz alltäglich etwa immer dann, wenn man sich irgendwo in eine Warteschlange einreihen muss, oder zum Beispiel, wenn man in einer überfüllten Lehrveranstaltung nur eine unter vielen ist. Ein häufiger Ort für Entindividualisierungserfahrungen sind Arbeitsorganisationen (Schimank 1981). Die Machtunterworfenheit in der Hierarchie widerspricht oft dem Anspruch auf eigene Selbstbestimmung; und die Austauschbarkeit als „kleines Rädchen im Getriebe“ spricht dem eigenen Anspruch auf Einzigartigkeit Hohn.

Konkrete Erfahrungen eines Akteurs können auch in mehreren dieser drei Hinsichten zugleich identitätsbedrohend wirken. Eine Vergewaltigung zum Beispiel ist erstens eine Erfahrung extremer Entindividualisierung, weil die persönliche Selbstbestimmung negiert wird. Zweitens kann sie mit Todesangst einhergehen, also auch als Existensgefährdung erlebt werden. Und drittens sind mit einer Vergewaltigung auch spezifische substantielle Identitätsbedrohungen verbunden – etwa des evaluativen Selbstanspruchs, als Frau nicht bloß ein „Lustobjekt“ für Männer darzustellen.

Sozialstrukturelle Auslöser von Identitätsbedrohungen

Fragt man bezüglich der dargestellten Arten von Identitätsbedrohungen, auf welche sozialstrukturellen Faktoren von Handlungssituationen des betreffenden Akteurs sie zurückgehen, lässt sich dies wie folgt umreißen:

- Für Entindividualisierungserfahrungen kann man zumeist Rollenzwänge als Ursprung ausmachen. Der Homo Sociologicus darf kein Individuum sein, weil er Bezugsgruppenerwartungen zu folgen hat, die für jeden anderen in derselben Rolle genau die gleichen sind. Er ist also weder einzigartig noch selbstbestimmt.
- Spezifische substantielle Identitätsbedrohungen gehen oftmals ebenfalls auf Rollenzwänge zurück. Das ist dann der Fall, wenn die Rolle es einem verbietet, gemäß den eigenen evaluativen oder normativen Selbstansprüchen zu handeln. Aber auch die rationale Nutzenverfolgung oder das Ausagieren von Emotionen können mit bestimmten Identitätsbestandteilen kollidieren. Schließlich kann die Identitätsbedrohung auch aus der persönlichen Identitätskonstruktion selbst heraus erwachsen, wenn die Person sich unrealistisch hohe, nicht zu den begrenzten eigenen Fähigkeiten oder Ressourcen passende evaluative oder normative Selbstansprüche setzt.
- Indirekte Identitätsbedrohungen durch Existenzgefährdungen haben ihren Ursprung bei Personen letztlich in der Hinfälligkeit des Körpers, also einer außersozialen Ursache. Der Körper kann allerdings durch den Homo Sociologicus, den Homo Oeconomicus oder den „Emotional man" chronisch oder akut überfordert werden, wenn sich jemand zum Beispiel pflichtvergessen oder karrieregeil zu Tode arbeitet oder im plötzlichen Gefühlstaumel in Lebensgefahr begibt.

Insgesamt zeigt sich also, dass Identitätsbedrohungen, die Identitätsbehauptung als Handlungsantrieb auslösen, außer auf körperlichen Verfall und unrealistische Selbstansprüche vor allem auf Auswirkungen der drei anderen Handlungsantriebe zurückgehen. So gesehen ist der Identitätsbehaupter nicht zuletzt ein Akteurmodell, das Phänomene zu erklären hilft, die der Homo Sociologicus, der Homo Oeconomicus und der „Emotional man" hervorbringen.

Praktiken der Identitätsbehauptung

Will man nun auch hier genauer charakterisieren, welche Art und Weise des Handelns vom Antrieb der Identitätsbehauptung hervorgebracht wird, muss man sich abschließend der Frage zuwenden, welcher *Praktiken der Identitätsbehauptung* sich ein Akteur in seiner Selbstdarstellung bedienen kann, um mit den verschiedenen Typen von Identitätsbedrohungen umzugehen.

Bereits mehrfach erwähnt wurden Praktiken der *Umdefinition von sozialen Nichtbestätigungen* der eigenen Identität sowie des *Wechsels und der Pluralisierung der sozialen Umgebung*, um mehr soziale Bestätigung zu erhalten. Beide Praktiken sind bei jeder Art von Identitätsbedrohung einsetzbar. Selbst diejenige Identitätsbedrohung, die aus der Diagnose einer lebensbedrohlichen Erkrankung resultiert, kann man unter Umständen dadurch mildern, dass man zu einem Arzt wechselt, der einem noch größere Überlebenshoffnungen macht. Genau deshalb treibt es nicht wenige Todkranke zu dubiosen „Wunderheilern“. Die Umdefinitionen von sozialen Nichtbestätigungen erfordern allerdings kein identitätsbehauptendes Handeln, zeichnen sich gegenüber den anderen Praktiken der Identitätsbehauptung also gerade dadurch aus, dass das Handeln weiterhin anderen Antrieben folgt. Identitätsbehauptung durch Umgebungswechsel ist hingegen ein Handlungsantrieb, der manchmal ansonsten unerklärliche, weil zum Beispiel rationaler Nutzenverfolgung zuwiderlaufende Handlungsweisen einer Person begreiflich macht. Kann man die nicht-bestätigende soziale Umgebung nicht oder nur unter hohen Kosten verlassen, bietet sich oft die Möglichkeit, deren Einfluss auf die eigenen Identität zumindest dadurch zu relativieren, dass man sich gezielt zusätzlich in andere Umgebungen begibt, wo man die betreffenden Identitätsbestandteile bestätigt bekommt. Der Akteur setzt gewissermaßen Kontrapunkte. So mag sich zum Beispiel ein Professor, der unter seinen Kollegen kein hohes wissenschaftliches Ansehen genießt, durch besondere Anstrengungen in der Lehre darum bemühen, von Seiten seiner Studenten eine entsprechende Anerkennung zu erhalten. Je mehr ihm das im Übrigen gelingt, desto mehr kann er sich möglicherweise auch eine Umdefinition der Haltung seiner Kollegen als Neid subjektiv plausibel machen. Hier zeigt sich, dass die verschiedenen Arten von Praktiken der Identitätsbehauptung einander wechselseitig stützen können.

Eine Möglichkeit, wie ein Akteur auf spezifische substantielle Identitätsbedrohungen sowie auf indirekte Identitätsbedrohungen durch Existenzgefährdungen reagieren kann, besteht in *verstärkten Anstrengungen* in Richtung der betreffenden evaluativen oder normativen Selbstansprüche. Wenn ein Schüler nach einer schlechten Klassenarbeit das betreffende Fach zu pauken beginnt, mag das natürlich ganz einfach nur daran liegen, dass er als rationaler Nutzenverfolger ein Sitzenbleiben vermeiden möchte; falls ihn aber dieses Fach schon immer besonders begeistert hat, dürfte sein Handeln wenigstens genauso stark oder sogar noch stärker von Identitätsgesichtspunkten bewegt sein. Gleiches gilt zum Beispiel für einen Mann, dem sein Vater-sein sehr viel bedeutet und der nach einer mehrmonatigen beruflich bedingten Trennung von seiner Familie feststellen muss, dass seine kleinen Kinder ihm fast wie einem Fremden entgegentreten; auch er wird sich darum bemühen, ihre Liebe zurückzugewinnen. In allen solchen Fällen geht es dem Akteur darum, den anderen und damit auch sich selbst zu beweisen, dass deren Nichtbestätigungen seiner Identität unzutreffend sind.

Rührt die Identitätsbedrohung aus manifesten Existenzgefährdungen des Akteurs her, werden ebenfalls oftmals Praktiken verstärkter Anstrengung eingesetzt, um mit der eigenen Existenz auch die eigene Identität zu behaupten – siehe den Kranken, der sich plötzlich gesundheitsbewusst zu ernähren versucht. Natürlich ist Existenzsicherung immer auch eine Leitlinie rationaler Interessenverfolgung. Aber zugleich wird damit die Identität des betreffenden Akteurs gegenüber ihrer radikalsten Bedrohung behauptet. Wenn es für einen Akteur ums Ganze geht, fallen rationale Interessenverfolgung und Identitätsbehauptung zusammen.[106] Anders sieht es aus, wenn ein Akteur sich gewissermaßen unnötigerweise trotz Misserfolgen und Rückschlägen an etwas festbeißt. Der Schüler, der schlecht in Mathematik ist, sollte eigentlich als rationaler Interessenverfolger diesem Fach nur soviel Aufmerksamkeit widmen, wie zum Durchkommen nötig ist, und müsste seine persönlichen Erfolgserlebnisse in anderen Fächern suchen, die ihm mehr liegen. Stattdessen müht er sich mit der Mathematik ab, weil er sich eben dazu berufen fühlt, und kann seinen großen Fähigkeiten in den Fremdsprachen nichts abgewinnen.

Wenn spezifische substantielle Identitätsbedrohungen daraus erwachsen, dass der Akteur als „Emotional man" von momentanen oder dauerhaften Gefühlen übermannt wird, die bestimmten evaluativen oder normativen Selbstansprüchen zuwider laufen, sind Maßnahmen zur *Affektkontrolle* geeignete Praktiken der Identitätsbehauptung. Dies ist auch als eine weitere Form des „constrained emotional man" zu fassen. Zum Beispiel muss jemand, der sich als Polizist mit seinem Beruf identifiziert und darin einen wichtigen Bestandteil seiner Identität sieht, es als Identitätsbedrohung empfinden, wenn er sich in beruflichen Gefahrensituationen immer wieder als „Angsthase" erweist – selbst wenn dies niemand anders als er selbst bemerkt. Techniken, mit denen er diese Angstgefühle zu unterdrücken oder loszuwerden vermag, sind für ihn dann wichtige Praktiken der Identitätsbehauptung. Ebenso muss jemand, zu dessen Selbstbild als Vorgesetzter es gehört, die Karrieren seiner Untergebenen streng nach Leistungskriterien zu befördern, zur Behauptung der eigenen Identität seine Gefühle unter Kontrolle zu bringen versuchen, wenn er sich mit einem nicht besonders fähigen, aber ungeheuer sympathischen Untergebenen konfrontiert sieht, der einen beruflichen Aufstieg aus finanziellen Gründen sehr gut gebrauchen könnte.

Wenn spezifische substantielle Identitätsbedrohungen oder Entindividualisierungserfahrungen auf Rollenzwänge zurückgehen, gibt es ein reiches Arsenal an Praktiken der Identitätsbehauptung durch Rolleninszenierung, Rollendistanz und Rollendevianz.[107] Diese Arten von Praktiken sind insbesondere in der interaktionistischen Auseinandersetzung mit der strukturfunktionalistischen Rollentheorie immer wieder angesprochen worden, so dass hierzu viel empirisches Material vorliegt.

Die *Rolleninszenierung* ist die Selbstdarstellung einer Person *in* der Rolle.[108] Dabei werden Freiräume genutzt, die viele Rollen für solche Selbst-

---

106 Im Sinne einer Erklärungsökonomie würde man in solchen Fällen allerdings nur den Homo Oeconomicus als Akteurmodell heranziehen und den Identitätsbehaupter beiseite lassen, da dessen Anliegen vom Homo Oeconomicus gleichsam nebenbei mit erledigt wird.

107 Siehe hierzu, am Beispiel von Arbeitsrollen, ausführlich Schimank (1981).

108 Siehe auch Dreitzel (1968: 108-141), der Rollen nach dem erforderlichen Ausmaß von „Ich-Leistungen" klassifiziert, und Levinson (1959) zur persönlichen „role-definition".

darstellungen des Rollenträgers lassen, die mit den Rollenerwartungen kompatibel sind, aber von ihnen differieren. Wenn sich zum Beispiel ein Verwaltungsbeamter im Kontakt mit Klientinnen als Frauenheld aufzuspielen versucht, bringt er einen evaluativen Selbstanspruch – der ihm vielleicht von seiner Ehefrau nicht bestätigt wird – ins Spiel, den die Rolle nicht vorsieht, aber innerhalb gewisser Grenzen auch nicht explizit verbietet. In vielen Arbeitsrollen, in denen die betreffenden Personen durch wenig anspruchsvolle und monotone Tätigkeiten die Erfahrung machen, nur ein völlig austauschbares „Rädchen im Getriebe“ zu sein, bestehen dennoch Möglichkeiten, eine individualistische Identität dadurch zu behaupten, dass man eine „persönliche Note“ hineinbringt – wie etwa eine besonders freundliche Kellnerin, der man anmerkt, dass dies nicht geschäftsmäßig aufgesetzt ist, sondern „von Herzen“ kommt.

Neben solchen Beispielen einer friedlichen Koexistenz von Rolle und Identität gibt es auch noch Fälle, in denen die betreffende Rolle zugleich ein zentraler Bestandteil der eigenen Identität ist. Dann identifiziert sich jemand mit seiner Rolle und kann dementsprechend durch eine besonders gewissenhafte Erfüllung oder gar Übererfüllung der Rollenerwartungen soziale Bestätigung erhalten. Die Rolleninszenierung des Betreffenden demonstriert in einem solchen Fall dessen Engagement und setzt sich so von all den anderen Inhabern derselben Rolle ab, die diese nur lustlos und uninteressiert als „Dienst nach Vorschrift“ erfüllen. Die Identifikation mit einer Rolle ist eine für Identitätsbehauptung besonders günstige Bedingung. Allerdings können auch dann Rollenzwänge auftreten, wenn jemand nicht über die Fähigkeiten oder die Ressourcen verfügt, die Rolle entsprechend seinem Engagement zu erfüllen. Was ein lustloser Rolleninhaber dann achselzuckend und ohne weitere Identitätsprobleme hinnimmt, trifft die mit der Rolle identifizierte Person hart, wird ihr doch durch solche inneren oder äußeren Restriktionen nicht nur Normkonformität, sondern die eigene Selbstdarstellung unmöglich gemacht. Wenn zum Beispiel eine in ihrer Mutterrolle aufgehende allein erziehende Frau ganztags arbeiten gehen muss, um den Lebensunterhalt ihrer Familie zu verdienen, und dadurch zwangsläufig nur wenig Zeit für ihre Kinder hat, erwachsen ihre Gewissensbisse gerade aus der hohen Identifikation mit der Rolle.

Andere Praktiken der Identitätsbehauptung laufen auf *Rollendistanz* als Selbstdarstellung *neben* der Rolle hinaus.[109] Rollendistanz ist eine relativie-

---

109 Dieser Begriff wird hier in einem engeren Sinn als gewöhnlich verwendet. Zur üblichen Verwendung siehe die mit Recht als äußerst unklar geblieben kritisierten Darlegungen bei Goffman (1961b: 93-171) sowie als Klarstellungsversuche Dreitzel (1968: 187-197) und Krappmann (1969: 133-142). Insbesondere wird hier die sozial nicht wahrnehmbare innere Distanzierung von der Rolle nicht einbezogen, weil dies keine Selbstdarstellung ist. Auch solche Formen der Rollendarstellung, bei denen der Rolleninhaber seine Souveränität demonstriert, indem er nebenher noch andere Dinge tut, haben allenfalls – aber auch nicht immer! – als Rolleninszenierung etwas mit

rende Kommentierung der eigenen Rollendarstellung, was mehr oder weniger eindeutig und offen, aber auch verdeckt und implizit geschehen kann. Die Absicht ist jedenfalls stets, seiner Umgebung zu signalisieren, dass man „persönlich" nicht in vollem Maße oder überhaupt nicht hinter der eigenen Rollendarstellung steht. Ironie ist eine der Ausdrucksformen von Rollendistanz; eine andere besteht darin, dass ein Rolleninhaber übermäßig und demonstrativ Nebenbeschäftigungen nachgeht, wodurch er ausdrückt, dass für ihn die eigentliche Rollendarstellung nur noch eine lästige Pflichtübung ist. In Arbeitsrollen muss man beispielsweise aufgrund der eigenen Machtunterworfenheit viele Dinge tun, die mit dem eigenen Selbstbild nicht übereinstimmen und zudem auch als Fremdbestimmtheit erlebt werden. Oft drückt man dann Rollendistanz mit der expliziten Differenzierung „persönlich/dienstlich" aus.

Wenn weder die Rolleninszenierung noch die Rollendistanz dem Akteur genügend Möglichkeiten zur Identitätsbehauptung bietet, muss er noch einen Schritt weiter zur *Rollendevianz* als Selbstdarstellung *gegen* die Rolle übergehen.[110] Der Akteur fällt aus der Rolle – ohne dass er sich jedoch einem weiteren Verbleib in der entsprechenden Position zwangsläufig verweigern muss. Solange die Rollendevianz nur gelegentlich, nur hinsichtlich mancher und vielleicht weniger wichtiger Rollenerwartungen und nur gegenüber manchen, vorzugsweise wenig sanktionsfähigen Bezugsgruppen ausgeübt wird, kann die Identitätsbehauptung durchaus mit einem weiteren Festhalten an der Rolle einhergehen. Identität und Rolle stehen einander dann zwar sozusagen feindlich gegenüber; aber die partielle Devianz wird als Preis der ansonsten geleisteten Rollenkonformität hingenommen. Besonders wenn der Rolleninhaber schwer ersetzbar ist, kann er sich einiges an Devianz zur Identitätsbehauptung herausnehmen, ohne gravierende Sanktionen befürchten zu müssen. So kann zum Beispiel ein Untergebener, dem das Verhalten seines Vorgesetzten nicht passt, diesem lauthals und unverblümt seine Meinung sagen; wenn der Untergebene seine Arbeit sehr gut macht und die Firma auf ihn angewiesen ist, muss der Vorgesetzte sich diese Rollendevianz gefallen lassen.

Manchmal hilft es dem Akteur aber erst, wenn er die identitätsbedrohende Rolle ganz hinter sich lässt, also demonstrativ „aussteigt", wie es zum Beispiel immer wieder Wissenschaftler getan haben, die ihre Forschungsarbeiten nicht mit ihrem Gewissen vereinbaren konnten. Der *Ausstieg aus der Rolle* ist – außer bei zwangsweise auferlegten Rollen – stets als letzte Möglichkeit vorhanden, mit Identitätsbedrohungen fertig zu werden, die aus den Rollen-

Identitätsbehauptung zu tun. In Goffmans Beispiel des Chirurgen, der während der Operation seine Scherzchen macht, um den Operationshelfern so die Nervosität zu nehmen, geht es nicht um dessen Identität, sondern darum, die anspannende soziale Situation des gemeinsamen Rollenspiels möglichst reibungslos zu bewältigen.

110 Rollendevianz kann natürlich auch ganz andere Ursachen haben – etwa mangelndes Rollenwissen oder rationale Interessenverfolgung oder ein Ausleben von Gefühlen.

pflichten herrühren. Wiederum gilt: In dem Maße, in dem ein Akteur als Rolleninhaber unersetzbar ist, kann er mit dem Ausstieg drohen und dadurch bestimmte Identitätsbedrohungen von vornherein abwehren. So vermag ein gesuchter wissenschaftlicher Experte für bestimmte Forschungsthemen vielleicht durchzusetzen, dass seine Ergebnisse nicht militärisch genutzt werden.

Damit sind die verschiedenen Arten von Praktiken der Identitätsbehauptung, die jeweils zu bestimmten Arten von Identitätsbedrohungen passen, präsentiert. Ob die Auflistung vollständig ist, bedürfte genauerer Prüfung. Hier kam es nur darauf an, einen Eindruck davon zu vermitteln, in welchen Erscheinungsformen sich Identitätsbehauptung als Handlungsantrieb manifestieren kann.

Überindividuelle Akteure als Identitätsbehaupter

Die bisher für Personen als individuelle Akteure beschriebenen Sachverhalte lassen sich größtenteils auch auf überindividuelle Akteure übertragen. Auch Organisationen wie Unternehmen, Verbände und Parteien oder soziale Bewegungen können nicht identitätslos existieren. Damit gilt für dieses soziologische Akteurmodell ebenfalls, dass es auf alle Arten von sozialen Akteuren anwendbar ist.[111] Für formale Organisationen spricht man von deren „corporate identity“ oder auch „Organisationskultur“ (Frost 1985; Ouchi/Williams 1985; May 1997). Hier stehen ebenfalls evaluative Selbstansprüche im Vordergrund – etwa in Form substantieller Organisationsziele oder Managementprinzipien. Man vergleiche zum Beispiel die „corporate identities“ der Autohersteller Porsche und Volkswagen. Neuerdings legen sich immer mehr Großunternehmen auch bestimmte normative Selbstansprüche auf – so etwa die erhöhte Repräsentation von Frauen in Führungspositionen oder die Beachtung von Umweltschutzstandards. Noch expliziter leisten all jene Organisationen „Identitätsarbeit“, die sich als Interessenorganisationen bestimmten politischen Belangen verschrieben haben. Kein Interessenverband beschränkt sich darauf, lapidar die von ihm aktuell verfolgten spezifischen Interessen aufzulisten. Dies wird vielmehr in einen überwölbenden Begründungszusammenhang gefügt, der den Kern der Identität dieses überindividuellen Akteurs ausmacht. Und wenn ein solcher substantieller Begründungszusammenhang ausdünnt, der Interessenverband nicht länger zu sagen vermag, wofür und wogegen er eigentlich steht, gerät er in eine ebensolche Identitätskrise, wie sie auch Personen durchmachen können. Ein Beispiel, an dem das in den letzten Jahrzehnten vielfach diskutiert worden ist, ist der Wandel der alten „Weltanschauungs-“ zu den heutigen „Allerweltsparteien“. Wenn es zumindest den großen politischen Parteien in vielen Ländern aus einer Reihe von

111 Auch der „ akteurzentrierte Institutionalismus“ von Renate Mayntz und Fritz Scharpf betont, dass überindividuelle Akteure ebenso wie individuelle Akteure in ihrem Handeln außer von Normen und Interessen, also Nutzenerwägungen, weiterhin von Identitätsgesichtspunkten angeleitet werden (Mayntz/Scharpf 1995: 56/57).

Beweggründen immer wichtiger wird, politisch an der Macht zu bleiben bzw. die politische Macht zu erringen, und dafür ein opportunistisches Eingehen auf wechselnde politische Stimmungslagen erforderlich ist, bleiben substantielle programmatische Grundsätze auf der Strecke.

Gleiches ließe sich auch für nicht formal organisierte soziale Bewegungen oder ethnische Gruppierungen aufzeigen. Sie benötigen, damit die involvierten individuellen Akteure ein abgestimmtes gemeinsames Handeln realisieren können, eine kollektive Identität. Deren Stellenwert ist sogar noch höher als der der „corporate identity" für formale Organisationen, da letztere zur Handlungsabstimmung ihrer Mitglieder primär ihre institutionalisierten normativen Erwartungsstrukturen einsetzen. Diese sind bei sozialen Bewegungen in formalisierter Form fast gar nicht gegeben und auch informell oftmals nur rudimentär vorhanden, so dass die evaluativen und normativen Selbstansprüche, die die kollektive Identität konstituieren, zumeist die primäre ordnungsbildende Kraft im Inneren dieser Akteure sind. Die substantiellen Zielformulierungen sind häufig in Form einprägsamer und suggestiver Slogans verdichtet, wie sich etwa an der Anti-Atomkraft-Bewegung der 1970er und 1980er Jahre studieren lässt: „Atomkraft – Nein danke!" oder: „AKW – Nee!". Sehr oft wird die „Botschaft", die den Kern der kollektiven Selbstansprüche ausmacht, auch von charismatischen Führungspersönlichkeiten verkörpert – siehe etwa Martin Luther King in der amerikanischen Bürgerrechtsbewegung oder Rudi Dutschke in der deutschen Studentenbewegung der 1960er Jahre. Weiterhin gehören zur kollektiven Identität oftmals auch bestimmte normative Selbstansprüche in Bezug auf die erlaubten beziehungsweise unerlaubten Formen kollektiven Handelns. Gewaltlosigkeit als Selbstanspruch war beispielsweise eine wichtige Identitätskomponente der Anti-Atomkraft-Bewegung; diese Komponente wurde dann durch bestimmte Widerstandsformen wie Menschenketten oder Sit-ins spezifiziert.

Noch diffuser fallen oftmals die kollektiven Identitäten ethnischer oder regional umschriebener Gruppen aus. Was zum Beispiel die Identität der Schotten gegenüber den Engländern ausmacht, läuft auf eine heterogene und wenig kohärente Liste von Merkmalen des Lebensstils hinaus und ist wohl letztlich nicht mehr als ein kultureller „Überbau", hinter dem handfeste Interessengegensätze stehen. Unter dem Vorwand der Identitätsbehauptung agiert also in solchen Auseinandersetzungen oftmals niemand anders als der Homo Oeconomicus – was es natürlich ebenso auch bei individuellen Akteuren geben kann.

Die maßgebliche Art der Identitätsbedrohung, die auch für überindividuelle Akteure in Betracht kommt und bei ihnen verstärkt identitätsbehauptendes Handeln auslöst, ist die *indirekte Identitätsbedrohung durch Existenzgefährdung*. Was für Personen der Tod ist, gibt es in analoger Form auch bei überindividuellen Akteuren: als Zerfall, Zerschlagung, Auflösung, Konkurs und Ähnliches. Die Identitätsbedrohung beruht dabei zum einen auf ungünstigen Konstellationen, wie im Falle von Unternehmen vor allem auf einer zu harten Konkurrenz am Markt und entsprechend bis aufs Messer ausgetragenen Konflikten zwischen den Konkurrenten. Gleiches gilt für die politische Partei, die durch eine dramatische öffentliche Kampagne um ihren Verbleib im Parlament bei anstehenden Wahlen kämpft, woran ihr Fortbestehen insgesamt hängt. Zum anderen altern und durchlaufen auch überindividuelle Akteure vom Zeitpunkt ihrer Entstehung an durchaus ähnliche Entwicklungsphasen wie Personen.[112] Überindividuelle Akteure haben zwar keine biologisch bestimmte maximale Lebensspanne, weshalb zumindest eine Reihe formaler Organisationen deutlich älter als Menschen werden können.[113] Aber Mitgliederschwund bei politischen Parteien, Gewerkschaften oder Bürgerinitiativen, Absatzrückgang bei Unternehmen, Stellenstreichungen und Abteilungsschließungen bei Forschungsinstituten oder der Entzug von Befugnissen bei Behörden: Das sind einige der Signale, die auch überindividuellen Akteuren anzeigen, dass sie einen Niedergang erleben; und je dramatischer und unaufhaltsamer dieser ausfällt, desto größer wird die Identitätsbedrohung durch das Fraglichwerden des Und-so-weiter der Existenz des betreffenden Akteurs.[114] Auf solche Niedergangstendenzen müssen soziale Bewegungen und formale Organisationen ebenso reagieren wie Personen auf lebensbedrohliche Ereignisse, weil eben die Wahrung der jeweiligen eigenen Identität an die Fortexistenz als Akteur gebunden ist. Auch das „memento mori", das Personen durch das Erleben des Todes beziehungsweise der Todesgefahr anderer vermittelt wird, ist überindividuellen Akteuren nicht fremd. Wenn beispielsweise eine Firma erlebt, wie rund um sie herum die Konkurrenten das Geschäft aufgeben müssen, weil die Marktnachfrage rapide abnimmt, gibt das der Firmenleitung zu denken, auch wenn man selbst noch gut im Geschäft ist.

Zusammenfassung und Vorschau

In diesem Kapitel wurden zwei weitere soziologische Akteurmodelle vorgestellt: der „Emotional man" und der Identitätsbehaupter. Zwar würden auch deren glühendste Verfechter nicht so weit gehen, diesen beiden Modellen die gleiche Wichtigkeit zuzusprechen wie dem Homo Sociologicus und dem Homo Oeconomicus. Doch das Ausleben von Emotionen und die Behauptung der eigenen Identität stellen Handlungsantriebe dar, die immer wieder episodisch die anderen zwei Akteurmodelle in den Hintergrund drängen können. Deutlich dürfte jedenfalls

112 Siehe etwa die Forschungen über „life cycles" von Organisationen oder sozialen Bewegungen (Kimberly/Miles 1987).

113 Unangefochten der älteste Akteur überhaupt in der Menschheitsgeschichte ist die Katholische Kirche.

114 Eine besondere Art der Existenzbeendigung von überindividuellen Akteuren, zu der es bei Personen keine Entsprechung gibt, stellt die unfreiwillige Eingliederung in einen anderen überindividuellen Akteur dar – wie etwa der Aufkauf eines Unternehmens durch ein anderes oder die von einer Seite erzwungene Vereinigung zweier politischer Parteien. Davon zu unterscheiden ist die gewollte Vereinigung zweier überindividueller Akteure.

geworden sein, dass die Soziologie auch den „Emotional man“ und den Identitätsbehaupter benötigt, will sie nicht einen Teil der Handlungswahlen unerklärt lassen. Eine weitere Ausarbeitung der Modelle erscheint daher umso wichtiger.

Die drei vorausgegangenen Kapitel haben jedes der soziologischen Akteurmodelle je für sich geschildert. Hier und da sind bereits Querverbindungen zwischen ihnen angesprochen worden. Im folgenden Kapitel wird es darum gehen, den Zusammenhang zwischen ihnen vertiefend zu diskutieren und die vier Akteurmodelle für soziologische Erklärungen zusammenzufügen.

6. Die Zusammenfügung der Akteurmodelle

Dieses Kapitel dreht sich um die Frage, woher die vor ein konkretes soziologisches Rätsel gestellte soziologische Beobachterin nun wissen kann, welches der vier Akteurmodelle für die Erklärung des vorliegenden Handelns das beste oder sogar das einzig geeignete Modell ist. Und wenn sich die Antwort nicht schon beim ersten Blick auf das betreffende Handeln ergibt: Gibt es dann eine sinnvolle Reihenfolge, in der die vier Modelle durchprobiert werden sollten? Im Folgenden werden Vorschläge für ein konstruktives Miteinander der Modelle bei der Lösung von Erklärungsproblemen gemacht. Dabei wird in zwei voneinander unabhängigen Schritten vorgegangen: Zunächst wird unter erklärungsökonomischen Gesichtspunkten eine analytische Prioritätenordnung der Akteurmodelle zu ermitteln versucht. Danach wird gefragt, ob eines der Modelle unter den besonderen Bedingungen der modernen Gesellschaft einen gewissen theoretischen Primat genießt.

6.1 Die analytische Priorität des Homo Sociologicus

Für den Vergleich und die Zusammenfügung der vier Akteurmodelle können zwei bereits verschiedentlich zur Sprache gekommene Dimensionen jeder Handlungswahl genutzt und miteinander kombiniert werden: erstens die Modalität des Handlungsantriebs und zweitens das Ausmaß an Reflexion bei der Handlungswahl.

Sollen und Wollen

Die *Modalität des Handlungsantriebs* wird durch zwei Pole bestimmt: Handelt jemand so wie er handelt, weil er so handeln *will*, oder weil er so handeln *soll*? Ein durch das Wollen bestimmtes Handeln ist ein Handeln aus Eigenantrieb, ein durch das Sollen bestimmtes Handeln ist ein Handeln aus Außenantrieb.

Der Homo Sociologicus handelt so, wie er es tut, aus Normkonformität: weil er es so soll. Das Handeln des Homo Oeconomicus wird demgegenüber durch eigenes Wollen bestimmt – es sind seine Nutzenvorstellungen, die er verfolgt. Aber der Homo Oeconomicus ist nicht das einzige Akteurmodell, das einen in der Modalität des Wollens geformten Handlungsantrieb analytisch herausstellt. Beim „Emotional man“ und beim Identitätsbehaupter ist das ebenfalls so. Wenn ein Akteur seinen Gefühlen folgt oder mit seinem Handeln die Bestätigung seines Selbstbildes anstrebt, ist dies kein von außen auferlegtes Sollen, sondern ein eigenes Wollen. Die Modalität des Wollens kann sich also in drei ganz unterschiedliche Arten von Handlungsantrieben ausformen: als Nutzenverfolgung, als Ausleben von

Emotionen und als Identitätsbehauptung. Bei aller Unterschiedlichkeit ist diesen drei Akteurmodellen gemeinsam, dass sie als wollensbasierte dem sollensbasierten Homo Sociologicus gegenüberstehen.

Was man allerdings bei empirischen Erklärungsproblemen in Rechnung stellen muss, ist der Sachverhalt, dass Handeln in nicht wenigen Fällen weder eindeutig in die Sollens- noch eindeutig in die Wollensmodalität fällt. Eben deshalb ist diese Dimension der Handlungsselektion als Kontinuum angelegt. Dabei sind dann zwei Arten des Mischungsverhältnisses zwischen Wollen und Sollen denkbar. Zum einen kann das Mischungsverhältnis essentiell für die Beschaffenheit der gewählten Handlung sein. Nur weil die jeweiligen Antriebe sich so mischen, kommt das Handeln, so wie es ist, zustande – zum Beispiel Rollendistanz als Koexistenz von Normkonformität und Identitätsbehauptung. Zum anderen gibt es aber auch immer wieder akzidentielle Mischungsverhältnisse. Dann käme das Handeln, so wie es ist, bereits zustande, wenn nur einer der betreffenden Antriebe vorläge – egal welcher. Beispielsweise kann ein auf emotionale Antriebe zurückgehender Wutanfall situativ höchst nützlich zur Durchsetzung der eigenen Interessen sein, wäre also, bräche er nicht spontan hervor, vielleicht strategisch inszeniert worden. Das Handeln ist in diesem Fall überdeterminiert – was methodologisch heißt, dass von jedem der jeweiligen Antriebe her eine hinreichende Erklärung der Handlungsselektion möglich ist.

Routine und Entscheidung

Die zweite Dimension der Handlungswahl bezieht sich auf das dabei gegebene *Ausmaß* bzw. die *Intensität der Reflexion*. Die beiden Pole dieser Dimension lassen sich als Routine und Entscheidung bezeichnen.

Die *Routine* ist, auf die Spitze getrieben, ein präzise festgelegter, keine Gestaltungsspielräume und Ambivalenzen aufweisender Handlungsalgorithmus (Luhmann 1964 b) oder ein stark festgelegtes Skript (Esser 2001: 259-307). Ein Ritual oder ein organisatorisches oder rechtliches Konditionalprogramm, das eine „Wenn…, dann…“-Form aufweist, ist in diesem Sinne hochgradig routinisiert. Neben derartigen kollektiven Routinen, die sozial geteiltes Wissen darstellen, gibt es auch individuelle Routinen, die ein Akteur je für sich durch Erfahrung und Gewöhnung ausgebildet hat (→ Kap. 4.4). Routinen schaffen Reflexionsverzicht durch Kontingenzausblendung. Die Tatsache, dass jedes Handeln immer auch vielfältig anders möglich ist und gewesen wäre, wird vom Akteur dadurch verdrängt, dass er einfach so handelt, wie er oder „jedermann“ in der betreffenden Situation „schon immer“ gehandelt hat. Dieser Reflexionsverzicht wird jedem Akteur durch seine begrenzte Informationsverarbeitungskapazität auferlegt. Den Großteil seines Handelns muss er mehr oder weniger stark routinisieren, gerade um sich Reflexionskapazität für die Situationen freizuhalten, in denen er entscheidungsförmig handeln will bzw. muss.

Entscheidungen zeichnen sich gegenüber Routinen genau dadurch aus, dass sie die eigene Kontingenz thematisieren (Luhmann 1978: 337-339; Schimank 2005b: 41-52). Der Akteur erlegt sich Reflexion auf, er wägt in Anbetracht der situativen Umstände spezifische Handlungsalternativen gegeneinander ab. Entscheidungen sondieren also das Alternativenspektrum, während Routinen es verdrängen. So wird auch die schließlich gewählte Alternative nicht als „einzig mögliche" verabsolutiert, sondern vor dem Horizont der bewusst gehaltenen nicht-gewählten Alternativen relativiert.

Auch mit dieser zweiten Dimension der Handlungsselektion werden zunächst wieder der Homo Sociologicus und der Homo Oeconomicus in Verbindung gebracht. Der Homo Sociologicus der strukturfunktionalistischen Rollentheorie ist ursprünglich als stark routinisiert Handelnder konzipiert worden. Genau das hat den Widerspruch von Seiten interaktionistischer Perspektiven hervorgerufen. Auch Normkonformität kann dem Akteur mehr oder weniger schwere Entscheidungslasten aufbürden: wenn er Rollenkonflikte, Rollenambiguitäten oder die mangelnde Operationalisierung von Rollenerwartungen zu bewältigen hat. Es gibt also keine eindeutige Korrelation zwischen routineförmigem und normkonformem Handeln.

Ähnlich unzutreffend ist die ursprünglich dem Homo Oeconomicus unterstellte Korrelation zwischen entscheidungsförmigem Handeln und Nutzenorientierung. Ein nutzenorientiertes Handeln kann sich immer dann auf bewährte Routinen einlassen, wenn der erwartbare Nutzenzuwachs durch entscheidungsförmiges Handeln geringer ist als der dadurch zusätzlich anfallende Zeit- und Suchaufwand.

Auch emotionales und identitätsbehauptendes Handeln ist nicht jeweils eindeutig einem der beiden Pole dieser Dimension zuzuordnen. Bei emotionalem Handeln reicht das Spektrum zum Beispiel vom fast als Automatismus ablaufenden Wutanfall bis zu einem mit langem Atem strategisch verfolgten Rachefeldzug; und Identitätsbehauptung kann ebenfalls auf der einen Seite beispielsweise als spontane Verweigerung gegenüber einer bestimmten Verhaltenszumutung – etwa aus Gewissensgründen – oder als Übernahme eines allgemein gebräuchlichen Handlungsmusters von Rollendistanz geschehen. Identitätsbehauptung kann sich aber auf der anderen Seite auch aus längerem Nachdenken und Abwägen ergeben, etwa als gezieltes Suchen und Aufsuchen einer identitätsbestätigenden sozialen Umgebung.

Dimensionen der Handlungswahl

Damit gilt insgesamt, dass eine Handlungswahl stets in diesen beiden analytischen Dimensionen charakterisiert werden kann: zum einen als mehr oder weniger sollens- bzw. wollensgeprägt, und zum anderen als mehr oder weniger routinisiert bzw. entscheidungsförmig. Zahlreiche Mischungsverhältnisse sind in beiden Dimensionen vorstellbar und ließen sich auch mühelos anhand konkreter Fälle von Handlungsselektionen ausmachen: routineförmiges sollensgeprägtes, entscheidungsförmiges sollensgeprägtes, routineförmiges wollensgeprägtes und entscheidungsförmiges wollensgeprägtes Handeln.

Wie jede theoretische Wissenschaft abstrahiert die Soziologie jedoch stets von vielen konkreten Besonderheiten des Handelns und bemüht sich darum, es in analytisch vereinfachenden Modellen zu erfassen. Nur so sind verallgemeinernde, über den jeweiligen Einzelfall hinausgehende Aussagen – wie u. a. wissenschaftliche Gesetze – möglich. Auch wenn es also in der sozialen Wirklichkeit niemals ein vollständig routinisiertes bzw. vollständig entscheidungsförmiges Handeln gibt, die Pole beider Dimensionen also analytische Idealisierungen darstellen, lässt sich das Handeln doch, je mehr es in beiden Dimensionen jeweils einem der Pole nahekommt, analytisch unter Vernachlässigung des jeweils anderen Pols rekonstruieren. Man kann hoffen, dass das Gros des Handelns einer dominanten Anziehungskraft jeweils eines der beiden Pole der zwei Dimensionen unterliegt.

Empirischer Aufwand der Handlungserklärung

Hat man das Universum sozialen Handelns auf diese Weise analytisch geordnet, kann man hieran eine für das weitere sehr wichtige Feststellung über den *empirischen Erhebungsaufwand* anschließen, den die erklärende Rekonstruktion eines bestimmten Handelns mit sich bringt. Die Feststellung lautet: Sollensprägungen des Handelns sind unaufwändiger erhebbar als Wollensprägungen, und Routinen – vor allem wenn es sich um kollektive handelt – unaufwändiger erhebbar als Entscheidungen. Empirisch am unaufwändigsten ist also die Erklärung eines Handelns, das sollensgeprägt und routineförmig ist, am aufwändigsten hingegen stellt sich diesbezüglich wollensgeprägtes und entscheidungsförmiges Handeln dar.

Die Aufwandsunterschiede ergeben sich daraus, dass Sollensprägungen, also durch Bezugsgruppen vertretene soziale Normen ebenso wie kollektive Routinen in dem entsprechenden sozialen Feld geteiltes Wissen aller dort handelnden Akteure sind (Scharpf 1997: 41). Die soziologische Beobachterin kann die Informationen darüber, was normativ erwartet wird und welcher Routinen sich Akteure bei bestimmten Anlässen bedienen können, von vielen Auskunftspartnern erhalten; und deren Auskünfte dürften sich weit gehend decken. Will man zum Beispiel, um das Handeln von Lehrern zu erklären, wissen, welchen Rollenerwartungen sie sich ausgesetzt fühlen, kann man dazu mit einigen von ihnen Experteninterviews führen; und bereits nach wenigen Interviews dürfte sich das Bild der Normen und der darauf bezogenen Handlungsroutinen in dem Sinne abrunden, dass man kaum noch Neues erfährt.[115]

115 Zu diesem pragmatischen Kriterium für die Beendigung qualitativer Erhebungsverfahren siehe Bühler-Niederberger (1985).

Nicht selten dürfte der soziologische Beobachter auch eigene Alltagserfahrungen in dem jeweiligen sozialen Feld haben und von daher schon gute, gelegentlich völlig ausreichende empirische Kenntnis besitzen. Was etwa Schüler von einem Lehrer erwarten, kann sich der Soziologe, der selbst einmal Schüler war, zumindest ungefähr ausmalen; und welche wechselseitigen normativen Erwartungen und Routinen Verkaufsgespräche auf dem Wochenmarkt im Unterschied zum Kaufhaus prägen, weiß er aus immer wieder aktualisierten eigenen Erfahrungen. Durch die Methode der teilnehmenden Beobachtung hat der Soziologe zudem die Möglichkeit, sich diesen Status des im betreffenden sozialen Feld kompetenten Handelnden allmählich zu erarbeiten (Lüders 2009).

Aufwändiger fällt hingegen oftmals die empirische Ermittlung von Wollensprägungen und entscheidungsförmig gewählten Handlungsweisen sowie auch von individuellen Routinen aus. Denn in beiden Hinsichten spielen immer wieder Idiosynkrasien des einzelnen Akteurs in erheblichem Maße hinein. Identität, Emotionalität und Nutzenvorstellungen können höchst individuell beschaffen sein, so dass nur der betreffende Akteur selbst oder jemand, der ihn sehr gut kennt, adäquate Auskunft über seine Handlungsantriebe zu geben vermag. Und die verschlungenen Wege, auf denen ein Akteur zu einer ganz bestimmten Entscheidung gelangt, können ebenfalls Außenstehenden ganz und gar undurchschaubar erscheinen.

Bevor man allerdings den überzogenen Schluss zieht, dass jegliches entscheidungsförmiges und/oder wollensgeprägtes Handeln nur noch als Einzelfallstudie erklärt werden kann, sollte man sich einige immer wieder nutzbare Erleichterungen des empirischen Erhebungsaufwands vor Augen halten:

- Überindividuelle Akteure sind hinsichtlich ihres Wollens und ihrer Entscheidungen bzw. individuellen Routinen oft durchschaubarer als individuelle Akteure.[116] Denn diesbezüglich ist zum Beispiel in Organisationen vieles teils öffentlich, teils zumindest in internen Akten schriftlich fixiert; und auf jeden Fall gibt es fast immer eine Mehrzahl von Mitgliedern, die zu diesen Dingen befragt werden können. Auch ist die teilnehmende Beobachtung als empirische Erhebungsmethode möglich.
- In dem Maße, wie die Nutzenvorstellungen von Akteuren durch reflexive Interessen, teilsystemische Handlungsorientierungen und lagegeprägte Lebensstile bestimmt werden (→ Kap. 4.4), handelt es sich um sozial verbreitete und damit wieder relativ leicht erhebbare Handlungsantriebe. Man braucht die Situation des betreffenden Akteurs lediglich hinsichtlich Erwartungssicherheit, Autonomie, Domänen und Ressourcen zu eruieren; und man kann zumindest bis zum Beweis des Gegenteils unterstellen, dass der Akteur der jeweiligen teilsystemischen Handlungslogik bzw. dem seiner sozialen Lage gemäßen Lebensstil folgt.

---

116 Dies stellt auch Hans Geser (1990: 409-411) in seinem Vergleich individueller und korporativer Akteure heraus.

- Identitätsbehauptung als Handlungsantrieb ist vergleichsweise einfach nachvollziehbar, wenn Identitätsbedrohungen durch Entindividualisierung – dies nur bei individuellen Akteuren – oder durch Existenzgefährdungen erkennbar sind. Letzteres fiele ohnehin mit einem reflexiven Interesse zusammen. Und dass eine Person die eigene Einzigartigkeit und Selbstbestimmung nicht zur Geltung bringen kann, lässt sich zumindest in massiveren Fällen klar ausmachen.[117]
- Auf Emotionalität als Handlungsantrieb kann u.a. immer dann geschlossen werden, wenn für den Akteur massive Erwartungsenttäuschungen negativer oder positiver Art eintreten. Sofern die enttäuschten Erwartungen sich auf reflexive Interessen des Akteurs, auf teilsystemische Handlungsorientierungen, auf den Lebensstil, auf geltende soziale Normen oder – bei Personen – auf den eigenen Individualitätsanspruch beziehen, hat man es wiederum noch mit relativ gut erhebbaren Faktoren zu tun.
- In dem Maße, wie entscheidungsförmiges Handeln sich der geläufigen Muster begrenzter Rationalität bedient, lässt es sich empirisch gut nachvollziehen. Selektive Wahrnehmung, „simple-minded search", Inkrementalismus u.Ä. sind für eine entsprechend sensible soziologische Beobachterin erkennbare Strukturen der Entscheidungsfindung.

Umgekehrt formuliert wird die Handlungserklärung – vor allem bei individuellen Akteuren – also immer dann aufwändiger und schwieriger, wenn sehr spezifische Nutzenausprägungen und Emotionen sowie die Bedrohung spezifischer substantieller Identitätsbestandteile das Handeln antreiben, wenn nach umfassender Rationalität strebende Handlungswahlen getroffen werden oder höchst eigenwillige individuelle Routinen vorliegen.

Erklärungsökonomisches Vorgehen

Man kann nun die vier behandelten soziologischen Akteurmodelle vor diesem Hintergrund betrachten und unter Gesichtspunkten der *Erklärungsökonomie* überlegen, wie man möglichst effizient prüft, welches der Modelle bei einem gegebenen konkreten Handeln, das man zu erklären hat, zum Einsatz gebracht wird. Grundsatz dabei sollte sein: Man probiert zunächst diejenigen Modelle aus, die einen eher geringen empirischen Erhebungsaufwand verursachen – und nur, wenn sie sich als unanwendbar erweisen, geht man zu Modellen über, die schwieriger beschaffbare empirische Informationen erfordern.[118] In einer Sequenz von fünf zunehmend aufwändi-

117 So durfte Erving Goffman bei seinen Untersuchungen „totaler Institutionen" (→ Kap. 5.2) davon ausgehen, dass die von diesen erzeugte Entindividualisierung der Insassen auf deren Seite geradezu zwangsläufig Praktiken der Identitätsbehauptung hervorruft.

118 Siehe auch die ähnliche Empfehlung als „Prinzip der abnehmenden Abstraktion" bei Hartmut Esser (1993: 133-140) sowie Renate Mayntz und Fritz Scharpf (1995 a: 66-67).

geren empirischen Prüfschritten lässt sich bestimmen, welches der vier Akteurmodelle heranzuziehen ist:

1. Sind die Rollenerwartungen, denen das zu erklärende Handeln unterliegt, klar – also dauerhaft, präzise, umfassend und ohne Widersprüche? *Klarheit der Rollenerwartungen* bezieht sich auf Sollensprägungen des Handelns, die zudem routineförmig vorliegen. Dies ist, wie dargestellt, relativ leicht empirisch prüfbar. Was dem soziologischen Beobachter, der Experten des jeweiligen sozialen Felds befragt oder selbst Alltagsexperte ist, dabei allenfalls entgehen könnte, sind Inter-Rollen- und Person-Rolle-Konflikte. Liegen solche Konflikte häufiger vor, dürfte dieser Tatbestand wiederum Bestandteil des geteilten Wissens über das soziale Feld sein. Kommen sie hingegen nur gelegentlich vor, würde der Soziologe in diesen Fällen tatsächlich zunächst fälschlicherweise von klaren Rollenerwartungen ausgehen und müsste dies dann, wenn eine entsprechend zugeschnittene Handlungserklärung sich als falsch erweist, korrigieren. Jedenfalls dürfte ihm die falsche Einschätzung dieses Sachverhalts schnell auffallen.
2. Wenn sich herausstellt, dass tatsächlich klare Rollenerwartungen gegeben sind, schließt sich ein zweites Prüfkriterium an: Wird die Beachtung der Rollenerwartungen effektiv kontrolliert? Wird also das Rollenhandeln ausreichend überwacht und eine Nichtbefolgung der Rollenerwartungen empfindlich negativ sanktioniert? *Effektive soziale Kontrolle*, die ebenso wie das erste Kriterium erhebbar ist, sorgt gemeinsam mit Klarheit der Rollenerwartungen dafür, dass das Handeln sich primär an Normkonformität ausrichtet, also der Homo Sociologicus zum Einsatz gelangt. Nicht wenige Inter-Rollen- und Person-Rolle-Konflikte dürften durch effektive soziale Kontrolle neutralisiert werden, wodurch diese Komplikationen dann unberücksichtigt gelassen werden können. Weiterhin neutralisiert effektive soziale Kontrolle auch Wollensprägungen des Handelns, die den Rollenerwartungen zuwiderlaufen – jedenfalls bis zu dem Punkt, an dem die jeweiligen Nutzenvorstellungen, Emotionen und evaluativen oder normativen Selbstansprüche so stark sind, dass der Akteur die Kosten einer Nichtkonformität mit den Rollenerwartungen in Kauf zu nehmen bereit ist. Ebensowenig ist fehlendes Rollenwissen ein großes Problem, weil die soziale Kontrolle dem Akteur das nötige Wissen schon vermitteln wird. Schließlich haben die Bezugsgruppen ein Interesse an Normkonformität. Abgeschwächt gilt dies auch für fehlende Ressourcen des Rollenhandelns. Die Bezugsgruppen werden sich oftmals zumindest darum bemühen, den Akteur mit den erforderlichen Ressourcen auszustatten – und dies wird ihnen auch meistens gelingen.
   Wenn also klare Rollenerwartungen und effektive soziale Kontrolle vorliegen, sind viele Probleme des Rollenhandelns und viele andere Handlungsantriebe neben der Normkonformität bedeutungslos. Es mag diese Probleme und anderen Handlungsantriebe gelegentlich oder sogar oft geben – aber sie werden dann nicht handlungswirksam. Unter diesen Bedingungen ist allseitige Erwartungssicherheit gegeben – und das dafür

geradezu maßgeschneiderte Akteurmodell ist der Homo Sociologicus der strukturfunktionalistischen Rollentheorie. Klarheit der Rollenerwartungen erleichtert effektive soziale Kontrolle, so wie diese umgekehrt dazu führen kann, dass Rollenerwartungen immer klarer gefasst werden. Nicht immer also, aber doch immer wieder finden sich in sozialen Feldern Aufschaukelungsdynamiken der Art, dass eine zunehmende Klärung der Rollenerwartungen mit einer zunehmend effektiven sozialen Kontrolle einhergeht. Genau diese Dynamiken sind vielleicht der wichtigste ordnungsstiftende Faktor in der Sozialwelt.

3. Wenn Rollenerwartungen klar sind, aber es – warum auch immer – keine effektive soziale Kontrolle gibt, muss man ein weiteres Prüfkriterium heranziehen: Haben die Akteure die Rollenerwartungen internalisiert? *Internalisierung der Rollenerwartungen* ist ein funktionales Äquivalent für effektive soziale Kontrolle. Die Klärung der Frage, ob ein Akteur bestimmte Rollenerwartungen internalisiert hat, ist schon erheblich aufwendiger als die bisherigen empirischen Schritte. Man muss hierzu vor allem betrachten, wie die Mechanismen der Rollensozialisation beschaffen sind. Wenn bei der Rollensozialisation eine starke Moralisierung der Erwartungen stattfindet, die Rolle also als ein Ethos, eine Gesinnung u.Ä. mit einem entsprechenden legitimatorischen Überbau, etwa in Form einer Ideologie, vermittelt wird, und dies womöglich noch damit verknüpft ist, dass der Rolleninhaber lernt, sich als Mitglied und Repräsentant einer Gruppe mit einem ausgeprägten Wir-Gefühl zu verstehen: Dann sind günstige Bedingungen für eine Internalisierung der Rollenerwartungen gegeben. So etwas findet man bei Mitgliedsrollen in politischen, religiösen oder sonstigen weltanschaulichen Gemeinschaften, aber auch bei vielen Berufsrollen, vor allem in Professionen, und bei denjenigen Rollen, die in sozial kohäsiven Primärgruppen bestehen, von der Familie bis zur Fußballmannschaft oder zur Gruppe von Arbeitskollegen. Natürlich hat längst nicht jeder Inhaber einer solchen Rolle die damit verknüpften Erwartungen internalisiert. Nicht jeder Vater liebt seine Kinder, und nicht jeder Polizist ist unbestechlich. Die Einschätzung der Internalisierung bestimmter Rollenerwartungen ist also irrtumsanfälliger als andere bisher erforderliche empirische Einschätzungen.[119] Entweder lässt man es darauf ankommen, oder man muss den Aufwand, um zu einer verlässlichen Einschätzung zu kommen, entsprechend höher treiben. Wie man sich als soziologischer Beobachter in dieser Frage entscheidet, ist wiederum eine Frage der Erklärungsökonomie.
4. Haben die Akteure bei klaren Rollenerwartungen und fehlender sozialer Kontrolle die Rollenerwartungen nicht internalisiert, muss man als

119 Die Internalisierung erstreckt sich weiterhin auch nicht auf sämtliche Erwartungen, die an eine solche Rolle gerichtet sind, sondern nur auf einen, allerdings zentralen Ausschnitt. Dass beispielsweise ein Arzt der Krankenkasse pünktlich und gewissenhaft seine Abrechnungen vorlegt, gehört nicht zum internalisierten professionellen Ethos, sondern ist eine durch soziale Kontrolle gestützte Norm.

nächstes fragen: Sind die Wollensprägungen des Handelns durch Nutzenvorstellungen, Emotionen oder evaluative und normative Selbstansprüche mit den Rollenerwartungen vereinbar? Ist eine *Kompatibilität von Wollensprägungen und Rollenerwartungen* gegeben, darf man Erstere analytisch vernachlässigen, braucht also nicht die dafür ausgearbeiteten Akteurmodelle zu bemühen, sondern kann sich weiterhin auf den Homo Sociologicus der strukturfunktionalistischen Rollentheorie beschränken. Kompatibilität heißt wohlgemerkt nicht, dass Sollens- und Wollensprägungen identisch sein müssen, der Akteur also von sich aus genau das tun will, was er aufgrund sozialer Normen tun soll. Das dürfte der seltenere Fall sein. Häufiger dürfte vorkommen, dass das, was jemand will, und das, was er soll, unterschiedlich ist, aber aufs Gleiche hinausläuft. Ein Student soll zum Beispiel fleißig lernen; und wenn er von einem bestimmten Fach begeistert ist und sich dazu berufen fühlt, wird er darin auch Fleiß an den Tag legen – aber nicht deshalb, weil er dieser normativen Erwartung genügen will, sondern weil er den evaluativen Selbstanspruch hat, ein guter Vertreter dieses Fachs zu werden.

Um Sollens- und Wollensprägungen miteinander zu vergleichen, müssen nicht nur – wie bisher – Erstere, sondern auch Letztere empirisch erhoben werden. Hier begibt sich die soziologische Beobachterin nun vollends ins Dickicht bisweilen sehr idiosynkritischer Handlungsantriebe, die dann auch immer wieder nicht routine-, sondern entscheidungsförmig verfolgt werden, womit der empirische Erhebungsaufwand nochmals ansteigt. Immerhin wurden oben einige Möglichkeiten benannt, wie dieser Aufwand oft reduziert werden kann. Als weitere erklärungsökonomische Empfehlung lässt sich noch geben, dass man meistens zunächst Nutzenvorstellungen und erst dann Emotionen und der Identität des Akteurs nachgehen sollte. Denn Nutzenvorstellungen sind wohl häufiger vorkommende Wollensprägungen als die beiden anderen. Stellt sich heraus, dass die Nutzenvorstellungen oder die Emotionen oder die evaluativen oder normativen Selbstansprüche des Akteurs inkompatibel mit den Rollenerwartungen sind, hilft der Homo Sociologicus nicht mehr weiter. Dann muss man entsprechend eines der anderen drei Akteurmodelle heranziehen. Denn wenn die Rollenerwartungen zwar klar sind, aber weder eine effektive soziale Kontrolle stattfindet noch die Rollenerwartungen internalisiert sind, führt deren Unvereinbarkeit mit bestimmten Wollensprägungen des Handelns dazu, dass der Akteur nicht normkonform, sondern wollensbestimmt als Homo Oeconomicus, als „Emotional man" oder Identitätsbehaupter handeln wird. Je größer diese Inkompatibilität ist, desto strenger muss im Übrigen die soziale Kontrolle sein, um effektiv zu bleiben. Denn die Versuchung, nicht normkonform zu handeln, steigt; und damit wächst zum einen die „kriminelle Energie", die Überwachung des eigenen Handelns auszutricksen, Normkonformität nur vorzutäuschen u. Ä.; und zum anderen nimmt die Bereitschaft zu, auch harte Strafen für Nichtkonformität hinzunehmen, weil der Nutzen oder die emotionale Befriedigung oder die Wahrung der eigenen Identität höher wiegen.

5. Damit sind die verschiedenen Möglichkeiten, die sich bei klaren Rollenerwartungen ergeben können, durchbuchstabiert worden. Übrig bleibt noch die Frage, was sich ergeben kann, wenn es für ein bestimmtes Handeln keine klaren Rollenerwartungen gibt, also keine normative Erwartungssicherheit vorliegt. Sofern also in einem sozialen Feld Rollenerwartungen konfligieren, diffus oder unvollständig sind oder sich erratisch wandeln, muss der soziologische Beobachter des Handelns ein weiteres Prüfkriterium heranziehen: Streben die von unklaren Rollenerwartungen betroffenen Akteure vorrangig nach Erwartungssicherheit? Wenn ein *primäres Streben nach Erwartungssicherheit* festzustellen ist, kann man wieder auf den Homo Sociologicus als Akteurmodell zurückgreifen – allerdings erweitert um jene Komponenten, die die interaktionistische Kritik der strukturfunktionalistischen Rollentheorie als „role making“ beigetragen hat. Wie wichtig einem Akteur in einer gegebenen Situation Erwartungssicherheit ist, lässt sich empirisch meist nicht so einfach feststellen. Generell sollte man jedoch davon ausgehen, dass Erwartungssicherheit ein zentrales reflexives Interesse aller Akteure ist, also nicht bloß den Homo Sociologicus umtreibt. Insbesondere rationale Nutzenverfolgung, aber auch Identitätsbehauptung kann bei gegebener Erwartungssicherheit mit entsprechend mehr Zuversicht, Selbstvertrauen und entsprechend höheren Erfolgsansprüchen stattfinden. Erklärungsökonomisch lässt sich daraus der Schluss ziehen, dass der soziologische Beobachter zunächst einmal von einem Streben nach Erwartungssicherheit ausgehen sollte – und nur dann, wenn sich diese Unterstellung bei der Handlungserklärung als offensichtlich unzutreffend erweist, das Gegenteil in Betracht ziehen.
   Das Gegenteil in Betracht ziehen, kann mindestens zweierlei heißen. Zum einen gibt es Situationen, in denen normative Erwartungssicherheit vom Akteur gar nicht benötigt wird, sondern von ihm nur als Einschränkung seiner Handlungsfreiheit empfunden würde. In einem durch normative Erwartungssicherheit gekennzeichneten Umfeld gibt es immer wieder normativ ungeregelte Freiräume des Handelns, in dem Wollensantriebe zum Zuge kommen können und sogar sollen – zum Beispiel bei der Auswahl bestimmter und keiner anderen Güter in der Konsumentenrolle. Zum anderen kommt es immer wieder vor, dass ein Akteur zwar auch normative Erwartungssicherheit anstrebt, aber nur dann, wenn diese mit seinem Wollen übereinstimmt, die jeweiligen Wollensprägungen des Handelns also stärker sind. Dann hält sich der Akteur nur so lange an Normen, wie diese mit seinen Nutzenvorstellungen, seinen Emotionen oder seiner Identität übereinstimmen – und andernfalls setzt er sich über Normen hinweg. Wenn die soziologische Beobachterin in einer Situation unklarer Rollenerwartungen nicht von einem primären Streben nach Erwartungssicherheit ausgehen kann, vermag sie zur Handlungserklärung nicht den Homo Sociologicus einzusetzen, sondern muss wieder die drei anderen Akteurmodelle ausprobieren – beginnend mit dem Homo Oeconomicus.

Abbildung 6: „Erklärungsökonomie“

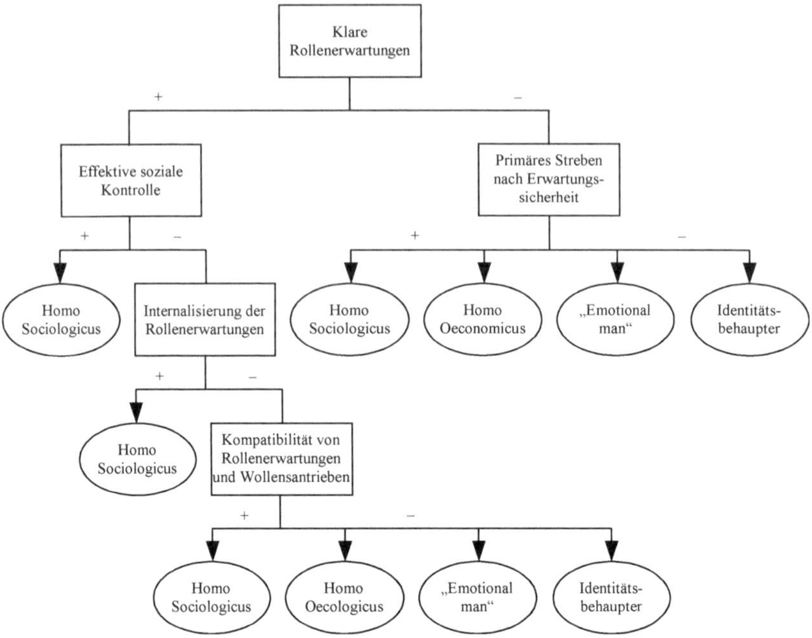

Führt man sich die Logik dieser fünf Prüfschritte vor Augen (Abb. 6), erkennt man eine klare erklärungsökonomisch begründete analytische Priorität des Homo Sociologicus: Wo immer es möglich ist, sollte man dieses Akteurmodell heranziehen – und nur dann, wenn es sich als untauglich erweist, sollte man auf eines der anderen zurückgreifen. Diese Priorität hat freilich nichts damit zu tun, dass es in der sozialen Wirklichkeit häufiger Anwendungsfälle für den Homo Sociologicus gibt als für die drei anderen Modelle. Das mag so sein, muss es aber nicht; und vielleicht – dies als Vorgriff auf den folgenden Abschnitt – hat sich das ja auch im Laufe der gesellschaftlichen Entwicklung geändert. Analytische Priorität besagt lediglich: Man sollte den Homo Sociologicus aus dem Grund zunächst als Handlungserklärung ausprobieren, weil seine Tauglichkeit empirisch am unaufwändigsten festzustellen ist. Wenn die Handlungserklärung mit ihm klappt – dann gut! Und wenn nicht, hat man noch keinen riesigen Aufwand umsonst getrieben.

6.2 Der theoretische Primat des Homo Oeconomicus in der modernen Gesellschaft

Es soll nun noch kurz die Frage gestellt werden, ob einer der vier Handlungsantriebe – unabhängig von der analytischen Reihenfolge, mit der die Akteurmodelle an eine konkretes Erklärungsproblem heran getragen werden – in der modernen Gesellschaft als besonders wichtig eingestuft werden kann, und ob dementsprechend ein bestimmtes Akteurmodell für den soziologischen Forscher damit eine größere Bedeutung gewinnt als andere?

Sozialer Interdependenzdruck und gesellschaftliche Modernisierung

Als Ausgangspunkt für eine Antwort auf diese Frage kann das im Kapitel 4.4 vorgestellte Konzept der Hochkostensituation dienen. Drei Ursachen dafür, dass für einen Akteur in einer Situation viel auf dem Spiel steht, lassen sich unterscheiden. Erstens kann ein sachlicher Problemdruck vorliegen – wenn jemand zum Beispiel in tiefes Wasser fällt und zu ertrinken droht. Zweitens kann ein Akteur einem sozialen Interdependenzdruck unterliegen, wie er aus Macht-, Leistungs- oder Ressourcenabhängigkeiten oder aus Konkurrenzbeziehungen erwächst. Drittens schließlich kann auf einen Akteur auch ein sozialer Konformitätsdruck ausgeübt, also die Missachtung von Normen durch empfindliche Sanktionen geahndet werden. Klar ist, dass die letzte Art von Druck den Akteur zur Normkonformität anhält. Die beiden ersten Arten von Druck treiben den Akteur hingegen zum nutzenorientierten Handeln. Im vorliegenden Zusammenhang interessiert vor allem der soziale Interdependenzdruck. Je größer er ist, desto stärker wird ein Akteur durch die Situation darauf gestoßen, seinen jeweiligen Eigennutz möglichst rational zu verfolgen.[120]

---

120 Jeder weiß freilich: Es kommt vor, dass Akteure auf sozialen Interdependenzdruck emotional oder identitätsbezogen oder normbefolgend reagieren, also ihre Interessen vergessen, obwohl diese manifest gefährdet sind. Solche „unpassenden" Handlungsselektionen können auf drei Ursachen zurückgehen. Erstens können Akteure ihre eigene Situation fehldeuten, also nicht bemerken, dass es für sie um viel geht. Zweitens können Akteure sich durch den Interdependenzdruck so überfordert fühlen, dass eine emotionale Reaktion oder ein ritualistisches Festhalten an Normen Ausdruck von schierer Hilflosigkeit ist. Drittens schließlich können Akteure aber auch einem inneren Druck unterworfen sein, der stärker ist als der situative Druck. Das kann ein momentaner oder auch dauerhafter emotionaler Überdruck sein – z. B. ein tief sitzender Hass oder ein unübergehbares Mitgefühl. Es kann sich um einen Identitätsdruck handeln, wie etwa bei „Gewissenstätern". Gleichgültig jedoch, ob jemand den auf ihm lastenden sozialen Interdependenzdruck verkennt oder ihm nicht gewachsen ist oder ihn aufgrund inneren Drucks ignoriert: Der Akteur muss infolgedessen die massiven Kosten seiner situativ unangemessenen Handlungsselektion in Kauf nehmen. Zumindest dann, wenn er nicht bloß einmal der betreffenden Situation gegenübersteht, kann man oft davon ausgehen, dass er lernt, also seinen Irrtum bei der Situationseinschätzung erkennt oder aufgrund der hautnah erfahrenen Kosten fortan den sozialen Druck doch höher einstuft als den inneren. In einer Population von gleichartigen Akteuren, die sich in derselben Situation befinden, dürfte es dazu kommen, dass diejenigen mit situativ unangemessenen Handlungsselektionen entweder direkt oder zumindest dann, wenn sie auch im Wiederholungsfall und durch Nachahmung nicht lernen, aus dem Spiel geworfen werden. Die Mehrzahl der Akteure beugt sich also zumindest auf längere Sicht sozialem Interdependenzdruck.

Sozialer Interdependenzdruck ist also derjenige Faktor, der auf Seiten des Akteurs eine rationale Nutzenorientierung auslöst – und zwar eine solche, die nicht altruistisch oder gemeinwohlorientiert, sondern egoistisch auf die je eigenen Interessen fixiert ist. Der soziale Interdependenzdruck ist aber, wie im Weiteren plausibilisiert werden soll, mit der *gesellschaftlichen Modernisierung* infolge mehrerer eng miteinander zusammenhängender Tendenzen immer größer geworden. Damit ist das gesellschaftstheoretische Argument klar: In der modernen Gesellschaft ist der Homo Oeconomicus – und zwar der auf Eigeninteressen fixierte – dasjenige Akteurmodell, das aufgrund zunehmenden sozialen Interdependenzdrucks einen *theoretischen Primat* erlangt.

Funktionale Differenzierung

Als Ursache eines gewachsenen sozialen Interdependenzdrucks ist zunächst die zunehmende *funktionale Differenzierung* der modernen Gesellschaft zu nennen (Schimank 2007). Funktionale Differenzierung bedeutet auf der Rollen- und Organisationsebene Spezialisierung im Sinne von Arbeitsteilung. Das gilt keineswegs nur für wirtschaftliche Zusammenhänge, sondern ebenso sehr für die Politik, den Sport, die Wissenschaft und alle anderen gesellschaftlichen Teilbereiche bis hin zur Familie, vergleicht man die moderne Kleinfamilie mit den großfamilialen Lebenszusammenhängen früherer Gesellschaftsformen. Je größer aber die Spezialisierung von Rollen und Organisationen ist, desto größer werden die Abhängigkeiten der spezialisierten Akteure von einer wachsenden Zahl anderer – und das wechselseitig. So haben sich immer dichtere wechselseitige Leistungs- und Ressourcenabhängigkeiten zwischen Akteuren geknüpft, womit jeder in gewissem Maße durch jeweils eine Pluralität anderer immer verletzbarer geworden ist.

Solche funktionalen Abhängigkeiten können auch zur gezielten Obstruktion der Handlungsmöglichkeiten und –ziele anderer genutzt werden – vor allem dann, wenn man von ihnen bestimmte Zugeständnisse erpressen will. Strategische Ressourcen- oder Leistungsverweigerung nivelliert mit der Zunahme von Abhängigkeiten und entsprechenden Obstruktionspotentialen oftmals formelle Machtasymmetrien. In vielen Handlungszusammenhängen haben solche dauerhaften Obstruktionspotentiale auch dazu geführt, dass Akteure eine formelle Institutionalisierung von Gegenmachtpotentialen errungen haben. Das Spektrum reicht vom Rechtsstaat über Interessengruppen und Bürgerinitiativen bis zu partizipativen Beteiligungsverfahren zum Beispiel in Arbeitsorganisationen. Insgesamt wächst mit all dem die Unübersichtlichkeit von Abhängigkeitsverhältnissen, was dann allen Akteuren mehr rationales Sondieren und Kalkulieren abverlangt, wenn sie ihren Vorteil suchen und Nachteile für sich vermeiden wollen.[121]

121 Vor allem Norbert Elias' (1939) Analyse des Zivilisationsprozesses arbeitet diese Zusammenhänge sehr plastisch heraus.

Schließlich haben sich in immer mehr Bereichen, keineswegs bloß in der Wirtschaft, Konkurrenzbeziehungen herausgebildet – teils bewusst als leistungsstimulierende Maßnahme installiert, teils durch den „run“ auf verheißungsvolle Chancen der Interessenverfolgung „naturwüchsig“ geschaffen. Auch für diese Art von sozialem Interdependenzdruck ist die funktionale Differenzierung eine wichtige Voraussetzung gewesen, indem sie in allen Gesellschaftsbereichen traditionelle Mechanismen sozialer Schließung beim Zugang sowohl zu Leistungs- als auch zu Publikumsrollen durch Inklusionsschübe überwunden hat; und das hat jeweils die Konkurrenz unter den Anbietern wie den Abnehmern der entsprechenden Leistungen gesteigert. Die Entwicklung des Gesundheitssystems bietet eine gute Illustration: Nach dem Abbau schichtspezifischer Beschränkungen des Zugangs zum Arztberuf und zu medizinischen Leistungen konkurrieren immer mehr Ärzte entsprechend stärker um knappe Patienten, und immer mehr Patienten um knappe, weil finanziell beschränkte medizinische Leistungen.

Diese drei Auswirkungen zunehmender funktionaler Differenzierung – wachsende Abhängigkeiten, Symmetrisierung gesellschaftlicher Einflusspotentiale und Konkurrenzsteigerung – erhöhen somit alle gleichermaßen den sozialen Interdependenzdruck auf die Akteure, wodurch diese immer stärker auf ihre Eigeninteressen als Handlungsantriebe gestoßen werden.

Leistungsansprüche

Auch die Identitäten der individuellen Akteure sind zunehmend durch Interessenorientierungen geprägt. Hinter der modernen Semantik von „Selbstverwirklichung“ steht, worauf vor allem Niklas Luhmann (1987) hinweist, in vielen Fällen das Reklamieren von *Leistungsansprüchen* gegenüber den verschiedenen Teilsystemen der modernen Gesellschaft. Identität wird gleichsam funktional differenziert: als immer weiter getriebene Ansprüche an eine immer weitergehende Versorgung mit Bildungsgütern, Gesundheitsleistungen, Liebeserfahrungen, wirtschaftlichem Wohlstand, ästhetischen Erlebnissen etc. Identitätsbehauptung manifestiert sich dann nicht als ein primär „innengeleitetes“ Handeln, sondern wird immer stärker durch die positional verankerten, als Ansprüche formulierten Interessenlagen der Akteure „außengeleitet“.

Interessenkalkulierende Normkonformität

Mit dieser vorherrschenden Identitätskonstruktion geht eine *interessenkalkulierende Normkonformität* einher. Normkonformität erfolgt in der modernen Gesellschaft immer weniger im Sinne der „logic of appropriateness“. Sondern die Akteure wägen oftmals Nutzen und Kosten einer Befolgung bzw. Nichtbefolgung der jeweiligen Normen situativ ab, was u. a. die Devianzforschung nicht nur an Fällen von Ausnahme-Devianz wie Mord und Totschlag, sondern vor allem an der tagtäglichen Jedermanns-Devianz zeigt: also den zahllosen Betrügereien und Mogeleien, mit denen wir alle in sämtlichen Lebensbereichen dafür sorgen, dass wir nicht zu kurz kommen (Blinkert 1988). Man denke nur an Versicherungsbetrug! Wenn Abweichung vom normativ Geforderten den eigenen Interessen entspricht und das Erwischtwerden als wenig wahrscheinlich angesehen wird oder die dann hinzunehmenden Sanktionen gering wiegen, wird der Akteur angesichts des auf ihm lastenden sozialen Interdependenzdrucks seine eben nur äußerliche Verhaltenskonformität aufgeben. Das bedeutet aber, dass er bezüglich der betreffenden Normen sehr schnell einer „logic of consequentiality" folgt, also sein Handeln an Eigeninteressen ausrichtet.[122]

Kulturelle Aufwertung von Eigeninteressen

Dies sind die – hier nur andeutbaren, in der soziologischen Gesellschaftstheorie breit behandelten – gesellschaftsstrukturellen Entwicklungen, die die Akteure immer mehr zu einem eigennutzorientierten Handeln anhalten. Zum einen wird dieser Handlungsantrieb durch den gestiegenen sozialen Interdependenzdruck unmittelbar bestärkt. Zum anderen werden – als Begleiterscheinung dessen – gleichzeitig die anderen Handlungsantriebe gleichsam zunehmend durch die Brille des Eigeninteresses gesehen. Legitimatorisch überhöht wird all das durch eine parallele *kulturelle Aufwertung von Eigeninteressen*. Eine konsequente Freisetzung von Eigeninteressen als Handlungsantrieb fand historisch zuerst immer dann statt, wenn Akteure es mit Angehörigen anderer Familien, Dörfer, Stämme, Gesellschaften zu tun bekamen. Die besten Beispiele boten der Fernhandel oder – wie man heute sagen würde – außenpolitische Verhandlungen. Den Angehörigen der eigenen Gemeinschaft gegenüber fühlte man sich stärker zu gemeinwohlorientiertem und Reziprozitätserwartungen genügendem Handeln verpflichtet und war entsprechend normativ eingebunden; Fremde hingegen durfte man häufig ziemlich hemmungslos instrumentalisieren, ausbeuten, übervorteilen usw.[123] Mit der Verbreitung von Kontakten zu Fremden durch zunehmende gesellschaftliche Arbeitsteilung, plastisch an der Verstädterung ablesbar, universalisierte sich dieser Verzicht auf eine normative Einbindung von Eigeninteressen.[124] In der Wirtschaft wurden Eigeninteressen als Profitstre-

---

122 Das kann sich paradoxerweise manchmal sogar darin manifestieren, dass ein Akteur in einer Situation, in der von ihm die Verfolgung kurzfristiger Eigeninteressen erwartet wird, strategisch Normkonformität demonstriert, um dadurch auch andere dazu anzuhalten und so das allseitige und übergeordnete Interesse an der längerfristigen Erhaltung von Erwartungssicherheit zu befördern.

123 Unter Rückgriff auf Max Weber sieht Richard Münch (1990) hierin den Anfang der Ausdifferenzierung teilsystemspezifischer Handlungslogiken von Wirtschaft und Politik.

124 Talcott Parsons (1951: 60) trägt diesem Phänomen Rechnung, wenn er „collectivity orientation vs. self-orientation" als eine der grundlegenden Orientierungsalternativen jedes Handelns bestimmt und ersteres eher modernen Sozialbeziehungen zuspricht.

ben, in der Wissenschaft als Reputationsstreben, in der Politik als Machtstreben, in allen Arten formaler Organisationen als Karrierestreben freigesetzt. Schließlich gewannen Eigeninteressen sogar in der Familie oder unter Freunden eine größere Berechtigung als zuvor.

Eigendynamische Diffusion von Interessenverfolgung

Die genannten gesellschaftsstrukturellen Tendenzen mitsamt ihrer kulturellen Legitimierung setzen die Akteure nicht nur unmittelbar unter den Druck, die eigenen Interessen zu wahren. Ein solcher Druck kommt auch mittelbar dadurch auf, dass Interessenverfolgung weiteres Handeln derselben Art induziert, also eine eigendynamische *soziale Diffusion* dieses Handlungsantriebs stattfindet. Interessenverfolgung ist gewissermaßen ansteckend und kann sich in gesellschaftlichen Handlungsfeldern epidemieartig ausbreiten. Wenn in einer Konstellation von Akteuren auch nur ein Akteur von einem der anderen Handlungsantriebe zu Interessenverfolgung übergeht, infiziert er damit mit einer nicht unerheblichen Wahrscheinlichkeit andere.

Warum das geschieht, lässt sich am einfachsten an einer Dyade interdependenter Akteure verdeutlichen, von denen zunächst nur einer – Ego – einen verstärkten sozialen Interdependenzdruck verspürt. Ob das von Anfang an so war oder plötzlich eintritt, und worauf der Druck zurückgeht, kann hier dahingestellt bleiben. Ego wird jedenfalls gewahr, dass er mit seinem Gegenüber Alter konkurriert; oder Ego bemerkt, dass er von Leistungen oder Ressourcen Alters abhängt; oder Ego erfährt die eigene Machtunterworfenheit unter Alter. Ego wird dann darum bemüht sein, seine Interessen zu wahren, und Emotionen – etwa der Sympathie für Alter – oder Normkonformität oder eigene Identitätsbehauptung hintanstellen. Das bedeutet keineswegs zwangsläufig, dass die Situation nun auch auf Alter einen sozialen Interdependenzdruck ausübt. Wenn die Beziehung zwischen beiden extrem asymmetrisch ist, also zwar das Handeln Alters für Ego äußerst folgenreich ist, dies aber nicht umgekehrt gilt, können Egos Bemühungen, den eigenen Vorteil zu wahren, Alter selbst dann kalt lassen, wenn sie von Erfolg gekrönt sind. Je symmetrischer hingegen die Beziehung ist, desto mehr beeinträchtigt Egos Interessenverfolgung Alters Interessen. Wenn Ego die eigene Konkurrenzposition gegenüber Alter verbessert, die eigene Leistungs- oder Ressourcenabhängigkeit von Alter verringert oder die eigene Machtunterworfenheit unter Alter abbaut, erhöht sich dadurch der Interdependenzdruck auf Alter – und damit dessen Neigung zu entscheidungsförmiger Interessenverfolgung. Beide treten einander fortan so gegenüber, solange sich die Situation nicht durch äußere Umstände entspannt.

Diese wechselseitige Induktion von entscheidungsförmiger Interessenverfolgung kann sogar dann geschehen, wenn keiner der beiden Akteure selbst einen situativen Interdependenzdruck verspürt, aber meint, der jeweils andere sei von so etwas erfasst. Dann unterstellt etwa Ego antizipierend Alter, dass dieser fortan die eigenen Interessen zu wahren bestrebt sein wird. Selbst wenn das gar nicht zutrifft, kann es zu einer sich selbst erfüllenden Prophezeiung werden. Denn wenn Ego davon ausgeht, dass seine eigenen Interessen beeinträchtigt werden, weil er Alter die Verfolgung entsprechender Interessen unterstellt, wird Ego zur Interessenorientierung übergehen – und das kann dann der Auslöser entsprechender Interessenorientierung auf Seiten Alters sein. In einer Konstellation von mehr als zwei Akteuren kann sich so, ausgelöst durch die tatsächliche oder vermutete Eigennutzorientierung nur eines von ihnen, diese Art des Handlungsantriebs gleichsam flächenbrandartig ausbreiten – und zwar um so leichter, je weniger es Normen gibt, die diesen Diffusionsvorgang durch Auferlegung einer „logic of appropriateness“ aufhalten können. Eben dies trifft, wie dargestellt, auf die moderne Gesellschaft zu, die in dieser Hinsicht gewissermaßen an einer „Immunschwäche“ leidet. Insgesamt lässt sich also festhalten, dass sich, sowohl durch gesellschafts-strukturelle Veränderungen als auch durch eigendynamische Diffusion ausgelöst, ein am Eigennutz orientierter Homo Oeconomicus in der modernen Gesellschaft breitmacht. Dementsprechend kann man diesem Akteurmodell heute einen theoretischen Primat zusprechen.

6.3 Vier Akteurmodelle für den soziologischen Werkzeugkasten

Zum Abschluss dieser Darstellung der vier soziologischen Akteurmodelle wurde gerade ein Schritt aus der allgemeinen Soziologie heraus gemacht und der Bogen zur soziologischen Gesellschaftstheorie gespannt – genauer: zur Theorie der modernen Gesellschaft. Damit sollte zum einen gezeigt werden, dass die Unterscheidung der Akteurmodelle auch gesellschaftstheoretisch fruchtbar gemacht werden kann, also zum besseren Verständnis der modernen Gesellschaft beiträgt. Zum anderen sollte die bislang hier stets zurückgewiesene Frage angegangen werden, ob man für die moderne Gesellschaft etwas über die relative Bedeutung der Akteurmodelle auszusagen vermag. Wenn die theoretischen Überlegungen triftig sind, wäre der Homo Oeconomicus gesellschaftstheoretisch besonders wichtig.

Erklärungsökonomische Konsequenzen

Aus dieser gesellschaftstheoretischen Überlegung könnte für die vorausgegangenen erklärungsökonomischen Kalkulationen eine Konsequenz gezogen werden: Wenn eine soziologische Handlungserklärung aus erklärungsökonomischen Gründen zunächst einmal den Homo Sociologicus ausprobiert, aber sich in der modernen Gesellschaft der Homo Oeconomicus immer mehr ausbreitet, liegt zwischen analytischer Priorität und theoretischem Primat unzweifelhaft ein gewisses Spannungsverhältnis vor. Dass der Homo Sociologicus nicht anwendbar ist, wird wahrscheinlicher – und damit ist wiederum ein Verlust an Erklärungsökonomie verbunden. Ob es sich dementsprechend lohnte, ein anderes als das oben vorgestellte Arrangement von Prüfschritten zu konzipieren, um das passende Akteurmodell zu identifizieren, und wie dieses andere Arrangement aussehen könnte: Das sind Fragen, die sich nicht am grünen Tisch entscheiden lassen. Diejenigen, die in empirischen Untersuchungen Handlungen zu erklären haben, müssen aus ihren Erfahrungen beurteilen, ob es schon heute oder vielleicht irgendwann einmal in Zukunft durch die – ja weiter voranschreitende – gesellschaftliche Entwicklung nahe gelegt wird, Prüfschritte zu ersinnen, die dem Homo Oeconomicus eine analytische Priorität zusprechen.

Vier distinkte analytische Modelle

Eine Konsequenz die aus den obigen Überlegungen aber nicht gezogen werden kann, ist, dass die anderen drei Akteurmodelle unter den Homo Oeconomicus subsumiert werden können. Dass der Homo Oeconomicus für die Erklärung von Handlungswahlen besonders wichtig ist, heißt ja nur, dass der betreffende Handlungsantrieb in der modernen Gesellschaft empirisch eine besondere Prominenz gewinnt. Damit ist eben nicht gesagt, dass sich alle Handlungsantriebe letztlich als rationale Nutzenverfolgung erklären lassen, oder dass der Homo Sociologicus, der „Emotional man“ und der Identitätsbehaupter in der modernen Gesellschaft gar keine Rolle mehr spielen. Es handelt sich vielmehr um vier distinkte analytische Akteurmodelle.

Dieser Zusammenhang der Modelle wird in der theoretischen Debatte allerdings unterschiedlich gesehen. Es gibt Theoretiker, die meinen, mit nur einem dieser Modelle auszukommen. Sofern damit lediglich gemeint ist, dass diese Theoretiker sich in ihren Arbeiten ausschließlich mit solchen Arten sozialen Handelns beschäftigen, die dem betreffenden Modell zuzuordnen sind, ist das unproblematisch. Dann interessiert man sich beispielsweise nur für nutzenorientiertes Handeln und blendet etwa Emotionalität analytisch völlig aus. Manche behaupten allerdings weitergehend, jegliches soziale Handeln auf nur eines dieser Modelle reduzieren zu können. Wenn dies zuträfe, wären die jeweils anderen Akteurmodelle überflüssig, bestenfalls bereichsspezifische Subtheorien des als universell gültig angesehenen Modells.

Schon im Zuge der Darstellung der vier Handlungsantriebe wurde betont, dass hier keines der Modelle als das allein seligmachende angesehen wird. Hätte der Präsentation eine solche Einschätzung zugrunde gelegen, wären die vier Akteurmodelle in den vorangegangenen Kapiteln nicht so gleichberechtigt zur Sprache gekommen, sondern das favorisierte Modell wäre ins Rampenlicht gestellt und die anderen wären von dieser Warte kritisch abgefertigt worden. Allenfalls bestimmte Komponenten dieser verworfenen Modelle wären als brauchbare Zusätze in das favorisierte Modell eingebaut worden.[125] Das hätte den unbestreitbaren Vorteil gehabt, dass man nun über ein einheitliches Modell verfügte, das seinem Anspruch nach alle Arten sozialen Handelns gleichermaßen erfassen könnte.

Wenn man aber – wie es hier vertreten wird – nicht meint, dass Normkonformität, rationale Nutzenverfolgung, Emotionen und Identitätsbehauptung als Handlungsantriebe allesamt in ein einziges Akteurmodell gepackt werden können oder sollten, steht man auf Dauer mit vier Modellen da. Der soziologische Werkzeugkasten verfügt dann also nicht über einen Universalschlüssel zur Erklärung sozialen Handelns, sondern über vier Bereichsschlüssel, mittels derer sich Handlungswahlen auf je andere sozialstrukturelle Handlungsbedingungen zurückführen lassen.

Abbildung 7: Die vier Akteurmodelle im Modell der soziologischen Erklärung

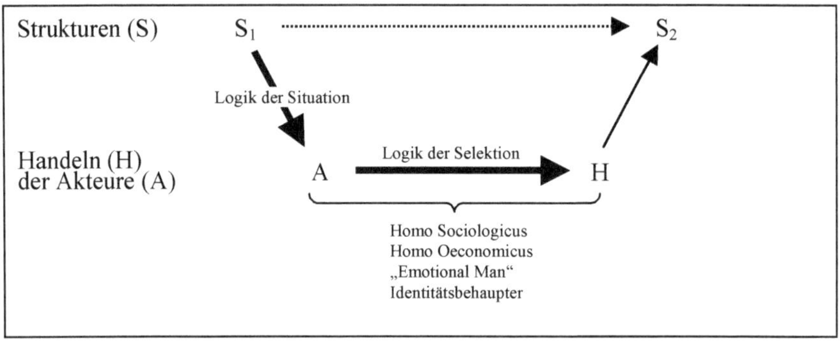

Man gelangt so zu einem gleichberechtigten Nebeneinander von vier analytischen Akteurmodellen für den ersten Teilschritt einer soziologischen Erklärung (Abb. 7). Weil jedoch die Theoriediskussionen über die vier Handlungsmodelle bislang eher davon beherrscht gewesen sind, die Modelle sozusagen aufeinander zu hetzen, auf dass das Beste übrig bleibe, hat man sich den Blick auf die Möglichkeit einer arbeitsteiligen friedlichen Koexistenz der Modelle verbaut.[126] Dieses Versäumnis wird auch hier nicht auf einen Schlag beseitigt werden können. Aber wenn die vorliegenden Überlegungen und Vorschläge zumindest die Richtung der Diskussionen vom destruktiven Gegeneinander zum konstruktiven Miteinander der Modelle umzulenken vermögen, wäre das schon viel.

125 Diese theoriebautechnische Strategie verfolgt Hartmut Esser (1993: 231-239), für den ein erweiterter Homo Oeconomicus das universelle Akteurmodell ist.

126 Weitergehende konzeptionelle Vorschläge finden sich bei Kron (2005).

Zusammenfassung und Vorschau

In diesem Kapitel sind die vier Akteurmodelle im Zusammenhang miteinander betrachtet worden. Unter einem erklärungsökonomischen Gesichtspunkt ergibt sich dabei eine analytische Priorität des Homo Sociologicus. Eine gesellschaftstheoretische Betrachtung zeigt demgegenüber für die moderne Gesellschaft ein theoretisches Primat des Homo Oeconomicus auf.

Für soziologische Erklärungen sind alle vier Akteurmodelle relevant. Warum ein Akteur in einer bestimmten Situation so und nicht anders handelt, lässt sich mit Hilfe von Homo Sociologicus, Homo Oeconomicus, „Emotional man“ und Identitätsbehaupter erklären. Wie soziale Strukturen Handeln über Antriebe zur Normkonformität, zur Nutzenverfolgung, zum Ausleben von Emotionen oder zur Identitätsbehauptung prägen, ist damit behandelt worden; die Darstellung der Modelle für die Erklärung von Handlungswahlen ist nun abgeschlossen. Die folgenden Kapitel 7 bis 11 wenden sich dem zweiten Teilschritt einer soziologischen Erklärung zu – in Hartmut Esser Terminologie der „Logik der Aggregation“ (→ Kap. 1.3). Es geht nun darum, die andere Richtung des wechselseitigen Konstitutionsverhältnisses von Handeln und sozialen Strukturen in den Blick zu nehmen: Wie gehen soziale Strukturen aus dem handelnden Zusammenwirken von Akteuren hervor?

7. Handelndes Zusammenwirken und Modelle sozialer Strukturdynamiken

In diesem Kapitel geht es darum, sich zunächst ganz allgemein vor Augen zu führen, was passieren kann, wenn mehrere Akteure handelnd zusammenwirken. Dazu wird als Erstes die Transintentionalität des handelnden Zusammenwirkens dargestellt. Im zweiten Abschnitt werden die Werkzeuge für die Analyse des handelnden Zusammenwirkens eingeführt; und im Anschluss werden drittens die sozialen Dynamiken angesprochen, aus denen beim handelnden Zusammenwirken die sozialen Strukturen hervorgehen. Die hier zunächst im Überblick vorgestellten theoretischen Instrumente stellen die Modelle sozialer Strukturdynamiken dar.

7.1 Intentionsinterferenzen und die Transintentionalität des Sozialen

Wie bereits erläutert, ist der Analysegegenstand der Soziologie die wechselseitige Konstitution von Handeln und Strukturen (→ Kap. 1.2). Konfrontiert mit einer konkreten empirischen Fragestellung muss die Soziologin zunächst das Erklärungsproblem, warum Akteure in bestimmten Situationen so und nicht anders handeln, bearbeiten. In den vorangegangen Kapiteln wurden dementsprechend soziale Strukturen als gegebene, unabhängige Variablen angenommen, und deren prägende Wirkung auf die Handlungswahl als abhängige Variable wurde untersucht. Die theoretischen Instrumente zu diesem ersten Teilschritt einer soziologischen Erklärung sind die Akteurmodelle.

Im zweiten Erklärungsschritt muss das Problem bearbeitet werden, wie aus dem Handeln der Akteure über die „Logik der Aggregation" (Esser 1993: 1-140) die sozialen Strukturen zustande kommen. Nun geht es also umgekehrt darum, Handeln als unabhängige Variable zu nehmen und soziale Strukturen zur abhängigen Variable zu erklären – genauer: die strukturellen Effekte, die das handelnde Zusammenwirken mehrerer Akteure hat. Damit wendet man sich den bereits im ersten Kapitel angesprochenen „Verwicklungen" der Handlungszusammenhänge zu, in denen sich die Akteure miteinander befinden und aus denen die sozialen Phänomene hervorgehen. Die analytischen Komponenten, auf die zur Erfassung dieser „Verwicklungen" der Blick zu richten ist, sowie die zu ihrer Erklärung benötigten theoretischen Instrumente werden im Folgenden und in den nächsten Kapiteln behandelt.

Abbildung 8: Der zweite Erklärungsschritt im Modell der wechselseitigen Konstitution von sozialem Handeln und sozialen Strukturen

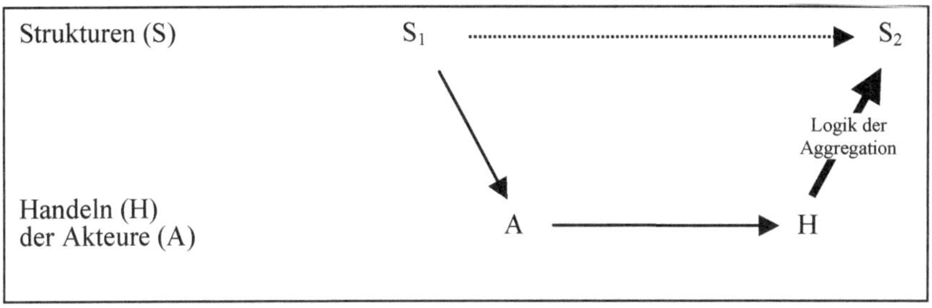

Struktureffekte: Aufbau, Erhalt, Veränderung

Es geht in der „Logik der Aggregation" beim handelnden Zusammenwirken also um die Wirkungen, die ein bestimmtes Handeln in Interdependenz mit anderem Handeln hat. Die soziologisch hier interessierenden Handlungswirkungen bestehen aus drei Arten von *Struktureffekten*: dem *Aufbau*, dem *Erhalt* und der *Veränderung* von sozialen Strukturen.

Dass Aufbau und Veränderung etwas Dynamisches sind und einen erklärungsbedürftigen Wandel sozialer Strukturen mit sich bringen, leuchtet ohne weiteres ein. Dementsprechend ist sozialer Wandel eines der wichtigsten Themen der Soziologie in einer sich beständig verändernden modernen Gesellschaft. Die Beschäftigung mit sozialem Wandel wird oft als Spezialgebiet soziologischer Theoriebildung angesehen, verbunden mit der Annahme, dass dazu ganz eigene theoretische Modelle benötigt würden. Das liegt daran, dass – auch in der Soziologie – oft in einem falschen, gegensätzlichen Verständnis von Dynamik und Statik gedacht wird. Wenn etwas gleich bleibt, wird es als statisch bezeichnet, und bedarf dann scheinbar keiner Erklärung aus den Dynamiken handelnden Zusammenwirkens. Aber, paradox formuliert: Auch die Statik ist dynamisch. Wenn zum Beispiel die Einkommensverteilung in der Bundesrepublik über Jahrzehnte dieselbe bleibt; wenn viele Worte und Redewendungen der Sprache unverändert immer weiter benutzt werden; wenn die meisten Teilnehmer eines Seminars sich jede Woche auf dieselben Plätze setzen; oder wenn ein bestimmtes Gesetz über Jahrzehnte unrevidiert Gültigkeit behält: Auch diese identischen Reproduktionen sozialer Strukturen müssen aus dem handelnden Zusammenwirken erklärt werden.

Schon Anthony Giddens' bereits im Kapitel 1.2 angesprochenen theoretischen Vorstellungen über die „duality of structures" betonen, dass alle sozialen Strukturen, ob sie gleich bleiben oder sich verändern, auf einer beständigen Dynamik der „structuration" beruhen. Eines seiner Beispiele ist die Sprache: „... one of the recurrent consequences of my speaking or writing English in a correct way is to contribute to the reproduction of the English language as a whole.“ (Giddens 1984: 8) Georg Simmel (1917: 39) war sich dieses Tatbestandes auch bewusst: „Gesellschaft ist ... keine Substanz, ... sondern ein Geschehen, ist die Funktion des Empfangens und Bewirkens von Schicksal und Gestaltung des Einen von Seiten des Andern.“[127]

Bei Norbert Elias findet sich die Betrachtung von „Etablierten-Außenseiter-Beziehungen“, etwa alteingesessenen Bewohnern eines Stadtviertels und neu hinzukommenden sozialen Gruppen, zum Beispiel ausländischen Arbeitern mit ihren Familien (Elias/Scotson 1990). Manchmal ist es so, dass solche anfänglichen „Außenseiter“ nach einiger Zeit das Stadtviertel übernehmen, also die ehemals „Etablierten“ nach und nach wegziehen, so dass die soziale Struktur sich in Gestalt eines Austausches der „Etablierten“ verändert. Das muss aber nicht so sein. Elias hat auch stabil bleibende „Etablierten-Außenseiter-Beziehungen“ untersucht. Stabilität heißt hier nämlich nichts anderes, als dass die „Etablierten“ beständig durch bestimmte Handlungsmuster und Strategien ihren Status aufrecht erhalten müssen, weil man davon ausgehen kann, dass die „Außenseiter“ als Benachteiligte in einer solchen Konstellation sich immer wieder bemühen werden, diese Benachteiligung zu verringern. Das Konstellationsgleichgewicht – wenn es eines gibt – beruht also darauf, dass kontinuierlich Kräften, die es verschieben wollen, andere Kräfte entgegengesetzt werden. Es ist also kein statisches, sondern ein dynamisches Gleichgewicht. Ähnliches gilt für eine über Jahrzehnte stabile Schichtungsordnung. Deren Stabilität ergibt sich daraus, dass die Bessergestellten beständig durch vielerlei Aktivitäten ihren Status gegenüber den emporstrebenden Schlechtergestellten verteidigen;[128] und nur solange dies erfolgreich ist, bleibt die Schichtung so, wie sie ist. Auch und gerade die verkrustetsten sozialen Strukturen erhalten sich nicht auf irgendeine mysteriöse Weise aus sich selbst heraus, sondern nur über ein entsprechendes beständiges handelndes Zusammenwirken der involvierten Akteure. Dieselben theoretischen Instrumente müssen daher sowohl den Wandel, also den Aufbau oder die Veränderung von Strukturen, als auch die Erhaltung des strukturellen Status Quo erklären können.

Zunächst soll nun ein charakteristisches Moment vor Augen geführt werden, welches den Aufbau, die Reproduktion oder die Veränderung von sozialen Strukturen begleitet. Dieses Moment besteht darin, dass sich aus dem handelnden Zusammenwirken häufig ganz andere Struktureffekte ergeben, als die Akteure es mit ihrem Einzelhandeln jeweils beabsichtigen. Diese

---

127 In der systemtheoretischen Betrachtung wird diese Dynamik sozialer Strukturen ebenfalls sehr deutlich (Luhmann 1984: 377-487).

128 Diese Aktivitäten müssen wohlgemerkt nicht mit der Intention der Statusverteidigung erfolgen, solange sie diesen Effekt haben. Wenn zum Beispiel die Bessergestellten den Armen Bildungschancen verweigern, weil die Anschauung vorherrscht, die Armen seien geistig weniger befähigt, oder weil man meint, Bildung sei eine von jedem selbst zu bezahlende Privatsache, läuft das auf dasselbe hinaus, als wenn die Bessergestellten den Armen Bildung strategisch vorenthalten.

Aussage in ihren einzelnen Implikationen zu entfalten ist die Aufgabe dieses ersten Abschnitts.

Intentionsinterferenzen

Ausgangspunkt der Analyse des handelnden Zusammenwirkens ist jetzt also, was die Akteurmodelle im Einzelnen darlegen: dass Akteure normkonform, nutzenverfolgend, emotionsgetrieben oder identitätsbehauptend handeln. Die je spezifischen Ausprägungen dieser vier Arten von Handlungsantrieben bilden die situativen Intentionen der Akteure. Diese haben in ihrer jeweiligen Handlungssituation natürlich die Erwartung, dass sich ihre Intentionen erfüllen. Niemand würde – aus welchem der Handlungsantriebe heraus auch immer – in eine bestimmte Richtung handeln, wenn er oder sie von vornherein davon ausginge, dass etwas schief geht oder sich die Intention sowieso nicht erfüllen wird.

Doch was passiert, wenn die Intentionen der Akteure aufeinander treffen? In dem Moment bestehen zwischen den Akteuren *Intentionsinterferenzen* – womit noch nicht gemeint ist, dass ihre Intentionen notwendig konkurrieren oder unvereinbar sind, sondern zunächst nur, dass ihre Intentionen sich überlagern, allein dadurch, dass die Akteure einander in die Quere kommen.

Dies wurde im Zusammenhang mit der Darstellung des sozialen Handelns des Homo Oeconomicus als Interdependenzbewältigung bereits angesprochen (→ Kap. 4.3). Normorientiertes, emotionales oder identitätsbehauptendes Handeln gerät freilich genauso schnell in Intentionsinterferenzen. Schon die Überwachung der Normkonformität eines Akteurs durch seine jeweilige Bezugsgruppe weist auf eine solche Interferenz hin. Verletzt der Akteur die normativen Erwartungen, greift die Bezugsgruppe durch Sanktionen ein. Dass die Bezugsgruppe dann, wenn ihren normativen Erwartungen entsprochen wird, nicht weiter eingreift, sondern den Handelnden gewähren lässt, ist eines der wichtigsten Beispiele für den in Kapitel 2 angesprochenen Sachverhalt, dass auch Unterlassen Handeln sein kann – und eine Intentionsinterferenz ist hier genauso gegeben. Dramatisch augenfällig werden Intentionsinterferenzen normorientierten Handelns dann, wenn der Akteur Intra-Rollenkonflikten ausgesetzt, also mit rivalisierenden Erwartungen verschiedener Bezugsgruppen konfrontiert ist. Weitere Intentionsinterferenzen können bei normorientiertem Handeln daraus entstehen, dass Akteure Kooperationsnormen unterliegen, also dazu angehalten werden, in bestimmter Weise mit anderen zusammenzuwirken – etwa als Spieler derselben Fußballmannschaft oder als Mitglieder einer Arbeitsgruppe. Emotionales Handeln kann Intentionsinterferenzen hervorrufen, wenn der Gefühlsausbruch eines Akteurs andere stört oder umgekehrt andere den betreffenden Akteur daran hindern, seine Gefühle auszuleben. Das Ausleben mancher Gefühle bedingt oder erstrebt auch ein gefühlsmäßig gleichgestimmtes Handeln anderer Akteure, sozusagen emotionale Kooperation. So will, wer jemanden liebt, von diesem wiedergeliebt werden. Ähnliche Arten von Interferenzen findet man auch bei identitätsbehauptendem Handeln.

Es braucht hier keine systematische und vollständige Typologie von Intentionsinterferenzen für die verschiedenen Arten von Handlungsantrieben entwickelt zu werden. Klar ist jedenfalls: Bei kaum einem Handeln ist ein Akteur in dem Sinne unabhängig von anderen, dass diese handeln könnten, wie immer sie wollten, ohne dass ihn dies bei der Verfolgung seiner Intentionen tangierte. Gerade auch „Einsamkeit und Freiheit" bedarf sozial arrangierter und damit auch verletzbarer Abschirmung. Wenn man nicht auf einer Insel für sich allein lebt, hängt man zumindest von der Nicht-Einmischung anderer ab, um wenigstens gelegentlich genau das tun und lassen zu können, was man selbst will. Wann eigentlich ist jemand ganz und gar ungestört? Er ist es jedenfalls dann nicht, wenn er sich zum Beispiel zurückgezogen hat, um in Ruhe ein Buch zu lesen, und plötzlich gewahr wird, wie in der Wohnung über ihm laute Musik angestellt wird. Dieses Beispiel zeigt im Übrigen auch, dass Intentionsinterferenzen nicht unbedingt von Anfang an wechselseitig sein müssen. Der Buchleser stört den Musikhörer zunächst nicht.

Jemand handelt also, und dabei bemerkt er früher oder später, schon bei der Planung seines Tuns oder erst im Vollzug, dass er zur Erreichung seiner Intention die Unterstützung anderer benötigt; und diese Unterstützung wird ihm nicht selbstverständlich gewährt, sondern kann auch ausbleiben, weil ein entsprechendes Handeln nicht ohne weiteres in den Intentionen der betreffenden Anderen liegt. Oder ein Akteur wird gewahr, dass die Realisierung seiner Intentionen davon abhängt, dass andere ihn nicht stören; und auch das ist nicht selbstverständlich, weil sich solche Störungen – ohne als solche beabsichtigt zu sein – aus den Handlungsabsichten der anderen ergeben können. Ein Handelnder kann derartige Intentionsinterferenzen, wie sie sich aus dem Aktiv- oder dem Unterlassungshandeln anderer ergeben können, natürlich stets fatalistisch hinnehmen.[129] Damit dürfte er sich aber wohl nur dann zufrieden geben, wenn ihm entweder seine Intention nicht besonders wichtig ist oder wenn er die Situation so einschätzt, dass der Widerstand der anderen für ihn unüberwindlich ist, und er zugleich auch keine Möglichkeit sieht, diesen Widerstand durch eine Änderung seines Handelns zu umgehen, um so zumindest partiell seine Intentionen zu realisieren.

Beide Arten des Umgangs mit Intentionsinterferenzen stehen Akteuren hingegen oftmals offen. Ein Akteur verfügt häufig über Möglichkeiten, den Widerstand der anderen zu umgehen. So kann sich obiger Buchleser in ein Zimmer zurückziehen, wo er die Musik des Nachbarn nicht so laut hört, oder sich Watte in die Ohren stopfen; jemand, der gerne studieren möchte, aber kein Abitur hat, kann sich dazu entschließen, es per Abendgymnasium

129 Wenn obiger Buchleser so reagiert, bleibt die Intentionsinterferenz einseitig. Der Musikhörer muss nicht einmal merken, dass er den anderen stört.

nachzuholen; und ein Autofahrer, der nicht jeden Morgen auf dem Weg zur Arbeit im Stau stehen möchte, kann sich angewöhnen, so früh loszufahren, dass er vor dem Stau seinen Arbeitsplatz erreicht. Neben solchen Strategien, einen auf weniger Widerstand treffenden Weg zu wählen, um die eigenen Intentionen zu realisieren, hat ein Akteur häufig auch Möglichkeiten, durch gezielte Beeinflussung der anderen Akteure deren Widerstand zumindest partiell zu überwinden. Geld, Macht, moralische Appelle oder physische Gewalt sind einige der Einflusspotentiale, die jemand hierfür einzusetzen in der Lage ist. Wenn er also über geeignete Einflusspotentiale oder über alternative Wege zur Realisierung seiner Intentionen verfügt, sind Intentionsinterferenzen nichts schicksalhaft Hinzunehmendes, sondern Ausgangspunkt von Anstrengungen, den Widerstand der jeweiligen Gegenüber zu umgehen oder zu überwinden.

Transintentionalität

Wovon die verschiedenen Arten des Umgangs mit Intentionsinterferenzen abhängen und auf welchen Voraussetzungen sie beruhen, wird in den folgenden Kapiteln noch eingehend besprochen. Zunächst ist wichtig, sich vor Augen zu führen, was die in Handlungssituationen gegebenen Intentionsinterferenzen grundsätzlich für die Akteure bedeuten: Wer eine Handlung in die Welt setzt, mit der er eine bestimmte Intention verfolgt, und sich dabei mit anderen Akteuren in die Quere kommt, darf sich nicht darüber wundern, wenn am Ende etwas ganz anderes aus seinem Handeln resultiert, als er sich vorgenommen hatte. Erstaunlich ist vielmehr die erfolgreiche und auch noch nebenwirkungsfreie Verwirklichung von Intentionen. Der Regelfall ist *Transintentionalität*.[130] Damit ist gemeint, dass das Handeln von Akteuren Effekte zeitigt, die jenseits der Intentionen der Beteiligten liegen.

Die meisten Handlungswirkungen stellen sich mehr oder weniger transintentional ein. Dies kann sogar schon beim monologischen, nicht-sozialen Handeln passieren. Jemand richtet beispielsweise sein Zimmer ein und scheitert dabei mehr oder weniger, etwa weil er eine Wand falsch ausmisst und daraufhin ein zu langes Regal kauft, das er dann nicht wie geplant stellen kann. Oder: Jemand betätigt eine bestimmte Tasten-Kombination an seinem PC, und es geschieht etwas ganz anderes als erwartet. Ein weiteres Beispiel wäre ein monologisch Handelnder, der – spieltheoretisch ausgedrückt – ein „Spiel gegen die Natur“ verliert, weil ein Gewitter schneller heraufzieht, als der Akteur es zu Beginn eines Spaziergangs dachte, und der dann mit seiner Intention scheitert, den Spaziergang trockenen Fußes zu Ende zu bringen.[131] In all diesen Fällen geht die Transintentionalität daraus hervor, dass ein Akteur die Kontextbedingungen seines Handelns falsch

130 Zur Thematisierung von Transintentionalität in verschiedenen soziologischen Theorieperspektiven siehe Greshoff et al. (2003) sowie Dietz (2004).

131 Zur Spieltheorie siehe als einführenden Überblick Diekmann (2009).

einschätzt, wobei die Fehleinschätzung auf Irrtümern, Informationsdefiziten oder Situationsveränderungen beruhen kann.

Soziologisch interessant wird Transintentionalität aber eigentlich erst dann, wenn sie nicht aus „Spielen gegen die Natur" hervorgeht, sondern in sozialen Handlungssituationen aus „Spielen gegen andere". In diesen Fällen kann ein Akteur – wie gewohnheitsmäßig oder wohl überlegt auch immer er sich etwas vorgenommen hatte – seine Intentionen deswegen nicht realisieren, weil es einen oder mehrere andere Akteure gibt, die ebenfalls ihre Intentionen verfolgen. Wenn die Intentionen anderer mit denen des Akteurs nicht kompatibel sind, gehen die transintentionalen Effekte aus dem wechselseitigen Konterkarieren und Blockieren der Handlungsabsichten beim handelnden Zusammenwirken hervor. Ein Parteivorsitzender will zum Beispiel der „Basis" einen Richtungswechsel schmackhaft machen und muss nach langen Debatten feststellen, dass seine Linie nicht mehrheitsfähig ist.

Damit ist eine der grundlegenden Arten von Transintentionalität benannt: *gescheiterte Intentionalität.* Ein Akteur bezweckt etwas Bestimmtes und muss dann feststellen, dass er dies aufgrund von Fehleinschätzungen der Kontextbedingungen oder aufgrund der Interferenzen mit dem Handeln anderer nicht erreicht, oder nur unter Inkaufnahme gravierender, seine Zielverfolgung überschattender negativer Nebenwirkungen, und auf jeden Fall nur für begrenzte Zeit.

Die zweite grundlegende Art von Transintentionalität ist *beiläufige Transintentionalität.* Diese resultiert daraus, dass Akteure mit dem Verfolgen ihrer Intentionen immer auch eine beträchtliche Menge anderer Wirkungen in der Welt erzeugen. In der Regel ergibt sich nebenher aus dem handelnden Zusammenwirken noch einiges mehr, was die Akteure manchmal überhaupt nicht oder erst nach geraumer Zeit registrieren, oder was sie zwar bemerken, aber nicht weiter wichtig nehmen.

Bei der beiläufigen Transintentionalität kann man wiederum zwei Varianten unterscheiden. Zum einen gibt es *Nebenwirkungen* des Handelns. Damit sind diejenigen Wirkungen gemeint, die sich schon im Vollzug der Verfolgung der eigentlichen Intentionen ergeben. Die Intentionen der Akteure sind auf etwas anderes, für sie jeweils näher Liegendes gerichtet, und gleichzeitig mit diesem Handeln erzeugen sie noch ganz andere Effekte. Jeder, der sich zum Beispiel spät abends in der Innenstadt aufhält, weil es dort Gaststätten oder Kinos gibt, sorgt mit seinem Handeln dafür, dass die Innenstadt für alle sicherer ist. Denn bekanntermaßen ist die Wahrscheinlichkeit für Überfälle oder andere kriminelle Aktivitäten umso größer, je weniger Personen in einem Stadtviertel herumlaufen. Mit dem Verfolgen der Intention, in die Kneipe zu gehen, erfüllt der Akteur zugleich und ohne dass ihm dies bewusst und Bestandteil seiner Intention ist, gleichsam unbezahlte polizeiliche Funktionen. Aus der Perspektive der meisten Akteure wäre eine solche Nebenwirkung sicher positiver Art.

Beispiele für negative Nebenwirkungen des Handelns sind durch die Debatten über Umweltschutzprobleme geläufig. Wenn ein Chemiewerk giftige Stoffe in die Umwelt ablässt und damit Anwohner schädigt, so ist dies eine nicht beabsichtigte – wenn auch oft billigend in Kauf genommene – Nebenwirkung der Intention, kostengünstig zu produzieren; es handelt sich zudem um eine Nebenwirkung, die nicht die Firma selbst, sondern andere betrifft – in der Sprache der Ökonomen eine „negative Externalität".

Das berühmteste Beispiel für Nebenwirkungen sind die sogenannten „invisible hand effects" (Ullmann-Margalit 1978), die sich aus dem handelnden Zusammenwirken einer Vielzahl von Konsumenten und Produzenten auf einem Wettbewerbsmarkt ergeben. Ohne es zu wollen oder auch nur zu bemerken, bestimmen beide Gruppen von Akteuren durch ihre aggregierte Nachfrage bzw. ihr aggregiertes Angebot und die Relation zwischen beidem den Preis der Waren. Und auch der Wandel von Sprache vollzieht sich größtenteils so (Keller 1994: 87-146). Das Aufkommen und Verschwinden bestimmter Modeworte wie zum Beispiel „cool" ist nichts, was irgendjemand maßgeblich steuert. Solcher Sprachwandel, wie er vor allem an der Jugendsprache plastisch beobachtbar ist, geschieht vielmehr über den alltäglichen, unreflektierten Sprachgebrauch tausender Gesellschaftsmitglieder. Keiner der Beteiligten hat das Interesse, bestimmte Worte zu propagieren, und trotzdem passiert es.

Die andere Variante beiläufiger Transintentionalität sind *Fernwirkungen* des Handelns. Damit ist gemeint, dass sich aus dem handelnden Zusammenwirken zeitlich versetzt Wirkungen ergeben, die auf das betreffende Handeln der Beteiligten zurückzuführen sind. Auch hier lassen sich zahlreiche Beispiele aus dem Bereich der Umweltprobleme heranziehen: Man denke etwa an die Ausbeutung von Rohstoffen, die Überfischung der Meere oder Phänomene im Zusammenhang mit dem Klimawandel. Aus dem Verfolgen von Absichten wie ökonomischer Produktion oder Profiterzielung durch einzelne Akteure entstehen – oft erst sehr viel später – im Zusammenwirken mit anderen Akteuren, die dieselben Absichten verfolgt haben, für alle Effekte, denen dann nicht mehr so ohne weiteres entgegen gesteuert werden kann.

Freilich ist nicht ausgeschlossen, dass die Akteure bei dieser Art von Transintentionalität im Nachhinein bemerken, welche strukturellen Auswirkungen ihr handelndes Zusammenwirken gehabt hat. Wenn zum Beispiel viele Leute ganz selbstverständlich und ohne weiteres Nachdenken der Norm gehorchen, keinen Versicherungsbetrug zu betreiben, freuen sich im Nachhinein alle, weil kollektive Ehrlichkeit die zu zahlenden Versicherungsprämien niedrig hält. Wenn aber umgekehrt viele aus eigennützigen Erwägungen immer mal wieder, wo es nicht so auffällt, kleinere Betrügereien begehen, rächt sich das für alle in höheren Prämien. Die Frage ist nur, ob die ex-post-Einsicht in die Fernwirkungen des eigenen Handelns Folgen hat, man also für zukünftiges Handeln etwas lernt. Das kann, muss aber nicht so sein.

In den Beispielen ist bereits angeklungen, dass man beide Arten von Transintentionalität – gescheiterte Intentionalität und beiläufige Transintentionalität – aus der Perspektive der Akteure auch danach charakterisieren kann, ob es sich in kognitiver Hinsicht um vorhergesehene oder unvorhergesehene Effekte handelt, und ob es sich in evaluativer bzw. normativer Hinsicht um erwünschte oder um unerwünschte Effekte handelt.[132] Drei analytische Typen von Transintentionalität lassen sich folglich unterscheiden:[133]

- Erstens gibt es *unvorhergesehene und unerwünschte* Effekte, d.h. es kommt beim handelnden Zusammenwirken etwas heraus, das niemand so im Blick hatte und das auch niemand will.
- Zweitens gibt es als Resultat des handelnden Zusammenwirkens *vorhergesehene, aber unerwünschte* Effekte, d.h. es zeigen sich Wirkungen, die man erwartet hatte oder von deren möglichem Eintreten man wusste, und die man in Kauf genommen hat, die man aber ebenfalls nicht haben will.
- Drittens gibt es *unvorhergesehene, aber erwünschte* Effekte, d.h. aus dem handelnden Zusammenwirken ergibt sich etwas, das man nicht im Blick hatte, das man dann aber begrüßt bzw. wovon man positiv überrascht wird.
- Nur bei der vierten Kombination dieser beiden Dimensionen, wenn die Effekte des handelnden Zusammenwirkens sowohl erwünscht als auch vorhergesehen sind, liegt keine Transintentionalität vor. In dem Fall sind die beteiligten Akteure mit ihren Handlungsabsichten durchgekommen und die Effekte des handelnden Zusammenwirkens sind intentional.

Bezieht man diese Dimensionen auf die beiden Arten von Transintentionalität, lässt sich feststellen: Gescheiterte Intentionalität kann in kognitiver Hinsicht sowohl vorhergesehen als auch unvorhergesehen sein; in evaluativer Hinsicht ist sie immer unerwünscht. Niemand wird sich vornehmen, zu scheitern. Bei der als Neben- oder Fernwirkung auftretenden beiläufigen Transintentionalität finden sich alle drei der gerade aufgeführten Ausprägungen. Das oben angeführte wechselseitige Verschaffen von öffentlicher Sicherheit durch schlichte Anwesenheit in der Innenstadt ist ein Beispiel für eine unvorhergesehene, aber durchaus erwünschte Nebenwirkung. Eine vorhergesehene und unerwünschte Nebenwirkung kann am Beispiel der giftigen Abfälle bei der Produktion eines Chemiewerks verdeutlicht werden. Eine beiläufige Transintentionalität in Form unvorhergesehener und unerwünschter Fernwirkungen etwa waren lange Zeit die Folgen des Klimawandels.

---

132 Diese beiden Unterscheidungen finden sich bereits bei Merton (1936), auch wenn dieser letztlich von der kognitiven Dimension ausgeht.

133 Der Einfachheit halber wird im Weiteren die normative Dimension unter die evaluative subsumiert. Auch das „Ungesollte“ zählt dementsprechend zum „Unerwünschten“.

Intendierte Strukturgestaltung

Soweit zur Charakterisierung und Systematisierung verschiedener Erscheinungsformen von Transintentionalität. Das Ausmaß der Transintentionalität, das den Ergebnissen des handelnden Zusammenwirkens anhaftet, bestimmt aus der Perspektive der Akteure darüber, ob oder inwieweit sie ihr jeweiliges Handeln als erfolgreich erleben oder nicht. Und dafür ist aus der Sicht der Akteure auch entscheidend, ob sie mit ihrem Handeln lediglich bestimmte ihnen nahe liegende Intentionen verfolgen und dann darüber hinaus mit trans-intentionalen Struktureffekten konfrontiert werden – so wie dies bei den oben aufgeführten Beispielen zu Neben- und Fernwirkungen der Fall war – oder ob sie im Hinblick auf das, was beim handelnden Zusammenwirken mit Blick auf die sozialen Strukturen herauskommen soll, von vornherein eine bestimmte Absicht verfolgen: ob sie also bewusste und gewollte *Strukturgestaltung* betreiben oder nicht.[134]

Es fallen einem sogleich Beispiele dafür ein, dass alle oder zumindest ein Teil der involvierten Akteure bei ihrem Handeln eine bewusste Strukturgestaltung im Sinn haben. So bemühen sich Interessengruppen oder politische Parteien darum, bestimmte Gesetze zu schaffen oder bestehende Gesetze zu verändern oder auch gegen den Veränderungsdruck anderer in ihrem jetzigen Wortlaut zu erhalten. Wenn der Leiter eines Unternehmens versucht, organisatorische Reformen, etwa Änderungen von Zuständigkeiten und Entscheidungsverfahren, durchzusetzen, handelt es sich um einen individuellen Akteur, dessen Gestaltungsbemühungen sich ebenfalls auf Strukturen – hier die Organisationsstrukturen – richten. Indirekt mag dahinter aber auch sein Interesse stehen, die eigene Machtstellung innerhalb der Organisation zu steigern.

Wenn ein Lehrer in einer Schulklasse die Sitzordnung der Kinder verändert, um nebeneinander sitzende Freunde, die während des Unterrichts ständig miteinander tuscheln, voneinander zu trennen, greift er gestaltend in das räumliche Verteilungsmuster ein; und zwar revidiert er auf der Basis der ungleichen Machtverteilung, die ihm die Autorität dazu gibt, ein eingespieltes Gleichgewicht, das sich aus wechselseitiger Sympathie zwischen bestimmten Kindern ergeben hat. Auch ein Ehepaar, das fortwährende Konflikte über die Aufgabenverteilung im Haushalt zum Anlass nimmt, sich in Ruhe miteinander hinzusetzen und eine von beiden Seiten als gerecht ak-

134 Hayek (1967) kritisiert, dass viele soziologische Betrachtungen sozialer Strukturen diese stets so verstehen, als handelte es sich um gelungene oder misslungene Resultate bewusster Strukturgestaltung, und dadurch andere Formen ungewollter und beiläufiger Struktureffekte marginalisieren. Keller (1994) unterscheidet deshalb – Hayeks Überlegungen folgend – zwischen Naturgeschehen als „Phänomenen erster Art", sozialen Artefakten, nämlich gelungenen oder misslungenen Resultaten bewusster Strukturgestaltung, als „Phänomenen zweiter Art" sowie beiläufigen sozialen Struktureffekten als „Phänomenen dritter Art".

zeptierte Pflichtenordnung zu vereinbaren, greift in eine naturwüchsig entstandene Struktur ein.

All diese Beispiele zeigen, dass die Abarbeitung von Intentionsinterferenzen als gewollte Gestaltung von sozialen Strukturen geschehen kann. Und klar ist auch, dass zielgerichtete Strukturgestaltung nicht nur intentionale Effekte hervorbringt, sondern dass gerade auch das Gestaltungshandeln von Akteuren alle Arten von transintentionalen Effekten zeitigen kann und sehr oft – je nach Komplexität der Situation – sogar besonders anfällig für Transintentionalitäten ist. Der Lehrer setzt beispielsweise die zwei „Störer" auseinander, und der Effekt ist, dass jetzt beide ihre jeweiligen Nachbarn vom Unterricht ablenken, sich das Ursprungsproblem also ausgebreitet anstatt erledigt hat. Dies ist ein Beispiel für bewusste Strukturgestaltung als gescheiterte Intentionalität.

Um gescheiterte Strukturgestaltung handelt es sich zum Beispiel auch dann, wenn politische Parteien einen Kompromiss eingehen müssen, etwa bei einer Koalitionsbildung oder beim Versuch, ein Gesetz durchzubringen. Man muss sich mit der jeweils anderen Seite „in der Mitte treffen", und dieser Treffpunkt in der Mitte ist aus der Perspektive der einzelnen Partei immer ein als Scheitern gekennzeichneter transintentionaler Effekt ihres Gestaltungshandelns. Das ist selbst dann so, wenn die beteiligten Seiten im Nachhinein ganz zufrieden sind, weil jede wenigstens noch etwas von ihren Intentionen einbringen konnte oder sogar von vornherein damit gerechnet hatte, Abstriche machen zu müssen. Denn eigentlich – wenn es jeweils nach ihnen allein gegangen wäre – wollten sie etwas anderes erreichen. Vergleicht man das, was zuvor von den Koalitionspartnern als programmatische Absicht verkündet wurde, mit dem, was dann im Koalitionsvertrag steht, stechen diese Diskrepanzen sogleich ins Auge. Und wenn solch eine Koalition zwischen zwei Partnern geschlossen wird, deren Gestaltungsabsichten in bestimmten Hinsichten sogar diametral entgegengesetzt sind, bleibt den Akteuren meist nicht viel anderes übrig, als die Transintentionalität gewissermaßen in der Schwebe zu halten: Keiner weiß, wer sich am Ende wie stark durchsetzen wird; aber jeder muss befürchten, in seinen Gestaltungsabsichten frustriert zu werden.

Ebensogut gibt es in den Geschichtsbüchern zahllose Beispiele dafür, dass Aufbau, Erhaltung und Veränderung von sozialen Strukturen *beiläufige* Neben- und Fernwirkungen von gewollter Strukturgestaltung sind. Man denke etwa an Hitlers Bemühen, die geopolitischen Strukturen in Osteuropa durch den Angriff auf die Sowjetunion grundlegend zu verändern. Er wollte die Sowjetunion zurückdrängen; und das Ergebnis war, dass diese nach dem Zweiten Weltkrieg jahrzehntelang ganz Osteuropa beherrschte.

Natürlich gibt es auch Fälle, in denen Akteure ihre Gestaltungsabsichten beim handelnden Zusammenwirken verwirklichen können. Etwa dann, wenn nur ein einziger Akteur eine strukturelle Gestaltungsabsicht verfolgt und alle anderen sich den strukturellen Gegebenheiten, wie immer sie aussehen und wie immer sie sich verändern mögen, einfach fügen. Ein ähnlich gelagerter Fall liegt vor, wenn die anderen sich aufgrund der Dominanz eines Akteurs fügen müssen. Die Dominanz des Gestaltungshandelnden mag auf körperlicher Stärke, auf der formellen oder faktischen Machtposition, auf der charismatischen Führungsqualität, einem Wissensmonopol oder anderen Einflusspotentialen beruhen – die anderen müssen ihre Intentionen hinsichtlich der betreffenden Strukturgestaltung hintanstellen und sind dann nur noch die „ausführenden Organe" des dominanten Akteurs.

Erfolgreiche Intentionalität bei der bewussten Strukturgestaltung gibt es nicht nur, wenn ein einziger Handelnder seine Gestaltungsziele durchsetzen kann, ohne von anderen blockiert zu werden, sondern zum Beispiel auch dann, wenn mehrere Akteure bestimmte soziale Strukturen gezielt gestalten wollen und dabei alle Beteiligten identische Gestaltungsabsichten verfolgen. Wenn beispielsweise eine Hausgemeinschaft eine Hausordnung aufstellen will, und alle Bewohner, ohne dies vorher miteinander abgesprochen zu haben, jeweils schon von sich aus der Meinung sind, es solle zwischen dreizehn und fünfzehn Uhr Mittagsruhe herrschen – dann sind die interferierenden Intentionen kompatibel, und die Hausordnung kommt als gewollte Struktur aus dem handelnden Zusammenwirken zustande.

Doch in den meisten Fällen von intendierter Strukturgestaltung haben es die Akteure – und hat es auch der soziologische Beobachter – mit Transintentionalitäten zu tun, die sich nahezu zwangsläufig aus dem wechselseitigen Konterkarieren von nicht miteinander kompatiblen Gestaltungsabsichten der Beteiligten ergeben. Und selbst erfolgreiche Intentionalität hat ihre transintentionale Seite in Gestalt all jener Effekte, die die Beteiligten nicht weiter beachten oder gar nicht bemerken. Im obigen Beispielsfall könnte sich im Laufe der Zeit etwa herausstellen, dass die Vorgabe einer strengen Ruhezeit in der Hausordnung Familien mit Kindern den Zuzug in das Haus erschwert – ein Effekt, der ursprünglich gar nicht intendiert worden war.

Transintentionalität als zentrale Einsicht der Soziologie

Zusammenfassend kann festgestellt werden, dass handelndes Zusammenwirken von den Akteuren zwar stets intentional vorangetrieben wird, dass die tatsächlichen Effekte ihnen aber in der Regel – früher oder später, längerfristig auf jeden Fall, und mal mehr, mal weniger – ins Transintentionale entgleiten, und dies auch bei bewusster und zunächst erfolgreicher Strukturgestaltung. Dass handelndes Zusammenwirken überwiegend transintentionale Effekte zeitigt, gilt nicht nur hinsichtlich der unmittelbaren Ergebnisse des Handelns, so wie sie sich aus der Perspektive der einzelnen Akteure dann darstellen, sondern eben auch für die sozialen Strukturen, die dabei herauskommen. Die involvierten Akteure machen jene Erfahrung, die Jean Paul Sartre (1960: 72) so formuliert: „Wenn mir aber die Geschichte entgleitet, dann nicht deshalb, weil ich sie nicht mache, sondern, weil auch der andere sie macht."[135] Die „entgleitende Geschichte": Das sind die sozialen Strukturen um mich herum, die sehr oft ganz anders ausfallen, als ich sie gerne hätte und einzurichten versucht habe. Sie sind von vornherein transintentional – oftmals schon allein aufgrund der langen Zeithorizonte, in denen sich aus dem handelnden Zusammenwirken spürbare Effekte auf soziale Strukturen ergeben.

Die Einsicht in den prinzipiell transintentionalen Charakter sozialer Strukturen macht eine auf das handelnde Zusammenwirken schauende Soziologie aus und unterscheidet sie vom Alltagsdenken sowie vom oftmals simplifizierenden Denken anderer Disziplinen über Sozialität. Es ist – wie es im Alltag oft geschieht – viel zu einfach, sich vorzustellen, dass Akteure nur auf eine bestimmte Weise handeln müssten, damit sich die gesellschaftlichen Verhältnisse ändern. Und es ist – wie es in manchen politik- oder wirtschaftswissenschaftlichen Prognosen geschieht – zu simpel, davon auszugehen, man müsse nur die Intentionen aller Akteure kennen, um darauf schließen zu können, wie die gesellschaftlichen Verhältnisse sich entwickeln. Die Soziologie stellt dem gegenüber die Transintentionalität des Sozialen in Rechnung und stellt fest, dass es so einfach nicht ist: Die Intentionen der Akteure bilden sich niemals direkt bzw. „eins zu eins" in den sozialen Strukturen ab.[136]

Warum nimmt ein soziologischer Beobachter angesichts dessen die Intentionen des Handelns überhaupt noch zur Kenntnis? Auch wenn – wie in den ersten Kapiteln dargelegt wurde – davon auszugehen ist, dass die einzelnen Handlungen der Akteure die Grundelemente jeglichen sozialen Geschehens sind, gewinnen sie ihren sozialen Stellenwert und damit auch ihre soziologische Erklärungskraft erst in der Relationierung mit anderen Elementen dieser Art. Dass man trotzdem wissen muss, wie jemand – erst einmal für sich betrachtet – handelt, begründet sich daraus, dass die Intention einen Handlungsimpuls markiert, der sich dann mit den Impulsen der anderen involvierten Akteure gleichsam wie bei der Vektoraddition verbindet. Selbst wenn der Summenvektor, also das Ergebnis handelnden Zusammenwirkens, weit von jedem in ihn eingehenden Einzelvektor abweicht, ergibt er sich doch in seiner Richtung und Stärke nur aus ihnen. Welche Intentionen

---

135 Gegenüber der deutschen Übersetzung wurde das Zitat hier an einer Stelle verändert, um seinen Sinn deutlicher hervortreten zu lassen.

136 Aus systemtheoretischer Perspektive hält Niklas Luhmann (1989: 7) Akteurtheoretikern das Konzept der Transintentionalität als „Notlüge der unvorhergesehenen Effekte" vor. Doch ganz im Gegenteil ist Transintentionalität keine kleinlaute Verlegenheitsformel, die einen fatalen Schwachpunkt der akteurtheoretischen Soziologie überspielt, sondern seit langem allseits bekannte zentrale Einsicht akteurtheoretischen Denkens. Es sei hier nur an Norbert Elias' Konzept der „Figuration" erinnert, auf das noch näher eingegangen wird, oder an Adam Fergusons berühmte Formel, dass die meisten sozialen Strukturen „...Ergebnisse menschlichen Handelns, aber nicht menschlichen Entwurfs..." sind (Hayek 1967).

die in einen Handlungszusammenhang verstrickten Akteure verfolgen, macht einen Unterschied – wenn auch oft nicht den Unterschied, den jeder der Akteure jeweils gerne gehabt hätte.[137] Die Einsicht in die Transintentionalität impliziert also zugleich eine weit reichende Relativierung der Intentionalität des Akteurs. Die Intention ist mitsamt den von ihr dirigierten je aktuellen Handlungsmöglichkeiten des Akteurs im jeweiligen Geschehen stets nur ein – manchmal sehr wenig ins Gewicht fallender – Kausalfaktor unter vielen anderen.

Man kann sich kaum deutlich genug vor Augen führen, was damit eigentlich gesagt ist – insbesondere für all jene Akteure in der modernen Gesellschaft, die im Hinblick auf Strukturgestaltung besonders ambitionierte Projekte verfolgen und die sich nicht nur zutrauen, soziale Verhältnisse gestalten zu können, sondern von denen dies in ihrer Rolle auch erwartet wird: Politiker und Unternehmer, Reformer und Manager, Leiter von Organisationen – kurz: alle Akteure, die sich in führenden Positionen mit Gestaltungshandeln beschäftigen. Die Frage, die sich für sie stellt, lautet: Inwieweit sind die gesellschaftlichen Verhältnisse überhaupt gestaltbar, und inwieweit laufen lediglich schicksalhafte Zwangsläufigkeiten ab? Und die Antwort, die sich aus der soziologischen Einsicht in die Allgegenwärtigkeit von Transintentionalität ergibt, heißt: Die Ergebnisse des Gestaltungshandelns werden – auch dort, wo dieses Gestaltungshandeln sinnvoll und notwendig erscheint und manchmal ja auch gelingt – in der Regel von mehr oder weniger starken transintentionalen Effekten behaftet sein.

Politische Gesellschaftssteuerung ist sicherlich die ambitionierteste intendierte Strukturgestaltung, die gesellschaftlich vorkommt, und unterliegt deshalb am stärksten der „Logik des Misslingens“ (Dörner 1989), also dem Eintreten unerwünschter Neben- und Fernwirkungen und dem Nichterreichen der angestrebten Ziele. Man muss dabei gar nicht an die Gestaltungshybris sozialistischer Planwirtschaften denken, die nichts als grandiose Scherbenhaufen hinterlassen haben. Auch viel bescheidenere politische Gestaltungsvorhaben – etwa eine Hochschulreform oder die lange Zeit notorische Rechtschreibreform – erweisen sich immer wieder als äußerst schwierig; und neben dem Problem, die angestrebten Gestaltungsziele nicht zu erreichen, werden die politischen Akteure auch immer wieder mit dem Risiko konfrontiert, ungeahnte Nebenwirkungen zu erzeugen, die im negativen Sinne gravierender sind als die vielleicht erzielten positiven Effekte. Nicht selten sind Leute mit den besten Absichten diejenigen, die das Schlimmste anrichten.

---

137 Siehe auch Reinhard Zintl (1998: 297, Hervorh. weggel.): „Intentionalität ist die Basis der Bewegung des Systems, aber unsere theoretischen Sätze bauen ganz wesentlich darauf auf, dass die Intentionalität das System nicht beherrscht, sondern sich lediglich in theoretisch rekonstruierbarer Weise auf es auswirkt.“

Warum Transintentionalität als zentrale Einsicht der Soziologie so bedeutungsvoll ist, kann man sich auch an einer Beobachtung deutlich machen, die die Entwicklung der modernen Gesellschaft insgesamt betrifft. Diese Beobachtung geht auf Sigmund Freud (1917) zurück, der die Geschichte der Moderne als eine Geschichte von Kränkungen der Menschen durch die Wissenschaften beschrieb. Die erste große Kränkung war mit Kopernikus verbunden, der den Menschen klar machte, dass sie nicht auf einem Himmelskörper im Mittelpunkt der Welt leben, und dass sie nicht von diesem Zentrum her ihrem Schöpfer unmittelbar gegenüberstehen, sondern in einem riesigen Universum eine Randexistenz führen. Nach dieser Kränkung konnte der Mensch noch eine Weile darauf vertrauen, dass er – wenn auch randständig positioniert – doch zumindest unmittelbar von Gott geschaffen war. Doch diese Überzeugung wurde alsbald durch die Erkenntnisse der Biologie zunichte gemacht. Die zweite große Kränkung geschah durch Charles Darwin, der den Menschen aufzeigte, dass sie von Tieren abstammend aus einer langen Kette der Evolution hervorgegangen sind. Die dritte große Kränkung schrieb Freud sich selbst und seiner Psychoanalyse zu. Konnte das souveräne „bürgerliche" Subjekt – wenn es nun auch nicht mehr im Zentrum des Kosmos stand und keine Krone der Schöpfung war – sich bis dahin noch einbilden, mit einer besonderen Vernunftbegabung ausgezeichnet und insofern über andere Lebewesen erhaben zu sein, so machte Freud (1917: 226) klar, dass das Subjekt nicht „Herr im eigenen Haus" ist, sondern von unbewussten und womöglich unkontrollierbaren Impulsen und Triebkräften gesteuert wird.

Die von Freud vorgetragene Beobachtung fortschreibend ließe sich nun sagen, dass die vierte Kränkung des modernen Menschen im Hinweis auf die Transintentionalität des Sozialen beruht: Selbst wenn der Mensch bisweilen rational handeln kann und dies auch tut, sich also Ziele setzt und Pläne verfolgt, werden diese Intentionen mindestens genauso oft scheitern wie erfolgreich realisiert werden, und zwar allein deshalb, weil es andere Menschen gibt, die das Gleiche tun. Nicht erst, aber ganz besonders in der Gegenwart scheint es als eine tiefe Kränkung empfunden zu werden, dass das handelnde Zusammenwirken so wenig unter Kontrolle ist. Diese Kränkung ist deshalb eine so bedrängende, weil die moderne Gesellschaft im Grunde eine gestaltungsoptimistische ist. Die moderne Fortschrittsidee geht u.a. darauf zurück, dass die sozialen Bedingungen, unter denen die Menschen leben, nicht länger als gottgewollt, sondern zum großen Teil als „Menschenwerk" begriffen wurden. Es gehört seitdem zum Selbstverständnis der gesellschaftlichen Akteure, dass sie sich in der Lage und in der Verantwortung sehen, die gesellschaftlichen Verhältnisse zu gestalten. Sie wollen sich gerade deshalb den sozialen Bedingungen nicht einfach fügen, sondern sie – überall dort, wo sie verbesserungsbedürftig erscheinen – verändern. Schon Max Weber (1922: 328-337) stellte fest, dass die Werte und kulturellen Muster der Moderne dies den Akteuren abverlangen. Er nannte das den insbesondere in den westlichen Gesellschaften herrschenden „Aktivismus der Weltzuwendung“: Wir können die Verhältnisse nicht einfach so auf sich beruhen lassen, wie sie sind. Lapidar heißt es bei Odo Marquard (1977: 72): „Ende Gottes: menschlicher Machzwang“. Dieser „Machzwang“ bereitet den strukturgestaltenden Akteuren in der modernen Gesellschaft tagtäglich die Kränkung der Transintentionalität, und der Gestaltungsoptimismus muss immer wieder herbe Fehlschläge hinnehmen.

Vor diesem Hintergrund gewinnt Robert Mertons (1936) frühe programmatische Betonung der „unintended consequences of intentional social action“ ihre Berechtigung.[138] Karl Popper (1948: 342, Hervorh. weggel.) geht so weit, hier die zentrale Aufgabe der Sozialwissenschaften zu sehen: „It is to trace the unintended social repercussions of intentional human actions.“ Nur eine soziologische Analyse des handelnden Zusammenwirkens und der sich dabei vollziehenden und zu transintentionalen Struktureffekten führenden Dynamiken kann davor bewahren, einem völligen Gestaltungsdefätismus zu verfallen. Sie deckt auf, wo genau und warum das handelnde Zusammenwirken den Akteuren entgleitet, und sie ermöglicht so eine differenzierte Einschätzung, welche Gestaltungsspielräume die Akteure haben. Die Soziologie kann dementsprechend je nach Situation sei es bescheidenere, sei es anspruchsvollere Steuerungsziele und –strategien nahe legen. Denn so wichtig es einerseits ist, dass sich die Soziologie über die unaufhebbare Transintentionalität alles handelnden Zusammenwirkens im Klaren ist: Weil die Menschen – und dies erst recht in der modernen Gesellschaft! – gar nicht anders können, als immer wieder zu versuchen, die Verhältnisse unter denen sie leben, mit zu gestalten, ist andererseits eine „soziologische Aufklärung“ gefragt, die zumindest eine „Intentionalität in Grenzen“ unterstützt.[139]

Um in diesem Sinne den gesellschaftlichen Akteuren Orientierungswissen für ihr Gestaltungshandeln und Erklärungen für zu erwartende oder aufgetretene transintentionale Effekte offerieren zu können, sollten angehende Soziologinnen wissen, aus welchen Dynamiken des handelnden Zusammenwirkens Transintentionalitäten herrühren können und auf welchen Voraussetzungen wiederum das In-Gang-kommen solcher Dynamiken beruht. Im Folgenden wird ein Überblick darüber gegeben, welche analytischen Komponenten des handelnden Zusammenwirkens dazu in den Blick genommen werden müssen und welche Arten von sozialen Strukturen als Ergebnisse des handelnden Zusammenwirkens zu unterscheiden sind.

138 Siehe weiterhin auch Elster (1989 a: 91-100).

139 Dahinter steht ein Verständnis von Soziologie, das diese – was die Priorität ihrer Themen betrifft – nicht im Elfenbeinturm verortet. Natürlich könnte sich die Soziologie auch lang und breit theoretisch und empirisch damit beschäftigen, warum bestimmte Bevölkerungsgruppen möglicherweise Marmelade statt Honig als Brotaufstrich bevorzugen. Hätte das Fach nichts anderes zu tun, wäre gegen eine solche Themenwahl auch gar nichts zu sagen. Aber bekanntermaßen hat die Gesellschaft ein paar noch etwas drängendere Probleme zu bewältigen, zu denen die Soziologie vielleicht auch etwas zu sagen hätte.

7.2 Akteurkonstellationen und soziale Strukturen

Für eine genauere Analyse des handelnden Zusammenwirkens muss der Blick zunächst auf die *Akteurkonstellationen* gerichtet werden, in denen sich die Handelnden miteinander befinden. Sobald die Intentionen von mindestens zwei Akteuren interferieren und diese Interferenz von den Beteiligten wahrgenommen wird, ist eine Akteurkonstellation gegeben. Akteurkonstellationen bestehen somit aus nichts anderem als dem Gewahrwerden und Abarbeiten von tatsächlichen oder vorweggenommenen Intentionsinterferenzen.

Modi der Handlungsabstimmung

Solche Konstellationen handelnden Zusammenwirkens definieren und sortieren sich danach, auf welchem Modus der Handlungsabstimmung[140] das handelnde Zusammenwirken beruht: auf der wechselseitigen *Beobachtung* der Akteure, auf der wechselseitigen *Beeinflussung* der Akteure oder auf wechselseitigen *Verhandlungen*.[141] Dementsprechend lassen sich drei Arten von Akteurkonstellationen unterscheiden: Beobachtungs-, Beeinflussungs- und Verhandlungskonstellationen.

Am elementarsten sind Konstellationen wechselseitiger Beobachtung, in denen die Handlungsabstimmung allein durch einseitige oder wechselseitige Anpassung an das wahrgenommene Handeln der anderen – einschließlich ihres antizipierten Handelns – erfolgt. In Konstellationen wechselseitiger Beeinflussung findet Handlungsabstimmung – auf Grundlage wechselseitiger Beobachtung – durch den gezielten Einsatz von Einflusspotentialen wie Macht, Geld, Wissen, Emotionen oder moralische Autorität statt. In Konstellationen wechselseitiger Verhandlungen schließlich gehen – auf Basis von Beobachtung und Beeinflussung – aus Verhandlungen bindende Vereinbarungen, etwa in Form von Verträgen, als Handlungsabstimmung hervor.[142]

---

140 Akteurkonstellationen können anhand vielerlei Merkmale, die für je spezifische Analysezwecke jeweils wichtig sein können, charakterisiert werden, zum Beispiel anhand der Anzahl der involvierten Akteure, anhand der Homo- oder Heterogenität oder der differentiellen Ressourcenausstattung der Akteure. Hier soll jedoch der Modus der Handlungsabstimmung als Konstellationsdimension hervorgehoben werden, da dies in jedem Fall eine analytisch zentrale Größe darstellt.

141 In einer inzwischen eingeführten Terminologie werden die „Modi sozialer Handlungskoordination“ (Mayntz/Scharpf 1995 a: 60) auch Governance-Muster genannt bzw. als Grundlage betrachtet, nach der sich verschiedene Governance-Mechanismen sortieren lassen, z. B. Netzwerke, Polyarchie, Hierarchie. Siehe dazu auch Schimank (2005 a: 32-38; 2007 b).

142 Auf die Konstellationsarten wird in den Kapiteln 8 bis 10 eingegangen.

Abarbeitung von Intentionsinterferenzen

Die Abarbeitung von Intentionsinterferenzen in Akteurkonstellationen kann damit enden, dass die Konstellation sich *auflöst*, die Akteure einander also fortan aus dem Weg gehen. Vielleicht zieht derjenige, der immer wieder durch laute Musik seines Nachbarn gestört wird, schließlich deswegen entnervt weg. Oder die angedachte Gründung einer Bürgerinitiative unterbleibt nach dem ersten Treffen wegen unüberbrückbarer Differenzen der Beteiligten. Beispiele für ein wenig konfliktbehaftetes Abarbeiten von Intentionsinterferenzen und das entsprechend rasche Auflösen der Akteurkonstellation sind Fälle, in denen eine einfache Einigung über die Handlungskoordination möglich ist. Wenn zwei Personen sich miteinander an einen Tisch begeben, an dem zwei Stühle stehen, kann es passieren, dass beide sich auf denselben Stuhl setzen wollen. Falls dieser Stuhl beispielsweise näher an der Heizung oder am Fenster steht oder sonst einen Vorteil aufweist, an dessen Realisierung beiden gelegen ist, besteht ein Interessenkonflikt, der möglicherweise nicht so einfach zu lösen ist. Falls aber beide Akteure keinerlei ausgeprägte Präferenz für einen der beiden Stühle haben, kommt es nur darauf an, dass sie sich kurz darüber verständigen, wer wo sitzt; und dies dürfte ihnen wohl keine größeren Schwierigkeiten bereiten.

Bleibt die Konstellation dauerhaft bestehen, kann es zwischen den Akteuren ständig *hin und her gehen*, ohne dass sich stabile Muster des Umgangs mit den Intentionsinterferenzen einspielen. Der durch die Musik des anderen Gestörte beschwert sich das eine Mal bei diesem, dann bei der Hausverwaltung oder ruft sogar mal die Polizei; ein anderes Mal geht er spazieren, weil er weiß, dass der Nachbar nie länger als eine Stunde Musik hört; wieder ein anderes Mal setzt sich der in seiner Ruhe Gestörte Kopfhörer auf und hört selbst Musik. Und der Musikhörer lässt sich das eine Mal von den Beschwerden beeindrucken und zeigt Einsicht; das andere Mal geht er nicht an die Tür und ans Telefon, weil er weiß, dass der Nachbar sich beschweren will; und manchmal nimmt der Musikhörer auch von vornherein Rücksicht und dreht seine Stereoanlage nicht so laut auf. Ein solches Hin und Her ist durchaus nicht selten.

Soziale Strukturen

In allen drei Konstellationsformen kann das Abarbeiten von Intentionsinterferenzen also punktuell geschehen, d.h. in Episoden, die einmalig sind oder als einmalig angesehen werden. In vielen Fällen bringen allerdings die Bemühungen der Akteure, ihre Intentionsinterferenzen zu bewältigen, intentional oder – häufiger – transintentional *soziale Strukturen* als relativ dauerhafte Bewältigungsmuster der Interferenzen hervor. Die Handlungsabstimmung wird dabei in sich wiederholenden Episoden verstetigt. Eine Verstetigung bedeutet zunächst eine Steigerung wechselseitiger kognitiver Erwartungssicherheit und findet ihren Niederschlag in geteilten normativen, kognitiven oder evaluativen Orientierungen in Gestalt von Institutionen oder kulturellen Deutungsmustern. Hat sich erst eine institutionelle Regel wie zum Beispiel das Händeschütteln als Begrüßungsritual oder „Halbe-Halbe" als Verteilungsgrundsatz in einer Akteurkonstellation eingeschliffen, wird sie durch stete Wiederholung – auch und gerade dann, wenn man versucht ist, etwas anderes zu tun – aufrechterhalten. Eine Verstetigung der Handlungsabstimmung kann auch auf anderen sozialen Strukturen beruhen: Vielleicht erreicht der in seiner Ruhe Gestörte letzten Endes unter Verweis auf gesetzliche Regelungen vor Gericht, dass seinem Nachbarn feste Zeiten auferlegt werden, in denen er gar keine Musik hören darf; und Zuwiderhandlungen werden mit einer hohen Strafe geahndet. Dann wäre eine normative Ordnung gefunden, die die Intentionsinterferenz fortan klar regelt.

Dass das Abarbeiten von Intentionsinterferenzen soziale Strukturen hervorbringt und dann durch diese dauerhaft geordnet wird, heißt keineswegs, dass ein irgendwie gerechter Ausgleich der einander widerstreitenden Intentionen gefunden wird. Vielleicht ist das ja bei dem Nachbarschaftsstreit der Fall; aber es kann auch ebenso gut darauf hinauslaufen, dass beide Nachbarn sich durch den Richterspruch benachteiligt fühlen und ihn nur entsprechend murrend hinnehmen. In anderen Konstellationen steht einem gerechten Ausgleich allein schon entgegen, dass manche Akteure mächtiger sind und so den eigenen Intentionen mehr Geltung verschaffen können.

Weiterhin vollzieht sich die Etablierung eines relativ dauerhaften Bewältigungsmusters von Intentionsinterferenzen keineswegs immer, sondern eher selten so, dass dieses Muster bewusst konzipiert und realisiert wird. Beim Richterspruch ist das der Fall, wobei dann ein Außenstehender der Konstellation ihre soziale Struktur gibt. Hätten sich die beiden Nachbarn untereinander auf eine ähnliche Regelung geeinigt und sich fortan daran gehalten, läge eine aus der Konstellation selbst zielgerichtet geschaffene soziale Struktur vor.

Arten sozialer Strukturen

Bevor darauf eingegangen wird, wie über bestimmte Dynamiken bei der Abarbeitung von Intentionsinterferenzen soziale Strukturen aufgebaut, erhalten oder verändert werden, soll zunächst noch geklärt werden, welcher Art diese Strukturen sein können. Drei Arten von sozialen Strukturen lassen sich unterscheiden: Erwartungs-, Deutungs- und Konstellationsstrukturen.

Erstens gibt es die schon mehrfach angesprochenen institutionalisierten normativen Erwartungen. Solche *Erwartungsstrukturen* können sowohl formalisiert als auch informeller Natur sein. Zu den formalisierten gehören Rechtsvorschriften ebenso wie die formalen Regeln innerhalb von Organisationen. Normative Erwartungsstrukturen sind aber auch alle Arten von informellen sozialen Regeln, wie sie innerhalb größerer oder kleinerer Gruppen Geltung besitzen. Die Sitten und Umgangsformen in einem Land, der

Moralkodex eines bestimmten sozialen Milieus und auch die manchmal ganz idiosynkratischen wechselseitigen normativen Erwartungen in einer Ehe sind Beispiele dafür. Viele normative Erwartungen werden in Form von Rollen gebündelt (→ Kap. 3).

Neben Erwartungsstrukturen gibt es zweitens solche sozialen Strukturen, die evaluative und diesen zugeordnete kognitive Orientierungen fixieren. Diese *Deutungsstrukturen* sind um kulturelle Leitideen gruppiert. Zu den evaluativen Deutungsstrukturen gehören alle Arten von Werten, die teils sehr allgemein sind, etwa die Selbstverwirklichung der Persönlichkeit propagieren oder Naturzerstörung verdammen, teils aber auch viel spezifischere Sachverhalte betreffen, zum Beispiel Vorlieben oder Abneigungen bestimmter „Szenen". Letzteres illustrieren etwa all die Lebensstilmerkmale, die Pierre Bourdieu (1979) und Gerhard Schulze (1992) für verschiedene soziale Milieus identifiziert haben. Äußerst wichtige Deutungsstrukturen in der modernen Gesellschaft sind die weiter oben auch schon angesprochenen binären Codes der verschiedenen gesellschaftlichen Teilsysteme (→ Kap. 4.4). Diese Codes orientieren die jeweiligen teilsystemischen Handlungslogiken – etwa Wahrheitsstreben im Wissenschaftssystem, Machtstreben im politischen System oder Profitstreben im Wirtschaftssystem (Schimank 2007). Kulturelle Werte und teilsystemische Codes haben in dem Sinne evaluativen Charakter, dass sie Maßstäbe des jeweils Erstrebenswerten formulieren – wobei erstrebenswert eben nicht bedeutet, dass ein Akteur etwas, gegebenenfalls auch gegen seinen eigenen Willen, tun soll, sondern dass ihm eine Richtung seines Wollens gewiesen wird. Mit diesen Bewertungsstrukturen verknüpfen sich kognitive Deutungsstrukturen. Dabei handelt es sich um allgemein anerkanntes Wissen bzw. verbreitete Wissensmuster, in denen sich etablierte Sichtweisen dessen, was der Fall ist, niederschlagen. Alle Arten von wissenschaftlichen Theorien gehören hierzu. Dazu zählt aber auch das berufsspezifische oder alltägliche Rezeptwissen darüber, wie bestimmte Dinge beschaffen sind und miteinander zusammenhängen und wie bestimmte Wirkungen erzielt werden können – zum Beispiel Kochrezepte oder das Wissen darüber, in welchen Geschäften man welche Waren kaufen kann, oder was man im Umgang mit Vermietern zu beachten hat.[143]

Schließlich existiert noch eine dritte Art von sozialen Strukturen: eingespielte Gleichgewichte von Akteurkonstellationen. Solche *Konstellationsstrukturen* liegen immer dann vor, wenn ein bestimmtes Muster handelnden Zusammenwirkens von Akteuren sich in dem Sinne verfestigt, dass keiner der Beteiligten allein von sich aus so einfach seine Handlungsweise ändern

---

143 Kognitive Deutungsstrukturen werden insbesondere in der phänomenologischen Betrachtung sozialen Handelns mit der Kategorie des „Alltagswissens" angesprochen. Siehe darüber hinaus das Konzept der „cognitive maps" (Axelrod 1976; Vowe 1994), die Forschungen über „epistemic communities" (Haas 1992) sowie Georg Vobrubas (1992) interessante Überlegungen über „Funktionalismus als Akteurwissen".

kann.[144] Konstellationsstrukturen können positiv bewertete Gleichgewichte in dem Sinne sein, dass sie den beteiligten Akteuren erlauben, ihre Intentionen zu realisieren. Freundschaften oder funktionierende Arbeitsbeziehungen wären Beispiele dafür. Es kann sich aber auch um negativ bewertete Gleichgewichte handeln, etwa eingefahrene Konkurrenz- oder Feindschaftsverhältnisse. Eine sich über Generationen hinziehende Blutrache zwischen zwei Familien illustriert Letzteres. Man könnte meinen, dass den Akteuren in so einem Fall nichts näher läge, als dieses Gleichgewicht zu verlassen. Aber bekanntlich ist kaum etwas schwieriger, als aus einer solchen Konstellation auszubrechen. Man redet nicht miteinander, traut einander nicht über den Weg und kann so keine beiderseitige Beendigung der Fehde verabreden; und eine einseitige Beendigung bedeutet unter anderem einen gravierenden Ehrverlust, was man ebenfalls kaum auf sich nehmen will. Wieder andere Gleichgewichte werden von den Beteiligten unterschiedlich bewertet – von den einen positiv, von den anderen negativ. Ein stabiles Unterordnungsverhältnis zum Beispiel findet vielleicht der Übergeordnete gut, der Untergeordnete schlecht. Aber dieses Beispiel zeigt auch, dass sich eine Konstellationsstruktur aus der Sicht eines bestimmten involvierten Akteurs nur selten ganz eindeutig entweder ausschließlich positiv oder völlig negativ darstellt. So springt auch für den Untergeordneten etwas dabei heraus, sei es eine gewisse finanzielle Entschädigung wie in Arbeitsorganisationen oder Schutz vor der Gewalt Dritter wie in feudalistischen Verhältnissen; und beim Übergeordneten schlägt sein Kontrollaufwand, vielleicht auch die ständige Furcht vor Rebellion negativ zu Buche.

Viele Konstellationsstrukturen manifestieren sich in Verteilungsmustern. Das kann die räumliche Verteilung von Akteuren sein, etwa die sich einspielende Sitzordnung in einer Schulklasse oder die Herausbildung von städtischen Verdichtungs- und ländlichen Entleerungsräumen. Sozial noch wichtiger sind aber Verteilungen von Einflusspotentialen wie Macht, Wissen oder Geld sowie Verteilungen von Chancen der unmittelbaren Bedürfnisbefriedigung. Diese Verteilungsmuster sind ein breit behandelter Gegenstand der Theorien sozialer Ungleichheit (Bader/Bentschop 1989).

Die drei Arten von sozialen Strukturen tragen Unterschiedliches zur Prägung des Handelns der Akteure bei (→ Kap. 1): Deutungsstrukturen prägen das Wollen der Akteure, Erwartungsstrukturen das Sollen und Konstellationsstrukturen das Können (Schimank 2007: 218-224).

---

144 Hier liegt die spieltheoretische Idee des sogenannten Nash-Gleichgewichts zu Grunde (Elster 1989a: 101-112; Holler/Illing 1991: 10-13; Diekmann 2009: 21-45, 234). Üblicherweise wird hierbei allerdings nur das Akteurmodell des Homo Oeconomicus benutzt: Die Akteure halten an ihren eingespielten Handlungsweisen fest, weil sie sich ansonsten große Kosten aufladen. Man kann dies aber ebenso auf den „Emotional man" und den Identitätsbehaupter übertragen. Auch emotionale Frustrationen und Identitätsbedrohungen können wirksam davor abschrecken, aus einem Konstellationsgleichgewicht auszubrechen.

7.3 Soziale Strukturdynamiken

An diesem Punkt sollte bereits klar geworden sein, dass in den verschiedenen Akteurkonstellationen unterschiedliche Dynamiken angelegt sind, über die beim handelnden Zusammenwirken die verschiedenen sozialen Strukturen hervorgehen. Solche *sozialen Strukturdynamiken* sind die kausalen Mechanismen, die bewirken, dass die Effekte der Handlungen von Akteuren sich zu bestimmten sozialen Strukturen aggregieren. Soziale Strukturdynamiken lassen sich in *theoretischen Modellen sozialer Strukturdynamiken* erfassen. Diese Modelle stellen also generalisierte Muster von Verläufen des handelnden Zusammenwirkens dar und beschreiben das oft transintentionale „Wie?" des Zustandekommens von Strukturen aus dem Handeln in der jeweiligen Akteurkonstellation.[145]

Soziologischer Mainstream: Vernachlässigung von Strukturdynamiken

Schon auf dieser generellen Betrachtungsebene ist deutlich, dass die Modelle sozialer Strukturdynamiken neben den Akteurmodellen die zweite, ebenso unentbehrliche Gruppe theoretischer Werkzeuge für soziologische Erklärungen sein müssen. Dann verwundert allerdings umso mehr, dass sich die allgemeine soziologische Theorie von den Klassikern bis heute niemals systematisch darum bemüht hat, den Werkzeugkasten der Soziologen mit Modellen sozialer Strukturdynamiken auszustatten. Es gibt nur wenige Überlegungen hierzu, die meist programmatisch blieben. Akzeptiert man die im Kapitel 1 geschilderten zwei Erklärungsprobleme als Aufgabenbereich der Soziologie, ist es nicht übertrieben, wenn man der allgemeinen soziologischen Theorie vorhält, dass sie sich bislang fast nur um die erste Hälfte ihrer Aufgabe gekümmert hat.[146]

Versucht man, sich dieses merkwürdige Defizit zu erklären, lassen sich möglicherweise – neben anderen Ursachen – zwei komplementäre Unterstellungen nennen, die eine Vernachlässigung von Modellen sozialer Strukturdynamiken scheinbar rechtfertigen. Wenn Akteure erstens ihre jeweiligen Intentionen in der Regel verfolgen könnten, ohne auf größere Widerstände durch Intentionsinterferenzen mit anderen zu treffen, und zweitens die sich daraus ergebenden strukturellen Effekte zumeist gewollt und voraussehbar wären: Dann wären die Dynamiken des handelnden Zusammenwirkens und der Aufbau, die Erhaltung oder die Veränderung sozialer Strukturen ziemlich trivial; und man könnte in der Tat aus der Handlungswahl eines Akteurs weit gehend erschließen, was in der Sozialwelt passiert.

145 Zur Diskussion von Mechanismen als Erklärungsformen siehe Mayntz (2005).

146 Ein programmatisches Statement mit ähnlicher Stoßrichtung war auch das „manifesto for a relational sociology" von Mustafa Emirbayer (1997). Viel bewirkt hat es bislang nicht.

Natürlich sind dies höchst naive Annahmen. Sozialität entspricht ihnen in den seltensten Fällen. Dass die allgemeine soziologische Theorie solche Annahmen zwar nicht explizit formuliert, wohl aber implizit getroffen hat, ist vielleicht ein später Reflex aufklärerischer Hybris hinsichtlich der gezielten Perfektionierbarkeit sozialer Ordnungen. Als in der Moderne der Mensch Gottes Platz einnahm, soziale Ordnungen nicht länger als göttliche Schöpfung, sondern als Menschenwerk begriffen wurden, übertrugen Gottes Nachfolger allzuschnell auch dessen Allmacht auf sich selbst.

Auch wenn niemand jemals, und schon gar nicht heute, ernsthaft derartige ungebremste Allmachtsphantasien hegte, finden sich deutliche Anklänge daran beispielsweise im Planungs- und Steuerungsoptimismus der 1960er und frühen 1970er Jahre. Zu der Zeit beschwor man eine „active society" (Etzioni 1968) mit einer „aktiven Politik" (Mayntz/Scharpf 1973) als Steuerungszentrum und kümmerte sich bezeichnenderweise zunächst einmal hauptsächlich darum, wie ein als gesellschaftlich souverän vorgestellter Staat seine interne Willensbildung vervollkommnen könnte. Es ging also vorrangig um die Handlungswahl eines überindividuellen Akteurs – dass die von ihm gewählten Pläne und Steuerungsbestrebungen die ins Auge gefassten strukturellen Effekte haben würden, wurde weit gehend fraglos angenommen. Das Steuerungsobjekt, zum Beispiel die Wirtschaft oder die Wissenschaft oder das Bildungssystem, wurde gleichsam als Knetmasse staatlicher Gestaltungsmaßnahmen angesehen. Empirische Erfahrungen und Untersuchungen – etwa im Rahmen der Implementationsforschung (Pressman/Wildavsky 1973; Mayntz 1983) belehrten rasch eines Anderen. Sie machten auf die eigenständigen Intentionen und Einflusspotentiale der Akteure in den gesteuerten Gesellschaftsbereichen aufmerksam – also darauf, dass sich staatliche Steuerungsakteure in oftmals höchst komplexen Akteurkonstellationen mit großen Intentionsinkompatibilitäten und geringen Einflussdifferenzen befinden, was entsprechend den dargestellten Überlegungen Transintentionalität sehr wahrscheinlich macht. Seit den 1980er Jahren proklamierte dann Ulrich Beck (1986; 1996) mit seinen Überlegungen zur zeitgenössischen „Risikogesellschaft" das „Zeitalter der Nebenfolgen" sozialen Handelns, als ob das etwas ganz Neues wäre. Dabei kann nun wirklich niemand auch nur im Entferntesten behaupten, dass die Entwicklung der modernen Gesellschaft bis zur Heraufkunft der „Risikogesellschaft" im Wesentlichen nach Plan verlaufen sei.

Immerhin: Wenn politikwissenschaftliche Implementationstheorien oder soziologische Reflexionen über die „Risikogesellschaft", neben vielen anderen sozialwissenschaftlichen Forschungsfeldern, der allgemeinen soziologischen Theorie nachhaltig ins Bewusstsein rücken, dass soziale Strukturdynamiken kein vernachlässigbares, weil triviales Erklärungsproblem darstellen, sondern mindestens ebenso viel, wenn nicht mehr theoretische Aufmerksamkeit verdienen und verlangen wie die Handlungswahl von Akteuren, wäre das schon einiges wert. Die Gefahr ist freilich, dass die allgemeine soziologische Theorie sich dieser von Renate Mayntz (1985) nachdrücklich in den Blick gerückten „Herausforderung“ schon deshalb nicht stellt, weil die Buntheit der oft verblüffenden empirischen Beispiele sozialer Strukturdynamiken leicht den Eindruck hervorruft, jedes Bemühen um eine theoretische Bündelung in generalisierbaren Modellen sei von vornherein zum Scheitern verurteilt. Gibt es tatsächlich – um noch einmal Hartmut Essers Sprachgebrauch aufzugreifen – immer wieder vorkommende „Logiken“ und nicht bloß jeweils unvergleichliche Einzelfälle der Aggregation?

Man darf in der Tat nicht davon ausgehen, dass alle oder auch nur die meisten sozialen Strukturdynamiken theoretisierbar, also in einem generellen Modell fassbar und nicht bloß als Einzelfall historisch rekonstruierbar sind. Lediglich bestimmte Aspekte und Phasen sozialer Strukturdynamiken fügen sich allgemeinen Modellen, wie im nächsten Abschnitt noch näher erläutert wird. Dass so vieles am handelnden Zusammenwirken von Akteuren und den daraus hervorgehenden strukturellen Effekten nicht theoretisch modellierbar ist, hat freilich der allgemeinen soziologischen Theorie oftmals als bequemer Vorwand gedient, sich gleich gar nicht mit diesem zweiten soziologischen Erklärungsproblem zu befassen; und es ist durchaus nicht gesagt, dass zukünftig endlich entschiedenere Anstrengungen unternommen werden, dieses gravierende Erklärungsdefizit auszugleichen.

In der allgemeinen Soziologie ist lediglich ein Spezialfall von sozialen Strukturdynamiken genauer unter die Lupe genommen worden, wobei aber auch die darin enthaltenen Erklärungsprobleme lange Zeit nur verschoben worden sind. Es handelt sich um Ego-Alter-Dyaden, anhand derer seit Talcott Parsons’ Überlegungen zum „Hobbesian problem of social order“ immer wieder durchdacht worden ist, wie sich soziale Erwartungssicherheit und Kooperationsbereitschaft einstellen können (Parsons 1937; Axelrod 1984; Luhmann 1984: 148-190; Raub/Voss 1986). Beide Akteure befinden sich in einer Situation „doppelter Kontingenz“: Was Ego am besten täte, hängt davon ab, was Alter tun wird, und umgekehrt – ein für beide unersprießlicher Zirkel. Parsons’ These, dass nur eine bereits bestehende normative Ordnung den Akteuren ermöglicht, ihr Problem der „doppelten Kontingenz“ zu bewältigen, wirft natürlich sogleich die Frage auf, woher denn diese vorauszusetzende Erwartungsstruktur ihrerseits stammt. Erst seit noch nicht allzulanger Zeit gibt es theoretische Bemühungen, die Entstehung normativer Erwartungsstrukturen aus einem Zustand völliger Normlosigkeit zu erklären.

Auch über normative Erwartungsstrukturen hinaus sind die Dynamiken dyadischer Akteurkonstellationen zweifellos ein wichtiges Thema, weil nicht wenige reale Konstellationen Dyaden sind oder analytisch auf sie reduziert werden können. Das wird sich in den folgenden Kapiteln immer wieder zeigen. Allerdings muss man sich dabei stets darüber bewusst sein, dass gänzlich andere Strukturdynamiken auftreten können, wenn eine Konstellation aus mehr als zwei Akteuren besteht. Es gibt dann zum Beispiel die Möglichkeit, Koalitionen zu schließen und auch immer wieder zu wechseln; oder ein bestimmter Akteur vermag mehrere andere geschickt gegeneinander auszuspielen. Von daher darf man nicht dem Irrtum verfallen, dass man mit der Analyse von Dyaden alle real vorkommenden Strukturdynamiken und Struktureffekte in den Blick bekommt.[147]

„Wechselwirkung" und „formale Soziologie"

Abgesehen von den Erklärungsmodellen, die aus dem Durchdenken dieses Problems der „doppelten Kontingenz" in Dyaden hervorgegangen sind, hat die allgemeine soziologische Theorie sehr wenige Modelle sozialer Strukturdynamiken anzubieten. Es sollen hier nur drei Theoretiker – davon zwei bereits erwähnte – kurz angesprochen werden, die sich zumindest etwas eingehender mit dieser Thematik beschäftigt haben.

In chronologischer Ordnung ist Georg Simmel (1908; 1917) der Erste, dessen „formale Soziologie" programmatisch ganz in Richtung einer Analyse sozialer Strukturdynamiken geht. Simmels zentraler theoretischer Begriff ist der der „Wechselwirkung" zwischen Akteuren, womit nichts anderes als Intentionsinterferenzen gemeint sind. Er fordert dann: „Kann man sagen, Gesellschaft sei Wechselwirkung unter Individuen, so wäre: die Formen dieser Wechselwirkung zu beschreiben, Aufgabe der Gesellschaftswissenschaft im engsten und eigentlichsten Sinne." (Simmel 1917: 47) Mit den „Formen" sind Arten von Akteurkonstellationen und die darin angelegten strukturellen Dynamiken gemeint.

Schaut man sich spezifische soziologische Analysen Simmels an, erkennt man sehr schnell, wie ernst es ihm mit dieser Forderung war. Seine Überlegungen richten sich häufig auf solche formalen Konstellationsmerkmale – wenn er etwa betrachtet, was alles geschehen kann, wenn in einer Dyade ein dritter Akteur hinzukommt (Simmel 1908: 32-100). Die zunächst chaotisch erscheinende Vielfalt von Beispielen aus allen Lebensbereichen und geschichtlichen Epochen, die er zur Plausibilisierung der Gültigkeit und Wichtigkeit seiner theoretischen Reflexionen zusammenstellt, dokumentiert, dass er an allgemeinen, überhistorischen und nicht auf bestimmte Gesellschaftsbereiche wie zum Beispiel Religion oder Politik oder Wirtschaft beschränkten theoretischen Modellen interessiert war. So behauptet er auch:

> „Tatsächlich finden wir an gesellschaftlichen Gruppen, welche ihren Zwecken und ihrer ganzen Bedeutung nach die denkbar verschiedensten sind, die gleichen formalen Verhaltensweisen der Individuen zueinander. Über- und Unterordnung, Konkurrenz, Nachahmung, Arbeitsteilung, Parteibildung, Vertretung, Gleichzeitigkeit des Zusammenschlusses nach

---

147 Gesa Lindemann (2006) plädiert sogar dafür, dass die allgemeine sozialtheoretische Frage nach den Bedingungen der Möglichkeit sozialer Ordnung nicht als Dyade modelliert werden kann, sondern nur als Triade.

innen und des Abschlusses nach außen und unzähliges Ähnliches finden sich an einer staatlichen Gesellschaft wie an einer Religionsgemeinde, an einer Verschwörerbande wie an einer Wirtschaftsgenossenschaft, an einer Kunstschule wie an einer Familie. ... Und nun andrerseits: das inhaltlich gleiche Interesse kann sich in sehr verschiedenartig geformten Vergesellschaftungen darstellen – z.B. das wirtschaftliche Interesse realisiert sich ebenso durch Konkurrenz wie durch planmäßige Organisation der Produzenten, bald durch Abschluß gegen andere Wirtschaftsgruppen, bald durch Anschluß an sie ..." (Simmel 1917: 47/48)

In Simmels zitierter Äußerung ist eine Aufzählung von Konstellationstypen enthalten, wobei allerdings keinerlei Systematik der Typenbildung erkennbar ist.[148] Simmel hat sich bei seinen soziologischen Überlegungen offensichtlich davon leiten lassen, welche Arten von Konstellationen in der sozialen Wirklichkeit häufig vorkommen, also eine entsprechende Wichtigkeit besitzen, und interessante, also nicht sogleich auf der Hand liegende Dynamiken und Struktureffekte aufweisen.

„Figurationen"

Derjenige, der sich in der allgemeinen soziologischen Theorie mehr als jeder andere darum bemüht hat, diese Zusammenhänge von Akteurkonstellationen, Strukturdynamiken und transintentionalen Struktureffekten zum Gegenstand zu machen, war Norbert Elias. Er bezeichnet seine analytische Herangehensweise an soziale Wirklichkeit als „Figurationssoziologie" (Elias 1970; Esser 1984; Treibel 2009). Mit „Figuration" meint er nichts anderes als eine Konstellation von Akteuren einschließlich der strukturellen Effekte ihres handelnden Zusammenwirkens. Seine theoretische Grundvorstellung ist – wie Elias lapidar feststellt – „einfach genug":

> „Pläne und Handlungen, emotionale und rationale Regungen der einzelnen Menschen greifen beständig freundlich oder feindlich ineinander. Diese fundamentale Verflechtung der einzelnen menschlichen Pläne und Handlungen kann Wandlungen und Gestaltungen herbeiführen, die kein einzelner Mensch geplant oder geschaffen hat. Aus ihr, aus der Interdependenz der Menschen, ergibt sich eine Ordnung von ganz spezifischer Art, eine Ordnung, die zwingender und stärker ist als Wille und Vernunft der einzelnen Menschen, die sie bilden." (Elias 1939: 314, Hervorh. weggel.)

148 Zumindest als Fußnote sei vermerkt, dass Leopold von Wiese (1928), vor allem an Simmel anknüpfend, die Soziologie systematisch als „Beziehungslehre" auf- und ausbauen wollte. Dieser Versuch ist aber ohne weiteren Widerhall geblieben – zu steril gerieten von Wieses Katalogisierungen sozialer Prozesse und Gebilde, trotz mancher interessanter Beobachtungen im Detail.

Ganz im Sinne der bisherigen Ausführungen geht Elias davon aus, dass Akteure in Interferenzen mit anderen geraten und sich so Konstellationen bilden. In diesen Konstellationen wird dann das relative Gewicht der Einflusspotentiale der Beteiligten wichtig. Man kann mit Elias eine allgemeine Aussage darüber treffen, wie wahrscheinlich und wie groß die Transintentionalität der strukturellen Effekte handelnden Zusammenwirkens in solchen Konstellationen ist: Je inkompatibler die Intentionen der in einer „Figuration" verflochtenen Akteure und je geringer die Einflussdifferenzen zwischen ihnen sind, desto weniger vorhersehbar fallen die Struktureffekte aus – und desto größer ist die Wahrscheinlichkeit, dass diese Effekte auch nicht annähernd den Intentionen irgend eines der involvierten Akteure entsprechen (Wippler 1978: 158-161, 174/175). Je kompatibler die Intentionen in einer Akteurkonstellation dagegen sind, desto ungeschmälerter können sie realisiert werden. Wenn die Intentionen verschiedener Akteure vollständig miteinander kompatibel sind, entspricht der Struktureffekt ihres handelnden Zusammenwirkens schlicht dem, was alle wollen. Je inkompatibler die Intentionen hingegen werden, desto transintentionaler fällt der Struktureffekt aus – sofern es keine eindeutige soziale Dominanz eines Akteurs oder einer Gruppe von Akteuren mit untereinander kompatiblen Intentionen gibt. Je geringer die Einflussdifferenzen sind, je mehr der involvierten Akteure also den Struktureffekt ihres handelnden Zusammenwirkens nennenswert mitbestimmen können, desto weniger entspricht er – außer durch glücklichen Zufall – den Vorstellungen irgendeines von ihnen.

An Elias' Figurationssoziologie ist darüber hinaus hervorzuheben, dass für ihn Transintentionalität alles andere als kausale Irrelevanz der Intentionen der jeweiligen Akteure bedeutet: „Elias' characterization of social reality ... unites two levels of the universe which are often sharply distinguished from each other: intentions and non-intentional structures." (Bogner 1986: 390) Das „blinde Spiel der Verflechtungsmechanismen" (Elias 1939: 316) wird eben nur dadurch vorangetrieben, dass Akteure Bestimmtes beabsichtigen; und was das ist, muss man wissen, um erklären zu können, was am Ende dabei herauskommt. Doch gerade Elias' Konzept der „Figuration" stellt auch klar, dass die Soziologie sich insbesondere um generalisierbare Modelle des „Spiels der Verflechtungsmechanismen" bemühen muss. Wie bei Simmel findet man bei Elias Untersuchungen aus den unterschiedlichsten Gesellschaftsbereichen, in denen er versucht, das abstrakte Konzept der „Figuration" in spezifischere theoretische Modelle zu überführen und damit konkrete Erklärungsprobleme anzugehen. Doch ebenfalls ähnlich unsystematisch wie bei Simmel fiele auch eine Auflistung von „Figurations"-Modellen bei Elias aus. Er ließ sich von seinen empirischen Interessen an bestimmten Gesellschaftsbereichen und dort vorfindlichen Phänomenen leiten und bemühte sich dann stets, die Typik der von ihm zur Erklärung theoretisch konstruierten „Figuration" so weit zu abstrahieren, dass eine Übertragung auf andere Erklärungsprobleme möglich wird. Das gilt für den im Kapitel 9 noch näher angesprochenen „Monopolmechanismus", den er bei der Analyse der Herausbildung zentralstaatlicher Macht im spätmittelalterlichen Frankreich entdeckte (Elias 1939: 123-311), für die bereits erwähnte „Etablierten-Außenseiter-Beziehung“, auf die er in einer stadtsoziologischen Untersuchung stieß, oder für die „Fischer im Mahlstrom“ aus einer Erzählung Edgar Ellen Poes, deren Situation ihm ein Modell für eigendynamische soziale Vorgänge lieferte (Elias 1983).

„Interdependenzsysteme“

Raymond Boudon (1978; 1979) ist der dritte soziologische Theoretiker, der sich ausgiebig mit Modellen sozialer Strukturdynamiken befasst hat. Er spricht von „Interdependenzsystemen“, deren Logiken soziologisch zu entschlüsseln seien. Auch bei Boudon findet sich allerdings keine klare Ordnung von Konstellationstypen und Strukturdynamiken. Er führt ebenfalls, offenbar von intuitiven Einschätzungen der Wichtigkeit geleitet, ein reichhaltiges Sortiment von Konstellationstypen und Strukturdynamiken vor. Von Simmel über Elias zu Boudon wird somit der Werkzeugkasten an theoretischen Modellen sozialer Strukturdynamiken immer besser bestückt; aber er bleibt ziemlich unaufgeräumt. In den folgenden Kapiteln soll daher vor allem versucht werden, eine gewisse Ordnung zu schaffen, damit man im Bedarfsfalle zielgerichteter in den Werkzeugkasten hineingreifen kann.

Konstellationen – Dynamiken – Strukturen

Die Notwendigkeit einer synoptischen Durchsicht und Zusammenstellung bisheriger Ansätze wird noch evidenter, schaut man sich weiter um, wo überall in der Soziologie und in anderen Sozialwissenschaften verallgemeinerungsfähige Modelle sozialer Strukturdynamiken ausgearbeitet worden sind. Eine solche Sichtung läuft auf einen langen Gang durch viele spezielle Soziologien und durch Teilbereiche der Politik- und der Wirtschaftswissenschaft hinaus: von den Theorien kollektiven Handelns über die Technik- oder die Stadtsoziologie und die Spieltheorie bis hin zur wirtschaftswissenschaftlichen Marktformenlehre und zu Verhandlungstheorien. Will man in diesem weiten Feld den Überblick nicht verlieren, braucht man ein Ordnungsschema, das äußerst heterogene, beziehungslos nebeneinander stehende Forschungsfelder anhand der hier interessierenden Aspekte zusammenzubringen vermag. Dieses Ordnungsschema liefert die schon vorgestellte analytische Unterscheidung der drei Grundtypen von Akteurkonstellationen: Beobachtungs-, Beeinflussungs- und Verhandlungskonstellationen (Abb. 9).

In welche dieser drei großen Schubladen – Beobachtungs-, Beeinflussungs-, oder Verhandlungskonstellation – eine empirisch beobachtete konkrete Akteurkonstellation, deren Struktureffekte erklärt werden sollen, hinein gehört, lässt sich, wie noch deutlich werden wird, schnell entscheiden. Damit weiß der soziologische Beobachter gleich am Anfang, welche theoretischen Modelle sozialer Strukturdynamiken er zur Erklärung einer sozialen Struktur parat haben sollte und um welche zwei Schubladen mit den jeweils darin befindlichen theoretischen Instrumenten er sich nicht mehr weiter zu kümmern braucht, was bereits eine große Reduktion der Komplexität seiner Erklärungsaufgabe darstellt. Und auch innerhalb jeder der drei Schubladen lassen sich weitere Unterteilungen vornehmen, so dass das jeweilige Erklärungsproblem schrittweise kleingearbeitet werden kann.

Abbildung 9: Konstellationen, Dynamiken, Strukturen

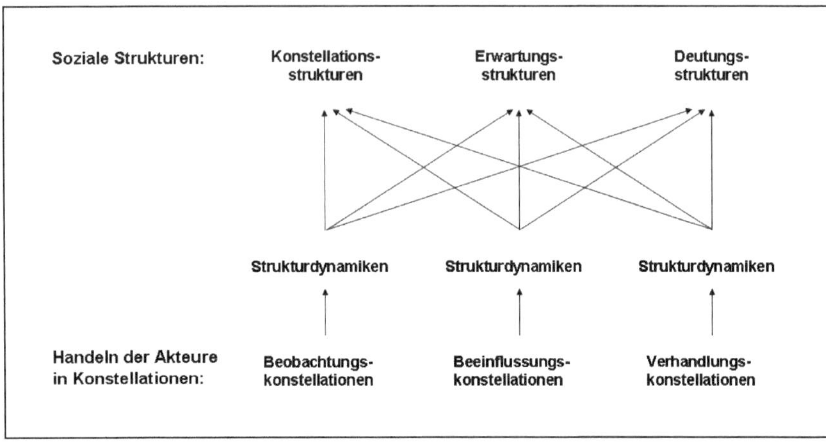

Spezifische Beispiele und die Generalisierung theoretischer Modelle

Dem oben skizzierten Stand der Theoriebildung entsprechend werden die in den nächsten Kapiteln folgenden Darstellungen der einzelnen Modelle sozialer Strukturdynamiken meistens von spezifischen Gegenstandsbereichen und Phänomen, beispielsweise Pfaden technischer Entwicklung oder Modi politischen Verhandelns, ausgehen. In jedem Fall kommt es dann darauf an, das Modell von solchen Entdeckungszusammenhängen so weit zu abstrahieren, dass es ganz im Sinne von Simmels „formaler Soziologie" bereichsunspezifisch einsetzbar wird. So lässt sich dann beispielsweise ein Modell, das am Wettrüsten der beiden Großmächte während des „Kalten Krieges" entwickelt worden ist, zu einem abstrakten Modell der Konflikteskalation in Dyaden generalisieren. Dieses abstrakte Modell kann dann etwa auch auf die Analyse von Ehekonflikten übertragen werden.

Allerdings erweist sich bei einer solchen Respezifizierung nicht selten, dass das abstrakte Modell nicht vollkommen passt, sondern ein wichtiger Aspekt dieses anderen konkreten Falles darin unberücksichtigt bleibt. So sind die Exit-Optionen beider Akteure in Ehekonflikten sehr viel höher, als sie es beim Wettrüsten für die Großmächte waren. Eheleute können sich scheiden lassen und einander fortan aus dem Weg gehen, und sie können einander damit drohen: Das macht einen erheblichen Unterschied für den Konfliktverlauf. Diese partiell mangelnde Passgenauigkeit des abstrakten Modells ist aber dann kein Nachteil, wenn man aus der Not der Einpassung eine Tugend macht, nämlich fortan das abstrakte Modell in zwei Varianten differenziert: Konflikteskalationen in Dyaden mit und ohne Exit-Optionen. Man erkennt hier ein die Theorieentwicklung förderndes Wechselspiel zwischen empirischen Fällen und abstrakten Modellen. Ein ursprünglich aus der Empirie abstrahiertes theoretisches Modell wird durch weitere empirische Anwendungen gleichsam in eine Familie von Modellen differenziert, die sich alle in bestimmten Varianten unterscheiden, aber ein Grundmuster gemeinsam haben. Solche Möglichkeiten der weiteren Theorieentwicklung können in den folgenden Kapiteln zwar nur punktuell angedeutet werden, sollten aber in Zukunft extensiv genutzt werden.

Vorsorglich ist aber nochmals darauf hinzuweisen, dass das, was in den folgenden drei Kapiteln dargelegt werden wird, zwangsläufig an vielen Punkten vorläufig und unvollständig sein muss. Die Diskussionslage in der allgemeinen soziologischen Theorie ist ganz einfach, wie erläutert, hinsichtlich der Modelle sozialer Strukturdynamiken noch nicht sehr weit gekommen; und das kann auch nicht durch eine Einzelbemühung schlagartig anders werden.

7.4 Offene und geschlossene Dynamiken

Bevor in den nächsten drei Kapiteln auf die theoretischen Modelle von Strukturdynamiken in Beobachtungs-, Beeinflussungs- und Verhandlungskonstellationen eingegangen wird, muss noch geklärt werden, wann und in welchem Maße soziale Strukturdynamiken überhaupt theoriefähig sind, also in solchen Modellen rekonstruiert werden können. Es geht somit darum, denjenigen Ausschnitt aus der Totalität des handelnden Zusammenwirkens in der sozialen Wirklichkeit zu umreißen, in dem die im Weiteren auszuarbeitenden theoretischen Modelle sozusagen greifen. Zur Charakterisierung dieses Ausschnitts dient die Unterscheidung von offenen und geschlossenen Strukturdynamiken. Nur Letztere sind theoretisch modellierbar.

Offene Strukturdynamiken

Folgendes Beispiel kann an diese Unterscheidung heranführen. Im Jahr 1529 betrat der spanische Eroberer Cortez mit seinen Soldaten den amerikanischen Kontinent. Seine Zielsetzung war klar: Er sollte und wollte für die spanische Krone Land erobern. Die Frage war nur, wie er das überhaupt bewerkstelligen könnte. Die Spanier trafen auf die Azteken, denen sie zahlenmäßig weit unterlegen waren. Auch die damaligen Feuerwaffen, über die die Spanier verfügten, waren technologisch noch so umständlich, dass sie diese Unterlegenheit nicht ausglichen. Aber dennoch hatte Cortez das Aztekenreich binnen kürzester Zeit in seiner Hand. Die Azteken unterwarfen sich nämlich ihm und seinen Männern freiwillig. Dieses merkwürdige Verhalten erklärt sich aus einem Zufall. Der aztekische Kalender sah für das Jahr 1529 christlicher Zeitrechnung das Ende der Welt und die Herabkunft der Götter auf die Erde vor; und die Azteken stellten sich die Götter als Wesen in Menschengestalt vor. Allerdings sollten die Götter nicht aussehen wie die Azteken selbst, sondern bleichhäutig und grauhaarig – ganz so wie Cortez und seine Leute! Man kann sich deren Überraschung vorstellen, als sie statt auf Widerstand auf dienstbereite Unterwürfigkeit stießen.

Der Untergang des Aztekenreiches und der Aufbau der spanischen Herrschaft, diese weit reichende Transformation von Konstellations-, Erwartungs- und Deutungsstrukturen beruhte somit auf einem für die eine Gruppe von Akteuren äußerst glücklichen historischen Zufall. Dieses Geschehen ist ein Beispiel für die Art von sozialen Dynamiken, die Hermann Lübbe (1973) mit der Wendung charakterisiert: „Das kann man nur historisch erklären“. Ein anderes Beispiel dafür ist der schnelle Aufbau der deutschen Kernforschung in der zweiten Hälfte der 1950er Jahre, was dann bis in die 1980er Jahre u.a. mit dem Projekt des „Schnellen Brüters“ fortwirkte (Hohn/Schimank 1990: 236-248). Mitte der 1950er Jahre wurden unabhängig voneinander wissenschaftliche, wirtschaftliche und politische Interessen an der Kernforschung virulent. In der physikalischen, chemischen und technischen Forschung standen theoretische und empirische Fragen auf der Tagesordnung, für deren Beantwortung der Betrieb und der Bau von Kernreaktoren erforderlich war. Bestimmte Wirtschaftsbranchen, zunächst weniger die Energieversorgungsunternehmen als vielmehr die chemische Industrie, stießen ebenfalls auf Kernenergie als lukratives Betätigungsfeld. Für die großen Chemieunternehmen bot die Produktion von Schwerem Wasser, das bei einigen Reaktortypen benötigt wird, gute geschäftliche Aussichten. Die Bundesregierung schließlich hatte ein doppeltes Interesse an der Kernforschung. Zum einen wurde dieses Forschungsfeld damals als eine Gelegenheit gesehen, durch europäische Forschungskooperationen insbesondere mit Frankreich die Westintegration der Bundesrepublik voranzutreiben. Neben dieser außenpolitischen Zielsetzung ergab sich aber auch eine innenpolitische. Der Bund, der aufgrund der Kulturhoheit der Länder nur über sehr eingeschränkte forschungspolitische Kompetenzen verfügte und diesen zukunftsträchtigen Politikbereich für sich erschließen wollte, konnte bei der Förderung der Kernenergie damit argumentieren, dass dieses national bedeutsame Forschungsfeld die Finanzkraft der Länder überfordere und so eine Bundesbeteiligung an den neu zu errichtenden Kernforschungszentren unerlässlich mache. Diese zeitliche Koinzidenz wissenschaftlicher, wirtschaftlicher und politischer Interessen sorgte dann dafür, dass die Kernforscher jahrzehntelang zur bestausgestattetsten Wissenschaftlergemeinschaft wurden und eine enge Beziehung zwischen ihnen, der staatlichen Forschungspolitik und bestimmten Industriebranchen aufgebaut wurde. Sowohl innerhalb des Wissenschaftssystems als auch zwischen diesem und dem politischen System bzw. dem Wirtschaftssystem veränderten sich also die Konstellationsstrukturen nachhaltig. Das hatte auch Folgen dafür, in welche Richtungen sich die Physik und weitere Disziplinen vorrangig entwickelten, also für kognitive Deutungsstrukturen.

Auch diese Strukturdynamik ergab sich aus „… Gemengelagen von Handlungen, die in sich jeweils plausibel sind, aber in ihrem Gemenge nicht mehr der Rationalität eines übergeordneten Handlungs- oder Systemzusammenhangs gehorchen." (Lübbe 1973: 156) Das handelnde Zusammenwirken der jeweiligen Akteure war in beiden Beispielen weder planvoll, also intentional aufeinander abgestimmt, noch erfolgte eine Abstimmung durch strukturelle Mechanismen „hinter dem Rücken" der Beteiligten. Stattdessen regierte in beiden Fällen der Zufall. Genau deshalb waren diese Strukturdynamiken selbst für einen kundigen Beobachter oder Beteiligten nicht voraussagbar, sondern ließen sich erst im Nachhinein in ihrer Verkettung von Ursachen und Wirkungen erzählen. Es handelte sich um *offene soziale Dynamiken* in dem Sinne, dass die kausalen Determinanten der strukturellen Effekte unabhängig voneinander wirkten, ihr Zusammenwirken also koinzidenziellen Charakter besaß.

Raymond Boudon (1984: 173-179) bezeichnet solche Vorgänge als „Cournot-Effekte". Das Standardbeispiel ist das Ereignis, dass der Wind einen Dachziegel genau in dem Moment löst, in dem auf dem Bürgersteig vor dem Haus ein Passant vorbeigeht, dem der Ziegel dann auf den Kopf fällt. Dass die in sich sehr komplexe Kausalreihe „Wind löst Dachziegel" und die ebenso komplexe Kausalreihe „Mann geht den Bürgersteig entlang" sich so miteinander verzahnen, dass das Ergebnis „Dachziegel fällt dem Mann auf den Kopf" herauskommt, ist ein kontingentes Ereignis. Es ist *weder unmöglich noch zwangsläufig*.

Manchmal sind „Cournot-Effekte" hochgradig unwahrscheinlich. In anderen Fällen können sie auch mehr oder weniger wahrscheinlich sein. Letzteres ist beispielsweise dann der Fall, wenn einer der Ursachenfaktoren gewissermaßen über lange Zeit latent „auf der Lauer liegt" und es nur eine Frage der Zeit ist, bis er irgendwann mit dem anderen Ursachenfaktor koinzidiert. Vielleicht sind an einem Hausdach ja viele Ziegel lose, und der Bürgersteig vor dem Haus wird von zahlreichen Fußgängern passiert, und es gibt immer wieder einen windigen Tag. Ein anderes Beispiel wäre ein demokratisches Regierungssystem, dessen Verfassung eine Regelung für den staatlich erklärten Notstand enthält, die dem Staatspräsidenten in einer solchen Situation sachlich und zeitlich uneingeschränkte diktatorische Vollmachten einräumt. Dann ist es nur eine Frage der Zeit, bis erstens ein derartiger Notstand eintritt und zweitens dann auch ein Staatspräsident da ist, der die ihm plötzlich zugewachsene legale Macht zur dauerhaften Beseitigung der Demokratie missbraucht.

Für bestimmte offene Dynamiken kann man also durchaus voraussehen, *dass* sie früher oder später eintreten werden; aber *wann* genau das der Fall sein wird, lässt sich nicht absehen und bleibt in diesem Sinne Zufall. In den Diskussionen darüber, ob nicht der Umbruch in den ehemals sozialistischen Ländern Mittel- und Osteuropas hätte vorausgesehen werden können, wurde gerade auch der Soziologie vorgehalten, dass sie von den Ereignissen genauso überrascht worden sei wie alle anderen Zeitgenossen auch. Renate Mayntz (1995) hat dazu dargelegt, dass dieser Umsturz in ganz wesentlichen Ursachenverkettungen eine noch dazu äußerst komplexe offene Strukturdynamik war, so dass niemand hätte voraussagen können, wann sie eintreten und welchen Verlauf sie nehmen würde. Selbst ganz kurz bevor der Funken zündete, waren noch höchst unterschiedliche Szenarien plausibel vorstellbar. Was die Soziologie allerdings schon seit langem vorausgesagt hatte, war, dass die sozialistische Herrschaft in diesen Ländern mit großer Wahrscheinlichkeit irgendwann zusammenbrechen müsse, weil sich eine politische Gängelung von Wirtschaft, Wissenschaft, Bildung und anderen gesellschaftlichen Teilbereichen in der weltweiten „Systemkonkurrenz" mit demokratischen westlichen Gesellschaften auf Dauer als hochgradig ineffizient und ineffektiv erweisen würde.[149] Wenn es den sozialistischen Ländern also nicht gelang, den Westen relativ frühzeitig militärisch zu unterwerfen, war der Zusammenbruch des Sozialismus absehbar – ohne dass man allerdings sagen konnte, ob dies in fünf oder zehn oder vielleicht erst fünfzig Jahren passieren und was dann an die Stelle der sozialistischen Gesellschaftsordnung treten würde. Letzteres ist ja auch Jahrzehnte nach dem Ende des Sozialismus in diesen Ländern keineswegs geklärt.

Sozialität wimmelt von „Cournot-Effekten". Für die großen gesellschaftlichen Ereignisse erweist das jeder Blick in Geschichtsbücher oder in die Tageszeitung. Aber auch die kleinen Alltagserfahrungen, die jeder Einzelne macht, zeigen das gleiche Bild. Dass ich morgens dieses und kein anderes Hemd anziehe, liegt vielleicht daran, dass meine Frau es aus dem Schrank gehängt hat – nicht, damit ich es anziehe, sondern weil sie bemerkt hat, dass daran ein Knopf fehlt, den sie annähen wollte, wovon sie aber durch einen Telefonanruf abgehalten wurde und was sie dann vergaß. Dem soziologischen Beobachter des handelnden Zusammenwirkens von Akteuren bleibt oft genug nichts anderes übrig, als „giving disorder its due" (Boudon 1984: 180). Es könnte sogar sein, dass mit der zunehmenden Komplexität der modernen Gesellschaft „Cournot-Effekte" immer häufiger auftreten und immer weit tragender sind. Zunehmende Differenzierung der Gesellschaft mit entsprechend größerer Dichte und wachsender Länge von Interdependenzketten, dazu eine höhere Geschwindigkeit sozialen Wandels: Unter diesen Bedingungen könnte es immer wahrscheinlicher werden, dass sich Unwahrscheinliches ereignet, also voneinander unabhängige Handlungs-

149 Ulrich Beck (1992) weist darauf hin, dass entsprechende Einschätzungen bereits Anfang der 1960er Jahre u. a. bei Talcott Parsons und Ralf Dahrendorf nachzulesen waren. Siehe weiterhin auch Collins/Waller (1993).

vollzüge sich unerwartet verkoppeln und immer wieder höchst kuriose strukturelle Effekte hervorbringen.

Geschlossene Strukturdynamiken

Wenn allerdings alle sozialen Strukturdynamiken vollständig offen wären, könnte man die Soziologie gleich abschaffen. Denn dann müsste man sich damit begnügen, diese Dynamiken im Nachhinein erzählend darzulegen, wie es die Geschichtswissenschaft tut. Als eine Wissenschaft, die für ihre Erklärungsleistungen generelle theoretische Modelle benutzt, kann die Soziologie erst in dem Maße zum Einsatz kommen, wie es neben den offenen auch *geschlossene soziale Strukturdynamiken* gibt.

Und es gibt sie in der Tat! Ein Beispiel ist das bereits erwähnte Wettrüsten, das im „Kalten Krieg" vom Ende der 1940er bis Ende der 1980er Jahre zwischen den Vereinigten Staaten und der Sowjetunion stattfand. Analytisch kann bei dieser Dynamik jedes der beiden Länder als ein Akteur aufgefasst werden. Die Beziehung zwischen diesen beiden Akteuren war nach dem Zweiten Weltkrieg von Anfang an durch tiefes wechselseitiges Misstrauen geprägt. Jede Seite traute der anderen zu, die weltpolitische Dominanz erringen, also auch das jeweilige Gegenüber unterwerfen und beherrschen zu wollen. Diese wechselseitige Zuschreibung von Intentionen paarte sich mit einer wechselseitigen Einschätzung von Einflusspotentialen in Gestalt atomarer Angriffswaffen. Beide Seiten verfügten über Atombomben und bauten dieses Arsenal sehr schnell so aus, dass jeweils mehrfache Overkill-Kapazitäten vorhanden waren. Die Amerikaner konnten die gesamte Sowjetunion einschließlich deren Einflusssphäre vernichten, und umgekehrt. Zugrunde lag dem die folgende, sich beständig wiederholende Aktions-Reaktions-Sequenz: Der Friedfertigkeit der Sowjetunion misstrauend rüsten die Amerikaner auf;[150] dies beobachtend fühlt sich die Sowjetunion in ihrem Misstrauen gegenüber der Friedfertigkeit der Amerikaner bestätigt und rüstet deshalb selbst wiederum auf; das bestätigt aufs Neue die Einschätzung der Amerikaner, wodurch diese sich zu weiterem Aufrüsten genötigt sehen – usw. Der Weltfrieden als internationale Konstellationsstruktur rutschte so auf eine immer riskantere Grundlage ab – insbesondere auch deshalb, weil tendenziell sämtliche anderen Nationen in diese Polarisierung hineingerissen wurden. Innerstaatlich lief das Wettrüsten darauf hinaus, dass anderen Gesellschaftsbereichen Ressourcen vorenthalten wurden, die das Militär benötigte, und dieser Akteur an gesellschaftlicher Wichtigkeit gewann – ein Sachverhalt, der insbesondere in der Sowjetunion über die Jahre dazu beitrug, dass die wirtschaftliche Versorgung der Bevölkerung immer schwieriger wurde.

150 Natürlich hätte man die Erklärung genauso gut mit der Sowjetunion, die der Friedfertigkeit der Amerikaner misstraut, beginnen können.

Was diese soziale Strukturdynamik von den beiden Beispielen für offene Dynamiken unterscheidet, ist die *zirkuläre Kausalität* zwischen den beiden Handlungsketten der Vereinigten Staaten auf der einen und der Sowjetunion auf der anderen Seite. Die zwei Kausalreihen laufen nicht unabhängig nebeneinander her, um sich dann lediglich punktuell miteinander zu verbinden; sondern es besteht eine fortdauernde kausale Wechselwirkung. Das Handeln der einen Seite ruft ein Handeln der anderen Seite hervor, das wiederum erstere zur Fortsetzung ihres Handelns nötigt, usw.: Aufrüstung erzeugt Aufrüstung erzeugt Aufrüstung.

Dies ist noch ein sehr einfaches Beispiel für eine geschlossene Dynamik, da nur zwei Akteure beteiligt sind und auf beiden Seiten jeweils das gleiche Handeln stattfindet. Die zirkuläre Kausalität kann auch über mehr Stationen verlaufen, beispielsweise fünf Akteure einbeziehen, so dass der erste mit seinem Handeln ein bestimmtes – nicht notwendig gleiches – Handeln des zweiten hervorruft, dieser entsprechendes beim dritten, dieser beim vierten und der beim fünften auslöst; und das Handeln des fünften bestärkt dann wiederum den ersten in genau dem Handeln, das den zweiten auf seiner Handlungslinie hält. Entscheidend ist die Geschlossenheit des Zusammenhangs der Handlungsauslösung auf Seiten der beteiligten Akteure. Renate Mayntz und Birgitta Nedelmann (1987) sprechen diesbezüglich auch von „Eigendynamiken", weil unter diesen Bedingungen das handelnde Zusammenwirken gleichsam aus sich selbst heraus dynamisch wird.

Die kausale Geschlossenheit einer solchen Dynamik bedeutet zunächst einmal für die involvierten Akteure selbst, dass sie in der Lage sind, im Zeitverlauf das Muster der kausalen Wechselwirkung zwischen ihren jeweiligen Handlungen zu erkennen und auch einen Blick für die daraus hervorgehenden strukturellen Effekte zu bekommen. Wie sich das Wettrüsten vollzog und welche Auswirkungen auf internationale und nationale Konstellationsstrukturen es hatte, war den politischen und militärischen Entscheidungsträgern in den Vereinigten Staaten und der Sowjetunion sehr schnell, wenn nicht sogar von Anfang an klar. Die Regelmäßigkeit des Verlaufs und seiner Ergebnisse ermöglicht das Erkennen des zugrunde liegenden Kausalmusters und dann sogar eine relativ sichere Vorhersage des zukünftigen Geschehens. Geschlossene soziale Strukturdynamiken sind in diesem Sinne überraschungsfrei für die Beteiligten – ganz im Gegensatz zu den offenen Dynamiken.

Genau dieses Muster, das die betreffenden Akteure selbst erkennen können, vermag der soziologische Beobachter des Geschehens dann in einem theoretischen Modell zu erfassen. Dieses Modell abstrahiert das konkrete Geschehen – mit Georg Simmel gesprochen – auf eine bestimmte „Form" der „Wechselwirkung" zwischen Akteuren. Das militärische Wettrüsten stellt sich so als dyadische Eskalationsdynamik dar, was dann – wie schon angesprochen – etwa auch auf Ehekonflikte übertragen werden könnte. Die kausale Zirkularität des handelnden Zusammenwirkens erlaubt somit den involvierten Akteuren selbst das Erkennen einer *konkreten* Regelmäßigkeit; und der soziologische Beobachter vermag diese zu einem *abstrakten* Modell zu verallgemeinern.

Verwobenheit offener und geschlossener Dynamiken

Die Unterscheidung offener und geschlossener sozialer Strukturdynamiken spannt analytisch ein Kontinuum auf. Jede konkrete Strukturdynamik lässt sich zwischen den beiden Polen als eher offene oder eher geschlossene Dynamik verorten. Offenheit und Geschlossenheit von Dynamiken sind also zwar analytische Kontraste. In der sozialen Wirklichkeit sind beide Arten von Dynamik aber auf mehrere Weisen miteinander verwoben:

- Offene Dynamiken können *in geschlossene übergehen.* Beispielsweise ging die Bipolarität der internationalen Beziehungen nach dem Zweiten Weltkrieg, die das Wettrüsten bestimmte, aus einer viel zerklüfteteren Konstellationsstruktur von Staaten hervor. Ursächlich für das Entstehen der Bipolarität war der deutsche Nationalsozialismus, der während des Weltkriegs die Westalliierten erst zusammenschweißte und durch seine militärische Niederlage auch dazu führte, dass die Sowjetunion sich ihre mittel- und osteuropäischen Trabantenstaaten zulegen konnte.
- Geschlossene Dynamiken haben einen *Unterbau an offenen* Dynamiken. Das Wettrüsten – um das Beispiel fortzuführen – setzt u. a. voraus, dass auf beiden Seiten dauerhaft die erforderlichen Ressourcen für das Militär mobilisiert werden können. Die zirkuläre Kausalität kann nur solange wirken, wie ihr eine davon unabhängige Kausalität gewissermaßen die nötige Energie zuführt. In dem Moment, in dem eine von beiden Seiten aus Ressourcengründen nicht mehr mithalten kann, bricht die Eskalationsdynamik des Wettrüstens zusammen. Vielleicht haben ja die immens ressourcenaufwendigen „Star Wars“-Programme der Vereinigten Staaten in den 1980er Jahren tatsächlich die Sowjetunion, die mithalten musste, nicht militärisch, sondern wirtschaftlich und damit politisch in die Knie gezwungen; und womöglich war das sogar das Kalkül mancher amerikanischer Politiker.
- Geschlossene Dynamiken können *in offene übergehen.* Als der „Kalte Krieg“ mit dem Zusammenbruch des real existierenden Sozialismus Ende der 1980er Jahre aufhörte, entwickelte sich die weltpolitische Bipolarität wieder in eine viel zersplittertere Konstellationsstruktur zurück. Viele Konfliktlinien, die zuvor durch die bipolare Eskalation überdeckt und neutralisiert worden waren, brachen neu auf; und es entstand Raum für zahlreiche kausale Koinzidenzen. Die Ereignisse im früheren Jugoslawien ebenso wie viele kriegerische Auseinandersetzungen in Afrika stellen dafür Beispiele dar.

Für die Soziologie, die auf eine Geschlossenheit sozialer Strukturdynamiken angewiesen ist, um ihre theoretischen Modelle zunächst auffinden und dann zum Einsatz bringen zu können, bedeuten diese teils sequentiellen, teils simultanen Verknüpfungen geschlossener mit offenen Dynamiken, dass jede soziologische Erklärung einer Strukturdynamik zwangsläufig gewissermaßen lose Fäden enthält. Ein in sich geschlossener Kausalzusammenhang hat ja den Vorteil, dass er gedanklich vollständig durchschritten werden kann. Nichts bleibt unerklärt. Das Aufrüsten der Amerikaner erklärt das Aufrüsten der Sowjetunion und umgekehrt. Offene Dynamiken zerfleddern hingegen in auseinanderdriftende Kausalreihen, die eben nur an einem einzigen Punkt – und das auch nur koinzidentiell – zusammengehalten werden. Jede dieser Kausalreihen könnte prinzipiell einen unendlichen Regress von Erklärungen nach sich ziehen, und die historische Nacherzählung zieht allenfalls pragmatische Schlussstriche. Da aber jede geschlossene Dynamik sozusagen nach hinten, nach unten und nach vorn in offene Dynamiken eingebettet ist, sind auch soziologische Erklärungen konkreter sozialer Strukturdynamiken durch historische Erzählungen gerahmt. Diese Erzählungen steuern gewissermaßen die erklärungsnotwendigen Randbedingungen dazu bei, dass eine bestimmte geschlossene Dynamik entsteht, eine Zeitlang fortbesteht und dann früher oder später wieder vergeht. Soziologisch fassbare soziale Strukturdynamiken sind somit immer nur Episoden im breiten Strom der Geschichte, der sich überwiegend aus offenen Dynamiken zusammensetzt.

Grenzen der Theoretisierbarkeit von Strukturdynamiken

Aus dieser Einsicht hat die Soziologie vor allem eine Lehre zu ziehen: Sie sollte sich davor hüten, längerfristige kategorische Aussagen über die Dynamik einer bestimmten sozialen Struktur zu machen – ob es nun um eine Ehe oder die Weltgesellschaft geht.

Insbesondere die soziologische Gesellschaftstheorie ist seit den Zeiten der Klassiker bis heute immer wieder der Versuchung erlegen, das Erbe der Geschichtsphilosophie anzutreten und übergreifende Gesetzmäßigkeiten der gesellschaftlichen Entwicklung zu formulieren – als ob man nicht wüsste, wie kläglich die Geschichtsphilosophie mit dergleichen Unternehmen gescheitert ist. So behauptete etwa Karl Marx, dass der Kapitalismus zwangsläufig in immer tiefere Krisen hineinrutsche, bis er schließlich auf revolutionärem Wege durch den Sozialismus abgelöst werde; und die soziologische Modernisierungstheorie ging davon aus, dass sich die gesamte Welt auf den westlichen Modernisierungspfad begeben werde, bis überall ähnliche gesellschaftliche Verhältnisse wie in den Vereinigten Staaten herrschen würden.[151] Der grundlegende Fehler einer solchen soziologischen Hybris besteht darin, eine bestimmte geschlossene Strukturdynamik isoliert zu be-

151 Zur Kritik an der marxistischen Geschichtsphilosophie siehe Popper (1957), zur Kritik an modernisierungstheoretischen Vorstellungen siehe Boudon (1984).

trachten.[152] Einmal vorausgesetzt, die betreffende geschlossene Strukturdynamik sei zutreffend modelliert, ist es aber völlig irreal, ihre mannigfaltigen Einbettungen in offene Dynamiken zu ignorieren. Denn je nach dem, wie diese offenen Dynamiken verlaufen, kann die geschlossene Dynamik prinzipiell jederzeit aus ihrer scheinbar so vorherbestimmten Bahn geworfen werden – und zwar in alle möglichen Richtungen. Soziologische Erklärungen sind daher stets mit einer einschränkenden Klausel zu versehen. Das jeweilige theoretische Modell einer Strukturdynamik ist nur so lange gültig, wie die äußeren Umstände so beschaffen sind, dass sie die betreffende zirkuläre Kausalität tragen – wobei es einer soziologischen Erklärung niemals möglich sein wird, sämtliche dieser ceteris-paribus-Klauseln zu explizieren.

Diese Selbstbescheidung ist im Übrigen keineswegs nur Soziologen und anderen Sozialwissenschaftlern auferlegt. Karl Popper, der wie kein anderer das Versagen geschichtsphilosophischen Denkens herausgestellt hat, führt die Neigung dazu auch auf theoretische Ambitionen zurück, die auf einem tief greifenden Missverständnis naturwissenschaftlicher Erklärungen beruhen. Viele Sozialwissenschaftler meinen, Naturwissenschaftler verfügten über übergreifende Theorien, mittels derer großräumige physikalische, chemische oder biologische Strukturdynamiken auf lange Sicht vorhergesagt werden könnten. Popper weist demgegenüber darauf hin, man müsse „... sich darüber im klaren sein, daß praktisch keine Folge von beispielsweise drei oder mehr kausal verknüpften Ereignissen nach einem einzigen Naturgesetz abläuft ...“, und illustriert dies an dem nun wirklich wenig spektakulären Fall irgendeines Apfels von einem Baum:

> „Wenn der Wind einen Baum schüttelt und Newtons Apfel zu Boden fällt, dann wird niemand leugnen, daß diese Ereignisse mit Hilfe von Kausalgesetzen beschrieben werden können. Es gibt jedoch nicht ein Gesetz wie das der Schwerkraft, nicht einmal ein bestimmtes System von Gesetzen, das die tatsächliche, konkrete Suksession kausal verknüpfter Ereignisse beschreiben würde. Außer der Schwerkraft müßten wir die Gesetze des Winddrucks berücksichtigen, dazu noch die Schüttelbewegungen des Zweiges, die Spannung im Stengel des Apfels, die Quetschung des Apfels beim Aufprall, die chemischen Prozesse, die aus der Quetschung des Apfels resultieren usw.“ (Popper 1957: 92, Hervorh. weggel.).

Auch Naturwissenschaftler können also, recht besehen, bei der Erklärung konkreter empirischer Vorgänge nichts anderes tun, als eine mehr oder weniger große Anzahl unterschiedlicher Gesetze fallweise miteinander zu

152 Daneben liegt zumeist ein weiterer Fehler darin, diese Strukturdynamik zu verabsolutieren, also davon auszugehen, dass ein bestimmter Ausschnitt sozialer Wirklichkeit nur durch eine einzige Struktur bestimmt sei. Auch für solche Ein-Faktor-Theorien ist der Marxismus, der alle Facetten gesellschaftlicher Wirklichkeit letztlich durch das Zusammenspiel von Produktivkräften und Produktionsverhältnissen bestimmt sah, ein gutes – abschreckendes! – Beispiel.

kombinieren – wobei es kein Metagesetz gibt, das Regeln für die richtige Kombination vorgibt. Diese ergibt sich vielmehr aus der Beschaffenheit des jeweiligen Untersuchungsgegenstandes und der Selektivität des auf ihn gerichteten wissenschaftlichen Erkenntnisinteresses. Denn der konkrete Naturvorgang stellt eben auch nur teilweise eine gesetzmäßig erfassbare geschlossene Dynamik dar, weil diese in offene Dynamiken eingelagert ist. Dementsprechend muss der Naturwissenschaftler ebenso, wenn er zum Beispiel den Sauren Regen oder das Ozonloch erklären will, theoretische Modelle – oftmals mehrere, die noch dazu aus unterschiedlichen Disziplinen stammen – erzählend miteinander verknüpfen.[153]

Wenn es also in den folgenden Kapiteln darum geht, theoretische Modelle geschlossener sozialer Strukturdynamiken vorzustellen, darf man nie übersehen, dass die Anwendung dieser Modelle in soziologischen Erklärungen stets die Einbettung der betreffenden geschlossenen Dynamiken in offene berücksichtigen muss. Auch wenn dies hier nicht mehr weiter vertieft wird, weil es eben fortan darum geht, die abstrakten Modelle geschlossener sozialer Strukturdynamiken als theoretische Werkzeuge an die Hand zu geben, verweisen schon die herangezogenen Beispiele zumindest implizit an vielen Stellen auf solche losen Fäden. Wenn die Soziologie sich nicht nur an der bisweilen hohen Eleganz solcher „clean models" entzücken will, sondern derart gerüstet auch vor „dirty hands" nicht zurückschreckt (Hirsch et al. 1987), sollte man einen wachsamen Blick für „Cournot-Effekte" haben.

Zusammenfassung und Vorschau

Dieses Kapitel hat den generellen Zusammenhang zwischen dem handelnden Zusammenwirken in Akteurkonstellationen und den Dynamiken der Entstehung, Erhaltung und Veränderung sozialer Erwartungs-, Deutungs- und Konstellationsstrukturen dargestellt. Diese Dynamiken erzeugen teils intentionale, häufiger aber transintentionale strukturelle Effekte. Verschieden Formen von Transintentionalität wurden einander gegenübergestellt.

Der Blick wurde dann auf die sozialen Strukturdynamiken und auf den Stellenwert von theoretischen Modellen dieser Dynamiken für soziologische Erklärungen gerichtet. Es wurde auf die Dringlichkeit der weiteren Ausarbeitung solcher Modelle in der Soziologie aufmerksam gemacht. Bei den sozialen Strukturdynamiken ist zwischen offenen und geschlossenen zu unterscheiden. Nur Letztere sind theoretisch modellierbar, weil zirkuläre Kausalitäten vorliegen. Geschlossene Dynamiken sind jedoch stets auf vielfältige Weisen in offene Dynamiken eingebettet, was die Erklärungskraft soziologischer Theorie begrenzt und woraus sich die Angewiesenheit der Soziologie auf Geschichtsschreibung ergibt.

153 Dieser Sachverhalt kommt auch im bekannten Hempel-Oppenheim-Schema wissenschaftlicher Erklärungen, das naturwissenschaftlichen Erklärungsmustern abgeschaut ist, zum Ausdruck (Hempel 1965). Außer Gesetzesaussagen finden sich dort im Explanans immer auch mehr oder weniger viele deskriptive Tatsachenfeststellungen, die die Einbettung der geschlossenen Dynamik in offene Dynamiken formulieren.

Die folgenden drei Kapitel spezifizieren die Überlegungen zum Zusammenhang von Akteurkonstellationen und den in ihnen angelegten Strukturdynamiken für jeweils eine der drei grundlegenden Arten von Konstellationen. Im Kapitel 8 geht es um Konstellationen wechselseitiger Beobachtung, im Kapitel 9 um Konstellationen wechselseitiger Beeinflussung und im Kapitel 10 um Konstellationen wechselseitigen Verhandelns.

8. Strukturdynamiken in Beobachtungskonstellationen

Dieses Kapitel wendet sich den Akteurkonstellationen wechselseitiger Beobachtung zu, die zunächst in ihren Merkmalen und Varianten entfaltet werden. Anschließend wird die Strukturdynamik der Abweichungsdämpfung bzw. -verstärkung vorgestellt. Es gibt sie in allen drei Konstellationsarten; für die Beobachtungskonstellationen ist sie aber grundlegend. Es wird deutlich werden, dass viele Erwartungs-, Deutungs- und Konstellationsstrukturen auf diese Dynamik zurückgehen; und es werden einige theoretische Instrumente vorgestellt, mit denen die Dynamik der Abweichungsdämpfung bzw. -verstärkung erfassbar ist. Die Frage, wie in Beobachtungskonstellationen Akteure überhaupt zum Handeln und Weiterhandeln mobilisiert werden können, wird abschließend behandelt.

8.1 Konstellationen wechselseitiger Beobachtung

Beobachtungskonstellationen sind der elementarste Typ von Akteurkonstellationen. Eine Konstellation wechselseitiger Beobachtung liegt vor, sobald mindestens zwei Akteure einander wahrnehmen und bemerken, dass zwischen ihnen eine Intentionsinterferenz besteht, die von beiden nicht bagatellisiert wird und auf die sich daher beide in ihrem weiteren Handeln einstellen – jedoch ohne einander diesbezüglich gezielt zu beeinflussen oder miteinander zu verhandeln. Stattdessen lassen die Akteure – zum Beispiel die beiden Gegner in einem Schachspiel – nur aufgrund von Beobachtung ihr eigenes Handeln vom Handeln der oder des jeweils anderen mitbestimmen. Jeder nimmt das, was der jeweils andere tut oder nicht tut, als gegeben hin, zieht daraus seine Schlüsse und passt das eigene Handeln dem an.

Die Handlungsabstimmung erfolgt in Konstellationen wechselseitiger Beobachtung also durch Anpassung an das wahrgenommene Handeln der anderen. Dies kann einseitig oder wechselseitig geschehen: Bei einseitiger Anpassung handelt ein Akteur, ohne sich darum zu kümmern, was die anderen tun oder tun könnten – und diese passen sich dann seinem Handeln an.[154] Wechselseitige Anpassung bedeutet demgegenüber, dass man bei der eigenen Anpassung an den anderen in Rechnung stellt, dass der andere sich auch einem selbst anpasst – etwa als Sequenz von Aktionen und Reaktionen, bei der die Initiative mal vom einen, mal vom anderen ausgeht.

154 Einseitige Anpassung kann aber auch beiderseitig und simultan geschehen, wenn beide Seiten – irrtümlich – meinen, dass nur sie sich jeweils anderen anpassen.

Die Beobachtung kann dabei über direkte Wahrnehmung, „mit eigenen Augen“ geschehen – wenn etwa ein Schachspieler sieht, welchen Zug sein Gegner macht; oder wenn ein arbeitsloser junger Mann, der in einer wirtschaftlich schwachen Region wohnt, in seiner Straße miterlebt, dass schon wieder Nachbarn in die nächste Großstadt ziehen, weil sie dort Arbeit zu finden hoffen. Wenn er sich daraufhin entschließt, ebenfalls umzuziehen, beruht dieses Handeln auf direkter Beobachtung. Daneben gibt es aber auch indirekte Formen von Beobachtung etwa durch Klatsch oder Gerüchte und vor allem durch die Massenmedien. Vielleicht bewegt den jungen Mann ja eine Arbeitslosigkeitsstatistik in der Zeitung zum Wegzug. Oder Akteure lassen sich durch Fernsehbilder von feiernden Fußball-Fans oder von einer großen Anti-Kriegskundgebung dazu bewegen, ebenfalls in die Innenstadt zu pilgern, um mit zu feiern oder mit zu demonstrieren.

Handeln in Beobachtungskonstellationen bedeutet also, dass allein die Wahrnehmung dessen, was ein anderer tut oder unterlässt, einen Unterschied dafür macht, welche Intentionen ein Akteur verfolgt und wie er das tut. Beobachtungskonstellationen sind damit einerseits sehr unaufwendig: Der Akteur benötigt weder Einflusspotentiale noch muss er sich den Mühen von Verhandlungen unterziehen, um seine Intentionen zu verfolgen. Andererseits sind Beobachtungskonstellationen instabil: Sie verlangen den involvierten Akteuren oft eine ständige Hab-Acht-Haltung ab, um aus der Beobachtung anderer Akteure Schlüsse für das eigene Handeln ziehen zu können; und die Erwartungssicherheit kann schnell verloren gehen, wenn die Beobachteten plötzlich anders handeln als bisher wahrgenommen.

Negativ formuliert sind Beobachtungskonstellationen dadurch gekennzeichnet, dass der aus ihnen hervorgehende Struktureffekt in keinem Fall darauf zurückzuführen ist, dass entweder ein dominanter Akteur bzw. eine dominante Teilgruppe der Akteure die Sache in die Hand genommen hat oder alle Beteiligten untereinander verbindlich ausgehandelt haben, was geschehen soll. Es handelt sich eben nicht um Konstellationen, in denen zwischen den Akteuren gezielte Einflussnahmen oder Verhandlungen stattfinden. Denn keiner der Beteiligten hat mit seinem Handeln soviel Gewicht, um erfolgreich Einfluss ausüben zu können; und keiner sieht sich in der Lage, Verhandlungen zu initiieren. Letztere beiden sowohl im Alltagsdenken als auch in sozialphilosophischen und soziologischen Reflexionen prominenten Modi der Handlungsabstimmung spielen hier keine Rolle. Damit sind auch die entsprechend eingefahrenen und altehrwürdigen Figuren des Denkens über Strukturaufbau und -veränderung hier nicht verwendbar – etwa Herrschafts- und Machttheorien auf der einen oder Vertrags- und Diskurstheorien auf der anderen Seite. Etwas viel Elementareres ruft in Beobachtungskonstellationen strukturelle Effekte hervor, und es ist so unscheinbar, dass es weder der Selbstbeobachtung im Alltag noch bislang der soziologischen Beobachtung sonderlich auffällt.

„Mutual adjustment"

In Anlehnung an Überlegungen Charles Lindbloms abstrahiert Fritz Scharpf (1997: 107-112) für Beobachtungskonstellationen ein generelles theoretisches Modell: Er fasst solche Konstellationen als „mutual adjustment". Er geht davon aus, dass Akteure „... respond to the status quo that has been created by the past moves of all other players." (Scharpf 1997: 109) Jeder Akteur reagiert also mit seinem Handeln auf den je momentanen Zustand der Konstellation als Ganzer – soweit er sie überblickt. Dieser Zustand ist das Ergebnis des bisherigen handelnden Zusammenwirkens aller Konstellationsbeteiligten: der jeweiligen anderen und des betreffenden Akteurs selbst. Genau deshalb spricht Scharpf von „mutual adjustment": Alle passen sich allen – einschließlich sich selbst! – an. Der Konstellationszustand zu einem bestimmten Zeitpunkt wird als gegeben hingenommen; und jeder bemüht sich beständig, für sich das Beste daraus zu machen – wodurch man einen neuen Zustand erzeugt, der wieder entsprechende Bemühungen hervorruft, usw. Ein Schachspiel ist eine in dem Sinne noch relativ einfache Beobachtungskonstellation, als hier nur eine bilaterale wechselseitige Anpassung stattfindet. Deutlich komplexer stellt sich demgegenüber die multilaterale Abstimmung in einem Spiel wie Halma dar.

Scharpf unterstellt in seiner Modellierung, dass jeder der beteiligten Akteure erstens weiß, was er will, zweitens Vorstellungen darüber besitzt, welche eigenen Handlungsmöglichkeiten wie zur Realisierung dieser Präferenzen beitragen können, und drittens immer dann eine dieser Handlungsmöglichkeiten in die Tat umsetzen wird, wenn er zu der Einschätzung gelangt, dass er sich so den eigenen Präferenzen weiter nähern kann. Hier liegt ein Homo Oeconomicus zugrunde; aber man kann dasselbe auch für einen normorientierten, emotionalen oder identitätsbehauptenden Akteur behaupten.

Varianten von Beobachtungskonstellationen

Implizit haben obige Beispiele bereits Varianten von Beobachtungskonstellationen vorgestellt, die nun näher erläutert werden sollen. Dabei geht es letztlich darum, welche Konsequenzen diese Unterschiede für den Ablauf der in Beobachtungskonstellationen vorkommenden Strukturdynamiken haben. Drei Dimensionen, in denen sich solche Konstellationen unterscheiden können, werden im Folgenden betrachtet:

- Erstens die verschiedenen Arten wechselseitiger Wahrnehmung: Wie werden die Handlungen der anderen wahrgenommen?
- Zweitens die Signalisierung von Handlungsabsichten: Wird das eigene Wahrgenommenwerden beim Handeln in der Beobachtungskonstellation reflektiert oder nicht?
- Und drittens die Intentionalität der Strukturgestaltung: Wird von den Akteuren in der Beobachtungskonstellation ein Struktureffekt des handelnden Zusammenwirkens beabsichtigt oder nicht?

Arten wechselseitiger Wahrnehmung

Direkte Wahrnehmung des Handelns des jeweils anderen ist zum Beispiel in einer Beobachtungskonstellation wie den beiden sich zum Schachspiel gegenüber sitzenden Akteuren gegeben. Auch in der Partyrunde auf der Suche nach einem Gesprächsthema ist es so, dass jeder hört, was ein anderer sagt, und dann darauf reagieren kann. Wie gut in einer Beobachtungskonstellation direkte Wahrnehmung möglich ist, hängt u.a. damit zusammen, wie klar umgrenzt die Konstellation ist. Renate Mayntz und Birgitta Nedelmann (1987: 656) weisen darauf hin, dass bestimmte Konstellationen ein „umrissenes Handlungssystem" darstellen, also eine abgegrenzte, nicht zu große und im Wesentlichen gleichbleibende Gruppe von Akteuren bilden.[155] Die Schachspieler und die Partygäste sind solche Fälle. Hier gibt es sogar eine räumliche Kopräsenz der Beteiligten, was die Überschaubarkeit des Geschehens sehr begünstigt. Umgrenztheit erleichtert nicht nur direkte Wahrnehmung, sondern bewirkt darüber hinaus eine Fokussierung von Aufmerksamkeit. Man weiß, auf wen man achten muss. Das wiederum beschleunigt Dynamiken, die zu bestimmten Struktureffekten führen: So bilden sich zum Beispiel Meinungsführer in Kleingruppen viel schneller heraus als Reputationseliten in einer großen wissenschaftlichen Gemeinschaft.

Doch nicht immer nehmen die Akteure in einer Beobachtungskonstellation ihr Handeln gegenseitig unmittelbar wahr. Am anderen Extrem steht zum Beispiel der Sprachwandel als ein Fall *indirekter* Wahrnehmung, bei dem sämtliche Sprecher der betreffenden Sprache die Akteurkonstellation bilden. Hier kommen sogar ständig neue Akteure hinzu – durch Geburt oder dadurch, dass jemand diese Sprache als Fremdsprache erlernt. Und durch ihren Tod verlassen andere Akteure die Konstellation.

Es gibt drei Arten wechselseitiger Beobachtung, bei denen das Handeln der anderen nur über indirekte Wahrnehmung erschlossen werden kann:

- Die Akteure können über das Handeln der jeweiligen anderen durch Berichte erfahren. Dies wäre etwa der Fall, wenn – um obiges Beispiel noch mal aufzugreifen – der junge Arbeitslose in Kneipengesprächen hört, dass Bekannte aus der Nachbarschaft wegen eines besseren Arbeitsplatzangebots in die Stadt gezogen sind. Indirekte Beobachtung kann auch über Mund-zu-Mund-Propaganda, etwa die „Gerüchteküche" in einem Dorf oder in einer Organisation stattfinden. Es kann aber auch durch die Berichterstattung in den Massenmedien geschehen – wie bei den Beispielen mit der Statistik in der Zeitung oder den Fernsehbildern von bestimmten Handlungen oder Äußerungen anderer Akteure.
- Die Akteure können das Handeln der anderen nur an seinen Effekten ablesen. Diese erfahren die Akteure als situative Restriktionen oder Oppor-

155 Mayntz und Nedelmann reservieren ihr Konzept der „Eigendynamik" für solche umgrenzten Konstellationen und beziehen von daher Diffusionsvorgänge, bei denen sich die Konstellation beständig erweitert, nicht ein.

tunitäten des eigenen Handelns. So ist etwa jeder Markt eine Beobachtungskonstellation, wo die wechselseitige Wahrnehmung hauptsächlich über Preise verläuft (Luhmann 1988: 91-130). Sie sind aus der Sicht eines Konsumenten nichts anderes als Manifestationen des Nachfragehandelns der anderen nach denjenigen Waren, die ihn interessieren. Auch Siedlungsstrukturen sind ein Beispiel, an dem frühere Niederlassungsentscheidungen vorausgezogener Pioniere abgelesen werden können.

- Die Akteure können ein Handeln der anderen, das noch gar nicht stattgefunden hat, antizipieren. Auch dies ist eine indirekte Form von Beobachtung. Teils beruht sie auf einem Schluss von sich selbst auf andere, weil man diese so einschätzt, dass sie sich in der gleichen Lage befinden. Das gilt beispielsweise für Athleten, die von ihrer eigenen Dopingneigung auf die der anderen schließen. Teils urteilt man auch auf der Basis sozial verbreiteter oder durch eigene Erfahrung abgesicherter Typisierungen – wenn zum Beispiel Versicherungen davon ausgehen, dass viele ihrer Versicherungsnehmer zum gelegentlichen Versicherungsbetrug neigen, und die Höhe der Prämien entsprechend festlegen, wodurch dann die Betrugsneigung gefördert wird. Manchmal wird die Antizipation des Handelns anderer auch durch Ankündigungen von deren Seite unterstützt.

Konkrete Konstellationen können ein Gemisch mehrerer Wahrnehmungsarten bilden. Beispielsweise erfahren Politiker das, was ihre Parteigenossen tun, teils durch direkte Beobachtung; teils lesen sie in der Zeitung darüber; teils werden sie über Berichte bei Sitzungen ihrer Partei damit konfrontiert; und teils antizipieren sie, dass ihre Kollegen etwa aufgrund von bestimmten Stimmungslagen in der Partei demnächst dies oder jenes tun werden.

Je weniger ein Akteur auf direkte Wahrnehmung zurückgreifen kann, desto größer ist zumeist auch die Wahrscheinlichkeit, dass er zu Fehleinschätzungen über das Handeln der anderen gelangt, so dass sein daran ausgerichtetes eigenes Handeln dann entsprechend unangemessen ausfallen kann. Indirektheit kann bedeuten, dass man nur einen mehr oder weniger großen Ausschnitt des Handelns der anderen wahrnimmt, den man für das Ganze nehmen muss – und diese Extrapolation kann falsch sein. Indirektheit kann weiterhin darin bestehen, dass man das Handeln der anderen nur aus Aggregateffekten erschließt, die trügerisch sein können. Wer verlässt sich etwa schon bei seiner Entscheidung für oder gegen bestimmte Konsumartikel auf Meinungsumfragen der Hersteller! Aggregateffekte können allerdings auch höchst nützliche Wahrnehmungsführungen sein. Preise zum Beispiel verdichten in sehr prägnanter Weise das für mich relevante Handeln der anderen auf genau die Information, die für mein eigenes Handeln wichtig ist.

Besondere Aufmerksamkeit verdient die indirekte Wahrnehmung des Handelns der anderen in Form von Antizipationen.[156] Genaugenommen liegt

156 Diese Aufmerksamkeit hat das Thema auch gefunden – beginnend mit William I. Thomas' Überlegungen zur „Definition der Situation" (Esser 1996) und Robert K.

dabei gar keine Wahrnehmung vor, da ja das betreffende Handeln noch gar nicht stattgefunden hat. Sondern man schließt aus dem durch Wahrnehmung gewonnenen Wissen, dass man sich in einer Konstellation mit anderen befindet und deren Lage eine bestimmte Beschaffenheit aufweist, darauf, wie sie wohl handeln werden. Auch diese Art von Schlüssen ist offenkundig irrtumsanfällig. Eine Voraussetzung dafür, dass das Handeln eines Gegenübers überhaupt antizipierbar ist, lässt sich spieltheoretisch so fassen: Aus dessen Handlungsantrieb und Situation muss sich eine dominante Strategie oder ein Konstellationsgleichgewicht ergeben (Diekmann 2009: 21-24, 231). Eine dominante Strategie ist ein Handeln, das „... besser ist als alle anderen Möglichkeiten, ganz unabhängig davon, was die anderen Spieler tun." (Dixit/Nalebuff 1991: 60-67 – Zitat: 61)[157] Weiß man, dass der andere eine dominante Strategie hat, weiß man, wie er handeln wird. Das Gleiche gilt, wenn der Handelnde in eine Konstellationsstruktur eingebunden ist, die ein Gleichgewicht aufweist, wie es in Kapitel 7 bestimmt worden ist. Auch dann kann man begründet davon ausgehen, dass der andere nur auf eine ganz bestimmte Weise handeln wird (Dixit/Nalebuff 1991: 74-77).

„Self-altering prophecies"

Das eigentlich Interessante an Antizipationen ist allerdings, dass in ihnen bestimmte Arten von Irrtümern angelegt sein können, die spezifische Dynamiken des Erhalts oder der Veränderung von Strukturen in Gang setzen. Diese Irrtümer sind die *„self-altering prophecies"*: „A self-altering prophecy generates a sequence of events in reaction to prediction of a future state such that the reaction alters what would otherwise have occured." (Henshel 1978: 99) Zwei solcher Irrtümer lassen sich unterscheiden: sich selbst erfüllende und sich selbst widerlegende Voraussagen zukünftigen Geschehens.

Robert K. Mertons Beispiel für eine sich selbst erfüllende Voraussage ist ein von irgendjemandem in die Welt gesetztes Gerücht, dass eine Bank in ernsten Liquiditätsproblemen sei. Bei den Kunden der Bank wird dieses Gerücht bewirken, dass sie ihre Sparguthaben abheben – und zwar auch dann, wenn sie dem Gerücht nicht blindlings glauben, sondern ihm nur eine gewisse Wahrscheinlichkeit zusprechen: Denn es könnte ja was dran sein, und keiner will der Dumme sein, der sein Geld verliert. Dieses massenhafte Handeln führt aber dazu, dass die Bank tatsächlich illiquide wird.

Eine sich selbst widerlegende Voraussage lässt sich durch eine Wahlprognose illustrieren, die eine bestimmte Partei als haushohen Sieger benennt. Das kann dazu führen, dass viele Anhänger dieser Partei gar nicht mehr wählen gehen, weil sie meinen, sich diese Mühe ersparen zu können. Ande-

---

Mertons (1948) Analyse der „self-fulfilling prophecies" (Henshel 1978).

157 Besser bedeutet hier – anders als für Dixit und Nalebuff – nicht notwendigerweise nützlicher, sondern kann auch auf Normbefolgung, Identitätsbehauptung oder das Ausleben von Emotionen bezogen sein.

re Wähler, die die betreffende Partei durchaus an der Spitze sehen möchten, aber nicht so dominierend wie vorausgesagt, werden sogar bewusst eine andere Partei wählen, um gleichsam ein Gegengewicht zu stärken. Und das Ergebnis kann sein, dass der vorausgesagte Wahlsieg genau deshalb in einer Niederlage endet.

Was ursprünglich eine Fehleinschätzung war, kann sich also sozusagen aus eigener Kraft bewahrheiten; und was ursprünglich eine richtige Einschätzung war, kann aus eigener Kraft zum Irrtum werden. Solche Dynamiken müssen im Übrigen keineswegs, wie in den beiden Beispielen, immer nur schädliche Effekte hervorrufen. Es gibt auch produktive Irrtümer. So kann das überzogene Selbstvertrauen einer Gruppe von Akteuren unter Umständen deren Leistungsfähigkeit so steigern, dass es im Nachhinein wie ein völlig gerechtfertigtes „gesundes“ Selbstvertrauen erscheint; und jede als Voraussage faktischen Geschehens verkleidete Warnung, die die betreffenden Akteure dazu anhält, ihr Handeln zu ändern, ist eine wohltätige sich selbst widerlegende Voraussage.[158]

Man sollte auch – worauf Eerik Lagerspetz (1988: 309) hinweist – nicht meinen, solche „self-altering prophecies“ seien „abnormalities“, also eher selten vorkommende Geschehnisse; sie bilden vielmehr einen „essential part“ jeglicher Sozialität. So beruht die Erhaltung vieler sozialer Strukturen, insbesondere normativer Erwartungsstrukturen, auf sich selbst erfüllenden Voraussagen wechselseitigen strukturtragenden Handelns.[159] Aber auch der Aufbau oder die Veränderung sozialer Strukturen können durch sich selbst erfüllende Voraussagen vorangetrieben werden. In anderen Fällen können sich selbst widerlegende Voraussagen strukturerhaltend oder strukturverändernd wirken. Wenn man so will, beruhen viele – und gerade die grundlegendsten – sozialen Strukturdynamiken auf Irrtümern. Das liegt zusammengefasst daran, dass Beobachtungskonstellationen die elementarste Form handelnden Zusammenwirkens sind und in ihnen sehr oft Antizipationen, die sich als anfällig für diese beiden Arten von Irrtümern erweisen, die primäre Art von wechselseitiger Wahrnehmung darstellen.

Signalisierung von Handlungsabsichten

Die zweite Dimension, in der sich Beobachtungskonstellationen hinsichtlich der zugrunde liegenden wechselseitigen Wahrnehmung unterscheiden und die für die in solchen Konstellationen ablaufenden Dynamiken bedeutsam ist, besteht darin, ob die Akteure, die sich miteinander in einer Beobachtungskonstellation befinden, das eigene Wahrgenommenwerden durch andere reflektieren oder nicht, und ob sie das Wahrgenommenwerden als Chance zum *Signalisieren von Handlungsabsichten* nutzen oder nicht. Wer eine Sprache in be-

158 Zu dieser „Warnlogik“ siehe Clausen/Dombrowsky (1984).

159 Siehe weiterhin Schimank (1988: 633-636) zu teilsystemischen Handlungslogiken als den zentralen Deutungsstrukturen in modernen Gesellschaften.

stimmter Weise spricht, macht sich normalerweise überhaupt nicht klar, dass sein Sprechen von anderen beobachtet wird und deren Sprechen mitbestimmt. Anders sieht es hingegen bei einem Deutschlehrer aus, der mit seinem Sprechen bewusst Vorbild für seine Schüler sein will, also etwa darauf achtet, grammatikalisch korrekte Sätze zu bilden. Der Siedler, der für sich die Entscheidung trifft, sich hier und nirgendwo anders niederzulassen, will in der Regel keinerlei Zeichen für andere setzen. Natürlich wird ihm oftmals bewusst sein, dass er von anderen Akteuren beobachtet wird, die ihr Handeln entsprechend ausrichten wollen. Aber das Beobachtetwerden durch andere und deren Handeln kann dem Betreffenden ziemlich gleichgültig sein, so dass er nicht anders handelt, als wüsste er nichts davon.

Es kann aber auch sein, dass der Siedler nicht gerne allein an einem bestimmten Ort bleibt und darauf hofft, dass andere sich ihm anschließen – und wenn er sich in einem einsamen Seitental niedergelassen hat, stellt er womöglich am Taleingang ein Schild auf, das andere auf ihn aufmerksam macht. Der sich dopende Sportler muss darauf aus sein, dass sein Handeln nicht als das wahrgenommen wird, was es ist, sondern als dessen Gegenteil. Er will als „sauberer" Athlet durchgehen, damit sich die Konkurrenten nicht bemüßigt fühlen, es ihm gleichzutun, wodurch sein Wettbewerbsvorteil zunichte würde. Dies ist ein Beispiel dafür, dass Akteure tatsächliches eigenes Handeln durch falsche Signale verdecken wollen. Der Partygast schließlich, der ein Gesprächsthema lancieren will, weiß, dass er darauf angewiesen ist, von anderen verstanden zu werden, damit sie auf seine Äußerung eingehen können – und wenn die Musik zu laut ist, wird er deshalb vielleicht dafür sorgen, dass dieses Kommunikationshindernis beseitigt wird.

Die Beispiele zeigen, dass es Beobachtungskonstellationen gibt, in denen Akteure ihren Gegenübern Signale setzen können und wollen – sei es, um die eigenen Handlungen bzw. Handlungsabsichten wahrheitsgemäß mitzuteilen, sei es zur strategischen Täuschung. Dieses Mitteilungshandeln kann verbal, aber auch nonverbal erfolgen, etwa durch Mimik, Gestik oder die Kleidung, die man trägt. Erving Goffman (1956 a) hebt in seiner dramaturgischen Perspektive auf soziales Handeln am deutlichsten hervor, wie häufig es durch ein starkes Bemühen um „impression management" bestimmt wird. Man ist darauf aus, auf Seiten der Gegenüber einen bestimmten Eindruck hervorzurufen, um diese zu einem bestimmten Handeln zu veranlassen.[160] Wer etwa in einer Partyrunde ein Thema anschneidet, will normalerweise lieber darüber als über manches andere reden. Dieses Bemühen muss nicht immer erfolgreich sein. Vielleicht stößt ja der eigene Themen-

160 Dies kann in Beobachtungskonstellationen bis an situative soziale Beeinflussung, etwa durch geschickte Rhetorik, heranreichen, bedient sich aber – anders als in Beeinflussungskonstellationen – keiner generalisierten Einflusspotentiale wie Geld oder Macht oder Gewalt. Das Miteinanderreden der Akteure schließt also u. a. Drohungen oder Versprechen aus. Ebensowenig können bindende Vereinbarungen getroffen und kann auf der Basis bindender Vereinbarungen weitergehandelt werden.

vorstoß auf eisiges Schweigen. Aber nur wer sich überhaupt entsprechend engagiert, kann damit rechnen, dass eine mehr als zufällige Chance für die Wahl eines ihm genehmen Themas besteht.

Intentionale Strukturgestaltung

Insbesondere dann, wenn Akteure in einer Beobachtungskonstellation *intentionale Strukturgestaltung* betreiben wollen, werden sie sich um „impression management" bemühen.[161] Damit ist die dritte Dimension angesprochen, in der sich Beobachtungskonstellationen unterscheiden können, und die die Strukturdynamiken mitbestimmt. Oft sind die Struktureffekte des handelnden Zusammenwirkens beiläufiger Natur, also den Akteuren gar nicht bewusst oder zwar bewusst, aber beim Handeln gleichgültig. Wenn eine intentionale Strukturgestaltung vorliegt, bedeutet dies freilich keineswegs, dass keine transintentionalen Struktureffekte auftreten können. Vielleicht vermag ich ja mein Lieblingsthema in einer Partyrunde genau deshalb nicht durchzusetzen, weil alle anderen aufgrund meines engagierten Forcierens dieses Themas argwöhnen, ich könne mich damit zum Alleinunterhalter aufschwingen wollen, und deshalb auf etwas anderes umschwenken.

Wenn in einer Beobachtungskonstellation intentionale Strukturgestaltung oder „impression management" vorkommt, muss das nicht heißen, dass alle involvierten Akteure sich entsprechend betätigen. Nicht selten sind es nur einige, die so etwas tun, und die übrigen Beteiligten legen in ihr Handeln keinerlei Signalisierungs- und Gestaltungsabsichten hinein. Wie für „impression management" gilt aber auch für Gestaltungsintentionen: Je mehr Akteure entsprechend auftreten, desto stärker werden die Dynamiken, die zum Erhalt oder zur Veränderung bestimmter sozialer Strukturen führen, gewissermaßen auf Linie gebracht. Allerdings kann es sein, dass divergierende Gestaltungsabsichten verschiedener Akteure miteinander im Widerstreit liegen. Vielleicht treten in der Partyrunde zwei Personen auf, die beide jeweils ein ganz unterschiedliches Gesprächsthema propagieren und versuchen, die übrigen Gäste auf ihre Seite zu bringen. Das kann dann auf ganz verschiedene Ergebnisse hinauslaufen. Es mag sein, dass eines der Themen obsiegt; oder die Gruppe zerfällt in zwei Teilgruppen, die sich um jeweils eines der Themen scharen; oder man verständigt sich darauf, erst über das eine und danach über das andere Thema zu reden; oder keines der Themen kommt zum Zuge, und stattdessen bringt ein anderer Beteiligter ein drittes Thema ins Gespräch; oder die Suche nach einem gemeinsamen Thema zieht sich noch länger ergebnislos hin. Klar ist allerdings: Auch divergierende Gestaltungsabsichten führen oft schneller und zielgerichteter zu

161 Was umgekehrt nicht gilt: „Impression management" kann auch lediglich durch situative Eigeninteressen motiviert sein, ohne dass der Akteur strukturgestaltend tätig sein will.

einem bestimmten Struktureffekt, als wenn keiner der Beteiligten überhaupt irgendeine intentionale Strukturgestaltung betreibt.

Kombiniert man die verschiedenen angesprochenen Merkmale von Beobachtungskonstellationen miteinander, lässt sich summarisch festhalten: Je direkter die wechselseitige Wahrnehmung in einer solchen Konstellation ist, je mehr „impression management“ betrieben wird, je stärkere Absichten der Strukturgestaltung vorliegen und je größer die Einigkeit zwischen den Akteuren mit Gestaltungsabsichten ist, desto schneller und prägnanter ergeben sich Dynamiken in Richtung auf einen bestimmten Struktureffekt. Umgekehrt: Je indirekter – unter ansonsten gleichen Umständen – die wechselseitige Wahrnehmung ist, je weniger „impression management“ betrieben wird und je schwächer und uneiniger Gestaltungsabsichten verfolgt werden, desto länger braucht es, bis eine Strukturdynamik in Gang kommt und einen eindeutig gerichteten Pfad einschlägt bzw. beibehält.

8.2 Dynamiken der Abweichungsdämpfung und -verstärkung

Nun geht es darum, die in Konstellationen wechselseitiger Beobachtung vorkommenden Strukturdynamiken genauer in den Blick zu nehmen. Der grundlegende Mechanismus, der in solchen Konstellationen bewirkt, dass die Handlungswirkungen sich zu sozialen Strukturen aggregieren, kann mit dem theoretischen Modell der Dynamik von *Abweichungsdämpfung* bzw. *Abweichungsverstärkung* erfasst werden. Das Modell dieser Strukturdynamik wird im Folgenden vorgestellt, und dabei wird jeweils gezeigt, wie aus Abweichungsdämpfung bzw. -verstärkung die Erhaltung oder Veränderung aller drei Arten von sozialen Strukturen hervorgehen können.

Die Unterscheidung von Abweichungsdämpfung und –verstärkung stammt aus der Kybernetik. Abweichung meint ganz abstrakt, dass ein Zustand irgendeiner Beobachtungseinheit über die Zeit nicht gleich bleibt. Abweichungsverstärkend sind demzufolge alle Dynamiken, die auf eine Zustandsänderung hinwirken, während abweichungsdämpfend solche Dynamiken sind, die einer Zustandsänderung entgegenwirken. Im Hinblick auf Struktureffekte kann man dementsprechend sagen: Dynamiken der Abweichungsdämpfung wirken in Richtung Erhaltung einer Struktur, während Dynamiken der Abweichungsverstärkung in Richtung Strukturaufbau aus einem strukturloseren vorherigen Zustand[162] oder in Richtung Strukturveränderung wirken – einschließlich des Abbaus oder gar der völligen Zerstörung der betreffenden Struktur.

162 Strukturloser heißt wohlgemerkt fast nie: völlig strukturlos. Es geht beim Strukturaufbau darum, dass das Ordnungsniveau einer Struktur erhöht wird – was nur im Grenzfall beim Nullpunkt beginnt.

Hier wird zuerst auf Dynamiken der Abweichungsdämpfung in Beobachtungskonstellationen eingegangen – also auf solche aus diesen Konstellationen hervorgehenden Dynamiken, die als Ergebnis des handelnden Zusammenwirkens den Status quo von Erwartungs-, Deutungs- oder Konstellationsstrukturen erhalten. Anschließend wird die Dynamik der Abweichungsverstärkung dargestellt und gezeigt, wie aus ihr in Beobachtungskonstellationen soziale Strukturen aufgebaut oder verändert werden können.

Abweichungsdämpfung

Um zunächst das allgemeine kybernetische Prinzip solcher Dynamiken herauszustellen, sei auf den Thermostat als Standardbeispiel verwiesen.[163] Ein Thermostat sorgt dafür, dass die Heizung eine bestimmte Raumtemperatur konstant hält. Dafür nimmt er einen kontinuierlichen Soll-Ist-Vergleich vor und variiert entsprechend die Heizleistung. Wird es zum Beispiel draußen kälter, so dass bei gleichbleibender Heizleistung die Raumtemperatur absinken würde, steuert der Thermostat den ersten Anzeichen dessen entgegen, indem er die Heizleistung erhöht. Konstanz wird so trotz Umweltveränderungen gewährleistet, sofern diese nicht so extrem ausfallen, dass sie nicht mehr ausgeglichen werden können.

Zwei Grundkomponenten einer Dynamik der *Abweichungsdämpfung* lassen sich an diesem Beispiel ablesen. Zum einen müssen Tendenzen, die auf eine Abweichung vom Status quo hinauslaufen, registriert werden; und zum anderen muss ihnen sodann korrigierend entgegengewirkt werden. Der Thermostat misst die Raumtemperatur und kann so Abweichungen erkennen; und er vermag darauf durch Drosseln bzw. Erhöhen der Heizleistung zu reagieren. Erst die Verknüpfung beider Komponenten ergibt Abweichungsdämpfung. Ein Thermometer misst nur die Abweichung, kann aber sozusagen nichts dagegen tun. Ebenso ineffektiv wäre ein Heizungsregler ohne Temperaturfühler; denn dieses Gerät könnte die Heizleistung nur „blind" variieren. Auf soziale Zusammenhänge übertragen erkennt man bereits, was Beobachtungskonstellationen ausmacht. Akteure müssen wahrnehmen können, was um sie herum vorgeht; und sie müssen ihr Handeln je nach dem, was sie wahrnehmen, variieren können.

Erhaltung von Erwartungsstrukturen durch Abweichungsdämpfung

In Konstellationen wechselseitiger Beobachtung wirken bestimmte, für die Erhaltung normativer Erwartungsstrukturen sehr grundlegende *Mechanismen sozialer Kontrolle*, die insbesondere den Homo Sociologicus, aber auch Akteure mit anderen Handlungsantrieben zur Normkonformität anhal-

---

163 Siehe hierzu auch detailliert den „Homöostaten" bei Ashby (1956).

ten. Sehr deutlich wird dies an der informellen sozialen Kontrolle, wie sie in sozialen Gemeinschaften – einem Dorf, einer Nachbarschaft, einer Kollegengruppe oder einer Sportmannschaft – praktiziert wird. Jemand, der sich nicht an die Normen hält, muss befürchten, dass die anderen ihn zukünftig „schneiden", also den Kontakt zu ihm abbrechen oder, wenn dies nicht geht, ihn zumindest nicht länger bei seinen Aktivitäten unterstützen. Dabei ist es beileibe nicht nur derjenige, der von dem Normverstoß negativ betroffen ist, der diese Konsequenzen zieht. Auch andere, die zum Beispiel durch Tratsch darüber erfahren, tun dies. Sie solidarisieren sich gleichsam mit dem Leidtragenden des Normverstoßes, weil sie sich sagen: „Es hätte auch uns treffen können und könnte uns zukünftig treffen." Abschreckungs- und Vorbeugungserwägungen motivieren also zur eigenen Normkonformität und zur allgemeinen Kommunikations- und Kooperationsverweigerung gegenüber dem Normbrecher.[164] Und das Wissen darüber, dass einem genau dies widerfährt, wenn man sich nicht an die Normen hält, bewegt jeden dazu, sich auch dann um Normkonformität zu bemühen, wenn etwa Eigennutz oder aufschäumende Gefühle oder die eigene Identitätsbehauptung einen zum Ignorieren der Normen drängen.

Man kann allerdings auch abschätzen, unter welchen Umständen informelle soziale Kontrolle durch Kommunikations- und Kooperationsverweigerung versagen muss. Dies ist erstens dann der Fall, wenn ein Normverstoß nicht eindeutig als solcher erkennbar ist – zum Beispiel, weil sich „perverse" Sexualpraktiken in der Verborgenheit des Schlafzimmers ereignen oder Doping in den Tiefen des Körpers stattfindet. Zweitens kann es sein, dass diejenigen, die den Normverstoß sanktionieren müssten, in ihrem Handeln gebunden sind, also keine Kommunikations- und Kooperationsverweigerung betreiben können – zum Beispiel aufgrund von entsprechenden Verträgen mit Dritten. Drittens schließlich kann auch der Normbrecher selbst in seinem Handeln gebunden sein, so dass ihm Normkonformität gar nicht möglich ist – weil ihm zum Beispiel die finanziellen Möglichkeiten fehlen, um den ländlichen Bräuchen gerecht zu werden und zu seiner Hochzeit das ganze Dorf einzuladen.

Die Erhaltung normativer Erwartungsstrukturen in Beobachtungskonstellationen wird – abgesehen vom Mechanismus sozialer Kontrolle und entsprechenden Abschreckungs- und Vorbeugungserwägungen – aber auch schon daraus erklärbar, dass allen Akteuren an der Erhaltung der bestehenden Erwartungsstruktur gelegen ist, weil alle daraus Erwartungssicherheit bezie-

164 Diese Verweigerung darf nicht mit einer sozialen Beeinflussung verwechselt werden. Hier wird dem potentiellen Normbrecher nicht ex ante mit Verweigerung gedroht – was Beeinflussung wäre und im nächsten Kapitel zur Sprache kommt. Sondern Verweigerung wird als ex-post-Reaktion auf den Normbruch praktiziert, um sich selbst vor Schaden zu schützen. Wirksam drohen könnte man allein schon deshalb nicht, weil man keinen Einfluss auf das Handeln aller anderen hat und das eigene Handeln für sich genommen viel zu wenig Gewicht hat.

hen.[165] Die Beteiligten vertrauen dann darauf, dass allen Normkonformität lieber ist als eine allseitige Missachtung der Norm, die leicht resultieren würde, wenn sich auch nur einer nicht normkonform verhielte, und die für alle zur Erosion von Erwartungssicherheit führen würde.[166]

Diese Überlegung wirkt erst recht, wenn jeder der beteiligten Akteure davon ausgehen muss, dass er immer wieder auf die anderen trifft.[167] Denn dann können Normverstöße, wie oben dargelegt, durch entsprechendes Handeln der Gegenüber geahndet werden. Wer sich nicht an die Normen hält, muss damit rechnen, dass die andern es ihm gegenüber zukünftig auch nicht mehr tun. Da jeder weiß, dass er sich für Normverstöße, die ihn direkt oder indirekt treffen, so revanchieren kann, und auch weiß, dass dies seinem Gegenüber bewusst ist, kann er sich getrost erst einmal normkonform verhalten. Selbst wenn ein Akteur mit seinem Normverstoß nur jemanden schädigte, bei dem er wüsste, dass er nie wieder etwas mit ihm zu tun haben wird, ist klar: Sofern andere dies direkt mitbekommen oder es sich herumspricht, hat der Akteur sich einen Ruf als Normbrecher eingehandelt – und daran kann ihm nicht gelegen sein.[168]

Eine tatsächliche Ahndung von Normverstößen ist in Beobachtungskonstellationen, in denen die Beteiligten Wert auf die Erhaltung der normativen Erwartungsstruktur legen und es eine soziale Kontrolle gibt, also selten erforderlich. In der Regel funktioniert die Dynamik der Abweichungsdämpfung über die Antizipation dessen, was geschehen würde, wenn man sich nicht normkonform verhielte. Diese Antizipation ist als Warnung eine sich selbst widerlegende Prophezeiung, und hält jeden von anders – etwa eigennützig – motiviertem Handeln ab.

---

165 Sofern dies nicht gegeben ist, sondern alle oder viele offen oder verdeckt die betreffende Norm abschaffen oder verändern wollen, sieht die Sache anders aus. Dann geht es um die Dynamik der Abweichungsverstärkung – dazu Näheres später.

166 Diese Dynamik der Abweichungsdämpfung lässt sich mit spieltheoretischen Mitteln noch genauer fassen. Die Aufrechterhaltung normativer Erwartungsstrukturen in Beobachtungskonstellationen stellt ein N-Personen-„prisoner's dilemma" dar. Zu diesem bekannten Spiel siehe Colman (1982: 101-104, 113-136); Holler/Illing (1991: 1-9) und Diekmann (2009: 113-120).

167 Siehe dazu die Computersimulationen von Axelrod (1984) sowie die weiterführenden Überlegungen von Molander (1985).

168 Siehe zu solchen Reputationsspielen allgemein Holler/Illing (1991: 172-182) und Diekmann (2009: 260-266). Eine durch Sozialisation installierte Verinnerlichung von Normen verlagert gewissermaßen das Reputationsspiel in den Akteur hinein. Dann will sich jemand bei sich selbst – genauer: seinem „Über-Ich" – keinen schlechten Ruf erwerben. Das ist, wenn es gelingt, die zugleich effektivste und effizienteste Form der Überwachung von Normkonformität.

Konformität mit Deutungsstrukturen durch Abweichungsdämpfung

Dynamiken der Abweichungsdämpfung können auch zum Erhalt anderer Arten von sozialen Strukturen beitragen. Die Konformität mit Deutungsstrukturen wird auf ähnliche Weise gesichert wie die Konformität mit Erwartungsstrukturen. Wissenschaftler beispielsweise, die von der „herrschenden Meinung" – wie Juristen das nennen – ihrer Disziplin abweichen, riskieren, sich einen Ruf als „Spinner" einzuhandeln; und gleiches gilt für Leute, die kognitive oder evaluative Alltagsselbstverständlichkeiten, etwa milieuspezifische Lebensstilmuster, nicht beachten. Solche Leute werden dann „geschnitten". Die Wissenschaftler werden beispielsweise nicht mehr zu Vorträgen auf Tagungen eingeladen und können ihre Aufsätze nicht in den anerkannten Fachzeitschriften publizieren. Ihre Abweichung von der „herrschenden Meinung" wird gewissermaßen isoliert, so dass für andere keine „Ansteckungsgefahr" mehr besteht.

Erhaltung von Konstellationsstrukturen durch Abweichungsdämpfung

Auch Konstellationsstrukturen können über abweichungsdämpfende Dynamiken reproduziert werden. So gibt es zum Beispiel auf Märkten immer wieder Tendenzen in Richtung oligopolistischer Strukturen, also einer beherrschenden Stellung weniger Anbieter; aber dem wirkt nicht selten entgegen, dass neue Anbieter hinzukommen und die sich auf ihren Lorbeeren ausruhenden Marktführer erfolgreich herausfordern. In manchen Stammesgesellschaften existierten normativ gefasste Mechanismen, die dafür sorgten, dass eine weitgehende Gleichverteilung des ökonomischen Besitzes erhalten blieb. Wer zu reich wurde, war verpflichtet, große Feste zu feiern und die anderen dazu einzuladen oder Teile seines Besitzes an andere zu verschenken, bis die Egalität wiederhergestellt war. Der Straßenverkehr schließlich bietet ein tägliches Schauspiel der situativen Erhaltung einer Konstellationsstruktur, nämlich einer solchen räumlichen Verteilung von sich bewegenden Autos, dass Kollisionen vermieden werden.[169] Dies wird zwar in gewissem Maße durch normative Erwartungen in Gestalt von Verkehrsregeln erzielt. Innerhalb dieses noch sehr weiten Rahmens sind aber kontinuierliche wechselseitige Beobachtungen entscheidend dafür, dass die Autofahrer einander nicht in die Quere kommen.

---

169 Die Konstellationsstruktur der Autofahrer ist übrigens ein Beispiel dafür, dass es vom Erklärungsproblem abhängt, ob man eine Struktur als identisch bleibend oder sich ändernd ansieht. Genau genommen verändert sich die räumliche Verteilung der Autos im fließenden Verkehr von Sekunde zu Sekunde, also enorm schnell. Ist man freilich – wie im hier angesprochenen Beispiel – daran interessiert, die Vermeidung von Kollisionen zu analysieren, kann man alle Strukturausprägungen, die dieser Bedingung genügen, als gleich definieren.

Für alle Arten der Strukturerhaltung in Konstellationen wechselseitiger Beobachtung liefert das Modell der Abweichungsdämpfung somit ein einfaches heuristisches Suchschema. Um Strukturerhaltung zu erklären, muss man zum einen nach Bedingungen Ausschau halten, die es den jeweiligen Akteuren ermöglichen, Veränderungstendenzen zu erkennen oder vorauszusehen, und zum anderen Handlungsmöglichkeiten identifizieren, mittels derer die Akteure solchen Tendenzen entgegenwirken können – und zwar ohne auf Einflusspotentiale oder Verhandeln zurückzugreifen. Die Bedingungen können im Einzelnen, wie die Beispiele angezeigt haben, sehr vielfältig ausfallen; aber sie müssen im Zusammenwirken genau dies beides leisten.

Die Dynamiken der Abweichungsdämpfung machen im Übrigen nochmals plastisch klar, dass Strukturerhaltung – wie bereits im Kapitel 7 betont wurde – nichts Statisches ist, sondern sich prozesshaft vollzieht. Strukturerhaltung beruht darauf, dass permanent entweder tatsächlich eingetretene Störungen korrigiert oder drohende Störungen vorbeugend vermieden werden. Wenn also nicht ständig etwas dafür getan wird, dass soziale Strukturen so bleiben, wie sie sind, bleiben sie nicht, wie sie sind.[170] Nur Dynamiken der Abweichungsdämpfung verhindern, dass gewissermaßen überall lauernde strukturverändernde Dynamiken die Oberhand gewinnen.

Abweichungsverstärkung

Das Modell der *Abweichungsverstärkung* bildet diejenige theoretisch fassbare Dynamik in Beobachtungskonstellationen ab, die bestehende Strukturen verändern oder auch noch nicht bestehende Strukturen überhaupt erst aufbauen kann. Magoroh Maruyama (1963) hat Abweichungsverstärkung als „second cybernetics“ in den Blick genommen – in Abgrenzung gegenüber der „first cybernetics“, den zunächst betrachteten Dynamiken der Abweichungsdämpfung.

Abweichungsdämpfung ist negative Rückkopplung: Einer Störung des gegebenen Zustands wird entgegengewirkt. Abweichungsverstärkung ist demgegenüber positive Rückkopplung. Der Störimpuls wird also noch gesteigert. Man stelle sich etwa einen Heizungsregler vor, der bei sinkender Raumtemperatur die Heizleistung nicht entsprechend steigert, sondern drosselt, und sie bei steigender Raumtemperatur steigert. Das wäre in diesem Falle vollkommen dysfunktional, weil man eine stabile Raumtemperatur haben will. In anderen Fällen kann Abweichungsverstärkung, wie gleich deutlich werden wird, durchaus gewünscht und zweckmäßig sein.

170 Das heißt wohlgemerkt nicht, dass das handelnde Zusammenwirken intentional auf Strukturerhaltung ausgerichtet sein muss.

Aufbau von Konstellationsstrukturen durch Abweichungsverstärkung

Ein erstes Beispiel für Strukturaufbau durch Abweichungsverstärkung, das sich bei Maruyama selbst findet, ist die Art und Weise, wie die nordamerikanischen Prärien besiedelt wurden. Es geht also um eine räumliche Verteilungsstruktur. Der erste Siedler, der in eine noch völlig unbewohnte Gegend kommt, lässt sich – aus welchen Gründen auch immer – an einer bestimmten Stelle nieder. Vielleicht ist eine Quelle in der Nähe; vielleicht ist aber auch ganz einfach sein Planwagen dort mit einem Achsenbruch liegengeblieben. Diese Anfangsentscheidung ist in einer Landschaft, die eine geographisch sehr homogene Fläche darstellt, ziemlich willkürlich. Entscheidend ist nun aber, dass damit ein gewisses Präjudiz für die Standortentscheidung des nächsten gesetzt ist. Einiges spricht dafür, sich in der Nähe des ersten Siedlers niederzulassen – etwa gegenseitige Hilfeleistung bei der Verteidigung gegen Indianer. Dies ist nicht zwingend. Vielleicht sind sich die beiden Siedler ja persönlich ganz unsympathisch, und der zweite sucht sich dann einen Platz ganz woanders. Aber die Wahrscheinlichkeit, dass er nahe beim ersten siedelt, ist höher als die irgendeiner anderen Wahl. Auch für die dann kommenden Siedler gilt das gleiche. Wenn so erst einmal eine gewisse Anzahl Farmen in räumlicher Nähe zueinander existieren, ist die kritische Masse dafür gegeben, dass sich ein Schmied niederlässt oder ein Laden aufmacht. Ein Dorf entsteht. Das steigert die Attraktivität dieses Ortes wiederum für weitere Siedler, und so wächst das Dorf. Einige dieser Dörfer werden zu Städten; bei anderen stößt das Größenwachstum an Grenzen, weil zum Beispiel das fruchtbare Land aufgeteilt ist und weitere Siedler deshalb weiterziehen, so dass derselbe Vorgang anderswo ebenso abläuft. Insgesamt verläuft diese Dynamik also so, dass die mehr oder weniger zufällige Anfangsentscheidung eines Akteurs, die für andere gut sichtbar ist, deren Entscheidungen gleichsam in ihren Bann zieht, und dies von Schritt zu Schritt mehr, so dass – überspitzt formuliert – Zufall in Notwendigkeit umschlägt.

Ein zweites Beispiel dafür, wie Konstellationsstrukturen durch Abweichungsverstärkung erzeugt werden, stellt der von Merton (1968) beschriebene „Matthäus-Effekt" in der Wissenschaft dar: „Wer hat, dem wird gegeben …". Dieser Spruch aus dem Evangelium des Matthäus bringt auf den Punkt, wie sich Reputationsungleichheit unter Wissenschaftlern herausbildet und verfestigt. Merton geht davon aus, dass die Sichtbarkeit eines Wissenschaftlers für seine Kollegen mit dessen Reputation korreliert. Je höher die Reputation, desto wahrscheinlicher ist, dass ein Aufsatz des Betreffenden in einer Fachzeitschrift gelesen wird. Wenn also zwei Wissenschaftler mit unterschiedlicher Reputation die gleiche Idee publizieren, wird sie eher beim höher Reputierten gelesen und ihm entsprechend als Entdeckung zugeschrieben – was seine Reputation weiter erhöht und ihm eine entsprechend noch höhere Sichtbarkeit verschafft. Hinzu kommt, dass sich mit steigender Reputation die Chancen verbessern, Fördermittel für Forschungsprojekte zu erlangen. Je besser ausgestattet ein Wissenschaftler aber in dieser Hinsicht ist, desto höher ist die Wahrscheinlichkeit, dass er interessante Entdeckungen macht, die er dann wieder publizieren kann. Reputation verschafft Ressourcen, die weiteren Reputationserwerb erleichtern, was weiteren Ressourcenerwerb erleichtert, usw. (Latour/Woolgar 1979). Und so können sich anfänglich minimale Reputationsdifferenzen zwischen Wissenschaftlern kumulativ so auswachsen, dass der eine ein Star und der andere ein Niemand ist – wohlgemerkt bei ursprünglich gleichen Fähigkeiten! Nach demselben Muster lassen sich auch andere Arten sozialer Ungleichheit zumindest teilweise erklären – etwa die weltgesellschaftliche Ungleichheit zwischen der reichen Ersten und der armen Dritten Welt.

Herausbildung von Deutungsstrukturen durch Abweichungsverstärkung

Ein weiteres Beispiel für Abweichungsverstärkung bezieht sich auf Deutungsstrukturen – konkret: die Herausbildung eines gemeinsamen Gesprächsthemas in einer Partyrunde.[171] Alle haben den Wunsch, sich angeregt miteinander zu unterhalten, aber kennen einander nicht gut genug, um gleich zu wissen, was alle oder zumindest viele interessiert. Die Peinlichkeit des Schweigens bewegt dann schnell irgendeinen, irgendetwas zu sagen. Vielleicht lässt er sich durch ein herumliegendes Buch, ein Bild an der Wand, eine Grippewelle oder ein aktuelles politisches Ereignis anregen; vielleicht muss auch das Wetter herhalten. Dies ist gewissermaßen ein Versuchsballon. Steigen die anderen darauf ein oder nicht? Da es wiederum peinlich ist, dass man jemanden mit einer Äußerung völlig im Regen stehen lässt, wird schon jemand etwas erwidern. Aber es ist nicht gesagt, dass das Gespräch nicht dennoch nach wenigen Äußerungen wieder abebbt. Allerdings kann es eben auch sein, dass mehrere andere auf das Thema anspringen und es aus dem vagen Anfang zu einem spezifischeren und interessanteren formieren. Wenn das gelingt, dann hat die Runde sich erst mal für eine Weile Gesprächsstoff verschafft, aus dem sich dann im Bedarfsfall auch Querverweise auf neue Themen ergeben. Manchmal fesselt ein einmal gefundenes Thema die Aufmerksamkeit sogar so sehr, dass man den ganzen Abend nicht mehr davon loskommt. Selbst explizite Bemühungen einzelner Beteiligter, auf etwas anderes zu sprechen zu kommen, können dann abgeblockt werden. Auch hier hat man einen Umschlag von Zufall in Notwendigkeit, also den Aufbau einer Struktur vor sich, der sich in schrittweisen Reaktionen auf das jeweils vorherige Handeln vollzieht.

---

171 Siehe Erving Goffmans (1963 b: 83-148) Konzept der „focused interaction" und Niklas Luhmanns (1972 b: 54-56) Überlegungen zu Themen als Strukturen von Interaktionssystemen.

Entstehung von Erwartungsstrukturen durch Abweichungsverstärkung

Die Entstehung von Erwartungsstrukturen wirft eine für die Soziologie zentrale Frage auf und wird daher hier etwas eingehender und im Rückgriff auf zwei soziologische Theorien behandelt: Wie bilden sich normative Erwartungen überhaupt aus? Bei Niklas Luhmann sowie bei Peter Berger und Thomas Luckmann finden sich hierzu sehr ähnliche Antworten, die wiederum auf das Modell der Abweichungsverstärkung als Erklärungsinstrument hinauslaufen.

Luhmann (1984: 148-190) bezieht in diesem Zusammenhang eine explizite Gegenposition zu Talcott Parsons' Lösung des schon im Kapitel 7 erwähnten Problems doppelter Kontingenz.[172] Hierbei geht es darum, dass Ego realisiert, dass seine Wahl einer Handlungsalternative sich auch dadurch leiten lassen muss, welche Handlungswahl sein Gegenüber Alter trifft – und umgekehrt. Aus diesem Dilemma beiderseitiger Unbestimmtheit in Interdependenz kommen die Akteure für Parsons nur heraus, wenn sie sich an etwas außerhalb der Konstellation Bestehendem orientieren können, das jedem gewissermaßen verlässliche Anhaltspunkte für das Handeln des anderen gibt. Dies leisten Parsons zufolge institutionalisierte Normen. Luhmann bestreitet nicht, dass so etwas vorkommt, aber hält Parsons entgegen:

> „Nichts zwingt dazu, die Lösung des Problems der doppelten Kontingenz ausschließlich in schon vorhandenem Konsens ... zu suchen. Es gibt funktionale Äquivalente, zum Beispiel solche der Zeitdimension. Alter bestimmt in einer noch unklaren Situation sein Verhalten versuchsweise zuerst. Er beginnt mit einem freundlichen Blick, einer Geste, einem Geschenk – und wartet ab, ob und wie Ego die vorgeschlagene Situationsdefinition annimmt. Jeder darauf folgende Schritt ist dann im Lichte dieses Anfangs eine Handlung mit kontingenzreduzierendem, bestimmendem Effekt – sei es nun positiv oder negativ." (Luhmann 1984: 150)

Luhmann nennt diese Dynamik von einem im Extremfall völlig zufälligen Anfangsakt zur Erzeugung von Erwartungssicherheit „Autokatalyse":

> „Wenn jeder kontingent handelt, also jeder auch anders handeln kann und jeder dies von sich selbst und den anderen weiß und in Rechnung stellt, ist es zunächst unwahrscheinlich, daß eigenes Handeln überhaupt Anknüpfungspunkte (und damit: Sinngebung) im Handeln anderer findet; denn die Selbstfestlegung würde voraussetzen, daß andere sich festlegen, und umgekehrt. Zugleich mit der Unwahrscheinlichkeit sozialer Ordnung erklärt dieses Konzept aber auch die Normalität sozialer Ordnung; denn unter dieser Bedingung doppelter Kontingenz wird jede

172 Der Systemtheoretiker Luhmann argumentiert in diesen Überlegungen unausgesprochen strikt akteurtheoretisch, weshalb ich ihn hier auch heranziehen kann.

Selbstfestlegung, wie immer zufällig entstanden und wie immer kalkuliert, Informations- und Anschlußwert für anderes Handeln gewinnen. … wird jeder Zufall, jeder Anstoß, jeder Irrtum produktiv.“ (Luhmann 1984: 165, Hervorh. weggel.)

Von den Akteuren verlangt dies, „… hochsensibel zu sein für nahezu beliebige Bestimmungen …“ (Luhmann 1984: 184) Das wird dadurch gefördert, dass jeder dem anderen ein gemeinsames Interesse an Erwartungssicherheit unterstellt: „Für beide ist die Situation … unbestimmbar, instabil, unerträglich …“ (Luhmann 1984: 172, Hervorh. weggel.) Deshalb vermag jeder sich bezüglich des Gegenübers plausibel vorzustellen: „Mit dem Versuch, ihn aus seiner Umwelt heraus zu beeinflussen, kann man Glück haben und Erfahrungen sammeln.“ (Luhmann 1984: 156) Man sollte dabei keine irreversiblen, zu riskanten Anfangsschritte machen, um rasch und ohne große Verluste wieder umschalten zu können. Man sollte also, wie beim Flirten, von anfänglicher Unverbindlichkeit schrittweise hin zu größerer Verbindlichkeit finden. Umgekehrt muss man dem anderen Gelegenheiten zuschanzen, das tun zu können, was man von ihm getan haben möchte – also etwa als Dame das Taschentüchlein fallen lassen, das dem schüchternen Verehrer die Möglichkeit bietet, es aufzuheben und einen anzusprechen.

Aus wechselseitiger Beobachtung, sequentiellem Reagieren aufeinander und dem beiderseitigen Wissen darüber, beobachtet zu werden, können so stabile Erwartungsstrukturen erwachsen.[173] Berger/Luckmann (1966: 70-79) haben dies für die Herausbildung institutioneller Strukturen aus dem handelnden Zusammenwirken der Akteure noch plastischer als Zusammenwirken von Habitualisierung und Typisierung sowie darauf aufbauender Institutionalisierung herausgearbeitet. Ihr Ausgangspunkt ist: „All human activity is subject to habitualization.“ (Berger/Luckmann 1966: 70) Diese individuelle Routinisierung von Handlungsweisen geschieht – wie schon im Kapitel 4 behandelt – einfach deshalb, weil sich der einzelne so von Reflexions- und Wahlzwängen entlastet. Habitualisierungen ermöglichen aber Beobachtern Typisierungen dieses Handelns:

> „As A and B interact, in whatever manner, typifications will be produced quite quickly. A watches B perform. He attributes motives to B’s actions and, seeing the actions recur, typifies the motives as recurrent. As B goes on performing, A is soon able to say to himself, ‚Aha, there he goes again.‘ At the same time, A may assume that B is doing the same thing with regard to him. From the beginning, both A and B assume this reciprocity of typification. In the course of their interaction, these typifications will be expressed in specific patterns of conduct. That is, A and B

173 Siehe hierzu weiterhin auch die – aus einer steuerungstheoretischen Perspektive angestellten – Überlegungen zu „spontaneous field control“ bei Dahl/Lindblom (1953: 99-104) sowie die institutionenökonomische Modellierung von Witt (1989).

will begin to play roles vis-a-vis each other." (Berger/Luckmann 1966: 74, Hervorh. weggel.)

Damit geht der Vorgang in die Institutionalisierung über: „Institutionalization occurs whenever there is a reciprocal typification of habitualized actions by types of actors. ... The 'There he goes again' becomes a 'There we go again'." (Berger/Luckmann 1966: 72, 74, Hervorh. weggel.) Berger/ Luckmann weisen allerdings, über Luhmann hinausgehend, darauf hin, dass die Institutionalisierung erst dann gefestigt ist, wenn sie über die ursprüngliche Dyade hinausreicht: „As long as the nascent institutions are constructed and maintained only in the interaction of A and B, their objectivity remains tenous, easily changeable ...". Sobald ein dritter oder gar vierter oder fünfter Akteur einbezogen wird, vollzieht sich diesbezüglich ein qualitativer Sprung. Das Größenwachstum der Konstellation schließt sehr schnell situative Handlungsabstimmungen aus: „The objectivity of the institutional world 'thickens' and 'hardens' ... The habitualizations and typifications undertaken in the common life of A and B, formations that until this point still had the quality of ad hoc conceptions of two individuals, now become historical institutions." Aus dem „There we go again" wird ein „This is how these things are done" (Berger/Luckmann 1966: 76/77). Berger und Luckmann machen dies insbesondere an der Weitergabe institutioneller Strukturen an nachfolgende Generationen fest; aber es gilt genauso für den Einbezug anderer zunächst nicht involvierter Akteure in eine Dyade.

Strukturänderungen durch Abweichungsverstärkung

Nach diesen Beispielen für Strukturaufbau durch Abweichungsverstärkung soll nun noch gezeigt werden, wie Strukturänderungen als Abweichungsverstärkung geschehen können.

Man kann zunächst Sprachwandel als Veränderung einer elementaren gesellschaftlichen Deutungsstruktur betrachten.[174] Rudi Keller (1994: 129-131) diskutiert dies anhand des Verschwindens des Worts „englisch" im Sinne von „engelhaft" um die Mitte des letzten Jahrhunderts. Ursprünglich bedeutete „englisch" sowohl „engelhaft" als auch „britisch". „Engelhaft" war eine geläufige Umschreibung für ein damaliges Idealbild von Frau, weshalb das Wort durchaus häufig benutzt wurde. Aber dann geriet die gesteigerte nationale Rivalität Deutschlands mit England in den Blick der Öffentlichkeit, wodurch „englisch" fortan auch in der zweiten Bedeutung häufiger verwendet wurde. Missverständnisse konnten nun öfter auftreten – etwa wenn jemand von „englischen Frauen" sprach. Geht man davon aus, dass Akteure verstanden werden wollen und anstatt „englisch" in der ersten Bedeutung auch Synonyme wie „engelhaft" verwenden konnten, kann man

174 Als ein anderes Beispiel könnte man auch die Diffusion einer medizinischen Innovation in der Ärzteschaft untersuchen (Coleman et al. 1966).

sich die Dynamik der Abweichungsverstärkung leicht vorstellen, die „englisch“ in dieser Bedeutung in Vergessenheit geraten ließ:

> „Durch die seltener werdende Verwendung des Wortes gerät dies einerseits bei einigen, die es kannten, in Vergessenheit, andererseits wird es von vielen Sprechern der nachwachsenden Generation nicht mehr erlernt. So entsteht ein positiver Rückkopplungseffekt. Je weniger Leute dieses Wort in ihrem (aktiven) Wortschatz haben, desto weniger können es verwenden, so daß zur Vermeidung des Verwendens noch die Unfähigkeit des Verwendens hinzukommt.“ (Keller 1994: 131)

Jürgen Wasems Untersuchung über den Niedergang der ostdeutschen Polikliniken nach der Wiedervereinigung illustriert den tief greifenden Wandel einer Konstellationsstruktur (Schimank/Wasem 1995: 211-216; Wasem 1997).[175] In der ehemaligen DDR dominierten die Polikliniken die ambulante medizinische Versorgung; niedergelassene Ärzte waren selten. Ursprünglich hatte die große Mehrzahl der ostdeutschen Poliklinik-Ärzte nach der Vereinigung den Wunsch, weiterhin in einer Poliklinik zu arbeiten und sich nicht privat niederzulassen. Sie wollten also das westdeutsche Muster der ambulanten Krankenversorgung nicht übernehmen. Jedem Einzelnen von ihnen war aber auch klar: Sobald ein „run“ in die Niederlassung erfolgt, sollte man sich so schnell wie möglich anschließen, um nicht zu den Verlierern zu gehören, die dann noch in den nicht mehr nachgefragten und von der Schließung bedrohten Polikliniken arbeiteten. Jeder Poliklinik-Arzt musste daher genauestens seine Kollegen vor Ort und die Polikliniken insgesamt beobachten, um eine eventuelle Abwendung vom Status quo nicht zu verpassen. In dieser Situation eines allseitigen hochnervösen und misstrauischen Observierens genügten wenige kleine Aktivitäten, um die intersubjektiv stabilisierten Erwartungen über das Handeln der jeweils anderen ins Gegenteil umschlagen zu lassen. Einzelfälle von Kollegen, die sich tatsächlich aus eigenem Interesse zur Niederlassung entschieden; einige – teilweise von westdeutschen Ärzteverbänden, die an der Zerschlagung der Polikliniken interessiert waren, strategisch lancierte – Expertenmeinungen und Statistiken über eine angeblich hohe Niederlassungsbereitschaft der Poliklinik-Ärzte; verschiedene bewusst zeitlich begrenzte Fördermaßnahmen des Bundesgesundheitsministeriums für niederlassungswillige Ärzte: Dies reichte aus, um eine eigendynamische Eskalation der Flucht aus den Polikliniken in Gang zu setzen.

Auch der Niedergang normativer Erwartungsstrukturen vollzieht sich oftmals als Abweichungsverstärkung. Man denke etwa daran, wie das Dopingverbot im Hochleistungssport immer mehr missachtet worden ist (Bet-

175 Siehe auch die spieltheoretische Modellierung als „Assurance Game“ in Wasem (1992). Ein anderes sehr anschauliches Beispiel ist Thomas Schellings (1978: 135-166) Modellierung der Segregation anfänglich gemischtrassiger Wohnviertel in amerikanischen Städten (Dixit/Nalebuff 1991: 234-238).

te/Schimank 1995).[176] Anfangs begingen wenige Athleten ein offensives Doping, versuchten sich also Vorteile gegenüber den ungedopten Konkurrenten zu verschaffen. In dem Maße freilich, wie sich die anderen Athleten sagten, dass sie ungedopt keine Siegeschancen mehr hätten, mussten sie zu dem Schluss kommen, sich ebenfalls zu dopen. Je mehr Athleten sich aber gedopt haben, desto mehr ist es ein rein defensives Doping geworden. Man dopt sich nur noch, um eigene Nachteile zu vermeiden – weil man also davon auszugehen hat, dass viele Konkurrenten sich dopen. Doping kann so buchstäblich aus dem Nichts entstehen, als eine sich selbst erfüllende Prophezeiung. Die Athleten brauchen lediglich wechselseitig voneinander anzunehmen, dass gedopt wird, um selbst zum Doping zu greifen.

Es gibt schließlich auch solche Dynamiken der Abweichungsverstärkung, die ein zyklisches Hin und Her zwischen zwei verschiedenen Zuständen einer Struktur bewirken. Ein Beispiel dafür kann die Oszillation einer politischen Partei zwischen charismatischer und bürokratischer Führungs- und Entscheidungsstruktur abgeben (Kirsch 1983). Charismatische Führer treten mitreißend auf, bewirken also eine große Mobilisierung der Mitglieder und Anhänger der Partei. Aber zumeist stellt sich bald eine „Veralltäglichung des Charisma" (Weber 1922: 142-148) ein; es nutzt sich allmählich ab. Zugleich werden die Effizienz- und Effektivitätsdefizite charismatisch geleiteter Organisation offenbar. Daraus ergeben sich schrittweise Bürokratisierungsbestrebungen im Sinne einer Installierung formaler Regeln des Entscheidens. Charisma schlägt in Bürokratie um. Dieser wohnt aber eine Tendenz zum bürokratischen Ritualismus inne, der das Engagement auf Seiten der Mitglieder und Anhänger der Partei immer mehr sinken lässt. Daraus entsteht wiederum ein um sich greifendes Bedürfnis nach einem charismatischen Führer, der eine Vision jenseits der bürokratisierten Tagespolitik vorgibt. Früher oder später taucht eine solche Figur auf, und Bürokratie schlägt in Charisma um, womit der Zyklus von vorn beginnt.

Auch dieses Hin und Her wird in starkem Maße dadurch bestimmt, dass die Anhänger und Mitglieder der Partei einander wechselseitig beobachten, um die je individuelle Einschätzung der Lage mit dieser wahrgenommenen kollektiven Stimmungslage zu vergleichen, teilweise auch überhaupt erst aus ihr zu gewinnen; und ob jemand seine Einschätzung dessen, was der Partei nottut, auch in entsprechendes Handeln umsetzt, hängt wiederum bei den meisten davon ab, ob sie eine hinreichende Unterstützung des eigenen Tuns erwarten oder nicht. Der breite Ruf nach einem starken Führer bzw. einer geordneten Organisation ist also, wie im übernächsten Abschnitt noch ge-

176 Spieltheoretisch liegt hier wiederum ein „prisoner's dilemma" zugrunde. Auf die gleiche Weise könnte man auch analysieren, wie die gesetzliche Norm, Steuererklärungen und Erklärungen über Schadensfälle bei Versicherungen wahrheitsgemäß abzugeben, immer weniger beachtet wird.

nauer dargestellt werden wird, Ergebnis einer schrittweisen kollektiven Mobilisierung, die auf fortwährender wechselseitiger Beobachtung beruht.

Zeitablauf als strukturbildende Kraft

Nach all diesen Beispielen für den Aufbau und die Veränderung sozialer Strukturen durch Abweichungsverstärkung in Konstellationen wechselseitiger Beobachtung soll es nun noch um einige grundlegende theoretische Konzepte zur Erfassung dieser Art von Strukturdynamik gehen.

Wie Luhmann in seinen dargestellten Überlegungen zur „Autokatalyse“ normativer Erwartungsstrukturen feststellt, liegt der Schlüssel zu solchen Dynamiken der Abweichungsverstärkung in der Zeitdimension. Der Zeitablauf kann strukturbildende Kraft gewinnen – und zwar in der Weise, dass sequentiell die Stabilisierungschancen der sich aufbauenden Struktur bzw. der Strukturveränderung wachsen können. Die nacheinander erfolgenden Handlungen der verschiedenen Beteiligten sind dann nicht bloß eine Sukzession kausal unverbundener Geschehnisse, so wie eine Serie von Würfelwürfen, bei der die Abfolge „3–5–2–2–1“ genauso wahrscheinlich und unwahrscheinlich ist wie „6–6–6–2–6“ oder jede andere Abfolge. Vielmehr übt, wenn Abweichungsverstärkung einsetzt, der Prozess selbst eine Selektivität aus, die sich umso zwingender bemerkbar macht, je weiter vorangeschritten das Geschehen ist.[177] Am Anfang konnte sehr vieles geschehen – siehe nur die vielen möglichen Standortwahlen des ersten Siedlers bei der Präriebesiedlung oder die für jeden Athleten ganz offene Entscheidung, ob er sich dopt oder nicht. Am Ende steht dann eine Strukturgestalt, die an der Möglichkeitsvielfalt des Anfangs gemessen eine strenge Selektion darstellt und insofern unwahrscheinlich ist – was aber keineswegs mit Instabilität gleichzusetzen ist.

Brian Arthur (1989) hat die der Abweichungsverstärkung innewohnende Logik in einer wahrscheinlichkeitstheoretischen Modellvorstellung verdeutlicht. Man stelle sich eine Urne vor, in der sich 100 Kugeln befinden: je 50 weiße und schwarze. Nacheinander wird immer wieder eine Kugel gezogen. Hieße die Spielregel, dass die gezogene Kugel jedes Mal wieder zurückgelegt wird, bevor die nächste Ziehung erfolgt, hätte man eine bloße Ereignissukzession wie bei der gerade angesprochenen Serie von Würfelwürfen. Jedes Mal wäre es gleich wahrscheinlich, ob eine schwarze oder eine weiße Kugel gezogen wird. Arthurs Spielregel lautet aber: Jedes Mal, wenn eine Kugel einer bestimmten Farbe gezogen wird, wird vor der nächsten Ziehung erstens diese Kugel zurückgelegt, zweitens eine Kugel der anderen Farbe herausgenommen und drittens an deren Stelle eine zusätzliche Kugel der ersteren Farbe hineingelegt. Die gezogene Farbe wird gewissermaßen belohnt, die andere bestraft: „Wer hat, dem wird gegeben.“

---

177 Siehe hierzu auch Luhmanns (1984: 484/485) Unterscheidung von bloßer Ereignissukzession und Prozess.

Diese Spielregel erzeugt eine Prozessselektivität. Angenommen, beim ersten Mal wird Weiß gezogen! Dann ist die Verteilung der Kugeln vor der zweiten Ziehung nicht mehr 50:50, sondern 51:49 zugunsten von Weiß. Die Wahrscheinlichkeit, dass wieder Weiß gezogen wird, ist dadurch ein kleines bisschen größer geworden. Zugegeben nicht sehr viel! Es ist noch sehr gut möglich, dass eine schwarze Kugel gezogen wird, womit vor der dritten Ziehung der Ausgangszustand wiederhergestellt wäre. Aber es kann auch sein, dass wieder Weiß gezogen wird, so dass dann schon ein Verhältnis von 52:48 zugunsten von Weiß bestünde. Ohne nun mögliche Sequenzen im Einzelnen weiter durchzuspielen, wird die Logik des Prozesses klar. Eine sich anfangs ganz zufällig ergebende Struktur, die noch geraume Zeit sehr anfällig dafür ist, wieder zu erodieren, kann sukzessiv Stabilisierungsvorteile gegenüber Alternativen erlangen, bis am Ende ein Verhältnis von 100:0 für Weiß besteht.[178] Wohlgemerkt: Auch wenn Weiß bereits klar überlegen ist, kann das Ganze noch rückgängig und in sein Gegenteil verkehrt werden. Selbst ein Verhältnis von 99:1 kann noch in 0:100 transformiert werden; aber das ist sehr viel weniger wahrscheinlich als die weitere Verfestigung dessen, was der Prozess bis dahin hervorgebracht hat.

Arthurs Urnen-Modell der Abweichungsverstärkung formuliert in einer bestimmten Hinsicht den Extremfall einer sich nur langsam verfestigenden Dynamik. Das liegt daran, dass die beiden möglichen „outcomes" des Vorgangs – 100 schwarze oder 100 weiße Kugeln – am Anfang völlig gleichwahrscheinlich sind. In der sozialen Wirklichkeit ist dies längst nicht immer so. Das bedeutet allerdings keine theoretische Verkomplizierung, sondern umgekehrt eine Vereinfachung: Die Abweichungsverstärkung kommt nur um so leichter und schneller in Gang und verfestigt sich, je stärker ein bestimmter Verlauf der Dynamik von Anfang an vorgezeichnet ist, je mehr also irgendeine der möglichen Strukturalternativen einen Startvorteil genießt. In Arthurs Modell wäre das etwa dann gegeben, wenn die Ausgangsverteilung der Kugeln 60:40 zugunsten der schwarzen wäre. Auch dann wäre durchaus noch möglich, dass am Ende 100 weiße Kugeln in der Urne liegen; aber es ist erheblich wahrscheinlicher, kommt also bei wiederholten Durchläufen auch entsprechend häufiger vor, dass die Dynamik bald auf Schwarz einschwenkt.

„Focal points"

Man kann hier Thomas Schellings (1960: 83-118) Konzept der „focal points" heranziehen. „Focal points" sind Attraktoren der Handlungswahl: weil sie Akteuren aus irgendeinem Grund besonders ins Auge fallen und diese viel-

178 Hier stößt Arthurs Analogie freilich an eine Grenze. In der sozialen Wirklichkeit gibt es keine Strukturen, die sich völlig alternativlos verfestigen können. Weiter als bis zu einem Verhältnis von – um eine Zahl zu nennen – 90:10 vermag sich keine soziale Struktur gegenüber Alternativen zu stabilisieren.

leicht sogar – etwa von sich selbst auf andere schließend – davon ausgehen, dass dies den jeweils anderen ebenso geht. In Maruyamas Beispiel der Prärie-Besiedlung könnte zum Beispiel eine Quelle einen „focal point" darstellen. In einem ansonsten homogenen Raum könnte sie für den ersten Siedler den Ausschlag dafür geben, sich nahe bei ihr anstatt irgendwo sonst niederzulassen; und der nächste Siedler wird dann nicht nur durch die Vorteile der Nähe zum ersten, sondern auch durch die Quelle in dessen Nachbarschaft gezogen – was sich der erste bezüglich künftig kommender Siedler auch von vornherein denken konnte.

In den anderen Beispielen könnte es ebenfalls „focal points" geben. Wenn etwa in einer Partyrunde ein Gast dem Gastgeber ein bestimmtes Buch schenkt, stellt dieses einen „focal point" für die Versuche der anderen dabeistehenden Gäste dar, ein Gesprächsthema zu lancieren; denn sie können davon ausgehen, dass das Thema des Buches zumindest den Schenkenden und den Beschenkten in gewissem Maße interessiert. Bei anderen Beobachtungskonstellationen sind bestimmte für viele Beteiligte besonders gut sichtbare Akteure mit ihrem Handeln „focal points" – so zum Beispiel populäre Bands für die Kleidungsmode vieler Jugendlicher, oder u. a. Journalisten für die Verwendung bestimmter Worte. Solche Akteure können von den übrigen zum Vorbild genommen werden.

Es kann auch vorkommen, dass eine Beobachtungskonstellation mehrere „focal points" besitzt. Dann schwächen diese einander gegenseitig, was auch dazu führen kann, dass die Konstellation sich segmentiert. Der eine Teil der Jugend wird beispielsweise zum Punk, der andere zum Popper. Immerhin: Selbst bei mehreren „focal points" verfestigt sich die Dynamik der Abweichungsverstärkung meist schneller, als wenn gar keiner existiert.

Pfadabhängigkeit

Ob nun langsam oder durch von Anfang an vorhandene „focal points" beschleunigt: Paul Davids (1985) Konzept der „Pfadabhängigkeit" sozialer Dynamiken hält den Sachverhalt fest, dass strukturaufbauende oder strukturverändernde Dynamiken der Abweichungsverstärkung in strukturerhaltende Dynamiken der Abweichungsdämpfung übergehen.[179]

Sein Beispiel ist die Herausbildung der amerikanischen Schreibmaschinentastatur QWERTY, die sich bis zu den heutigen PC-Tastaturen durchgehalten hat.[180] Die als QWERTY bezeichnete Anordnung der Buchstaben auf

179 Siehe hierzu weiterhin auch Dixit/Nalebuff (1991: 225-231), Beyer (2006), Werle (2007). Mit Schelling ließe sich dieser Vorgang auch so fassen, dass die Dynamik allmählich einen immer klarer konturierten „focal point" hervorbringt. Jede den sich herausbildenden Pfadverlauf fortführende Handlung serviert weiteren Anschlusshandlungen einen immer attraktiveren „focal point".

180 In Deutschland lautet das Kürzel für die entsprechende standardisierte Tastenbele-

der Tastatur hatte bei den mechanischen Schreibmaschinen des letzten Jahrhunderts einen guten Sinn. Es ging dabei nicht etwa darum, dass diese Anordnung schreibtechnisch besonders effizient war – ganz im Gegenteil! Doch QWERTY minimierte das Risiko, dass die Tastenhebel, auf denen die Lettern saßen, sich verhedderten. Dieser damals zweifellos gewichtige Gesichtspunkt fiel jedoch spätestens mit den Kugelkopfschreibmaschinen weg, ganz zu schweigen von der heutigen PC-Tastatur. Schreibtechnisch bessere Tastaturen, die wiederholt in die Diskussion gebracht wurden, hätten sich also eigentlich längst durchsetzen können, taten es aber nicht. Nach wie vor wird die inzwischen eindeutig suboptimale QWERTY-Tastatur benutzt – und es ist nicht abzusehen, dass sich das so schnell ändern könnte. Warum halten alle hartnäckig an QWERTY fest, obwohl es Besseres gibt?

Im letzten Jahrhundert wurde dieser Pfad der technologischen Entwicklung, also einer in einem Artefakt vergegenständlichten sozialen Deutungsstruktur, aus einer Mehrzahl anderer Möglichkeiten durch Abweichungsverstärkung in einer Konstellation wechselseitiger Beobachtung zwischen technischen Erfindern, Schreibmaschinenherstellern, Schreibmaschinenschulen und Nutzern von Schreibmaschinen eingeschlagen. Einmal darauf fixiert, kann kein Einzelner in dieser Konstellation auf sich gestellt den Pfad verlassen, ohne sich gravierende Nachteile einzuhandeln – womit die Dynamik der Abweichungsdämpfung in Kraft gesetzt ist. Man stelle sich nur einen einzelnen Hersteller vor, der eine Schreibmaschine mit einer anderen, schreibtechnisch besseren Tastatur auf den Markt brächte: Kein Nutzer könnte sie ohne erhebliches Umlernen – worauf keine Schule vorbereitet wäre – bedienen. Also würde auch kaum jemand diese Schreibmaschine kaufen; und die Antizipation dessen hält jeden Hersteller ab, sie anzubieten – also auch: sich von Erfindern eine bessere Tastatur entwickeln zu lassen. QWERTY stellt somit längst ein stabiles, wenngleich unbefriedigendes Gleichgewicht der Konstellation dar.

David würde sich nicht zu der Behauptung versteigen, dass ein bestimmter Pfad nie wieder verlassen werden könnte. Jedoch strebt jede von Pfadabhängigkeit geprägte Dynamik, einmal in Gang gekommen, aus sich heraus – wie David es plastisch nennt – einem *„lock-in"* zu. Damit ist der Punkt gemeint, an dem eine Abweichungsverstärkung in eine Abweichungsdämpfung übergeht und von dem aus eine neuerliche Veränderungsdynamik sehr erschwert wird. Zwar ist kein „lock-in" so stabil, dass nicht doch irgendwann erneut eine Dynamik der Abweichungsverstärkung einsetzen könnte. Doch dazu bedarf es einer – im nächsten Abschnitt noch näher angesprochenen – entsprechenden kollektiven Mobilisierung, die in der Tat bei einem eingespielten Konstellationsgleichgewicht zunächst einmal unwahrscheinlich ist. Damit

gung QWERTZ. Ob Davids Beispiel nun historisch stimmt oder – wie Kritiker behaupten – nicht stimmt: Es ist, was den theoretischen Punkt anbetrifft, zumindest gut erfunden.

freilich überhaupt Abweichungsdämpfung in Abweichungsverstärkung übergehen kann und umgekehrt, ist eine notwendige Voraussetzung, dass beide Dynamiken auf wechselseitiger Beobachtung beruhen. Um es noch einmal zu wiederholen: Die betreffenden Akteure müssen einander wahrnehmen können und die Möglichkeit haben, das eigene Handeln entsprechend dem zu variieren, was sie von den jeweiligen anderen wahrnehmen.

Wichtig ist abschließend noch, sich zu vergegenwärtigen, dass ein handelndes Zusammenwirken auf der Basis wechselseitiger Beobachtung keineswegs zwingend auf ein „lock-in" hinausläuft. Abweichungsverstärkung in Richtung Strukturaufbau oder geordneter Strukturänderung ist, wie dargestellt, eine mögliche, teilweise auch hochgradig wahrscheinliche Dynamik; und Gleiches gilt für Abweichungsdämpfung als Strukturerhaltung. Aber Scharpf (1997: 109) macht darauf aufmerksam, dass „... the meandering of moves and countermoves may continue indefinitely ...". Vielleicht finden ja die Partygäste trotz eifriger Bemühungen nie zu einem gemeinsamen Thema und gehen irgendwann frustriert auseinander. Insbesondere dann wenn soziale Dynamiken zu häufig durch koinzidentielle Einwirkungen irritiert werden, kann es geschehen, dass das handelnde Zusammenwirken auf der Grundlage wechselseitiger Beobachtung nie auf einen Pfad einschwenkt und kein Gleichgewicht erreicht, also selbst dauerhaft koinzidentiellen Charakter annimmt. Abweichungsverstärkung und -dämpfung sind also keine, wie es in Luhmanns Konzept der „Autokatalyse" den Anschein haben könnte, zwangsläufigen Dynamiken eines sich über wechselseitige Beobachtungen vollziehenden handelnden Zusammenwirkens. Aber immerhin kommen sie in der sozialen Wirklichkeit häufig genug vor, um Strukturen zu produzieren und zu reproduzieren und damit soziologisch theoretisierbar zu sein.

8.3 Kollektive Mobilisierung

In den bisherigen Erörterungen von Dynamiken der Abweichungsdämpfung bzw. Abweichungsverstärkung ist die *kollektive Mobilisierung* der betreffenden Akteure zu einem entsprechenden Handeln stillschweigend vorausgesetzt worden. Klar ist: Diese Strukturdynamiken kommen nur dann in Gang und die entsprechenden Struktureffekte stellen sich nur dann ein, wenn nicht bloß vereinzelte, sondern die meisten Akteure der Konstellation sich im Sinne der Dynamik engagieren. Manchmal bedarf es sogar aller Beteiligten. Wenn immer wieder nur einer der Partyrunde versucht, ein Gespräch in Gang zu bringen, und die anderen nicht darauf eingehen, wird es keines geben; und wenn eine soziale Bewegung, die bestimmte Gesetze oder eine Regierung zu Fall bringen will, zu wenig engagierte Anhänger gewinnt, wird sie erfolglos bleiben. Es geht bei kollektiver Mobilisierung wohlgemerkt um Handeln, nicht bloß um entsprechende Einstellungen. Ein diktatorischer Herrscher wird nicht schon dadurch gestürzt, dass alle Untertanen ihn im Geiste ablehnen. Solange ihm nicht hinreichend viele Untertanen handelnd, zum Beispiel durch Massendemonstrationen und Streiks oder auch bewaffneten Widerstand, entgegentreten, bleibt er an der Macht.

Anschlussfähigkeit des Handelns

Sowohl Dynamiken der Abweichungsdämpfung als auch Dynamiken der Abweichungsverstärkung sind also keine Selbstläufer. Es gibt bei beiden keinen irgendwie gearteten Automatismus, der die bisher dargestellten Ablauflogiken beider Arten von Dynamiken in Gang setzt und hält. Man muss daher fragen, wie sich die kollektive Mobilisierung des Handelns vieler oder gar aller Beteiligter auf die Linie der einen oder der anderen der beiden Dynamiken vollzieht. Für das Einzelhandeln können dabei alle Triebkräfte – Normkonformität, Nutzenverfolgung, Ausleben von Emotionen und Identitätsbehauptung – eine Rolle spielen. Dies voraussetzend, geht es hier darum zu erklären, wie Einzelhandeln in Beobachtungskonstellationen so *anschlussfähig* wird, dass daraus eine der beiden Arten von Dynamiken resultiert. Wie kommt es beispielsweise, dass irgendein Untertan in einem diktatorischen Regime seiner tiefen Unzufriedenheit in aufrührerischem Handeln Ausdruck verleiht, und dass er nicht allein damit bleibt, sondern den Anstoß zu massenhaften Unruhen gibt, die schließlich das Regime stürzen? Oder: Was sorgt dafür, dass eine bestimmte Schreibmaschinentastatur immer mehr Anhänger findet? Und wie kommt es, dass sie sich trotz besserer Alternativen dauerhaft zu halten vermag? Es geht also bei kollektiver Mobilisierung um Fragen des Anfangs und der Fortführung von Dynamiken der Abweichungsdämpfung und -verstärkung.

Diese Fragen sind insbesondere in Analysen kollektiven politischen Handelns gestellt worden; und aus derartigen Betrachtungen von Revolutionen oder sozialen Bewegungen stammen die nun anzusprechenden theoretischen Überlegungen hauptsächlich.[181] Zwei inhaltliche Verengungen dieser Analysen müssen hier überwunden werden. Es wird zum einen darum gehen, die Konzepte und Modelle so zu abstrahieren, dass sie etwa auch auf Partygespräche oder Sprachwandel übertragbar sind. Zum anderen stehen in Analysen kollektiven politischen Handelns eher Dynamiken der Abweichungsverstärkung im Vordergrund. Es wird gefragt, unter welchen Bedingungen sich die Kräfte des Wandels zu sammeln und durchzusetzen vermögen. Demgegenüber muss gleichermaßen auch der kollektiven Mobilisierung für Dynamiken der Abweichungsdämpfung nachgegangen werden.

---

181 Als immer noch hilfreichen gründlichen Literaturüberblick hierzu siehe Bader (1991). Eine anspruchsvolle und differenzierte theoretische Modellierung findet sich bei Marwell/Oliver (1993).

„Trittbrettfahrer" und die Unwahrscheinlichkeit kollektiver Mobilisierung

Als Ausgangspunkt bietet sich eine Überlegung von Mancur Olson (1965) zur Unwahrscheinlichkeit kollektiv organisierten Handelns in Interessenverbänden an. Warum gibt es zum Beispiel überhaupt Gewerkschaften? Olson versetzt sich in die Lage eines einzelnen Arbeitnehmers und erkennt, dass dieser sich in einem Dilemma [182] befindet. Auf der einen Seite ist dem Arbeitnehmer klar: Nur wenn sich genügend Arbeitnehmer gewerkschaftlich organisieren, können sie ihr gemeinsames Interesse an hohen Löhnen und guten Arbeitsbedingungen durchsetzen. Auf der anderen Seite profitieren von den Erfolgen der Gewerkschaft nicht nur deren Mitglieder, sondern alle Arbeitnehmer der betreffenden Branche. Hinsichtlich des eigenen gewerkschaftlichen Engagements sagt sich der Arbeitnehmer dann, dass es für ihn in jedem Fall rationaler ist, sich nicht zu engagieren. Denn wenn genügend andere sich engagieren, profitiert er als *„Trittbrettfahrer"* von deren Erfolgen mit; und wenn sich zu wenige engagieren, um etwas Substantielles zu erreichen, hat er selbst wenigstens nicht den Aufwand eines eigenen Engagements gehabt. Da sich dies aber alle Arbeitnehmer rationalerweise genauso sagen müssen, dürfte sich eigentlich keiner gewerkschaftlich engagieren – was für alle ein schlechteres Ergebnis darstellt, als wenn sie sich alle engagiert und dadurch für jeden etwas erreicht hätten.[183]

Aber unzweifelhaft gibt es Gewerkschaften – ebenso wie erfolgreiche Revolutionen oder äußerst gesprächige Partyrunden. Das von Olson herausgearbeitete Dilemma kollektiver Mobilisierung in Konstellationen wechselseitiger Beobachtung ist also nicht unüberwindlich. Es wird ganz im Gegenteil bei vielen Gelegenheiten tagtäglich und dauerhaft überwunden. Prüft man Olsons Analyse auf ihre expliziten und impliziten Voraussetzungen, kommt man Faktoren auf die Spur, die kollektive Mobilisierung in Dynamiken der Abweichungsdämpfung oder -verstärkung möglich machen.[184]

---

182 Auch hier handelt es sich spieltheoretisch betrachtet um ein „prisoner's dilemma".

183 Hier wird auch klar, warum die Arbeitgeber alle Arbeitnehmer, nicht bloß die gewerkschaftlich organisierten, an den Erfolgen der Gewerkschaften teilhaben lassen. Das kostet die Arbeitgeber zwar mehr. Aber sie halten dadurch die Mitgliedschaft der Gewerkschaften und damit deren Kampfkraft klein. Würden die Arbeitgeber nur die Gewerkschaftsmitglieder von deren Erfolgen profitieren lassen, trieben die Arbeitgeber die Arbeitnehmer in die Gewerkschaften hinein. Den Gewerkschaften wäre es durchaus recht, wenn nur ihre Mitglieder Lohnerhöhungen und bessere Arbeitsbedingungen erhielten. Doch die Gewerkschaften können die Arbeitgeber nicht daran hindern, diese Erfolge der Arbeitnehmerseite auch den Nicht-Gewerkschaftsmitgliedern zuteil werden zu lassen.

184 Siehe zu dieser Thematik auch Esser (2000 a: 199-224).

Mobilisierungsnutzen

Ein erster Faktor ist die Verlaufskurve des *Mobilisierungsnutzens.*[185] Der Nutzen, den das handelnde Zusammenwirken auf der Linie einer bestimmten Dynamik der Abweichungsdämpfung oder -verstärkung zu einem bestimmten Zeitpunkt für einen einzelnen Akteur abwirft, kann auf unterschiedliche Weise mit der Anzahl derer, die zu diesem Zeitpunkt bereits mobilisiert sind, zusammenhängen. Bei Olsons Fall ist es so, dass sich ein Nutzen erst dann einstellt, wenn eine kritische Masse an Akteuren mobilisiert ist. Es gibt also einen Schwellenwert, unterhalb dessen der Nutzen Null ist – und einmal fiktiv unterstellt, er läge in einer bestimmten Konstellation bei 30 Akteuren, dann ist es egal, ob zwei oder sieben oder 29 mobilisiert sind: Keiner hat etwas davon, bis sich der Dreißigste gefunden hat. Danach nimmt dann der Nutzen, so kann man bei Olson herauslesen, zunächst einmal proportional mit zunehmender Anzahl der mobilisierten Akteure zu. Dies geht allerdings nicht unbegrenzt so weiter. Irgendwann reicht die Kampfstärke der Gewerkschaft aus, so hohe Löhne und so gute Arbeitsbedingungen durchzusetzen, dass auch bei noch weiter gehender Mobilisierung der Arbeitnehmer keine zusätzliche Verbesserung mehr erreicht werden kann, weil dann die Arbeitgeber so ausgebeutet werden, dass sich für sie das Geschäft nicht mehr lohnt bzw. sie bankrott gehen.

Eine ähnliche Verlaufskurve gilt auch für Dynamiken der Abweichungsdämpfung bei der Ahndung von Normverstößen. Man nimmt die Kosten, die mit dem Sanktionieren eines Normbrechers für einen selbst verbunden sind, als rational kalkulierender Akteur nur dann auf sich, wenn man davon ausgeht, dass genügend andere in ähnlichen Situationen genauso reagieren werden. Dieses Kalkül ist eine der wesentlichen Ursachen für die heutzutage oft beklagte „Wegschau-Gesellschaft“. Warum soll ich beispielsweise Jugendlichen, die in der Straßenbahn ihre dreckigen Stiefel auf die Sitze legen, Einhalt gebieten und dafür vielleicht Anfeindungen oder körperliche Bedrohungen auf mich ziehen, wenn ich befürchten muss, dass ich womöglich fast der einzige bin, der dem Vandalismus entgegentritt!

Dies ist allerdings nur einer von mehreren möglichen Verläufen des Mobilisierungsertrags in Abhängigkeit von der Anzahl der mobilisierten Akteure. Bei diesem Verlauf stellt sich in der Tat das von Olson geschilderte Dilemma in der Weise, dass keiner rationalerweise den Anfang machen will. Denn er kann ja nicht wissen, ob sich genügend andere für eine kritische Masse mobilisieren lassen und wie lange das vielleicht dauert.

Anders sieht es hingegen aus, wenn der Mobilisierungsertrag gleich von Anfang an proportional zur Anzahl der Mobilisierten steigt oder sogar für die ersten Akteure auf einem hohen Niveau beginnt, um dann später lang-

185 Bei Marwell/Oliver (1993: 61/62) wird dies als „decelerating“ bzw. „accelerating production function“ der Kollektivgutproduktion behandelt.

samer zuzunehmen. Dann hat sogar derjenige, der als erster eine bestimmte Dynamik beginnt, schon einen nennenswerten Nutzen – selbst wenn er der Einzige bleibt. Der Siedler, der sich irgendwo niederlässt, hat etwas davon, das zu tun; es zahlt sich für ihn nicht erst dann aus, wenn mindestens fünf andere sich in der Nachbarschaft niedergelassen haben. Allerdings mag sein Nutzen dann noch größer sein – etwa wegen der Verteidigungsgemeinschaft. Gleiches gilt für einen Autofahrer, der sich darum bemüht, nicht mit anderen Autos zu kollidieren. Bereits sein eigenes Bemühen bringt ihm etwas; aber es bringt ihm noch mehr, wenn auch andere entsprechend Acht geben. Immer dort also, wo eine solche Verlaufskurve des Mobilisierungsertrags vorliegt, stellt sich Olsons Dilemma des Anfangs kollektiver Mobilisierung gar nicht.

Wieder anders sieht es aus, wenn die Kurve des Mobilisierungsnutzens so verläuft, dass dieser mit zunehmender Anzahl der mobilisierten Akteure abnimmt – entweder von Anfang an oder ab einem bestimmten Punkt. Doping ist solch ein Fall (Bette/Schimank 1995). Derjenige, der sich als Einziger dopt, hat einen großen Vorteil gegenüber ungedopten Konkurrenten. Je mehr sich hingegen dopen, desto geringer wird dieser Vorteil. Allerdings kann man dann dennoch nicht damit aufhören, weil man sich dadurch einen eklatanten Nachteil einhandelte. Das Olson-Dilemma des Anfangs stellt sich hier ebenfalls nicht; und die Akteure bleiben bei der Stange, obwohl es keinen Nutzen mehr für sie abwirft.

Letzteres ist hingegen bei Siedlungsentscheidungen anders. Ist ein Areal erst einmal so überlaufen, dass sich die ursprünglichen Vorteile der räumlichen Nähe in Nachteile ummünzen, lassen sich dort keine weiteren Siedler mehr nieder, sondern ziehen in noch unbesiedeltes Gebiet weiter. Auch in der Partyrunde ergibt sich beim Lancieren eines Themas ein bestimmter Punkt, jenseits dessen der Nutzen eines solchen Tuns rapide abnimmt – nämlich dann, wenn ein festes Thema installiert ist, das so viel Interesse auf sich zieht, dass keine Alternative erfolgversprechend erscheint. In diesem Fall besteht allerdings möglicherweise zusätzlich ein Problem des Anfangs: Die ersten, ziemlich zufällig in den Raum gestellten Themen werden mit großer Wahrscheinlichkeit abgeschmettert, weil alle darauf hoffen, auf noch etwas Interessanteres zu stoßen; erst wenn diese Hoffnung durch einige Themenangebote enttäuscht worden ist, reduzieren alle ihre Erwartungen und lassen sich dann bereitwillig auf etwas ein, was sie anfangs noch abgewehrt hätten. Hier liegt also der größte Mobilisierungsnutzen in der Mitte der Dynamik, womit sowohl das Olson-Dilemma als auch das Problem, dass die Dynamik der Abweichungsverstärkung ab einem bestimmten Punkt zum Erliegen kommt, auftreten kann.

Die Beschaffenheit der Verlaufskurve des Mobilisierungsnutzens kann also durchaus so sein, dass es ein Startproblem kollektiver Mobilisierung gibt. Das ist aber längst nicht immer so. In anderen Fällen kann ein im Zeitverlauf abnehmender Nutzen in einer späten Phase der Mobilisierung ein Fortsetzungsproblem hervorrufen.[186] Auch das muss aber nicht so sein. Eine soziologische Analyse kollektiver Mobilisierung hat sich also zu vergegenwärtigen, dass es viele mögliche Zusammenhänge zwischen dem Mobilisierungsnutzen für einen einzelnen Akteur und der Anzahl Mobilisierter gibt und dies jeweils geklärt werden muss.

Mobilisierungskosten

Ein zweiter Faktor, der die kollektive Mobilisierung mitbestimmt und sehr unterschiedlich beschaffen sein kann, sind die für jeden einzelnen Akteur anfallenden *Mobilisierungskosten.* In Olsons Fall sind diese Kosten erheblich, fallen also in der Gegenrechnung gegenüber dem Nutzen durchaus ins Gewicht. Man zahlt Gewerkschaftsbeiträge, muss sich womöglich als Streikender oder gar Streikposten exponieren, wodurch man eventuell seinen Arbeitsplatz riskiert, und kann vielleicht sogar für bestimmte Aktivitäten rechtlich belangt werden. Noch höher sind die Kosten für diejenigen, die sich als vereinzelte Oppositionelle gegen ein diktatorisches politisches Regime erheben. Erst mit einer sehr großen Anzahl mobilisierter Akteure sinken in diesem Fall die Mobilisierungskosten. Hunderttausende Protestierender lassen sich beispielsweise nicht ins Gefängnis werfen; und selbst bei willkürlichen Verhaftungen Weniger ist die Wahrscheinlichkeit für jeden Einzelnen, dass es gerade ihn trifft, gering. Dass die Mobilisierungskosten mit zunehmender Anzahl Mobilisierter sinken, während der Mobilisierungsnutzen gleichzeitig steigt, erklärt, warum sich etwa beim Umsturz in der ehemaligen DDR die Mobilisierungsdynamik ab einem bestimmten Punkt sprunghaft beschleunigte (Opp 1991; Tietzel et al. 1991).

In vielen anderen Fällen sind aber die Mobilisierungskosten für die einzelnen Akteure ziemlich gering, so dass sie dieser Faktor auch schon am Anfang der jeweiligen Dynamik nicht davon abhält, sich mobilisieren zu lassen. In einer schweigenden Partyrunde – um wieder dieses Beispiel heranzuziehen – etwas zu sagen, fällt wohl nur sehr schüchternen Menschen schwer; und das Risiko, sich zu blamieren, dürfte nicht sehr hoch sein. Ebenfalls geringe Kosten hat der erste Siedler, der sich an einem bestimmten Ort niederlässt. Er tut nur etwas, was er ohnehin vorhatte. Beim Sprachwandel können die Kosten je nach dem variieren. Wer aufhört, bestimmte Worte zu benutzen, weil sie zu Missverständnissen führen, hat höchstens die Kosten zu tragen, sich eine alternative Wortwahl zu überlegen – was aber nur für den Pionier gilt. Je später jemand aufhört, missverständliche Worte zu benutzen, desto höher sind seine Kosten, weil sein Risiko, bis dahin missverstanden zu werden, immer größer wird. Wer hingegen ein neues Wort oder eine neue Wortbedeutung propagiert, trägt zu-

186 Als Problem wird beides natürlich immer nur vom Gesichtspunkt kollektiver Mobilisierung bewertet. In vielen Fällen ist es ja nur gut, dass eine Dynamik der Abweichungsverstärkung oder -dämpfung gar nicht erst in Gang kommt oder ausläuft.

nächst hohe Kosten, missverstanden oder als „Sprachverwüster" gebrandmarkt zu werden – siehe etwa die Anfangsphasen vieler Modewörter der Jugendszene. Im Zeitverlauf nehmen diese Kosten dann rasch ab, sofern eine entsprechende Mobilisierung stattfindet.

Die Mobilisierungskosten können auch zwischen verschiedenen Akteuren der Konstellation variieren. So sind die Kosten des Dopings in vielen – nicht in allen – Hinsichten für international erfolgreiche Athleten einer Disziplin geringer als für weniger erfolgreiche. Die Erfolgreichen haben höhere Einnahmen aus Förder- und Sponsorengeldern, wodurch sie sich oft die effektiveren und schwerer nachweisbaren Dopingmittel leisten können, die für weniger erfolgreiche Athleten unerschwinglich sind. Auch entlegene Trainingsorte stehen den Erfolgreichen eher offen. Zudem sind die Erfolgreichen besser in internationale Netzwerke der Dopingbeschaffung integriert, so dass sie leichter an die Mittel herankommen. Schließlich sind die Erfolgreichen von einer größeren Unterstützungscrew umgeben, die sie auch gegenüber Dopingkontrollen abschirmen kann. Dem steht allerdings gegenüber, dass die Erfolgreichen häufiger kontrolliert werden. Insgesamt dürften sich die Erfolgreichen aber aufgrund der geringeren Dopingkosten eher zum Doping entscheiden, also auch in der kollektiven Mobilisierung den Anfang machen.

Die Mobilisierungskosten für den einzelnen Akteur können somit ebenfalls variieren. Insbesondere dann, wenn sie bereits am Anfang niedrig sind, stehen sie einer kollektiven Mobilisierung nicht im Wege.

Nexus von Mobilisierungsnutzen und eigenem Mobilisiertsein

Ein dritter Faktor, der berücksichtigt werden muss, ist das Ausmaß, in dem für jeden Akteur ein sachlicher oder sozialer Nexus von Mobilisierungsnutzen und eigenem Mobilisiertsein besteht. In Olsons Fall ist kein solcher Nexus vorhanden. Auch diejenigen, die der Gewerkschaft oder sozialen Bewegung nicht angehören und sich zum Beispiel nicht an Streiks und Demonstrationen beteiligt haben, gehören zu den Nutznießern dessen, was das kollektive Handeln erreicht hat. Gleiches gilt für die Ahndung von Normbrüchen. Auch diejenigen, die sich an Sanktionierungsmaßnahmen nicht beteiligen, weil sie zum Beispiel die Kosten scheuen, profitieren davon, dass andere Handelnde Normverstöße rigoros sanktionieren und so potentielle Normbrecher abgeschreckt werden. Und auch diejenigen Gäste in der Partyrunde, die sich nicht an der Suche nach einem gemeinsamen Gesprächsthema beteiligen, sondern schweigend dabeigesessen haben, als andere das Gespräch ins Laufen brachten, genießen nun den Vorteil, dass sie sich passiv oder aktiv an einem interessanten Gespräch beteiligen können.

In anderen Fällen besteht aber ein Nexus derart, dass nur derjenige, der selbst mobilisiert ist, am Mobilisierungsnutzen teilhat. Dies wird vor allem dadurch erreicht, dass entsprechende soziale Regelungen diesen Nutzen zu einem „Clubgut" machen (Buchanan 1965). Das wäre etwa dann der Fall, wenn nur die Gewerkschaftsmitglieder oder nur die Streikbeteiligten die erkämpfte Lohnerhöhung erhielten. Dann fiele die von Olson betonte Haltung des „Trittbrettfahrens" weg.[187] Teilweise laufen Bürgerinitiativen auf solch einen Nexus hinaus. Beispielsweise werden manchmal nur die Kinder derjenigen, die sich in ihrem Wohnviertel für einen Kinderladen engagiert haben, dort aufgenommen, falls das Engagement erfolgreich war. Insbesondere wenn der Mobilisierungsnutzen nicht darin besteht, dass man einer anderen Seite Zugeständnisse abringt, die sie dann aber auch weiteren Akteuren gewähren kann, sondern darin, dass diejenigen, die mobilisiert sind, sich gemeinsam etwas erarbeiten, was sie anderen vorenthalten können, lässt sich ein solcher sozialer Nexus von Mobilisierungsnutzen und Mobilisiertsein herstellen. Eltern von kleinen Kindern können ja beispielsweise auch eine Kinderbetreuung organisieren, bei der die Betreuungsaufgabe reihum wechselt und nur diejenigen ihre Kinder zur Betreuung abgeben dürfen, die selbst bereit sind, regelmäßig die Kinder der anderen mitzubetreuen.

In manchen Fällen kann der Nexus zwischen Mobilisierungsnutzen und Mobilisiertsein auch sachlicher Natur sein. Das ist dann, aber auch nur dann der Fall, wenn die Realisierung des Mobilisierungsnutzens erfordert, dass alle Akteure sozusagen mitziehen. Schert auch nur einer aus, haben nicht nur die anderen sich vergeblich engagiert; auch er selbst kann deshalb dann nicht parasitär von ihrem Engagement profitieren. Ein Beispiel dafür wäre eine Sprinterstaffel, die in einer harten Konkurrenz mit einer anderen um den Weltmeistertitel kämpft, so dass jedem Staffelmitglied bewusst ist, dass man nur dann Erfolgschancen hat, wenn jeder sein Letztes gibt. Wären die Konkurrenten schwächer, könnte man vielleicht auch dann noch siegen, wenn ein Staffelmitglied es etwas lockerer angehen ließe.[188] Dieses Mitglied könnte mit geringerer eigener Anstrengung den gleichen Nutzen für sich erzielen wie die anderen – nämlich auf deren Kosten. Auch wenn eine Gruppe von Akteuren bei einem Kräftemessen mit einem Kontrahenten – zum Beispiel die Mieter eines Hauses gegenüber dem Vermieter – die Lage so einschätzt, dass sie nur dann realistische Erfolgschancen besitzt, wenn alle an einem Strang ziehen, ist ein sachlicher Nexus gegeben. Ein Grenzfall hierfür sind Dyaden – zum Beispiel zwei Personen, die sich zum Essen treffen. Wenn nicht beide darum bemüht sind, ein gemeinsames Gesprächsthema zu finden und fortzuspinnen, wird dies für beide ein höchst unangenehmes Treffen.

---

187 Da die Gewerkschaften es den Arbeitgebern nicht verbieten können, auch die „Trittbrettfahrer" an den gewerkschaftlichen Erfolgen partizipieren zu lassen, setzen viele Gewerkschaften verschiedene Arten von „selektiven Anreizen" ein, um Mitglieder zu werben und zu halten – also nur Mitgliedern gewährte Leistungen wie z.B. arbeitsrechtliche Beratung oder Weiterbildung (Olson 1965: 49/50, 71-74). Solche sekundären „Clubgüter" können dann auch diejenigen mobilisieren, die zunächst einmal zum „Trittbrettfahren" neigen.

188 Wobei sich dies dann alle sagen könnten, so dass man sogar gegen eindeutig unterlegene Konkurrenten verlöre.

Dieser sachliche Nexus zwischen Mobilisierungsnutzen und eigenem Mobilisiertsein gilt wohlgemerkt nur dann, wenn eine totale Mobilisierung aller Akteure erforderlich ist. Viele Akteurkonstellationen sind allerdings so beschaffen, dass es auf der einen Seite ein Segment von Akteuren gibt, bei denen es für die Realisierung des Mobilisierungsnutzens ausreicht, wenn nur ein Teil von ihnen mobilisiert wird; auf der anderen Seite findet sich ein – oftmals nur kleines – Segment von Akteuren, die allesamt mobilisiert werden müssen. Solche Unersetzbarkeit kann beispielsweise auf exklusiven Fähigkeiten beruhen, die für den Mobilisierungserfolg vonnöten sind. Wenn sich zum Beispiel die Bewohner eines Stadtviertels zu einer Bürgerinitiative gegen Fluglärm zusammenschließen, ist zum einen klar, dass eine gewisse kritische Masse erreicht werden muss, um auf die politischen Entscheidungsträger Eindruck zu machen. Wer von den Bewohnern sich aber im Einzelnen mobilisieren lässt und wer passiv bleibt, ist dafür egal. Nicht egal ist aber, ob sich derjenige Bewohner, der ein herausragendes rhetorisches Talent und Verhandlungsgeschick besitzt, engagiert oder nicht. Mit ihm kann die ganze Sache stehen und fallen. Ebenfalls wichtig ist vielleicht auch, ob der im Viertel ansässige Druckereibesitzer mitmacht oder nicht, weil die Möglichkeit, Flugblätter zu einem erschwinglichen Preis herzustellen, davon abhängen mag. Solche schwer oder gar nicht ersetzbaren Akteure bestimmen den Mobilisierungsnutzen auf doppelte Weise: Werden sie nicht mobilisiert, sinkt die Chance, den Mobilisierungsnutzen zu realisieren, drastisch, im Extremfall auf Null; und dies wissend werden viele andere Akteure die eigene Entscheidung, sich mobilisieren zu lassen, von der Entscheidung dieser Schlüsselfiguren abhängig machen.

Nicht instrumentell-eigennützige Handlungsmotive

Die bisher angesprochenen Faktoren, die die kollektive Mobilisierung in Dynamiken der Abweichungsdämpfung oder -verstärkung bestimmen, teilen mit Olsons Ausgangsüberlegung die Unterstellung, dass die jeweiligen Akteure rational nutzenorientiert auftreten und als Nutzen dabei allein der Endnutzen der jeweiligen Strukturdynamik für den betreffenden Akteur selbst zählt. Diese Unterstellung muss nun aufgehoben werden, so dass nicht am instrumentellen Eigennutz orientierte Handlungsmotive in den Blick geraten. Solche Handlungsmotive spielen in vielen Akteurkonstellationen eine gewichtige Rolle und können die kollektive Mobilisierung in erheblichem Maße mitbestimmen, wodurch wiederum Olsons Dilemma nicht zum Tragen kommt.[189]

189 Olson (1965: 59-64) selbst stellt dies im Übrigen auch in Rechnung, wenn er auf die Bedeutung normativer und emotionaler Beweggründe, sich mobilisieren zu lassen, zu sprechen kommt.

Im Einzelnen lassen sich sechs solcher anderen Handlungsmotive – die sowohl mit instrumentellem Eigennutz als auch untereinander in vielfältigen Mischungsverhältnissen auftreten können – analytisch unterscheiden:

- Es kann ein *konsumatorischer* Eigennutz in Gestalt der „in-process benefits" kollektiver Mobilisierung vorliegen.[190] Nicht wenigen macht es einfach auch Spaß, sich zum Beispiel in einer Bürgerinitiative zu engagieren oder sich als Hüter der gesellschaftlichen Normen oder eines korrekten Sprachgebrauchs zu betätigen; und die Faszination von einer neuen Technik wie etwa „Microsoft Vista" kann jemanden dazu bringen, als Pioniernutzer hohe Kosten auf sich zu nehmen und den Diffusionsprozess in Gang zu setzen. Je mehr Akteure in einer Konstellation einen solchen konsumatorischen Eigennutz ihres Engagements empfinden, desto leichter werden Start- und Fortsetzungsprobleme überwunden.
- Die instrumentelle Nutzenorientierung von Akteuren kann sich *altruistisch* auch oder sogar vorrangig auf den Nutzen der anderen Akteure in der Konstellation erstrecken. Eine solche „Gemeinwohlorientierung" vermag ebenfalls dazu beizutragen, kollektive Mobilisierung jenseits von Eigennutzerwägungen zu erzeugen und aufrechtzuerhalten.[191] Wer etwa sein persönliches Wohlbefinden mit dem der eigenen Kinder, der guten Freunde, der Klasse oder Nation verknüpft, engagiert sich auch bei Dingen, die ihn direkt gar nicht betreffen.
- Akteure können *normorientiert* handeln. Entsprechende Normen können sie dazu anhalten, für eine „gute Sache" wie etwa den Weltfrieden oder den Schutz der Umwelt auf die Straße zu gehen, selbst wenn kaum ein anderer mitziehen sollte. Bei Jon Elster (1989b: 192/193) sind dies die „everyday Kantians", die – entsprechend Immanuel Kants kategorischem Imperativ – so handeln, dass ihr Handeln Richtschnur eines allgemeinen Gesetzes sein könnte. Die Normen können internalisiert sein, oder sie können durch soziale Bezugsgruppen vermittelt und überwacht werden. Wer sich zum Beispiel in einem Wohnviertel dem allgemeinen Engagement in einer Bürgerinitiative verweigert, mag so unter der sozialen Ächtung leiden, dass er sich trotz hoher persönlicher Kosten und ungewissen Nutzens anschließt. Ähnlich erklärt sich, dass in nicht wenigen Betrieben so gut wie alle Arbeitnehmer gewerkschaftlich organisiert sind.[192] Normbefolgung kann also Akteure jenseits ihres Eigennutzes mobilisieren.

---

190 Mit Jan Huizinga (1938) könnte man dann vielfach davon sprechen, dass jemand sich als „homo ludens" engagiert.

191 Nicht selten steckt freilich hinter solchem Altruismus letztlich ein aufgeklärter, langfristig kalkulierender Egoismus. Zum einen mag sich ein Akteur klar machen, dass sein eigenes Wohlergehen in bestimmten Hinsichten – manchmal sehr indirekt, aber nichtsdestoweniger signifikant – vom Wohlergehen der anderen abhängt. Zum anderen mag er auf Reziprozität setzen – also darauf, dass seine Hilfsbereitschaft zukünftige Hilfsbereitschaft der anderen ihm gegenüber erzeugt.

192 Wenn dann im Zuge der Mitbestimmung Gewerkschaftsvertreter auch an Entscheidungen zur Beförderung von Mitarbeitern beteiligt sind, verfügen sie über

- Akteure können durch Beweggründe der *Identitätsbehauptung* mobilisiert werden. Dies gilt etwa für Gewissenstäter, die oft wichtige Rollen in sozialen Bewegungen spielen und sich auch dann, wenn eine Sache aussichtslos erscheint, nicht beirren lassen. Neben solchen normativen Selbstansprüchen wirken oft auch evaluative Selbstansprüche auf gleiche Weise. Wer etwa für sich einen bestimmten Lebensstil – zum Beispiel als Hippie oder als Angehöriger des „Niveaumilieus" (Schulze 1992) – beansprucht, kann dadurch dazu getrieben werden, ihn in seiner Selbstdarstellung offensiv zu vertreten, etwa in Kleidung oder Wahl von Gesprächsthemen, auch wenn er nicht in jedem Umfeld dafür Verständnis erwartet. Insbesondere solche Personen, die ihre Identität darin finden, dass sie bei allen neuen gesellschaftlichen Entwicklungen zur Avantgarde gehören, können wichtige Pioniere von Dynamiken der Abweichungsverstärkung sein – ob es nun um Moden (Schnierer 1995), Lebensstile oder politische Forderungen geht. Jon Elster (1989b: 203) nennt diese Personengruppe die „elite participationists".
- Akteure können durch *emotionale* Handlungsantriebe mobilisiert werden; und da emotionales Handeln in erheblichem Maße „cost-indifferent" (Flam 1990a: 43-45) ist, können so orientierte Akteure sich wiederum über Erwägungen des instrumentellen Eigennutzens hinwegsetzen. Insbesondere als Initialzündung kollektiver Mobilisierung können Emotionen wirken – etwa die allgemeine Empörung über eine als willkürlich und ungerecht empfundene staatliche Maßnahme. Aber auch chronische emotionale Gestimmtheiten, beispielsweise Neid- oder Angstgefühle gegenüber bestimmten Ausländergruppen, die angeblich den Sozialstaat ausnutzen und fremdartige Lebensstile praktizieren, können eine kollektive Mobilisierung immer weiter tragen, selbst wenn kaum ein Mobilisierungsnutzen besteht und erhebliche Mobilisierungskosten anfallen.
- Sobald einmal eine kritische Masse an Mobilisierten erreicht ist, gesellen sich ihnen schließlich auch noch solche Akteure hinzu, deren Handlungsmotiv nichts anderes als *Imitation* ist.[193] Jon Elster (1989b: 203/204) nennt sie „mass participationists". Dahinter kann zum einen wiederum ein Streben nach Normkonformität stehen: Man tut, was „alle" tun, weil das ja wohl das ist, was sich gehört. Dahinter mag in manchen Fällen auch ein gewisses Fairnessmotiv stehen: Wenn man weiß, dass man am Mobilisierungsnutzen teilhaben wird, fühlt man sich dazu verpflichtet, dann auch seinen Teil der Mobilisierungskosten auf sich zu nehmen (Elster 1989b: 187/188). Zum anderen kann die Nachahmung dessen, was viele tun, auch einem Nutzendenken entspringen. Eher unreflektiert mag man sich sagen, dass so viele sich wohl nicht irren können; und stra-

---

noch bessere Sanktionsmittel gegenüber denjenigen, die sich der „gemeinsamen Sache" verweigern, aber parasitär an den erzielten Erfolgen partizipieren.

193 Dies spielt z.B. bei der Ausbreitung von Kleidungsmoden eine Rolle (Schnierer 1995).

tegisch kann man kalkulieren, dass es schädlich sein könnte, nicht mitzuziehen, weil man sich vielleicht unbeliebt macht.

Natürlich können all diese anderen Handlungsmotive, ebenso wie instrumenteller Eigennutz, Akteure auch demobilisieren. Beispielsweise mag Normorientierung einen Athleten davon abhalten, sich auf eine Dynamik der Abweichungsverstärkung in Richtung eines um sich greifenden Dopings einzulassen. Er bleibt dann – und sei es als Einziger – „sauber" und verliert lieber, als zu betrügen. Oder jemand kann eine so tiefe emotionale Abneigung gegen „den Mob" hegen, dass er sich entgegen seinem instrumentellen Eigeninteresse und vielleicht auch entgegen seiner Identität nicht dazu durchringen kann, sich einer aufrührerischen Menge anzuschließen. Aber im vorliegenden Zusammenhang kommt es umgekehrt auf den Hinweis an, dass solche Handlungsmotive eine kollektive Mobilisierung auch dann bewirken können, wenn instrumenteller Eigennutz nicht dafür ausreichen würde.

Vor allem Elster (1989 b: 202-214) macht darauf aufmerksam, dass im Verlauf einer Dynamik der Abweichungsdämpfung oder –verstärkung die kollektive Mobilisierung jeweils durch ein anderes Mischungsverhältnis der benannten Handlungsmotive geprägt sein kann. So skizziert er für den Fall eines Olson-Dilemmas, bei dem am Anfang ein geringer Mobilisierungsnutzen bei hohen Mobilisierungskosten vorliegt und auch kein Nexus zwischen Mobilisierungsnutzen und Mobilisiertsein besteht, u.a. folgendes Mobilisierungsszenario: „At the beginning, there are everyday Kantians, who are soon joined by elite participationists." Wenn diese beiden Motivarten so viele Akteure mobilisieren, dass das kollektive Handeln Nutzen abzuwerfen beginnt, „... the utilitarians come on board." Weiter:

> „If they are sufficiently numerous, the elite participationists begin to drop out and the mass participationists begin to join in successive waves. ... If utilitarians and mass participationists are between them numerous enough to offset the loss of the elitists, the threshold may be attained at which successive waves of people motivated by the norm of fairness also come on board."

Irgendwann sind dann so viele dabei, dass sich für die „utilitarians" das „Trittbrettfahren" lohnt, so dass sie wieder aussteigen. Dann verzweigt sich das Szenario:

> „What then happens depends on the precise mix of motivations. It could be that the loss of the utilitarians will leave the people motivated by fairness unaffected, since they can sustain each other once they have been brought out. The utilitarians will be, so to speak, the ladder which they can kick away behind themselves. It could also happen, however, that without the ladder they will fall down. When the utilitarians withdraw, the number of cooperators will become too small to sustain the norm of fairness, and the whole movement will collapse." (Elster 1989 b: 204)

Ähnliches könnte und müsste man für Fälle durchdenken, bei denen die ersten drei der hier behandelten Bestimmungsfaktoren kollektiver Mobilisierung anders gelagert sind als in Olsons Ausgangsüberlegung.

Schließlich ist auch noch in Rechnung zu stellen, dass gelegentlich in Beobachtungskonstellationen einzelne dazugehörige oder – häufiger – externe Akteure bereits Einflusspotentiale einsetzen, um eine kollektive Mobilisierung voranzutreiben oder auch zu verhindern. Dies bleiben primär Beobachtungskonstellationen, weil die allermeisten Akteure ihr Handeln daran ausrichten, was sie als Handeln der anderen wahrnehmen, ohne Einfluss auszuüben oder miteinander zu verhandeln; doch in das, was sich aus wechselseitiger Beobachtung ergibt, wirken gezielte Beeinflussungen durch Macht oder Geld oder andere generalisierte Einflusspotentiale hinein. In manchen Ländern zwingt beispielsweise der Staat die Arbeitnehmer, Gewerkschaftsmitglieder zu werden. Unter diesen Umständen tritt das Olson-Dilemma natürlich nicht auf. Anderswo sind Gewerkschaften verboten, was die kollektive Mobilisierung mit einem hohen Kostenfaktor versieht. Auch die Niederlassung von neuen Siedlern an einem ganz bestimmten Ort kann staatlich gesteuert werden – etwa durch finanzielle Anreize in Form von Subventionen oder Steuerermäßigungen. Manchmal gehört ein seine Einflusspotentiale einsetzender Akteur auch selbst zur Konstellation – wenn etwa ein großer Schreibmaschinenhersteller denjenigen Schreibmaschinenschulen, die nur Maschinen mit QWERTY-Tastatur benutzen, Preisnachlässe auf seine Produkte gewährt, um einen Konkurrenten, der eine andere Tastatur auf dem Markt durchsetzen will, abzuwehren.

Schwellenwerte der Mobilisierungsbereitschaft

Damit sind die verschiedenen Faktoren dargelegt, die dafür sorgen, dass die kollektive Mobilisierung zu einer Dynamik der Abweichungsdämpfung oder Abweichungsverstärkung zustande kommt oder ausbleibt. Evident ist allerdings, dass nicht alle Akteure gleichzeitig mobilisiert werden, sondern sich dies sequentiell vollzieht. Genau das macht ja die herausgearbeiteten Dynamiken in Konstellationen wechselseitiger Beobachtung aus. Handelten alle gleichzeitig, könnte keiner sich an einem anderen ausrichten.[194] Irgendeiner macht den Anfang, und andere, die das wahrnehmen, schließen sich an, usw. Aber warum macht ein bestimmter Akteur und kein anderer den Anfang, und warum folgen andere sehr schnell, wieder andere hingegen erst dann, wenn schon sehr viele mobilisiert sind? Dies lässt sich mit Mark Gra-

194 Spieltheoretisch könnte man hier den Unterschied zwischen sequentiellen und simultanen Spielen betrachten (Dixit/Nalebuff 1991: 34-85). Allerdings ist indirekte wechselseitige Beobachtung durch Antizipation simultan. Das gilt jedoch nur für „one-shot games". Bei iterativen Spielen, wenn die Akteure also mehr als einmal aufeinander bezogen handeln, geht die Wahrnehmung des vergangenen Handelns des Gegenübers in die Antizipation seines zukünftigen Handelns ein.

novetter (1978) dadurch erklären, dass die verschiedenen Akteure einer Konstellation unterschiedliche Schwellenwerte der Mobilisierungsbereitschaft aufweisen.

Dieser Schwellenwert bemisst sich für einen bestimmten Akteur in der Anzahl anderer Akteure, die bereits mobilisiert sein müssen, bevor er sich mobilisieren lässt. Viele steigen erst ein, wenn schon die Hälfte der Beteiligten, andere sogar erst, wenn fast alle mobilisiert sind; manche hingegen lassen sich bereits mobilisieren, wenn noch fast oder gar keiner mobilisiert ist. Der jeweilige Schwellenwert eines Akteurs hängt zum einen davon ab, wie die bereits angesprochenen Mobilisierungsfaktoren bei ihm ausgeprägt sind: Mobilisierungsnutzen und -kosten, Nexus zwischen Mobilisiertsein und Mobilisierungsnutzen sowie die Art des Handlungsantriebs. All das kann mehr oder weniger stark zwischen den Akteuren differieren. So bedeutet etwa das Risiko, wegen einer Streikbeteiligung gekündigt zu werden, für einen älteren Arbeitnehmer, der schwerer eine neue Stellung findet, einen höheren Kostenfaktor als für einen jüngeren. Zum anderen wird der Schwellenwert aber auch noch durch weitere Merkmale des Akteurs bestimmt – u. a. sein Anspruchsniveau und seine Risikoneigung. Bei Personen sind solche Größen vielfach nur psychologisch zu erfassen; bei überindividuellen Akteuren können sie auch auf soziale Faktoren, zum Beispiel den Modus kollektiven Entscheidens, zurückgeführt werden.

Über Granovetter hinausgehend müssen bei vielen Strukturdynamiken auch Schwellenwerte des Demobilisiertwerdens bedacht werden. Wenn etwa der Mobilisierungsnutzen mit wachsender Anzahl der Mobilisierten ab einem bestimmten Punkt abnimmt, werden „utilitarians" – wie angesprochen – zu dem Schluss gelangen, auszusteigen. Ähnliches gilt für die „elite participationists", sobald eine massenhafte Mobilisierung erreicht ist.

Granovetter arbeitet als wichtige Voraussetzung dafür, dass eine kollektive Mobilisierung in Gang kommt und weiterläuft, heraus, dass in der Gesamtpopulation der Akteure die Schwellenwerte gleichmäßig verteilt sein müssen. So muss es unbedingt Akteure geben, die sich mobilisieren lassen, auch wenn noch keine anderen mobilisiert sind; andernfalls passiert überhaupt nichts. Wenn diese Akteure die Dynamik in Gang bringen und zum Beispiel ein Mobilisierungsgrad von 10 % erreicht ist, aber der Rest der Population nur aus Akteuren besteht, deren Schwellenwerte bei 20 % und höher liegen, dann geht die kollektive Mobilisierung nicht weiter, und die Dynamik kommt zum Erliegen. Die Kette der Schwellenwerte darf sozusagen nicht reißen.

Am günstigsten für eine kollektive Mobilisierung ist es natürlich, wenn möglichst viele Akteure in der Konstellation möglichst niedrige Schwellenwerte aufweisen, weil dann die Wahrscheinlichkeit, dass die Kettenreaktion nicht weiterläuft, am geringsten ist. Granovetters Überlegung vermag jedenfalls zu erklären, warum zum Beispiel an einem Ort ein wilder Streik ausbricht, während andernorts unter ansonsten scheinbar gleichen Bedingungen – man kann den Leuten ihre Schwellenwerte ja nicht einfach am Gesicht ablesen – nichts passiert oder der Streik in den ersten Anfängen steckenbleibt, oder warum sich in einer Population von Ärzten ein neues Medikament schnell ausbreitet, während es anderswo versandet.

Zusammenfassung und Vorschau

Konstellationen wechselseitiger Beobachtung sind die elementarste Form von Akteurkonstellationen, die sich in verschiedenen Varianten antreffen lassen. In solchen Konstellationen sorgen Dynamiken der Abweichungsdämpfung für die Erhaltung bestehender sozialer Strukturen, Dynamiken der Abweichungsverstärkung für den Aufbau und die Veränderung sozialer Strukturen. Der Ablauf dieser für Beobachtungskonstellationen typischen Strukturdynamiken kann mit verschiedenen theoretischen Konzepten erfasst werden, die in diesem Kapitel vorgestellt wurden. Als eine Voraussetzung für den Verlauf des Handelns auf der Linie einer abweichungsdämpfenden oder -verstärkenden Dynamik wurde die kollektive Mobilisierung angesprochen, die durch Mobilisierungsnutzen und -kosten, Nexus zwischen Mobilisiertsein und Mobilisierungsnutzen, verschiedene Handlungsantriebe sowie Schwellenwerte der Mobilisierung bestimmt wird.

Zum Schluss sei in Vorschau auf das Folgende noch darauf hingewiesen, dass in Beobachtungskonstellationen bereits vereinzelt Beeinflussung oder auch Verhandlung vorkommen kann; diese sind aber definitionsgemäß in Beobachtungskonstellationen nicht die vorherrschenden Modi der Handlungsabstimmung. Umgekehrt wird sich im Weiteren zeigen: Auf wechselseitiger Beobachtung beruhende Dynamiken der Abweichungsdämpfung und Abweichungsverstärkung können auch in den anderen Arten von Akteurkonstellationen wirken. Es wird nun also schrittweise komplizierter – wobei die Betrachtung der beiden anderen Arten von Akteurkonstellationen in den nächsten zwei Kapiteln jeweils analytisch auf die Nutzung von Einflusspotentialen bzw. bindenden Vereinbarungen fokussieren wird, also den Unterbau an Beobachten bzw. Beobachten und Beeinflussen oft nur stillschweigend voraussetzen kann.

9. Strukturdynamiken in Beeinflussungskonstellationen

Dieses Kapitel spezifiziert die Überlegungen zum Zusammenhang zwischen Akteurkonstellationen und den in ihnen angelegten Strukturdynamiken für Konstellationen wechselseitiger Beeinflussung. Im ersten Abschnitt wird geklärt, welche Arten sozialen Einflusses es gibt und wie sie auf je unterschiedliche Weisen wirken. Der zweite Abschnitt beleuchtet, wie in diesen Akteurkonstellationen wechselseitig Einfluss ausgeübt wird, wie sich also die Einflusspotentiale mehrerer Akteure miteinander verzahnen, und welche Dynamiken dabei wirksam werden. Der dritte Abschnitt stellt schließlich dar, wie Beeinflussung soziale Struktureffekte hervorbringen kann und so zu Aufbau, Erhaltung oder Veränderung bestimmter sozialer Strukturen beiträgt.

9.1 Konstellationen wechselseitiger Beeinflussung

Akteure können oftmals mehr, als einander lediglich wechselseitig zu beobachten und daraus ihre Schlüsse für eigenes Handeln zu ziehen. Zur wechselseitigen Beobachtung kann wechselseitige Beeinflussung hinzukommen. Wenn man weiß, dass man beobachtet wird, kann man sein Handeln – wie im letzten Kapitel dargestellt – auch als Signalisierung gegenüber den anderen anlegen. Ungewollt und unbemerkt tun wir so etwas ohnehin ständig. Im Alltagssprachgebrauch zählt dies daher auch schon als Beeinflussung. Doch würde man jede Mitprägung des Handlungsspielraums eines anderen als Beeinflussung bezeichnen, liefe das auf eine heillose Inflationierung dieses Begriffs hinaus – und auf eine völlige Überbewertung des wechselseitigen Einflusses von Akteuren. Hier wird der Begriff deshalb enger verwendet. Eine Konstellation wechselseitiger Beeinflussung liegt erst dann vor, wenn die Handlungsabstimmung der beteiligten Akteure durch den *gezielten Einsatz von Einflusspotentialen* stattfindet: Man kann seinem Gegenüber beispielsweise Geld anbieten, damit es bestimmte Dinge tut oder unterlässt, oder man kann ihm mit Prügel drohen oder ihm ins Gewissen reden. In all diesen Fällen lässt man das eigene Handeln nicht einfach als beobachtetes für sich selbst sprechen, sondern unterstreicht es dadurch, dass man es mit der einen oder anderen Art von Einfluss verbindet. Das Einflusspotential eines Akteurs hängt dabei davon ab, über welche Arten des Einflusses er verfügt und inwieweit er in der Lage ist, diese auch einzusetzen. Klar ist freilich, dass auch Einflusshandeln beobachtet werden muss, weil es nur so wirken kann. Konstellationen wechselseitiger Beeinflussung setzen also wechselseitige Beobachtung voraus.

Sozialer Einfluss

Was *sozialen Einfluss* in seiner grundsätzlichen und angestrebten Wirkung ausmacht, ist die Einschränkung der Handlungsalternativen des Gegenübers.[195] Es geht darum, dem oder den anderen ein Handeln abverlangen zu können, das sie von sich aus nicht gewählt hätten – es geht also um Fügsamkeit. Machtausübung bietet dafür die augenfälligsten Beispiele. So augenfällig, dass Einfluss umgangssprachlich und auch in der sozialwissenschaftlichen Begrifflichkeit oft mit Macht in eins gesetzt wird! Dann spricht man etwa davon, dass Wissen Macht sei oder dass die Abhängigkeit des Liebenden vom Geliebten diesem Macht gebe.[196]

Wie stark durch Beeinflussung das Handeln des Gegenübers eingeschränkt wird, kann variieren. An dem einen Extrem liegt ein solcher Einfluss, der darauf abzielt, dass der andere ein ganz bestimmtes Handeln *ausführt*. So soll zum Beispiel das Kind hier und jetzt seine Suppe aufessen, und die Mutter verspricht ihm dafür, dass es später ein Eis bekommt. Das andere Extrem bildet ein Einfluss, der sich darauf beschränkt, den anderen dazu zu bringen, dass er ein ganz bestimmtes Handeln nicht ausführt, also *unterlässt*, ansonsten aber tun und lassen kann, was er will. In diese Richtung geht es beispielsweise, wenn mich überhaupt nicht interessiert, wie mein Nachbar seine Freizeit verbringt – außer, dass er in seiner Wohnung keinen meine Ruhe störenden Lärm macht. Dazwischen bewegen sich Einflussnahmen, die darauf abzielen, dass das Handeln des Gegenübers sich innerhalb eines festgelegten, mehr oder weniger breiten Korridors bewegt bzw. nicht bewegt. Eine Geschwindigkeitsbegrenzung auf einer Straße verbietet den Autofahrern ein bestimmtes Handlungsspektrum – nämlich beispielsweise alle Fahrgeschwindigkeiten, die schneller als 100 km/h liegen. Aber wie schnell ein Autofahrer unterhalb dieses Limits fährt, kann er selbst bestimmen.

Man könnte annehmen, es sei immer schwerer, jemanden zu einem bestimmten Aktivhandeln als zu einem bestimmten Unterlassen zu bewegen. Doch wenn dem anderen sehr daran gelegen ist, gerade das zu tun, was mich stört, werde ich viel mehr auf ihn einwirken müssen, als wenn er noch offen für vieles ist und dann leicht auf ein Handeln eingeht, das ich ihm

---

195 Einfluss liegt somit nur dann vor, wenn die Einschränkung des Handlungsspielraums des Gegenübers gezielt, also intendiert, geschieht – so auch McFarland (1969: 12-14) bezüglich Macht.

196 Siehe als ein Beispiel für viele die als „Machtstudien" titulierten, äußerst feinfühligen Analysen von Rainer Paris (1998 a), in denen es auch etwa um „Sachverständigkeit" oder Liebe oder Loben als Quellen sozialen Einflusses geht.

vorschlage – wenn ich zum Beispiel in eine ganz bestimmte Kneipe möchte und es dem Freund relativ egal ist, wohin wir gehen.

Ein besonderer Fall von sozialem Einfluss liegt dann vor, wenn der andere durch meine Beeinflussung überhaupt erst dazu *befähigt* wird, dasjenige Aktiv- oder Unterlassungshandeln zu praktizieren, das ich von ihm will. Beispielsweise will ein Lehrer einen älteren Schüler dazu anhalten, die jüngeren Schüler zu beaufsichtigen, und muss ihm für diese Aufgabe bestimmte Machtbefugnisse übertragen; oder ich bewege mein Kind nur so dazu, endlich etwas anderes zu tun, als ständig vor dem Fernseher zu hocken, indem ich ihm ein spannendes Buch kaufe. Hier werden die Handlungsmöglichkeiten des anderen durch sozialen Einfluss erweitert. Er vermag nun Dinge zu tun, die er vorher nicht tun konnte. Auch diese spezifische Erweiterung des Handlungsspielraums läuft aber im – angestrebten – Ergebnis darauf hinaus, dass dieser insgesamt gezielt eingeschränkt wird.

Arten sozialen Einflusses

Prinzipiell gibt es vielerlei Arten, wie ein Akteur einen anderen beeinflussen kann. Einleitend wurde schon auf *Geld*, physische *Gewalt* und *moralische Appelle* angespielt.[197] Formale *Macht*, etwa die eines Vorgesetzten in einer Organisation gegenüber seinem Untergebenen, ist eine weitere Art von sozialem Einfluss. Jede Rechtsnorm bietet ebenfalls formale Macht. Man kann weiterhin durch *Wahrheiten*, also durch den Verweis auf wissenschaftlich gesichertes Wissen beeinflussen.[198] So lassen sich vielleicht manche Menschen dadurch vom Rauchen abbringen, dass man ihnen die empirisch bestätigten Erkenntnisse über den Zusammenhang von Rauchen und Lungenkrebs möglichst drastisch vor Augen führt. Die Beeinflussung geschieht dabei durch Überzeugung oder Überredung auf Basis von als vertrauenswürdig eingestuftem Wissen. *Liebesbeweise* sind eine wieder andere Art der Beeinflussung. Wer von jemand anderem geliebt wird, kann diesem Dinge abverlangen, die nicht einmal durch Macht und schon gar nicht durch Geld zu bekommen wären (Paris 1998b: 213); und natürlich kann man auch Einiges dafür tun, dass die Liebe des anderen nicht erlischt. Was auf Liebe zutrifft, gilt abgeschwächt für jede Art von persönlicher *Sympathie*. Aber auch durch Schmeichelei oder durch *Loben* kann jemand, der seinem Gegenüber weder besonders sympa-

197 Aus systemtheoretischer Perspektive stellen Geld und Moral bzw. Werte „symbolisch generalisierte Kommunikationsmedien“ dar – ebenso wie Macht, Wahrheit, Liebe und Kunst. Siehe Luhmann (1997: 316-396) und zuvor Parsons (1963 a; 1963 b; 1964). Diese Kommunikationsmedien sind – in Talcott Parsons' (1964: 361) prägnanter Formulierung – „ways of getting results in interaction“.

198 Siehe dazu auch die organisationssoziologischen Untersuchungen über „funktionale Autorität“ (Hartmann 1964; Sofsky/Paris 1994: 51-56). In Organisationen fällt diese Einflussart deshalb besonders auf, weil sie dort häufig im Spannungsverhältnis zur formalen Macht steht. Siehe weiterhin Paris (1992) über „Sachverständigkeit“ im politischen Raum und Majone (1986) zu „persuasion“.

thisch noch besonders unsympathisch ist, diesen unter Umständen dazu bewegen, ihm einen Gefallen zu tun (Paris 1995). Persönliches *Charisma* ist ebenfalls eine wichtige Einflussart, die manchen Menschen zur Verfügung steht – etwa „geborenen Führungspersönlichkeiten", die andere begeistern und mitreißen können.[199] Schließlich stellen auch *„gute Beziehungen"* zu einflussreichen Akteuren eine eigene Einflussquelle desjenigen dar, der diese Beziehungen für oder gegen andere „spielen" lassen kann.[200] Und in manchen Situationen schafft man sich durch glaubwürdige *Selbstbindungen* Einfluss. Indem man sich selbst keine Wahl lässt, kann man paradoxerweise erreichen, dass auch andere keine andere Wahl haben, als sich dem zu fügen, was man von ihnen will (Schelling 1960). Man setzt dann mehr oder weniger weit reichende vollendete Tatsachen für den anderen.

Varianten der Einflussnahme

Die obige Aufzählung ist keineswegs eine vollständige Katalogisierung der Arten sozialen Einflusses.[201] Deutlich wird aber bereits an diesen Beispielen, dass die verschiedenen Einflussarten sehr unterschiedlich funktionieren. Man könnte also fragen: Wie funktioniert beispielsweise Geld als Mittel der Einflussnahme im Unterschied zu Macht oder Überzeugung?

Es sollen dazu im Folgenden drei wichtige Dimensionen, in denen soziale Beeinflussung variieren kann, genauer dargestellt werden: der Ansatzpunkt, das Instrument und die Reichweite der Einflussnahme bzw. das Generalisierungsniveau des Einflusses.

Handlungsantriebe als Ansatzpunkt

Beeinflussungen eines anderen können bei unterschiedlichen Handlungsantrieben ansetzen. Sozialer Einfluss wird ja ausgeübt, damit das Gegenüber anders handelt, als wenn der Einfluss nicht stattgefunden hätte. Das Handeln des Gegenübers wird aber durch die Dominanz eines von vier Handlungsantrieben bestimmt: Normkonformität, Nutzenverfolgung, Ausleben von Emotionen oder Identitätsbehauptung. Dies sind die möglichen Ansatzpunkte der Einflussnahme. Soziale Beeinflussung kann den anderen

---

199 Hierzu hat Max Weber (1922: 140-148) klassische Überlegungen angestellt; siehe auch Schluchter (1988: 535-552) sowie Sofsky/Paris (1994: 90-98).

200 Diese Art des Einflusses wird in Netzwerkanalysen betrachtet und als „soziales Kapital" tituliert: Wer kann aufgrund seiner Position in einem sozialen Netzwerk welche anderen Akteure zusammenbringen oder voneinander trennen, oder wer kann wichtige Informationen einholen, weitergeben oder verheimlichen (Jansen 1999; Holzer 2009)? Je nach dem, worum es geht, können die „guten Beziehungen" aus „strong" oder „weak ties" bestehen (Granovetter 1973; 1982).

201 Siehe als Beispiele für typologische Auflistungen etwa Crott et al. (1977: 92-94), die vier „sources of social power" bei Mann (1986) oder die Kapitalsorten von Bourdieu (1983).

zum einen bei demjenigen Handlungsantrieb „packen", der situativ sowieso dominant ist; oder die Einflussnahme wirkt gerade darauf hin, den dominanten Handlungsantrieb auszuwechseln. Ersteres ist etwa dann der Fall, wenn jemand, der momentan als Homo Oeconomicus agiert, durch Nutzenanreize, also zum Beispiel Geldversprechungen, zu einem bestimmten Handeln gebracht wird. Wenn er hingegen als Homo Oeconomicus gezielt solange provoziert wird, bis er in einem Wutanfall das tut, was man von ihm wollte, läuft die Beeinflussung darüber ab, dass er gewissermaßen auf die Schiene des „emotional man" gesetzt wird.

Je nach dem, welcher dominante Handlungsantrieb anzusprechen versucht wird, kommen ganz unterschiedliche Einflussarten ins Spiel:

- Man kann durch Geld oder alle möglichen spezifischeren Anreize – bei Kindern etwa auch Bonbons, bei Arbeitnehmern Karrierechancen – Nutzenerwägungen des Gegenübers ansprechen. Dann macht man ihm klar, dass er im eigenen Interesse auf das eingeht, was man von ihm will: weil man ihm etwas dafür bietet. Das, was man ihm bietet, kann auch im Unterlassen von Handlungen bestehen, die dem Gegenüber schaden. Man sagt jemandem also zum Beispiel, dass man ihn nicht verprügelt oder ihm nicht kündigt, wenn er sich fügsam verhält. Der Nutzen des Gegenübers kann in unmittelbarer Bedürfnisbefriedigung liegen; er kann aber auch darin bestehen, dass man ihm Einflussressourcen gibt, die ihm zukünftig erlauben, die eigenen Interessen besser zu verfolgen – sei es wiederum Geld, sei es die Zusage künftiger Unterstützung. Auch die Reputation des Gegenübers, die man fördert oder nicht untergräbt, also sein „guter Name", seine Kreditwürdigkeit oder sein Ruf als „harter Hund", gehört zu diesen Ressourcen.[202] Schließlich kann man den anderen noch dadurch über dessen Nutzenerwägungen beeinflussen, dass man ihn davon überzeugt, es liege in seinem ureigenen „wohlverstandenen" Interesse, so zu handeln, wie man es von ihm will. Dann bietet man ihm nichts für seine Fügsamkeit, sondern appelliert an seine Vernunft – wenn etwa ein Lehrer seine Schüler dadurch zu Fleiß anhält, dass er ihnen vor Augen führt, wie sehr ihre Zukunft von ihrem Schulerfolg abhängt.
- Emotionen eignen sich dann als Vehikel sozialer Beeinflussung, wenn man mit einiger Sicherheit davon ausgehen kann, dass eine bestimmte, treffsicher auslösbare Emotion ein bestimmtes gewolltes Handeln hervorbringt. Das ist längst nicht immer der Fall. Die sprichwörtliche „blinde" Wut beispielsweise kann buchstäblich alles kurz und klein schlagen, ohne dass der Betreffende genau das tut, was man von ihm will; oder sie kann so weit übers Ziel hinausschießen, dass der angerichtete Schaden weit größer ist als das, was man positiv erreicht. Nicht selten bewirken jedoch zum Beispiel politische Strategen durch Neid- oder Angstkam-

202 Denn „... the reputation for power is itself a form of power." (Crenson 1971: 80) Das gilt für andere Arten von Einfluss ebenfalls.

pagnen, also das Schüren massenhafter kollektiver Emotionen, durchaus sehr genau das, was sie beabsichtigt haben. Im Übrigen kommen nicht nur, wie in den bisherigen Beispielen, negative Emotionen als Ansatzpunkte von Einflussnahme in Frage. Man kann zum Beispiel auch an Mitleid appellieren oder – nicht zu vergessen – dem anderen mehr oder weniger direkt Liebesdienste abverlangen.

- Identitätsbehauptung kann zum einen dann für soziale Beeinflussung nutzbar gemacht werden, wenn man einen Akteur dadurch zu einem bestimmten Handeln bringt, dass man ihn an seine evaluativen oder normativen Selbstansprüche erinnert. Will man zum Beispiel jemanden dazu motivieren, sein Bestes zu geben, kann man ihn vielleicht darauf ansprechen, dass er in der betreffenden Hinsicht immer schon „Spitze" sein wollte und ja auch bereits Großes geleistet habe;[203] und verlangt man ihm ab, womöglich gegen große Versuchungen standhaft zu sein, kann man ihm gegebenenfalls ins Gewissen reden. Im Hintergrund steht jeweils, dass man dem Betreffenden klarmacht, welche Identitätsbedrohung ihm ins Haus steht, wenn er nicht so handelt, wie man es von ihm will. Zum anderen kann man jemanden unter Umständen aber auch dadurch gezielt zu einem bestimmten Handeln bringen, dass man ihn einer tatsächlichen Identitätsbedrohung aussetzt. So demonstrieren manche Trainer ihren Athleten durch provozierte Misserfolge, wie viel sie noch üben müssen, um wirklich so gut zu werden, wie sie es werden wollen. Im Extremfall kann man jemanden durch eine strategisch herbeigeführte Identitätsbedrohung bis in den Selbstmord treiben – besonders dann, wenn es um Fragen der Ehre geht.
- Auch Normkonformität ist ein Handlungsantrieb, der sozialer Beeinflussung zugänglich ist. Die Einflussnahme kann vorhandene Normkonformität bestärken – durch den demonstrativen Erweis von Achtung bzw. die Androhung eines Achtungsentzugs mit entsprechendem Reputationsverlust, aber manchmal auch durch den Hinweis darauf, dass der Betreffende durch Konformität nicht nur für andere, sondern auch für sich selbst soziale Ordnung und damit Erwartungssicherheit aufrechterhält. Beeinflussung kann weiterhin dahingehend wirken, dass Nutzenverfolgung oder Emotionalität oder Identitätsbehauptung in Normkonformität überführt wird – dass sich also der Betreffende sozusagen „am Riemen reißt" und seine Rolle spielt, anstatt in einer der anderen drei Richtungen über die Stränge zu schlagen.

Soziale Einflussnahme muss sich stets im Klaren darüber sein, welchen Handlungsantrieb sie anspricht. Wer das falsche Register zieht, verfehlt leicht das Ziel, das er mit der Beeinflussung erreichen wollte. Manchmal bewirkt er sogar das Gegenteil – wenn man dem Gegenüber beispielsweise

---

203 Eine subtile Art, so Einfluss auszuüben, ist das Loben als „symbolische Gratifikation", „... die den Gelobten nicht selten in psychische Abhängigkeiten verstrickt." (Paris 1995 – Zitate: 152, 155)

Nutzenverfolgung unterstellt und ihn entsprechend durch Versprechungen zu ködern versucht, die aber nur dessen schon vorhandene Gewissensbisse verstärken und ihn entsprechend in die entgegengesetzte Richtung als die gewollte drängen. Ein anderer immer wieder vorkommender Fehler, durch den sozialer Einfluss gleichsam ins falsche Register abrutscht und dort kontraproduktiv wirkt, ist überzogener Machteinsatz, der den anderen als Homo Oeconomicus anspricht, aber den Identitätsbehaupter aktiviert: „An individual under an ultimatum is likely to stiffen, since acquiescing means a loss of face.“ (O'Neill 1991: 95) Aufgrund der unterschiedlichen Ansatzpunkte gibt es auch Inkompatibilitäten der Kombination von Einflussarten. So kann etwa Liebe als Mittel der Beeinflussung nicht zum Zuge kommen, wenn man mit dem anderen in Machtkämpfe verwickelt ist (Paris 1998b: 222/223); und ein Überzeugen durch Wahrheiten geht nicht gut damit einher, dass man parallel eine Bestechung durch Geld probiert, wie u.a. Eltern immer wieder leidvoll lernen müssen.

Belohnungen und Bestrafungen als Instrumente

Die *instrumentelle* Dimension der Einflussnahme ist bereits in einigen Beispielen angeklungen. Kurz gesagt, kann Beeinflussung über *Belohnungen* oder über *Bestrafungen* erfolgen;[204] und Ersteres wirkt über einzulösende Versprechungen im Falle von Fügsamkeit, Letzteres hingegen über einzulösende Drohungen im Falle von Nicht-Fügsamkeit.[205]

Wer dem anderen Geld bietet, um ein bestimmtes Handeln von ihm zu erreichen, beeinflusst durch eine Belohnung. Er verspricht: „Wenn du dieses und jenes tust, erhältst du eine bestimmte Summe Geld.“ Dieses Versprechen muss gehalten werden; und dazu muss derjenige, der es gibt, in mehreren Hinsichten glaubwürdig erscheinen. Derjenige, der beeinflusst werden soll, muss annehmen, dass sein Gegenüber das Geld besitzt sowie willens [206] und in der Lage ist, es auch abzugeben, wenn man ihm Fügsamkeit erweist. Alle drei Bedingungen sind keineswegs automatisch gegeben. Weiterhin setzt eine erfolgreiche Beeinflussung voraus, dass derjenige, dessen Handeln beeinflusst werden soll, hinreichend interessiert an Geld ist. Vielleicht braucht er es gar nicht, oder es ist ihm zu wenig, um dafür die Anstrengung der Fügsamkeit auf sich zu nehmen; oder er findet es unmoralisch, das gewünschte Handeln für Geld auszuführen. Außer Geld und allen

204 Diese Unterscheidung ist eine der beiden Leitdimensionen von Parsons' (1964: 361-366) Typologie der „generalized media of communication“. Zur Wechselwirkung von Belohnungen und Bestrafungen in Einflusskonstellationen siehe auch Molm (1989).

205 Zu dieser Unterscheidung und den noch anzusprechenden jeweiligen Glaubwürdigkeitsproblemen siehe Dixit/Nalebuff (1991: 117-131).

206 Die Fügsamkeit des anderen muss ihm mehr wert sein, als das Geld selbst zu behalten.

Arten spezifischerer materieller Güter und Leistungen können freilich noch andere Belohnungen eingesetzt werden – wenn man dem Gegenüber etwa eine Identitätsbestätigung bietet oder ihn in gute Laune versetzt.

Eine besondere Art von versprochenen Belohnungen für ein bestimmtes Handeln sind *Verheißungen*. Verheißungen sind Belohnungen, die sich aus dem Handeln des Betreffenden selbst ergeben. Verheißungen setzen kein Belohnungspotential auf Seiten des Beeinflussenden voraus, weil sich der Beeinflusste hierbei selbst belohnt. Denn Verheißungen beeinflussen, indem sie jemandem ein bestimmtes Handeln empfehlen, weil es in seinem eigenen Interesse liegt – wenn beispielsweise eine Mutter dem Kind versichert: „Wenn du den Spinat isst, wirst du groß und stark werden."[207] Sie verspricht dem Kind keine Belohnung für seine Fügsamkeit gegenüber ihrem Wunsch, etwa ein Eis zum Nachtisch, sondern, dass es sich damit selbst einem angestrebten Ziel näher bringt.

Eine derartige Einflussnahme durch Überzeugung nutzt oftmals wissenschaftlich gedeckte Wahrheiten. So ziehen beispielsweise die Arbeitgeber in Zeiten hoher Arbeitslosigkeit bei Tarifauseinandersetzungen regelmäßig das Argument heran, die Arbeitnehmer müssten Lohnzurückhaltung üben, um die Lohnkosten für die Unternehmen zu senken, die dann wieder mehr Mitarbeiter einstellen könnten, was den Arbeitslosen wie den Beschäftigten – im Sinne höherer Beschäftigungssicherheit – nütze. Umgekehrt argumentieren die Gewerkschaften, dass nur höhere Löhne eine größere Massenkaufkraft erzeugen könnten, die dann aus der wirtschaftlichen Talsohle und so zu mehr Beschäftigung führe. Das Beispiel zeigt zugleich, dass diese Art des Einflusses entscheidend davon abhängt, ob es für den jeweiligen Sachverhalt eine einzige allgemein verbreitete Wahrheit gibt oder divergierende Kausalvorstellungen kursieren. Letzteres ist keineswegs nur bei Überzeugungsbemühungen mit Hilfe sozialwissenschaftlicher Argumente der Fall, wie etwa die Auseinandersetzungen über die Kernenergienutzung oder die Biotechnologie zeigen, wo sich jeweils Befürworter wie Gegner auf angeblich wissenschaftlich gesichertes Wissen berufen.

Bestrafungen wirken – im Gegensatz zu Belohnungen – dann erfolgreich, wenn man sie nicht auszuführen braucht.[208] Diese Art der Einflussausübung durch Unterlassungshandeln lässt sich prototypisch an Macht studieren. Der Strafcharakter von Macht beruht darauf, dass der Machthaber sein Gegen-

---

207 Parsons (1964: 367) bestimmt das Kommunikationsmedium „influence" zunächst so, um es dann allerdings zu stark auf normative „gute Gründe" für ein bestimmtes Handeln zu verengen. Luhmann setzt stattdessen mit dem Kommunikationsmedium Wahrheit eindeutig auf die kognitive Komponente der Überzeugungswirkung. Peter Baumanns (1993) Konzept der „Motivationsmacht" übergreift kognitive und normative Beweggründe.

208 Zu angedrohten Bestrafungen als sozialem Einfluss siehe die sehr guten Beobachtungen bei Paris/Sofsky (1987) und Popitz (1992: 79-103).

über für den Fall der Nicht-Fügsamkeit in einer Weise behandeln wird, die diesem noch unattraktiver erscheint, als die Mühe der Fügsamkeit auf sich zu nehmen (Bachrach/Baratz 1970: 60; Luhmann 1975a: 21-25). In dem Augenblick aber, wo der Machthaber seine Drohung, den anderen zu bestrafen, ausführen muss, hat Macht als soziales Einflussmedium versagt. Denn der andere hat sich dann ja als nicht fügsam gegenüber dem Ansinnen des Machthabers gezeigt. Der ins Gefängnis gesperrte Rechtsbrecher ist eben kein Beispiel erfolgreichen Machtgebrauchs; sondern der Staat musste Gewalt anwenden, um ihn aus dem Verkehr zu ziehen, also seine Nicht-Fügsamkeit gleichsam durch räumliche Isolation zu neutralisieren.[209] Anders formuliert: Weil der andere nicht das getan hat, was der Machthaber von ihm wollte, muss dieser nun etwas tun, was er eigentlich nicht tun wollte. Denn zum einen sind Bestrafungen stets mehr oder weniger aufwändig; und zum anderen hat der Machthaber ja selbst dann nicht das erreicht, was er vom anderen wollte (Luhmann 1975: 8/9).

Beeindruckt die Drohung das Gegenüber hingegen, so dass es sich fügt, ist diese Variante der Einflussnahme äußerst unaufwendig. Der Machthaber tut nichts, außer seine Drohung zu äußern,[210] und findet dennoch Gehorsam. Die Unaufwendigkeit erfolgreicher Drohungen fällt im Vergleich zu versprochenen Belohnungen prägnant ins Auge: „... a promise is costly when it succeeds, and a threat is costly when it fails." (Schelling 1960: 177) Insbesondere lässt sich mit Drohungen Einfluss vervielfachen. Wenn man Einfluss durch versprochene Belohnungen ausübt, muss man bei Fügsamkeit des Gegenübers sein Versprechen halten, also zum Beispiel das Geld übergeben. Diese Einflussausübung ist also durch die tatsächlich verfügbaren Ressourcen begrenzt. Drohungen kann man hingegen prinzipiell beliebig viele äußern – viel mehr, als man tatsächlich ausführen könnte. Das funktioniert solange, wie nur so wenige Gegenüber keine Fügsamkeit zeigen, dass das vorhandene Drohpotential reicht, die meisten sich also beeindrucken lassen und fügsam sind.[211] Diese Variante der Einflussnahme erlaubt also eine Menge an Bluff (Popitz 1992: 85). Und selbst wenn die anderen wissen, dass das Drohpotential nur ausreicht, um wenige von ihnen zu bestrafen, werden sich oftmals alle als fügsam erweisen, weil sie sogar im Falle eines verabredeten allgemeinen Ungehorsams nicht vorher wissen, wen von

209 Allenfalls könnte diese Gewaltanwendung ein längerfristig wirkender sozialer Einfluss derart sein, dass dem Rechtsbrecher am eigenen Leibe vorgeführt wird, wohin ihn weitere Nicht-Fügsamkeit bringen wird, und so die erste Gefängnisstrafe als Abschreckung vor weiteren Rechtsbrüchen wirkt. Inzwischen erkennt man freilich, dass Gefängnisse tatsächlich öfter Schulen weiterer Kriminalität sind.

210 Sogar die Artikulation der Drohung kann unterbleiben, wenn der Adressat sich selbst denken kann, was von ihm erwartet und was ihm widerfahren wird, wenn er sich nicht entsprechend verhält. Siehe zur „unausgesprochenen Hintergrunddrohung" Paris/Sofsky (1987: 39/40).

211 Zu diesem Unterschied zwischen Belohnungen und Bestrafungen siehe auch Parsons (1963b: 311).

ihnen die wenigen Bestrafungen treffen werden, und sozusagen keiner der Dumme sein will: „Bedroht jemand, der evident nur eine Kugel in der Pistole hat, zwei Menschen gleichzeitig, so müssen beide damit rechnen, daß sie diese eine Kugel mit voller Wirkung trifft, obgleich beide sicher sein können, daß sie nicht beide trifft. Die Drohung gegen beide ist eindeutig überzogen, unausführbar. Aber gegen jeden ist sie glaubwürdig …" (Popitz 1992: 94). So können sich diktatorische politische Regime bisweilen mit relativ geringem Gewaltpotential lange an der Macht halten. Aber auch der Rechtsstaat folgt derselben Einflusslogik. Würden plötzlich alle Bürger, oder auch nur eine größere Gruppe, die Gesetze brechen, wäre die Staatsmacht, also der Militär-, Polizei- und Justizapparat, sehr schnell überfordert und bräche zusammen. Die Staatsmacht beruht darauf, nur ganz selten herausgefordert zu werden (Krüger 1976: 137/138).

Einflussnahme durch angedrohte Bestrafungen setzt also ebenfalls Glaubwürdigkeit voraus. Der andere muss davon ausgehen können, dass derjenige, der ihn beeinflussen will, willens und in der Lage ist, seine Drohung gegebenenfalls auszuführen (Paris/Sofsky 1987: 16-20; O'Neill 1991). Viele Rituale der Machtdemonstration – vom Zur-Schau-stellen der eigenen Muskelpakete bis zu Truppenparaden – ebenso wie Akte eines exemplarischen Machtgebrauchs, etwa öffentliche Erschießungen von Terroristen, haben die Funktion, das Drohpotential aufzubauen oder zu erhalten.

Die Drohung wirkt umso unglaubwürdiger, je nachteiligere Folgen ihre Ausführung für den Drohenden selbst hätte – sei es in Gestalt eines hohen Aufwandes, sei es aufgrund der implizierten Risiken auch für ihn. Entsprechend wichtiger wird dann die Inszenierung von Glaubwürdigkeit. Eine besonders zugespitzte Problematik dieser Art liegt beim „brinkmanship" vor: dem Spiel mit dem Abgrund (Dixit/Nalebuff 1991: 199-216). Hierbei wird damit gedroht, dass Nicht-Fügsamkeit beide Seiten, den Drohenden wie den Bedrohten, ins Verderben triebe. So drohten etwa in der Kubakrise die Vereinigten Staaten der Sowjetunion mit dem Einsatz von Atombomben, würde diese die Stationierung von Raketen auf Kuba fortsetzen; und es war beiden Seiten klar, dass der amerikanische Atomschlag einen russischen Vergeltungsschlag mit gleicher Münze nach sich ziehen würde. Wie konnte die amerikanische Seite die russische angesichts dessen davon überzeugen, diese Drohung ernst zu nehmen? Die Antwort lautet: indem die tatsächliche Ausführung der Drohung glaubhaft als etwas dargestellt wird, das jenseits des Willens des Drohenden liegen könnte. Es muss also irgendein vielleicht nicht mehr beeinflussbarer Mechanismus der Ausführung suggeriert oder tatsächlich hergestellt werden. So mussten sich die sowjetischen Entscheidungsträger – gerade auch von den eigenen Verhältnissen auf die Vereinigten Staaten schließend – sagen, dass der amerikanische Präsident schnell an einem Punkt angelangt sein könnte, wo er den komplexen Militärapparat nicht mehr würde stoppen können, selbst wenn er es nachträglich wollte – siehe dazu auch Stanley Kubricks satirischen Film „Dr. Strangelove – Or How I Loved the Bomb".

Oft ist hierbei der Verweis auf unbeherrschbare Emotionen wie blinde Wut hilfreich. In einem solchen Zustand tut man Dinge, die nicht nur dem anderen, sondern auch einem selbst schaden – und das sollte der Bedrohte bedenken und sich lieber der Drohung fügen. So kann man etwa jemandem, dem man ein Geheimnis entlocken will, durchaus glaubhaft damit drohen, ihn zu töten, falls er es nicht preisgibt. Zwar erführe man so das Geheimnis, das jener mit ins Grab nähme, definitiv nicht, so dass die Drohung letztlich nicht rational ist. Doch der Verweis auf die mögliche Unbeherrschtheit des Drohenden verschafft der Drohung Glaubwürdigkeit.

Ein weiterer Aspekt der Glaubwürdigkeit des Drohenden besteht darin, dass der andere davon überzeugt werden muss, im Falle von Fügsamkeit auch tatsächlich nicht bestraft zu werden. Dies ist – um das letzte Beispiel fortzuspinnen – etwa dann ein Problem, wenn man jemandem, den man in der Gewalt hat, ein Geheimnis entlocken will, indem man ihn damit bedroht, ihn zu töten. Wer sagt mir denn, dass ich wirklich mit dem Leben davonkomme, wenn ich verrate, wo der Schatz vergraben liegt? Im Gegenteil: Welchen Grund sollte man haben, mich dann noch am Leben zu lassen? All diese Glaubwürdigkeitsprobleme verweisen im Übrigen darauf, dass Beeinflussungskonstellationen nicht auf bindende Vereinbarungen zurückgreifen können, wie sie erst in Verhandlungskonstellationen geschaffen werden können – dazu dann mehr im folgenden Kapitel.

Was Verheißungen als besondere Art von Versprechungen sind, sind *Warnungen* als besondere Art von Drohungen.[212] Warnungen stellen negative Verheißungen dar. Wie bei Empfehlungen wirkt der Warner selbst nicht auf denjenigen, den er beeinflusst, ein: „Der Arzt, der warnt, wird nicht selbst tätig, um seine Warnung wahrzumachen. Er führt das Leberleiden nicht herbei." (Popitz 1992: 83) Der Warner bedeutet dem anderen vielmehr: „Handle nicht auf eine bestimmte Weise – denn du würdest dir damit selbst schaden!" (Paris/Sofsky 1987: 15) Auch diese Variante der Beeinflussung durch Überzeugung beruft sich teils auf Alltagsgewissheiten, teils auf wissenschaftliche Wahrheiten. Verheißungen verifizieren – oder falsifizieren – sich allerdings, indem sie vom Beeinflussten befolgt werden. Das Kind, das regelmäßig seine Portion Spinat isst, wird schon merken, ob es so stark wie Popeye wird oder nicht. Warnungen hingegen können sich nur bestätigen bzw. widerlegt werden, wenn man sie in den Wind schlägt. Befolgt man sie hingegen, weiß man hinterher nicht, ob man dies wirklich hätte tun müssen, um den für den Fall der Nichtbefolgung in Aussicht gestellten Schaden zu vermeiden. Wer weiß denn, ob ich nicht, auch ohne mit dem Rauchen aufzuhören, vom Lungenkrebs verschont geblieben wäre!

212 Generell zur Logik von Warnungen siehe nochmals Clausen/Dombrowsky (1984).

Generalisierungsniveau von Einfluss

Eine weitere wichtige analytische Dimension, in der soziale Beeinflussung variiert, ist die Reichweite des Einflusses bzw. das *Generalisierungsniveau* der eingesetzten Art von Einfluss. Hierfür ist Geld als Mittel, anderen Versprechungen zu machen, im Vergleich zu spezifischen Gütern oder Diensten das beste Beispiel. Wenn ich Heroin beschaffe oder jemandem über meine guten Beziehungen einen Job bei der Stadt vermitteln kann, lässt sich beides zweifellos ausnutzen, um mir bestimmte Personen gefügig zu machen – aber eben nur diejenigen, die gerade an diesen Dingen interessiert sind. Und ich kann auch nur über deren Handlungsmöglichkeiten verfügen. Ich kann also vielleicht einen Drogenabhängigen finden, der sogar einen Mord für mich begeht – aber ich komme mit dieser Einflussart nicht weiter, falls ich zum Beispiel jemanden brauche, der passwordgeschützte Computerdateien zu knacken in der Lage ist und jemand mit dieser Fähigkeit in der Population der mir zugänglichen Drogenabhängigen nicht zu finden ist. Besitze ich hingegen genügend Geld, erweitert das meinen sachlichen und sozialen Beeinflussungsradius enorm. Ich vermag einen viel größeren Kreis von Gegenübern anzusprechen und kann dementsprechend ein ungleich vielfältigeres Repertoire an Handlungen in die Wege leiten. Hinzu kommt noch die größere zeitliche Flexibilität von Geld. Es verliert in der Regel – Zeiten der Hyperinflation ausgeschlossen – viel langsamer an Wert als die allermeisten spezifischen Güter und Dienstleistungen, ist auch gut lager- und transportierbar, so dass man es bequem mit sich führen kann und für spontane Kaufakte griffbereit hat – erst recht in Zeiten von Kreditkarten. All das heißt selbstverständlich nicht, dass man jederzeit alles von jedem für Geld erlangen kann. Sein zeitliches, sachliches und soziales Generalisierungsniveau ist nicht unbegrenzt, aber doch höher als das aller anderen Einflussarten (Simmel 1900).

Formale Macht beispielsweise ist in allen drei Hinsichten weniger generalisiert als Geld. So haben staatliche Amtsinhaber, aber auch alle Positionsinhaber in formalen Organisationen stets abgesteckte Kompetenzbereiche, die sachlich und sozial festlegen, über was und wen jemand gebietet. Formale Macht ist weiterhin zeitlich begrenzt – bei Wahlämtern in der Regel nur auf wenige Jahre. In allen drei Hinsichten ist also die Reichweite des sozialen Einflusses limitierter als bei Geld – was wohlgemerkt nicht heißt, dass man nicht mit formaler Macht einige Dinge erreichen kann, die nicht mit Geld zu erkaufen sind.

Viele Einflussarten weisen auch in bestimmten Hinsichten ein hohes, in anderen hingegen – teils als Bedingung dafür – ein geringes Generalisierungsniveau auf. Ein Beispiel für sozial sehr geringen, dafür aber sachlich und potentiell auch zeitlich stark generalisierten Einfluss stellt Liebe dar. Wer geliebt wird, kann von dieser einen Person manchmal buchstäblich alles bekommen – und wenn es die ewige Liebe ist, auch für immer. Einfluss durch Wahrheit hingegen ist sachlich gering, dafür aber sozial und zeitlich stark generalisiert. Die wissenschaftlich untermauerte Botschaft beispielsweise, dass Sport gesund sei, kann im Prinzip jedermann jederzeit überzeugen und zu einer Verhaltensänderung führen – aber eben nur bezüglich des Sporttreibens. Auf dessen Liebesleben oder politische Präferenzen oder Weiterbildungsmotivation lässt sich damit kein Einfluss nehmen – allenfalls indirekt vielleicht noch auf dessen Ernährungsweise.

Mit Hilfe dieser drei Dimensionen – Ansatzpunkt, Instrument und Generalisierungsniveau der Art der Beeinflussung – lassen sich die Unterschiede zwischen den Einflussarten und lässt sich eine spezifische Variante sozialer Einflussnahme, wie sie von einem Akteur auf einen anderen ausgeübt wird, näher charakterisieren.

9.2 Strategien und Dynamiken wechselseitiger Beeinflussung

Mit den bisherigen Überlegungen ist noch überhaupt nichts darüber gesagt, wie die Einflussbeziehung in einer Konstellation beschaffen ist. Bis hierhin konnte noch weit gehend von der *Wechselseitigkeit sozialer Beeinflussung* abstrahiert, also analytisch ein einziger Akteur, der Einfluss ausübt, in den Blick genommen werden. Auch alltagsweltlich wird jede Art von Einfluss – etwa Macht – oft so gedacht, als besäße ein bestimmter Handelnder zu einem gegebenen Zeitpunkt eine bestimmte Menge davon, so wie man fünf Hosen oder 600 CDs sein Eigen nennt. Diese Vorstellung wird aber dem relationalen und dynamischen Charakter von sozialem Einfluss überhaupt nicht gerecht.[213] Einfluss ist nicht etwas, was jemand für sich hat, sondern etwas, was er in bestimmten Beziehungen ausübt. Für Macht heißt das etwa: „Niemand hat Macht für sich allein. Macht entsteht, wenn Menschen aufeinander treffen ...“ (Sofsky/Paris 1994: 9). Über welchen Einfluss also jemand verfügt, lässt sich zum einen nicht durch eine isolierte Betrachtung nur dieses Akteurs ergründen, sondern zeigt sich erst in der Beziehung zu dem jeweiligen Gegenüber, weil dieser nämlich ebenfalls ein bestimmtes Einflusspotential besitzt. Beeinflussungskonstellationen sind Konstellationen *wechselseitiger* Beeinflussung – was freilich nicht im Mindesten heißt, dass der Einfluss symmetrisch verteilt ist. Zum anderen genügt es auch nicht, den Einfluss des betreffenden Akteurs in dieser Beziehung zu einem bestimmten Zeitpunkt, etwa am Anfang, zu bestimmen. Denn die Beziehung ist eine Abfolge von Schritten wechselseitiger Beeinflussung, in der sich die Einflusspotentiale auf beiden Seiten verändern können. Was also mit einer bestimmten Menge und Art von sozialem Einfluss möglich ist, lässt sich nur aus dem Wechselspiel in der jeweiligen Konstellation erschließen. Dieses Wechselspiel soll nun im Hinblick auf grundlegende Ein-

213 Siehe zum Folgenden sehr nachdrücklich immer wieder Crozier/Friedberg (1977).

flussstrategien der beteiligten Akteure und sich daraus ergebende Einflussdynamiken unter die Lupe genommen werden.

„Power-dependence relations“

Die einfachste Beeinflussungskonstellation ist eine Dyade von Ego und Alter. Sie soll, bevor dann auf komplexere Konstellationen eingegangen wird, zunächst analysiert werden. Hierfür kann man Richard Emersons (1962) Konzept der „power-dependence relation“ heranziehen.[214]

Emersons Ausgangspunkt sind wechselseitige Intentionsinterferenzen zwischen zwei Akteuren, so dass für jeden von ihnen Interdependenzbewältigung ansteht:

> „Social relations commonly entail ties of mutual dependence between the parties. A depends upon B if he aspires to goals or gratifications whose achievement is facilitated by appropriate actions on B's part. ... these ties of mutual dependence imply that each party is in a position, to some degree, to grant or deny, facilitate or hinder, the other's gratification.“ (Emerson 1962: 32, Hervorh. weggel.)

Emerson identifiziert sodann zwei entscheidende Größen, die bestimmen, wie stark ein Akteur von einem anderen abhängt: „The dependence of actor A upon actor B is (1) directly proportional to A's motivational investment in goals mediated by B, and (2) inversely proportional to the availability of those goals to A outside of the A-B relation.“ (Emerson 1962: 32, Hervorh. weggel.) Je wichtiger A also die Intentionen sind, bei deren Realisierung er mit B interferiert, und je weniger A dabei B umgehen kann, desto größer ist diese Abhängigkeit.

Wenn ein Europäer beispielsweise auf die Idee kommt, seinen Urlaub in den USA zu verbringen, begibt er sich in die Abhängigkeit von einer Fluggesellschaft. Denn Fliegen ist heutzutage die gängige Beförderungsart zwischen Europa und Amerika. Fliegen kostet Geld; und den Preis, den der Reisende zu zahlen hat, legt die Fluggesellschaft fest. Darin manifestiert sich seine Abhängigkeit von ihr.[215] Ist er völlig vernarrt darauf, gerade jetzt in die USA zu fliegen, ist seine Abhängigkeit größer, als wenn er sich auch vorstellen kann, stattdessen in Griechenland oder Spanien Urlaub zu machen. Wer auf eine bestimmte Intention fixiert ist, muss dann auch die Bedingungen desjenigen akzeptieren, der für die Realisierung dieser Intention etwas tun bzw. unterlassen muss – es sei denn, dieser andere kann gleichsam ausgeschaltet werden. So kann der Reisewillige, dem eine Fluggesell-

---

214 Wenn Emerson von „power“ spricht, meint er – wie schnell deutlich werden wird – nicht nur Macht, sondern sozialen Einfluss generell.

215 Natürlich auch in Flugplänen und -routen sowie einer ganzen Reihe weiterer Hinsichten.

schaft zu teuer ist, versuchen, einen günstigeren Anbieter zu finden, was ihm auch gelingen kann. Diese Art der Umgehung des jeweiligen Gegenübers nutzt also eine Konkurrenz von Leistungsanbietern. In anderen Fällen vermag ein Akteur das von ihm benötigte Aktivhandeln eines Gegenübers auch alternativ selbst zu erbringen – wenn etwa ein Autobesitzer sich sagt, dass er eine kleinere Reparatur selbst erledigen kann, weil ihm alle Werkstätten zu teuer sind. Geht es nicht um Aktivhandeln, sondern um Unterlassen auf Seiten des Gegenübers, kann ein Akteur Nicht-Unterlassen, also Störungen bei der Verfolgung seiner Intention, dadurch umgehen, dass er sich außerhalb der Reichweite des Gegenübers begibt. Wenn in meiner Wohnung Fluglärm mein Wohlbefinden empfindlich beeinträchtigt, kann ich in eine ruhigere Gegend umziehen oder versuchen, die Lärmisolierung des Gebäudes zu verbessern, oder nur noch mit Watte in den Ohren leben.

All das passiert freilich auch schon in Konstellationen wechselseitiger Beobachtung. Man sondiert die Lage, nimmt die Gegenüber in den Blick und passt sein eigenes Handeln dem an, was man wahrnimmt oder antizipiert – und übt eben keinen gezielten Einfluss auf andere aus, um die eigenen Absichten möglichst gut in die Tat umzusetzen. Emerson (1962: 32, Hervorh. weggel.) betrachtet hingegen solche Akteurkonstellationen, in denen sich aus der *Wechselseitigkeit der Abhängigkeiten Einflusschancen* ergeben: „... the power to control or influence the other resides in control over the things he values ... In short, power resides implicitly in the other's dependency."[216]

Wurde bis jetzt die Abhängigkeit Egos von Alter betrachtet, um gewissermaßen Egos Bedarf an Interpendenzbewältigung herauszuarbeiten, kehrt Emerson nun die Blickrichtung um: Wie groß ist Alters Abhängigkeit von Ego, und was eröffnet dies Letzterem an Möglichkeiten der Interdependenzbewältigung und damit an Einflussstrategien? Kann zum Beispiel der Reisewillige mit der Fluggesellschaft einen günstigeren Flugpreis aushandeln, weil diese angesichts stagnierender Nachfrage buchstäblich auf jeden Kunden angewiesen ist? Oder kann der von seinem Nachbarn gestörte Mieter auf dem Rechtsweg dafür sorgen, dass die Lärmbelästigung aufhört? Wichtig ist, dass es in keinem Fall die sachliche Beschaffenheit der Abhängigkeit ist, die sozusagen von selbst den Einfluss ausübt. Die Abhängigkeit stellt lediglich Gelegenheiten der Beeinflussung bereit – in Gestalt der Intentionen Alters, gegenüber denen sich Ego als fügsam oder nicht fügsam erweisen kann. Ego muss diese Abhängigkeiten als Einflusschancen nutzen wollen und können.

216 Dies ist freilich eine inflationäre Nutzung des Konzepts sozialen Einflusses, so dass auch alle Beobachtungskonstellationen bereits als Beeinflussungskonstellationen erscheinen, was sie aber nicht sind. Nur dann, wenn Alter aufgrund seiner Abhängigkeit von Ego dessen umgekehrte Abhängigkeit gezielt ausnutzt, um Ego zur Fügsamkeit zu bewegen, liegt Beeinflussung vor.

Letzteres hängt von seinen Einflusspotentialen ab. Der Mieter braucht beispielsweise Rechtsansprüche, die in einer entsprechenden Hausordnung niedergelegt sein können, also formale Macht, um den Rechtsweg beschreiten zu können. Ebenso könnte vielleicht der Reisewillige aufgrund der mörderischen Konkurrenz zwischen den Fluggesellschaften einen noch so guten Preis aushandeln: Fehlte ihm das Geld, diesen zu bezahlen, käme seine Einflussnahme zur Realisierung der eigenen Intention nicht zum Tragen.

Emerson lenkt also den analytischen Blick darauf, wie sich aus registrierten wechselseitigen Abhängigkeiten zwischen Akteuren Chancen der gegenseitigen Beeinflussung ergeben können, die sich bei entsprechenden Einflusspotentialen nutzen lassen, um die Intentionsinterferenzen möglichst zum eigenen Vorteil zu bewältigen.[217] Jede Betrachtung solcher Beeinflussungskonstellationen, die lediglich eine der beiden Beeinflussungsrichtungen – und damit nur die jeweils gegenläufige Abhängigkeit – in den Blick nimmt, ist verkürzt und vermag daher wichtige Realitätsaspekte nicht zu erkennen. Man kann sich das gerade an solchen Machtbeziehungen klarmachen, die stark asymmetrisch strukturiert sind und bei denen daher sowohl die alltagsweltliche Sicht der Dinge als auch manche soziologischen Analysen dazu neigen, das handelnde Zusammenwirken ganz auf den Willen des Machthabers zu reduzieren.

In einer Beziehung zwischen einer Mutter und ihrem kleinen Kind beispielsweise ist auf der einen Seite offenkundig, dass die Mutter eine sehr starke Machtposition innehat. Denn das Kind ist für die Befriedigung seiner meisten existentiell wichtigen Bedürfnisse auf Leistungen der Mutter angewiesen. Die Mutter nutzt diese Macht auch durchaus, um das Kind für Wohlverhalten zu belohnen und für Fehlverhalten zu bestrafen, so dass es Fügsamkeit lernt. Auf der anderen Seite ist aber nicht zu übersehen, dass das Kind über Potentiale eines gegenläufigen Einflusses verfügt. Es kann die Mutter etwa durch Schreien stören und bekommt so von dieser Wünsche erfüllt. Deren Ruhebedürfnis vermag das Kind also auszunutzen; und der Aufwand, dem Kind ab und zu einen Wunsch zu erfüllen, ist für die Mutter meist geringer, als es jedesmal, wenn es schreit, dafür zu bestrafen. Dabei sind auch die normativen und emotionalen Rahmenbedingungen, denen das Handeln der Mutter unterliegt, in Rechnung zu stellen. Zu ihrer sozialen Rolle gehört, für das Kind da zu sein – und das wird von verschiedenen sozialen Bezugsgruppen überwacht. Die Mutterliebe, die ja nichts anderes als eine gefühlsmäßige Abhängigkeit der Mutter von ihrem Kind und dessen Wohlergehen ist, tut meist ein Übriges.

Eine andere Konstellation, die ebenfalls höchst asymmetrisch strukturiert ist, nimmt man nur formale Macht in den Blick, ist die Beziehung zwischen

---

217 Emerson (1981) stellte sein Konzept der „power-dependence relation" später ganz folgerichtig in den Rahmen einer generellen austauschtheoretischen Perspektive auf soziale Beziehungen.

einem Vorgesetzten und seinem Untergebenen in einer Organisation. Der Vorgesetzte hat Anordnungsbefugnisse; fügt sich der Untergebene nicht, besitzt der Vorgesetzte Sanktionsmöglichkeiten, die abgestuft bis hin zur Kündigung reichen. Das Einflusspotential des Vorgesetzten reicht noch weiter. So kann er insbesondere die Karriere seines Untergebenen fördern oder behindern, indem er ihn zur Beförderung empfiehlt oder eben nicht; und das Versprechen bzw. die Drohung, das eine oder andere von beidem zu tun, kann weit mehr Fügsamkeit auf Seiten des Untergebenen erzeugen als die formale Macht des Vorgesetzten (Luhmann 1975a: 104-107). Umgekehrt verfügt aber auch der Untergebene individuell oder im Bündnis mit anderen Untergebenen über ein oftmals ganz erhebliches Einflusspotential, das manchmal sogar größer ist als das seines Vorgesetzten. So gibt es inzwischen vielerorts Mitentscheidungsrechte von Untergebenen – sei es in den tagtäglichen Arbeitsvollzügen, sei es in organisatorischen, insbesondere personalpolitischen Gestaltungsentscheidungen, etwa über die betriebliche Mitbestimmung. Der Vorgesetzte ist weiterhin auf die Leistungsbereitschaft seines Untergebenen angewiesen, wie jeder „Dienst nach Vorschrift" beweist. Dass sich damit drohen lässt, nicht mehr zu tun, als auf dem Papier verlangt werden kann, zeigt die Grenzen formaler Macht besonders deutlich. Vor allem Spezialisten, die über wichtige und knappe Fähigkeiten verfügen, können sich Einiges herausnehmen und eine Menge Vorteile verschaffen.[218] Dabei kann sich das Verhältnis von formaler Macht und „funktionaler Autorität" (Hartmann 1964) geradezu umkehren. Schließlich bestimmt auch die Arbeitsmarktlage darüber mit, wie die Einflusskonstellation aussieht. Hat der Untergebene gute Exit-Optionen, weil seine Qualifikationen vielerorts gefragt sind, setzt das dem auf ihn ausgeübten Einfluss seines Vorgesetzten engere Grenzen, als wenn der Untergebene froh sein muss, seinen Job behalten zu können. Klar ist jedenfalls: Auch diese Einflusskonstellation ist erheblich vielschichtiger, als es simple Vorstellungen einer einseitigen Befehl-Gehorsam-Beziehung suggerieren.

Dynamiken in Beeinflussungskonstellationen

Die in Beeinflussungskonstellationen angelegten Strukturdynamiken werden deutlich, belässt man es nicht bei einer punktuellen Betrachtung des Wechselspiels sozialer Beeinflussung, sondern wendet sich diesem im Zeitverlauf zu. Wiederum an Emerson anknüpfend lassen sich zwei Arten von Veränderungen benennen, die auf beiden Seiten einer Beeinflussungskonstellation eintreten und diese verändern können. Zum einen kann auf Seiten Egos die Wichtigkeit derjenigen Intention, aus der heraus er mit Alter in eine Intentionsinterferenz geraten ist, zu- oder abnehmen; und das gleiche kann auf Seiten Alters geschehen. Zum anderen können sich für Ego ebenso

218 Siehe hierzu sehr plastisch die Beobachtungen zur Reparaturkolonne eines Großbetriebs bei Crozier (1964).

wie für Alter die Möglichkeiten, die Intentionsinterferenz durch Umgehung des jeweiligen Gegenübers zu bewältigen, verbessern oder verschlechtern. Diese Veränderungen können sich unintendiert und beiläufig durch das handelnde Zusammenwirken selbst oder aufgrund sich ändernder Rahmenbedingungen einstellen. Sie können aber auch mindestens zum Teil das Resultat von strategischen Bemühungen der Akteure sein, den jeweils eigenen Einfluss auf das Gegenüber zu steigern und dessen umgekehrten Einfluss zu reduzieren. Man muss ja in Rechnung stellen, dass in einer Einflussunterlegenheit nicht immer, aber doch oft gleichsam ein „eingebauter Drang" in Richtung Stärkung des eigenen Einflusses bzw. Schwächung des Einflusses des Gegenübers liegt – was auf dessen Seite umgekehrt eine vorsorgliche Erhaltung des eigenen Einflusses hervorruft. Insofern halten insbesondere asymmetrische Beeinflussungskonstellationen alle Beteiligten häufig unaufhörlich dazu an, sich einflussstrategisch zu bemühen.

Bei einer Arzt-Patient-Beziehung beispielsweise kann es passieren, dass der Arzt, auch ohne es zu wollen, den Patienten durch besonders intensive – vielleicht durch die Art der Krankheit bedingte – Zuwendung immer abhängiger von sich macht. Es kann aber auch passieren, dass die Abhängigkeit des Patienten von seinem Arzt sich mit dem Augenblick verringert, in dem sich ein neuer Arzt in der Nachbarschaft niederlässt, den der Patient einfach mal ausprobiert. Oder der Patient beginnt, ganz gezielt neben seinem Arzt auch noch einen Heilpraktiker aufzusuchen, um nicht zu abhängig von Ersterem und der durch diesen vertretenen „Schulmedizin" zu werden.

Aber auch in Konstellationen, bei denen es sich um symmetrische Beziehungen gegenseitigen Einflusses und gegenseitiger Abhängigkeit handelt, zum Beispiel einer guten Freundschaft zwischen Alter und Ego, kann es geschehen, dass sich bei den Intentionen, die die Freunde mit ihrer Freundschaft verbinden, oder in den Randbedingungen etwas ändert. Es kann passieren, dass im Laufe der Zeit einem der Freunde oder auch beiden die Freundschaftsbeziehung weniger wichtig wird, weil sie für sich die Freuden des Alleinseins entdecken. Und wenn Alter zufällig einen Dritten kennenlernt, mit dem er sich ebenfalls gut zu verstehen beginnt, hat er mit diesem Dritten für die Realisierung seiner Intentionen, etwa gemeinsame Freizeitaktivitäten zu gestalten, eine Alternative zu Ego gefunden, und wird dadurch unabhängiger von Ego.

Was auch immer unintendiert oder intendiert passieren mag: Es bleibt meist nicht dabei, sondern bringt den „Drang", etwas in Richtung Stärkung des eigenen Einflusses oder Schwächung des Einflusses des anderen zu unternehmen, in Gang. Die intentionale Gestaltung der Beeinflussungskonstellationen durch die involvierten Akteure und jenseits deren Intentionen liegende transintentionale Effekte wechseln dabei einander immer wieder ab: Gestaltungsbemühungen reagieren auf Transintentionalität, lösen aber selbst oft genug neue Transintentionalität aus, die wiederum Anlass zu Gestaltungsbemühungen geben kann. Um bei dem Beispiel der Freundschaft zwischen Ego und Alter zu bleiben: Ego könnte auf die größer werdende Unabhängigkeit Alters von ihm mit verschiedenen Strategien reagieren. Er könnte sich gezielt andere Freunde suchen, um seinerseits unabhängiger von Alter zu werden. Das könnte dazu führen, dass die Beziehung beider sich lockert; es könnte aber auch sein, dass Alter nun merkt, wie wichtig ihm Ego tatsächlich ist, daraufhin von jenem Dritten ablässt und sich bemüht, Ego zurückzugewinnen. Darauf könnte Ego wiederum eingehen; oder er könnte merken, dass ihm Alter eigentlich gar nicht mehr so viel bedeutet. Ersteres könnte die ursprüngliche Beziehung wiederherstellen, was sicherlich zumeist Egos anfängliche Intention sein dürfte. Aber es könnten auch die genannten transintentionalen Effekte eintreten. Ego könnte ferner versuchen, die Beziehung zwischen Alter und dem Dritten zu stören oder gar zu unterbinden. So könnte Ego böse Gerüchte über einen der beiden verbreiten, damit der jeweils andere sich abwendet; oder Ego nimmt Alter, solange dessen Sympathie noch groß genug ist, durch angeblich unaufschiebbare Hilfen so in Beschlag, dass dieser für den Dritten keine Zeit mehr findet. Und Ego könnte sich schließlich auch bemühen, zumindest eine Zeitlang so intensiv auf Alter einzugehen, ihm gleichsam jeden Wunsch von den Lippen ablesen, dass er dadurch wieder fester an Ego gebunden wird und den Dritten vergisst.

Einflusssteigerung und Einflusserosion

Dieses Beispiel zeigt, welche zwei grundlegenden Arten von Strukturdynamiken in Beeinflussungskonstellationen wirken: die Dynamiken der Einflusssteigerung und der Einflusserosion.

In Beeinflussungskonstellation laufen die Veränderungen beider Bestimmungsgrößen von Abhängigkeit – die subjektive Wichtigkeit der mit dem Gegenüber interferierenden eigenen Intention und die Möglichkeiten der Umgehung des anderen bei deren Realisierung – oft parallel ab. Sie können –intentional oder transintentional – dabei jeweils auf beiden Seiten gleichbleiben, sich verringern oder sich vergrößern. Damit ergeben sich auf Seiten jedes Akteurs neun logische Möglichkeiten dessen, was mit ihm, zunächst nur für sich betrachtet, in der Konstellation geschehen kann; und die Kombination dieser je neun Möglichkeiten ergibt für die Beeinflussungskonstellation 81 mögliche Szenarien wie sich die Dynamiken der Einflusssteigerung und Einflusserosion entfalten können. Ohne dies hier systematisch durchdeklinieren zu können, sollen nur einige Gruppen von Szenarien skizziert werden:

- Beiderseitige Einflusserosion: Im extremsten Fall nimmt bei Alter wie bei Ego die Wichtigkeit der jeweiligen Intention, aufgrund derer sie vom jeweils anderen abhängig sind, ab, und zugleich nehmen die Möglichkeiten zu, diese Intention unter Umgehung des anderen zu realisieren. Oder bei dem einen ergibt sich das eine, bei dem anderen das andere. Dann können beide immer weniger Fügsamkeit beim jeweils anderen erreichen; im Grenzfall löst die Beeinflussungskonstellation sich auf.

- Einseitige Einflusserosion: Bei Alter nimmt die Abhängigkeit von Ego ab, weil die entsprechende Intention Alters unwichtiger wird oder er Ego bei deren Realisierung besser umgehen kann oder beides zugleich der Fall ist. Dann kann Ego bei Alter immer weniger Fügsamkeit erreichen, die Konstellation wird asymmetrischer zugunsten Alters.
- Einseitige Einflusssteigerung: Ego kann bei Alter immer mehr Fügsamkeit erreichen, weil bei diesem die Abhängigkeit von Ego wächst. Die Konstellation wird asymmetrischer zugunsten Egos.
- Beiderseitige Einflusssteigerung: Beider Abhängigkeit vom anderen wächst, so dass beide mehr Fügsamkeit vom anderen erreichen können. Die Beeinflussungskonstellation verdichtet sich.
- Einflusssteigerung beim einen und -erosion beim anderen: Ego erreicht mehr Fügsamkeit von Alter, während dessen Einfluss auf Ego schwindet. Die Konstellation wird entsprechend asymmetrischer.

Natürlich kann sich eine Konstellation auch über längere Zeit identisch reproduzieren, so dass beider Akteure Einflüsse auf ihr Gegenüber gleich bleiben. Dies vollzieht sich oft als Dynamik der Abweichungsdämpfung, wobei dahinter wiederum nicht selten entsprechende Strategien der Beeinflussung stehen. So kann beispielsweise der eine Akteur argwöhnisch sein Gegenüber im Blick behalten und auf etwaige Einflussgewinne nach der Devise reagieren: „Wehret den Anfängen!" Einflusssteigerung und Einflusserosion hingegen laufen häufig auf Abweichungsverstärkung hinaus. Zunächst unscheinbare, kaum oder gar nicht bemerkte Zugewinne oder Verluste von Einfluss kumulieren im Zeitverlauf, wie sich etwa beim Ausbruch von Revolutionen immer wieder beobachten lässt. Die Demonstrationen werden von Mal zu Mal größer, immer mehr Bevölkerungsgruppen schließen sich der Opposition an, und korrespondierend verlieren die Machthaber immer mehr an Rückhalt. Dementsprechend müssen sie der Opposition immer mehr Zugeständnisse machen, was letztlich zur völligen Entmachtung der Machthaber, also zum Umsturz der ursprünglichen Konstellationsstruktur führen kann.

Im Unterschied zur Abweichungsdämpfung bzw. Abweichungsverstärkung in Beobachtungskonstellationen geht es in Beeinflussungskonstellationen allerdings nur in zweiter Linie darum, dass sich für jeden Akteur im Laufe der Zeit das Handeln seiner Gegenüber immer mehr klärt, so dass er selbst sich dem immer eindeutiger anzupassen vermag. Da in Beeinflussungskonstellationen immer auch beobachtet wird, spielt das zwar stets mit hinein. Aber in erster Linie ist hier bedeutsam, dass sich im Laufe der Zeit die Abhängigkeiten und Einflussverhältnisse allmählich verschieben, weil jeder Einflusszugewinn der einen Seite ihre Chance, sich noch mehr Einfluss zu verschaffen, verbessert. Je mehr man sich durchsetzen kann, umso mehr vermag man durchzusetzen, was den eigenen Nimbus und damit die eigene

Durchsetzungsfähigkeit nur noch steigert. Insbesondere in solchen Beeinflussungskonstellationen, die Nullsummenspiele darstellen, wo also jeder Einflusszugewinn der einen Seite einen entsprechenden Einflussverlust der anderen Seite bedeutet, können sich derartige Dynamiken der Einflusssteigerung beschleunigen.

Mehrfach-Interferenzen in Einflussbeziehungen

Der Facettenreichtum von Beeinflussungskonstellationen vergrößert sich weiter, stellt man in Rechnung, dass es Mehrfach-Interferenzen zwischen den beteiligten Akteure geben kann. Bis hierher wurde davon ausgegangen, dass die Intentionsinterferenz zwischen Ego und Alter sich auf beiden Seiten nur auf eine einzige Intention beschränkt. In manchen Fällen ist das so. Wenn mein Nachbar nur ruhig ist, ist mir alles andere, was er tut oder lässt, völlig egal; und umgekehrt kümmert er sich ebenfalls überhaupt nicht um mich – es sei denn, ich bringe ihn mit einer Klage vor Gericht. Oftmals bestehen zwischen Handelnden aber parallel mehrere Intentionsinterferenzen – mit entsprechend multiplen Abhängigkeiten und sich daraus ergebenden Einflusschancen. Vielleicht muss ich mich mit dem Nachbarn auch über die abwechselnde Nutzung der Waschküche und darüber, wer wann das Treppenhaus putzt, einigen; oder wir sind beide im selben Sportverein und treffen dort regelmäßig aufeinander. Vergleichbares gilt etwa für die Beziehung zwischen zwei Organisationen oder Staaten. So mögen Unternehmen nicht nur um Nachfrager konkurrieren, sondern gleichzeitig bei der Rohstoffbeschaffung oder beim politischen Lobbying miteinander kooperieren und auf dem Arbeitsmarkt wiederum um sehr gefragte Spezialisten konkurrieren; und zwischen zwei Staaten bestehen nicht nur militärische und politische, sondern auch wirtschaftliche, sportliche oder kulturelle Beziehungen.

Generell halten Mehrfach-Interferenzen mit einem Gegenüber einen Akteur dazu an, bezüglich jeder dieser Interferenzen rücksichtsvoll zu agieren – also nicht einfach, ohne nach links und rechts zu schauen, die jeweiligen eigenen Vorteile zu maximieren, eigene Emotionen auszuleben oder Praktiken der Identitätsbehauptung einzusetzen, sofern sich dies negativ auf das Gegenüber auswirkt.[219] Denn dabei bestünde die Gefahr, dass man schnell die „guten Beziehungen“ insgesamt in Frage stellt, das Gegenüber also dazu bewegt, sich durch „unfreundliche Akte“ in anderen Hinsichten zu rächen. Nur dann, wenn jemand in allen Hinsichten der eindeutig Einflussstärkere ist, kann er es sich leisten, auf diese Rücksichtnahme zu verzichten.

Strategisch bedeutet das, dass Akteure zum eigenen Schutz meist gut daran tun, Mehrfach-Interferenzen zu kultivieren. In der Tat bemühen sich Staaten oft darum, einander wechselseitig in ein ganzes Geflecht von Abhän-

219 Zum Folgenden siehe die spieltheoretischen Überlegungen von McGinnis (1986) über „issue linkage“.

gigkeiten zu verstricken, um vor allem die Kriegsgefahr untereinander zu verringern. In diesem Sinne ist beispielsweise die Europäische Union als wirtschaftliche, kulturelle und politische Verflechtung nicht zuletzt ein Ergebnis der Bemühungen Frankreichs, nach drei militärischen Niederlagen gegen Deutschland innerhalb von achtzig Jahren diesen „Erzfeind" in einen dauerhaften Frieden einzubinden – was von deutscher Seite erwidert wurde.

In Bezug auf die Kombination von Einflusssteigerung und Einflusserosion bedeuten Mehrfach-Interferenzen, dass diese Dynamiken entsprechend komplexer werden.

Beeinflussungskonstellationen mit mehr als zwei Akteuren

All diese Abhängigkeitsverhältnisse und Dynamiken der Einflusssteigerung und -erosion, die bis jetzt an einer Dyade vorgeführt wurden, werden noch erheblich komplexer, geht man zu Beeinflussungskonstellationen mit mehr als zwei Akteuren über.[220] Entsprechend größer wird die Wahrscheinlichkeit transintentionaler Effekte des handelnden Zusammenwirkens. Bereits die *Triade* weist diesbezüglich, wie Georg Simmel (1908: 69-94) eingehend aufgezeigt hat, ganz neue Möglichkeiten auf. Mehr noch: An triadischen Beeinflussungskonstellationen lassen sich die wichtigsten Grundmuster dessen studieren, was sich auch in Konstellationen mit noch mehr Akteuren abspielen kann.[221]

Eine Triade kann die Möglichkeit bieten, dass sich zwei Akteure gegen den Dritten zusammentun. Die beiden können ihre Einflusspotentiale bündeln und damit gemeinsam eine bessere Position gegenüber dem Dritten erringen, so dass sie – falls er einflussstärker als beide zusammen ist – ihm zumindest als „Verliererbündnis" (Sofsky/Paris 1994: 269) etwas entgegenzusetzen haben. Eine solche „Gegenkoalition der Schwachen" erscheint oft als „... die einzige Methode, um der Tyrannis des Teilens und Herrschens zu entgehen." (Sofsky/Paris 1994: 284) Die zwei Schwächeren können aber auch gemeinsam so stark sein, dass sie den vorher Dominierenden dominieren. Aus der Sicht eines der Akteure stellt sich ein solcher Zusammenschluss allgemein so dar: „Mit dem Dritten sucht man die Zusammenarbeit, gegen den Zweiten geht der Kampf weiter." (Sofsky/Paris 1994: 249) Dies kann in Gestalt des Komplotts auch heimlich erfolgen, so dass es der, gegen den die beiden anderen sich zusammenschließen, erst zu spät, manchmal sogar nie bemerkt (Paris 1996: 196).

---

220 Genau genommen wurde implizit bereits überall dort über die Dyade hinausgegangen, wo Dritte als Möglichkeiten Egos, seine Intentionen unter Umgehung Alters zu realisieren, ins Spiel gekommen sind.

221 Im Übrigen lassen sich oftmals reale Konstellationen, die aus einer Vielzahl von Akteuren bestehen, entsprechend den vorherrschenden oder für das jeweilige Erklärungsproblem im Vordergrund stehenden Interdependenzen analytisch auf Dyaden oder Triaden reduzieren.

In Beeinflussungskonstellationen bleiben derartige *Zweckbündnisse* freilich relativ instabil, weil keine bindenden Vereinbarungen darüber getroffen werden.[222] Daher kann es, je nach Art der situativen Intentionsinterferenzen, immer wieder andere Zweierbündnisse auf Kosten des jeweiligen Dritten geben. Dies ergibt sich nicht nur aus der wechselnden sachlichen Beschaffenheit der Interferenzen, sondern auch daraus, dass derjenige, zu dessen Ungunsten eine Koalition geschmiedet werden könnte, nicht untätig bleibt. So gilt für alle Koalitionen: „Zusammenhalt ist ... ein ständiges Problem, und zwar nicht nur wegen der erheblichen Distanzen, die zwischen selbständigen Partnern gang und gäbe sind, sondern auch wegen der Abwerbepropaganda des Kontrahenten ...“. (Sofsky/Paris 1994: 250) Letzteres weist bereits darauf hin, dass insbesondere bei einer kurzfristigen und engen Nutzenorientierung der Akteure „... prinzipiell keine stabilen Koalitionen gebildet werden können.“ Denn:

> „Beispielsweise können in einer Drei-Personen-Situation, in der die Partner einen fixen Betrag aufzuteilen haben, zwei Partner den Dritten überstimmen und beschließen, den Betrag zu gleichen Teilen an sich gehen zu lassen. Der ausgeschlossene Dritte kann nun aber einem der koalierenden Spieler z.B. 70% des Gewinnes anbieten, damit er wenigstens 30% erhält. Der Gegenschlag des nun ausgeschlossenen Spielers wird sofort folgen, denn er braucht nun nur dem benachteiligten Spieler der Koalition eine 50:50-Aufteilung vorzuschlagen, um ihn aus der bestehenden Allianz zu lösen, usw.“ (Crott et al. 1977: 50)

Diese destabilisierende Kraft kommt nur dann nicht zum Tragen, wenn vorgängige Affinitäten, zum Beispiel gemeinsame soziale Herkunft oder gleiches Geschlecht, stark präjudizieren, wer dauerhaft mit wem gegen wen zusammengeht.

Seilschaften weisen als besondere Formen solcher Zweckbündnisse eine weitere Art von Sollbruchstelle auf (Paris 1991). In Seilschaften zieht einer den anderen nach, so dass erst A, durch B und C abgesichert, seine Ziele realisiert, um dann B und anschließend auch noch C bei der Realisierung von deren Zielen abzusichern. Diese Asynchronität der Zielerreichung heißt aber: „Während der eine seine Schäfchen bereits im Trockenen hat, sind die anderen vom sicheren Ufer noch weit entfernt.“ (Paris 1991: 145) Sie riskieren also, dass er – der sie nun nicht mehr braucht – die Seilschaft aufkündigt. Die Einschätzung, dass so etwas passieren könnte, kann von vornherein dafür sorgen, dass keine Seilschaft zustandekommt. Dieses Misstrauen hält sich wiederum dann in Grenzen, wenn es jenseits der gemeinsamen Ziele noch weitere Bande des Zusammenhalts zwischen den Akteuren gibt – zum Beispiel ethnische Solidarität oder persönliche Sympathie.

---

222 Zwar werden auch Verträge immer wieder einmal gebrochen – ihre Bindungskraft weist dennoch eine andere Qualität als situative Zweckbündnisse auf, wie im folgenden Kapitel deutlich werden wird.

Wenn in einer Triade ein Akteur die Gefahr sieht, dass die anderen beiden sich gegen ihn zusammenschließen, hat er gelegentlich auch strategische Möglichkeiten des *„divide et impera"* (Simmel 1908: 89-94). Insbesondere Machthaber, die einer Mehrzahl von Untergebenen gegenüberstehen und befürchten müssen, dass diese sich aufgrund gemeinsamer Interessen untereinander solidarisieren könnten, üben sich oft im Teilen und Herrschen. So können die Machthaber zum Beispiel dafür sorgen, dass die Untergebenen kaum miteinander kommunizieren können, womit eine wichtige Voraussetzung für Solidarisierung nicht gegeben ist. Oder die Machthaber säen Zwist unter den Untergebenen – etwa dadurch, dass vorhandene Interessendivergenzen vertieft werden und so die gemeinsamen Interessen gegen die Machthaber überlagern. Die Machthaber können auch selektiv einzelne Untergebene bevorzugen und sie damit aus einer potentiellen Allianz aller Untergebenen herausbrechen. Eine Kombination aus den beiden letztgenannten Strategien war eine wichtige Herrschaftstechnik der Inkas:

> „Es war allgemeine Übung der Inkas, einen neu eroberten Stamm in zwei ungefähr gleiche Hälften zu teilen und in beide je einen Vorsteher einzusetzen, und zwar mit einer geringen Rangdifferenz zwischen beiden. Dies war tatsächlich das geeignetste Mittel, zwischen diesen Häuptlingen eine Rivalität hervorzurufen, die es zu keiner einheitlichen Aktion des unterworfenen Gebietes gegen die Herrscher kommen ließ." (Simmel 1908: 91)

„Divide et impera" steht aber auch demjenigen als Strategie zur Verfügung, der keine Machtposition innehat, jedoch über ein Einflusspotential verfügt, an dessen Besitz oder Nutzung mehrere andere interessiert sind. Im Sprichwort heißt es: „Konkurrenz belebt das Geschäft" – und das Wissen darüber hält den Betreffenden, sofern er ein möglichst gutes Geschäft machen will, dazu an, die Konkurrenz zu beleben. Wer zum Beispiel ein Haus zu verkaufen hat, kann sich darum bemühen, mehrere ernsthafte Interessenten anzulocken, oder zumindest abwarten, bis mehr als einer sich eingefunden hat; und wer die Liebe eines anderen anzufachen sucht, kann dessen Eifersucht durch Flirten mit einem Dritten schüren. In diesen Fällen muss es die Dritten nicht einmal wirklich geben – es genügt, dass ihre Existenz glaubhaft vorgetäuscht wird.

Derjenige, der „divide et impera" inszeniert, kann als einzelner der eindeutig Einflussschwächste der Triade sein und diese dann im Extremfall dennoch dominieren, weil die Einflüsse der Stärkeren einander gegenseitig neutralisieren. So wird etwa die Max-Planck-Gesellschaft (MPG) als staatlich getragene Forschungseinrichtung gemeinsam vom Bund auf der einen und von den Bundesländern auf der anderen Seite finanziert. Diese finanzielle Abhängigkeit würde normalerweise den Geldgebern großen Einfluss auf die Forschung der MPG geben. Tatsächlich will der Bund die MPG forschungspolitisch steuern, und die Länder wollen dasselbe. Beide Seiten wollen dies aber allein tun und sich nicht von der anderen hineinreden lassen; und beide Seiten gönnen diese Steuerungsmöglichkeit der jeweils anderen Seite nicht. Im Ergebnis ist die MPG dann in dieser Beeinflussungskonstellation der „tertius gaudens", der sich weder vom Bund noch von den Ländern viel sagen lassen muss (Hohn/Schimank 1990: 79-134).[223] Ähnlich spielen manchmal Kinder ihre beiden Eltern geschickt gegeneinander aus, um ihnen auf der Nase herumtanzen zu können.

Ein solches Gegeneinanderausspielen kann bis zur Konstruktion von „Sündenböcken" gehen: wenn A die Fügsamkeit gegenüber B verweigert, weil C ihn angeblich daran hindert. So können Einflussschwache auf sie ausgeübten Einfluss dadurch abwehren, dass sie eine noch stärkere Beeinflussung von dritter Seite vorspiegeln oder gar „bestellen", die ihr Handeln in eine andere Richtung drängt – nämlich dorthin, wohin sie, was meist verheimlicht wird, von sich aus gehen wollen. Sie beteuern dann dem Einflussausübenden, wie gern sie ihm Folge leisten würden, wäre da nicht die „höhere Gewalt" eines Dritten, der sie sich beugen müssen. Kommunen beispielsweise, die eine Sondermülldeponie einrichten wollen und dann unter den Druck ihrer dagegen protestierenden Bürger geraten, reden sich manchmal damit heraus, dass der Regierungspräsident ihnen dies aufnötige, so dass sie keine andere Wahl hätten (Prittwitz 1996a: 13). Andere geläufige Arten des Gegeneinanderausspielens sind bestimmte Formen der Intrige: das „verräterische Doppelbündnis", bei dem ein Akteur A sich heimlich mit B gegen C und mit C gegen B verbündet, und die „Zentrums-Intrige", bei der B und C von A hinter ihrem Rücken so gegeneinander gehetzt werden, dass sie „... seine Pläne exekutieren." (Paris 1996: 196/197 – Zitat: 197)

Eine am Gegenpol zum Gegeneinanderausspielen anzusiedelnde Art von Triade liegt dann vor, wenn Dritte als *Schlichter* Einfluss auf zwei miteinander streitende Akteure nehmen (Simmel 1908: 76-82). Schlichtung kann darin bestehen, dass die Streithähne getrennt werden; oder der Schlichter gibt nach Anhörung beider Seiten einer Recht; oder er findet einen Kompromiss; oder er gibt keinem Recht und dekretiert stattdessen etwas ganz anderes, was keine Seite wollte. Die wichtigste gesellschaftliche Institutionalisierung des Schlichtens stellt die Rolle des Richters dar. Um schlichten zu können, muss ein Akteur so einflussstark sein, dass er sich über beide Seiten hinwegsetzen kann – auch über einen eventuellen gemeinsamen Widerstand beider Seiten, falls er beide nicht zufriedenstellt. Zugleich darf der Schlichter keine vorgängige Affinität zu einer der beiden Seiten aufweisen, weil dann die Legitimität dessen, was er beschließt und auferlegt, nicht gesichert wäre. Er muss „unparteiisch" sein oder zumindest erscheinen.

Eine wieder andere Art von Triade entsteht, wenn das Handeln in einer Dyade von einem oder beiden Beteiligten mit Blick auf einen Dritten als weiteren oder sogar eigentlichen Adressaten erfolgt. Zwei Varianten dieser

223 Generell zum „lachenden Dritten" siehe Simmel (1908: 82-89).

publikumsbezogenen Triade kommen vor. Die eine Variante findet sich überall dort, wo zwei – oder mehr – Akteure um die Gunst eines Publikums konkurrieren: im Sport ebenso wie in der Politik, der Wirtschaft oder der Liebe. Dabei muss der Dritte nicht – wie oben angesprochen – die Konkurrenten gegeneinander ausspielen. Er muss gar nicht selbst strategisch aktiv werden, sondern kann auch ganz ohne eigenes Zutun von diesen in die einflussreiche Lage versetzt werden, mehrfach umworben zu sein. Es empfiehlt sich dann für ihn meist nicht, sich schnell für eine Seite zu entscheiden. Denn in dem Moment verliert er seinen Einfluss auf beide. Er muss die Konstellation vielmehr im Unentschiedenen halten, so dass der Eifer der Konkurrenten nicht nachlässt und er noch lange davon profitiert.

Bei der anderen Variante der publikumsbezogenen Triade geht es umgekehrt einem Akteur darum, durch die Art und Weise, wie er einen anderen behandelt, das Publikum zu beeinflussen. Ein einflussstarker Akteur statuiert an einem anderen ein Exempel, um Dritte zu warnen oder auch anzustacheln. Die Veröffentlichung von Gerichtsurteilen, bis hin zur öffentlichen Bestrafung von Verbrechern, dient in diesem Sinne dazu, die Bevölkerung vor ähnlichen Rechtsvergehen abzuschrecken. Und wenn jemand öffentlich gelobt wird oder sogar, über diese „symbolische Gratifikation" (Paris 1995: 152) hinaus, materielle Gratifikationen erhält, soll dessen Erhebung zum Vorbild eben auch anderen demonstrieren, dass sich entsprechende Leistungen lohnen, und sie zum Nacheifern motivieren. Insbesondere Altruismus kann durch publikumswirksame Identitätsbestätigungen gefördert werden.

Die letzte Art von Triade, die hier angesprochen werden soll, sind *Einflussketten* – zum Beispiel Hierarchien in Organisationen. Akteur A hat Macht über Akteur B und dieser über C, ohne dass A direkten Zugriff auf C besitzt. Aber auch bei anderen Arten von Einflussnahmen gibt es Ähnliches. So vermitteln Händler Tauschbeziehungen zwischen Kunden und Produzenten, weil Direktkontakte für beide Seiten viel zu aufwendig wären. Oder die Ergebnisse der Arbeit von Forschern werden durch die Massenmedien an die Bevölkerung weitergegeben – beispielsweise Erkenntnisse darüber, was gesundheitsschädlich oder –förderlich ist. Hier fungieren die Massenmedien als Übersetzer, die esoterische und unverständliche Wahrheiten allgemeinverständlich aufbereiten. In umgekehrter Einflussrichtung greifen die Massenmedien auch Stimmungslagen der Bevölkerung auf und artikulieren sie gegenüber der Wissenschaft bzw. der Wissenschaftspolitik – zum Beispiel Befürchtungen angesichts der Risiken der Kernenergie oder den Wunsch, es möge mehr über Krebserkrankungen geforscht werden.

In Einflussketten sind die Vermittlungsakteure diejenigen, die besonderes Augenmerk verdienen. Sie sind keineswegs bloße Exekutivorgane einer der beiden Einflussrichtungen. Dies könnte man ohnehin nur bei stark asymmetrischen Konstellationen annehmen. Aber selbst dort verfolgen die Vermittlungsakteure eigene Intentionen und können ihre strategische Zwischenposition dazu nutzen, wie man etwa für die mittlere Hierarchieebene formaler Organisationen herausgefunden hat. Insbesondere wenn die Organisationsspitze sich von der Arbeitsebene isoliert hat, die Manager beispielsweise nicht mehr die Sprache der Arbeiter sprechen und sie so nicht zu motivieren vermögen, können Vorarbeiter, die dazu in der Lage sind, äußerst einflussreich werden. Erst recht tritt die Eigenständigkeit der Vermittlungsakteure in symmetrischen Einflusskonstellationen zutage. Die Wissenschaft braucht die Massenmedien, um ihre Erkenntnisse „unters Volk“ zu bringen und damit Eigenwerbung betreiben zu können, so dass die Steuerzahler es weiterhin hinnehmen und sogar richtig finden, wenn jährlich erkleckliche Summen für die Forschung ausgegeben werden; und ohne die Massenmedien wäre es für die Bürger viel schwieriger, ihre Besorgnisse der Wissenschaft nahe zu bringen. In solchen Konstellationen, in denen zwei Akteure etwas voneinander wollen, aber nicht ohne Hilfe eines Dritten zueinander finden können, müssen dem Dritten seine Vermittlungsdienste manchmal fürstlich entgolten werden – siehe zum Beispiel Immobilienmakler. Zumindest begründen die Vermittlungsakteure so ihre Existenz und Fortexistenz.

Vermittlungsakteure, die daran interessiert sind, dass ihr Einfluss erhalten bleibt, sollten das ihnen Mögliche dafür tun, dass die vermittelten Akteure erstens weiterhin ihr Interesse aneinander behalten und zweitens keinen Weg finden, direkt Kontakt miteinander aufzunehmen.[224] Es gibt allerdings auch Beeinflussungskonstellationen, in denen ein Vermittlungsakteur der arme Teufel ist, der zwischen den Fronten zerrieben wird und gerade keine eigene Einflussstärke besitzt oder erwerben kann. Dieses Schicksal droht ihm vor allem immer dann, wenn beide Enden der Kette in antagonistischer Konfrontation zueinander stehen und einander lieber bekriegen, als nach Einigungschancen und Kompromissen zu suchen. Wenn sich der Vermittlungsakteur unter diesen Umständen nicht dazu hergibt, sich einer der beiden Seiten anzuschließen, sondern neutral bleiben will, hat er schnell beide gegen sich – zumindest darin sind sie sich dann einig. Diplomatische Vermittler zwischen kriegführenden Staaten oder Schiedsmänner zwischen Klägern und Beklagten erleiden manchmal auf diese Weise Schiffbruch.

Einen Spezialfall von Einflussketten stellen *Einflusskreise* dar. Dies sind in sich selbst zurücklaufende Einflussketten: A beeinflusst B, dieser C und dieser wieder A. Hierfür ist die demokratische Politik ein gutes Beispiel. Die Parteien haben, entsprechend den Mehrheitsverhältnissen im Parlament, die Macht, die Regierung zu bilden und zu stärken oder abzusetzen. Zudem legt das Parlament als Gesetzgeber das Handeln der Verwaltung fest. Auch die Regierung besitzt in Gestalt der Minister, die die einzelnen Ressorts leiten, Macht über die Verwaltung. Die Verwaltung übt dann mit ihren im Rahmen

224 Letzteren Aspekt heben Ronald Burts (1992) netzwerkanalytische Überlegungen zu „structural holes“ hervor.

der Gesetze getroffenen Entscheidungen in Gestalt von Verwaltungsakten Macht über die Bürger aus. Die Bürger jedoch haben bei den Wahlen Macht über die Parteien, bestimmen deren relative Stärke – womit sich der Machtkreislauf schließt. Schaut man genauer hin, entdeckt man außer diesem offiziellen auch noch einen gegenläufigen inoffiziellen Einflusskreislauf (Luhmann 1981: 42-49): Die Bürger nehmen auf vielerlei Art, von formellen Einspruchsrechten über Protestaktionen bis hin zur Korruption, Einfluss auf die Verwaltung; diese präjudiziert durch entsprechende Informationsaufbereitung und sonstige Entscheidungshilfen, was Regierung, Parlamente und Parteien beschließen; und die Parteien beeinflussen – am unverblümtesten mittels Wahlgeschenken – die Bürger, um sich deren Wählergunst zu erhalten. Insgesamt ergibt sich so eine äußerst komplexe politische Einflusskonstellation, in der jede Frage danach, wer denn nun am einflussstärksten sei, viel zu simpel gestellt ist. Dies kann zum einen fallweise variieren; und zum anderen werden je nach politischer Stimmungslage mal die Parteien, mal die Verwaltung und mal die Bürger als diejenigen stilisiert, die zu stark geworden seien und damit die Demokratie gefährdeten.

Damit soll hier die Betrachtung von Beeinflussungsstrategien und Dynamiken in Beeinflussungskonstellationen abgebrochen werden. Wollte man über die dargestellten grundlegenden Muster von Dyaden und Triaden hinausgehen, sähe man sich hinsichtlich der empirischen Materialbasis auf Seiten praktischer Reflexionen einem Wust an höchst heterogenen Inspirationsquellen gegenüber, die von Nicolo Machiavellis Überlegungen zur Herrschaftssicherung bis zu zeitgenössischen Techniken der Öffentlichkeitsarbeit oder Strategien des Schachspiels reichten. Ähnlich breit ist das Spektrum zu berücksichtigender sozialwissenschaftlicher Forschungsfelder. Dies alles in eine analytische Ordnung zu bringen ist zweifellos noch ein langer, aber lohnender Weg.

9.3 Struktureffekte bei wechselseitiger Beeinflussung

Nachdem bis jetzt Arten und Dimensionen sozialen Einflusses sowie die Strategien und Dynamiken wechselseitiger Beeinflussung angesprochen worden sind, wendet sich dieser Abschnitt nun den Struktureffekten zu, die ein handelndes Zusammenwirken in Beeinflussungskonstellation haben kann. Hier lässt sich von der bereits in Kapitel 7.3 erwähnten Einsicht von Norbert Elias ausgehen, dass es bei inkompatiblen Intentionen[225] mehrerer Akteure für die Struktureffekte darauf ankommt, wie groß die Einflussdifferenzen zwischen den Beteiligten sind. Im Folgenden wird demgemäß zunächst auf die Schaffung, Erhaltung oder Veränderung sozialer Strukturen durch dominante Akteure in Beeinflussungskonstellationen eingegangen, bevor dann Struktureffekte bei geringen Einflussdifferenzen zwischen den

225 Der vergleichsweise triviale Fall kompatibler Intentionen wird hier vernachlässigt.

in solchen Konstellationen Zusammenwirkenden zur Sprache kommen. Dabei wird sich zeigen, dass aus allen Arten von Beeinflussungskonstellationen alle drei Arten von sozialen Strukturen erwachsen können.

Beeinflussungskonstellationen mit dominantem Akteur

Dominante Akteure – ob es sich im jeweiligen Fall um einen Einzelnen oder um eine Gruppe untereinander einiger Akteure handelt – verfolgen mit ihrem Handeln oft bewusste Gestaltungsabsichten bezüglich der sie umgebenden sozialen Strukturen. Ein augenfälliges Beispiel ist der Leiter einer Organisation, der kraft seiner formalen Position geradezu die Verantwortung dafür besitzt, die Strukturen der Organisation entsprechend den Erfordernissen zu gestalten, die sich aus Aufgabenverfolgung und Umweltgegebenheiten stellen. Wenn die formale Machtposition dieses Leiters seinem tatsächlichen Einfluss entspricht, es also beispielsweise keine starke Gegenmacht durch eine Koalition Untergebener gibt, kann er die in der Organisation geltenden formalen Verhaltenserwartungen festlegen. Er kann also u.a. die Arbeitszeiten der Organisationsmitglieder bestimmen. Wird die Organisation neu gegründet, vermag der Leiter dieses Element der normativen Erwartungsstruktur erstmals zu schaffen. Wenn irgendwann Bestrebungen der Organisationsmitglieder aufkommen, diese Zeitfestlegungen zu verändern, beispielsweise freitags schon mittags Feierabend zu machen, kann der Leiter dies durch seine formale Macht unterbinden, also die gegebene Erwartungsstruktur aufrechterhalten. Im Extremfall kündigt er all jenen, die sich nicht länger an seine Zeitvorgaben halten wollen. Der Leiter vermag auch die Arbeitszeiten in der Organisation zu ändern – sei es, dass er auf Wünsche der Mitglieder eingeht, sei es, dass er nach eigenem Gutdünken neue Zeiten festlegt.

Dominante Akteure können aber auch unabsichtliche Strukturgestaltung betreiben. Manchmal bemerken sie dies nicht einmal nachträglich; und manchmal ist es ihnen als beiläufiger Effekt eines von ganz anderen Absichten getragenen Handelns bewusst. Unabsichtliche Struktureffekte bei der Ausübung dominanten Einflusses ergeben sich insbesondere daraus, dass die beeinflussten Akteure sehr leicht aus Faktizität auf gewollte Normsetzung schließen. Wenn ein Organisationsleiter beispielsweise für bestimmte Positionen immer wieder Frauen einstellt, und dies allein deshalb, weil jeweils keine geeigneten Männer zur Verfügung standen, liegt es für die Untergebenen nahe, dass nach dem Willen des Leiters nur Frauen diese Positionen besetzen sollen. Delegiert er diese Rekrutierungsaufgabe dann irgendwann an einen Mitarbeiter, hält sich der fortan an diese scheinbar vom Leiter gesetzte Norm; und wenn dieser seine angebliche Normsetzung nun nicht dementiert, weil ihm der Vorgang als solcher gar nicht bewusst geworden ist, sondern er annimmt, dass auch der Untergebene immer nur geeignete weibliche Bewerber vorfindet, hat sich die entsprechende Erwartungsstruktur endgültig verfestigt. Solange die Norm nicht artikuliert wird, kann der Irrtum, auf dem sie beruht, allen Seiten verborgen bleiben, so dass auch keine Änderung erfolgt – obwohl keiner etwas dagegen hätte. So können sich normative Erwartungsstrukturen, die niemand verteidigt, weil niemand sie gewollt hat, dennoch als äußerst langlebig erweisen.

Die staatliche Gesetzgebung ist ein anderes Beispiel dafür, dass eine dominante Gruppe von Akteuren normative Erwartungsstrukturen der Gesellschaft gestaltet – in diesem Fall ganz bewusst. Die parlamentarische Mehrheit kann der gesamten Bevölkerung eines Staates vorgeben, welche Gesetze diese zu befolgen hat. Dominante Akteure können weiterhin – intentional oder unintendiert – Deutungs- und Konstellationsstrukturen gestalten. Charismatische religiöse oder politische Führer wie Jesus Christus oder Hitler[226] haben als einzelne Personen die gesellschaftsweit verbreiteten Weltanschauungen mehr oder weniger tief greifend und dauerhaft geprägt. Im Wissenschaftssystem sind es – neben auch dort wirksamen genialen Einzelnen – vor allem theoretische Schulen, die als Gruppen immer wieder bestimmte Fächer oder Themenfelder dominieren können. An dominanten wissenschaftlichen Schulen zeigt sich im Übrigen auch, dass die Bestimmung von Deutungsstrukturen sich wechselseitig verstärkt mit Ressourcenverteilungen, also der Gestalt der Konstellationsstrukturen. Die kognitive Orthodoxie hat die besten Chancen, begehrte Positionen und Gelder für Forschungsprojekte zu bekommen, wodurch die eigene Dominanz weiter gefestigt und ausgebaut werden kann.[227]

Dass oftmals die gesellschaftlich Mächtigen nicht nur die Macht-, sondern auch die Reichtumsverteilung zum eigenen Vorteil gestalten können, ebenso wie die Reichen sich politische Macht verschaffen können: Das sind weitere Beispiele dafür, wie eine dominante Gruppe von Akteuren Konstellationsstrukturen maßgeblich aufbauen, erhalten oder verändern kann.[228] Die Zentren-Peripherien-Struktur der Weltgesellschaft illustriert, wie sich zumindest in bestimmten Regionen politisch – vor allem militärisch – starke Länder auch wirtschaftliche Stärke erworben haben, und umgekehrt. Die großen Kolonialreiche beweisen, dass dies äußerst dauerhafte Konstellationsstrukturen sein können, obwohl die jeweils benachteiligten Akteure, also insbesondere die einheimische Bevölkerung der Kolonien, großes Interesse daran hatten, eine Änderung herbeizuführen. Stabile ethnische oder rassi-

---

226 Dem analytisch distanzierten Soziologen ist es gestattet, beide in einem Atemzug zu nennen.

227 Die Herausbildung solcher Schulen geschieht, wie im letzten Kapitel angesprochen, oft über Abweichungsverstärkung in Konstellationen wechselseitiger Beobachtung. Sind die Schulen dann da, dominieren sie – wie hier betont – Beeinflussungskonstellationen. Dieses Beispiel demonstriert damit auch den Wandel von Konstellationsarten, worauf im Kapitel 11 noch näher eingegangen wird.

228 Die hier auch angesprochene Konvertierbarkeit von Einflusspotentialen wird in Pierre Bourdieus (1983) Analysen sozialer Ungleichheit betont – wenn er etwa darauf hinweist, dass „kulturelles“ in „ökonomisches Kapital“ umgewandelt werden kann.

sche Privilegierungen, etwa die nach wie vor in sämtlichen Hinsichten besseren Lebenschancen der Weißen gegenüber den Schwarzen in den Vereinigten Staaten oder die Benachteiligung der Frauen gegenüber den Männern überall auf der Welt, sind Konstellationsstrukturen, in denen eine dominante Gruppe von Akteuren diese eigene Stellung zu halten vermag.[229] Eine noch bessere Absicherung solcher Konstellationsstrukturen können die dominanten Akteure betreiben, wenn sie auch eine ideologische Hegemonie besitzen, also die Ungleichheiten religiös oder wissenschaftlich verbrämen können und diese Deutung der Verhältnisse von den Benachteiligten geglaubt wird. Wie Kämpfe um Pressefreiheit bzw. Pressezensur in vielen undemokratischen politischen Regimen zeigen, ist weiterhin die Selektion dessen, was die Bevölkerung an Sachinformationen über ihr Land erfährt oder nicht erfährt, eine wichtige Art der Einflussnahme.

Die Gestaltung von Konstellationsstrukturen durch dominante Akteure findet aber auch in viel begrenzteren Sozialzusammenhängen statt – etwa, um ein früheres Beispiel wieder aufzugreifen, wenn ein Lehrer die Sitzordnung seiner Schüler bestimmt, um diejenigen räumlich zu trennen, die ständig miteinander tuscheln und einander so gegenseitig vom Unterricht abhalten. Er tut dies nicht zuletzt deshalb, weil er die eigene Autorität nicht durch Störer seines Unterrichts untergraben lassen will, also um das eigene Einflusspotential abzusichern. Hieran zeigt sich auch, wie eine ursprüngliche Konstellation wechselseitiger Beobachtung durch eine Beeinflussungskonstellation überformt wird. Die zunächst von den Schülern selbstgewählte Sitzordnung ist das Ergebnis gegenseitiger Sympathie, wie sie sich aus den Interaktionen miteinander allmählich ergibt. Diese Konstellationsstruktur ist dann der Ausgangspunkt für korrigierende, sozialen Einfluss benutzende Maßnahmen des Lehrers.[230] Wenn er es sich dabei mit mehreren Schülern verdirbt, weil er inzwischen enge Freunde auseinandersetzt, kann es ihm passieren, dass diese vereint versuchen, sich an ihm zu rächen – etwa durch gemeinsame Störung des Unterrichts oder üble Nachrede. Falls dadurch weitere Schüler gegen den Lehrer aufgewiegelt werden, sich also eine Solidarisierung „von unten" einstellt und der entsprechende Druck der Schüler

---

229 Zu all diesen Beispielen liefert die Forschung über soziale Ungleichheiten reiches Material. Längst nicht immer wird dabei freilich auch beherzigt, was Reinhold Kreckel (1992) als „politische Soziologie der sozialen Ungleichheit" einfordert: eine Konstellationsanalyse, die die Perpetuierung oder auch Veränderung solcher Verteilungsstrukturen akteurtheoretisch erklärt und dabei oftmals auf Einflussdominanzen rekurrieren muss.

230 Ein umgekehrtes Beispiel wären die von Thomas Schelling analysierten, bereits im letzten Kapitel angesprochenen Dynamiken rassischer Segregation in Neubauvierteln amerikanischer Großstädte. Ursprünglich sorgten Stadtplaner und städtische Wohnungsbaugesellschaften als einflussstarke Akteure bei der Zuteilung von Wohnungen dafür, dass keine Rassensegregation auftrat. Aber die im Anschluss daran stattfindende räumliche Wanderung der Aus- und Einziehenden führte dann, aus einer Konstellation wechselseitiger Beobachtung heraus, schnell wieder zur Segregation.

auf ihn wächst, mag er sogar im Extremfall seine dominante Stellung in der Beeinflussungskonstellation einbüßen. Das ergäbe dann eine Dynamik der Einflusserosion, in der ein dominanter Akteur im Bemühen, die eigene Einflussposition zu festigen, diese transintentional schwächt.

Derartige Abläufe erinnern daran, dass auch Beeinflussungskonstellationen, in denen ein Akteur oder eine Gruppe von Akteuren dominant ist, hinsichtlich der Struktureffekte des handelnden Zusammenwirkens nicht immer so eindeutig ausfallen, wie man es auf den ersten Blick vermuten mag. Auch hier kann es Transintentionalität geben – weil der Einflussstarke bestimmte Wirkungen seines Handelns außer Acht lässt oder nicht richtig einschätzt oder weil koinzidentielle Einwirkungen auf die Konstellation eintreten können.

Beeinflussungskonstellationen ohne dominanten Akteur

Die Wahrscheinlichkeit und das Ausmaß von Transintentionalität der Struktureffekte nehmen erheblich zu, je geringer die Einflussdifferenzen in der Konstellation sind, also in Beeinflussungskonstellationen ohne dominanten Akteur. Dann ist die Konstellation in ihrer längerfristigen Dynamik schnell für keinen der Beteiligten mehr berechenbar – ebensowenig wie für externe Beobachter. Man muss sich nur vergegenwärtigen, wie in politischen Auseinandersetzungen gelegentlich Zweckbündnisse geschlossen werden, die keiner der involvierten Akteure je gewollt hat, die dann aber doch situativ als „kleinstes Übel“ eingegangen werden und Entscheidungen, etwa Gesetze, hervorbringen, an die im Vorhinein so keiner gedacht hätte und die sich auch im Nachhinein keiner der Akteure auf die eigenen Fahnen schreibt.

Ein anderes Beispiel ist eine Mehrzahl religiöser Gruppen, die in einem Land im Zustand des Glaubenspluralismus koexistieren. Die meisten Sekten oder Kirchen sind darauf aus, das eigene Glaubensbekenntnis zu verbreiten – zunächst weniger, um den eigenen Einfluss auszuweiten, als vielmehr deshalb, weil sie es für das einzig seligmachende erachten. Glaubenspluralismus läuft daher trotzdem oft auf eine Konkurrenz der religiösen Gruppen um noch Ungebundene wie um die Anhänger der jeweils anderen Gruppen hinaus. In dieser Konkurrenz werden die Gruppen dann Einfluss auf die eigenen Anhänger, die Anhänger der Konkurrenten und die noch Ungebundenen ausüben. Welche religiösen Deutungsstrukturen im Endeffekt aus dieser wechselseitigen Beeinflussung herauskommen werden, kann völlig unvorhersagbar sein:

- Vielleicht ergeben sich lang andauernde Religionskriege, wie sie Thomas Hobbes (1651) vor Augen hatte. Keine Deutungsstruktur kann sich etablieren, weil die Konstellation zu keinem Gleichgewicht findet. Geländegewinne der einen Gruppe sind immer nur zeitweilig, weil sich dann andere, die um ihre Einflusssphären bangen, gegen diese zusammentun, nur um übereinander herzufallen, sobald der gemeinsame Gegner zurückgeschlagen ist. Wechselnde Koalitionen sorgen also zwar dafür, dass jede

Gruppe daran gehindert wird, sich über die anderen zu erheben. Doch so wird letzten Endes nur der Kampf aller gegen alle auf Dauer gestellt.

- Eine andere Möglichkeit ist, dass diese multiple Konfrontation längerfristig zu einer um sich greifenden Säkularisierung führt, also alle Gruppen an Einfluss verlieren und sich eine Deutungsstruktur jenseits der Religion etabliert – vielleicht eine politische Weltanschauung wie der Sozialismus, vielleicht auch ein Glaube an die Wissenschaft oder an die Selbstverwirklichung des Individuums. Dann haben die verschiedenen religiösen Bekenntnisse einander gegenseitig relativiert. Immer mehr Menschen glauben keinem mehr, und für die Einflussausübenden hat sich eine Dynamik der allseitigen Einflusserosion entwickelt.
- Möglicherweise gibt es aber in den religiösen Gruppen genügend strategisch denkende Führer, denen daran gelegen ist, die beiden genannten Szenarien zu vermeiden. Entsprechend der Einschätzung, dass es besser ist, als kleine Gruppe zu überleben anstatt völlig zu verschwinden, könnten sich die Führer der Gruppen auf wechselseitige Nichtangriffspakte einigen, so dass insgesamt als Deutungsstruktur ein dauerhafter Pluralismus des „live and let live" herauskommt. Dies könnte durch eine Konstellationsstruktur wie räumliche Segregation der Gruppen oder deren Segmentierung nach sozialen Milieus zusätzlich abgesichert werden.
- Wieder eine andere Dynamik von Einflusssteigerung bzw. -erosion ergäbe sich, wenn einzelne Gruppen, vielleicht auf der Basis dogmatischer Affinitäten, sich zunächst zusammenschließen, um als Koalition die restlichen auszuschalten. Sobald das bewerkstelligt ist, könnten die Koalitionäre einen nunmehr reduzierten, also jedem von ihnen entsprechend größere Einflusssphären bietenden Pluralismus praktizieren oder auch einen unerbittlichen Konkurrenzkampf im kleinen Kreis beginnen, aus dem dann vielleicht nur eine Gruppe letztendlich erfolgreich hervorgeht.

Vom Monopol einer einzigen religiösen Gruppe bis zur Säkularisierung ist also in einer solchen Beeinflussungskonstellation ohne dominanten Akteur alles vorstellbar. Dies ist die weiter reichende Form von Transintentionalität: Das strukturelle Ergebnis des handelnden Zusammenwirkens ist in seiner Beschaffenheit mehr oder weniger völlig unvorhersagbar.

Eine begrenztere Form von Transintentionalität liegt dann vor, wenn ex ante durchaus klar ist, wie etwa die aus der wechselseitigen Beeinflussung hervorgehende Konstellationsstruktur aussehen wird – aber man weiß nicht, welche Stellung die einzelnen in der Beeinflussungskonstellation involvierten Akteure in dieser Konstellationsstruktur einnehmen werden. Eine klassische Analyse einer derartigen Strukturdynamik ist Norbert Elias' (1939: 123-311) zum „*Monopolmechanismus*" verallgemeinerte Erklärung dafür, warum sich in Frankreich im ausgehenden Mittelalter ein Zentralstaat mit Gewalt- und Steuermonopol herausbildete. Ausgangspunkt war eine Konstellationsstruktur zersplitterter politischer Macht, in der zahlreiche lokale Feudalherren über kleine militärische Gewaltpotentiale verfügten und jeweils Abgaben von ihren Untertanen erhoben. Im Spätmittelalter erodierte diese Existenzbasis der Feudalherren, weil – sehr vereinfacht – die Bevölkerungszunahme bei gleichbleibender Nahrungsmittelproduktion zur Verarmung derer führte, die Abgaben zahlten. So waren die Feudalherren, um ihren Lebensstandard zu halten, zur Expansion gezwungen, mussten also versuchen, sich Gebiete ihrer Nachbarn gewaltsam anzueignen. Dieser Konkurrenzdruck brachte den „Monopolmechanismus“ in Gang, den Elias abstrakt so schildert:

> „Wenn in einer größeren gesellschaftlichen Einheit ... viele der kleineren gesellschaftlichen Einheiten, die die größere durch ihre Interdependenz bilden, relativ gleiche gesellschaftliche Stärke haben und dementsprechend frei – ungehindert durch schon vorhandene Monopole – miteinander um Chancen der gesellschaftlichen Stärke konkurrieren können, also vor allem um Subsistenz und Produktionsmittel, dann besteht eine sehr große Wahrscheinlichkeit dafür, daß einige siegen, andere unterliegen, und daß als Folge davon nach und nach immer weniger über immer mehr Chancen verfügen, daß immer mehr aus dem Konkurrenzkampf ausscheiden müssen und in direkte oder indirekte Abhängigkeit von einer immer kleineren Anzahl geraten. ... Das allgemeine Schema, nach dem sich dieser Ablauf vollzieht, ist recht einfach: In einem gesellschaftlichen Raum soll es eine bestimmte Anzahl von Menschen geben und eine bestimmte Anzahl von Chancen, die knapp oder unzureichend ist im Verhältnis zum Bedürfnis der Menschen. Angenommen, es kämpft in diesem Raum von allen diesen Menschen zunächst je einer mit je einem anderen um die vorhandenen Chancen, dann ist die Wahrscheinlichkeit, daß sie alle sich unendlich lange in dieser Gleichgewichtslage halten, und daß in keinem dieser Paare ein Partner siegt, außerordentlich gering ...; siegen aber einige der Kämpfenden, so vermehren sich ihre Chancen; die der Besiegten verringern sich; in der Hand eines Teils der ursprünglich Kämpfenden sammeln sich größere Chancen; der andere Teil scheidet aus dem unmittelbaren Wettbewerb mit ihnen aus; angenommen, es kämpft von den Siegenden von neuem je einer mit je einem anderen, so wiederholt sich das Spiel: wiederum siegt ein Teil und gewinnt die Verfügungsgewalt über die Chancen der Besiegten; ein noch kleinerer Anteil von Menschen verfügt über eine noch größere Anzahl von Chancen; eine noch größere Anzahl von Menschen ist aus dem freien Konkurrenzkampf ausgeschieden; und der Vorgang wiederholt sich, bis schließlich im optimalen Fall ein Einzelner über alle Chancen verfügt und alle anderen von ihm abhängig sind.“ (Elias 1939: 144/145, Hervorheb. weggel.)

Der Kampf der vielen, etwa gleich einflussreichen Akteure führt also über eine als Abweichungsverstärkung wirkende Dynamik der Einflusssteigerung für einen Akteur und eine entsprechende Einflusserosion für viele andere dazu, dass am Ende einer eine klare Einflussdominanz erringt. Der Struktureffekt zeigt sich in einer weit reichenden Transformation der Konstellationsstruktur. Jedem, der den „Monopolmechanismus“ durchschaut, ist von vornherein klar, dass es so enden wird – aber wer derjenige sein wird, der schließlich obsiegt, und wer alles wann auf der Strecke bleibt, lässt sich überhaupt nicht prognostizieren, weil hier viel zu viele koinzidentielle Einwirkungen eine Rolle spielen können.

Insbesondere wenn es um die Gestaltung normativer Erwartungsstrukturen geht, laufen Konstellationen wechselseitiger Beeinflussung ohne dominanten Akteur auf transintentionale Struktureffekte hinaus. Erwartungsstrukturen befriedigen das sehr grundlegende Interesse aller Akteure an Erwartungssicherheit. Sekundär zu diesem primären Interesse besteht bei allen – zumindest bei vielen – Akteuren aber noch ein weiteres. Jeder möchte, dass die zu institutionalisierenden Erwartungsstrukturen so aussehen, dass sie für die Realisierung der je eigenen Intentionen möglichst günstig beschaffen sind. Angesichts von vielfältigen Intentionsdivergenzen zwischen den Akteuren heißt das aber, dass konkurrierende Wünsche hinsichtlich der Beschaffenheit einer von allen geteilten Erwartungsstruktur aufeinandertreffen – jeder sagt sich sozusagen: „Die meine soll die eine sein!“

Die Erwartungsstrukturen sind also das kollektive Gut, das aber jeder nach seiner individuellen Facon haben möchte. Beispielsweise sind sämtliche Bewohner eines Hauses daran interessiert, eine von allen getragene Hausordnung zu haben, so dass jeder sich darauf verlassen kann, was die anderen tun bzw. lassen. Allen ist zum Beispiel wichtig, dass es im Haus bestimmte Ruhezeiten gibt, in denen jeder besonders leise sein muss, um die anderen nicht zu stören. Aber dem einen wäre eine Ruhezeit mittags am liebsten, weil er dann seinen Mittagsschlaf macht. Der Nächste zöge vor, dass abends ab neun Ruhe herrscht, weil er morgens früh aufstehen und daher um diese Zeit schlafen gehen muss. Der Dritte würde umgekehrt gerne morgens bis elf möglichst ungestört schlafen können, weil er häufig bis spät in die Nacht arbeitet. Ersichtlich wäre es keine Lösung, einfach alle Tageszeiten, zu denen irgendjemand ruhebedürftig ist, zu Ruhezeiten zu erklären, weil dann kaum noch Zeiten blieben, zu denen man zum Beispiel laute Musik hören oder staubsaugen oder mit den Kindern herumtoben könnte. Umgekehrt gar keine Ruhezeiten zu vereinbaren würde ebenfalls niemandem dienen. Denn dann müsste man jederzeit mit Ruhestörungen rechnen; und das ist für alle schlechter, als wenn man wenigstens zu einer bestimmten Zeit sicher sein kann, dass Ruhe herrscht – auch wenn es nicht der Zeitraum ist, der einem selbst am besten passte. Irgendeine Tageszeit zur verlässlichen Ruhezeit zu erklären ist für jeden besser, weil dann das eigene Ruhebedürfnis zumindest in gewissem Maße befriedigt wird und darüber allseitige Erwartungssicherheit herrscht.[231]

---

231 Spieltheoretisch lässt sich diese Situation als „Battle of the Sexes“ modellieren. Generell dazu siehe Colman (1982: 97/98) und Diekmann (2009: 43-45). Die ursprüng-

Gäbe es einen Akteur mit überlegenem Einfluss, wäre die Sache klar. Er könnte sich durchsetzen, also seine Gegenüber dazu bringen, die eigene Benachteiligung hinzunehmen, um zumindest Erwartungssicherheit zu genießen. Je nach Art des eigenen Einflusses könnte der Überlegene seine Gegenüber durch Gewalt oder Macht zwingen; oder er setzt Geld ein, um den Gegenübern die Akzeptanz des für diese ungünstigeren Ergebnisses zu kompensieren.[232] Oder die Überlegenheit des einen beruht darauf, dass er seine Gegenüber davon überzeugen kann, sich selbst zu benachteiligen. Jede Art von Ideologie, die das partikulare Interesse bestimmter Akteure mit dem „Gemeinwohl" gleichsetzt, also den Benachteiligten glaubhaft macht, dass dies bei Licht besehen auch für sie das Beste sei, oder die Benachteiligung für gerecht erklärt,[233] funktioniert so – ebenso wie Ideologien, die ein bestimmtes Ergebnis als sachzwanghaft vorgegeben darstellen.[234]

Ist all dies aber – wie im Beispiel mit der Hausgemeinschaft vorausgesetzt – nicht der Fall, sondern eine ausgeglichene Beeinflussungskonstellation ohne dominanten Akteur gegeben, kann eine geteilte Erwartungsstruktur ganz offensichtlich nicht so leicht entstehen. Denn egal, für welche Tageszeit als Ruhezeit man sich schließlich entscheidet, bedeutet dieses Ergebnis der wechselseitigen Beeinflussung für die meisten Bewohner des Hauses, dass sie ihre bevorzugte Lösung aufgeben müssen. Nur diejenigen, die von Anfang an die schließlich festgelegte Tageszeit wollten, werden zufrieden sein. Das Dilemma besteht also darin, dass zwar für alle das wichtigste Ergebnis, nämlich die angestrebte Erwartungssicherheit, erreicht wird, einige Beteiligte dafür aber nachgeben müssen und dauerhaft unzufrieden sein werden. Dass die so aufgebaute normative Erwartungsstruktur stabil bleibt, ist daher sehr unwahrscheinlich. Wahrscheinlicher ist, dass die Benachteiligten früher oder später neue Beeinflussungsdynamiken in Gang setzen.

Trotz dieser Schwierigkeiten und möglichen Abwege ist es aber auch in Beeinflussungskonstellationen mit geringen oder ganz fehlenden Einflussdifferenzen zwischen den Akteuren möglich, dass eine dauerhafte geteilte normative Erwartungsstruktur entsteht. Vor allem auf drei Weisen kann dies geschehen:

---

lich dyadische Spielsituation ist die eines Paares, das den Abend miteinander verbringen möchte. Doch während er zum Boxkampf will, präferiert sie die Oper.

232 Siehe auch Crott et al. (1977: 49) und Scharpf (1991: 20-23) zu „Ausgleichszahlungen".

233 Für Letzteres muss in der Moderne oft das sogenannte „Leistungsprinzip" herhalten. Doch ganz abgesehen davon, dass Kriterien der Leistungsbewertung letztlich stets willkürlich sind, könnten diejenigen, die weniger leisten, dies häufig durch ungleiche Startchancen oder sonstige Handicaps während der Leistungserbringung entschuldigen. Nur sofern es gelingt, all diese Einfallstore für Zweifel auf Seiten der als weniger leistungsfähig Erklärten zu verstecken, kann differentielle Leistung eine ungleiche Verteilung von Vor- und Nachteilen rechtfertigen.

234 Siehe zu dieser Art von „reification" auch Berger/Luckmann (1966: 106-109).

- Erstens kann die Zeitdimension genutzt und „turn-taking" praktiziert werden. Dann kann das eine Mal die eine, das andere Mal die andere Seite ihre Vorstellungen durchsetzen. Ein solches Abwechseln ist sehr oft die Standardlösung eines derartigen Dilemmas, die allerdings ihre Grenzen hat, wenn es um die Schaffung einer stabilen Erwartungsstruktur geht. Erwartungssicherheit besteht ja eben in der Dauerhaftigkeit und nicht im ständigen Wechsel von normativen Regelungen. Wenn der Wechsel freilich in einem festen und gut memorierbaren Turnus erfolgt, wird eine gleichsam zyklische Erwartungssicherheit geschaffen. Beispielsweise gilt von Montag bis Freitag die Ruhezeit ab neun Uhr abends und am Wochenende morgens.
- Zweitens kann ein solches Dilemma in der Sachdimension durch Koppelgeschäfte (Scharpf 1991: 24-29) zu einer stabilen Erwartungsstruktur führen. Da Erwartungsstrukturen aus zahlreichen einzelnen Erwartungen bestehen, können bestimmte Akteure bei der einen Erwartung, andere dafür bei einer anderen das jeweils von ihnen präferierte Ergebnis realisieren. Vielleicht setzt sich der eine Hausbewohner bei den Ruhezeiten durch, während der andere bei der Festlegung des Plans für die Reinigung des Hausflurs seine Vorstellungen realisiert. Voraussetzung für solche Koppelgeschäfte ist, dass die Erwartungsstruktur hinreichend „loosely coupled" ist, also ihre einzelnen Elemente weitgehend unabhängig voneinander variieren können. In dem Maße, wie die Festlegung bestimmter Erwartungen zwingend andere Erwartungen determiniert, werden Koppelgeschäfte schwierig.
- Drittens schließlich sind in der Sozialdimension Mehrheitsentscheidungen ein Weg, zu einer stabilen Erwartungsstruktur zu gelangen. Diese Möglichkeit erfordert mehr als zwei Akteure. So könnte sich unter den Hausbewohnern eine Mehrheit für die Mittagsruhe finden, während die anderen Ruhezeiten jeweils nur einen Verfechter finden und daher unberücksichtigt bleiben. Wichtig für die Schaffung von Erwartungssicherheit ist allerdings, dass eine solche Mehrheit stabil bleibt und nicht ständig wechselt. Demokratie als Polyarchie (Dahl/Lindblom 1953) beruht in allen möglichen Lebensbereichen auf diesem Prinzip.

Das Beispiel schießt in einer Hinsicht bereits über den Gegenstand dieses Kapitels hinaus. Eine Hausordnung ist als schriftlich fixierte Kollektion von Normen, die notfalls rechtlich einklagbar sind, bereits eine bindende Vereinbarung, also das Ergebnis einer Konstellation wechselseitigen Verhandelns, die im folgenden Kapitel behandelt wird. Eine Konstellation wechselseitiger Beeinflussung kann so etwas definitionsgemäß nicht hervorbringen. Das bedeutet aber wohlgemerkt nicht, dass Beeinflussungskonstellationen keine Erwartungsstrukturen erzeugen und aufrechterhalten können. Diese Erwartungsstrukturen gewinnen ihre Stabilität nicht aus gegenseitigen Vereinbarungen, sondern aus Zug um Zug bewiesener Normtreue der

Beteiligten.[235] Der Normgehalt kann dabei sogar gänzlich unausgesprochen bleiben, sondern wird einander lediglich im wiederholten Handeln immer aufs Neue demonstriert und bestätigt. Auf das Beispiel bezogen hieße dies, dass anstelle einer Hausordnung ein faktisches Regime der Art etabliert wird, dass alle sich u.a. an bestimmte Ruhezeiten halten, die sich eingespielt haben. Eine so geschaffene Erwartungsstruktur muss keineswegs instabiler als eine durch explizite Vereinbarungen konstituierte sein. Denn die Antizipation, dass eigener Normbruch Nachahmungstäter nach sich zieht, was einem dann oft längerfristig doch nicht recht wäre, kann äußerst wirksam disziplinieren.

Insgesamt zeigt sich also, dass Konstellationen wechselseitiger Beeinflussung sowohl dann, wenn es eine Einflussdominanz eines Akteurs oder einer Gruppe von Akteuren gibt, als auch dann, wenn dies nicht der Fall ist, Erwartungs-, Deutungs- und Konstellationsstrukturen schaffen, erhalten oder verändern können. Damit ist hier zumindest an Beispielen verdeutlicht, dass eine soziologische Beobachterin sozialer Strukturdynamiken auch über theoretische Konzepte verfügen muss, die wechselseitigen sozialen Einfluss beim handelnden Zusammenwirken erfassen können; und einige dieser Konzepte sind in diesem Kapitel angesprochen worden.

Zusammenfassung und Vorschau

Gegenstand dieses Kapitels waren Konstellationen wechselseitiger Beeinflussung, die dann bestehen, wenn die Akteure ihre Einflusspotentiale in der Konstellation gezielt einsetzen. Die verschiedenen Arten von sozialem Einfluss setzen bei unterschiedlichen Handlungsantrieben an, wirken über Belohnungen oder Bestrafungen und variieren hinsichtlich ihres Generalisierungsniveaus. Strategien und Dynamiken wechselseitiger Beeinflussung werden vor allem durch die Wichtigkeit der relevanten Intentionen für die Beteiligten sowie durch deren Möglichkeiten, ihre Intentionen unabhängig vom Gegenüber zu realisieren, geprägt. Die grundlegenden Strukturdynamiken in Beeinflussungskonstellationen sind die Dynamiken der Einflusssteigerung und der Einflusserosion. Die Wahrscheinlichkeit transintentionaler Struktureffekte ist umso größer, je symmetrischer die Einflussverteilung in einer Konstellation ist. Dabei können alle Arten von sozialen Strukturen aus Beeinflussungskonstellationen hervorgehen.

Einige Beispiele in diesem Kapitel haben bereits den Blick in Richtung der dritten Konstellationsart gelenkt: auf Konstellationen wechselseitigen Verhandelns. Und so wie sich in Beeinflussungskonstellationen soziale Beeinflussung auf der Grundlage wechselseitiger Beobachtung vollzieht, so gilt entsprechend für die nun zu behandelnden Verhandlungskonstellationen, dass dort wechselseitiges Verhandeln auf Beeinflussung und Beobachtung beruht. Dies wird im folgenden Kapitel erläutert.

---

235 Siehe hierzu nochmals die Überlegungen Robert Axelrods (1984) zur „evolution of cooperation", insbesondere die Maxime des „tit for tat". Die Erhaltung dieser aus einer Beeinflussungskonstellation hervorgegangenen Erwartungsstruktur erfolgt also über wechselseitige Beobachtung.

10. Strukturdynamiken in Verhandlungskonstellationen

Der Gegenstand dieses Kapitels sind Akteurkonstellationen wechselseitigen Verhandelns. Diese Konstellationsart wird im ersten Abschnitt als ein handelndes Zusammenwirken, das bindende Vereinbarungen anstrebt und aufrecht erhalten will, vorgestellt. Im zweiten Abschnitt werden die Dynamiken von Verhandlung expliziert. Dabei muss insbesondere der Frage nachgegangen werden, woraus die Bindungskraft solcher Vereinbarungen rührt; anschließend geht es dann um die strukturellen Effekte von Verhandlungskonstellationen. Im dritten Abschnitt wird dies vertieft, indem ein besonderes Augenmerk auf korporative Akteure gerichtet wird, vor allem auf formale Organisationen. Korporative Akteure sind Verschmelzungen von Erwartungs-, Deutungs- und Konstellationsstrukturen, die aus Verhandlungskonstellationen hervorgehen und in der modernen Gesellschaft eine herausragende Bedeutung gewonnen haben.

10.1 Konstellationen wechselseitigen Verhandelns

Wenn Akteure auf *bindende Vereinbarungen* hinarbeiten, befinden sie sich in einer Konstellation wechselseitigen Verhandelns; und wenn sie es schaffen, bindende Vereinbarungen miteinander zu treffen und fortan auf dieser Grundlage miteinander zu agieren, bewegen sie sich ebenfalls in einer Konstellation, deren Modus der Handlungsabstimmung wechselseitiges Verhandeln ist. Verhandlungskonstellationen liegen also vor, wenn das dort stattfindende handelnde Zusammenwirken in Richtung oder auf Basis bindender Vereinbarungen geschieht. Solange Akteure lediglich Einfluss aufeinander ausüben, ist noch in keiner Weise gewährleistet, dass das Ergebnis dieses handelnden Zusammenwirkens eine bindende Vereinbarung ist, auch wenn das Ergebnis – zum Beispiel, wenn aus wechselseitiger Beeinflussung verfestigte Konstellationsstrukturen entstehen – manchmal so aussieht, als hätte es eine Vereinbarung gegeben. Es kann sich aber auch beispielsweise um ein „Gleichgewicht des Schreckens" wie beim militärischen Wettrüsten zwischen den Vereinigten Staaten und der Sowjetunion bis Ende der 1980er Jahre handeln. Diese Konstellationsstruktur konnte zwar so erscheinen, als hätten beide Seiten die Vereinbarung getroffen, einander nicht mit atomaren Waffen anzugreifen. Doch tatsächlich wurde ein solches Handeln nicht dadurch ausgeschlossen, dass beide Seiten sich darauf verpflichtet hatten, es zu unterlassen, sondern dadurch, dass beide wussten: Der angedrohte Gegenschlag des anderen würde für sie selbst ebenso fatal sein wie der eigene Erstschlag für ihn. Eine bindende Vereinbarung lag der Handlungsabstimmung aber lange Zeit nicht zugrunde, und dies war auch nicht angestrebt worden. Man muss daher wechselseitige Beeinflussung und Miteinanderverhandeln streng unterscheiden. Der hier zur Bestimmung von Verhandlungskonstellationen zugrunde gelegte Verhandlungsbegriff ist damit ein engerer als der der sozialwissenschaftlichen Verhandlungsforschung oder des alltäglichen Sprachgebrauchs, der auch schon jeden Austausch von Versprechungen oder Drohungen als Verhandlung bezeichnet.[236]

Im Folgenden sollen zunächst die Voraussetzungen für Verhandlungen und für die Schaffung bindender Vereinbarungen geklärt werden.[237] Anschließend wird auf erhöhte Erwartungssicherheit als das besondere Merkmal eingegangen, das Verhandlungskonstellationen von Beobachtungs- und Beeinflussungskonstellationen unterscheidet.

Verhandlungswilligkeit

Wann nehmen Akteure Verhandlungen miteinander auf? Die Frage so zu stellen impliziert, dass Konstellationen wechselseitigen Verhandelns etwas sind, was sich nicht mit einer ähnlichen Zwangsläufigkeit ergibt wie Konstellationen wechselseitiger Beobachtung. Beobachtungen drängen sich unwiderstehlich auf; und wenn zwei Akteure einander ins Wahrnehmungsfeld geraten, können sie gar nicht umhin, den jeweils anderen fortan im eigenen Handeln in Rechnung zu stellen. Selbst dann, wenn jemand sich dazu entschließt, so weiter zu handeln wie bisher, also so zu tun, als gäbe es den anderen gar nicht, kann diese – meistens unkluge – Entscheidung das Wissen über den anderen nicht auslöschen. Man kann nicht nicht beobachten. Spätestens, wenn die Gegenwart des anderen einen dann doch bei der Realisierung der eigenen Intentionen stört, besinnt man sich meist eines Besseren und stellt sich fortan auf ihn ein. Dieser Zwangsläufigkeit des Beobachtens vermag man sich nur dadurch zu entziehen, dass man die Konstellation verlässt, also gleichsam das eigene Wahrnehmungsfeld so umdirigiert, dass der andere nicht mehr darin vorkommt.

Schon der Einsatz von Einfluss unterliegt hingegen strategischen Kalkülen, kann also immer auch unterbleiben. Ob ein Akteur Einfluss ausübt oder nicht, entscheidet er aufgrund der jeweiligen eigenen Intentionen und Handlungsantriebe und der situativen Gegebenheiten. Das gilt auch für Verhandlungen. Akteure müssen *verhandlungswillig* sein, weil sie sich etwas davon

---

236 Verhandlungskonstellationen im hier gemeinten Sinne entsprechen dem, was die Spieltheorie als „kooperative Spiele“ bezeichnet (Holler/Illing 1991: 183; Diekmann 2009: 15, 233). Siehe im Übrigen auch die schon ältere Debatte der Wirtschaftswissenschaft über „'Vereinbarung' als drittes Ordnungsprinzip“ (Weippert 1963). Dort stehen bindende Vereinbarungen neben Markt und Staat, also jeweils wichtigen Fällen von gesellschaftlichen Beobachtungs- und Beeinflussungskonstellationen.

237 Zu Verhandlung als Governance-Form siehe auch Benz (2007); zur spieltheoretischen Modellierung von Verhandlungen siehe als Überblick Esser (2000b: 95-129).

versprechen. Verhandlungswilligkeit setzt voraus, dass die Akteure mehr erreichen können als durch wechselseitige Beobachtung oder Beeinflussung. Eine Abarbeitung ihrer Intentionsinterferenzen durch bindende Vereinbarungen muss ihnen gegenüber dem bloßen Sich-Einstellen auf die jeweils anderen bzw. der durch Einflussnahme erzielbaren Fügsamkeit als lohnend erscheinen. Hier ist also zunächst einmal der Akteur als Homo Oeconomicus angesprochen.

Während Beeinflussungskonstellationen auch einseitig initiiert werden können, also Alter Ego beeinflusst, während dieser ihn erst einmal wie bislang nur beobachtet, setzen Verhandlungskonstellationen *von Anfang an Wechselseitigkeit* voraus. Es muss nicht unbedingt jeder aktiv mitverhandeln. Doch jeder muss bereit sein, ausgehandelte bindende Vereinbarungen fortan einzuhalten. Die Bindungswirkung muss sich also auf die Gesamtheit der in eine Konstellation involvierten Akteure erstrecken. Nur dann ist eine Verhandlungskonstellation gegeben. Wenn hingegen einzelne Akteure versuchen, eine Verhandlung zu beginnen, und dann zur Kenntnis nehmen müssen, dass die anderen nicht darauf eingehen, wird dieser Versuch schnell wieder aufgegeben werden. Möglich ist allerdings die Ausdifferenzierung einer Verhandlungskonstellation innerhalb einer größeren Beobachtungs- oder Beeinflussungskonstellation. Dann schafft eine Teilgruppe derer, die in bestimmten Intentionsinterferenzen stehen, für sich bindende Vereinbarungen. Beispielsweise können in einem Mehrfrontenkrieg zwischen einer Reihe von Ländern zwei Länder untereinander einen Separatfrieden schließen, um jeweils zumindest an einer Front Ruhe zu haben.

Nicht alle Verhandlungen lohnen sich. Unter bestimmten Umständen fahren alle oder manche Akteure in einer Konstellation ohne Verhandlungen besser. Sie vermeiden den Verhandlungsaufwand, wenn Verhandlungen keine wesentlich bessere Bewältigung der Intentionsinterferenzen versprechen als wechselseitige Beobachtung oder Beeinflussung, oder die Akteure sogar ohne Verhandlungen für sich bessere Ergebnisse des handelnden Zusammenwirkens herausholen können. Man könnte beispielsweise auf den ersten Blick meinen, dass technische Standards in allen Fällen einer förmlichen Vereinbarung bedürften.[238] Wie konnten etwa die Hersteller von DVDs sonst sicher sein, dass die Hersteller von DVD-Recordern ihre Geräte so bauen würden, dass die DVDs passen – und umgekehrt? Niemand hätte einen DVD-Recorder gekauft, wenn in dieser Frage keine Abstimmung erfolgt wäre. Mehr noch: Dem einen Hersteller von DVD-Recordern musste daran gelegen sein, dass die anderen Hersteller von DVD-Recordern dieselben technischen Standards beachten wie er. Denn sonst hätten für jedes Gerät eigene DVD's hergestellt werden müssen, was deren Herstellung verteuert und so ebenfalls die Kaufbereitschaft gesenkt hätte. Doch trotz der großen Bedeutung einer Standardisierung technischer Artefakte, insbeson-

238 Zu Standardisierung siehe mit spieltheoretischen Mitteln Werle (1995).

dere an den Schnittstellen mit anderen, wurden und werden darüber längst nicht immer bindende Vereinbarungen getroffen. Oft geschieht nur wechselseitige Beobachtung – wie bei dem im Kapitel 8 erwähnten Beispiel der QWERTY-Schreibmaschinentastatur. Oder es gibt einen eindeutig dominierenden Akteur, der in einer Beeinflussungskonstellation den Standard vorgibt, an dem sich dann alle anderen ausrichten müssen. Bei den Personal Computern konnte beispielsweise IBM eine marktbeherrschende Stellung, die das Unternehmen bei Großrechnern erworben hatte, nutzen, um im Verbund mit der damals emporstrebenden Firma Microsoft das Betriebssystem MS-DOS für eine Reihe von Jahren durchzusetzen.[239]

Das Beispiel der QWERTY-Tastatur zeigt, dass aufwendiges Verhandeln aus der Sicht aller Beteiligten unnötig sein und daher unterbleiben kann. Am Beispiel von MS-DOS lässt sich hingegen ablesen, dass derjenige, der die anderen zur Fügsamkeit mit seinen technischen Vorgaben zu bewegen vermag, meist kein Interesse am Verhandeln hat. Im Zweifelsfalle müsste er sich ja in bestimmten Punkten den andersartigen Vorstellungen seiner Gegenüber anpassen, was für ihn erst einmal Aufwand bedeutete – auch dann, wenn es sich um bessere, auch für ihn vorteilhaftere technische Lösungen handelt. Umgekehrt betrachtet lässt sich aus diesen Fällen der Schluss ziehen: Akteure sind dann verhandlungswillig, wenn bindende Vereinbarungen ihnen erstens eine bessere Bewältigung ihrer Intentionsinterferenzen versprechen als wechselseitiges Beobachten und zweitens keiner einen so dominanten Einfluss besitzt, dass er den anderen Fügsamkeit mit seinen Intentionen aufzuerlegen vermag. Konstellationen wechselseitigen Verhandelns entstehen also, wenn mehr möglich erscheint als wechselseitiges Beobachten, aber Beeinflussung als Möglichkeit zur Realisierung dieses besseren Ergebnisses nicht in Frage kommt.

Situationskontrolle durch Verhandeln

Hieran zeigt sich bereits, dass Verhandeln hinsichtlich der Situationskontrolle eines beteiligten Akteurs eine Mittelstellung zwischen Beobachten und Beeinflussen einnimmt. Beobachten stellt eine geringe Situationskontrolle dar. Der Akteur muss sich auf die Konstellation, so wie sie ist und sich entwickelt, einstellen. Sein eigener Beitrag zur Gestaltung der Konstellation ist zwar stets gegeben, weil er mit seinem Handeln das mit hervorbringt, worauf sich auch die anderen einstellen, aber er ist minimal. Anders ist es, wenn der Akteur sozialen Einfluss ausübt – allerdings nur dann, wenn dieser nicht durch gegenläufige Einflussnahmen anderer neutralisiert wird. Einfluss kann also eine hohe Situationskontrolle bedeuten. Im Extremfall fügt sich die Konstellation dem Akteur, was das genaue Gegenteil zu einem beobachtenden Verhältnis zur Konstellation ist.

239 Das stimmt bekanntlich nicht ganz, weil die Firma Apple eine Marktnische für ihren Sonderweg behaupten konnte.

Verhandeln läuft demgegenüber darauf hinaus, dass ein Akteur auf der einen Seite weniger Situationskontrolle besitzt, als wenn er einflussstark wäre – weshalb ein einflussstarker Akteur eben meist nicht verhandelt. Auf der anderen Seite übt ein verhandelnder Akteur mehr Situationskontrolle aus als ein lediglich beobachtender oder ein ganz einflussschwacher. Denn in Verhandlungen lassen sich eigene Gestaltungsvorstellungen gezielt einbringen und eventuell in bindende Vereinbarungen gießen, was beim bloßen Sich-einstellen auf die beobachtete Konstellation oder beim Sich-fügen-müssen von vornherein ausgeschlossen ist.

Verhandlungsfähigkeit

Verhandlungswilligkeit der in eine Konstellation involvierten Akteure bewirkt allerdings dann nichts, wenn die Beschaffenheit der Konstellation gar kein Verhandeln zulässt. Eine Verhandlung läuft so ab, dass einander wechselseitig Vorschläge über die Gestaltung einer bindenden Vereinbarung unterbreitet und diese Vorschläge solange schrittweise aneinander angenähert werden, bis Einigkeit erzielt ist. Dieser Ablauf setzt Verhandlungsfähigkeit voraus. Es müssen alle in die Verhandlung einbezogenen Akteure prinzipiell mit jedem anderen Teilnehmer kommunizieren können. Damit ist zum Beispiel der Größe einer Verhandlungskonstellation eine enge Grenze gesetzt. Wie man an vielen politischen Verhandlungsgremien ablesen kann, liegt die maximale Teilnehmerzahl etwa bei zwanzig. Ist die Zahl größer, werden zumeist Kommissionen und Ausschüsse gebildet – also verhandlungsfähige kleinere Gruppen, die ein Verhandlungsergebnis ausarbeiten, das die größere Konstellation dann nur noch ratifizieren, aber nicht mehr im Detail diskutieren und konzipieren muss.

Eine andere Möglichkeit dafür, dass auch eine große Akteurkonstellation verhandlungsfähig ist, liegt dann vor, wenn sie von vornherein in eine begrenzte Zahl von Teilgruppen zerfällt, die jeweils einen Sprecher in die Verhandlung schicken.[240] So können zum Beispiel Millionen von Arbeitnehmern mit Tausenden von Arbeitgebern verhandeln, solange auf beiden Seiten verpflichtungsfähige Interessenverbände existieren, deren jeweilige Führer miteinander verhandeln. Delegation der einen oder anderen Form kann also auch in größeren Konstellationen Verhandlungsfähigkeit schaffen.

Erhöhte Erwartungssicherheit durch Verhandlung

Sind Akteure verhandlungswillig und befinden sie sich in einer verhandlungsfähigen Konstellation, kann verhandelt werden. Sie interagieren also

240 Zu diesem Stellvertretungsverhältnis zwischen Sprecher und Gefolgschaft, also etwa dem Gewerkschaftsführer und der „Basis“, als einer Beeinflussungskonstellation siehe eingehend Sofsky/Paris (1994: 157-247) sowie noch später in diesem Kapitel die Überlegungen zur „Oligarchisierung“.

miteinander, um zu einer bindenden Vereinbarung zu gelangen – einem formellen, meist schriftlich fixierten Vertrag oder einem informellen Quasi-Vertrag, etwa einem vor Zeugen mündlich geäußerten und durch einen Händedruck beglaubigten gegenseitigen Versprechen. Klar ist, dass solche bindenden Vereinbarungen für die Akteure zukünftig Erwartungssicherheit schaffen. Doch die gibt es, wie in den beiden vorausgegangenen Kapiteln gezeigt, auch in Konstellationen wechselseitiger Beobachtung und wechselseitiger Beeinflussung. Man muss daher danach fragen, was die besondere Qualität bindender Vereinbarungen als erwartungssichernder Strukturen ausmacht.

Betrachtet man zunächst Konstellationen wechselseitiger Beobachtung, so gewinnt der Akteur in ihnen Erwartungssicherheit durch Berechnung. Es handelt sich also um eine rein kognitive und situative Erwartungssicherheit. Jeder Handelnde versetzt sich in die Lage seiner Gegenüber, macht sich deren Intentionen klar, woraus sich die Intentionsinterferenzen ergeben, verdeutlicht sich vor diesem Hintergrund das handelnde Zusammenwirken der anderen und wählt dementsprechend sein eigenes Handeln aus. Natürlich kann es hierbei Fehleinschätzungen geben, die zu temporären Komplikationen des handelnden Zusammenwirkens führen können. Aber der Zeitverlauf gewährt den Akteuren Lernchancen, und mit wachsenden Erfahrungen in der Konstellation werden alle sicherer in ihren Kalkulationen der anderen, so dass die allgemeine Erwartungssicherheit zunimmt.

Allerdings steht und fällt sie stets damit, dass die strukturellen Prägungen der Handlungsantriebe aller Beteiligten gleich bleiben, also Nutzengesichtspunkte, Bezugsgruppennormen, Emotionen und evaluative oder normative Selbstansprüche. Solche in erheblichem Maße von außerhalb der Konstellation bestimmten Richtgrößen der Handlungswahl jedes Beteiligten können sich jedoch immer wieder ändern, oftmals auch ganz unerwartet für die Gegenüber in der Konstellation. Und dann handelt jemand plötzlich ganz anders als vorher, und die eingespielte Erwartungssicherheit bricht mehr oder weniger zusammen. Mit so etwas muss in Konstellationen wechselseitigen Beobachtens immer wieder gerechnet werden. Es ist gerade die Unkalkulierbarkeit einer solchen sporadischen Annullierung der Kalkulationsgrundlagen, die den Akteuren zu schaffen macht. Auf der einen Seite vermögen die Akteure nur deshalb überhaupt Erwartungssicherheit aufzubauen, weil nicht ständig derartige Änderungen eintreten. Aber auf der anderen Seite sind solche Änderungen auch nicht so selten, dass man sie praktisch überhaupt nicht als Möglichkeit in Rechnung stellen müsste. In Beobachtungskonstellationen können sich die Beteiligten nie längerfristig in Sicherheit wiegen; und sie müssen umso wachsamer sein, je länger keine Änderungen ihrer Kalkulationsgrundlagen eingetreten sind.

Ähnliches gilt für Konstellationen wechselseitiger Beeinflussung. Die sich in ihnen aufbauende Erwartungssicherheit ist ebenfalls rein kognitiver und situativer Natur. Man kalkuliert, aufbauend auf der Einschätzung der Intentionsinterferenzen, die Arten und das Ausmaß wechselseitiger Einflüsse und wählt das eigene Handeln dann wiederum so, dass es im handelnden Zusammenwirken mit den anderen Beteiligten angemessen erscheint. Abgesehen von auch hier möglichen Fehlkalkulationen beruht die wechselseitige Erwartungssicherheit in Beeinflussungskonstellationen wiederum darauf, dass keine von außen induzierten oder sich in der Konstellation ergebenden Änderungen der Handlungsmöglichkeiten der Akteure eintreten. Neben Intentionsänderungen, wie sie in Beobachtungskonstellationen im Zentrum stehen, kann es in Beeinflussungskonstellationen zusätzlich Änderungen der Einflusspotentiale der Beteiligten geben. An beidem können die betreffenden Akteure, wie im vorausgegangenen Kapitel erläutert worden ist, auch strategisch selbst arbeiten. Sie haben sogar insbesondere dann, wenn sie einflussschwach sind und von einem einflussstarken Akteur dominiert werden, oftmals ein erhebliches Interesse daran. Damit ist aber in Beeinflussungskonstellationen, zusätzlich zu den wie in Beobachtungskonstellationen vorkommenden Irritationen von außen, häufig eine destabilisierende und damit Erwartungssicherheit untergrabende Kraft eingebaut. Auch hier gibt es durchaus Erwartungssicherheit in Gestalt eingespielter Konstellationsgleichgewichte; doch in Sicherheit wiegen dürfen sich die Akteure ebenfalls nicht.

Stellt man dem nun die Erwartungssicherheit auf der Grundlage bindender Vereinbarungen gegenüber, wäre es eine krasse Übertreibung zu sagen, dass sich Akteure in Verhandlungskonstellationen stets völlig in Sicherheit wiegen könnten. So schwarz-weiß sind die Unterschiede nicht. Auch Verträge werden bekanntlich hin und wieder gebrochen; mancher hat dies sogar von Anfang an vorgehabt und den Willen zur Vertragstreue immer nur vorgetäuscht, um seine Gegenüber bei der ersten günstigen Gelegenheit zu hintergehen. Doch gerade dass ein solcher Verrat strategisch kalkuliert und in Szene gesetzt werden kann, weist bereits im Umkehrschluss darauf hin, dass die Art von Erwartungssicherheit, die durch bindende Vereinbarungen geschaffen wird, eine andere als in den anderen beiden Konstellationen ist. Wer in Beobachtungs- oder Beeinflussungskonstellationen plötzlich, sei es aufgrund geänderter äußerer Umstände oder eigener strategischer Überlegungen und Bemühungen, anders handelt als bisher und so den anderen Erwartungssicherheit nimmt, überrascht diese zwar durchaus. Der Zeitpunkt und die Ausrichtung seines Abweichens vom Gewohnten sind für die anderen in der Tat meist unkalkulierbar. Aber dass so etwas immer wieder, mehr oder weniger häufig, vorkommen kann und wird, ist ihnen im Prinzip klar, weshalb sie bei allem kognitiven Sich-verlassen auf das „Und-so-weiter“ der jeweiligen Dynamik doch, gewissermaßen im Stand-by-Modus zur Erwartungssicherheit, eine stets lernbereite Wachsamkeit an den Tag legen. Genau das zeichnet kognitive Erwartungen, wie Niklas Luhmann (1972a: 40-53) es auf den Punkt bringt, aus: dass man im Enttäuschungsfall nicht an ihnen festhält, sondern sie den veränderten Gegebenheiten anpasst. Diese Wachsamkeit lässt keinen Verrat zu. Wenn einer in solchen Konstellationen aufgrund veränderter Intentionen oder Einflusspotentiale auf einmal anders handelt als zuvor, ist das den anderen zwar gegebenenfalls keineswegs recht; doch es ist, wie auch sie zugeben müssen, sein gutes Recht. Er hat sich nämlich zu nichts verpflichtet und kann schon daher auch nichts und niemanden verraten; und weil alle Akteure das wissen, trauen sie jedem anderen Handlungsänderungen immer auch zu, können also auch gar keinem Verrat zum Opfer fallen.

Genau diese Dauerwachsamkeit ist es, auf die Akteure nach dem Abschluss einer bindenden Vereinbarung verzichten. Deshalb können sie fortan verraten werden; und dies kann sie sehr viel härter treffen, als wenn sie bloß kognitiv überrascht werden. Sie rechnen nicht mit einem anderen als dem vereinbarten Handeln des Gegenübers, so dass dieser sie umso unvorbereiteter auf dem falschen Fuß zu erwischen und ihnen dementsprechend umso mehr zu schaden vermag. Man denke etwa an eine kriegführende Nation nach Abschluss des Friedensvertrags mit dem Feind! Vorher befand man sich in Konstellationen wechselseitiger Beobachtung und Beeinflussung und war entsprechend wachsam. Dann begab man sich in eine Verhandlungskonstellation und vereinbarte, fortan Kampfhandlungen gegeneinander zu unterlassen. Wenn auf dieser Basis eines der Länder abrüstet, während das andere dies nur vortäuscht, kann Letzteres nach einiger Zeit zuschlagen und Ersteres ohne große Gegenwehr besiegen und vereinnahmen. Diese fatale Konsequenz für das auf den Vertrag vertrauende Land ist es, die den strategisch eingeplanten Vertragsbruch vorteilhaft erscheinen lässt. Man lullt das Gegenüber ein, damit es um so leichter überwältigt werden kann.

Gerade an diesem Missbrauch zeigt sich: Verhandlungskonstellationen zielen darauf, dass die involvierten Akteure nach Abschluss der bindenden Vereinbarungen von strategischem Sondierungs- und Reflexionsaufwand entlastet werden. Jeder Beteiligte will sich gegen Änderungen von Intentionen und Einflusspotentialen auf Seiten der Gegenüber abpuffern. Alle wollen sich diesbezüglich eine weitgehende Unaufmerksamkeit für den jeweiligen anderen leisten können. Genau hierin manifestiert sich das erhöhte Niveau der Erwartungssicherheit, das Verhandlungskonstellationen gegenüber Beobachtungs- und Beeinflussungskonstellationen auszeichnet.

Diese Entlastung ist nicht etwa ein Luxus, den sich Akteure ab und an gönnen können. Sondern Akteure sind ganz im Gegenteil existentiell darauf angewiesen, dass sie in einem erheblichen Teil der Konstellationen, in denen sie sich bewegen, durch bindende Vereinbarungen entlastet werden. Müssten Handelnde alles um sich herum ständig wachsam sondieren und reflektieren, um sich jederzeit kalkulierend neu einstellen zu können, wären sie hoffnungslos überfordert. Bei genauerem Hinsehen schafft man dies nicht mal in allen Beeinflussungs- und Beobachtungskonstellationen, in die man involviert ist, sondern muss zum Teil trotz eigener Bedenken „blind" darauf setzen, dass alles weiter wie bisher läuft. Nachteile durch unbemerkte oder zu spät registrierte Änderungen der Intentionen oder Einflusspotentiale der Gegenüber müssen in Kauf genommen werden. Man wird natürlich darauf zu achten versuchen, dass dies nur bei weniger wichtigen Intentionsinterferenzen vorkommt. Je mehr es um Hochkostensituationen geht, desto wachsamer wird man auftreten. Aber die Menge und Komplexität aller wichtigen Interferenzen eines Akteurs überschreitet dessen Wachsamkeitskapazität bei weitem; und daher muss er auf Entlastung durch bindende Vereinbarungen setzen, sich also in einem Teil der Konstellationen in Verhandlungen begeben.

Aber natürlich will er sich mit seinem Verzicht auf Wachsamkeit keine gravierenden Nachteile einhandeln. Genau das ist die Funktion bindender Vereinbarungen: Weil sie eben für alle Seiten bindend sind, darf man sich auf sie verlassen. Täte man das nicht, könnte man sich den Verhandlungsaufwand auch gleich sparen. Da in der sozialen Wirklichkeit aber oft genug Akteure in Verhandlungen miteinander treten und bindende Vereinbarungen anstreben, darf man unterstellen, dass sie sich etwas davon versprechen. Man muss auch nicht davon ausgehen, dass dies allesamt strategische Verhandler sind, die den eigenen Vertragsbruch schon im Hinterkopf haben. Wären Verhandlungskonstellationen von solchen Akteuren beherrscht, hätte es sich bald herumgesprochen, dass sich Verhandlungen nicht lohnen, und es gäbe längst keine mehr. Offensichtlich funktioniert also der geschilderte Mechanismus von Verhandlungen: die starke Absenkung von Wachsamkeit durch bindende Vereinbarungen.

Zusammenfassend lässt sich festhalten: Verhandlungen schaffen bindende Vereinbarungen, und diese ermöglichen Akteuren unter Umständen eine bessere Bewältigung ihrer Intentionsinterferenzen als bloße wechselseitige Beobachtung oder Beeinflussung. Akteure können im Vertrauen auf die durch ein Amalgam von Nutzenerwägungen und anderen Handlungsantrieben bewirkte Bindungskraft der Vereinbarungen ihre situative Wachsamkeit hinsichtlich des zukünftigen Handelns ihrer Gegenüber stark absenken, ohne dadurch ihr Interesse an Erwartungssicherheit zu vernachlässigen.

Varianten von Verhandlungskonstellationen

Eine genauere Betrachtung von Verhandlungskonstellationen, wie sie hier nicht vorgenommen werden kann, könnte noch auf verschiedene Varianten eingehen. So können sich Verhandlungskonstellationen unterschiedlich darstellen, je nach dem, welche Beziehungsdefinitionen die beteiligten Akteure wechselseitig vornehmen (Scharpf 1997: 84-89). Es geht ihnen bei ihren Verhandlungen nicht immer nur oder vorrangig darum, den eigenen Nutzen im Sinne eines „maximize own gain!“ zu verfolgen. Akteure können auch, etwa durch Rachegefühle, zu einem „maximize other's loss!“ getrieben werden – unabhängig davon, wie sie sich selbst dabei schaden. Oder sie werden durch Mitgefühl zu einem „minimize other's loss“ angehalten. Oder ein normativer Selbstanspruch, fair mit anderen umzugehen, drückt sich in einem „minimize the difference between my own and other's gain!“ aus.

Noch weitere Beziehungsdefinitionen könnten vorkommen und Verhandlungskonstellationen ganz unterschiedlichen Charakter verleihen.

Weiterhin unterscheiden sich Verhandlungskonstellationen – ganz ähnlich wie die Varianten von Beeinflussungskonstellationen – auch danach, wie viele Akteure involviert sind. Zwischen zweien laufen Verhandlungen anders ab als zwischen drei oder noch mehr Akteuren. Situative Zweckbündnisse oder gar Koalitionen gegen andere Verhandlungspartner werden möglich. Zugleich können die Intentionsdivergenzen sich mit wachsender Beteiligtenzahl so vervielfältigen, dass eine auch nur die Mehrheit der Akteure zufriedenstellende bindende Vereinbarung immer schwieriger wird. Überhaupt noch mögliche Vereinbarungen sind dann vielleicht nur noch so geringe Verbesserungen gegenüber einem vereinbarungslosen Zustand, dass keiner den Verhandlungsaufwand mehr auf sich nimmt. Oder die Konstellation zerfällt in Teilkonstellationen, innerhalb derer dann bessere Teilvereinbarungen erzielt werden können.

Schließlich ist noch zu bedenken, dass Verhandlungen teilweise unter Hinzuziehung von Schlichtern erfolgen (Crott et al. 1977: 139-152). Möglicherweise gelingt es diesen, die Beteiligten zu größerer Kompromissbereitschaft zu bewegen. Manchmal finden Verhandlungen sogar vor Schiedsrichtern statt – siehe etwa Gerichtsverfahren. Hier handelt es sich dann, genau besehen, um eine Verhandlungskonstellation, die in eine übergeordnete Beeinflussungskonstellation eingebunden ist. Denn die miteinander verhandelnden Akteure müssen letztlich mit all ihrem Tun darauf aus sein, den Richter oder die Geschworenen, die in einer überlegenen Machtposition sind, von der eigenen Sicht der Dinge zu überzeugen.

10.2 Dynamiken und Struktureffekte in Verhandlungskonstellationen

Unabhängig davon, um welche Variante von Verhandlungskonstellationen es sich jeweils handelt, laufen in Verhandlungskonstellationen andere Strukturdynamiken ab und werden – insbesondere aufgrund von Strukturgestaltung durch Verhandeln – strukturelle Effekte möglich, die eine andere Qualität haben als die in Beobachtungs- oder Beeinflussungskonstellationen. Bevor diese Struktureffekte angesprochen werden, sollen nun zunächst die in Verhandlungskonstellationen angelegten Dynamiken geschildert werden. Dabei wird zuerst nach den Voraussetzungen dafür gefragt, dass diese Dynamiken in bestimmter Weise ablaufen.

Determinanten der Bindungskraft von Vereinbarungen

Mit Blick auf den Ablauf von Verhandlungsdynamiken stellt sich zunächst die Frage, was die Bindungskraft von Vereinbarungen bewirkt und was die Bindungswirkung von Verhandlungsergebnissen sichert. Wieso halten sich

Akteure in der Regel an einmal getroffene Vereinbarungen? Hierauf gibt es keine einfache Antwort. Man stößt vielmehr auf ein Bündel von einander gegenseitig stützenden Faktoren, die im Zusammenwirken die allseitige Bindung an einmal getroffene Vereinbarungen herstellen. Dabei muss zum einen zwischen nutzengeprägten und nutzenindifferenten Determinanten der Bindungskraft unterschieden werden. Zum anderen muss man die Mechanismen der Bindungswirkung des Verhandelns bis zum Beschluss einer zu treffenden Vereinbarung und nach Verhandlungsabschluss im Auge behalten.

Wendet man sich zunächst denjenigen Faktoren zu, die den Beteiligten die Nützlichkeit einer zu treffenden bzw. einer getroffenen bindenden Vereinbarung vor Augen führen, muss man als erstes davon ausgehen, dass ein Akteur nur solche Vereinbarungen schließen und einhalten wird, die für ihn, alle Umstände in Rechnung gestellt, relativ vorteilhaft sind und voraussichtlich bleiben werden. Fast immer kann sich der Handelnde für sich selbst noch bessere, nicht selten sogar viel bessere Vereinbarungen vorstellen; aber ihm ist umgekehrt sehr wohl bewusst, dass es für ihn auch viel schlechtere Ergebnisse des handelnden Zusammenwirkens gibt, also unvorteilhaftere Vereinbarungen oder gar keine Vereinbarung.

Damit tritt der Akteur als Homo Oeconomicus auf, der ein bestimmtes Anspruchsniveau realisieren will. Er strebt im Sinne von „satisficing" in Verhandlungen nicht nach einer Maximierung seines Nutzens, wohl aber nach einer ihn einigermaßen zufriedenstellenden Vereinbarung (→ Kap. 4.4). Man denke hierzu etwa an politische Parteien, die sich in Koalitionsverhandlungen miteinander begeben. Sie werden einander anfangs jeweils ihre ungekürzten Wunschlisten an umzusetzenden politischen Entscheidungen präsentieren; und im Koalitionsvertrag haben dann alle Seiten auf Etliches verzichtet, aber auch Einiges festgeschrieben. Und jede Partei hat ihre Schmerzgrenze, also ein Minimum an durchzusetzenden Forderungen, das nicht unterschritten werden darf, soll der Koalitionsvertrag zustande kommen. Zwischen diesen beiden Polen – dem realistischerweise unerreichbaren Maximum und dem nicht zu unterschreitenden Minimum – bewegt sich ein Akteur in Verhandlungskonstellationen und justiert je nach situativen Erfahrungen mit den Gegenübern sein Anspruchsniveau.

Das Beispiel deutet bereits an: Jeder Akteur verfügt in Verhandlungskonstellationen über eine *Exit-Option*. Man muss und wird nicht um jeden Preis zu einer Vereinbarung gelangen. Für jeden gibt es Vereinbarungen, die schlechter sind als gar keine Vereinbarung; und ihnen wird ein Akteur sich verweigern – zum einen deshalb, weil er sie, würden sie getroffen, ohnehin nicht einhalten würde, und zum anderen, weil er mit seiner Verweigerung die anderen unter Druck setzen kann, doch noch einer ihm gemäßeren Alternative zuzustimmen. Das Drohen mit dem Ausstieg aus der Verhandlung ist die Extremform einer Beeinflussung der Gegenüber. Dieses Einflusspotential kann dem Akteur niemand nehmen, und er vermag es auch nicht selbst abzutreten.[241] Daneben können Verhandlungsteilnehmer auch über alle möglichen anderen Einflussarten verfügen, mit denen sie einander dann in Form von Drohungen bzw. Warnungen sowie Versprechungen bzw. Verheißungen konfrontieren. Verhandlungsstärke beruht zu einem Gutteil auf relativer Einflussstärke,[242] ganz entsprechend den im Kapitel 9 vorgestellten Überlegungen zu „power-dependence relations".[243] So vermag zum Beispiel der größere Partner in einer Koalition zweier politischer Parteien seine Anliegen mehr zur Geltung zu bringen als der kleinere, was sich etwa in der unterschiedlichen Zahl von Ministerposten beider Parteien niederschlägt.

Besonders hervorzuheben ist noch, gewissermaßen als zeitliche Abstufung der Exit-Drohung, die Fähigkeit eines Akteurs, länger ohne bindende Vereinbarung auskommen zu können als die anderen Verhandlungsteilnehmer (Dixit/Nalebuff 1991: 46-51, 281/282).[244] In Tarifkonflikten kann es beispielsweise so sein, dass die Arbeitgeber länger auf eine Einigung mit der Gewerkschaft warten können als umgekehrt – wenn etwa die Geschäftslage schlecht ist, man also durch einen langen Streik keine nennenswerten Produktions- und Verkaufseinbußen erleidet und sogar noch Lohnkosten spart, oder wenn die Streikkasse der Gewerkschaft nicht sehr voll ist. Es kann aber auch umgekehrt so sein, dass den Unternehmen wichtige Aufträge entgehen, wenn sie nicht schnell produzieren und liefern können, oder sie hohe Strafen für das Überschreiten der Lieferfristen zahlen müssen. Dann sitzt die Gewerkschaft am längeren Hebel. Manchmal können auch alle Verhandlungspartner gleichermaßen unter Zeitdruck stehen: „Stellen Sie sich eine Eistorte vor, die dahinschmilzt, während zwei Herren um ihre Aufteilung streiten!" (Dixit/Nalebuff 1991: 48) Oder die Verhandlungspartner ha-

241 Das liegt daran, dass es in Verhandlungen um Vereinbarungen geht, die letzten Endes stets freiwillig eingegangen werden müssen. Sobald jemandem Fügsamkeit per Zwang auferlegt wird, hat man sich aus einer Verhandlungskonstellation heraus- und in eine Beeinflussungskonstellation hineinbegeben.

242 Als weitere Determinante von Verhandlungsstärke kommt eine gute Beobachtung der Verhandlungspartner hinzu. Wer über viel Empathie und Umsicht verfügt, weiß besser, was die Gegenüber wirklich wollen und über welchen Einfluss sie verfügen, kann Bluffs durchschauen und sich untergründig entwickelnde „Stimmungslagen" frühzeitig erkennen. Hieran zeigt sich, dass in Verhandlungskonstellationen immer auch beobachtet wird.

243 Dies kommt auch in der Ausrichtung der sozialpsychologischen und politikwissenschaftlichen Verhandlungsforschung klar zum Ausdruck – siehe dazu als noch immer informativen Überblick nur Crott et al. (1977). Diese Forschung beschäftigt sich dementsprechend vorrangig mit dem Verteilungsproblem, welcher Akteur seine Interessen warum wie gut im Verhandlungsergebnis zur Geltung bringen kann. Die hier gestellte grundsätzlichere Frage, ob und unter welchen Voraussetzungen überhaupt eine bindende Vereinbarung zustande kommt und von Dauer ist, wird dort hingegen erst in zweiter Linie thematisiert.

244 Siehe auch Young (1991: 6/7) zum unterschiedlichen „degree of impatience" der Verhandlungspartner.

ben allesamt viel Zeit, weil keinem der Abschluss einer bindenden Vereinbarung unter den Nägeln brennt. Dann kann jeder versuchen, sein Nutzenmaximum durchzusetzen; und wenn sie einander dabei gegenseitig blockieren, werden sie womöglich dadurch auch nicht kompromissbereiter, sondern verzichten lieber auf eine Vereinbarung.

Dass jeder Verhandlungsteilnehmer immer dann, wenn sein Anspruchsniveau an eine gemeinsame Vereinbarung unterschritten wird, aussteigt, zwingt alle Beteiligten dazu, diese Nutzenminima ihrer Gegenüber zu respektieren, also einen Korridor des kleinsten gemeinsamen Nenners zu suchen. Das wiederum ist eine unerlässliche Voraussetzung dafür, dass eine entsprechende bindende Vereinbarung dann auch von allen eingehalten wird. Man sollte von niemandem ernsthaft erwarten, dass er sich an etwas hält, was ihn im Vergleich zu Alternativen – besonders der Alternative, dass keine Vereinbarung getroffen wird – krass benachteiligt oder gar ruiniert.

Bevor ein Akteur einer bindenden Vereinbarung zustimmt, wird er also prüfen, ob sich das sowohl für ihn als auch für die anderen einigermaßen lohnt. Nur dann wird er sich selbst zukünftig dadurch binden; und nur dann kann er davon ausgehen, dass die anderen dies ebenfalls tun werden. Diese allseitige relative Nützlichkeit ist die unverzichtbare Grundlage der Bindungskraft des Vereinbarten. Soweit basiert die Bindungskraft auf der begrenzten Rationalität des Homo Oeconomicus. Er versucht eben gar nicht, ständig das Maximum des jeweils erreichbaren Nutzens zu realisieren, liegt also nicht dauernd auf der Lauer, um jede sich bietende Gelegenheit zu einer weiteren Maximierung des eigenen Vorteils zu nutzen. Ein in diesem Sinne perfekt rationaler Akteur würde bindende Vereinbarungen immer wieder brechen müssen; und wenn alle dies täten, würden die Vereinbarungen so oft gebrochen, dass sich von vornherein niemand auf sie einlassen würde. Nur weil jeder davon ausgehen kann, dass alle als „satisficer“ agieren, können die Akteure in einer Verhandlungskonstellation sich hinsichtlich der Bindungswirkung der getroffenen Vereinbarungen aufeinander verlassen.

Die relative Nützlichkeit der getroffenen Vereinbarungen erklärt also zum großen Teil ihre Bindungskraft. Verstärkt wird diese auf Nutzenerwägungen beruhende Bindungskraft aber weiterhin oftmals durch die Beimischung anderer Handlungsantriebe, die schnell vergessen oder bagatellisiert werden, sieht man Akteure in Verhandlungskonstellationen ausschließlich als Homines Oeconomici. So geschieht es in Verhandlungskonstellationen immer wieder, dass die Verhandlungspartner im Laufe ihrer Interaktionen *Sympathie* füreinander entwickeln. Man verbringt Zeit miteinander und lernt einander näher kennen; die strategische Empathie füreinander kann als Nebeneffekt immer auch Eigenschaften der Gegenüber zutage fördern, die man schätzt; die gezeigte Zufriedenheit oder gar Dankbarkeit des Gegenübers, wenn sich Verhandlungsfortschritte einstellen, kann diesen ebenfalls sympathisch machen; es kann sich auch, gerade in schwierigen Verhandlungen, eine wiederum gegenseitige Wertschätzung erzeugende Solidarität von Akteuren entwickeln, die gemeinsam „den Karren aus dem Dreck zu ziehen“ haben; wenn die Akteure Verhandlungsführer einer größeren Gruppe sind, schafft vielleicht auch das gemeinsame Leiden daran, dass die eigene Klientel jeweils nur Unverständnis für die aus deren Sicht geringen Verhandlungserfolge zeigt, eine gefühlsmäßige Verbundenheit. Wenn sich so wechselseitige Sympathie verfestigt, trägt sie zur Bindungskraft einmal getroffener Vereinbarungen bei. Man bricht Vereinbarungen mit Menschen, die man schätzt, nicht so leicht.

Die Bindungskraft von Vereinbarungen kann weiterhin dadurch gestärkt werden, dass *Ehrlichkeit* zu den normativen Selbstansprüchen vieler Menschen gehört. Wenn ein ehrlicher Mensch Vereinbarungen nicht einhält, empfindet er Gewissensbisse; und das kann ihn von vornherein von solch einem Handeln abhalten.[245] Dies stellte also eine selbst herbeigeführte Identitätsbedrohung dar, während Vereinbarungstreue der eigenen Identitätsbehauptung dient. Ehrlichkeit kann durch Sympathie für die Gegenüber gestützt werden, denn sie fällt gegenüber sympathischen Verhandlungspartnern leichter, Unehrlichkeit umso schwerer. Umgekehrt kann Ehrlichkeit Sympathie beim anderen wecken, was wiederum dessen Neigung zur Vereinbarungstreue bestärkt. Verhandlungskonstellationen können so auch dazu dienen, dass Verhandlungspartner einander gegenseitig als ehrliche Menschen in ihren Identitäten bestätigen; und das kann auf beiden Seiten die Bindungskraft der getroffenen Vereinbarungen stärken.

Schließlich kann auch eine Orientierung der Handelnden an *Normkonformität* zur Bindungskraft von Vereinbarungen beitragen. „Pacta sunt servanda“: Dies ist eine gesellschaftlich weit verbreitete Norm, auf deren Einhaltung verschiedene Bezugsgruppen achten. Unabhängig von Sympathien und persönlicher Ehrlichkeit, und ungeachtet aller Nutzenerwägungen: Es gehört sich einfach nicht, getroffene Vereinbarungen zu brechen. Sofern ein entsprechender Druck der Bezugsgruppen hinreichend stark ist, kommt dieser Handlungsantrieb zur Geltung. Normative Erwartungen dieser Art zeichnen sich, Luhmann (1972a: 40-53) folgend, sogar durch eine besondere Enttäuschungsfestigkeit aus. Man hält an ihnen auch dann noch unbeirrt fest, wenn sie vom Gegenüber verletzt worden sind. Diese Enttäuschungsfestigkeit hat eine ex-ante- und eine ex-post-Komponente, die einander wechselseitig stützen. Man geht von vornherein davon aus, dass eine bindende Vereinbarung von allen Beteiligten eingehalten wird; man geht weiterhin für den – eigentlich gar nicht vorgesehenen – Fall der Nichteinhaltung davon aus, dass diese zurückgenommen wird bzw. die Folgen für den vom Vereinbarungsbruch betroffenen Akteur ungeschehen gemacht wer-

245 Oft wird freilich der Geltungsbereich dieses Selbstanspruchs auf eine Kollektivität – die Familie, der Freundeskreis, die Arbeitsgruppe, die Parteimitglieder, die Nation – beschränkt, der man angehört, während man den „Rest der Welt“ wie z. B. das Finanzamt, also alle anderen Steuerzahler, hemmungslos betrügen darf.

den; und man geht davon aus, dass die Antizipation dessen wiederum dazu anhält, den Vereinbarungsbruch gar nicht erst ins Auge zu fassen.

Diese nicht nutzenorientierten Handlungsantriebe tragen aber nicht immer zur Bindungskraft von Vereinbarungen bei. Es kann sein, dass sie gar keine Rolle spielen oder gerade dazu führen, dass Akteure Vereinbarungen brechen – wenn beispielsweise die kompromisslose Haltung des Gegenübers diesen so unsympathisch macht, dass man ihn schon deshalb und ganz unabhängig von Nutzenerwägungen bei der nächstbesten Gelegenheit betrügt, um ihm eins auszuwischen. Oder der evaluative Selbstanspruch, ein mit allen Wassern gewaschener Stratege zu sein, der stets das Maximum herausholt, drängt jemanden dazu, selbst kleinste Nutzenverbesserungen, über die ein begrenzt rationaler Homo Oeconomicus hinwegsehen würde, auch durch den Bruch von Vereinbarungen zu realisieren. Oder der normative Druck, die Interessen der eigenen Klientel über alles andere zu stellen, ist so stark, dass ein Verhandlungsführer im Zweifelsfall auch den Bruch von Vereinbarungen ins Auge fasst. In diesen Fällen kann es sehr wohl sein, dass der reine Homo Oeconomicus mehr Vereinbarungstreue zeigt als ein Akteur, der auch oder gar vorrangig von Emotionen, Identitätsansprüchen oder normativen Verpflichtungen angetrieben wird. Es kommt also für die Bindungskraft darauf an, wie die anderen Handlungsantriebe geartet sind.

Mechanismen der Bindungswirkung

Abgestützt wird die auf den jeweiligen Handlungsantrieben basierende Bindungskraft von Vereinbarungen durch *Mechanismen der Bindungswirkung*. Diese stellen die Einhaltung bindender Vereinbarungen auf die Weise her, dass der Akteur mit dem Verhandlungsabschluss Nachteile zu erwarten hat, sollte er sich nicht an die getroffenen Vereinbarungen halten. Drei Arten von Nachteilen lassen sich unterscheiden, die auch kombiniert vorkommen können:

- Akteure können gezielt *Selbstbindungen* eingehen.[246] So kann jemand etwa seinen Willen zur Vertragstreue dadurch gegenüber eigener Willensschwäche absichern, dass er der anderen Seite ein wertvolles Pfand übergibt, das sich diese im Falle des Vertragsbruchs aneignen darf. Manchmal ist dieses Pfand ein anderer Mensch, an dem der Betreffende sehr hängt: eine Geisel. Der bei Vertragsbruch drohende Verlust des Pfandes bewahrt den Akteur vor Verlockungen, die ihn andernfalls reizen könnten. Auf Seiten seiner Gegenüber schafft dies die benötigte Glaubwürdigkeit der bekundeten Bereitschaft des Akteurs, sich an die getroffene Vereinbarung zu halten.

246 Zur Rationalität von Selbstbindungen siehe Elster (1979: 36-111). Erhöhte Glaubwürdigkeit der Vertragstreue ist einer der dort erwähnten Nutzengesichtspunkte.

- *Konstellationsexterne Kontrollinstanzen* können die Bestrafung des Bruchs bindender Vereinbarungen zur Aufgabe haben oder erhalten (Dixit/Nalebuff 1991: 146-148). Dies ist eine der wichtigsten Funktionen des Rechtssystems von Gesellschaften. Wenn ich mich zum Beispiel nicht an den Mietvertrag halte, den ich mit meinem Vermieter eingegangen bin, kann dieser ein Gericht anrufen, das mich – sofern seine Vorwürfe stimmen – bestraft und so auch meine zukünftige Fügsamkeit gegenüber den mit dem Vermieter getroffenen Vereinbarungen sicherstellt. Oft sind diese Instanzen bereits da. Manchmal werden sie auch speziell mit Abschluss einer Vereinbarung installiert, um deren Einhaltung zu überwachen – wenn zum Beispiel zwei Staaten einen Abrüstungsvertrag unterzeichnen und einen neutralen Dritten beauftragen, auf beiden Seiten die Vertragstreue zu kontrollieren, sowie diesem Dritten wirksame Sanktionen für den Fall der Vertragsverletzung an die Hand geben.
- Schließlich gibt es einen fast immer schon bereitstehenden, im Kapitel 8 angesprochenen Sanktionsmechanismus für die Nichteinhaltung bindender Vereinbarungen: den „*schlechten Ruf*", den der Betreffende sich dadurch überall, wo sich das herumspricht, einhandelt, und die daran anschließende Meidung und Ächtung durch diejenigen, die über sein Fehlverhalten wissen. Nicht nur der geschädigte Vertragspartner wird sich künftig dreimal überlegen, ob er sich nochmals auf die Vertragstreue des Betreffenden verlässt. Gleiches gilt für andere Konstellationsmitglieder, mit denen dieser Akteur vielleicht demnächst eine bindende Vereinbarung treffen will, und sogar für Gegenüber außerhalb der jeweiligen Konstellation, mit denen der Akteur zu tun hat oder zukünftig zu tun haben könnte. Klatsch innerhalb begrenzter sozialer Milieus oder die Berichterstattung der Massenmedien sind wirksame Verbreitungsinstanzen, die entdeckte Nichteinhaltungen bindender Vereinbarungen skandalieren und zum Allgemeinwissen machen. Sofern jemand innerhalb des Kreises der so Informierten zukünftig noch als Verhandlungspartner ernst genommen werden will, wird er keinen Verstoß gegen bindende Vereinbarungen wagen. Denn der momentane Vorteil dürfte meistens die unabsehbaren längerfristigen Nachteile nicht aufwiegen.

Dynamiken von Verhandlungen

Die ohnehin bestehenden oder speziell zu diesem Zweck geschaffenen Nachteile des Vereinbarungsbruchs erklären somit bereits einen Gutteil der Bindungswirkung von Vereinbarungen. Noch höher wird die Bindungswirkung einer Vereinbarung, wenn die miteinander verhandelnden Akteure gewollt oder „hinter ihrem Rücken" in eine Interaktionsdynamik eintreten, die in Richtung einer mehr oder weniger weit gehenden und die Konsensbasis vergrößernden allseitigen Neubestimmung von Intentionen und Situationsdeutungen verläuft. Arthur Benz (1994: 112-148; 2007: 110-112) schildert diesen sich keineswegs zwangsläufig einstellenden, aber doch immer wieder stattfindenden Übergang von „positionsbezogenen“ zu „kompromissorientierten“ und schließlich zu „verständigungsorientierten“ Verhandlungen am Beispiel einer politischen Auseinandersetzung über die Ansiedlung einer Firma in einer strukturschwachen Region. Die neu geschaffenen Arbeitsplätze werden dringend benötigt – aber was, wenn als Werksgelände nur ein Naturschutzgebiet in Frage kommt? Benz fasst die Verhandlungsdynamik zwischen Firma, Umweltgruppen und Verwaltung so zusammen:

> „Die Verhandlungen … betrafen zunächst die Frage des Standorts und möglicher Alternativen. Sie brachen jedoch schnell ab, da das Unternehmen in der Frage des Standorts unbeweglich blieb. In der Folgezeit gelang es den Umweltverbänden, ein Grundstück auf dem Werksgebiet zu erlangen. Sie hatten damit die Möglichkeit, gegen das Vorhaben zu klagen. Nachdem sich eine lange gerichtliche Auseinandersetzung abzeichnete, vereinbarten die beteiligten Verbände, das Land, die Stadt und das Unternehmen … weitere Verhandlungen. Dabei wurde nach den ersten beiden Runden die Standortfrage als nicht verhandelbar ausgeschlossen. Das Unternehmen konnte somit sein Vorhaben durchsetzen. Allerdings erreichten die Verhandlungspartner dennoch eine Einigung, weil das Land ökologische Ausgleichsmaßnahmen zusagte, damit Nachteile für die Umweltschützer in einem Tauschgeschäft ausglich. Nachdem diese Kompensationslösung feststand, mußten im weiteren die Forderungen der Umweltschützer und die Möglichkeiten des Landes, das die Ausgleichsmaßnahmen zu finanzieren hatte, auf einen Nenner gebracht werden. Auch hierüber konnte eine Einigung erzielt werden, indem beide Seiten wechselseitige Zugeständnisse machten und einen Kompromiß erreichten. Auf der Grundlage dieser Einigung über die Unternehmensansiedlung und ihre ökologischen Folgen entwickelte sich schließlich eine fortgesetzte Zusammenarbeit zwischen dem Unternehmen, der Verwaltung und den Umweltgruppen, wobei letztere bei den ökologischen Begleitmaßnahmen im Werksgelände und bei Projekten in dessen Umgebung beteiligt wurden. Dies verweist auf ein verbessertes gegenseitiges Verständnis aller Beteiligten für die Belange der anderen Seite und die Bereitschaft, vom anderen zu lernen.“ (Benz 1994: 118/119)

Das Beispiel zeigt, dass zunächst „positionsbezogene“ Verhandlungen dominierten, in denen die Beteiligten einander wechselseitig mit ihren Einflusspotentialen zur Fügsamkeit bringen wollten. Die Firma war insoweit erfolgreich, als sie sich hinsichtlich des Werksgeländes durchsetzen konnte. Ihr Versprechen von Arbeitsplätzen bzw. die Drohung, gar nicht in der Region zu investieren, falls das Gelände nicht verfügbar wäre, taten ihre Wirkung. Die Umweltgruppen verschafften sich aber mit dem Grundstücksankauf ebenfalls ein Drohpotential. Sie konnten dadurch die Werksansiedlung blockieren und so ökologische Ausgleichsmaßnahmen des Landes herausschlagen. Nach dieser Ausgleichszahlung gaben die Umweltgruppen ihren

Widerstand gegen die Werksansiedlung auf. Beide Seiten hatten bis hierher ihre Minimalanforderungen an eine bindende Vereinbarung erreicht: Werksansiedlung ohne weitere Proteste, unter zugesicherter Berücksichtigung ökologischer Belange. Viele Verhandlungen realisieren nicht mehr als das. Aber im Vergleich zu dem, worauf eine Konstellation wechselseitiger Beobachtung oder Beeinflussung hinausgelaufen wäre, bietet dies bereits ein für beide Seiten zufriedenstellenderes Niveau an Erwartungssicherheit und Interessenbefriedigung.

Hier allerdings ging die Verhandlungsdynamik weiter. Die Ausgestaltung der vereinbarten ökologischen Ausgleichsmaßnahmen fand als „kompromissorientierte“ Verhandlung zwischen Umweltgruppen und Verwaltung statt. Man sondierte die Punkte, in denen man konsensfähig war, und klammerte strittige aus. Dabei verzichtete man auf Drohgebärden bzw. das „Abkaufen“ des Widerstands der anderen Seite durch Versprechungen und konzentrierte sich auf das, worin man sich schon einig war. Die dafür erforderliche intensivere Kommunikation miteinander wirkte vertrauensbildend. Im Vergleich dazu hatte in der „positionsbezogenen“ Verhandlungsphase noch Misstrauen vorgeherrscht. Das jetzt erzielte Verhandlungsergebnis wirkte also bereits als deutliche Verbesserung der Ausgangslage weiterer Verhandlungen.

Nochmals intensivierte Kommunikation und ein weiter erhöhtes wechselseitiges Vertrauen leiteten in die „verständigungsorientierte“ Verhandlungsphase über. In ihr ging es um die längerfristige Kooperation von Umweltgruppen, Unternehmen und Verwaltung bei der ökologisch verträglichen Gestaltung des Werksgeländes, vielleicht sogar der Produktionsverfahren und der Produkte. „Verständigungsorientierte“ Verhandlungen laufen auf Lernen voneinander hinaus. Alle Verhandlungspartner stellen die eigenen Intentionen und Situationsdeutungen mehr oder weniger zur Disposition, zeigen sich also bereit, die Absichten und Sichtweisen ihrer Gegenüber nicht bloß als potentielle Behinderungen dessen anzusehen, was man selbst will, sondern als Chancen zur Selbstkritik aufzufassen.

Hier geht Verhandeln in den Modus des „Argumentierens“ (Saretzki 1996) über, also in eine auf allen Seiten vorherrschende Haltung, andere nur noch durch allseits einleuchtende gute Gründe zu überzeugen und sich selbst auch nur auf diese Weise überzeugen zu lassen.[247] Zwar lassen sich so keine Intentionsdivergenzen hinwegzaubern. Wohl aber können Verhandlungsbeteiligte von einer Orientierung des „minimize own loss!“ zu einer des „maximize joint gain!“ gelangen (Scharpf 1997: 84-89). Je weiter auf diese Weise der zwischen Verhandlungspartnern erzielte Konsens reicht,

247 Sowohl theoretische Auseinandersetzungen hierzu als auch empirische Fallstudien darüber, wie voraussetzungsvoll und schwierig „Argumentieren“ ist und wie schnell ein Rückfall in „kompromissorientierte“ und „positionsbezogene“ Verhandlungsstile passieren kann, finden sich in Prittwitz (1996b).

desto mehr können alle davon ausgehen, dass die je anderen sich an die getroffenen Vereinbarungen halten werden.

An diesem Beispiel werden zudem charakteristische Strukturdynamiken in Verhandlungskonstellationen deutlich: die *Dynamiken von Aufsummierung und Bewährungseffekten.* Aus der schrittweisen Neubestimmung von Intentionen und Situationsdeutungen in den jeweiligen Verhandlungsphasen gehen in der Summe die vergrößerte Konsensbasis und das erhöhte wechselseitige Vertrauen hervor. Und vor dem Hintergrund bereits gelungener Verhandlungsschritte werden auf beiden Seiten entsprechende Lehren gezogen. So führt die Bewährung der jeweils vorangegangenen Vereinbarungen am Ende zu einem Verhandlungsergebnis, das eine deutliche Verbesserung gegenüber der Ausgangslage darstellte.

Aus solchen Dynamiken gehen also in Verhandlungen im Zusammenwirken mit den oben geschilderten Determinanten der Bindungskraft und den Mechanismen der Bindungswirkung von Vereinbarungen der Aufbau, die Erhaltung und die Veränderung sozialer Strukturen hervor. Wie die möglichen Struktureffekte von Verhandlungskonstellationen aussehen und worin sie sich unterscheiden, soll jetzt noch näher erläutert werden.

Strukturgestaltung durch Verhandeln

Verhandlungen müssen nicht notwendigerweise auf die Zielsetzung einer bewussten Gestaltung bestimmter sozialer Strukturen hinauslaufen. Bindende Vereinbarungen können auch rein punktuelle Handlungsabstimmungen zwischen Akteuren sein. Beispielsweise können zwei Freunde nach einem kurzen Austausch von Präferenzen vereinbaren, dass sie sich kommenden Dienstag um 19.00 Uhr in ihrer Stammkneipe treffen. Jeder von beiden geht davon aus, dass der andere sich an die Verabredung halten wird, macht sich also nicht ständig Gedanken darüber, was passieren könnte, wenn der andere etwa übermorgen plötzlich keine rechte Lust verspürt, den Abend in der Kneipe zu verbringen. Die Einhaltung solcher Verabredungen unter Freunden ist eine Ehrensache, so dass jeder selbst dann, wenn sich ihm unvermutet bessere Alternativen auftun, den anderen nicht sitzen lässt. In diesem Fall unterliegt der Akteur also sowohl als Homo Sociologicus als auch als Identitätsbehaupter einer starken Bindungskraft der Vereinbarung. Aber wenn der Abend vorbei ist, hat sich keiner von beiden zu etwas Weiterem verpflichtet. Es ist nicht etwa so, dass die Verabredung nun darauf hinausläuft, dass sich die beiden fortan jeden Dienstag in der Kneipe treffen – was eine normative Erwartungsstruktur wäre.

Ein anderes Beispiel für punktuelle bindende Vereinbarungen sind viele Tauschakte. Wenn ich eine Ware kaufe oder mit einem Freund abspreche, dass er mir am kommenden Wochenende beim Tapezieren hilft, ist damit ebenfalls keine Strukturgestaltung für die Zukunft beabsichtigt. Beim Kauf vereinbare ich mit dem Verkäufer, dass er von mir eine bestimmte Geldsumme erhält. Dafür überlässt er mir die Ware; und weder er noch ich beanspruchen weiterhin Zugriff auf das, was wir dem anderen gegeben haben. Insofern hat ein Kaufakt längerfristige Zukunftswirkungen, die auch intendiert sind. Aber es geht den Beteiligten dabei nicht darum, die Strukturen des Wirtschaftssystems zu gestalten. Auch die Absprache mit dem Freund, dass er mir den Gefallen tut, mit zu tapezieren, strahlt insofern in die Zukunft aus, als wir beide uns darüber im Klaren sind, dass ich mich irgendwann bei ihm „revanchieren" muss, er mich also zu einem jetzt noch unbestimmten Zeitpunkt um eine ebenfalls noch unbestimmte Gegenleistung bitten und ich diese Bitte dann nicht abschlagen kann. Doch die einmalige Erwiderung der Gefälligkeit genügt. Weiteren derartigen Bitten kann ich mich mit taktvollen Gründen verweigern. Dementsprechend ist mit der Hilfeleistung keine Intensivierung unserer Beziehungen beabsichtigt, also keine Änderung der Konstellationsstruktur.

Viele Verhandlungskonstellationen laufen somit auf bindende Vereinbarungen hinaus, die keinerlei intentionale Gestaltung sozialer Erwartungs-, Deutungs- oder Konstellationsstrukturen implizieren. Das bedeutet allerdings nicht, dass solche Struktureffekte nicht auftreten können. „Hinter dem Rücken" der Akteure, oder diesen zwar prinzipiell klar, aber von ihnen nicht weiter beachtet, können durch punktuell gemeinte bindende Vereinbarungen soziale Strukturen aufgebaut, erhalten oder verändert werden. Sieht man einmal von natürlich immer denkbaren koinzidentiellen Struktureffekten ab,[248] lassen sich vor allem Struktureffekte ausmachen, die über die Dynamiken von Aufsummierung und Bewährungseffekten punktueller Vereinbarungen zustande kommen. Wenn zum Beispiel viele Hausbesitzer unabhängig voneinander, also nicht aufgrund wechselseitiger Beobachtung, gleichartig und punktuell vereinbaren, einen Schwarzarbeiter anstelle eines Handwerksbetriebs mit Malerarbeiten zu beschäftigen, hat das in der Summe Struktureffekte. Jeder einzelne Hausbesitzer denkt bei der bindenden Vereinbarung des Kaufakts nur an seinen eigenen Vorteil – aber aus dem Handeln aller ergibt sich, dass das Malerhandwerk in den Ruin getrieben wird, also die wirtschaftlichen Verteilungsstrukturen sich ändern. Die mas-

248 Die Geschichtsbücher wimmeln von so etwas. Eine punktuell gemeinte Vereinbarung verknüpft sich kausal mit etwas, was nicht vorauszusehen war, und bewirkt so eine nachhaltige Änderung übergreifender gesellschaftlicher Strukturen. Beispielsweise schließen zwei schwache Politiker ein Zweckbündnis, um einen jedem von beiden überlegenen innerparteilichen Konkurrenten zu übertrumpfen und die dabei vielleicht zu machende Beute – etwa einen Sitz im Parlament und einen Aufsichtsratsposten – untereinander aufzuteilen. Mit diesen strategischen Bemühungen einher geht eine starke wirtschaftliche Rezession, die die betreffende Partei viele Wählerstimmen und die Regierungsbeteiligung kostet. Den Ausschlag für den Verlust der Regierungsbeteiligung gibt der Verlust desjenigen Wahlkreises, in dem der wählerwirksame Politiker von seinen beiden Konkurrenten, die beide bei den Wählern nicht gut ankommen, in innerparteilichen Intrigen ausgebootet wurde. Damit beginnt eine jahrzehntelange Ära der Vorherrschaft einer anderen Partei, die die Sozialstrukturen des betreffenden Landes stark verändert.

senhafte Ausbreitung der Schwarzarbeit stellt darüber hinaus auch eine Änderung normativer Erwartungsstrukturen des Wirtschaftssystems dar.

Es kann auch strukturelle Effekte geben, die aus der Bewährung von zunächst punktuell angelegten bindenden Vereinbarungen resultieren. Wenn die oben angeführten zwei Freunde sich ein paar Male abends in der Stammkneipe verabredet und getroffen haben und das jedes Mal aus Sicht beider ein netter Abend geworden ist, kommen sie vielleicht auf die Idee, daraus einen regelmäßigen Treff an einem festen Tag alle zwei Wochen zu machen. Das wäre dann eine normative Erwartungsstruktur, die gezielt vereinbart würde – aber vor dem Hintergrund der zunächst nicht in diese Richtung zielenden punktuellen Verabredungen.

Punktuelle bindende Vereinbarungen können auch als Vorbilder für andere Akteure dienen, Ähnliches zu tun. Auf dem Umweg über wechselseitige Beobachtung können dann ebenfalls unbeabsichtigte Struktureffekte entstehen. Wenn etwa ein Speditionsunternehmen, um momentane Auftragsüberhänge abzuarbeiten, auf einen selbständigen Fahrer zurückgreift und mit ihm einen entsprechenden Vertrag schließt, entdeckt es womöglich, dass es sich mit diesem Selbständigen wirtschaftlich viel besser steht als mit festangestellten Fahrern. Vielleicht entlässt es dann alle Fahrer, um mit ihnen als Selbständigen neue Geschäftsverbindungen aufzunehmen. Dann hätte das Unternehmen die Lehre aus der zunächst punktuellen bindenden Vereinbarung mit dem einzelnen Fahrer gezogen und nunmehr die normative Erwartungsstruktur zwischen sich und seinen Fahrern insgesamt geändert. Damit wäre ein Struktureffekt auf der Ebene einer einzelnen Organisation eingetreten. Wenn dies nun weiter bei anderen Speditionsunternehmen oder gar in anderen Branchen Schule macht, verbreitet sich der Struktureffekt immer mehr im Wirtschaftssystem.

Neben den auf punktuelle Vereinbarungen abzielenden Verhandlungen gibt es freilich auch solche, in denen die Beteiligten intentionale Strukturgestaltung betreiben. Wenn sich zum Beispiel die Mitglieder einer politischen Partei in langen Verhandlungen auf ein Grundsatz- oder ein Wahlprogramm verständigen, ist damit eine für alle verbindliche Deutungsstruktur geschaffen worden. Was für die Parteimitglieder als erstrebenswerte politische Fern- und Nahziele gelten: Diese gemeinsamen evaluativen Orientierungen mitsamt den zugrunde liegenden kognitiven Deutungen der betreffenden gesellschaftlichen Zusammenhänge sind gezielt auf dem Verhandlungsweg hervorgebracht worden; und ein Parteimitglied darf sich fortan nur auf die Gefahr hin, als „Abweichler“ eingestuft und im Extremfall auch aus der Partei ausgeschlossen zu werden, von dieser gemeinsamen Linie entfernen.

Normative Erwartungsstrukturen gehen ebenfalls oft als bindende Vereinbarungen gezielt aus Verhandlungskonstellationen hervor. Viele politische Entscheidungssituationen können dafür als Illustrationen dienen. Aber auch über die formelle Politik hinaus findet so etwas informell in quasi-politischen Verhandlungen statt – innerhalb einer Hausgemeinschaft, die eine Hausordnung aufstellt, oder zwischen Ehepartnern, die die Verteilung der häuslichen Pflichten zwar vielleicht nicht schriftlich, aber doch mit einer gemeinten hohen Verbindlichkeit regeln.

Schließlich sind auch Konstellationsstrukturen, etwa die Verteilung von Ressourcen, häufig expliziter Gegenstand von Verhandlungen. Internationale Verhandlungen über die Nutzung der Weltmeere oder Tarifverhandlungen zwischen Arbeitgebern und Arbeitnehmern geben dafür Beispiele ab.

Gezielte Strukturgestaltung in Verhandlungen kann so ausgehen, dass alle Beteiligten ihre Intentionen zumindest einigermaßen realisieren; oder einige können die eigenen Absichten besser erreichen als andere; oder alle verfehlen das, was sie wollten, mehr oder weniger stark. Eine zweite Frage ist, ob die Akteure das, was aus ihrer bindenden Vereinbarung geworden ist, vorausgesehen haben oder nicht. Manchmal kommt ja etwas noch viel Besseres heraus, als alle sich vorher ausgemalt haben; und nicht ganz so selten wird alles auch viel schlimmer als erwartet. Orientiert man sich an Norbert Elias' schon mehrfach erwähnter Einsicht, dass die Transintentionalität von Struktureffekten mit dem Grad der Inkompatibilität der Intentionen der Beteiligten wahrscheinlicher wird,[249] ist klar, dass ein „positionsbezogener" Verhandlungsstil eher zu ungewollten und unvorhergesehenen strukturellen Effekten führt und umgekehrt eine „Verständigungsorientierung" aller Beteiligten die beste Gewähr dafür bietet, dass man erreicht, was man erreichen wollte. So führt zum Beispiel eine „positionsbezogene" Verhandlung über ein neues Parteiprogramm zu den berühmt-berüchtigten „Formelkompromissen", die rhetorisch Einigkeit vorspiegeln, aber tatsächlich Uneinigkeit nur rhetorisch übertünchen, während durch „verständigungsorientierte" Verhandlungen ein gemeinsamer Durchbruch zu grundsätzlich neuen geteilten Weltsichten und Überzeugungen erzielt werden kann.

Diese wenigen Bemerkungen dazu, wie aus Verhandlungskonstellationen über die erzielten bindenden Vereinbarungen und die in ihnen angelegten Dynamiken intendiert oder transintentional Erwartungs-, Deutungs- und Konstellationsstrukturen aufgebaut, erhalten oder verändert werden können, sollen hier genügen. Im Weiteren wird ausführlicher auf eine besondere Art von sozialen Strukturen eingegangen, die aus Verhandlungskonstellationen hervorgehen und die deshalb von ganz spezifischen Strukturdynamiken gekennzeichnet sind: korporative Akteure.

---

249 Elias' zweiter Faktor, das Ausmaß der Einflussunterschiede zwischen den Akteuren, spielt hier nur eine geringe Rolle, weil Verhandlungen ohnehin nur dann geführt werden, wenn nicht ein Akteur oder eine Gruppe von Akteuren die Konstellation völlig dominiert.

10.3 Überindividuelle Akteure

Wenn bisher von Akteuren gesprochen wurde, waren stets nicht nur individuelle Akteure gemeint. Vielmehr sind in vielen Beispielen immer auch Gruppen oder soziale Bewegungen oder formale Organisationen als Akteure aufgetreten, ohne dass bislang genauer dargelegt wurde, wieso dies eigentlich Akteure sein können. Für das Alltagsbewusstsein ist das kein Problem. Im Alltag redet man ganz selbstverständlich davon, dass ein Unternehmen oder eine Fußballmannschaft oder eine soziale Bewegung – etwa „die Kernenergiegegner“ – handeln, so wie eine Person handelt. Ob das aber immer so ist, und wie das überhaupt geht: Diese Fragen lassen sich nun klären. Dabei sollen hier insbesondere die korporativen Akteure, also vor allem formale Organisationen, in den Blick genommen werden, da sie die voraussetzungsvollsten und auch in der modernen Gesellschaft wichtigsten überindividuellen Akteure darstellen. Die Begründung dafür, warum diese genauere Betrachtung der korporativen Akteure erst jetzt nachgereicht wird, lautet, dass es sich bei dieser Art von Akteuren um Produkte von Verhandlungskonstellationen handelt.

Fiktion überindividueller Handlungsfähigkeit

In der hier eingenommenen akteurtheoretischen Perspektive ist der Ausgangspunkt der Betrachtung überindividueller Akteure, dass letztlich nur individuelle Akteure handeln können.[250] Insofern sind überindividuelle Akteure stets – wie Fritz Scharpf (1997: 42-50) sie treffend tituliert – „composite actors”: Akteure, die aus individuellen Akteuren zusammengesetzt sind (→ Kap. 2.3). Anders gesagt: Jeder überindividuelle Akteur ist eine Konstellation individueller Akteure; und sein Handeln ist demzufolge nichts anderes als das handelnde Zusammenwirken dieser Konstellation.[251] Wann

250 Insoweit hat der methodologische Individualismus Recht (Esser 1999). Und damit hat er natürlich auch gegenüber denjenigen Spielarten eines methodologischen Kollektivismus Recht, die die Handlungsfähigkeit überindividueller Akteure unanalysiert einfach stehen lassen, so als ob es soziologisch nicht weiter bemerkenswert wäre, dass z. B. auch soziale Klassen oder Staaten handeln können. Siehe zu diesen Debatten die Zusammenstellung wichtiger älterer Beiträge in O'Neill (1973). Einen interessanten umgekehrten Ausgangspunkt, individuelle Akteure von korporativen Akteuren her zu verstehen, wählt Vollmer (1997).

251 Vertreter des methodologischen Individualismus haben hieraus teilweise den Schluss gezogen, dass jede Analyse des Handelns einer Organisation dieses Handeln jeweils auf das Handeln und handelnde Zusammenwirken einzelner Organisationsmitglieder zurückverfolgen muss. Das wäre allerdings eine heillose Überforderung der Analysekapazität soziologischer Beobachter. Für viele Erklärungszwecke genügt es, sich das Organisationshandeln etwa aus organisatorischen Nutzenerwägungen heraus zu erklären, ohne den vollständigen Rekurs auf die individuellen Organisationsmitglieder und deren Zusammenwirken zu machen. Man muss dies prinzipiell können, aber man muss es längst nicht immer tatsächlich tun. Auch

aber kann ein aus miteinander verbundenen, aber separaten einzelnen Handlungen zusammengesetztes handelndes Zusammenwirken als ein überindividuelles Handeln zusammengefasst werden? Wann kann etwa eine Organisation oder eine soziale Bewegung so behandelt werden, *als ob* es sich um eine Person handelt? Wann tun dies Handelnde in der sozialen Wirklichkeit praktisch und soziologische Beobachterinnen analytisch?

Die Als-ob-Formulierung zeigt bereits, dass es sich hier um eine Fiktion handelt. Wie andere Fiktionen auch (Vaihinger 1917) dient die Fiktion eines überindividuellen Akteurs dazu, kognitive Vorgänge zu vereinfachen und so der begrenzten Informationsverarbeitungskapazität von Akteuren sowie von soziologischen Beobachtern Rechnung zu tragen. Der überindividuelle Akteur ist ein Kürzel, mit dem sich seine Gegenüber in Handlungssituationen und seine soziologischen Beobachter das Leben etwas leichter machen. Eine Fiktion darf freilich nicht völlig realitätsfern sein. Sie muss – auch wenn man in Rechnung stellt, dass sie sich im handelnden Zusammenwirken ein Stück weit als „self-fulfilling prophecy" selbst plausibilisieren kann –[252] auf Evidenzen verweisen.

Welcher Art diese Evidenzen sind: Darauf stößt man am ehesten, wenn man sich Fälle anschaut, in denen zum Beispiel eine Organisation oder Gruppe von ihrer Umgebung nicht als Akteur angesehen wird. Dies ist insbesondere dann der Fall, wenn diese Konstellationen durch große innere Konflikte oder durch ein völlig unabgestimmtes Nebeneinanderherhandeln der Beteiligten gekennzeichnet sind. Dann spricht die betreffende Organisation oder Gruppe gegenüber Außenstehenden – wie es alltagssprachlich plastisch heißt – nicht mit einer Stimme. Je nachdem, an welches Organisations- oder Gruppenmitglied man sich wendet, hört man etwas ganz anderes.[253] Die einzelnen Handlungen der Mitglieder stehen also in keinem konstruktiven und geordneten Verhältnis zueinander. Sondern sie widersprechen einander oder sind gar bewusst gegeneinander gerichtet; oder die Handlungen nehmen lediglich okkasionell aufeinander Bezug, so dass eine spätere nicht das fortführt, was in einer früheren angelegt war, sondern diese gleichsam in eine ganz andere Richtung umbiegt; oder die Handlungen stehen in ihrem Sinngehalt gänzlich beziehungslos nebeneinander und sind nur dadurch

---

die Physik führt ja beispielsweise die meisten mechanischen Effekte nicht auf Atombewegungen zurück.

252 Das hieße hier: Dass eine Konstellation als überindividueller Akteur behandelt wird, setzt diese Konstellation einem entsprechenden Erwartungsdruck aus, der sie dazu anhält, als überindividueller Akteur aufzutreten.

253 Und zwar nicht aufgrund arbeitsteiliger Spezialisierung, was in allen Organisationen der Fall ist, wo aber dennoch die spezialisierten Beiträge von einzelnen Mitgliedern auf eine gemeinsame Linie gebracht werden. Die sogenannten „organizational anarchies", die die Organisationsforschung etwa am Beispiel von Hochschulen entdeckt hat (March/Olsen 1976), stehen damit an einer Grenze. Vielleicht sind es in vielen Fällen nur noch Akteurkonstellationen ohne eigene Akteurqualität.

miteinander verbunden, dass sie von individuellen Akteuren getätigt werden, die Mitglieder derselben Organisation oder Gruppe sind.

Im Umkehrschluss heißt das: Eine Konstellation individueller Akteure ist in dem Maße ein überindividueller Akteur, wie die Handlungen der einzelnen Konstellationsbeteiligten ein konstruktiv geordnetes Ganzes ergeben, also nicht bloß gelegentlich, sondern systematisch so aufeinander aufbauen, dass eine *übergreifende Zielsetzung* verfolgt wird.[254] Hier wird bereits klar, warum Verhandlungskonstellationen überindividuelle Akteure konstituieren können. Denn bindende Vereinbarungen können – wie gleich noch näher beleuchtet wird – u.a. dazu benutzt werden, ein in diesem Sinne auf ein Ziel hin ausgerichtetes Ganzes aufzubauen.

Kollektive Akteure

Wichtig ist allerdings, dass nicht jeder überindividuelle Akteur auf Verhandlungen zurückgeht. Eine soziale Bewegung als *kollektiver Akteur* beruht auf allen Anhängern gemeinsamen evaluativen und kognitiven Deutungsmustern, die durch eine vor allem über wechselseitige Beobachtung laufende Handlungsabstimmung zu gemeinsamem Handeln führen.[255] Ähnliches geschieht auch immer wieder in Kleingruppen, die damit ebenfalls teilweise als kollektive Akteure auftreten. Oft wird die wechselseitige Beobachtung dabei durch Anführende erleichtert, die „focal points" – zum Beispiel Ort und Termin für eine Demonstration oder eine gemeinsame Radtour – setzen. Das bedeutet, dass die Beobachtungs- durch eine Beeinflussungskonstellation überformt wird. Kollektive Akteure kommen somit ohne bindende Vereinbarungen aus. *Korporative Akteure* hingegen definieren sich genau dadurch, dass sie mittels bindender Vereinbarungen intentional produziert und reproduziert werden.[256]

Koalitionen

Zwei Arten von korporativen Akteuren sollen hier unterschieden werden: Koalitionen und formale Organisationen. *Koalitionen* stellen den weniger weit entwickelten Typus korporativer Akteure dar. Das soll nicht heißen, dass jede Koalition, wenn sie sich nur genügend viel Zeit nimmt, zu einer Organisation wird. Viele Verhandlungskonstellationen kommen über eine Koalition der beteiligten individuellen Akteure nie hinaus, weil die Intentionsinkompabilitäten zu groß sind und es selbst bei einem „verständigungsorientierten" Verhandlungsstil auf Dauer gestellt bleiben. Man denke nur an Koalitionen politischer Parteien, aus denen eben nicht auf längere Sicht ein organisatori-

254 Bei aller Kritik am „Zielparadigma" der Organisationsforschung (Luhmann 1968: 55-86) bleibt dies für viele – nicht für alle – Organisationen gültig.

255 Siehe als Überblicke Adloff (2004) sowie Kern (2008).

256 Diese Unterscheidung wird hier anders als bei Scharpf (1997: 51-60) gezogen.

scher Zusammenschluss wird. Dem entspricht auch, dass die Lebensdauer von Koalitionen fast immer kürzer als die von Organisationen ist – auch wenn diese gelegentlich nur kurzlebig sind. Organisationen sind aber zumeist auf eine unbestimmte Zeit hin angelegt, während bei Koalitionen von vornherein eine Befristung – die freilich verlängert werden kann – vorgesehen ist. Die zeitliche Begrenzung ist Teil der bindenden Vereinbarung, die eine Koalition konstituiert. Was Koalitionen dagegen mit Organisationen gemeinsam haben, ist die Konzertierung des Handelns der individuellen Beteiligten über die bindende Vereinbarung. Das unterscheidet Koalitionen nicht nur von kollektiven Akteuren, sondern auch von den im voranstehenden Kapitel angesprochenen situativen Zweckbündnissen zur Einflusssteigerung – wobei aus solchen Zweckbündnissen, wenn sie sich bewähren, Koalitionen werden können.

Einflusssteigerung ist das Interesse, das individuelle Akteure nicht nur in Zweckbündnisse, sondern auch in überindividuelle Akteure – kollektive wie korporative – hineintreibt. Damit lässt sich festhalten: Korporative Akteure entspringen den Bemühungen individueller Akteure, das je einzelne Einflusspotential durch Bündelung zu steigern. Diese Bündelung ist nicht nur situativ wie bei Zweckbündnissen, sondern will thematisch und zeitlich weiter ausholen; und anders als bei kollektiven Akteuren geschieht dies über bindende Vereinbarungen, also durch Verhandlungskonstellationen. Da es den beteiligten individuellen Akteuren aber um Einfluss geht, heißt das, dass hier Verhandlungskonstellationen mit Blick auf Beeinflussungskonstellationen stattfinden. Wiederum sind es politische Koalitionen, an denen dies unmittelbar augenfällig wird. Aber auch Kartelle, die Preisabsprachen treffen, illustrieren diesen Zusammenhang.

Formale Organisationen

Ohne noch weiter auf Koalitionen einzugehen, soll es nun um *formale Organisationen* als die wichtigsten Arten von korporativen Akteuren gehen.[257] Diese Wichtigkeit ergibt sich aus zweierlei Gründen: Erstens ist eine Gruppe von individuellen Akteuren einflussstärker, wenn sie sich zu einer Organisation zusammenschließt, als wenn sie nur eine Koalition bildet. Denn die Organisation ist auf längere Dauer angelegt; und sie kann – was gleich zur Sprache kommen wird – erheblich mehr über ihre individuellen Mitglieder verfügen als eine Koalition. Zweitens sind damit formale Organisationen in der modernen Gesellschaft die einflussstärksten Akteure überhaupt geworden. Unternehmen, staatliche Verwaltungen, Schulen und Hochschulen, Krankenhäuser, Gerichte, Forschungsinstitute, das Militär, Kirchen, Museen, Zeitungen, Fernsehsender, politische Parteien, Verbände, Genossenschaften, Vereine: Die moderne Gesellschaft ist, wie diese noch immer un-

257 Siehe dazu auch Esser (2000 c: 237-261).

vollständige Auflistung zeigt, eine *Organisationsgesellschaft* in dem Sinne, dass tendenziell alle Lebensbereiche von Organisationen durchzogen werden und diese sich fast überall zu den maßgeblichen Leistungsproduzenten und Entscheidungsträgern aufgeschwungen haben (Schimank 2001). Das Familienleben, wofür das nicht gilt, ist die große Ausnahme, aber u.a. auch deshalb ein Bereich, der sich Entwicklungen, die anderswo in der Gesellschaft – durch Organisationen vorangetrieben – stattfinden, fast nur noch anpassen kann, ohne seinerseits eine gezielte Beeinflussung anderer Bereiche ausüben zu können.

Das Universum formaler Organisationen gliedert sich, entsprechend der Form der zugrunde liegenden Verhandlungskonstellation, in zwei Gruppen. Für die eine Gruppe sind Unternehmen oder staatliche Verwaltungsbehörden prototypische Beispiele, für die andere Verbände oder Vereine. Die erste Gruppe sind „von oben“ konstituierte Arbeitsorganisationen, die zweite „von unten“ konstituierte Interessenorganisationen. Beide weisen, entsprechend der unterschiedlichen Art von bindenden Vereinbarungen, unterschiedliche strukturelle Dynamiken auf.

Interessenorganisationen

Interessenorganisationen umfassen Vereine, Verbände und Parteien. James Coleman (1974) hat ihrer Konstitution mit seinem Konzept der „Ressourcenzusammenlegung“ eine prägnante theoretische Fassung gegeben (Vanberg 1982: 8-22). Unter Ressourcen versteht er die sozialen Einflusspotentiale individueller Akteure. Alle Individuen, die sich zu einem korporativen Akteur zusammenschließen, geben damit die Verfügungsrechte über einen Teil ihrer Macht und ihres Geldes ab; diese Rechte gehen auf den korporativen Akteur über.[258] Wenn zum Beispiel Arbeiter eine Gewerkschaft gründen, verpflichten sie sich als deren Mitglieder, gewerkschaftliche Kampfmaßnahmen, etwa Streiks, mitzutragen – über die Beteiligung daran und über Mitgliedsbeiträge, aus denen die Streikkasse finanziert wird.

In dieser Weise bündeln korporative Akteure die Einflusspotentiale ihrer Mitglieder; und da die Mitgliedschaft – anders als in mittelalterlichen Zwangsgemeinschaften – freiwillig ist, die Mitglieder also mit Austritt drohen können, ist eine gewisse Anbindung des korporativen Akteurs an dic Interessen der Mitglieder gewährleistet. Mittels dieser Einflussbündelung können die Individuen oftmals ihre Eigeninteressen besser realisieren als je auf sich gestellt.[259] Neben der Einflussaddition ist dabei häufig auch die Vermeidung einer gegenseitigen Einflussneutralisierung in Rechnung zu stellen: Die

258 Zu den Problemen kollektiver Mobilisierung siehe bereits Kapitel 8.3.

259 Nicht alle Interessen motivieren allerdings gleichermaßen zu solch einer Organisierung. Es gibt auch „disparitäre“ Interessen, die in dieser Hinsicht strukturell benachteiligt sind (Offe 1969: 145-148).

gewerkschaftliche Organisierung dient ja nicht zuletzt dazu, dass die Arbeiter von den Arbeitgebern nicht gegeneinander ausgespielt werden können. Eine Gewerkschaft ist, so gesehen, nichts anderes als ein Kartell der Anbieter von Arbeitskraft, das Mindestpreise für diese Ware festlegt.

Dass Interessenorganisationen „von unten" konstituiert werden heißt, dass die Zielsetzungen dieser Art von Organisationen an gemeinsame Interessen ihrer Mitglieder rückgebunden bleiben. Am Anfang steht die Erkenntnis von übereinstimmenden Interessen auf Seiten individueller Akteure. Wenn die Akteure dann zu dem Schluss gelangen, dass sie gemeinsam stärker wären, können sie beginnen, darüber zu verhandeln, wie die kollektive Interessenverfolgung organisiert sein soll. Verhandlungsgegenstand ist also die Beschaffenheit des zu gründenden korporativen Akteurs. Im Einzelnen umfasst das vor allem folgende Verhandlungsfragen:

- Wer darf Mitglied der Interessenorganisation werden?
- Welche Zielsetzungen soll sie verfolgen, und mit welchen Mitteln?
- Welche Beiträge in Gestalt bestimmter Ressourcen sollen die individuellen Mitglieder für die Arbeit der Interessenorganisation erbringen?
- Wie wird deren interne Entscheidungsstruktur gestaltet?
- Wie werden die Erträge der Interessenverfolgung auf die individuellen Mitglieder verteilt?

Sofern die Individuen über diese Fragen Einigkeit erzielen, also eine bindende Vereinbarung getroffen wird, wird diese in der Regel in Form einer Satzung der Interessenorganisation schriftlich fixiert. Schaut man sich etwa die Satzung eines Sportvereins oder einer Gewerkschaft an, wird man feststellen, dass es genau diese Punkte sind, die dort geregelt werden. Und man wird natürlich auch im Vergleich erkennen, dass jeder der Punkte ganz unterschiedlich geregelt sein kann. Mitglied des Sportvereins kann vielleicht jeder werden, während die Gewerkschaftsmitgliedschaft nur Arbeitnehmern der betreffenden Branche offensteht. Dass die Zielsetzungen beider Interessenorganisationen sich unterscheiden, versteht sich von selbst. Der Sportverein wird, ebenso wie die Gewerkschaft, von seinen Mitgliedern eine bestimmte Geldsumme als Beitrag erwarten; aber weitere Beiträge dürften jeweils ganz anders aussehen: beim Sportverein vielleicht bis zu einem gewissen Alter die aktive Teilnahme an Wettkämpfen und ansonsten die Beteiligung an der Pflege der vereinseigenen Sportanlagen, bei der Gewerkschaft hingegen die Mitwirkung an beschlossenen Streikaktionen. Auch die interne Entscheidungsstruktur und die Regeln der Verteilung von Erträgen können höchst unterschiedlich ausfallen: Welche Rechte bekommt ein Vorstand? Welches Quorum ist für einen Misstrauensantrag gegen den amtierenden Vorstand erforderlich? Wer darf Anträge zur Tagesordnung einer Mitgliederversammlung stellen? Werden Erträge egalitär unter allen Mitgliedern verteilt? Oder erhalten die langjährigen Mitglieder mehr? Oder werden die besonders aktiven oder die besonders bedürftigen Mitglieder bevorzugt? All diese und viele weitere Fragen müssen geklärt werden.

An eine vereinbarte Satzung muss sich fortan jedes Mitglied halten. Das gilt nicht nur für jene, die die Satzung untereinander ausgehandelt haben, sondern auch für diejenigen, die später hinzukommen. Die Gründungsmitglieder einer Interessenorganisation verhandeln also für die späteren Mitglieder mit. Jedes Gründungsmitglied konnte die ursprüngliche Ausgestaltung der Satzung mit beeinflussen, während die späteren Mitglieder zunächst nur die Entweder/Oder-Entscheidung haben, beizutreten oder es sein zu lassen. Sind sie freilich beigetreten, steht es ihnen frei, im Rahmen der internen Entscheidungsstrukturen der Interessenorganisation Verhandlungen über Änderungen ihrer Satzung zu beginnen.

Weiterhin wird die Satzung in der täglichen Arbeit der Interessenorganisation durch viele weitere gemeinsame Entscheidungen spezifiziert, die etwa kurzfristige Zielvereinbarungen oder spezielle Beitragserhebungen betreffen. All das gehört dann, sofern derartige Entscheidungen satzungsgemäß, also entsprechend den dort festgelegten Entscheidungsregeln und im Einklang mit den anderen generellen Regelungen der Satzung, zustande gekommen sind, zum Regelwerk normativer Erwartungen, die in Form einer bindenden Vereinbarung die Interessenorganisation als korporativen Akteur konstituieren. Die Gesamtheit dieser normativen Erwartungen bildet für das einzelne Mitglied der Interessenorganisation die „Mitgliedsrolle“ (Luhmann 1964 a: 29-49). Die Interessenorganisation, repräsentiert durch die anderen Mitglieder, stellt die Bezugsgruppe dar, die die Konformität des einzelnen Mitglieds mit dieser Rolle überwacht und Abweichungen mit negativen Sanktionen belegt – zum Beispiel mit Geldbußen oder einem zeitweiligen Verlust bestimmter Mitgliedschaftsrechte. Äußerste Sanktion ist dabei immer der Ausschluss aus der Organisation, weshalb jedes Mitglied bei all seinem Handeln in der und für die Organisation stets die Frage im Hinterkopf behalten muss: „Kann ich Mitglied bleiben, wenn ich diese oder jene Zumutung offen ablehne?“ (Luhmann 1964 a: 40).

Dass die Mitglieder einer Interessenorganisation sich an ihre Mitgliedsrolle halten, also die den korporativen Akteur reproduzierenden bindenden Vereinbarungen nicht brechen, erklärt sich aus genau den Faktoren, die generell die Bindungskraft solcher Vereinbarungen bewirken. Die Interessenorganisation stellt sich aus der Sicht des Mitglieds als relativ nutzbringend dar, weil eigene Interessen gemeinsam besser durchsetzbar sind. Ist das nicht länger gegeben, ist das meist ein Grund, den Austritt zu erwägen. Das Mitglied geht weiterhin Selbstbindungen ein – etwa durch Beiträge, die für ein ganzes Jahr im Voraus gezahlt werden, und lange Fristen der Kündigung der eigenen Mitgliedschaft. Bestimmte Abweichungen von den normativen Erwartungen können mit rechtlichen Mitteln geahndet werden – etwa manche Arten vereinsschädigenden Auftretens in der Öffentlichkeit. Schließlich können auch emotionale und normative Bindungen an die Interessenorganisation bestehen, und die Mitgliedschaft kann Bestandteil der individuellen Identität sein.

Der strukturelle Kern dessen, was als korporativer Akteur aus Verhandlungen zwischen seinen Mitgliedern geschaffen, aufrechterhalten und verändert wird, sind also normative Erwartungen. Diese verknüpfen sich mit Deutungsstrukturen und Konstellationsstrukturen. Zu den Deutungsstrukturen gehört die Programmatik und Weltsicht der Interessenorganisation – also das, was gemeinsam angestrebt wird, und die geteilte Einschätzung der Rahmenbedingungen, unter denen das zu geschehen hat, sowie der Strategien, die dafür geeignet sind. Zumindest die generellen Zielvorstellungen werden auch in eine normative Form gegossen. Umgekehrt ergeben sich viele Elemente der Konstellationsstruktur aus normativen Festlegungen, vor allem den Entscheidungsverfahren der Interessenorganisation. Sie legen maßgeblich fest, wie stark beispielsweise der Vorstand gegenüber der „Basis“ ist.

Weitere Aspekte der Konstellationsstruktur können Fraktionierungen der Mitgliedschaft sein – etwa die Gruppe der Frauen in einem Sportverein, die in manchen Hinsichten im Rahmen der gemeinsamen Zielsetzungen des Vereins spezielle Interessen hat, die den Interessen anderer Gruppen, beispielsweise der Jugendlichen, entgegenstehen können; und beide Gruppen können über unterschiedliche Einflusspotentiale verfügen, um ihren Interessen Geltung zu verschaffen. Interessenorganisationen sind also nicht nur in ihren Erwartungs-, sondern auch in einem Teil ihrer Deutungs- und Konstellationsstrukturen Ergebnisse von Verhandlungskonstellationen.

Oligarchisierung

Jeder Interessenorganisation wohnt, in ihrer Konstitution „von unten“ angelegt, ein spezifisches Spannungsverhältnis zu ihren individuellen Mitgliedern inne, das die innere Dynamik der Reproduktion dieser Art von korporativem Akteur bestimmt. Interessenorganisationen sind grundsätzlich durch eine nicht-hierarchische, demokratische Konstellation der Mitglieder gekennzeichnet. Was es an Hierarchie, also an Führungspositionen gibt, wird durch Entscheidungen von Seiten der dieser Führung Unterworfenen bestimmt, ebenso wie – in Form von Wahlen – die personelle Besetzung dieser Positionen. Die Mitglieder von Interessenorganisationen bestimmen ihre Führung selbst. Aber was geschieht dann weiter im Wechselspiel von Führung und „Basis“?

Robert Michels (1911: 351) hat hierzu schon früh am Beispiel der sozialdemokratischen Partei des Kaiserreichs das „eherne Gesetz der Oligarchie“ aufgestellt. Damit ist die Tendenz gemeint, dass solche ursprünglich „von unten“ gebildeten korporativen Akteure sich – für Michels zwangsläufig – gegenüber ihren Mitgliedern verselbständigen, also die Organisationsführung sich von ihrer „Basis“ entfernt. Entsprechende Vorwürfe sind in der Tat aus nahezu allen Interessenorganisationen geläufig – ob es um politische Parteien, Verbände, aber auch Vereine oder sogar Bürgerinitiativen geht. Da heißt es dann etwa, dass der Verein zum „Selbstbedienungsladen“

des Vorstands heruntergekommen sei, oder einer Parteispitze wird vorgehalten, sie habe Verrat an den Interessen der einfachen Mitglieder begangen. Hierbei wird also auf die Konstitution der Interessenorganisation aus einer Verhandlungskonstellation rekurriert und der Führung zum Vorwurf gemacht, dass sie sich nicht an die bindenden Vereinbarungen halte; und wenn ihr schon kein Verstoß gegen die „Buchstaben" der Satzung nachgewiesen werden kann, so wird sie zumindest eines Verstoßes gegen deren „Geist" beschuldigt.

Dass eine solche Oligarchisierung überhaupt stattfinden kann, liegt daran, dass Interessenorganisationen sehr schnell dazu gezwungen sein können, ursprünglich basisdemokratische Entscheidungsprozesse durch repräsentativ-demokratische Verfahren, die unweigerlich eine Hierarchisierung mit sich bringen, zu ersetzen. Wenn eine geringe Mitgliederzahl überschritten wird, wenn rasche Entscheidungen zu treffen sind und wenn Ansprech- und Verhandlungspartner für die Kommunikation mit anderen Organisationen bereitstehen müssen: Dies sind typische Anlässe dafür, eine Führung zu wählen und dieser in operativen Entscheidungen einen eigenen Dispositionsspielraum zuzugestehen. Die frühen Jahre der „Grünen" boten treffliches Anschauungsmaterial für diese Zwänge. Beugt sich der korporative Akteur ihnen, wird es möglich, dass die Führung eine Linie der Interessenpolitik verfolgt, die mehr oder weniger stark von dem abweicht, was die Mitglieder wollen. Dann kann es passieren, dass die Führung ihre Freiräume dazu ausnutzt, eigennützige Interessen zu verfolgen, also etwa ihre Privilegien auszubauen. Möglich ist aber auch, dass die „Basis" die Führung durchaus für integer hält, aber deren Interpretation der gemeinsamen Interessen und die daraus abgeleitete Strategie der Interessenverfolgung als verfehlt erachtet. Das mag wiederum zutreffen. Es mag aber auch sein, dass die Führung ein situationsangemesseneres Verständnis der gemeinsamen Interessen besitzt. So vermag die Parteispitze oftmal besser einzuschätzen, was politisch durchsetzbar ist, während die „Basis" einem utopischen Radikalismus anhängt; oder die Führung denkt langfristiger als die „Basis".

Oligarchisierung bedeutet also nicht notwendigerweise eine Missachtung der gemeinsamen Interessen durch die Führung. Doch sofern es dieser nicht gelingt, die eigene Sicht der Interessen auch der „Basis" plausibel zu machen, stellt sich auf deren Seite Entfremdung ein. Die Mitglieder gewinnen dann den Eindruck, mit ihren Interessen von der Interessenorganisation nicht mehr vertreten, sondern ignoriert zu werden. Sie fühlen sich entsprechend missachtet und reagieren darauf durch „exit" oder „voice" (Hirschman 1970): Die Mitglieder können sich also entweder in ihrem Engagement für die Organisation zurückziehen – von der „inneren Emigration" bis hin zum Austritt. Oder die unzufriedenen Mitglieder können innerorganisatorische Opposition betreiben, also Änderungen verlangen und durchzusetzen versuchen – bis hin zum Austausch der Führung und zu einer solchen Modifikation der Entscheidungsverfahren, die die Führung zukünftig stärker an den Willen der „Basis“ bindet. All diese möglichen Reaktionen der „Basis“ können natürlich auch nebeneinander oder miteinander verknüpft erfolgen. Ein Teil der enttäuschten Mitglieder tut dieses, ein anderer jenes. Insbesondere ist ein angedrohtes eigenes „exit“ oder ein Verweis auf das „exit“ anderer oft eine wirksame Drohung, um für „voice“ Gehör zu finden.

Das Ganze stellt dann zum einen eine Beobachtungskonstellation dar, in der ein Mitglied beobachtet, was andere tun, um sein eigenes Handeln dementsprechend auszurichten; zum anderen handelt es sich um eine Beeinflussungskonstellation zwischen „Basis“ und Führung. Im Sinne von Richard Emersons Überlegungen zu „power-dependence relations“ (→ Kap. 9.2) muss sich die Führung dann fragen, ob sie sich eigentlich einen massenhaften Mitgliederschwund leisten kann, weil schließlich die eigenen Posten und die damit verbundenen individuellen Einflusspotentiale auf der Größe bzw. dem Fortbestehen der Organisation beruhen: ohne „Basis“ keine Führung. Umgekehrt muss jedes Mitglied, das „exit“ oder ein die Führung eng an die Kandare nehmendes „voice“ in Erwägung zieht, bedenken, dass es seine Interessen mit einer schwachen Organisation oder gar – zerfällt diese – auf sich allein gestellt wahrscheinlich schlechter zu realisieren vermag: ohne korporativen Akteur mit starker Führung keine erfolgversprechende Durchsetzung individueller Interessen.

In diesem Spannungsfeld können sich, wie schon eine oberflächliche Sichtung empirischer Fälle zeigt, vielfältige Verläufe der Auseinandersetzungen zwischen „Basis“ und Führung ergeben. Niemand würde bestreiten, dass es dabei immer wieder Fälle einer ausgeprägten Oligarchisierung korporativer Akteure gibt. Aber mit Michels von einem „ehernen Gesetz“ zu sprechen, wäre eine unzutreffende Verallgemeinerung. Zwar kommen äußerst verkrustete Interessenorganisationen vor; doch selbst dort bricht sich, wenngleich manchmal erst nach geraumer Zeit, die Unzufriedenheit der „Basis“ letztendlich eine Bahn, was dann zumindest zu einem Austausch der Führung führt.[260] Und gar nicht so selten existieren Interessenorganisationen, die eher dem umgekehrten Bild entsprechen, also dauerhaft eine zu starke „Basis“ haben und deshalb oft nur eine schwache Handlungsfähigkeit als korporativer Akteur aufweisen. Dies trifft etwa auf nicht wenige Bürgerinitiativen zu. Richtig an Michels' Perspektive bleibt freilich, dass er die entscheidende innere Strukturdynamik von Interessenorganisationen hervorhebt, wie sie sich eben aus der Art von Verhandlungskonstellationen ergibt, die diesem Typ von korporativem Akteur zugrunde liegt.

---

260 Siehe hierzu auch die detaillierten, in empirischen Fallstudien fundierten Überlegungen bei Sofsky/Paris (1994: 157-247).

Arbeitsorganisationen

Geht man nun zu *Arbeitsorganisationen* über, findet man eine ganz andere Verhandlungskonstellation vor. Hier steht keine substantielle Interessenübereinstimmung individueller Akteure am Anfang. Eine formale Organisation dieses zweiten Typs zielt nicht darauf ab, bestimmte gemeinsame Interessen von Mitgliedern zu verfolgen, sondern ist darauf angelegt, bestimmte Leistungen für andere zu produzieren: etwa für Kunden des Unternehmens, Klienten der Verwaltungsbehörde, Patienten des Krankenhauses oder Schüler der Schule. Entsprechend dieser Außenorientierung der Leistungsproduktion sieht die Finanzierung von Arbeitsorganisationen anders aus. Interessenorganisationen können sich durch Mitgliedsbeiträge finanzieren, weil sie etwas für ihre Mitglieder tun. Arbeitsorganisationen bekommen ihre finanziellen Mittel demgegenüber von den Nutznießern ihrer Leistungen oder stellvertretend von staatlicher Seite. Werden die Leistungen auf einem Markt verkauft, bezahlen die Nutznießer unmittelbar dafür – wie die Kunden eines Unternehmens. Verwaltungen ziehen für bestimmte Leistungen von den Klienten Gebühren ein, die zumindest einen Teil der Aufwendungen decken. Krankenhäuser erhalten den größeren Teil ihrer Einnahmen von den Krankenversicherungen, also indirekt ebenfalls von den Nutznießern der Leistungen. Die meisten Verwaltungen, aber auch etwa Schulen oder staatliche Forschungseinrichtungen finanzieren sich demgegenüber ausschließlich oder überwiegend durch Transferzahlungen von staatlicher Seite, also aus Steuereinnahmen, die – ebenso wie die Zahlungen der Krankenversicherung – nicht nur von den unmittelbaren Nutznießern der Leistungen erbracht werden. Da die Leistungen von Arbeitsorganisationen nicht ihren Mitgliedern zugute kommen, ist weiterhin klar, dass diese für ihr Engagement finanziell entschädigt werden müssen. Ein erheblicher Teil der an eine Arbeitsorganisation fließenden Finanzmittel dient genau dazu.

Diese Art von korporativem Akteur wird demzufolge nicht „von unten", sondern „von oben" konstituiert.[261] Es gibt einen Träger, der die Organisa-

261 Betont werden muss, dass die soziale Wirklichkeit auch Organisationen hervorgebracht hat, die Mischtypen darstellen: Es gibt Interessenorganisationen, die zumindest teilweise in dem Sinne „von oben" mit getragen werden, dass sie erhebliche staatliche Organisationshilfen erhalten. So sind etwa die Rechtsanwalts- oder Ärztekammern Interessenorganisationen mit staatlich auferlegter Zwangsmitgliedschaft; und der Bundesverband Bürgerinitiativen Umweltschutz ist nur deshalb entstanden und überlebensfähig gewesen, weil das zuständige Bundesministerium ihm massiv unter die Arme gegriffen hat. Hintergrund dessen ist zumeist, dass die staatliche Seite verlässliche Ansprechpartner für die Aggregation und Repräsentation bestimmter gesellschaftlicher Interessen benötigt. Umgekehrt gibt es bei den Arbeitsorganisationen solche, die stark „von unten" mitgetragen werden: die verschiedenen Spielarten von selbstverwalteten Betrieben. Selbst für die Betrachtung solcher Mischtypen von Interessen- und Arbeitsorganisationen erweisen sich allerdings die hier herausgearbeiteten analytisch reinen Typen als hilfreich. Denn die

tion zunächst gründet und sodann weiterhin von innen oder außen lenkt – beispielsweise als Inhaber eines Unternehmens oder als Staat, der eine Verwaltungsbehörde oder eine Schule etabliert. Der Träger sucht sich dann geeignete individuelle Akteure, die auch ohne Übereinstimmung mit den Zielsetzungen der Organisation deren Mitglied werden, um an deren Leistungsproduktion mitzuwirken.

Arbeitsorganisationen beruhen demnach auf der Möglichkeit, sich sehr weit gehend über die konkreten je individuellen Motivlagen ihrer Mitarbeiter hinwegsetzen, also organisatorische Zwecksetzung und Motive der Mitarbeiter trennen zu können (Luhmann 1964a: 89-108) – ganz anders als Interessenorganisationen. Diese *Zweck-Motiv-Trennung* geht mit einer Trennung von Trägern und Mitarbeitern einher. Die Träger sind an der Leistungsproduktion interessiert – sei es, weil sie für ausbleibende Leistungen verantwortlich gemacht werden würden, sei es, weil mit der Leistungsproduktion wirtschaftliche Gewinne erzielt werden können. Letzteres ist bei den Inhabern eines Unternehmens der Fall, Ersteres beim Staat, der zum Beispiel für öffentliche Sicherheit zu sorgen hat und darum eine Polizeiorganisation unterhält. Die Mitarbeiter haben demgegenüber höchstens ein nachrangiges Interesse an der Leistungsproduktion.[262] Ihnen geht es primär darum, durch ihre Mitarbeit den eigenen Lebensunterhalt zu sichern und gegebenenfalls eine berufliche Karriere zu machen.

Dementsprechend sind Arbeitsorganisationen also keine Interessenzusammenschlüsse, sondern Tauschbeziehungen. Anstelle einer multilateralen Verhandlungskonstellation zwischen allen Mitgliedern, woraus sich Interessenorganisationen konstituieren, baut sich eine Arbeitsorganisation durch ein Nebeneinander vieler bilateraler Verhandlungskonstellationen zwischen jedem einzelnen Mitarbeiter und der Organisation auf. Damit gibt es bei Arbeitsorganisationen auch nicht nur, wie bei Interessenorganisationen, eine einzige bindende Vereinbarung, die für alle Mitglieder geltende Satzung, sondern jede Verhandlungskonstellation führt zu einer eigenen bindenden Vereinbarung: dem jeweiligen Arbeitsvertrag.

Diesen Charakter von Arbeitsorganisationen als korporativen Akteuren arbeiten James March und Herbert Simon prägnant heraus. Sie sehen eine Arbeitsorganisation als einen Tauschzusammenhang von „inducements" der Organisation gegenüber den Mitarbeitern und „contributions" der Mitarbeiter an die Organisation (March/Simon 1958: 35-112). Für festgelegte Anreize insbesondere finanzieller Art, also den Arbeitslohn, verpflichtet sich

charakteristischen Zusatzleistungen und Strukturprobleme der Mischtypen zeigen sich gerade beim Vergleich mit den reinen Typen.

262 Dies ist nur in dem Maße der Fall, wie ein Mitarbeiter sich mit seiner Arbeitsorganisation identifiziert – was nicht bereits bei einer Identifikation mit der eigenen Arbeit, also dem Spaß an der Tätigkeit oder dem Stolz auf die eigene Leistung, vorliegt.

der individuelle Akteur, Beiträge zur Leistungsproduktion des korporativen Akteurs zu liefern. Der Arbeitsvertrag regelt entsprechend die gegenseitigen Rechte und Pflichten von Organisation und Mitarbeitern, also:

- in der einen Richtung u. a. die zeitliche Dauer der Tätigkeit des Mitarbeiters für die Organisation und die Arbeitszeiten, dessen Aufgabengebiet und Befugnisse, insbesondere Entscheidungsrechte, sowie dessen Kooperationsverpflichtungen,
- und in der anderen Richtung vor allem die Ansprüche des Mitarbeiters in Bezug auf Lohn und weitere an ihn gehende Leistungen der Organisation.

Eine sachlich gebotene Eigentümlichkeit von Arbeitsverträgen besteht allerdings darin, dass sie die Art des Beitrags der Mitarbeiter zur organisatorischen Leistungsproduktion nicht präzise spezifizieren, sondern lediglich eine „zone of indifference" (Barnard 1976: 167) umreißen, innerhalb derer sich die Anforderungen der Organisation bewegen müssen. Das unterscheidet einen Arbeitsvertrag von einem Werkvertrag. In Letzterem wird eine Arbeitsaufgabe, die jemand bis zu einem bestimmten Zeitpunkt erledigt haben muss, um das vereinbarte Honorar zu erhalten, oftmals genauestens festgelegt. Dabei geht es aber eben auch nur um eine zeitlich und sachlich eng begrenzte Leistungserbringung. Ein Arbeitsvertrag wird hingegen zumeist zeitlich unbefristet, auf jeden Fall aber über einen längeren Zeitraum geschlossen. In diesem Zeitraum können sich die organisatorischen Anforderungen in Richtungen verändern, die bei Vertragsschluss nicht vorhersehbar waren. Um dann nicht jedes Mal einen neuen Vertrag schließen zu müssen, baut man in den Arbeitsvertrag eine sachliche Flexibilität ein.

Was Arbeitsorganisationen mit Interessenorganisationen gemeinsam haben, ist die Bündelung der Einflusspotentiale individueller Akteure, also Colemans „Ressourcenzusammenlegung". Dies erfolgt auf der Basis von bindenden Vereinbarungen in – jeweils anders gearteten – Verhandlungskonstellationen. Die Vereinbarungen stellen auch bei Arbeitsorganisationen den normativen Kern der sozialen Strukturen der Organisation dar: deren formale Erwartungen an das Handeln der Mitarbeiter. Damit sind dann, wie in Interessenorganisationen, entsprechende Deutungs- und Konstellationsstrukturen verknüpft. Was der „Ressourcenzusammenlegung" in Arbeitsorganisationen, verglichen mit Interessenorganisationen, fehlt, ist der Nexus zwischen Einbringung der je individuellen Einflusspotentiale und deren Einsatz im Sinne geteilter substantieller Interessen. Stattdessen beschaffen sich die Träger einer Arbeitsorganisation die Unterstützung der Mitarbeiter durch finanzielle Gegenleistungen. Damit ist *Hierarchie* die konstitutive Konstellationsstruktur von Arbeitsorganisationen. Auch in diesem Sinne werden sie „von oben" konstituiert. Die Träger vereinbaren im Arbeitsvertrag Fügsamkeit der Mitarbeiter gegenüber im Einzelnen noch offen gelassenen Anordnungen.

„Shirking"

Auch dieser Art von korporativem Akteur wohnt ein spezifisches Spannungsverhältnis inne, das dessen innere Dynamik bestimmt. So wie Interessenorganisationen mit der „Oligarchisierung" und den Gegentendenzen zu kämpfen haben, so müssen sich Arbeitsorganisationen mit dem „shirking" ihrer Mitarbeiter, also deren *Leistungsverweigerung,* herumschlagen und entsprechende Gegenmaßnahmen treffen. Dies hat insbesondere die „principal-agent"-Perspektive auf formale Organisationen herausgearbeitet (Moe 1984; Coleman 1990: 145-174; Ebers/Gotsch 1993: 203-216). Die „agents" sind die Mitarbeiter einer Arbeitsorganisation, die für einen „principal" – den Träger – bestimmte Leistungen vollbringen sollen, um im Gegenzug dafür Lohn und gegebenenfalls auch Beförderungen zu erhalten. Als nutzenorientierter Akteur tendiert ein „agent" zum „shirking". Er will die Belohnung von Seiten des „principals" mit geringstmöglichem Aufwand ergattern, es sich also bei der Leistungserbringung einfacher machen als vereinbart. Dieser klammheimliche Bruch der im Arbeitsvertrag getroffenen bindenden Vereinbarung kann so aussehen, dass der „agent" nicht die volle Leistung erbringt, also weniger tut oder es an Qualität fehlen lässt, also zum Beispiel aus Nachlässigkeit zu viele Fehler macht. „Shirking" kann aber auch darin bestehen, dass ein „agent" bei der Leistungserbringung Mittel benutzt, die ihm verboten worden sind, weil ihm diese wiederum die Sache leichter machen – wenn zum Beispiel ein Wissenschaftler Daten fälscht, um sein Forschungsprojekt scheinbar erfolgreich abzuschließen.

Dass „agents" überhaupt „shirking" praktizieren können, liegt an drei häufig vorkommenden Schwächen des „principals". Erstens muss dieser oftmals so viele „agents" gleichzeitig im Auge behalten, dass er mit einem quantitativen Überwachungsproblem konfrontiert ist. Er muss es zum Beispiel bei Stichproben der abgelieferten Leistungen belassen, was Betrugsmöglichkeiten für die „agents" eröffnet. Zweitens hat der „principal" nicht selten auch mit einem qualitativen Beurteilungsproblem zu kämpfen: wenn er nicht über die Spezialkenntnisse verfügt, um die Leistungserbringung beurteilen zu können. Dann kann ein „agent" ihm etwas als effektiv und effizient verkaufen, was es in Wirklichkeit überhaupt nicht ist – zum Beispiel eine wissenschaftliche Expertise gegenüber Nicht-Fachleuten. Und selbst wenn der „principal" erkennt, dass eine Leistung erfolglos war, also damit nicht das Gewünschte erreicht wurde, kann der betreffende „agent" immer noch beteuern, dass er sein Möglichstes getan habe und angesichts der widrigen Umstände nicht mehr zu machen war. Drittens schließlich bleibt selbst ein überwachungs- und beurteilungsfähiger „principal" ohnmächtig gegenüber „shirking", wenn er nicht über wirksame negative Sanktionen gegenüber den betreffenden „agents" verfügt – wenn er einen „agent" beispielsweise nicht austauschen kann, weil kein anderer der zur Verfügung stehenden „agents" zu der betreffenden Leistungserbringung befähigt ist oder Unkündbarkeit vorliegt.

Solche Kontrolldefizite der Träger von Arbeitsorganisationen rufen also Leistungsverweigerung der Mitarbeiter hervor, und dies hält die Träger wiederum dazu an, ihre Kontrollkapazitäten zu erweitern. Dabei kann die ganze Palette von Einflusspotentialen eingesetzt werden: von allen Arten von Anreizen und Bestrafungen bis hin zu moralischen Appellen und Überzeugungskampagnen. Wie sich dieses Wechselspiel zwischen „shirking" und Kontrolle im Einzelnen gestaltet, hängt wiederum, wie auch die Dynamiken der „Oligarchisierung", von vielerlei an dieser Stelle nicht weiter vertiefbaren Faktoren ab, so dass man hier ebenfalls keineswegs irgendeine Zwangsläufigkeit hineindeuten darf – etwa der Art, dass in jeder Arbeitsorganisation im Zeitverlauf ein immer größerer „Schlendrian" Einzug hält. Es kann ebenso gut sein, dass der „principal" seine „agents" immer besser in den Griff bekommt und ihnen nicht nur immer mehr Möglichkeiten des „shirking" verbaut, sondern umgekehrt immer mehr Leistungen abpresst.

Verhandlungskonstellationen schaffen somit die für die moderne Gesellschaft und deren Entwicklung vielleicht folgenreichste soziale Erfindung: korporative Akteure in Gestalt von Interessen- und Arbeitsorganisationen.

Zusammenfassung und Vorschau

Gegenstand dieses Kapitels waren Konstellationen wechselseitigen Verhandelns und die daraus hervorgehenden bindenden Vereinbarungen zwischen Akteuren. Die Bindungskraft der Vereinbarungen kommt aus einer Kombination von Nutzengesichtspunkten und anderen Handlungsantrieben zustande. Über Mechanismen der Bindungswirkung und Dynamiken von Aufsummierung und Bewährungseffekten gehen sowohl aus punktuell bindenden Vereinbarungen als auch aus Verhandlungen, die auf intentionale Strukturgestaltung abzielen, intendierte und unintendierte Struktureffekte hervor. Auch Verhandlungskonstellationen produzieren und reproduzieren so soziale Erwartungs-, Deutungs- und Konstellationsstrukturen, wobei in der modernen Organisationsgesellschaft korporative Akteure als Kombinationen dieser drei Arten von Strukturen besonders hervorzuheben sind.

Damit ist die Darstellung der drei Arten von Akteurkonstellationen abgeschlossen. Nach diesen drei Arten lassen sich konkrete Konstellationen analytisch in Gruppen zerlegen. Je nach Erklärungsproblem muss man sich dann nur noch mit einer dieser Gruppen beschäftigen; oder man muss nacheinander mehrere Gruppen unter Heranziehung der dazugehörigen Modelle sozialer Strukturdynamiken behandeln. Wie die Konstellationsarten für soziologische Erklärungen miteinander zu verknüpfen sind: Darauf wird im nächsten Kapitel abschließend eingegangen.

11. Der analytische Bezugsrahmen zur Erklärung sozialer Phänomene

In diesem letzten Kapitel geht es zunächst um die für soziologische Erklärungen oft notwendige Verknüpfung der drei Arten von Akteurkonstellationen und der in ihnen angelegten Strukturdynamiken. Abschließend wird der analytische Bezugsrahmen der hier vorgestellten soziologischen Herangehensweise an die Erklärung sozialer Phänomene mit allen seinen analytischen Komponenten resümiert.

11.1 Die Verknüpfung der Konstellationsarten

In den drei vorausgegangenen Kapiteln wurde jede der hier unterschiedenen Arten von Akteurkonstellationen gesondert betrachtet: Beobachtungs-, Beeinflussungs- und Verhandlungskonstellationen. Die Leitfragen dabei waren: Welchem Modus folgt das handelnde Zusammenwirken in jeder dieser Konstellationsarten und wie gehen daraus über die verschiedenen Strukturdynamiken die strukturellen Effekte hervor? Es zeigte sich, dass entsprechend der jeweiligen Konstellationsart in den drei Konstellationen unterschiedliche Arten von Dynamiken stattfinden, zu deren Erfassung die soziologische Beobachterin dann die einzelnen theoretischen Modelle sozialer Strukturdynamiken heranzieht.

Um nochmals die den drei Konstellationsarten zugrunde liegenden Modi der Handlungsabstimmung in Erinnerung zu rufen:

- Beobachtungskonstellationen beruhen darauf, dass Akteure einander lediglich wahrnehmen und jeder sein Handeln durch die Wahrnehmung des Handelns der jeweils anderen mitbestimmen lässt. Jeder beobachtet, was die Gegenüber tun, und passt sich dadurch der Konstellation an.
- Auch Beeinflussungskonstellationen bedienen sich wechselseitiger Beobachtung; doch darüber hinaus verfügen die Beteiligten über Möglichkeiten, ihre Gegenüber gezielt mittels Macht, Geld, Moral und anderer Einflusspotentiale anzusprechen. Durch tatsächlichen oder angedrohten bzw. versprochenen Einsatz dieser Einflusspotentiale bemühen sich Akteure, eine andernfalls nicht gegebene Fügsamkeit ihrer Gegenüber zu erreichen.
- In Verhandlungskonstellationen schließlich beobachten und beeinflussen die Akteure einander gegenseitig; und darüber hinaus können sie bindende Vereinbarungen miteinander treffen, die eine erhöhte Erwartungssicherheit bieten.

Es hat sich gezeigt, dass jede Konstellationsart alle Arten sozialer Strukturen aufbauen, erhalten oder verändern kann: Erwartungs-, Deutungs- und Konstellationsstrukturen. Diese Strukturen sind also nicht etwa jeweils einer Konstellationsart zugeordnet – beispielsweise so, dass nur Beeinflussungskonstellationen Deutungsstrukturen produzieren und reproduzieren könnten. Auch die elementarste Konstellationsart – Beobachtungskonstellationen – vermag bereits alle drei Arten sozialer Strukturen aufzubauen, zu erhalten und zu verändern. Man kann allenfalls feststellen, dass Beeinflussungskonstellationen avanciertere Erwartungs-, Deutungs- und Konstellationsstrukturen produzieren und reproduzieren können als Beobachtungskonstellationen, und Verhandlungskonstellationen avanciertere als Beeinflussungskonstellationen. Letzteres zeigt sich besonders deutlich an den korporativen Akteuren. Diese komplexen und überdies handlungsfähigen Arrangements aller drei Arten sozialer Strukturen können sich nur auf der Basis bindender Vereinbarungen konstituieren.

Aufschichtung und Gemengelage der Konstellationsarten

Die Konstellationsarten sind analytische Konstrukte, die niemals die Totalität des empirisch Gegebenen einfangen können, und die soziale Wirklichkeit zerfällt nicht in säuberlich voneinander getrennte Teile, die jeweils nur aus einer der Konstellationsarten zusammengesetzt sind. Müssen also für eine soziologische Analyse konkreten handelnden Zusammenwirkens die verschiedenen Akteurkonstellationen und Strukturdynamiken miteinander verknüpft werden?

Dass unterschiedlich avancierte Strukturen aus den drei Konstellationsarten hervorgehen, liegt daran, dass diese zunehmend voraussetzungsvoller aufgebaut sind. Eine vielleicht auf den ersten Blick nahe liegende, aber unzutreffende Sicht ihres Zusammenhangs wäre, dass jede Beeinflussungskonstellation immer auch noch eine Beobachtungskonstellation und jede Verhandlungskonstellation immer auch noch eine Beeinflussungs- und eine Beobachtungskonstellation sei. Wie gerade gesagt gilt zwar, dass in Beeinflussungskonstellationen beobachtet und beeinflusst wird und in Verhandlungskonstellationen alle drei Arten von Handlungsabstimmung stattfinden. Aber sie liegen eben, bildlich gesprochen, nicht auf derselben Ebene, sondern sind *aufgeschichtet*. Beobachtet wird in Beeinflussungskonstellationen im Dienst wechselseitiger Beeinflussung; und in Verhandlungskonstellationen wird beobachtet und beeinflusst, um zu verhandeln. Der Modus der Handlungsabstimmung der jeweils untergeordneten Konstellationsarten kommt dementsprechend nur so zur Geltung, dass sie die jeweils übergeordnete Art ermöglichen und tragen. Genau deshalb lassen sich die drei Konstellationsarten weitgehend unabhängig voneinander betrachten.

Aber reale Akteurkonstellationen stellen letztlich immer *Gemengelagen aller drei Konstellationsarten* dar. Dies kann an zwei Beispielen, einem sehr großen und einem kleinen sozialen Phänomen, angedeutet werden:

- Die deutsche Wiedervereinigung ging in bestimmten Hinsichten auf Strukturdynamiken handelnden Zusammenwirkens in Konstellationen wechselseitiger Beobachtung zurück. Wie in Kapitel 8 schon erwähnt, gilt dies für die kollektive Mobilisierung des Protests gegen das sozialistische Regime der DDR. Die Interaktion zwischen den Protestierenden und der Staatsmacht war dann eine Beeinflussungskonstellation. Beide Seiten übten Macht aufeinander aus: in Form massenhafter Demonstrationen die einen, in Form von Drohungen mit militärischer Gewalt die anderen. Als die staatliche Seite erkannte, dass sie keine Einflussüberlegenheit mehr besaß, versuchte sie Verhandlungen mit der Protestbewegung aufzunehmen – allerdings vergeblich. Tatsächlich verhandelt wurde dann bei dem unmittelbar nach dem Umsturz etablierten „Runden Tisch", an dem sich alle Gruppierungen des Protests zusammensetzten und versuchten, gemeinsam eine neue politische Ordnung der ostdeutschen Gesellschaft zu schaffen. Aufgrund der schnellen Hinwendung zu Westdeutschland gingen jedoch auch hieraus letztlich keine maßgeblichen bindenden Vereinbarungen hervor; stattdessen wurden Verhandlungen mit der westdeutschen staatlichen Seite aufgenommen, die in die Vereinigung beider deutscher Staaten auf der Grundlage des Einigungsvertrages – einer bindenden Vereinbarung – mündeten. Die Hinwendung der ostdeutschen politischen Kräfte zu Westdeutschland wurde ihnen – und auch dem westdeutschen Staat – wiederum durch eine Beobachtungskonstellation aufgezwungen: die nach Öffnung der Grenze mögliche massenhafte Auswanderung der ostdeutschen Bevölkerung nach Westdeutschland. Um dieser Dynamik der Abweichungsverstärkung Einhalt zu gebieten, wurde die schnelle Wiedervereinigung ausgehandelt.
- Eine Ehe geht zumeist auf eine anfängliche Beobachtungskonstellation des Sich-ineinander-verliebens zweier Personen zurück. Beide finden einander sympathisch und nehmen auch wahr, dass das ein beiderseitiges Empfinden ist. Sie lernen einander besser kennen und passen sich einander an – etwa in den Freizeitaktivitäten. Der Schritt in eine feste Beziehung bis hin zur Eheschließung läuft über Verhandlungen und zahlreiche bindende Vereinbarungen. Teils geschieht dies explizit und formalisiert, etwa beim Ehevertrag, teils explizit, aber informell, etwa bei Aussprachen und Absprachen über die häusliche Arbeitsteilung, teils auch nur als implizites Einverständnis, etwa die unausgesprochene gegenseitige Erwartung ehelicher Treue. Innerhalb der Ehe, vielleicht auch schon vorher, gibt es dann oft auch eine Beeinflussungskonstellation, in der sich beispielsweise einer der Ehepartner als der mächtigere aufführt, der dem anderen wieder und wieder seinen Willen aufzwingt. Oder die Macht des einen wird gekontert durch die Liebe, die der andere dagegen zu mobilisieren vermag. Die Ehe bleibt darüber hinaus weiterhin auch Beobachtungs- und Verhandlungskonstellation. Viele Facetten des Miteinanderumgehens der Ehepartner vollziehen sich über wechselseitige Beobachtung – etwa die Herausbildung bevorzugter Themen gemeinsamer

Gespräche. Und immer wieder handeln die Ehepartner bindende Vereinbarungen miteinander aus – beispielsweise darüber, wie die häuslichen Pflichten neu aufgeteilt werden, wenn die Frau wieder berufstätig wird.

Analytische Dekomposition konkreter Akteurkonstellationen

Wenn die soziale Realität also in der Regel aus allen drei Konstellationsarten besteht, die teils zeitlich ineinander übergehen, teils simultan koexistieren: Was bringt dann deren analytische Trennung, wie sie hier vorgenommen worden ist? Man könnte meinen, dass die hier unterschiedenen Konstellationsarten nur Notbehelfe sind, weil man mit ihnen lediglich denjenigen Ausschnitt der sozialen Wirklichkeit, der in diesen Modellen erfassbar ist, in den Blick bekommt und alles andere vernachlässigen muss. Doch genau diese scheinbare Not ist tatsächlich eine Tugend. Denn darin liegt die theoretische Komplexitätsreduktion, die soziologische Einsichten erst ermöglicht. Theorie zielt in keiner Wissenschaft auf Kompletterfassung von Wirklichkeit. Das wäre, als vollständige Abbildung, nur eine kognitive Verdopplung des Realen in seiner jeweiligen Singularität. Die Funktion theoretischer Modelle besteht hingegen darin, vereinfachende und genau dadurch auch verallgemeinerbare Kausalzusammenhänge und Ablaufmuster herauszuarbeiten.

Dies zeigt sich nicht zuletzt daran, wie soziologische Fragestellungen formuliert sind. „Die deutsche Wiedervereinigung“ oder „die Entwicklung einer Ehe“ sind so umfassend und vage noch keine handhabbaren soziologischen Rätsel. Handhabbar sind erst Fragen wie: Auf welche Weise fand 1989 die Massenmobilisierung gegen das Regime in der DDR statt? Welche Dynamik nahm die Interaktion zwischen herrschenden Kräften und Protestbewegung? Wie erklärt sich die Ausgestaltung des Einigungsvertrages? Oder, auf das Ehebeispiel bezogen: Wie geschieht das Sich-ineinanderverlieben? Welche Verhandlungsdynamiken zwischen den Ehepartnern bestimmen die Kindererziehung? Auf welche Machtressourcen können beide Ehepartner zurückgreifen? Für die Bearbeitung derartig spezifizierter Fragen ist es nicht nur möglich, sondern geradezu höchst zweckmäßig, die kompakte soziale Realität analytisch so zu *dekomponieren*, dass möglichst nur noch eine der drei Konstellationsarten eine Rolle spielt. Auf der einen Seite wird damit hier behauptet, dass viele Fragestellungen, mit denen die Soziologie konfrontiert wird, sich schon von sich aus so stellen, dass zur Erklärung des dabei in den Blick genommenen Erklärungsproblems nur eine der drei Konstellationsarten herangezogen werden muss. Auf der anderen Seite ist davon auszugehen, dass eine so strukturierte analytische Herangehensweise an handelndes Zusammenwirken ihrerseits die weitere Formulierung soziologischer Fragestellungen prägt, also – sofern man auf dieser Linie denkt – dann erst recht die soziale Realität gezielt auf diese Weise befragt.

Allerdings gibt es auch soziologische Fragestellungen, die eine Heranziehung und Kombination zweier oder sogar dreier Konstellationsarten erforderlich machen. Man könnte etwa fragen: Wie vollzog sich der Umsturz in der ehemaligen DDR? Dieses Rätsel umfasst die Frage nach der kollektiven Mobilisierung und die Frage nach der Interaktion zwischen Staatsmacht und Protestbewegung. Für die Beantwortung ersterer Frage kann man analytisch eine Beobachtungskonstellation zugrunde legen, für die Beantwortung letzterer eine Beeinflussungskonstellation und vielleicht auch noch eine Verhandlungskonstellation. Auch in so einem Fall, bei dem alle drei Konstellationsarten relevant sind, bringt deren analytische Trennung theoretische Ordnungsgewinne. Sie verhilft dem soziologischen Betrachter dazu, seinen Erklärungsgegenstand in handhabbare Segmente zu zerlegen, die dann wieder, nachdem sie zunächst je für sich bearbeitet worden sind, zusammengesetzt werden können.

Mischtypen der Konstellationsarten

Bei diesem Beispiel würde man – wie schon in Kapitel 8 kurz angesprochen – bemerken, dass es auch Konstellationen gibt, die in gewisser Weise Mischtypen darstellen. Denn die kollektive Mobilisierung der Protestbewegung fand zwar primär über eine wechselseitige Beobachtung zwischen den unzufriedenen Mitgliedern der Bevölkerung statt: Was tun die anderen Unzufriedenen? Doch zugleich wurde ins Kalkül einbezogen, wie wohl der Staat auf den Protest reagieren würde, ob also mit Repression zu rechnen ist. Dies stellt eine Beeinflussungskonstellation zwischen dem Staatsapparat und jedem einzelnen Bürger, der eine Protestbeteiligung erwägt, dar.[263] In die Beobachtungskonstellation ist also eine Beeinflussungskonstellation eingebaut. Solche Phänomene lassen sich gerade durch die analytische Trennung der Konstellationsarten gut auf den Begriff bringen.

Damit ist ein in der sozialen Wirklichkeit nicht seltener Mischtyp angesprochen: eine Beobachtungskonstellation mit eingebauter Beeinflussungskonstellation.[264] Dieser Mischtyp ergibt sich immer dann, wenn in einer Konstellation, die ansonsten durch wechselseitige Beobachtung geprägt ist, ein Akteur oder eine Gruppe von Akteuren erstens über ein einsetzbares Einflusspotential verfügt, das dann eine Einflussüberlegenheit verschafft, da die anderen ja keinen nennenswerten Einfluss ausüben können. Zweitens muss dieser Akteur bzw. diese Akteurgruppe ein Interesse daran haben, Einfluss auszuüben, sich also selbst nicht bloß über wechselseitige Beobachtung mit den anderen abstimmen zu wollen, sondern die anderen zur Fügsamkeit zu bringen. Wenn beide Bedingungen erfüllt sind, wird die Be-

---

263 Nicht zu verwechseln mit der zuvor angesprochenen Beeinflussungskonstellation zwischen dem Staat und der Protestbewegung als Ganzer!

264 Siehe hierzu, mit weiteren Beispielen, aus steuerungstheoretischer Perspektive Schimank/Wasem (1995).

obachtungskonstellation durch eine Beeinflussungskonstellation überformt. Das bedeutet nicht notwendigerweise, dass derjenige Akteur bzw. die entsprechende Akteurgruppe, die den Einfluss ausübt, auch die Konstellation dominiert, also die übrigen Akteure nach Belieben zu lenken vermag. Das DDR-Beispiel zeigt ja, dass die Repressionsdrohung der staatlichen Seite viele Bürger nicht davon abhielt, sich im Protest zu engagieren. Wohl aber wurde diese Drohung ins Kalkül gezogen – zum Beispiel bei der Frage, wie exponiert man sich engagierte. Der Einfluss verschiebt die Richtung der Strukturdynamik in einem bestimmten Maß, verlangsamt oder beschleunigt sie vielleicht auch. Er macht also einen Unterschied.

Ein zweiter immer wieder vorkommender Mischtyp ist eine Verhandlungskonstellation mit eingebauter Beeinflussungskonstellation. Damit ist mehr gemeint als die im Kapitel 10 erwähnten, die Verhandlungsdynamik häufig mitbestimmenden Einflussdifferenzen zwischen Verhandlungspartnern. Ein Beispiel für diesen Mischtyp sind Verhandlungen zwischen zwei Akteuren, die beide in ihrer Verhandlungsführung durch einen dritten Akteur beeinflusst werden. Der Dritte kann etwa – wie im Kapitel 10.1 kurz angesprochen – als Schlichter auftreten, der beide Seiten zur Mäßigung anhält, vielleicht sogar überhaupt erst dazu bewegt hat, sich an den Verhandlungstisch zu setzen. Man denke an die Rolle der Vereinigten Staaten im Konflikt zwischen Israel und den Palästinensern! Ein Schiedsmann beeinflusst auf ähnliche Weise Verhandlungen zwischen Bürgern, die im Streit miteinander liegen. Auch bei diesem Mischtyp ist nicht gesagt, dass der einflussüberlegene Akteur den Verhandlungspartnern seinen Willen aufzuerlegen imstande ist. Aber er kann die Verhandlungsdynamik zumindest in einem gewissen Maße mitbestimmen. Voraussetzungen dafür sind wiederum, dass dieser Akteur fähig und willens zur Einflussnahme ist.

Weitere Mischtypen sind: eine Beobachtungskonstellation, in die eine Verhandlungskonstellation eingebaut ist; die umgekehrte Variante; und die umgekehrten Varianten der beiden zuvor erläuterten Mischtypen. Ein Mischtyp stellt sich also jeweils so dar, dass ein Teil der Akteure einer konkreten Konstellation gemäß einer der drei Konstellationsarten handelnd zusammenwirkt und diese Teilkonstellation als ganze dann mit den übrigen Akteuren gemäß einer der drei anderen Konstellationsarten handelnd zusammenwirkt.

Konstellationswandel

Von den Mischtypen zu unterscheiden sind solche Konstellationen, die zeitliche Übergänge zwischen zwei Konstellationsarten darstellen. Ein solcher Konstellationswandel kann in allen Richtungen geschehen. So kann etwa eine Verhandlungskonstellation in eine Beobachtungskonstellation übergehen, wenn die Anzahl der Beteiligten so groß wird, dass nicht länger zwischen allen verhandelt werden kann, und auch keiner einen so dominanten

Einfluss besitzt, dass er eine Beeinflussungskonstellation zu etablieren vermag. So etwas passiert manchmal in Gremien, wenn immer mehr Vertreter bestimmter Gruppeninteressen einbezogen werden. So kann Partizipation die Chance, zu bindenden Vereinbarungen zu kommen, unterminieren. Oder es entwickelt sich umgekehrt eine Beobachtungskonstellation zu einer Verhandlungskonstellation, wenn sich die vielen individuellen Akteure zunächst mittels Verhandlungen in eine überschaubare Anzahl korporativer Akteure zusammenschließen, die dann miteinander Verhandlungen führen können. Dieser Übergang vollzieht sich also in zwei Schritten. Die Herausbildung von Interessengruppen in einem Politikbereich kann sich auf diese Weise vollziehen.

Ohne hier sämtliche Richtungen des Konstellationswandels durchzuspielen, soll auf ein Wandlungsmuster etwas näher eingegangen werden, das eine konkrete Konstellation von der elementarsten zur voraussetzungsvollsten Konstellationsart überführt. Eine Beobachtungskonstellation kann in einem ersten Schritt zu einer Beeinflussungskonstellation werden, wenn sich zum einen stabile Einflusspotentiale auf Seiten eines Teils der Akteure herausbilden und diese zum anderen auch gewillt sind, Einfluss auszuüben. In einem zweiten Schritt kann daraus dann, wenn die Einflusspotentiale einander gegenseitig neutralisieren und die Anzahl der Beteiligten nicht zu groß ist, eine Verhandlungskonstellation werden. Beim ersten Schritt gewinnen diejenigen Akteure, die ihre Einflusspotentiale erfolgreich einzusetzen vermögen, an Situationskontrolle. Sie müssen sich fortan nicht mehr dem fügen, was die jeweils anderen tun, sondern vermögen anderen Fügsamkeit aufzuerlegen. Der zweite Schritt ist demgegenüber einer, bei dem diese Situationskontrolle wieder verloren geht. Denn die Akteure begeben sich nicht freiwillig in Verhandlungen hinein, sondern deshalb, weil sie sich mit ihren Einflusspotentialen allein nicht mehr durchzusetzen vermögen. Verhandlungen mit bindenden Vereinbarungen erscheinen dann als das kleinere Übel gegenüber einem Rückfall in wechselseitige Beobachtung. Lieber wäre den betreffenden Akteuren, mit Einflussdominanz ihre Gegenüber zur Fügsamkeit zwingen zu können. Denn bindende Vereinbarungen stellen erstens stets Kompromisse zwischen den Absichten aller Verhandlungspartner dar und sind damit, wie im Kapitel 7.1 dargelegt, aus der Perspektive der einzelnen Verhandlungspartner eine gescheiterte Strukturgestaltung, denn keiner kann seine Vorstellungen völlig realisieren. Zweitens binden solche Vereinbarungen alle Beteiligten, während ein einflussüberlegener Akteur die anderen an seinen Willen zu binden vermag, ohne sich selbst zu binden. Ihn brauchen im Zweifelsfall die eigenen Dekrete von gestern nicht zu scheren.

Das geschilderte Muster des Konstellationswandels lässt sich plakativ als *Aufstieg und Niedergang von Einflussüberlegenheit* umschreiben. Es ist deshalb hervorzuheben, weil es, auf gesellschaftliche Macht bezogen, ein wichtiges abstraktes – natürlich jeweils fallweise zu spezifizierendes – Erklärungsmuster für einen immer wieder in vielen Teilbereichen der modernen Gesellschaft auftretenden Vorgang darstellt:

- Einzelne Akteure in einer Konstellation wechselseitiger Beobachtung schaffen es, sich Macht zu erwerben, die sie dann gegenüber den anderen einsetzen, um sich selbst möglichst viele Vorteile zu verschaffen. Sehr oft geschieht dies durch Organisationsbildung. Die betreffenden Akteure bilden in einer Verhandlungskonstellation einen korporativen Akteur, mittels dessen sie ihr gemeinsames Interesse an Beherrschung oder Ausbeutung der Übrigen realisieren, also eine Beeinflussungskonstellation mit eigener Dominanz etablieren.
- Doch diese Machtüberlegenheit ist meist nicht von Dauer. Macht ruft vielmehr Gegenmacht hervor – und dies umso mehr, je stärker die Machtunterlegenen benachteiligt werden und je mehr Akteure dies sind. Wenn die Gegenmachtbildung erfolgt, kann es früher oder später zu einem relativ ausgeglichenen Machtverhältnis zwischen den bisherigen Machthabern und den nunmehr mächtiger gewordenen bisherigen Machtunterlegenen kommen. Dies ist dann der Moment, in dem die bisherigen Machthaber, um nicht vollends entmachtet zu werden, Verhandlungsbereitschaft signalisieren. Wenn dann die bisherigen Machtunterlegenen verhandlungswillig und -fähig sind, geht die Beeinflussungskonstellation in eine Verhandlungskonstellation über.

Ob es um die Entwicklung des Verhältnisses zwischen Arbeitnehmern und Arbeitgebern seit der industriellen Revolution oder zwischen Schwarzen und Weißen in Südafrika geht, oder ob man die Herausbildung und Stabilisierung demokratischer politischer Ordnungen anschaut: Solche Konstellationswandel mit den entsprechenden einhergehenden Dynamiken lassen sich immer wieder finden. Und man kann sie auch entdecken, wenn es um die Entstehung und Nivellierung von Machtpositionen in Kleingruppen geht.

Natürlich gibt es dabei, wie expliziert, viele „Wenn's", also Bedingungen, die sich nicht zwangsläufig einstellen. So muss es erst gar nicht zur Machtbildung kommen. Oder die Machthaber können durch geschickte Maßnahmen immer wieder die Gegenmachtbildung verhindern. Oder die Machtunterlegenen werden so mächtig, dass sie selbst die Herrschaft ergreifen. Oder der Machtkampf endet in einer Unübersichtlichkeit der Machtverhältnisse oder einem beiderseitigen Machtzerfall, so dass man wieder in eine Beobachtungskonstellation zurückfällt. Noch weitere Alternativszenarien sind vorstellbar. Dennoch kommt es nicht selten zu dem dargestellten Muster des Konstellationswandels und den entsprechenden Strukturdynamiken.

Damit ist hier am Ende vollends das Feld der Denkspiele betreten worden. Das sollte allerdings der Soziologie erlaubt sein, sofern sie daraus nicht ihre Hauptbeschäftigung macht. An dieser Stelle sollte auch nur noch einmal angedeutet werden, wie nützlich und interessant eine weitere Beschäftigung mit den Konstellationsarten und den theoretischen Modellen sozialer Strukturdynamiken sein kann.

11.2 Der analytische Bezugsrahmen als „Werkzeugkasten“

Im Sinne der hier vorgestellten Herangehensweise an die Analyse sozialer Phänomene, ist nunmehr der analytische Bezugsrahmen für die Bearbeitung der zwei grundlegenden soziologischen Erklärungsprobleme – wie und warum Akteure in bestimmten Situationen so und nicht anders handeln, und wie aus dem handelnden Zusammenwirken bestimmte soziale Strukturen zustande kommen – komplettiert (Abb. 10). Die in diesem Bezugsrahmen genannten analytischen Komponenten – Akteure, Handlungsantriebe, Konstellationen, Strukturdynamiken und Strukturen – stellen zusammen diejenigen abhängigen und unabhängigen Variablen dar, die theoretisch modellierbar sind, also in ein über den jeweils betrachteten konkreten empirischen Fall hinaus verwendbares Erklärungsmodell eingehen können. Empirische Fragestellungen sind aber – wie im Kapitel 1 im Zusammenhang mit der „Logik der Situation“ und im Kapitel 7 im Zusammenhang mit offenen Strukturdynamiken schon angesprochen – stets im Kontext weiterer situativer Faktoren zu sehen, die mehr oder weniger stark in soziologische Erklärungen eingehen. Hinter den situativen Faktoren stehen oftmals einmalige historische Prozesse und Ereignisse großen oder kleinen Maßstabs. Ob zum Beispiel eine bestimmte gesellschaftliche Gruppe zu einem bestimmten Zeitpunkt über einen massenwirksamen charismatischen Führer oder einen gewieften Verhandlungsführer verfügt oder nicht; ob ein bestimmtes Ereignis von den Massenmedien groß herausgestellt wird oder unter „Ferner liefen …“ rangiert, weil zufällig zeitgleich noch andere wichtige Ereignisse in der Welt stattfinden; ob ein militärischer Eroberungsfeldzug an den Unbillen des Wetters scheitert oder umgekehrt vom Wetter begünstigt wird; ob eine technische Innovation zu einem bestimmten Zeitpunkt bestimmten Akteuren verfügbar wird oder nicht: All dies sind nur einige Beispiele, die illustrieren sollen, welch unterschiedliche Faktoren als Randbedingungen des theoretisch modellierbaren Teil des sozialen Geschehens wirken und dabei in das Gesamtgeschehen auf eine analytisch nicht vernachlässigbare Weise eingehen können.[265] Ihren Niederschlag finden die situativen Faktoren letztlich in bestimmten Ausprägungen von theoretisch gefassten Variablen, beispielsweise in einem spezifischen Arrangement von sozialen Struk-

---

265 Natürlich sind alle derartigen Geschehnisse in ihrer sozialen Dimension soziologisch erklärbar. Doch im Rahmen von Untersuchungen, deren Erklärungsfragen in ganz andere Richtungen weisen, können die betreffenden Phänomene dort, wo sie für das jeweilige Erklärungsproblem eine Rolle spielen, nur deskriptiv als situative Randbedingung zur Kenntnis genmmen werden.

turen, im plötzlichen Umschlagen von Handlungsorientierungen oder im Einsetzen, Erstarren oder Abbrechen von Strukturdynamiken.

Abbildung 10: Der analytische Bezugsrahmen zur Erklärung sozialer Phänomene

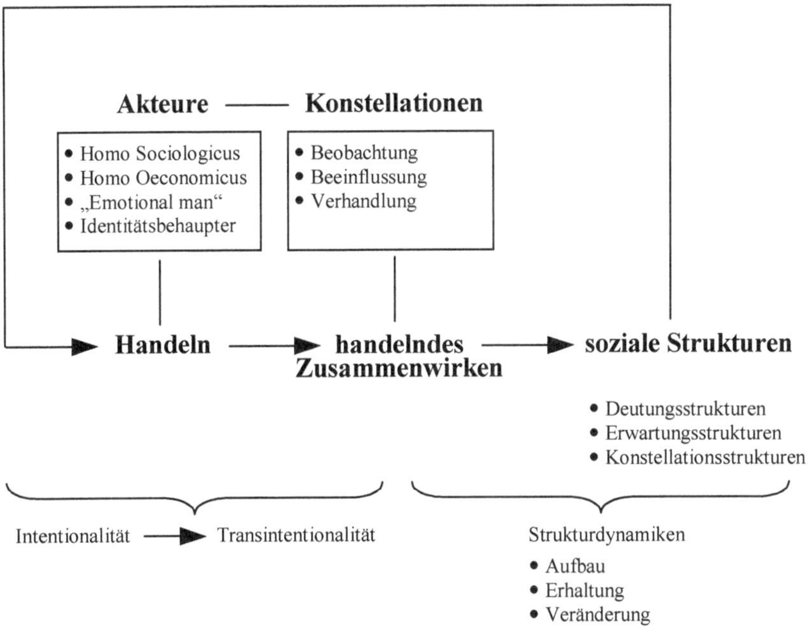

Doch trotz oder gerade wegen dieser nur schwer theoretisierbaren situativen Faktoren sind die hier vorgestellten theoretischen Instrumente und generalisierbaren Modelle für soziologische Erklärungen unentbehrlich; und dem Soziologen bleiben mit diesen Werkzeugen noch zahlreiche Rätsel zu bearbeiten, die ihm die Sozialwelt in ihrer ganzen Fülle von Phänomenen aufgibt. Die vorgestellten theoretischen Modelle sind, wie immer wieder betont wurde, Werkzeuge, die die Fächer im Werkzeugkasten bestücken. Diese Werkzeuge haben keinen – etwa ideengeschichtlichen oder ästhetischen – Eigenwert, sondern dienen als theoretische Instrumente zur Lösung von Erklärungsproblemen.

Und es wäre vermessen, abschließend zu behaupten, dass bereits alle Fächer des Werkzeugkastens wohlbestückt seien. Das Gegenteil ist der Fall. Zum einen musste hier aus Platzgründen etliches fortgelassen werden, was noch hätte einsortiert werden können. Zum anderen hat die soziologische Theoriearbeit noch längst nicht alle Werkzeuge, die benötigt werden, hergestellt. Insbesondere bei den Modellen sozialer Strukturdynamiken gibt es große Lücken. Aber so wie ein Handwerker immer dann, wenn er auf ein Problem stößt, zu dem ihm das passende Werkzeug fehlt, einen Anstoß erhält, es sich zu beschaffen, anstatt mit untauglichen Mitteln herumzupfuschen, kann die Beschäftigung mit soziologischen Rätseln die Theoretikerin dazu anregen, sich nach geeigneten Werkzeugen umzuschauen, etwa in den speziellen Soziologien oder den Nachbardisziplinen, und notfalls selbst zur Werkzeugmacherin zu werden. Im Laufe der Zeit diversifiziert sich so das Arsenal dessen, was in den verschiedenen Fächern des Werkzeugkastens bereitliegt.

Worauf es hier ankam, war lediglich, erst einmal die grobe Ordnung des Werkzeugkastens zu konzipieren und das, was an Werkzeugen leicht zugänglich, aber ziemlich chaotisch herumliegt, in die richtigen Fächer zu sortieren. So hat man zukünftig einen schnelleren Überblick und vermag umso leichter zu entscheiden, in welches Fach man bei einem bestimmten soziologischen Rätsel greifen muss. Man sollte die Reduktion der Komplexität, die damit schon geleistet ist, nicht gering veranschlagen. Doch es bleibt, wie gesagt, noch sehr viel zu tun, bis man sozusagen mit einem Griff fast immer das richtige Werkzeug zur Hand hat.

Zusammenfassung und Vorschau

In diesem Kapitel wurde noch einmal der analytische Charakter der drei Konstellationsarten dargestellt. Die Konstellationsarten heben stets nur selektiv, entsprechend der Fragestellung, bestimmte Aspekte der konkreten Konstellationen und ihrer Dynamiken hervor und blenden vieles Andere aus. Genau darin liegt die Nützlichkeit der analytischen Modelle, wie sich gerade auch für Konstellationen, die Mischtypen darstellen, und an Phänomenen des Konstellationswandels zeigt. Abschließend wurde der nunmehr komplettierte analytische Bezugsrahmen als Werkzeugkasten zur Erklärung sozialer Phänomene zusammenfassend dargestellt.

Abbildungsverzeichnis

Literatur

Zur Vertiefung zentraler Themen besonders empfehlenswerte Titel sind mit einem * markiert.

Abels, Heinz, 2006: Identität. Wiesbaden: VS.

Abels, Heinz, 2009: Ethnomethodologie. In: Georg Kneer/Markus Schroer (Hrsg.), 2009: Handbuch Soziologische Theorien. Wiesbaden: VS, 87-110.

Adloff, Frank, 2004: Kollektives Handeln und kollektive Akteure. In: Friedrich Jäger/ Jürgen Straub (Hrsg.), Handbuch der Kulturwissenschaften. Bd. 2: Paradigmen und Disziplinen. Stuttgart: Metzler, 308-326.

Arthur, Brian, 1989: Competing Technologies. Increasing Returns, and Lock-In By Historical Events. In: The Economic Journal 99, 116-131.

Ashby, W. Ross, 1956: Einführung in die Kybernetik. Frankfurt/M., 1974: Suhrkamp.

Axelrod, Robert (ed.), 1976: Structure of Decision. The Cognitive Maps of Political Elites. Princeton: University Press.

Axelrod, Robert, 1984: The Evolution of Cooperation. New York: Basic Books.

Bachrach, Peter/Morton S. Baratz, 1970: Macht und Armut. Frankfurt/M., 1977: Suhrkamp.

Bader, Veit Michael,1991: Kollektives Handeln. Opladen: Leske + Budrich.

Bader, Veit Michael/Albert Bentschop, 1989: Ungleichheiten. Opladen: Leske + Budrich.

Banton, Michael, 1965: Roles. An Introduction to the Study of Social Relations. New York: Basic Books.

Barnard, Chester I., 1938: The Functions of the Executive. Cambridge MA, 1976: Harvard University Press.

Baumann, Peter, 1993: Macht und Motivation. Opladen: Leske + Budrich.

Beck, Ulrich, 1986: Risikogesellschaft. Auf dem Weg in eine andere Moderne. Frankfurt/M.: Suhrkamp.

Beck, Ulrich, 1992: Verkannte Propheten. Der Untergang des Kommunismus: drei frühe Voraussagen. In: Frankfurter Allgemeine Zeitung, 23.9.1992.

Beck, Ulrich, 1996: Das Zeitalter der Nebenfolgen und die Politisierung der Moderne. In: Ulrich Beck (Hrsg.), Reflexive Modernisierung. Frankfurt/M.: Suhrkamp, 19-112.

Benz, Arthur, 1994: Kooperative Verwaltung. Funktionen, Voraussetzungen und Folgen. Baden-Baden: Nomos.

*Benz, Arthur, 2007: Verhandlungen. In: Arthur Benz et al. (Hrsg.), Handbuch Governance. Wiesbaden: VS, 106-118.

*Berger, Peter L./Thomas Luckmann, 1966: The Social Construction of Reality: A Treatise in the Sociology of Knowledge. Harmondsworth, 1972: Penguin.

Bette, Karl-Heinrich/Uwe Schimank, 1995: Doping im Hochleistungssport. Frankfurt/M.: Suhrkamp.

Bette, Karl-Heinrich/Uwe Schimank, 1996: Zuschauersport: Auszeit vom Alltag, Freistoß für die Seele. In: Psychologie Heute 7/1996, 60-65.

Beyer, Jürgen, 2006: Pfadabhängigkeit. Über institutionelle Kontinuität, anfällige Stabilität und fundamentalen Wandel. Frankfurt/M.: Campus.

Blinkert, Baldo, 1988: Kriminalität als Modernisierungsrisiko. Das „Hermes-Syndrom" der entwickelten Industriegesellschaften. In: Soziale Welt 39, 397-412.

Blumer, Herbert, 1973: Der methodologische Standort des Symbolischen Interaktionismus. In: Arbeitsgruppe Bielefelder Soziologen (Hrsg.), Alltagswissen, Interaktion und gesellschaftliche Wirklichkeit 1. Reinbek: Rowohlt, 80-146.

Bloch, Ernst, 1959: Das Prinzip Hoffnung. Frankfurt/M., 1974: Suhrkamp.

Bogner, Arthur, 1986: The Structure of Social Processes. A Commentary on the Sociology of Norbert Elias. In: Sociology 20, 387-411.
Bongaerts, Gregor, 2007: Soziale Praxis und Verhalten – Überlegungen zum Practice Turn in Social Theory. In: Zeitschrift für Soziologie 36, 246-260.
*Boudon, Raymond, 1978: Die Logik des gesellschaftlichen Handelns. Darmstadt/Neuwied, 1980: Luchterhand.
Boudon, Raymond, 1979: Widersprüche sozialen Handelns. Darmstadt/Neuwied: Luchterhand.
Boudon, Raymond, 1984: Theories of Social Change. A Critical Appraisal. Oxford, 1986: Polity Press.
Bourdieu, Pierre, 1979: Die feinen Unterschiede: Kritik der gesellschaftlichen Urteilskraft. Frankfurt/M., 1987: Suhrkamp.
Bourdieu, Pierre, 1983: Ökonomisches Kapital, kulturelles Kapital, soziales Kapital. In: Reinhard Kreckel (Hrsg.), Soziale Ungleichheiten. Göttingen: Schwartz, 183-198.
Braun, Norman, 2009: Rational Choice Theorie. In: Georg Kneer/Markus Schroer (Hrsg.), 2009: Handbuch Soziologische Theorien. Wiesbaden: VS, 395-418.
Brüsemeister, Thomas, 1998: Lernen durch Leiden. Biographien zwischen Perspektivlosigkeit, Empörung und Lernen. Wiesbaden: DUV.
Brüsemeister, Thomas/Rainer Schützeichel (Hrsg.), 2004: Beratene Gesellschaft – Zur gesellschaftlichen Bedeutung von Beratung. Wiesbaden: VS.
Buchanan, James, 1965: An Economic Theory of Clubs. In: Economica 32, 1-14.
Bühler-Niederberger, Doris, 1985: Analytische Induktion als Verfahren der qualitativen Methodologie. In: Zeitschrift für Soziologie 14, 475-485.
Burkitt, Ian, 1997: Social Relationships and Emotions. In: Sociology 31, 37-55.
Burt, Ronald, 1992: Structural Holes. The Social Structure of Competition – Cambridge, MA: Harvard University Press.
Caesar, Beatrice, 1972: Autorität in der Familie. Reinbek: Rowohlt.
Camic, Charles, 1986: The Matter of Habit. In: American Journal of Sociology 91, 1039-1087.
Camus, Albert, 1942: Der Mythos von Sisyphos. Hamburg, 1972: Rowohlt.
Clausen, Lars/Wolf Dombrowsky, 1984: Warnpraxis und Warnlogik. In: Zeitschrift für Soziologie 13, 293-307.
Coleman, James S., 1974: Power and the Structure of Society. New York: Norton.
Coleman, James, 1986: Individual Interests and Collective Action. Cambridge MA: Cambridge University Press.
*Coleman, James S., 1990: Foundations of Social Theory. Cambridge, MA: The Belknap Press of Harvard University Press.
Coleman, James S./Elihu Katz/Herbert Menzel, 1966: Medical Innovation. Indianapolis: Bobbs-Merrill.
Collins, Randall/David Waller, 1993: Der Zusammenbruch von Staaten und die Revolutionen im sowjetischen Block. Welche Theorien machten zutreffende Voraussagen? In: Hans Joas/Martin Kohli (Hrsg.), Der Zusammenbruch der DDR – Soziologische Analysen. Frankfurt/M.: Suhrkamp, 302-325.
Colman, Andrew M., 1982: Game Theory and Experimental Games. Oxford: Pergamon.
Cooley, Charles Horton, 1902: Human Nature and the Social Order. New York, 1922.
Coser, Rose L., 1975: The Complexity of Roles as a Seedbed of Individual Autonomy. In: Lewis A. Coser (ed.), The Idea of Social Structure. Papers in Honor of Robert K. Merton. New York: Harcourt, 237-263.
Crenson, Matthew A.,1971: The Un-politics of Air Pollution: A Study of Non-decisionmaking in the Cities. Baltimore, 1974: Hopkins.
Crott, Helmut et al., 1977: Verhandlungen I. Individuen und Gruppen als Konfliktparteien. Ergebnisse aus sozialpsychologischer Verhandlungsforschung. Stuttgart: Kohlhammer.

Crozier, Michel, 1964: The Bureaucratic Phenomenon. Chicago: University of Chicago Press.
Crozier, Michel/Erhard Friedberg, 1977: Macht und Organisation: die Zwänge kollektiven Handelns. Königstein/Ts., 1979: Athenäum.
Cyert, Richard M./James G. March, 1963: A Behavioral Theory of the Firm. Engelwood Cliffs NJ: Prentice Hall.
Dahl, Robert A./Charles Lindblom, 1953: Politics, Economics, and Welfare. Planning and Politico-Economic Systems Resolved into Basic Social Processes. New York: Harper & Row.
*Dahrendorf, Ralf, 1958: Homo Sociologicus. Versuch zur Geschichte, Bedeutung und Kritik der Kategorie der sozialen Rolle. In: Ralf Dahrendorf, Pfade aus Utopia. München, 1967: Piper, 128-194.
Dahrendorf, Ralf, 1967: Elemente der Soziologie. In Ralf Dahrendorf, Pfade aus Utopia. München, 1967: Piper, 42-62.
*David, Paul A., 1985: Clio and the Economics of QWERTY. In: American Economic Review 75, 332-337.
*Diekmann, Andreas, 2009: Spieltheorie. Einführung, Beispiele, Experimente. Reinbek: Rowohlt.
*Dietz, Hella, 2004: Unbeabsichtigte Folgen – Hauptbegriffe der Soziologie oder verzichtbares Konzept? In: Zeitschrift für Soziologie 33, 48-61.
DiMaggio, Paul J. /Walter W. Powell, 1983: The Iron Cage Revisited. In: American Sociological Review 48, 147-160.
*Dixit, Avinash K./Barry J. Nalebuff, 1991: Spieltheorie für Einsteiger. Strategisches Know-how für Gewinner. Stuttgart: Schäffer-Poeschel.
Dörner, Dietrich, 1989: Die Logik des Mißlingens. Strategisches Denken in komplexen Situationen. Reinbek: Rowohlt.
Dreitzel, Hans Peter, 1968: Die gesellschaftlichen Leiden und das Leiden an der Gesellschaft. Stuttgart, 1972: Deutscher Taschenbuch Verlag.
*Durkheim, Emile, 1885: Regeln der soziologischen Methode. Darmstadt/Neuwied 1970: Luchterhand.
Easton, David, 1965: A Systems Analysis of Political Life. New York: Wiley.
Ebers, Mark/Wilfried Gotsch, 1993: Institutionenökonomische Theorien der Organisation. In: Albrecht Kieser (Hrsg.), Organisationstheorien. Stuttgart: Kohlhammer, 193-242.
Elias, Norbert, 1939: Über den Prozeß der Zivilisation. 2. Bde., Frankfurt/M., 1976: Suhrkamp.
*Elias, Norbert, 1970: Was ist Soziologie? München: Juventa.
Elias, Norbert, 1982: Über die Einsamkeit der Sterbenden. Frankfurt/M.: Suhrkamp.
Elias, Norbert, 1983: Die Fischer im Mahlstrom. In: Norbert Elias, Engagement und Distanzierung. Arbeiten zur Wissenssoziologie I. Frankfurt/M.: Suhrkamp, 73-183.
Elias, Norbert/John L. Scotson, 1990: Etablierte und Außenseiter. Frankfurt/M.: Suhrkamp.
Elster, Jon, 1979: Ulysses and the Sirens. Studies in Rationality and Irrationality. Cambridge/Paris: Cambridge University Press/Editions de la Maison des Sciences de l'Homme.
Elster, Jon, 1986: Rational Choice. Oxford: Blackwell.
*Elster, Jon, 1989 a: Nuts and Bolts for the Social Sciences. Cambridge: Cambridge University Press.
Elster, Jon, 1989 b: The Cement of Society: A Study of Social Order. Cambridge: Cambridge University Press.
*Emerson, Richard, 1962: Power-Dependence Relations. In: American Sociological Review 27, 31-41.

Emerson, Richard, 1981: Social Exchange Theory. In: Morris Rosenberg/Ralph H. Turner (eds.), Social Psychology. Sociological Perspectives. New York: Basic Books, 30-65.
Emirbayer, Mustafa, 1997: Manifesto for a Relational Sociology. In: American Journal of Sociology 103, 281-317.
Emirbayer, Mustafa/Ann Mische, 1998: What Is Agency? In: American Journal of Sociology 103, 962-1023.
Enste, Dominik, 1998: Entscheidungsheuristiken – Filterprozesse, Habits und Frames im Alltag. In: Kölner Zeitschrift für Soziologie und Sozialpsychologie 50, 442-470.
Esser, Hartmut, 1984: Figurationssoziologie und methodologischer Individualismus. Zur Methodologie des Ansatzes von Norbert Elias. In: Kölner Zeitschrift für Soziologie und Sozialpsychologie 36, 667-702.
Esser, Hartmut, 1990: „Habits", „Frames" und Rational Choice. Die Reichweite der Theorie der rationalen Wahl (am Beispiel der Erklärung des Befragtenverhaltens). In: Zeitschrift für Soziologie 19, 231-247.
*Esser, Hartmut, 1993: Soziologie – Allgemeine Grundlagen. Frankfurt/M.: Campus.
Esser, Hartmut, 1996: Definition der Situation. In: Kölner Zeitschrift für Soziologie und Sozialpsychologie 48, 1-34.
Esser, Hartmut, 1999: Soziologie. Spezielle Grundlagen. Band 1: Situationslogik und Handeln. Frankfurt/M.: Campus.
Esser, Hartmut, 2000a: Soziologie. Spezielle Grundlagen. Band 3: Soziales Handeln. Frankfurt/M.: Campus.
Esser, Hartmut, 2000b: Soziologie. Spezielle Grundlagen. Band 4: Opportunitäten und Restriktionen. Frankfurt/M.: Campus.
Esser, Hartmut, 2000c: Soziologie. Spezielle Grundlagen. Band 5: Institutionen. Frankfurt/M.: Campus.
Esser, Hartmut, 2001: Soziologie. Spezielle Grundlagen. Band 6: Sinn und Kultur. Frankfurt/M.: Campus.
Etzioni, Amitai, 1968: The Active Society. New York: Free Press.
Feldmann, Klaus/Werner Fuchs-Heinritz (Hrsg.), 1995: Der Tod ist ein Problem der Lebenden. Beiträge zur Soziologie des Todes. Frankfurt/M.: Suhrkamp.
*Flam, Helena, 1990a: Emotional Man I: The Emotional Man and the Problem of Collective Action. In: International Sociology 5, 39-56.
Flam, Helena, 1990b: Emotional Man II: Corporate Actors as Emotion-Motivated Emotion Managers. In: International Sociology 5, 225-234.
Flin, Rhona/Georgina Slaven/Keith Stewart, 1996: Emergency Decision Making in the Offshore Oil and Gas Industry. In: Human Factors 38, 262-277.
Foerster, Heinz von, 1984: Principles of Self-Organization – in a Socio-Managerial Context. In: H. Ulrich/G. J. B. Probst (eds.), Self-Organization and Management of Social Systems. Insights, Promises, Doubts, and Questions. Berlin: Springer, 2-24.
Frank, Robert, 1991: Microeconomics and Behavior. New York: McGraw Hill.
Freeman, John, 1981: Organizational Life Cycles and Natural Selection Processes. In: Research in Organizational Behavior 4, 1-32.
Freud, Sigmund, 1917: Die Fixierung an das Trauma, das Unbewußte. In: Vorlesungen zur Einführung in die Psychoanalyse, III. Teil: Allgemeine Neurosenlehre, 18. Frankfurt/M., 1984: Fischer Taschenbuch Verlag, 216-226.
Freud, Sigmund, 1930: Das Unbehagen in der Kultur. In: Sigmund Freud, Abriß der Psychoanalyse – Das Unbehagen in der Kultur. Frankfurt/M.: Fischer Taschenbuch Verlag, 63-129.
Freud, Sigmund, 1938: Abriß der Psychoanalyse. In: Sigmund Freud, Abriß der Psychoanalyse – Das Unbehagen in der Kultur. Frankfurt/M.: Fischer Taschenbuch Verlag, 7-61.

Frey, Bruno S., 1988: Ein ipsatives Modell menschlichen Verhaltens. In: Analyse und Kritik 10, 181-205.
Friedman, Maurice, 1978: To Deny Our Nothingness. Contemporary Images of Man. Chicago: University of Chicago Press.
Frost, Peter J. et al. (eds.) 1985: Organizational Culture. Beverly Hills: Sage.
Garfinkel, Harold, 1967: Das Alltagswissen über und innerhalb sozialer Strukturen. In: Arbeitsgruppe Bielefelder Soziologen (Hrsg.), Alltagswissen, Interaktion und gesellschaftliche Wirklichkeit 1. Reinbek, 1973: Rowohlt, 189-262.
*Gehlen, Arnold, 1940: Der Mensch. Seine Natur und seine Stellung in der Welt. Wiesbaden 1976: Athenaion.
Gergen, Kenneth J., 1971: The Concept of Self. New York: Holt, Rinehart & Winston.
Gerhards, Jürgen, 1988: Soziologie der Emotionen. Fragestellungen Systematik und Perspektiven. Weinheim/München: Juventa.
Geser, Hans, 1986: Elemente zu einer soziologischen Theorie des Unterlassens. In: Kölner Zeitschrift für Soziologie und Sozialpsychologie 38, 643-668.
Geser, Hans, 1990: Organisationen als soziale Akteure. In: Zeitschrift für Soziologie 19, 401-417.
Giddens, Anthony, 1984: The Constitution of Society. Cambridge: Polity Press.
Goffman, Erving, 1955: On Face-Work. In: Erving Goffman, Interaction Ritual. Harmondsworth, 1972: Penguin, 5-45.
Goffman, Erving, 1956 a: Wir alle spielen Theater. Die Selbstdarstellung im Alltag. München, 1973: Piper.
Goffman, Erving, 1956 b: Embarrassment and Social Organization. In: Erving Goffman, Interaction Ritual. Harmondsworth, 1972: Penguin, 97-112.
Goffman, Erving, 1961 a: Asyle. Frankfurt/M., 1972: Suhrkamp.
Goffman, Erving, 1961 b: Interaktion: Spaß am Spiel/Rollendistanz. München, 1973: Piper.
*Goffman, Erving, 1963 a: Stigma. Harmondsworth 1974.
Goffman, Erving, 1963 b: Behavior in Public Places. New York, 1966: Free Press.
Goffman, Erving, 1969: Strategic Interaction. Philadelphia: University of Pennsylvania Press.
Goffman, Erving, 1971: Relations in Public. Microstudies of the Public Order. Harmondsworth 1972: Penguin Books.
Goffman, Erving, 1974: Frame Analysis. An Essay on the Organization of Experience. Cambridge MA: Harvard University Press.
Goldthorpe, John, 1998: Rational Action Theory for Sociology. In: British Journal of Sociology 49, 167-192.
Goode, William J,. 1960: Eine Theorie des Rollen-Streß. In. Heinz Hartmann (Hrsg.), Moderne amerikanische Soziologie. Stuttgart, 1973: Enke, 334-360.
Gordon, Chad, 1968: Self-Conceptions: Configurations of Content. In: Chad Gordon/ Kenneth J. Gergen (eds.), The Self in Social Interaction Vol. 1: Classic and Contemporary Perspectives. New York: Wiley, 115-136.
Granovetter, Mark, 1973: The Strength of Weak Ties. In: American Journal of Sociology 78, 1360-1380.
Granovetter, Mark, 1978: Threshold Models of Collective Behavior. In: American Journal of Sociology 83, 1420-1443.
Granovetter, Mark, 1982: The Strength of Weak Ties: A Network Theory Revisited. In: Peter Marsden/Nan Lin (eds.), Social Structure and Network Analysis. Beverly Hills: Sage, 105-130.
Greshoff, Rainer/Georg Kneer/Uwe Schimank (Hrsg.), 2003: Die Transintentionalität des Sozialen. Eine vergleichende Betrachtung klassischer und moderner Sozialtheorien. Wiesbaden: Westdeutscher Verlag.

Gross, Neil, et al., 1958: Explorations in Role Analysis: Studies of the School Superintendency Role. New York: Wiley.
Haas, Peter M., 1992: Introduction: Epistemic Communities and International Policy Coordination. In: International Organization 46, 1-35.
Hartmann, Heinz, 1964: Funktionale Autorität. Stuttgart: Enke.
Hayek, Friedrich von, 1967: Bemerkungen über die Entwicklung von Systemen von Verhaltensregeln. In: Friedrich von Hayek, Freiburger Studien. Tübingen, 1969: Mohr, 144-160.
Hempel, Carl Gustav, 1965: Aspects of Scientific Discovery. In: Carl Gustav Hempel, Aspects of Scientific Discovery, and Other Essays in the Philosophy of Science. New York: Free Press, 331-496.
*Henshel, Richard L., 1978: Self-Altering Predictions. In: Jib Fowles (ed.), Handbook of Future Research. Westport, Connecticut: Greenwood, 99-125.
Hirsch, Paul et al., 1987: „Dirty Hands“ Versus „Clean Models“. Is Sociology in Danger of Being Seduced by Economics? In: Theory and Society 16, 317-336.
Hirschman, Albert O., 1970: Exit, Voice and Loyalty: Responses to Decline in Firms, Organizations, and States. Cambridge, MA: Harvard University Press.
Hirschman, Albert O., 1977: Leidenschaften und Interessen. Politische Begründungen des Kapitalismus vor seinem Sieg. Frankfurt/M., 1980: Suhrkamp.
Hitzler, Ronald, 1992: Der Goffmensch. In: Soziale Welt 43, 449-461.
Hitzler, Ronald/Anne Honer/Christoph Maeder (Hrsg.), 1994: Expertenwissen. Die institutionalisierte Kompetenz zur Konstruktion von Wirklichkeit. Opladen: Westdeutscher Verlag.
Hobbes, Thomas, 1651: Leviathan. London, 1973: Dent.
Hochschild, Arlie R., 1979: Emotionwork, Feeling Rules, and Social Structure. In: American Journal of Sociology 85, 551-575.
Hochschild, Arlie R., 1983: The Managed Heart. Commercialization of Human Feelings. Berkeley CA: University of California Press.
Hohn, Hans-Willy/Uwe Schimank, 1990: Konflikte und Gleichgewichte im Forschungssystem. Akteurkonstellationen und Entwicklungspfade in der staatlich finanzierten außeruniversitären Forschung. Frankfurt/M.: Campus.
Holler, Manfred J./Gerhard Illing, 1991: Einführung in die Spieltheorie. Berlin: Springer.
Holzer, Boris, 2009: Netzwerktheorie. In: Georg Kneer/Markus Schroer (Hrsg.), 2009: Handbuch Soziologische Theorien. Wiesbaden: VS, 253-275.
Hradil, Stefan, 1987: Sozialstrukturanalyse in einer fortgeschrittenen Gesellschaft. Opladen: Leske + Budrich.
Huizinga, Jan, 1938: Homo ludens. Vom Ursprung der Kultur im Spiele. Reinbek, 1956: Rowohlt.
Jansen, Dorothea, 1999: Einführung in die Netzwerkanalyse. Grundlagen, Methoden, Anwendungen. Opladen: Lesle + Budrich.
Joas, Hans, 1992: Die Kreativität des Handelns. Frankfurt/M.: Suhrkamp.
Joas, Hans/Wolfgang Knöbl, 2004: Sozialtheorie. Zwanzig einführende Vorlesungen. Frankfurt/M.: Suhrkamp.
Kalberg, Stephen, 1981: Max Webers Typen der Rationalität: Grundsteine für die Analyse von Rationalisierungsprozessen in der Geschichte. In: Walter M. Sprondel/Constans Seyfarth (Hrsg.), Max Weber und die Rationalisierung sozialen Handelns. Stuttgart: Enke, 9-38.
Keller, Rudi, 1994: Sprachwandel. 2.Aufl., Tübingen: Francke.
Kemper, Thomas, 1978: Toward a Sociology of Emotions. In: The American Sociologist 13, 30-41.
Kern, Thomas, 2008: Soziale Bewegungen. Ursachen, Wirkungen, Mechanismen. Wiesbaden: VS.

Kimberly, John R./Robert H. Miles (eds.), 1987: The Organizational Life Cycle. San Francisco: Jossey Bass.
*Kinch, J. W., 1963: A Formalized Theory of the Self-Concept. In: D. R. Domm et al (eds.), The Individual and the Organization. New York, 1973: Harper and Row, 111-115.
Kirsch, Guy, 1983: Haben Zusammenschlüsse eine Biographie? In: Jahrbuch für Neue Politische Ökonomie 2, 102-134.
Kirsch, Werner, 1977: Einführung in die Theorie der Entscheidungsprozesse. Wiesbaden: Gabler.
Klapp, Orrin E., 1978: Opening and Closing. Strategies of Information Adaptation in Society. Cambridge MA: Cambridge University Press.
Koch, Traugott, 1975: Religion und die Erfahrung von Sinn. In: Hans-Eckehard Bahr (Hrsg.), Religionsgespräche. Darmstadt/Neuwied: Luchterhand, 120-145.
Knoll, Michaela, 1997: Sport und Gesundheit – Zur empirischen Befundlage. In: Dietmar Schmidtbleicher/Klaus Bös/Alexander F. Müller (Hrsg.), Sport im Lebenslauf. Hamburg: Czwalina, 41-57.
*Krappmann, Lothar, 1969: Soziologische Dimensionen der Identität. Strukturelle Bedingungen für die Teilnahme an Interaktionsprozessen: Stuttgart, 1975: Klett.
Kreckel, Reinhold, 1992: Politische Soziologie der sozialen Ungleichheit. Frankfurt/M.: Campus.
Kron, Thomas, 2005: Der komplizierte Akteur. Münster: LIT.
Krüger, Wilfried, 1976: Macht in der Unternehmung: Elemente und Strukturen. Stuttgart: Poeschel.
Lagerspetz, Eerik, 1988: Reflexive Predictions and Strategic Actions. In: Social Science Information 27, 307-320.
Laing, Ronald D., 1961: Das Selbst und die Anderen. Reinbek, 1977: Rowohlt.
Latour, Bruno/Steve Woolgar, 1979: Laboratory Life. The Social Construction of Scientific Facts. London: Sage.
Lepenies, Wolf, 1969: Melancholie und Gesellschaft. Frankfurt/M: Suhrkamp.
Levinson, Daniel, 1959: Role, Personality, and Social Structure in the Organizational Setting. In: Journal of Abnormal and Social Psychology 58, 170-180.
*Lindblom, Charles E., 1959: The Science of „Muddling Through". In: Amitai Etzioni (Hrsg.), Readings on Modern Organizations. Englewood Cliffs NJ, 1969: Prentice Hall, 154-173.
Lindemann, Gesa, 2006: Die Emergenzfunktion und die konstitutive Funktion des Dritten. Perspektiven einer kritisch-systematischen Theorieentwicklung. In: Zeitschrift für Soziologie 35, 82-101.
*Lindenberg, Siegwart, 1983: The New Political Economy: Its Potential and Limitations for the Social Sciences in General and for Sociology in Particular. In: Werner Sodeur (Hrsg.), Ökonomische Erklärungen sozialen Verhaltens. Duisburg: Verlag der Sozialwissenschaftlichen Kooperative, 8-66.
Linton, Ralph, 1945: The Cultural Background of Personality. New York: Appleton-Century.
*Luckmann, Thomas, 1992: Theorie des sozialen Handelns. Berlin: de Gruyter.
Lübbe, Hermann, 1973: Was heißt „Das kann man nur historisch erklären?" Zur Analyse der Struktur historischer Prozesse. In: Hermann Lübbe, Fortschritt als Orientierungsproblem. Freiburg, 1973: Rombach, 154-168.
Lüders, Christian, 2009: Teilnehmende Beobachtung und Ethnografie. Fernuniversität in Hagen: Studienbrief 03623.
Luhmann, Niklas, 1964 a: Funktionen und Folgen formaler Organisation. Berlin: Duncker & Humblot.
Luhmann, Niklas, 1964 b: Lob der Routine. In: Verwaltungsarchiv 55, 1-33.

Luhmann, Niklas, 1965: Die Gewissensfreiheit und das Gewissen. In: Archiv des öffentlichen Rechts 90, 257-286.
Luhmann, Niklas, 1967: Soziologische Aufklärung. In: Niklas Luhmann, Soziologische Aufklärung 1. Aufsätze zur Theorie sozialer Systeme. Opladen, 1970: Westdeutscher Verlag, 66-91.
Luhmann, Niklas, 1968: Zweckbegriff und Systemrationalität. Frankfurt/M., 1973: Suhrkamp.
Luhmann, Niklas, 1971: Sinn als Grundbegriff der Soziologie. In: Jürgen Habermas/Niklas Luhmann, Theorie der Gesellschaft oder Sozialtechnologie – Was leistet die Systemforschung? Frankfurt/M.: Suhrkamp, 25-100.
Luhmann, Niklas, 1972a: Rechtssoziologie 1. Reinbek: Rowohlt.
Luhmann, Niklas, 1972b: Einfache Sozialsysteme. In: Zeitschrift für Soziologie 1, 51-65.
Luhmann, Niklas, 1973: Das Phänomen des Gewissens und die normative Selbstbestimmung der Persönlichkeit. In: Hans-Eckehard Bahr (Hrsg.), Religionsgespräche. Darmstadt/Neuwied: Luchterhand, 95-119.
Luhmann, Niklas, 1975a: Macht. Stuttgart: Enke.
Luhmann, Niklas 1975 b: Interaktion, Organisation, Gesellschaft. In: Niklas Luhmann, Soziologische Aufklärung 2. Opladen: Westdeutscher Verlag, 9-20.
Luhmann, Niklas 1978: Organisation und Entscheidung. In. Niklas Luhmann, Soziologische Aufklärung 3. Soziales System, Gesellschaft, Organisation. Opladen, 1981: Westdeutscher Verlag, 335-389.
Luhmann, Niklas, 1981: Politische Theorie im Wohlfahrtsstaat. München: Olzog.
Luhmann, Niklas, 1982: Liebe als Passion. Frankfurt/M.: Suhrkamp.
Luhmann, Niklas, 1984: Soziale Systeme. Grundriß einer allgemeinen Theorie. Frankfurt/M.: Suhrkamp.
Luhmann, Niklas, 1986: „Distinctions Directrices“. Über Codierung von Semantiken und Systemen. In: Friedhelm Neidhardt/Rainer C. Lepsius (Hrsg.), Kultur und Gesellschaft. Opladen: Westdeutscher Verlag, 145-161.
Luhmann, Niklas, 1987: Die gesellschaftliche Differenzierung und das Individuum. In: Niklas Luhmann, Soziologische Aufklärung 6. Die Soziologie und der Mensch. Opladen, 1995: Westdeutscher Verlag, 125-141.
Luhmann, Niklas, 1988: Die Wirtschaft der Gesellschaft. Frankfurt/M.: Suhrkamp.
Luhmann, Niklas, 1989: Politische Steuerung. In: Politische Vierteljahresschrift 30, 4-9.
Luhmann, Niklas, 1997: Die Gesellschaft der Gesellschaft. Frankfurt/M.: Suhrkamp.
Luhmann, Niklas, 2002: Einführung in die Systemtheorie. Heidelberg. Carl-Auer-Systeme.
Luhmann, Niklas/Karl-Eberhard Schorr 1982: Personale Identität und Möglichkeiten der Erziehung. In: Niklas Luhmann/Karl-Eberhard Schorr (Hrsg.), Zwischen Technologie und Selbstreferenz. Frankfurt/M.: Suhrkamp, 224-261.
MacCrimmon, Kenneth R./David M. Messick, 1976: A Framework for Social Motives. In: Behavioral Science 21, 86-100.
Majone, Giandomenico, 1986: Mutual Adjustment by Debate and Persuasion. In: Kaufmann, Franz-Xaver et al. (eds.), Guidance, Control, and Evaluation in the Public Sector. Berlin/New York: de Gruyter, 445-458.
Mann, Michael, 1986: The Sources of Social Power. Vol. I. Cambridge, MA: Cambridge University Press.
March, James/Johan P. Olsen (eds.), 1976: Ambiguity and Choice in Organizations. Bergen: Universitätsverlag.
March, James G./Johan P. Olsen, 1989: Rediscovering Institutions. The Organizational Basis of Politics. New York: Free Press.
March, James/Herbert A. Simon, 1958: Organizations. New York: Wiley.

Marini, Margaret Mooney, 1992: The Role of Models of Purposive Action in Sociology. In: James S. Coleman/Thomas J. Fararo (eds.), Rational Choice Theory: Advocacy and Critique. Newbury Park, CAL: Sage, 21-48.

Marquard, Odo, 1977: Ende des Schicksals? Einige Bemerkungen über die Unvermeidlichkeit des Unverfügbaren. In: Odo Marquard, Abschied vom Prinzipiellen. Stuttgart, 1981: Reclam, 67-90.

*Maruyama, Magoroh, 1963: The Second Cybernetics: Deviation-Amplifying in Mutual Causal Processes. In: General Systems Yearbook, 233-241.

*Marwell, Gerald/Pamela Oliver, 1993: The Critical Mass in Collective Action: A Micro-Social Theory. Cambridge: Cambridge University Press.

Marx, Karl, 1867: Das Kapital: Erster Band. Frankfurt/M., 1972: Verlag Marxistische Blätter.

May, Thomas, 1997: Organisationskultur. Opladen: Westdeutscher Verlag.

Mayntz, Renate (Hrsg.), 1983: Implementation politischer Programme Bd. 2. Opladen: Westdeutscher Verlag.

Mayntz, Renate, 1985: Die gesellschaftliche Dynamik als theoretische Herausforderung. In: Burkart Lutz (Hrsg.), Soziologie und gesellschaftliche Entwicklung. Verhandlungen des 22. Deutschen Soziologentages in Dortmund 1984. Frankfurt/M.: Campus, 27-44.

Mayntz, Renate, 1995: Historische Überraschungen und das Erklärungspotential der Sozialwissenschaften. Heidelberg: Müller.

Mayntz, Renate, 2005: Soziale Mechanismen in der Analyse gesellschaftlicher Makro-Phänomene. In: Uwe Schimank/Rainer Greshoff (Hrsg.), Was erklärt die Soziologie? Methodologien, Modelle, Perspektiven. Berlin: LIT, 204-227.

*Mayntz, Renate/Birgitta Nedelmann, 1987: Eigendynamische soziale Prozesse. In: Kölner Zeitschrift für Soziologie und Sozialpsychologie 39, 648-668.

Mayntz, Renate/Fritz W. Scharpf, 1973: Kriterien, Voraussetzungen und Einschränkungen aktiver Politik. In: Renate Mayntz/Fritz W. Scharpf (Hrsg.), Planungsorganisation: die Diskussion um die Reform von Regierung und Verwaltung des Bundes. München: Piper, 115-145.

Mayntz, Renate/Fritz W. Scharpf, 1995: Der Ansatz des akteurzentrierten Institutionalismus. In: Renate Mayntz/Fritz W. Scharpf (Hrsg.), Gesellschaftliche Selbstregelung und politische Steuerung. Frankfurt/M.: Campus, 39-72.

McFarland, Andrew S., 1969: Power and Leadership in Pluralist Systems. Stanford CA: Stanford University Press.

McGinnis, Michael D., 1986: Issue Linkage and the Evolution of International Cooperation. In: Journal of Conflict Resolution 30, 141-170.

Mead, George Herbert, 1934: Geist, Identität und Gesellschaft. Frankfurt/M., 1973: Suhrkamp.

Meier, Frank, 2009: Die Universität als Akteur. Zum institutionellen Wandel der Hochschulorganisation. Wiesbaden: VS.

Mensch, Kirsten, 2000: Niedrigkostensituationen, Hochkostensituationen und andere Situationstypen: Ihre Auswirkungen auf die Möglichkeit von Rational-Choice Erklärungen. In: Kölner Zeitschrift für Soziologie und Sozialpsychologie 52, 246-263.

Merton, Robert K., 1936: The Unanticipated Consequences of Purposive Social Action. In: American Sociological Review 1, 894-904.

Merton, Robert K., 1948: The Self-Fulfilling Prophecy. In: Robert K. Merton, Social Theory and Social Structure. Glencoe IL, 1957: The Free Press, 421-436.

*Merton, Robert K., 1957: Der Rollen-Set. In. Heinz Hartmann (Hrsg.), Moderne amerikanische Soziologie. Stuttgart, 1973: Enke, 316-333.

Merton, Robert K., 1968: Der Matthäus-Effekt in der Wissenschaft. In: Robert K. Merton, Entwicklung und Wandel von Forschungsinteressen. Frankfurt/M., 1985: Suhrkamp, 100-116.

Meyer, John W./Brian Rowan, 1977: Institutionalized Organizations: Formal Structures as Myth and Ceremony. In: American Journal of Sociology 83, 340-363.
Michels, Robert, 1911: Zur Soziologie des Parteiwesens in der modernen Demokratie. Untersuchungen über die oligarchischen Tendenzen des Gruppenlebens. Stuttgart, 1989 (4. Aufl.): Kröner.
Miebach, Bernhard, 2006: Soziologische Handlungstheorie. Eine Einführung. Wiesbaden: VS (2. Aufl.).
Mintzberg, Henry/H. Raisinghani/D.Theoret, 1976: The Structure of Unstructured Decision Processes. In: Administrative Science Quarterly 21, 246-275
Moe, Terry M., 1984: The New Economics of Organization. In: American Journal of Political Science 28, 739-777.
Molander, Per, 1985: The Optimal Level of Generosity in a Selfish, Uncertain Environment. In: Journal of Conflict Resolution 29, 611-618.
Molm, Linda D., 1989: Punishment Power: A Balancing Process in Power-Dependence Relations. In: American Journal of Sociology 94, 1392-1418.
Monroe, Kristen Renwick, 1991: The Theory of Rational Action: Its Origins and Usefulness for Political Science. In: Kristen Renwick Monroe (ed.), The Economic Approach to Politics: A Critical Assessment of the Theory of Rational Action. New York: Harper Collins, 1-31.
Morlok, Martin/Ralf Kölbel, 1998: Stopp-Schilder in der Rechtssoziologie. Stillstand und kompetente Bewegung im Verkehrsalltag. In: Zeitschrift für Rechtssoziologie 20, 136-162.
Münch, Richard, 1983: From Pure Methodological Individualism to Poor Sociological Utilitarianism: A Critique of an Avoidable Alliance. In: Canadian Journal of Sociology 8, 45-77.
Münch, Richard, 1990: Differentiation, Rationalization, Interpenetration: The Emergence of Modern Society. In: Jeffrey Alexander/Paul Colomy (eds.), Differentiation Theory and Social Change. New York: Columbia University Press, 441-464.
Münch, Richard, 1994: Sociological Theory. Vol. 1. From the 1850s to the 1920s. Chicago, IL.: Nelson-Hall Publishers.
Nelson, Richard/Sidney G. Winter, 1982: An Evolutionary Theory of Economic Change, Cambridge, MA.: Belknap.
Offe, Claus, 1969: Politische Herrschaft und Klassenstrukturen. In: Gisela Kress/ Dieter Senghaas (Hrsg.), Politikwissenschaft. Frankfurt/M., 1975: Fischer, 135-165.
O'Neill, Barry, 1991: Conflictual Moves in Bargaining: Warning, Threats, Escalations, and Ultimatums. In: Peyton Young (ed), Negotiation Analysis. Ann Arbor: The Michigan University Press, 87-101.
O'Neill, John (ed.), 1973: Modes of Individualism and Collectivism. London: Heinemann.
Olson, Mancur, 1965: Die Logik des kollektiven Handelns. Tübingen, 1985: Mohr.
Opp, Karl-Dieter, 1972: Die verhaltenstheoretische Soziologie. Reinbek: Rowohlt.
Opp, Karl-Dieter, 1991: DDR '89. Zu den Ursachen einer spontanen Revolution. In: Kölner Zeitschrift für Soziologie und Sozialpsychologie 43, 302-321.
Ouchi, William G./Alan L. Wilkins, 1985: Organizational Culture. In: Annual Review of Sociology 11, 457-483.
Paris, Rainer, 1991: Solidarische Beutezüge. Zur Theorie der Seilschaft. In: Rainer Paris, Stachel und Speer. Machtstudien. Frankfurt/M., 1998: Suhrkamp, 139-151.
Paris, Rainer, 1992: Eine Gretchenfrage. Sachverständigkeit als Problem. In: Rainer Paris, Stachel und Speer. Machtstudien. Frankfurt/M., 1998: Suhrkamp, 111-126.
Paris, Rainer, 1995: Die Politik des Lobs. In: Rainer Paris, Stachel und Speer. Machtstudien. Frankfurt/M., 1998: Suhrkamp, 152-194.
Paris, Rainer, 1996: Negatives Organisieren. Das Muster der Intrige. In: Rainer Paris, Stachel und Speer. Machtstudien. Frankfurt/M., 1998: Suhrkamp, 195-211.

*Paris, Rainer, 1998 a: Stachel und Speer. Machtstudien. Frankfurt/M.: Suhrkamp.
Paris, Rainer, 1998 b: Über das Keifen. In: Rainer Paris, Stachel und Speer. Machtstudien. Frankfurt/M., 1998: Suhrkamp, 212-225.
Paris, Rainer/Wolfgang Sofsky, 1987: Drohungen. Über eine Methode der Interaktionsmacht. In: Rainer Paris, Stachel und Speer. Machtstudien. Frankfurt/M., 1998: Suhrkamp, 13-56.
Parsons, Talcott, 1937: The Structure of Social Action. New York, 1949: Free Press.
Parsons, Talcott, 1939: Akteur, Situation und normative Muster. Frankfurt/M., 1994: Suhrkamp.
Parsons, Talcott, 1951: The Social System. London, 1970: Routledge.
Parsons, Talcott, 1963 a: On the Concept of Influence. In: Talcott Parsons, Sociological Theory and Modern Society. New York, 1967: Free Press, 355-382.
Parsons, Talcott, 1963 b: On the Concept of Political Power. In: Talcott Parsons, Sociological Theory and Modern Society. New York, 1967: Free Press, 297-354.
Parsons, Talcott, 1964: Some Reflections on the Place of Force in Social Process. In: Talcott Parsons, Sociological Theory and Modern Society. New York, 1967: Free Press, 264-296.
Parsons, Talcott, 1968: The Position of Identity in the General Theory of Action. In: Chad Gordon/Kenneth J. Gergen (eds.), The Self in Social Interaction Vol. 1: Classic and Contemporary Perspectives. New York: Wiley, 11-23.
Parsons, Talcott/Edward Shils, 1951: Values, Motives, and Systems of Action. In: Talcott Parsons/Edward Shils (eds.), Toward a General Theory of Action. Cambridge: Harvard University Press, 47-277.
Payne, John W./James R. Bettman/Mary Frances Luce, 1996: When Time Is Money: Decision Behavior Under Opportunity-Cost Time Pressure. In: Organizational Behavior an Human Decision Processes 66, 131-152.
Plessner, Helmuth, 1928: Die Stufen des Organischen und der Mensch. Berlin/New York, 1975: Göschen.
*Plessner, Helmuth, 1961: Die Frage nach der Conditio Humana. In: Helmuth Plessner, Die Frage nach der Conditio Humana. Frankfurt/M., 1976: Suhrkamp, 7-81.
Popitz, Heinrich, 1992: Phänomene der Macht. Tübingen: Mohr.
*Popper, Karl Raimund, 1948: Prediction and Prophecy in the Social Sciences. In: Karl Popper, Conjectures and Refutations. London, 1972: Routledge, 336-346.
Popper, Karl Raimund, 1957: Das Elend des Historizismus. Tübingen, 1987: Mohr.
Powell, Walter/Paul di Maggio (eds.), 1991: The New Institutionalism in Organizational Analysis. Chicago/London: University of Chicago Press.
Pressman, Jeffrey L./Aron Wildavsky, 1973: Implementation. How Great Expectations in Washington Are Dashed in Oakland, Or, Why It´s Amazing that Federal Programs Work at All. Berkeley: Oakland Project Series.
Prittwitz, Volker von, 1996 a: Einleitung des Herausgebers. In: Volker von Prittwitz (Hrsg.), Verhandeln und Argumentieren – Dialog, Interessen und Macht in der Umweltpolitik. Opladen: Leske + Budrich, 7-15.
Prittwitz, Volker von, 1996 b: Verhandeln und Argumentieren – Dialog, Interessen und Macht in der Umweltpolitik. Opladen: Leske + Budrich.
Raub, Werner/Thomas Voss, 1986: Die Sozialstruktur der Kooperation rationaler Egoisten. Zur „utilitaristischen" Erklärung sozialer Ordnung. In: Zeitschrift für Soziologie 15, 309-323.
Rössel, Jörg, 2005: Plurale Sozialstrukturanalyse. Eine handlungstheoretische Rekonstruktion der Grundbegriffe der Sozialstrukturanalyse. Wiesbaden: VS.
Rousseau, Jean-Jacques, 1762: Der Gesellschaftsvertrag. Stuttgart, 1975: Reclam.
Sarbin, Thomas R., 1954: Role-Theory. In: G. Lindzey (ed.), Handbook of Social Psychology, Vol. 1. Reading, MA: Addison-Wesley, 223-258.

Saretzki, Thomas, 1996: Wie unterscheiden sich Argumentieren und Verhandeln? Definitionsprobleme, funktionale Bezüge und strukturelle Differenzen von zwei verschiedenen Kommunikationsmodi. In: Volker von Prittwitz (Hrsg.), Verhandeln und Argumentieren – Dialog, Interessen und Macht in der Umweltpolitik. Opladen: Leske + Budrich, 19-40.

Sartre, Jean Paul, 1960: Marxismus und Existentialismus. Reinbek: Rowohlt.

Scharpf, Fritz W., 1991: Koordination durch Verhandlungssysteme: Analytische Konzepte und institutionelle Lösungen am Beispiel der Zusammenarbeit zwischen zwei Bundesländern. Max-Planck-Institut für Gesellschaftsforschung, Köln: MPIFG Discussion Paper 91/4.

*Scharpf, Fritz W., 1997: Games Real Actors Play. Actor-Centered Institutionalism in Policy Research. Boulder CO: Westview.

Scheler, Max, 1928: Die Stellung des Menschen im Kosmos. Bern/München, 1975: Francke.

Schelling, Thomas, 1960: A Strategy of Conflict. Cambridge MA: Harvard University Press.

*Schelling, Thomas, 1978: Micromotives and Macrobehavior. Toronto: Norton.

Schimank, Uwe, 1981: Identitätsbehauptung in Arbeitsorganisationen – Individualität in der Formalstruktur. Frankfurt/M.: Campus.

Schimank, Uwe, 1988: Gesellschaftliche Teilsysteme als Akteurfiktionen. In: Kölner Zeitschrift für Soziologie und Sozialpsychologie 40, 619-639.

Schimank, Uwe, 1992: Spezifische Interessenkonsense trotz generellem Orientierungsdissens: Ein Integrationsmechanismus polyzentrischer Gesellschaften. In: Hans-Joachim Giegel (Hrsg.), Kommunikation und Konsens in modernen Gesellschaften. Frankfurt/M.: Suhrkamp, 236-275.

Schimank, Uwe, 2001: Organisationsgesellschaft. In: Georg Kneer/Armin Nassehi/ Markus Schroer (Hrsg.), Klassische Gesellschaftsbegriffe der Soziologie. München: Wilhelm Fink, 278-307.

Schimank, Uwe, 2002: Das zwiespältige Individuum. Zum Person-Gesellschaft-Arrangement der Moderne. Opladen: Leske + Budrich.

Schimank, Uwe, 2003: Der akteurzentrierte Institutionalismus. In: Manfred Gabriel (Hrsg.), Paradigmen der akteurszentrierten Soziologie. Wiesbaden: VS, 287-301.

Schimank, Uwe, 2005 a: Differenzierung und Integration der modernen Gesellschaft. Beiträge zur akteurtheoretischen Differenzierungstheorie 1. Wiesbaden: VS.

Schimank, Uwe, 2005 b: Die Entscheidungsgesellschaft. Komplexität und Rationalität der Moderne. Wiesbaden: VS.

Schimank, Uwe, 2007 a: Theorien gesellschaftlicher Differenzierung. Wiesbaden: VS (3. Aufl.).

Schimank, Uwe, 2007 b: Elementare Mechanismen. In: Arthur Benz/Susanne Lütz/ Uwe Schimank/georg Simonis (Hrsg.), Handbuch Governance. Theoretische Grundlagen und empirische Anwendungsfelder. Wiesbaden: VS, 29-45.

Schimank, Uwe/Jürgen Wasem, 1995: Die staatliche Steuerbarkeit unkoordinierten kollektiven Handelns. In: Renate Mayntz/Fritz W. Scharpf (Hrsg.), Gesellschaftliche Selbstregelung und politische Steuerung. Frankfurt/M.: Campus, 197-232.

Schimank, Uwe/Nadine Schöneck (Hrsg.), 2008: Gesellschaft begreifen. Einladung zur Soziologie. Frankfurt: Campus.

Schluchter, Wolfgang, 1988: Religion und Lebensführung Bd. 2: Studien zu Max Webers Religions- und Herrschaftssoziologie. Frankfurt/M., 1991: Suhrkamp.

Schmidtz, David, 1993: Reasons for Altruism. In: Ellen Frankel Paul/Fred D. Miller/ Jeffrey Paul (eds.), Altruism. Cambridge: Cambridge University Press, 52-68.

Schneider, Wolfgang Ludwig, 2002: Grundlagen der soziologischen Theorie, Bd. 1. Wiesbaden: Westdeutscher Verlag.

Schnierer, Thomas, 1995: Modewandel und Gesellschaft. Die Dynamik von „in“ und „out“. Opladen: Leske + Budrich.

Schöneck, Nadine, 2004: Zeitmanagement als Beratung des Selbst. In: Thomas Brüsemeister/Rainer Schützeichel (Hrsg.), Beratene Gesellschaft – Zur gesellschaftlichen Bedeutung von Beratung. Wiesbaden: VS, 205-220.

Schütz, Alfred, 1932: Der sinnhafte Aufbau der sozialen Welt. Eine Einleitung in die verstehende Soziologie. Frankfurt/M., 1974: Suhrkamp.

Schütz, Alfred/Thomas Luckmann, 1979: Strukturen der Lebenswelt, Bd. 1. Frankfurt/M.: Suhrkamp.

Schützeichel, Rainer (Hrsg.), 2006: Emotionen und Sozialtheorie. Disziplinäre Ansätze. Frankfurt/M.: Campus.

Schulze, Gerhard, 1992: Die Erlebnisgesellschaft. Frankfurt/M.: Campus.

Schwinn, Thomas, 2001: Differenzierung ohne Gesellschaft. Weilerswist: Velbrück.

Scott, Marvin B./Stanley M. Lyman, 1968: Accounts. In: American Sociological Review 33, 45-63.

Sehling, Michael/Reinhold Pollert/Dieter Hackforth, 1989: Doping im Sport: medizinische, sozialwissenschaftliche und juristische Aspekte. München: BLV.

Sherwood, J.H., 1965: Self-Identity and Referent Others. In: Sociometry 28, 66-81.

Simmel, Georg, 1900: Philosophie des Geldes. Frankfurt/M.,1989: Suhrkamp.

Simmel, Georg, 1908: Soziologie. Untersuchungen über die Formen der Vergesellschaftung. Berlin 1968: Duncker & Humblot.

Simmel, Georg, 1917: Das Gebiet der Soziologie. In: Georg Simmel, Schriften zur Soziologie. Frankfurt/M., 1983: Suhrkamp, 37-50.

Simon, Herbert A., 1976: From Substantive to Procedural Rationality. In: Herbert A. Simon, Models of Bounded Rationality, Vol. 2. Cambridge MA, 1982: MIT Press, 424-443.

Skog, Ole-Jorgen, 1997: The Strength of Weak Will. In: Rationality and Society 9, 245-271.

Smelser, Neil J., 1998: The Rational and the Ambivalent in the Social Sciences. In: American Sociological Review 63, 1-16.

Sobiech, Gabriele, 2000: „... nur wer fit ist, ist ein König!“ – Das Heilsversprechen Gesundheit als ein Stabilisator sozialer Ordnung. In: Michael Klein (Hrsg.), „Guter Sport“ in „schlechter Gesellschaft“? Erfurter Beiträge zur Soziologie 8. Pädagogische Hochschule Erfurt, 79-99.

Sofsky, Wolfgang /Rainer Paris, 1994: Figurationen sozialer Macht. Autorität – Stellvertretung – Koalition. Frankfurt/M.: Suhrkamp.

Stokes, R./J. P. Hewitt, 1976: Aligning Actions. In: American Sociological Review 41, 838-849.

Strauss, Anselm L., 1959: Spiegel und Masken. Die Suche nach Identität. Frankfurt/M., 1974: Suhrkamp.

Strohschneider, Stefan (Hrsg.), 2003: Entscheiden in kritischen Situationen. Frankfurt: Verlag für Polizeiwissenschaft.

Thomas, E. J./B. J. Biddle (eds.) 1966: Role Theory. New York: Wiley.

Tietzel, Manfred/Marion Weber/Otto F. Bode, 1991: Die Logik der sanften Revolution. Tübingen: Mohr.

Treibel, Annette, 2009: Figurations- und Prozesstheorie. In: Georg Kneer/Markus Schroer (Hrsg.), 2009: Handbuch Soziologische Theorien. Wiesbaden: VS,133-160.

*Turner, Ralph H., 1962: Role-Taking: Process Versus Conformity. In: Arnold Rose (ed), Human Behavior and Social Processes. London: Routledge.

Turner, Ralph H., 1968: The Self-Conception in Social Interaction. In: Chad Gordon/ Kenneth J. Gergen (eds.), The Self in Social Interaction Vol. 1: Classic and Contemporary Perspectives. New York: Wiley, 93 – 106.

Turner, Ralph H., 1975: The Real Self: From Institution to Impulse. In: American Journal of Sociology 81, 989-1016.
Turner, Ralph H., 1991: The Use and Misuse of Rational Models in Collective Behavior and Social Psychology. In: Archives Europeennes de Sociologie 22, 84-108.
Ullmann-Margalit, Edna, 1978: Invisible-Hand Explanations. In: Synthese 39, 263-291.
Vaihinger, Hans, 1917: Die Philosophie des Als ob. System der theoretischen, praktischen und religiösen Fiktionen der Menschheit aufgrund eines idealistischen Positivismus. Mit einem Anhang über Kant und Nietzsche. 3. durchg. Aufl., Leipzig: Meiner.
Vanberg, Victor, 1982: Markt und Organisation. Individualistische Sozialtheorie und das Problem kooperativen Handelns. Tübingen: Mohr.
Vester, Michael et al., 1993: Soziale Milieus im gesellschaftlichen Strukturwandel. Köln: Bund.
Vobruba, Georg; 1992: Funktionalismus als Akteurswissen. In: Abromeit, Heidrun/ Ulrich Juergens (Hrsg.), Die politische Logik wirtschaftlichen Handelns. Berlin: Sigma, 215-232.
Vollmer, Hendrik, 1997: Die Frage nach den Akteuren. In: Sociologia Internationalis 35, 169-193.
Vowe, Gerhard, 1994: Politische Kognition. In: Politische Vierteljahresschrift 35, 423-447.
Walgenbach, Peter, 1999: Institutionalistische Ansätze in der Organisationstheorie. In: Alfred Kieser (Hrsg.), Organisationstheorien. Stuttgart: Kohlhammer, 319-353.
Wasem, Jürgen, 1992: Von der „Poliklinik" in die Kassenarztpraxis: Versuch einer Rekonstruktion der Entscheidungssituation ambulant tätiger Ärzte in Ostdeutschland. Köln: MPIFG Discussion Paper 92/5.
Wasem, Jürgen, 1997: Vom staatlichen zum kassenärztlichen System. Eine Untersuchung des Transformationsprozesses der ambulanten ärztlichen Versorgung in Ostdeutschland. Frankfurt/M.: Campus.
Weber, Max, 1905: Die protestantische Ethik und der Geist des Kapitalismus. In: Max Weber, Die protestantische Ethik 1. Eine Aufsatzsammlung. Hamburg, 1975: Siebenstern, 9-277.
Weber, Max, 1920: Gesammelte Aufsätze zur Religionssoziologie. Bd. 1. Tübingen, 1978: Mohr.
Weber, Max, 1922: Wirtschaft und Gesellschaft. Tübingen, 1972: Mohr.
Weihrich, Margit, 2002: Die Rationalität von Gefühlen, Routinen und Moral. In: Berliner Journal für Soziologie, Heft 2, 189-209.
Weippert, Georg, 1963: „Vereinbarung" als drittes Ordnungsprinzip. In: Jahrbuch für Sozialwissenschaft 14, 167-178.
Weiß, Otmar et al., 2000: Sport und Gesundheit. Eine sozio-ökonomische Analyse. Wien: Bundesministerium für soziale Sicherheit und Generationen.
*Weise, Peter, 1989: Homo oeconomicus und homo sociologicus. Die Schreckensmänner der Sozialwissenschaften. In: Zeitschrift für Soziologie 18, 148-161.
Werle, Raymund, 1995: Diffusionsprobleme von Nutzen und Diensten der Telekommunikation aus spieltheoretischer Sicht. In: Matthias W. Stoetzer/Alwin Mahler (Hrsg.), Die Diffusion von Innovationen in der Telekommunikation. Berlin: Springer, 129-146.
*Werle, Raymund, 2007: Pfadabhängigkeit. In: Arthur Benz et al. (Hrsg.), Handbuch Governance. Wiesbaden: VS, 119-131.
Wiese, Leopold von, 1928: System der Allgemeinen Soziologie als Lehre von den sozialen Prozessen und den sozialen Gebilden der Menschen (Beziehungslehre). Berlin 1966: Duncker & Humblot.
*Wiesenthal, Helmut, 1987: Rational Choice. In: Zeitschrift für Soziologie 16, 434-449.
Wilson, Thomas, 1970: Theorien der Interaktion und Modelle soziologischer Erklärung. In: Arbeitsgruppe Bielefelder Soziologen (Hrsg.), Alltagswissen, Interaktion und gesellschaftliche Wirklichkeit 1. Reinbek, 1973: Rowohlt, 54-79.

Wippler, Reinhard, 1978: Nicht-intendierte soziale Folgen individuellen Handelns. In: Soziale Welt 29, 155-179.
Wippler, Reinhard/Siegwart Lindenberg, 1987: Collective Phenomena and Rational Choice. In. Jeffrey Alexander et al. (eds.), The Micro-Macro-Link. Berkeley: University of California Press, 135-152.
Witt, Ulrich, 1989: The Evolution of Economic Institutions as a Propagation process. In: Public Choice 62, 155-172.
Witte, Eberhard, 1968: Phasen-Theorem und Organisation komplexer Entscheidungsverläufe. In: Zeitschrift für betriebswirtschaftliche Forschung 20, 625-641.
Wrong, Dennis H., 1961: The Oversocialized Conception of Man in Modern Sociology. In: American Sociological Review 26, 183-193.
Young, Peyton H. (ed.), 1991: Negotiation Analysis. Ann Arbor: The University of Michigan Press.
Zintl, Reinhard, 1989: Der Homo Oeconomicus: Ausnahmeerscheinung in jeder Situation oder Jedermann in Ausnahmesituationen. In: Analyse und Kritik 11, 52-69.
Zintl, Reinhard, 1998: „Akteurzentrierter Institutionalismus“ – eine Bilanz. In: Soziologische Revue 21, 295-299.
Zurcher, Louis A., 1983: Social Roles – Conformity, Conflict, and Creativity. Beverly Hills: Sage.